Vor etwas mehr als 800 Jahren gegründet, über Jahrhunderte die prächtige Residenzstadt der Wettiner, im Zweiten Weltkrieg fast völlig zerstört, ist Dresden heute wieder eine attraktive Metropole. Wolfgang Hädecke erzählt die bewegte Geschichte der Stadt, beschreibt die prachtvollen Bauten, die Dresden die weltberühmte Silhouette verleihen, führt den Leser in Museen, zu Plätzen, Denkmälern und in Parks. Er porträtiert berühmte Dichter, Maler, Musiker, Techniker, Erfinder und Sportler, schildert die rasante Entwicklung von Handwerk und Industrie und beleuchtet auch die Schattenseiten des städtischen Lebens. In einem aktuellen Nachwort zu dieser Ausgabe bezieht er dezidiert Stellung zum umstrittenen Bau der Waldschlößchenbrücke und dem drohenden Verlust des Welterbestatus.

Ein vielfältiges, anschauliches und anregendes Porträt Dresdens, in dem auch diejenigen, die die Stadt zu kennen glauben, viel Neues entdecken können.

Wolfgang Hädecke, geboren 1929 in Weißenfels/Saale, studierte Anglistik und Germanistik in Halle. 1958 siedelte er in die Bundesrepublik Deutschland über, seit 1994 lebt er in seiner Wahlheimat Dresden. Er ist Mitglied des P.E.N. Zahlreiche Veröffentlichungen, u. a. Biographien zu Heinrich Heine und Theodor Fontane sowie die Studie ›Poeten und Maschinen‹.

Wolfgang Hädecke

DRESDEN

*Eine Geschichte
von Glanz, Katastrophe
und Aufbruch*

Deutscher Taschenbuch Verlag

Um ein aktualisierendes Nachwort des Autors ergänzte Ausgabe

Juni 2009
Deutscher Taschenbuch Verlag GmbH & Co.KG, München
www.dtv.de
Lizenzausgabe mit freundlicher Genehmigung des Carl Hanser Verlags
© Carl Hanser Verlag München Wien 2006
Das Werk ist urheberrechtlich geschützt. Sämtliche, auch
auszugsweise Verwertungen bleiben vorbehalten.
Umschlagkonzept: Balk & Brumshagen
Umschlagbild: ›Blick auf Dresden‹ von Canaletto
(akg-images/Erich Lessing)
Satz: Greiner & Reichel, Köln
Druck und Bindung: Druckerei C.H. Beck, Nördlingen
Gedruckt auf säurefreiem, chlorfrei gebleichtem Papier
Printed in Germany · ISBN 978-3-423-34549-1

Inhalt

Vorwort

Das vorliegende Buch ist einer Neugier entsprungen, die mich, seit ich in Dresden lebe, beherrscht, inspiriert, beflügelt und zuweilen in Besessenheit übergeht. Das Buch ist ein Loblied auf die Stadt, aber mit kritischen Zwischentönen und Blicken in tiefe Abgründe – nicht umsonst beginnt es mit dem 13./14. Februar 1945. Nach der Schreckensnacht schien Dresden tot; seine konfliktgeladene, doch unaufhaltsame Wiederauferstehung ist auch sechzig Jahre danach nicht beendet, die Narben des Krieges, die Verzerrungen, Entstellungen und Verletzungen aus zwei Diktaturen haben das Antlitz der Stadt gezeichnet, auf die Johann Gottfried Herder 1802 schwärmerisch-pathetische Hexameter dichtete:

»Blühe, Deutsches Florenz, mit deinen Schätzen der Kunstwelt!
Stille gesichert sei Dresden Olympia uns.«

Tatsächlich schuf vor allem die von Herder beschworene Kunstwelt die Schönheit, den Zauber, den Ruhm dieser Stadt und die Vision vom Gesamtkunstwerk Dresden. Allerdings erscheinen neben den weltberühmten Werken der Künste, neben den herrlichen Bauten, den Bildwerken, Plastiken und Denkmalen, den großen Schöpfungen der Musik und der Dichtkunst unübersehbar noch ganz andere Phänomene, Werke und Gestalten: zum Beispiel die zahllosen Einrichtungen der Industrie aller Couleurs, Wissenschaften, Schulen und Hochschulen, Feste und meisterlicher Sport, politische Mächte, Taten und Untaten jeglicher Art, Kriege, Naturkatastrophen – das alles gehört zur Physiognomie der Stadt und ist Stoff des Buches.

Selbstverständlich zielen meine Expeditionen und Darstellungen nicht auf Vollständigkeit: Dresden ist unerschöpflich, auch das macht seine besondere Schönheit aus. Lückenlosigkeit wäre, wenn überhaupt, nur mehrbändig-fachwissenschaftlich erreichbar und wünschenswert. Ich wähle also aus. Ich setze in dreißig Kapiteln markante Schwerpunkte; die einzelnen Teiltexte sind in sich abgerundet und zugleich vielfach miteinander verknüpft. Überschneidungen, Konfrontationen, wechselnde Richtungen und Perspektiven, Spiegelungen, auch über größere räumliche und zeitliche Entfernungen, sind beabsichtigt, ebenso Vielstimmigkeit in Gestalt von Geschichten, Aufzeichnungen, Dokumenten, Tagebüchern, Briefen, Autobiographien, dichterischen Erfindungen und anderen Zeugnissen.

Das Ziel ist die Errichtung eines komplexen Textgebäudes als Stadtpanorama, in dem Dresdens Einzigartigkeit und Glanz, Exemplarisches und Charakteristisches eingefangen und ausgestellt werden. Die Auswahl der Schwerpunkte zielt also auf Repräsentanz des Dargestellten, schließt aber auch kräftige subjektive Vorlieben ein: von der Frühzeit Dresdens bis zur unmittelbaren Gegenwart und einer offenen Zukunft.

Mein Buch setzt unserer Stadt ermutigend hohe Ziele. Sie erwachsen aus dem Bewußtsein, was Dresden am Anfang des dritten Jahrtausends sein kann: keine Weltstadt, aber eine weltberühmte Stadt, geehrt durch die höchste Auszeichnung, die in unserer Zeit einer historisch gewachsenen Kulturstadt, ihren Naturschönheiten und ihren Bewohnern verliehen werden kann: die Aufnahme in das Weltkulturerbe der Unesco, ein unwiderstehliches und verpflichtendes Leuchtzeichen für Dresdens Gegenwart und Zukunft.

Februar 1945

Am 13. Februar 1945 nachmittags bereitete auf etlichen britischen Militärflugplätzen das im Luftkrieg hocherfahrene Bomberkommando der Royal Air Force, befehligt von Luftmarschall Arthur Harris – »Bomber Harris« –, zwei im Abstand von drei Stunden geplante Großangriffe auf Dresden vor. Von 1281 startbereiten Maschinen waren 772 viermotorige Lancaster-Bomber und 9 Mehrzweckflugzeuge vom schnellen zweimotorigen Mosquito-Typ für das Hauptziel Dresden bestimmt; tatsächlich bombardierten 243 Lancaster die Stadt beim ersten, 529 beim zweiten Angriff. Die Lancaster konnten die schwerste Bombenladung über die größte Entfernung tragen«: doppelt soviel Tonnage wie die berühmten amerikanischen »Fliegenden Festungen«: Luftminen mit hauptsächlich 4000 Pfund, Spreng- und Minenbomben zwischen 250 und 2000 Pfund sowie die sechseckige 4-Pfund-Stabbrandbombe – die gefährlichste Waffe bei Massenabwurf, zu Hunderttausenden über Dresden ausgeschüttet.

In der Angriffsnacht, resümiert Götz Bergander in seinem Standardwerk »Dresden im Luftkrieg«, sollten die Lancaster als Blind- und Erstmarkierer, Beleuchter, Bomber, Pfadfinder und als fliegende Relaisstationen zwischen England und dem Masterbomber sowie dem Masterbomber und dem Angriffsverband dienen, und zwar bei beiden Angriffen. Sie waren für je sieben Mann sparsamst und komfortlos ausgerüstet, um so viel Treibstoff und Bomben wie möglich transportieren zu können. Die 627. Mosquito-Staffel war als unabhängige, an der Spitze fliegende, die Zielmarkierer im Tiefflug setzende, versierteste Spezialisteneinheit der 5. Bomberflotte beigeordnet.

Die folgende Apokalypse Dresdens mißt sich vorerst mathematisch-vordergründig in Uhrzeiten, auch Hölle und Vorhölle haben zeitmessende Uhren: Zwischen 17:30 und 18 Uhr starten die 243 Lancaster der 5. Bomberflotte zum ersten Anflug, »bis zum äußersten aufgetankt und mit Bomben beladen«; gegen 20 Uhr folgen acht Markierer-Mosquitos und die Masterbomber-Mosquitos von Staffel 627. Die Statistik versteckt das Ungeheuerliche weiterhin unter Zeiten und Zahlen: 21 Uhr alle Maschinen des ersten Bombardements über dem Reichsgebiet; 21:39 Uhr Fliegeralarm für Dresden; 22:03 Uhr »Christbäume«, weiße Leuchtkaskaden und grüne Markierer über Flußtal und Stadt; besonders makaber, weil vieltausendfache frühere Begeisterung erstickend: im kartographisch abgemessenen weißen Viertelkreis-Sektor, der vom Stadion Ostra-Gehege des berühmten deutschen Fußballmeisters von 1943 und 1944, des Dresdner Sportclubs, über zwei Kilometer in die Innenstadt ragt, werfen ab 22:05 Uhr die Tiefflug-Mosquitos rote, grell alarmierende Zielmarkierer ab. Um 22:11 Uhr kreist der Mosquito-Masterbomber 1000 Meter hoch »über der erhellten Stadt« und fordert die anfliegenden Lancaster mehrmals auf, »das rote Licht der Zielmarkierer nach Plan« zu bombardieren; 22:13 Uhr beginnt, »zwei Minuten vor der geplanten Zeit, tatsächlich der Bombenabwurf auf Dresden«. 22:15 Uhr fällt die Örtliche Luftschutzleitung per Drahtfunk im Keller des Albertinums aus, eine einzige Telefonleitung, nach Berlin, steht noch; zwischen 22:15 und 22:20 Uhr verständigen sich Hauptmarkierer und Masterbomber unter mehrfacher Aufforderung zu möglichst exaktem Zielwurf darüber, daß die Bomben jetzt ausgezeichnet fallen – es sind die wenigen Minuten höllischen Trommelfeuers, hunderttausendfacher grauenhafter Todesängste in wankenden Kellern, ausbrechenden Feuersturms, die Minuten, über die Überlebende drunten in zahlreichen entsetzten Äußerungen berichten werden – die Sieger droben sind um 22:30 bereits auf dem Heimflug.

Dann und wann mögen Dresdner trotz aller Ahnungslosigkeit diese Schrecknisse haben kommen sehen: Mit der erbarmungslos geplanten, durchdachten und vollzogenen Verdoppelung durch den zweiten Großangriff aber wird kaum jemand gerechnet haben: »Zwischen den beiden Angriffen sollten sich, nach dem Plan des Bomberkommandos, im begrenzten Zielsektor die Brände voll entfalten und zum Feuersturm entwickeln. In die Löscharbeiten sollte der zweite Angriff hineinschlagen; jede Brandbekämpfung würde ausfallen, und die Stadt könnte unbehindert niederbrennen.« Nach dem ersten Angriff dieser Nacht hätte Dresden so ausgesehen, wie viele bombardierte deutsche Städte bereits 1943 ausgesehen haben – angeschlagen, aber nicht ausradiert. Erst durch den Doppelschlag sei Dresden in einer Nacht so verwüstet worden wie andere Städte durch Dutzende von Angriffen (Bergander). Und tatsächlich wurde Dresden im Februar 1945 noch stärker verbrannt als zertrümmert; zahlreiche Zeugenberichte und Ruinen belegen das.

Der militärische Aufwand für Dresdens Apokalypse beim zweiten Angriff war riesig: Die 529 Lancaster-Maschinen und ihre Begleitflugzeuge bildeten einen Bomberstrom von etwa 200 Kilometer Länge; sie warfen neben leichteren Sprengbomben jede eine schwere Luftmine und alle zusammen etwa 650000 Stabbrandbomben ab:»Dresden – das war der gewaltigste konventionelle Brandbombenangriff auf dem europäischen Kriegsschauplatz mit den größten Feuerstürmen«, resümiert Bergander.

Die ersten Bomben, auf Friedrichstadt und Löbtau gezielt, fielen 1:30 Uhr, die letzten 1:55 – 25 Minuten unmittelbarstes Inferno mit jahrzehntelangen infernalischen Folgen für Menschen und Stadt! Der niedriger als die Abwerfer fliegende Masterbomber fällt, weil eine vom Feuersturm hochgetriebene kilometerhohe Rauchwolke Teile Dresdens verhüllt, im Sprechfunkdialog mit seinem Stellvertreter eine für Dresden allerschlimmste Entscheidung:»Sollten sie den Angriff, da sie ihn nicht genau nach Plan ablaufen lassen konnten, auf das bereits in Flammen stehende Gebiet konzentrieren, um hier ein Höchstmaß der Vernichtung zu erzielen? Oder sollten sie die Bombardierung ausdehnen auf die Stadtviertel im Osten, Süden und Westen des Flächenbrandes? Die Entscheidung fiel zugunsten der Ausdehnung des Angriffs.« So trugen die schnell einander folgenden Bomberwellen Brand, Sprengung, Tod, Höllenlärm und Schrecken in die Südvorstadt, in den mit Flüchtlingen überfüllten, wie eine klaffende Wunde wehrlos daliegenden Hauptbahnhof, weiter nach Plauen, Räcknitz und Zschertnitz im Süden der heimgesuchten Stadt, nach Strehlen im Südosten, sodann zum weitläufigen Dresdner Osten, nach Johannstadt und Striesen, in den Großen Garten, wo die Angreifer über die dorthin geflohenen Menschen und Zootiere Spreng- und Brandbomben gleichzeitig ausschütteten, schließlich nach Gruna und Reick, Loschwitz und Blasewitz.

Die heimkehrenden Luftkrieger und -sieger, die schon beim Anflug, über 100 Kilometer entfernt, das Glühen der versinkenden Stadt und schließlich, über ihr attackierend, die gigantische Feuer- und Rauchsäule wahrgenommen hatten, hinterließen eine lodernde Brandfläche – an die 7000 Meter West-Ost- und etwa 5000 Meter Süd-Nord-Ausdehnung, in ihrer Ungeheuerlichkeit durch sprachlos machende Fotos in Berganders Buch belegt.

Vor den Dimensionen des mit vernichtenden Explosivbomben noch angefachten Feuersturms versagte auch die bestausgebildete Katastrophen-Bekämpfung. Hans Rumpf, Generalinspekteur der Feuerschutzpolizei, erinnert sich:»Die Feuerlöschkräfte, obwohl über 1000 Mann stark und bestens ausgerüstet und geführt, waren einem solchen Wüten gegenüber von vornherein völlig machtlos. Die Unterstützungskräfte der Regimenter und aller Nachbarstädte, einschließlich des hart umkämpften Berlins, kämpften sich auf vereisten Straßen durch die Nacht heran. Die Bilder, die sich ihnen boten, erfüllten selbst die in der äußeren und inneren Not von hundert Brandnächten hart gewordenen Männer dieser Einheiten mit Entsetzen und Grauen. Die unter dem Bombenhagel und den Zerstörungsbränden zusammenbrechenden Straßenzüge versperrten die Fluchtwege ins Freie und überantworteten viele Tausende dem Feuertod. Es erhob sich ein rasender Feuersturm, dessen übernatürlicher Sog viele Flüchtende widerstandslos in die Flammen riß. Die Erscheinungsformen eines solchen Naturereignisses können die normalen Eigenschaften der Atmosphäre bis zu einem Grad verändern, daß in ihr organisches Leben nicht mehr möglich ist und erlischt. Die einzelnen Feuerherde schließen sich zusammen, die erhitzte Atmosphäre schießt wie in einem Riesenkamin nach oben, die längs des Erdbodens angesaugte und nachstürzende Frischluft erzeugt einen Orkan, der wiederum auf weithin die kleineren Brände anfacht und in seinen Bann zieht. Die Wirkung der heißen Luftsäule einer solche riesigen Fackel über einer brennenden Stadt wurde von den Fliegern bis in 4000 m Höhe als stürmisch und unangenehm empfunden.«

Die Sieger waren den schwer angeschlagenen, aber von den regierenden Verbrechern immer wieder zu irr- und unsinnigem Durchhalten aufgeputschten und gleichzeitig mit lebensbedrohenden Strafankündigungen für geringste Vergehen eingeschüchterten deutschen Verteidigern hoch überlegen, auch wenn sie selber mit gewichtigen Problemen zu kämpfen hatten, so mit der stets unberechenbaren Wetterlage, die zum Beispiel das ursprünglich für den 13. Februar geplante amerikanische Tagesbombardement mit über tausend Flugzeugen verhinderte – es wurde um einen Tag verschoben und war, zynisch gesprochen, weit weniger erfolgreich und Aufmerksamkeit erregend als der britische Doppelschlag bei Nacht. Zu den Schwierigkeiten der Sieger gehörten auch die langen Flugstrecken von jeweils über 2000 Kilometern pro An- und Abflug und die unwägbare deutsche Luftabwehr, die den

Angreifern bei Großangriffen auf andere Städte schon ernste Verluste zugefügt hatte – früher. In und um Dresden war die Luftabwehr faktisch zusammengebrochen: Die Flak war untätig, technisch unzulänglich oder längst zum Erdkampf an die Front verlegt: »Als es darauf ankam, war in Dresden keine Flak vorhanden.« Die Nachtjäger auf dem Flugplatz Klotzsche erhielten zur Überraschung der Piloten keinen Einsatzbefehl – die Führung wußte wohl nur zu gut um die gewaltige Überlegenheit der Alliierten im gesamten deutschen Luftraum: Im Monat vor der Zertrümmerung Dresdens hatte Görings schwer dezimierte Luftwaffe den britisch-amerikanischen Tageseinflügen von rund 21 000 Bomber- und 35 000 Jägereinsätzen gerade einmal 591 eigene Jägereinsätze entgegenstellen können!

Und die Dresdner Bevölkerung? Militärisch ungeschützt, lange geblendet von den »Erfolgen« der deutschen Luftstreitmacht in den ersten Kriegsjahren, waren die meisten Dresdner offenbar nicht ernsthaft beunruhigt, solange es den Feind traf wie in Coventry; wohl waren sie beeindruckt von den Heimsuchungen Hamburgs, Berlins, Leipzigs, aber auch verblendet von faulen Selbsthilfe-Rezepten der eigenen Führung, von den immer noch wirkenden fatalen Beschwichtigungen und Wende-Prognosen des »Führers«, geradezu fatalistisch verstrickt in die Hinnahme des fast völligen Fehlens von gegen Großangriffe wirklich schützenden Bunkeranlagen, so daß man sich in die Hauskeller verkroch, die bei Feuersturm und Bombardement vielfach zu schaurigen Todesfallen wurden. Die Bewohner Dresdens verharrten in einem bloß theoretischen, hauptsächlich aus Presse, Rundfunk und Wochenschau bezogenen Wissen vom Luftkrieg, das auch durch die Schicksale und Berichte etwa der Hamburger Opfer nicht in Aufruhr umschlug. Sie waren nicht einmal durch die vielen tausend vor der heranrückenden Erd-Front fliehenden Ostdeutschen wirklich alarmiert, wohl aber verhängnisvoll getäuscht durch die lange, scheinbar wundersame Verschonung von Elbflorenz gegenüber fast allen anderen deutschen Städten – so verfingen sich die Dresdner in den Irrglauben, sie kämen nicht dran, sie seien die Besonderen, die große Ausnahme – und stürzten um so furchtbarer und wehrloser ins Inferno der Februarnacht. 35 000 Tote nimmt die ernstzunehmende Forschung an, sie haben zu Tausenden zerfetzt, verbrannt, verstümmelt, zerstückelt, entkleidet in den brennenden, mit Trümmern übersäten Straßen, Plätzen, Parks, Gärten, Elbwiesen gelegen, so schildern es zahlreiche durch die Unglücksstadt irrende

Überlebende, denen die Augen übergingen vor Entsetzen, einige von ihnen werden noch zu Wort kommen – inmitten des Riesenpanoramas überlieferter Schreckensfotos sind die schlimmsten Bilder die der auf Schienenrosten am Altmarkt gestapelten und verbrannten Leichen, die wegen Massenhaftigkeit, Verwesung, Gestank, Seuchengefahr nicht auf Friedhöfen und in der Heide begraben werden konnten, 6865 laut Oberst der Schutzpolizei Grosse.

Zeugen beider Seiten sollen zu Wort kommen. Zuerst Hanns Voigt, Komponist, Musiklehrer, von kindauf hüftkrank, darum nie Soldat, nach Dresdens längster Nacht Leiter der Abteilung Tote in der Vermiß-tennachweis-Zentrale: »Nie habe ich geglaubt«, so resümiert er sein bitteres Amt, »daß der Tod in so verschiedener Form an den Menschen herantreten kann, nie habe ich für möglich gehalten, daß Tote in so vielen Gestalten den Gräbern übergeben werden könnten: Verbrannte, Verkohlte, Zerstückelte, Teile von ihnen, als unkenntliche Masse, scheinbar friedlich schlafend, schmerzverzerrt, völlig verkrampft, gekleidet, nackt, in Lumpen gehüllt und als ein kümmerliches Häufchen Asche, darunter Reste verkohlter Knochen. Und über allem der beizende Rauch und der unerträgliche Verwesungsgeruch.« Voigt verließ Dresden Jahre später und arbeitete in den Sechzigern und Siebzigern an einem Bielefelder Gymnasium.

Zwei britische Bombardierer Dresdens schildern die Angriffe aus unterschiedlicher Perspektive. Der eine sah den Feuerschein aus großer Entfernung, der in der Annäherung immer heller wurde: »Selbst in einer Höhe von sechstausendsiebenhundert Metern konnten wir bei dem gespenstischen Schein der Flammen Einzelheiten erkennen, die wir nie zuvor gesehen hatten; zum erstenmal seit vielen Einsätzen fühlte ich Mitleid mit der Bevölkerung dort unten.« Der andere belegt Ernst Jüngers Urteil von 1945, daß die Westmächte mit ihren Siegen, ihrer Waffenüberlegenheit mitleidlos geworden seien: »Es war das einzige Mal, daß ich Mitleid mit den Dresdnern hatte. Aber mein Mitleid dauerte nur ein paar Sekunden; unsere Aufgabe war es, den Feind zu schlagen, und zwar vernichtend zu schlagen.«

Eine namentlich nicht bekannte Schülerin, die gut beobachtet und eine gewisse Urteilsfähigkeit zeigt, schildert die akustischen Schläge von alle paar Sekunden krachenden Sprengbomben in ihrer niederschmetternden Wirkung auf anderthalb Stunden im schwankenden Keller hingekauerte Schutzsucher: »Jede Minute war eine Ewigkeit. Ich war zur

Salzsäule erstarrt vor Angst und Schrecken; die Ohren schmerzten mir von dem Lärm der Bombenexplosionen.« Sie schildert den Feuersturm, dem ihre ganze Familie glücklich entkam, treffend als furchtbaren »Orkan, der Feuerfunken mit sich riß, der Himmel war rosa gefärbt durch die Brände.« Und sie wagt ein aus der lebensbedrohenden Not entsprungenes, aber erst nachträglich formuliertes Urteil über die Angreifer: »Ich habe mir später oft überlegt, was die Flieger sich dabei denken, wenn sie eine Bombe nach der anderen abwerfen, aber sie können sich ja nichts denken, sonst wären sie ja nicht fähig, einen so grausamen Krieg aus der Luft gegen wehrlose Menschen zu führen: sie müßten sonst Verräter an ihrem eigenen Vaterland werden: so waren sie nur von dem einen Gedanken erfüllt, ihren Feind in der Heimat und an der Front vollkommen zu vernichten.«

Die Hauswirtschaftslehrerin Herta Daecke, eine resolute, klarsehende Frau, die nach dem ersten Anflug unerschrocken Brandwache auf dem Dach hält und immerzu fliegende Funken mit der Feuerpatsche löscht, schildert genau, wie bei beiden Angriffen Abwürfe und Brandsätze mit ungeheuerer Schnelligkeit und Dichte herabstürzen, und verwendet beide Male die Höllen-Metapher. Ihre Sätze wirken hart und laut, auch hyperbolisch, aber gar nicht klischeehaft: »Im Feuerwehrhelm sause ich hinunter in den Keller, und schon prasselt es erneut von allen Seiten. Die Hölle ist los, es ist noch 1000mal schlimmer als das erste Mal. Dicht über unserem Dach fliegt Flugzeug über Flugzeug, ein ganzes Netz – es ist taghell durch all die Brände –, und keine Flak versucht die Flieger zu vertreiben.« Mit stoischer Präzision beschreibt sie die höchste Lebensgefahr für die meist auf dem Boden liegenden Kellerbewohner, Volltreffer neben dem Keller, den festen Zusammenhalt der Nachbarn (»nirgends kann mehr eine Hilfe herkommen – verraten und verkauft sind wir – nur die Hausgemeinschaft kann sich untereinander helfen«), zuletzt den mit gefalteten Händen laut um Rettung betenden Hausmann. Er wurde erhört: Gerade mit knapper Not aus dem brennenden Haus geflohen, kann die Gruppe auf der Kellertreppe eines noch unangezündeten Hauses die Zeit bis zum Morgen ungestört verbringen: »Die hindämmernden Stunden werden zur Ewigkeit«, aber das Leben ist gerettet.

Ernst Heinrich Prinz von Sachsen, der dritte Sohn Friedrich Augusts III., des letzten sächsischen Königs und seiner davongelaufenen Frau Luise von Toscana, schildert Dresdens Schreckenstage in seiner Autobiographie »Mein Lebensweg vom Königsschloß zum Bauernhof«. Er ging am 17. Februar durch die heimgesuchte Stadt und registrierte insbesondere die zerstörten architektonischen Kostbarkeiten: sein eigenes Palais Kapherr an der Parkstraße, dessen Ruine zu SED-Zeiten gesprengt wurde, den Neumarkt, die Frauenkirche mit abgestürzter Kuppel, das umgestürzte Lutherdenkmal, das Cosel-Palais, die »so überaus malerische Rampische Gasse«, das barocke Dinglinger-Haus, die Hofkirche, zum Glück nicht zertrümmert, nur getroffen, sechs Heilige vom Dach zerstört, aber die Wettiner-Gruft unversehrt; das Schloß »erschütternd. Ausgebrannt und zertrümmert (...) Und auch sonst, wohin ich blickte – nichts als Trümmer«, also der ganze Theaterplatz, Zwinger, Semperoper, Galerie Alte Meister, alles das, was Richard Konwiarz, der zeitweilige Leiter des Amtes für Bau- und Denkmalpflege, vortrefflich »das Gesamtkunstwerk Altstadt als Organismus von einmaliger Eigenart« nannte.

Der Prinz nimmt aber auch die schrecklichen Menschenverluste wahr, im Großen Garten zum Beispiel: »Leichen und zersplitterte Laubbäume auf den Wegen und Anlagen, dazwischen ein Zebra und eine Antilope, die nach Futter suchten.« Er gedenkt der in den Kellern Eingeschlossenen und Umgekommenen und gibt den grausigen Fall des Altstadt-Restaurants »Trompeter-Schlößchen« wieder: Bei Fliegeralarm war es »voll in Betrieb. Gäste und Belegschaft gingen in den Luftschutzkeller. Da erhielt das Gebäude zwei Volltreffer, stürzte in sich zusammen und verschüttete die beiden Eingänge zum Keller. Um den 17. fing man an, die Trümmer wegzuräumen, weil man festgestellt hatte, daß zahlreiche Besucher sich im Keller befinden mußten. Als endlich die Eingänge freigelegt waren, bot sich ein schreckliches Bild. Die anwesenden Wehrmachtsangehörigen hatten erst die Gäste und dann sich selbst erschossen.«

Schließlich die Stimmen zweier Intellektueller: Otto Griebel und Victor Klemperer. Griebel, Maler und Zeichner im Dix-Umkreis, 1915 bis 1918 Kriegsteilnehmer, seit 1919 KPD-Mitglied, Naziverfolgter, Opfer der Aktion »Entartete Kunst«, wurde bei einer intimen Feier – es war ja Fastnacht, letzter Karnevalstag! – im Restaurant »Krokodil« vom ersten Angriff überrascht, traf seine aus der Wohnung geflohene Familie eher zufällig am Comeniusplatz, ging dreimal mit Sohn Jack unter immer stärkeren Beschwerden, so bei glühendem Asphalt, im Feuersturm heim, um Wichtiges zu retten, sah Wohnung und Atelier mit einem Großteil von Besitz und Kunstarbeit im Brand untergehen, fand die Familie, deren Schicksal am Comeniusplatz nahe dem schutzlosen Großen Garten ihm höchste Sorge machte, dort nicht mehr und suchte mit Jack vergebens nach ihr.

Griebel, der nach 1945 im Schul- und Hochschuldienst arbeitete und 1972 starb, schilderte Dresdens Schreckenszeit in zwei Kapiteln seiner aus dem Nachlaß komponierten und publizierten Autobiographie »Ich war ein Mann der Straße« und hielt das Inferno im Zyklus »Der Tod von Dresden« fest. Die Kapitel-Überschrift »Der Untergang einer Stadt« betont den Total-Eindruck vieler Dresdner von der Wucht, der Ausdehnung, der Unausweichlichkeit der Katastrophe und stellt einen für Griebel charakteristischen Konnex zwischen individueller Erfahrung und Stadtschicksal her: »Ich wußte nun, daß alles, was ich schuf und besaß, verloren war und ebenso im Feuer unterging wie unser geliebtes Dresden mit all seiner Pracht, seinen Schätzen und Menschen.« Vielleicht war aber ein Ausgebombter, vom Feuersturm fast Verschlungener, der nichts zu beschönigen suchte, sich aber auch nicht für immer niederwerfen ließ, für die persönliche wie die allgemeine Hoffnung auf Fortleben jenseits des Infernos prädestiniert: »Innerlich gab ich die Hoffnung, meine Angehörigen wiederzusehen, nicht einen einzigen Augenblick auf. Ich glaubte so fest und mit solch einer Kraft des Herzens daran, daß ein Zweifel gar keinen Raum hatte. Nur ein bitterer Schmerz wühlte in mir, als ich vor dem vernichteten Hause stand und nach den verödeten Fensterhöhlen unserer Wohnung emporschaute.« Und tatsächlich: nach dreiwöchiger banger Suche fanden Jack und sein Vater die Vermißten »wohl und gesund in Eschdorf im Kreise Pirna«, auf einem Bauernhof – da steht dann der menschlich schönste, wärmste Satz des ganzen bewegenden Buches: »Und nun trat uns mein achtjähriger Sohn Matthias mit strahlenden Augen aus dem Kuhstall entgegen« – der spätere ursächsische Direktor unseres Stadtmuseums. Nur folgerichtig, daß das – leider! – letzte Buchkapitel die Überschrift trägt: Hoffnung und Neubeginn. Das gilt auch für die durch furchtbare Opfer schwer geschundene, auferstandene Stadt, die freilich wiederum getrogene Hoffnungen erlitt.

Trennung nächster Menschen voneinander in Dresdens längster Nacht widerfuhr, zum Glück nur zweimal für relativ kurze Zeit, dem Ehepaar Victor und Eva Klemperer. Der von den Nazis aus Amt und Haus gejagte, schwer drangsalierte, kurz vor der Deportation stehende jüdische Romanist und Sprachforscher, dessen Tagebücher mehr als dreißig Jahre nach seinem Tod einen außerordentlichen internationalen Nachruhm erfuhren, verließ mit seiner nichtjüdischen Frau, deren Treue und Tapferkeit ihm zweifellos das Leben rettete, beim ersten Lancaster-Angriff das Dresdner Judenhaus Zeughausstraße 1 – Haus 1 und 3 standen dicht beim Platz der im November 1938 von den Nazis abgebrannten Semperschen Synagoge.

Die Klemperers hatten dort fast interniert, in stark eingeschränkter Bewegungsfreiheit gewohnt. Der erste Angriff traf sie am Abend des Tages, an dem Klemperer gezwungen wurde, Deportationsbefehle auszutragen, so auch zu jüdischen Familien beim Bahnhof und in Strehlen, und die kurz bevorstehende eigene Verschickung befürchten mußte. »Wäre es nun bei diesem ersten Angriff geblieben, er hätte sich mir als der bisher schrecklichste eingeprägt, während er sich jetzt, von der späteren Katastrophe überlagert, zu allgemeinem Umriß verwischt«, schreibt Klemperer im Tagebuch, dessen Luftkriegsnotizen er nach der Flucht aus Dresden vom 22. Februar an nachträgt, Die Katastrophe, sprich: das zweite Bombardement, traf die Klemperers wie alle anderen Zeugen und Opfer mit rasend schnellem Sprengstoffabwurf, Feuersturm, Riesenbränden, Toten, Ruinen. Zweimal trennten Einschläge und Anflüge in nächster Nähe das Paar voneinander, wobei Eva rettend in den arischen Keller des Albertinums gezerrt wurde und später an der Elbe nach Victor suchte. Schon vom ersten Wiederfinden schreibt er so bewegend wie kühl: »Wir begrüßten uns sehr herzlich, und der Verlust unserer Habe war uns völlig gleichgültig.« Der Diarist befürchtet, was doch nicht eintrat: »Nur um die Sammlungen zu LTI wäre es ewig schade.« Die Notizen dazu überlebten; Klemperers sahen die zwei Judenhäuser zertrümmert und »in vollen Flammen«. Schon ein Stück weg von Stadt und Inferno, bekennt Klemperer alttestamentarisch hart: »Sooft ich an den Schutthaufen Zeughausstraße 1 und 3 dachte und denke, hatte und habe doch auch ich das atavistische Gefühl: Jahwe! Dort hat man in Dresden die Synagoge niedergebrannt.«

Und dann, am Morgen des 15. Februar, auf einem vollgepfropften LKW, der nach Klotzsche, Dresdens Flughafen-Stadtteil, fährt, lösen sich die Klemperers aus ihrer physischen Gefangenschaft. Sie verstecken sich nicht mehr nur, nennen Behörden Namen und Daten, Eva trennt Victor den von ihm »Stella« genannten gelben Judenstern vom Mantel ab. Monate der Sorge, aber mit mehreren mutigen Helfern werden bis zum Mai folgen; die Sorge geht vor allem Victor nach, ein Ergebnis des jahrelangen ungeheuren Drucks: ein falscher Schritt, ein unkontrollierter Satz, eine Entdeckung, eine pedantische Streife, eine Denunziation, und er ist des Todes und sie mit, die ihr Leben riskiert und mehrere an Tollheit grenzende, doch schließlich glückende Pläne zum Entkommen nach Bayern schmiedet. Sie führt und rettet ihn und sich selbst, ermutigt durch das Überleben in der brennenden, zerschmetterten Stadt, durch die gelungene Flucht aus der Zeughausstraße: »Sie muß«, notiert er im Tagebuch, »überall die Handelnde und Sprechende sein, meine Geistesgegenwart oder Ruhe oder Tapferkeit reicht nicht aus, allein wäre ich bestimmt verloren. Ich bin mir durchaus bewußt, wie sehr sie ihr Leben aufs Spiel setzt, um meines zu retten.« Der Druck hat ihm übrigens nicht die Klarsicht geraubt, er sieht sich selbst sehr genau: »Ich dachte nichts, ich hatte nicht einmal Angst«, schreibt er im Hinblick auf den zweiten Angriff, »es war bloß eine ungeheure Spannung in mir, ich glaube, ich erwartete das Ende.« Die Gefahr erscheint ihm noch im Verlauf des Entkommens größer als unter Bomben und Feuersturm, die Hunderttausende bedrohen: »Immer wieder bewegt mich die doppelte Gefahr. Die Gefahr der Bomben und der Russen teile ich mit allen andern; die der STELLA ist meine ganz eigene und die weitaus größere … Ich stehe dem Tod genauso nahe wie in der Bombennacht.« Bei alledem ist er dem ihn umringenden Chaos gegenüber von höchster Aufmerksamkeit, und schließlich geschieht etwas, wofür dem Nach-Erzähler fast die Worte fehlen, weil er es nicht gänzlich nachempfinden kann: Eva und Victor Klemperer entkommen in eine – gewiß nur vorläufige, aber Lebensgefahr ausschließende – Freiheit; der mörderische Luftkrieg von Dresden mit seinen Zehntausenden von Toten und entsetzlichsten Zerstörungen hat ihnen und einigen anderen Juden das Leben gerettet! Die Klemperers haben wegen dieses Sieges niemals als Überlebende triumphiert; für uns Nachlebende aber bleibt das Glück, daß dieser kleine, zarte, starke Gelehrte das überwältigende Konvolut seiner Tagebücher hinterließ!

Die Stadt und der Strom

Das Schiff erzählt von der Stadt und vom Strom; es spricht von Geschichte und zeichnet die Physiognomie. Vom Landesteg Pillnitz ablegend, schwenkt es in die Flußmitte; es gleitet stromabwärts an der linkerhand liegenden Elbinsel, dem naturgeschützten, dicht zugewachsenen, Menschenzutritt verbotenen Hort seltener Vögel und Elbbiber, vorbei. Rechts schwimmt zugleich das berühmte dreigeschossige Wasserpalais des einstigen Lustschlosses Pillnitz heran, Pöppelmanns Werk; am dreiteiligen mittleren Hauptpavillon leuchten unter dem zweifach geschweiften, mit Dachhäuschen besetzten, von schlanken, türmchenartigen Schein-Schornsteinen bekrönten Walmdach Fassade und Hohlkehlen ockerorange und weiß; die Kehlen sind auf der ganzen Länge des Hauptbaus mit Phantasie-Chinoiserien geschmückt: mit Menschen und Personengruppen, Pagoden, bedachten Lauben, Wägelchen, exotischen Bäumen und Zierpflanzen, Kleintieren, Kamelen, langgestreckten Wolken, das Schmuckwerk im Mittelbau blau auf rotbraunem, an beiden Seitenflügeln braun auf orangenem Grund; die virtuellen Chinoiserien spiegeln den Zeitgeschmack Augusts des Starken, des Bauherrn. Der Fahrgast erblickt im Vorbeigleiten die Front teils echter, teils gemalter Fenster, die vergitterten Balkone, die zweiflügelige geschwungene Freitreppe vom Mittelstockwerk zum Uferweg, die Goldspitzen auf Türmchen und Geländern und die zweite, amphitheatralische, breite, geländerlose, durch vorspringende Mauern gerahmte Freitreppe hinab zum Wasser des ehemaligen Gondelhafens. Das Schiff, ein Raddampfer, gehört zur Weißen Flotte; die Schaufelräder arbeiten in schnellem klopfendem Rhythmus backbord und steuerbord in der Schiffsmitte, das Wasser wirbelt und stiebt; der kleine Dampfer mit dem hohen schwarzen Schornstein kreuzt die Bahn der Doppelfähre für Fußgänger und Fahrzeuge zwischen Pillnitz rechts und Kleinzschachwitz links, und nun öffnen sich dem Blick vor dem Bug Elbwiesen an beiden Ufern, darauf starke Baumgruppen, schöne, laubstrotzende Weiden und Pappeln, sattes Grün. Der Fahrgast wendet sich für Augenblicke zum Heck, nach Osten, im leicht bläulichen Dunst ragen die Felsmassive von Königstein und Lilienstein auf, das Elbsandsteingebirge, nach Süden zu grenzt das Erzgebirge mit Ausläufern an; vor dem inneren Auge des Passagiers aber steigt, während er versonnen zum Bug zurückgeht, ein Bild auf, ein meisterhaftes romantisches Kunst-Bild: Im goldgelben Abendlicht, das sich auf dem nur sanft gewellten, beinahe glatten Wasser des Stromes spiegelt, steht links ein machtvoll-steiler Felsberg, von einer Burgruine gekrönt, rechts ein dunkelgrüner Hang mit einigen Bäumen obenauf, am Horizont hinter flacheren Erhebungen ein böhmischer Kegelberg, in der Bildmitte vorn ein sanft über den Fluß gleitendes Boot mit acht Personen, darunter ein Harfner, ein übers Wasser gebeugtes Kind, ein stehender, zur Burg aufschauender Wandersmann mit langem Stecken, ein Pärchen und im Heck der rudernde Fährmann: »Überfahrt über die Elbe am Schreckenstein«, erinnert sich der Passagier, ein Bild des Friedens von Ludwig Richter (1837), Galerie Neue Meister, Albertinum Dresden. Der Mann steht jetzt am Bug; über den Wiesen am rechten Ufer und weiter elbabwärts steht, bedeckt von kräftigem Waldgrün, die mächtige Gesteinsplatte des Elbhangs, darunter leuchtet, eingebettet am flachen Ufer, die Schifferkirche Maria am Wasser Hosterwitz, mit goldgelb-weißer Fassade und Zwiebelturm, einstmals Wallfahrtskirche der Flußfahrer. Der Beobachter schaut ins schnell strömende, von sirrenden Schwalben und kreischenden Möwen überflogene Wasser: wenn er jetzt die Augen schließt, sieht er die wechselnden Wasserstände und -färbungen je nach Wetter: braungrau und dunkelbraun, da und dort graugrün überschattet bei verhangenem Himmel und wenn Regenschauer und Stürme durchs Elbtal fauchen, dagegen silbern, grell gleißend der Fluß in heller Frühsonne, zuweilen fast spiegelglatt, dann wieder aufgerauht mit kleinen Wellen und Schaumkrönchen, hin und wieder, nicht oft, der Strom mediterranblau unter klarem, strahlend wolkenlosem Firmament: also Nuancen reichlich, Zwischentöne, Buntheiten, Düsternisse – und nun linksseitig, wo die Aue vorerst endet, der Ortseingang Laubegast, die kleine Werft, in den Neunzigern schon fast abgesackt, dann durch einen mutigen Investor aufgefangen, Werkstatt der Weißen Flotte, zuweilen einer der Dampfer aufgedockt, Zeithafen kleinerer Boote und Fähren, nach jahrelangen Unkenrufen wieder stabil, auch ein paar Wracks, die vor sich hin rosten – am Gegenufer nun das Wasserwerk Hosterwitz, vom berühmten Baumeister Erlwein vor hundert Jahren errichtet, hohes Dach, Türmchen obenauf, daneben kahle Zweckbauten; das Schiff läuft jetzt auf gleicher Strecke mit dem Laubegaster Ufer, buntes Stilgemisch der Häuser je nach Alter, herausragend die Hartmannsche Villa, Grundton grau, angelegt wie ein würfelförmiges Schlößchen mit Balkonen, Pilastern, prächtigen Mittel- und Seitenrisaliten, Ornamenten, geschwärzten Dachfiguren, das Walmdach aus Schiefer, einst eine Fabrikantenvilla, viele Jahre städtische Kita; ein Stück weiter das renovierte Volkshaus, wo die große tapfere verarmte Caroline Friederike Neuberin 1760 starb; wenige Schritte stromabwärts ihr Denkmal von 1776, schwarzgrauer Stein, Lorbeer und Masken als steinerne Zierde, dunkelgraues Metall-Relief, Kopf und Oberkörper der berühmten Komödiantin, »Mutter der deutschen Schauspielkunst«, tief dekolletiert; und wieder wandert der Blick zum anderen Ufer, Niederpoyritz, Wachwitz, die Pillnitzer Landstraße, über allem der Elbhang, hier hoch und steil, dicht bewaldet (im Frühjahr, erinnert sich der Fahrgast, das erst helle, dann allmählich dunklere, satte Laubgrün des Hangwaldes, das Grün, das von Tag zu Tag höher steigt und endlich die obersten Wipfel füllt), eingesprengt an schmalen, steilen Straßen die Hanghäuser, an Zahl gerade noch erträglich; die Sonne, die leuchtend über den leicht gewellten Kamm steigt, das Tal in Goldlicht taucht, oder der Abendvollmond, wie er sich, ein runder, gelblicher, riesiger Schädel, erst über die höchsten Wipfel hebt, dann kleiner, feiner, heller weiß in den Nachthimmel steigt. Jetzt aber, bei hellem Mittagslicht, stolziert auf einer schmalen, großsteinigen Mole, einem früheren Treidler-(in Dresden: Bomätscher) Pfad, unter dem Laubegaster Uferdamm ein Graureiher, über das Schiff hinweg knattert ein Schwarm krächzender Graugänse und landet zischend in einer kleinen Bucht unter dem Denkmal; seltener, erzählt der Passagier hinzutretenden Fremden, zeigt sich ein Schwanenpaar, ganz selten, wundersam, mit starr vorgestreckten Hälsen, heftig schlagenden Flügeln rauscht ein fünf- oder sechsköpfiger Schwanenschwarm stromaufwärts; der Fahrgast zeigt den Neugierigen die über dreihundert Jahre alte Winterlinde am Haus 17 des Laubegaster Ufers, dazu ein kleines schicksalsträchtiges Metallschild in der weißen Hauswand, am Oberrand der Erdgeschoßfenster: die Markierung der Jahrhundertflut vom August 2002, binnen weniger Stunden überschwemmte die reißende rauschende Elbe nach schwersten Regenfällen die Wiesen beider Ufer, drang in die Vororte, verschlang Keller und ganze Häuser, versetzte

ganz Laubegast in den Zustand einer Insel, in deren Straßen das Wasser
zu brusthohen Bächen und Flüssen anschwoll, auf denen Rettungsdien-
ste mit Motorbooten die Eingeschlossenen aus den Fenstern der Par-
terre-Geschosse hievten, mehrere Häuser wurden abgerissen und neu
errichtet, erzählt der Passagier, während sich links vom Dampfer, zwischen Laubegast und Tolkewitz die berühmten Elbauen nun Hunderte
von Metern breit öffnen, am rechten Ufer Pferde auf schmalen Weiden
grasen und hin und her jagen, die kleine gelbweiße Motorfähre den
Strom vor dem Dampfer kreuzt; links also nun, im Anfang einer leichten Linksbiegung des Flusses, die ganz flache Wiesenfläche, rechts dicht
hinter der Landstraße, der Häuserreihe der Steilhang, obenauf der einsame Fernsehturm, an dessen Spitze nachts rote Warnlampen rhyth-
misch blinken.

Und sowie der Dampfer in gleichmäßig-zügiger Fahrt erneut eine
Strecke geraden Flußlaufs findet, links mit dem starkbevölkerten Elb-
radweg, rechts parallel mit der Landstraße, links an Tolkewitz vorbei auf
Blasewitz zu, rechts, Wachwitz hinter sich lassend, nach Loschwitz, wo
Ludwig Richter viele Jahre seinen Sommersitz hatte, erblicken die Pas-
sagiere am leicht schäumenden Bug erst weit voraus, doch rasch näher
kommend »Dresdens wunderlichste Brücke«, so ihr Porträtist und Historiker, der Dresdner Dichter Michael Wüstefeld – die Brücke mit
dem 146 Meter lang frei tragenden Mittelteil und dem populärsten
Kose- und Spitznamen der Stadt: »Blaues Wunder«, 1893 eingeweiht,
nach jahrelangen dringlichen Forderungen aus der Bevölkerung projektiert und erbaut von dem Beamten des Finanzministeriums Claus
Köpcke, der war seit 1869 Professor für Entwurf und Ausführung von
Eisenbahn-, Straßen- und Wasserbauten an der Polytechnischen Schule
Dresden, der späteren Technischen Hochschule/Technischen Universität Dresden, ein Experte für Hängefachwerk mit drei Gelenken, ein
Meisterstück mit zeitweilig 2000 Arbeitern an der Baustelle, die in nur
neun Monaten die aus 3800 Tonnen basischem Siemens-Martin-Stahl
vorgefertigten und per Bahn und Schiff herantransportierten Teile mit
97 Tonnen Nieten zu einer Brücke montierten. Vor den faszinierten
Fahrgästen wächst ein wunderbar harmonisches Bauwerk hoch: eine
schnurgerade, pfeilerlos über die ganze Flußbreite gezogene Brücken-
straße mit an zwei mächtigen, stark verstrebten Uferpfeilern festge-
machten Aufbauten – stumpfwinkligen, gleichschenkligen Dreiecken
aus Stahl, die ebenmäßigen, unten feingebogenen Schenkel sind innen

miteinander, außen mit dem Festland verbunden; das ganze Werk aber ist mit einem hellen Mattblau gefärbt, das den Namen gab; doch »das Wunderlichste einer solchen Brücke: das technisch Beeindruckendste bleibt dem Betrachter verborgen, nämlich ihre an beiden Ufern eingemauerte Verankerung« (Wüstefeld, ehemals Ingenieur und jahrelang täglicher Benutzer der Brücke), die Ankerkammern, »bis 11 Meter unter Oberkante Straße«, stabilisieren den Bau mit rund 1500 Tonnen unter der Oberfläche. Das Schiff aber, von dem hier suggeriert wird, es erzähle den Reisenden Geschichten von Stadt und Strom, steuert den Landesteg Loschwitz an, tutet tief, lädt Leute aus und ein, gewährt von unten etwas unheimliche Einblicke in die schwere Trägerkonstruktion, öffnet sodann, weiterdampfend, den Blasewitz-Blick auf das Restaurant »Villa Marie« mit italienischem Exterieur, auf das »Café Toscana« und eine lange Häuserfront aus rotem Backstein; dahinter dann ein weites, langgestrecktes, völlig ebenes, fast baumloses Wiesenareal, rechts dagegen der dichtbebaute, dennoch von üppigem Baumbestand begrünte Hang bis nahe an den Fluß, der nun, hinter einem schmalen Hafenbecken, das Schiff scheinbar mit sich ziehend, zu einer weiteren Linksschleife ansetzt – der heimische Fahrgast zeigt nach hoch oben, auf den Luisenhof mit der Terrasse für weiten Panoramablick, auf die weiße Kugel eines Planetariums daneben, am Rand des Stadtteils »Weißer Hirsch«, den man mit Standseil- oder Schwebebahn, zu Fuß aber über die steile Plattleite erreicht. Kurz darauf passiert der Dampfer den ehemaligen Weinberg mit Rasthäuschen und denkmalgeschütztem Landhaus des genialen Goldschmieds und Hofjuweliers Johann Melchior Dinglinger (1664 bis 1751), eines Hauptkünstlers von August dem Starken; gleich hinter der Mündung des Mordgrundwassers erreicht das Schiff die drei schon länger sichtbaren, hoch nebeneinandergelegenen Elbschlösser, Blickfänger der Talfahrt, von prächtigen Parks umgebene Aussichtsplätze mit herrlicher Sicht über Elbtal, Stadt und Südhöhen des Erzgebirges. Zuerst die Villa Souchay des gleichnamigen Großkaufmanns, mit altem Grundstücksnamen auch Schloß Eckberg genannt, 1859–61 von Christian Friedrich Arnold auf merkwürdig asymmetrischem Grundriß im neogotischen Stil dreitürmig auf hoher Stützmauer mit Aussichtsrondell errichtet, seit 1985 Hotel; gleich daneben die Villa Stockhausen, 1850–53 für den gleichnamigen Kammerherrn des Preußenprinzen Albrecht von Adolf Lohse gebaut, später als Lingner-Schloß bekannt, das der steinreiche, im Mausoleum unten am Hang beigesetzte Odol-Erfinder Karl August Lingner 1906 erwarb, spätklassizistisch, zweitürmig. sandsteinverkleidet, nach Lingners Tod im Besitz der Stadt; schließlich Schloß Albrechtsberg, 1850–54 von Lohse für den genannten Prinzen errichtet, der wegen einer unstandesgemäßen Ehe außerhalb Preußens leben mußte: »Der stattliche dreigeschossige Sandsteinbau wurde nach dem Vorbild römischer Renaissance-Villen im Stil des Berliner Spätklassizismus erbaut. Er ist mit seinen zwei Flankentürmen symmetrisch angelegt, hat eine Hauptschauseite zur Elbe hin, während die Front zur Straße mit eindrucksvoller Treppenanlage und Flügelbauten Wirtschaftszwecken vorbehalten ist. Besonders reizvoll ist die Gestaltung der Südseite mit weiträumiger oberer Terrasse und großer unterer Terrasse mit Säulenhalle und Wasserbecken und deren Verbindung durch weitläufige Treppenanlagen«, so das »Stadtlexikon Dresden«.

Das Schiff erzählt von der Stadt am Strom, ihrer Geschichte, ihrem Antlitz. Es verlangt den Passagieren die Entdeckung einer optischen Täuschung, eines Vertauschungs- und Vexierspiels ab: Indem es der weiten, flachen Linksbiegung von Loschwitz bis zur Albertbrücke, ins Herz Dresdens folgt, läßt sein Kurs vor den Augen der Beobachter in der größeren Ferne auftauchende, weithin sichtbare Bauten nicht nur dort von links ins Blickfeld treten, wo sie tatsächlich auf dem linken, den altstädtischen Ufer stehen, sondern auch markante Gebäude des rechten, des neustädtischen Ufers: die spitztürmige Martin-Luther-Kirche nahe der Bautzner Straße, die Dreikönigskirche nahe dem Albertplatz, das goldgekrönte Gesamtministerium mit der Staatskanzlei am sogenannten Königsufer. Wer diese Strecke zum erstenmal fährt, braucht Zeit, um den Irrtum zu erkennen, die Täuschung aufzuheben; selbstverständlich klärt sich die Topographie im Tempo der Annäherung. Diese geht nun scheinbar beschleunigt vor sich – was eine neuerliche Täuschung sein kann: Der Dampfer dringt jetzt in die dichte innere Stadt vor. Hinter den Schlössern passiert er rasch die Saloppe, Dresdens ältestes Wasserwerk direkt am Strom; gleich dahinter, auf halber Höhe, teils durch Bäume verdeckt, das weißgraue ehemalige Stasi-Gebäude unseligen Angedenkens, Putin ging dort aus und ein; nicht weit weg – der Elbhang ist nun zu Ende, andere, flacher fallende, auch weiter zurückliegende Höhen schließen sich an – nicht weit weg also jetzt das Waldschlößchen-Areal, von wo aus nach dem Willen eines Teils der Stadtpolitik und der nicht immer unmittelbar betroffenen Bevölkerung ein Brückenmonster über den Strom und die herrlichen Elbauen gespannt werden soll; gleichzeitig gelangt der Dampfer nun rechts in die geschlossenen Wohnviertel der Neustadt mit immer schmalerem Wiesengrund, links aber erscheinen die Nachkriegs-Plattenbauten der Johannstadt, Blöcke und Hochhäuser eines im Bombardement zerschmetterten Stadtteils, und hinter ihnen nahen die berühmten alten Türme, ihre Wiedergeburten, Meisterstücke der Nach- und Neuschöpfung, das unvergeßliche historische Dresden, die Elbfront, das Weltpanorama der Brühlschen Terrasse und des Theaterplatzes – der Einheimische schildert es den Gästen im vorauf in der Perspektive eines kleinen, subtilen Gemäldes des Polyhistors Carl Gustav Carus: Auf einem Boot mit zeltartiger Überdachung steht in der Bugspitze ein Mann mit langem Ruder, schräg links hinter ihm, unterm Dach, sitzt eine offenbar gutsituierte Dame, beides Rückenfiguren, beide (so wie jetzt die Dampfergäste) auf die Stadtsilhouette schauend, die halb noch fern, halb schon nah, jedenfalls in leichtem Dunst liegt, gut zu erkennen sind im Bild wie in der Realität der Dampferfahrt Kreuzkirche, Frauenkirche, Schloßturm, Hofkirche, Augustusbrücke:»Kahnfahrt auf der Elbe«, in Öl, nur 29 x 21 cm, von 1827, da gab es nur diese eine Brücke; das heutige Schiff ist schneller als das damalige Boot, der heutige Tourist hat jetzt schon die erste Innenstadtbrücke vor sich, die Albertbrücke, eine 1877 in Dienst gestellte, nach dem populären König Albert benannte schöne Sandsteinbrücke mit vier Strom- und fünf Uferbögen, sechs Bögen kriegszerstört, die Brücke rasch und gut wiederaufgebaut: Das Schiff taucht unter ihr hindurch, das Wasser rauscht mit leisem Widerhall; rechts gleitet das Königsufer vorbei, der »Bogenschütze«, Plastik von Ernst Moritz Geyger, scheint auf das Boot zu zielen; und nun unmittelbar im Blick der Fahrgäste das Gesamtministerium, pompöser Neobarock-Bau von 1900 bis 1904 mit mächtigem Turm, in der Sonne funkelnder Goldkrone; schon taucht der Dampfer, die Fahrt verlangsamend, ins Halbdunkel unter der Carolabrücke, neu errichtet als Stahlbeton-Bauwerk, und gleich darauf, nahe am linken, dem Terrassenufer, die Schiffswende in die Stromauf-Richtung, dicht vor dem Panoramawunder, das wohl jedem beim ersten Anblick die Sprache verschlägt, die Brühlsche Terrasse, der »Balkon Europas«, und all die angrenzenden Schönheiten.

An der flachen Kaimauer, an der Festungswand zur Fassade der Kunstakademie hochschauend, beschließt der Passagier, an Land die Bezauberung durch das hochgebaute Kunstwerk der Silhouette zu vertiefen. Er eilt die gerade Straße »Terrassenufer« zwischen Anleger und Festungsmauer stromaufwärts entlang, steigt an der Hinterfront der Neuen Synagoge treppauf zur Carolabrücke, läuft schnell hinüber bis ungefähr an den flachen neustädtischen Uferrand, verhält etwa fünfzehn Meter über dem Wasserspiegel und erhebt nun den Carolabrücken-Blick auf das einzigartige Panorama der Elbfront, zur Brühlschen Terrasse, die sich über einen halben Kilometer bis an die Altstadtmündung der Augustusbrücke erstreckt und auf den erhaltenen dicken Mauern der ehemaligen Festung ruht – die Schilderung folgt nun dem wandernden Blick stromabwärts links, fängt an der Nordost-Eckbastion auf Straßenhöhe das Moritzmonument ein, das Memorial für Sachsens größten Kurfürsten, seinen Bruder August und beider Gattinnen; am Ostende der Terrasse verdeckt dichter hoher Baumbestand das Albertinum fast ganz, auf dem Gelände des ehemaligen Zeughauses die Heimstatt der Galerie Neue Meister, der Skulpturen- und Münzsammlung, jahrzehntelang auch des Grünen Gewölbes; im Hintergrund über den Wipfeln in einiger Entfernung die kupfergrüne Spitze des Rathausturmes mit dem fünf Meter hohen, vergoldeten, muskelstrotzenden Rathausmann und nahebei die schwarztürmige Kreuzkirche mit dem goldenen Namenszeichen obenauf; neben dem Albertinum flußabwärts die breit angelegte, pompöse Kunstakademie samt Ausstellungsgebäude, 1887–1894 von Konstantin Lipsius erbaut, ein »Stilkonglomerat«, wie der lehrreiche »Architekturführer Dresden« in den Händen des faszinierten Betrachters leicht boshaft meldet: »Neubarocke Formen verbinden sich mit Elementen des französischen Manierismus und der ornamentalen Prachtentfaltung zeitgenössischer französischer Architektur.« Das Gebäude, liest man, eine Vierflügelanlage mit großem Innenhof, sei so differenziert und komplex, daß es aus keinem Standort vollständig zu erfassen sei; die Nordseite besteche durch Monumentalität und gestalterischen Reichtum, die elfachsige symmetrische Fassade werde durch die Atelierfenster beherrscht; daß die verglaste, gefaltete Kuppel während und nach der Bauzeit als störender Gegenpol zur Frauenkirche Ärgernis erregte, ist für damals begreiflich; heute erscheint die »Zitronenpresse«, wie sie im Volksmund heißt, eher als brave Karikatur, das Schönste an ihr ist die auf der Spitze schwebende goldene »Fama«. Hinter der Akademie erhebt sich George Bährs Frauenkirche. Sie ist gewaltig. Sie ist herkulisch schön. Ihre wunderbare Kuppel, die »steinerne Glocke«, ragt in die Welt hinaus. Ihre alt-neue, beigefarbene Schönheit mit den eingesetzten, an den Schmerz der Zerstörung gemahnenden alten Steinen symbolisiert die Stadt: Man sieht sie von allen Seiten, sie ist allgegenwärtig. Auf der höchsten Spitze leuchtet das goldene Turmkreuz mit seinen Strahlen, geschaffen vom Sohn eines britischen Bomberpiloten; es verkündet Frieden und Versöhnung.

Die Blicke des für Minuten versunkenen Betrachters wandern weiter: zum kleinen Palais der Sekundogenitur, für zweite Prinzen gedacht, mit cremefarbenen Außenwänden und grünlichem Kupferdach; dahinter und daneben der große Brocken des Ständehauses mit in die Stadtsilhouette ragendem, seitlich angebautem, schlichtem Turm, kein Baujuwel wie die Nachbar-Architekturwerke: zurückgesetzt das Residenzschloß, eine der ältesten, vielgestaltigsten Bauten der Stadt, im Carolabrücken-Blick glanz- und kraftvoll dargestellt durch den starken Hausmannsturm mit seinem Aussichts-Rundbalkon, den prächtigen, goldzifferblattgeschmückten Uhren, der geschweiften welschen Haube, der subtilen Laterne und der stabdünn auslaufenden Spitze mit goldener Wetterfahne obenauf; sodann, zusammen mit dem Ständehaus den Schloßturm rahmend (so scheint es dem Mann auf der Brücke), die einstige Hofkirche, jetzige Kathedrale in ihrer filigranen Richesse, mit der Turmfront zum Strom, dem durchsichtig schlanken Turm selbst und – klein – einigen der freistehenden Dachheiligen – von dort gleitet der Blick des hoch über dem strömenden Wasser Stehenden über die Terrasse hinaus und endet an Gottfried Sempers Opernhaus, das er in halbschräger Position, mit der nordöstlichen Längsfront als Zentrum, der geschmälerten Portalfront zum Schloß gewendet und mit rhombischen kupfergrünen Dachflächen wahrnimmt; das weltberühmte, zweimal vernichtete und wiederauferstandene Gebäude strömt eine wundersame, unerschütterliche Ruhe aus.

Der Beobachter steigt von der Carolabrücke hinab, wandert ein Stück auf dem rechten Uferweg entlang, unter der Augustusbrücke hindurch, und erreicht einen Standort unterhalb des »Bellevue«-Hotels, wo er die grandiose Silhouette aus der Perspektive eines berühmten italienischen Malers wahrnimmt, der vor ungefähr 260 Jahren eine Serie von Stadtgemälden schuf: Das ist der legendäre Canaletto-Blick. Noch ein Stück Weg weiter bei der doppelten Marienbrücke (Eisenbahn und Straße nebeneinander) hat der Spaziergänger die Elbfront in großartiger Breite vor sich, nun aber, verglichen mit der Carolabrücke, um fast 180 Grad gedreht. Er schaut dann stromabwärts ins weite Elbtal, findet neben anderem links das Ostra-Gehege mit dem seltsamen Turmbau und ahnt fernerhin das uralte Meißen, rechts aber Pieschen mit der heiteren, im Wasser stehenden Undine-Plastik der ausgezeichneten Künstlerin Angela Hampel, ferner das kleine Schloß Übigau, dahinter die Radebeuler Höhen mit Weinbergen; auf dem Wasser dann und wann ein sprechendes weißes Schiff mit hohem Schornstein.

Das Welterbe-Komitee der Unesco hat dieses Ensemble von Stadt und waldigen Höhen, von Strom und Tal als Weltkulturerbe ausgezeichnet; das Terrain reicht vom Dorf Söbrigen dicht-südlich Pillnitz bis zum Übigauer Schloß, 18 Kilometer lang, beidufrig zwischen 500 und 3000 Meter breit. Gemäß dem Postulat des Unesco-Statuts, daß ein ins Weltkulturerbe aufzunehmendes Areal eine sich weiterentwickelnde Kulturlandschaft von außerordentlichem und universellem Wert und hoher Authentizität sein müsse, ist Dresden am 2. Juli 2004 bei der Tagung des Komitees in China ohne Gegenstimme aufgenommen worden.

Der Fahrgast kehrt spätabends noch einmal zur Terrasse, an die Brükken zurück. Zauberhafter Glanz vom Licht der Laternen und Scheinwerfer fällt auf das Panorama der historischen Stadt; die Kathedrale schimmert grün, das Opernhaus hellbraun: der Strom spiegelt die Lichter wider: Dresden leuchtet.

Es leuchtete schon vor vielen Jahren: »Es ist überhaupt schon an sich diese Terrasse vieler Lobsprüche und wöchentlicher Besuche wert als eine himmlische Stätte wahrer Lenz- und Sommer-Abendfeier, eine Natur-Vesperkirche, wie Deutschland sie in einer Stadt selber wohl selten aufzeigt. Du stehst da oben zwischen der alten Stadt und der neuen in einer gebildeten und reizenden Gesellschaft und schauest unter Bäumen und unter Tönen an die grünenden Gebirgwandungen der Nähe und dann hinab zum breiten Elbstrom und zum Triumphbogen Dresdens, zur Elbbrücke, auf der im Abendglanze zwei lange Menschenreihen als Bilder des Lebens sich einander entgegen wandeln, aber auf abgetrennten Bahnen, und unter welcher die Fahrzeuge flattern und wieder Menschen unten durch führen – Und dein Auge zieht der Stromkette und der Bergkette nach über die blühende Ebene weg, bis sich beide ineinander verlieren und endlich in die untergehende Sonne verfließen, welche noch ihren letzten Purpur auf die Freudenhöhe deckt. – Bist du aber überfüllt und doch nicht gesättigt, so wende dich nach Morgen um und der Mond kommt mit seinen Silberlichtern herauf und verklärt nun alles, Ort und Strom und Ferne, zu einer seligen

Vergangenheit und Zukunft auf einmal, worin die Freuden nur himmlisch dämmern, nicht irdisch blitzen.« (Jean Paul: »Berichtigung eines
chronologischen Irrtums über die Abreise Jean Pauls von Dresden«,
1822)

Moritz von Sachsen

Der Schuß war tödlich. Die Pistolenkugel durchschlug den eisernen, aber nicht sonderlich starken schwarzen Harnisch in Höhe der linken Niere des Kurfürsten, ungefähr handbreit vom Rückgrat entfernt, dicht bei einer Art Gürtel aus Metall, unter dem der schlicht ornamentierte Saum des Harnischs sitzt. Der Einschuß ist ungefähr so groß wie ein Markstück; der gesamte Rand des Lochs ist nach innen gebogen und zeigt so das Eindringen des Geschosses in den Körper. In einer ständigen Ausstellung des Residenzschlosses hatte man Harnisch, geschlossenes Helmvisier, eiserne Bein- und Armverkleidung jederzeit vor sich, die Rüstung bekleidet eine lebensgroße, völlig gewappnete Figur, die in einer allseitig einsehbaren hohen Glasvitrine auf einer runden Metallplatte steht, sich mit beiden eisernen Händen auf einen schmalen, hohen Säbel stützt und ganz leicht nach vorn geneigt ist, als müsse sie im nächsten Augenblick vornüberfallen. Von der Vitrinenfigur kann man auf den 9. Juli 1553 schließen, den Tag des Schusses gegen Sachsens größten Wettiner, der mit zweiunddreißig Jahren in der Schlacht von Sievershausen bei Hannover gegen den Markgrafen Albrecht Alkibiades von Brandenburg-Kulmbach, einen Landräuber, Mordbrenner und Terroristen, tödlich verwundet wurde und zwei Tage später an dem Mordsschuß starb – so die landläufige Deutung, die man erst zögerlich, letzten Endes aber nachhaltig teilen wird, wenn auch die Auslegung des Georg Weck in »Der Churfürstlich Sächsischen weitberuffenen Residenz und Haupt-Vestung Dresden Beschreib- und Vorstellung« von 1680 etwas nebulös bleibt: der Schuß sei aus Unachtsamkeit eigener Leute abgefeuert worden – was heißt das aber?

Die Gerüchteküche brodelt bis heute, auch in den wissenschaftlichen Labors: Machten nicht Haß, Feindschaft, Rachsucht gegen den früher als »Judas von Meißen« beschimpften Mit-Sieger der Schlacht bei Mühlberg 1547 einen gezielten Anschlag aus dem Hinterhalt plausibel – also Meuchelmord? Gab es nicht zwielichtige Machenschaften des starr katholischen Herzogs Heinrich von Braunschweig, dessen beide Söhne bei Sievershausen fielen und in dessen Wolfenbüttler Residenz der verwundete Kurfürst gestorben sein soll? Gab es nicht Berichte oder Gerüchte über ärztliche Diagnosen, die die Verwundung ungefährlich nannten, über Anstiftungen, Giftanschläge, Mordpläne aus dem Umkreis Kaiser Karls gegen seinen Demütiger Moritz, der ihn 1552 militärisch vom deutschen Boden vertrieben hatte? Wahrscheinlichkeit und Lächerlichkeit solcher Vermutungen halten sich die Waage, wo Beweise fehlen. Was immer man aber als Todesursache annimmt: Moritz starb auf der Höhe seiner Macht und seines Ansehens als bedeutendster deutscher Fürst der Jahrhundertmitte, der in den letzten Jahren seines kurzen, rastlosen Lebens, in der zweiten Hälfte seiner zwölfjährigen Regierungszeit geniale Züge zeigte.

Nichts davon war ihm an der Wiege gesungen worden. Am 21. März 1521 in Freiberg geboren, wuchs er als albertinischer Sekundogenitur-Prinz ohne Chance und Anspruch auf Herrschaft und politischen Einfluß heran: Sein Onkel, Herzog Georg, regierte in Dresden das ganze Territorium, sein Vater, Herzog Heinrich der Fromme, hatte die Ämter Freiberg und Wolkenstein zur Verfügung und hielt, an Politik und Dresdner Ehrgeiz kaum interessiert, bescheiden hof; beide Brüder waren streng katholisch. Das untergrub Katharina, Moritzens Mutter, die dem Sohn Energie, Tatkraft, Ausdauer, Scharfsinn mitgab – und einen Schuß intrigante Schläue: Die dänische Prinzessin und frühzeitige Protestantin arbeitete so lange für die Reformation, bis sie ihr schwacher Gatte 1536 in seinem Gebiet zur Staatsreligion erklärte. Wohl hauptsächlich von ihr angespornt, lernte der junge Prinz mehrere kraß gegensätzliche Stationen kennen: ab 1532 den durch Unsittlichkeit, Frivolität, hohle Phrasen-Religiosität heruntergekommenen Hallenser Hof seines Patenonkels Kardinal Albrecht; ab 1534 für drei Jahre Georgs Dresdner Residenz, wo Moritz Sittenstrenge, unerschütterliche Altgläubigkeit, Arbeitsfleiß, vorzügliche Verwaltung, vorbildliches Eheleben des Herrscherpaares und Langeweile vorfand; um 1537 den Hof des überzeugt evangelischen, kurfürstlich-ernestinischen Vetters Johann Friedrich – Luther soll den jungen Gast angesehen und den Landesherrn gewarnt haben, er möge in ihm keinen jungen Löwen aufziehen.

Der Sechzehnjährige muß also schon die Krallen gezeigt haben, und sei es nur, weil er an den Aufenthaltsorten durch die absurde Konstruktion des sächsischen Doppel-Staatswesens irritiert war: In der sogenannten Leipziger Teilung von 1485 hatten die wettinischen Brüder Kurfürst Ernst und Herzog Albrecht das sächsische Territorium aufgespalten, aus dem nach Habsburg zweitstärksten deutschen Land zwei mittelgroße, geschwächte Fürstentümer gemacht sowie das ältere ernestinische Kurfürstentum Sachsen mit den Residenzen Wittenberg, Torgau und Weimar und das albertinische Herzogtum mit Dresden als Residenz errichtet – eine der wider-, um nicht zu sagen blödsinnigsten Entscheidungen der neueren deutschen Geschichte. Auf eine vermeintlich produktive Konföderation und Verschränkung angelegt, zerfiel das Doppel-Land mit der zweiten und dritten Generation nach den Gründern in Zwisten, Konflikten, Kämpfen bis an den Rand der Selbstzerstörung, wozu die zeitweilig ruinöse Glaubensspaltung nach der Reformation verschärfend beitrug – als Moritz nach dem unerwarteten Hinsterben aller in der Erbfolge vor ihm Liegenden und Berechtigten, auch seines als Regent überforderten Vaters, 1541 mit Zwanzig Albertiner-Herzog zu Dresden wurde, stand ihm als oberstes, vorerst freilich fernes Ziel die Wiedervereinigung Sachsens vor Augen, und er wußte, daß sie vielleicht nur mit dem Schwert gegen den kurfürstlichen Vetter zu gewinnen war.

Bevor er selbst es erhebt, nimmt er die Lage wahr, in die er, zunächst ohne eigenes Zutun, gestellt ist: International ein überseeisch expandierendes Europa, Weltentdeckung und Eroberung durch die führenden Seemächte, enormer Reichtum an Edelmetallen etwa der Spanier und Portugiesen, gewaltige Steigerungen der Güterproduktion, Aufstieg der Geldwirtschaft mit konformen Finanzbürokratien; im Inneren den Aufbruch der an den altgläubigen Vesten stürmisch rüttelnden Reformation mit Sachsen als Stammland, den Bauernaufstand, den katholische wie evangelische Fürsten gleichermaßen niederschlagen, die Entwicklung zum Territorialstaat mit frühabsolutistischer Herrschaftsform, der Fürst nicht Privatherrscher, sondern oberste Staatsspitze und Machtmitte, strikt an Macht- und Gebietsgewinn orientiert.

Diesem obersten Ziel entspricht bei Herzog Moritz die Wiedervereinigung des Landes mit ihm als Kurfürsten; sie geht mit der Bewahrung der Reformation, die sein Vater 1539 in ganz Sachsen eingeführt hatte und die den Fürsten reiche Kirchengüter eintrug, undogmatisch einher, will sagen: Moritz versucht, im Gegensatz zu seinen protestantischen Vorläufern, Politik und Glauben scharf zu trennen, wo immer das möglich erscheint und Vorteil verspricht – das Zwielicht um sein Handeln und seine Persönlichkeit entsteht durch diese sehr heikle Differenzierungsstrategie, er will weder dem evangelischen Schmalkaldener noch dem katholischen Nürnberger Bund ganz und ewig angehören: er schwankt und wechselt die Bündnisse, wie es das Leitziel vorschreibt; er paktiert also mit dem Kaiser gegen die protestantischen »Brüder«, gegen den ernestinischen Vetter; er siegt mit Karl V. bei Mühlberg und gewinnt die Kurfürstenwürde, auch wenn, zu seiner Enttäuschung, der Kaiser dem gestürzten Wittenberger Teile seines Territoriums läßt, damit Moritz nicht zu stark wird. Daß dieser das Schwert als erster zog, hielt er trotz des Verwandtenkrieges, trotz schwerer innerer Konflikte, trotz des Widerstands der eigenen evangelischen Familie für unabdingbar – der Erfolg gab ihm zumindest politisch und militärisch recht, und letzten Endes war er der einzig fähige, der stärkste Mann für die akuten sächsischen Aufgaben und Bedürfnisse, auch und gerade für den Schutz des neuen Glaubens vor der Gegenreformation: Moritz dachte nicht daran, dem Drängen Karls V. auf Rückkehr zum Katholizismus nachzugeben; letzten Endes wurde er nicht das Werkzeug des Kaisers, das dieser in die Hände zu bekommen glaubte. Selbst Luther, der den jungen Albertiner in einem Brief an dessen Schwiegervater Philipp von Hessen einen »Bluthund« nannte, mußte eingestehen, daß am Dresdner Hof keiner die evangelische Sache so standhaft vertrat wie Moritz.

Immerhin vollzog der sächsische Kurfürst zwei Jahre nach dem Mühlberger Sieg und angesichts der Uneinigkeit der Habsburger Brüder Kaiser Karl V. und Ferdinand, König von Böhmen, über die Nachfolgefrage einen kühnen Schwenk: Er stand mit anderen jungen,»modernen« protestantischen Territorialfürsten gegen den jäh abstürzenden zentralen Herrscher auf, schloß vorübergehend sogar ein nicht unbedenkliches Bündnis mit dem reformationsfeindlichen König von Frankreich, führte eine Streitmacht an, schlug Karl im Felde, verfolgte ihn bis Innsbruck und verhinderte die Rückkehr des abgewrackten Kaisers nach Deutschland, der den Sieg des starken Sachsen und dessen innerdeutsche Führungsrolle sogar anerkannte. Moritz kehrte nach zehnmonatiger Abwesenheit ins Stammland heim, als zumindest für den Augenblick mächtigster deutscher Fürst, der begonnen hatte, Reichs- und Deutschlandpolitik zu betreiben, und, wäre er nicht frühzeitig gestorben, vielleicht selber Kaiser geworden wäre.

Wir wissen nicht, ob das sein Ehrgeiz gewesen oder doch der Ausbau der sächsischen Macht das oberste Ziel geblieben wäre – gewiß stand die strenge Stabilisierung der albertinischen Wettiner-Herrschaft, gewiß zugleich die Sicherung aller Errungenschaften der Reformation im Lande unverrückbar fest. Wir nennen Moritz nicht fromm, wir wissen nicht, wie gläubig er wirklich war; die Gespräche auf dem Sterbebett, durch den jüngeren Carlowitz, seinen vertrauten Ratgeber, aufgezeichnet, mögen beschönigend sein, wenn da von Ergebung in Gottes Willen, von Zuversicht in Christus, von Bekenntnis der Sünden und Bitte um Vergebung zu lesen ist, aber hat nicht der Schöpfer der knieenden Moritz-Statue oben auf dem gigantischen Freiberger Grabmonument die letzte und tiefste Wahrheit über den sächsischen Helden festgehalten: das früher eher kriegerische Antlitz nun mit dem Blick zum Gekreuzigten sanft, fein, milde, selber verklärt, wissend um das irdische Ende, ecce homo, schön, wundersam demütig und gütig?

Alles bis hierher über den großen Wettiner Zusammengetragene würde nicht ausreichen, ihn den bedeutendsten aller sächsischen Fürsten zu nennen: Zu den Leistungen der Wiedervereinigung, der territorialen Gewinne, der Kriegssiege, des Ausbaus der Dresdner Festung muß noch das staunenswerte innenpolitische Reform- und Friedenswerk treten, das Moritz, der schätzungsweise die Hälfte seiner Regierungszeit unterwegs war, mit seiner phänomenalen Energie, seiner Weitsicht und Wendigkeit, seiner raschen Lernfähigkeit in unglaublich kurzer Zeit vollbrachte, wohl wissend, daß Reichs- und Deutschlandpolitik überhaupt nur auf der Basis einer starken inneren Ordnung und Sicherheit möglich war. So sehen wir einen frühabsolutistischen Herrscher, der letzten Endes alle wichtigen Entscheidungen aus eigenem Willen und eigener Vollmacht fällte, aber zugleich einen Stab fähiger Berater, Anreger, Zuarbeiter unterhielt, auf die er klugerweise hörte wie auf erfahrene Vorbilder: auf seine albertinischen Vorgänger Albrecht und Georg, auf Vater und Sohn Carlowitz aus dem sächsischen Adel, auf den Landgrafen Philipp, seinen Schwiegervater. So wird Moritz im Kontext des Reformationszeitalters die modernste Dresdner Regentengestalt, die sich denken läßt: Die albertinische Politik während der zwölf Jahre von Moritzens Regierungszeit, urteilt der Sachsen-Historiker Karlheinz Blaschke, enthalte nichts, was nicht in Übereinstimmung mit des Herzogs eigenem Willen gewesen und von ihm gebilligt worden sei, und alles, was sie enthielt, sei zwar bei weitem nicht immer seinem Geist entsprungen, aber von ihm bewußt übernommen und bejaht worden. Insofern lasse sich mit gutem Grund von »seiner« Politik sprechen.

Reichs- und religionspolitisch von höchster Wichtigkeit waren die Verhandlungen zwischen Ferdinand, Moritz und den anderen Kurfürsten über einen Religionsfrieden nach Jahrzehnten bitterer Kämpfe – der Sachse erreichte in den klug geführten Passauer Debatten als Wortführer einen ausgewogenen Kompromiß zwischen Habsburgern und Wettinern, dem alle Kurfürsten beipflichteten, eine neue innenpolitische Grundkonstellation und mit ihr einen Hauptschritt zur Augsburger Konfession von 1555, die der Erfolgreiche nicht mehr erlebte – mit dem Erwerb der Kurwürde und dem Passauer Vertrag, urteilt Fritz Löffler, sei Dresden die Hauptstadt des führenden protestantischen Staates und Mittelpunkt des evangelischen Lebens in Deutschland geworden. Die innersächsische, die Dresdner Kirchensituation regelte Moritz klar: Weltliche Regierung und evangelische Kirche sollten, wo immer möglich, kooperieren, Theologen aber hatten in politischen Fragen der Macht zu folgen, nicht umgekehrt, wie Luther sich das vorstellte und bei den geschwächten Ernestinern noch erreichte. Der Kurfürst jedenfalls war auch in der Landeskirche tonangebend, Landesherr in jedem Sinne, gewiß mit Respekt vor den Glaubenswünschen und -entscheidungen seiner Landeskinder: Moritz wußte, auch wenn Macht- und Gebietsgewinn heftig verfolgte Ziele waren, daß mit der Reformation in seinem sächsischen Volk religiös-existentielle Hoffnungen und Sehnsüchte aufbrachen, die tiefer wurzelten, wirkten und antrieben als praktische Machtpolitik, die hier an Grenzen stieß.

Vielleicht war Moritzens größte innenpolitische Reformtat jene, die ihn nach Habitus, Temperament, Neigung am wenigsten packte, deren fundamentale Bedeutung für den neuen Territorialstaat er aber intuitiv begriff und deren Ausarbeitung er in fabelhafter Zutraulichkeit seinen höchst kompetenten Räten übergab: die Verwaltungsreform. Dort bekamen auch talentierte bürgerliche Juristen vom durchaus nicht standesbornierten jungen Kurfürsten verantwortliche Stellungen, und den von seinem Vater gefeuerten Georg von Carlowitz, den leitenden Ratgeber seines Onkels Herzog Georg, holte er zurück. Moritz leitete seine moderne Bürokratie nicht selbst und hätte sich am Schreibtisch unwohl gefühlt, er lernte aber von den Experten, die er berief, grundlegende Erkenntnisse über Dinge, die ihm eigentlich fremd waren, aber doch halfen, und die dazu nötige Detailarbeit, die sie verwalteten und die er für sich ohne Anmaßung adaptierte – eine außergewöhnliche Tugend! Auch nützten ihm hier die drei Jahre am Dresdner Hof seines

Onkels Georg, dessen musterhafte bürokratische Arbeit er genau beobachtet hatte – er wußte, worum es in guten Verwaltungen gehen mußte, und konnte die Räte anweisen, ohne selbst zum obersten Landesbürokraten aufzusteigen – oder herunterzukommen. Er ließ das Land in fünf überschaubare »Kreise« einteilen. Er befahl die Etablierung ständiger protokollarischer Aufzeichnungen. Er stützte die Neuordnung der Staatsverwaltung durch Einzug und Verwendung der geistlichen Güter der abgeschafften alten Konfession. Zur Verwaltung der kirchlichen Institutionen und zur Verteidigung des neuen Glaubens ließ er Konsistorien in Leipzig und Meißen einrichten. Mit der Kanzleiordnung vom 5. August 1547 strukturierte er den sogenannten »Hofrat« neu und berief erstklassige Beamte hinein: Das sei, so der Chemnitzer Historiker Reiner Gross, »das entscheidende Dokument für den Neuaufbau einer zentralen Verwaltungsbehörde wie auch für die Einteilung des Territorialstaates in Verwaltungsbezirke« – die erwähnten Kreise. Personelle Besetzung, Geschäftsverteilung, lokale Ämterorganisation, Dienstzeiten, Vortragsstunden beim Kurfürsten, das heikle Verhältnis zu den gestürzten Ernestinern, sogar das Betreten der Kanzleiräume und selbstverständlich die Befehlsgewalt bei den häufigen Abwesenheiten des Herrschers wurden mit subtiler Strenge geregelt. Ja – das war eine Bürokratie, lange bevor es das Wort und den Begriff im Lande gab; aber es war auch »ein kollegialisch arbeitendes Verwaltungsorgan, das ständig präsent war« und dessen neue Qualität die »Selbständigkeit des Ratskollegiums« in allen Belangen verwirklichte. Es war ein Meisterstück des Freibergers, das durch gewichtige flankierende Maßnahmen abgesichert wurde: durch eine neue Münzordnung, durch eine zwischen Fürst und Landständen vereinbarte »Oberhofgerichtsordnung« mit sorgfältiger Fixierung von Beisitzer-Stab, Zuständigkeiten und Tagungsterminen, durch eine Neuorganisation des für Sachsen ökonomisch lebenswichtigen Bergbaus, den das auch für Transport-, Bauund Wasserwesen zuständige zentrale Oberbergamt Freiberg steuerte, und durch eine weit vorausschauende Nachwuchspflege: Moritz gründete auf dem Terrain liquidierter Klöster drei sogenannte »Fürstenschulen« – Schulpforta bei Naumburg, St. Afra in Meißen und Grimma gelangten durch erstrangige pädagogisch-wissenschaftliche Qualitäten, großzügige Stipendienregelungen, Öffnung für Talente aller Schichten und durch nachmals berühmte Schüler wie Klopstock, Lessing, Fichte, Nietzsche zu großer, bis heute anhaltender Hochachtung in der Geschichte des deutschen Schulwesens. Moritz sicherte durch diese Gründungen und den Ausbau der Leipziger Universität einen reichen Bestand an hochbegabten Beamten, vor allem Juristen und Theologen, als Stützen des seinerzeit modernsten deutschen Territorialstaates, der seine besten Leute durchaus nicht gängelte.

Aber was gab Moritz, über Reformen, Kriegszüge, Wiedervereinigung, Kurfürstenwürde hinaus, Dresden, das erst unter seiner Regentschaft zur wirklichen Hauptstadt Sachsens wurde? Er gab der Stadt das erneuerte Schloß und die neue Musik. Das alte Schloß genügte plötzlich seinem mit dem Machtantritt heftig ausbrechenden Ehrgeiz nicht. Kaum in den Besitz der Kurwürde und damit auch der ernestinischen Schlösser Wittenberg und Torgau-Hartenfels gelangt, begann Moritz mit dem Um- und Ausbau der spätmittelalterlichen Dresdner Anlage am spektakulären Elbufer-Standort. Architekten und Räte entwarfen einen großzügig anzulegenden Vierflügel-Komplex, die erste geschlossene Konstruktion dieser Art im Deutschland der Renaissance, mit Treppentürmen in den Ecken des Großen Hofes, mit der Hofloggia vor dem in der Mittelachse liegenden, durch eine welsche Haube ausgezeichneten Hausmannsturm. Der alte Westflügel südlich des Turmes fiel, unmittelbar westlich davon wuchs ein Neubau, der frühere Nord- und Ostflügel verfiel dem Umbau; das alte Markgrafenschloß, dem schon Herzog Georg den nach ihm benannten Bau vorgesetzt hatte, wurde in westlicher Richtung auf doppelten Umfang ausgedehnt, wobei die nördliche Schaufassade des großen Innenhofes, auch durch die Kontrastierung mit der Südfront, besonders hervorgehoben wurde, was noch heute gilt.

Und dann geschah, durch Moritz zumindest noch angeregt und gefördert, das Außerordentliche, wovon die Dresdner Schloßrekonstrukteure bis heute nicht loskommen: Moritz holte italienische Künstler wie die drei Brüder Tola, deren Arbeit er wahrscheinlich schon in ihrem Heimatland gesehen hatte, nach Dresden. Die italienischen Meister, die ersten in Mitteldeutschland, gaben dem expandierenden Residenzschloß »Sgraffitodekorationen mit architektonischen Gliederungen«, die, wie ein heutiger Betrachter schreibt, »in bestimmten Partien die reale Architektur fortsetzten oder ergänzten«, auch mit »figürlichen Szenen und flächigen Dekormotiven«. Die Sgraffiti überzogen die gesamte Schloßfassade mit einer Art bilder- und ornamententrächtigen Kunsthaut aus skulpturalen wie auch gemalten Elementen, ausgebildet in

einer für Dresden ganz neuartigen Technologie. Deren reiches Bildprogramm, vor allem im Großen Schloßhof, als eine Art politischer Propaganda für den Kurfürsten und sein Selbstverständnis zu deuten liegt
wohl nahe; die Anziehungskraft der weißen Dekorationen auf grau-
schwarzem Grund hielt auch während des Wiederaufbaus nach der
Katastrophe von 1945 an, obwohl das alte Sgraffiti-Bildwerk schon
nach dem Schloßbrand von 1701 verloren war und die Entschlüsselung
und Interpretation der Programme bereits im 17. Jahrhundert mächtige
Schwierigkeiten bereitet haben müssen. Moritz selbst erlebte in seinem
Todesjahr immerhin, daß der Rohbau des erneuerten Schlosses annähernd beendet war. Noch auf seine Initiative hin entstand im zweiten
Obergeschoß der sogenannte »Riesensaal«, der seinen Namen nach den
von den Brüdern Tola gemalten Riesenfiguren auf Teilen der Wände
bekam, und nach Torgauer Muster die Schloßkapelle – seit Moritzens
Aufstieg zum »summus episcopus« des Landes dessen Hauptkirche.

Der größte Wettiner-Fürst gründete eine Hofmusik, deren heutige
Nachfahren und Verfeinerungen zu den besten Ensembles der Welt zählen, wir werden davon noch in jedem Sinn hören. Er ließ die Festung
Dresden bis zur potentiellen Uneinnehmbarkeit modernisieren, auch
und gerade zum Schutz der Hauptstadtbewohner. Er ließ einige Meilen
nördlich seiner Metropole das viertürmige, wasserumschlungene Schloß
bauen, das heute noch, als Moritzburg, seinen Namen trägt. Er führte
eine vielseitige politische Korrespondenz, deren Umfang und Rang
selbst dann zu den größten und stärksten Volumina deutscher Ge-
schichtsschreibung zählt, wenn dem Fürsten da und dort die klugen
Räte und wendigen Sekretäre die Feder geführt haben sollten.
     Man hätte ihm begegnen mögen. Er galt, vor rund 450 Jahren, als
hager und hochgewachsen; die den Harnisch tragende Figur in der
Vitrine ist etwa, um die 1,75 Meter hoch, für damalige Zeiten also
Übergröße – wäre er freundlich, zugänglich, heiter, eloquent, barsch,
kurz angebunden, geduldig, abwartend gewesen? Vermutlich wäre er
eilig und spröde gewesen, knapp in der Zeit, er hatte enorm viel vor
und zu tun, er hätte Verständnis dafür erwartet. Wir werden ihn nun,
zur Vertiefung des Eindrucks bei heutigen Betrachtern, in einigen Bildern festzuhalten suchen – er ist ja, bei Lebzeiten und noch erstaunlich
lange danach, oft genug abgebildet worden, besonders auch von den
Cranachs.

Eine der bekanntesten Darstellungen jedoch stammt von einem unbekannten Maler. Die Rüstung im Bild ist schwarz wie der wirkliche Harnisch, die Schärpe von der linken Schulter zur rechten Hüfte dunkelrot, aber mit dunkelgelben Streifen und ornamentalen Verzierungen geschmückt, die man erst bei näherem Hinsehen erkennt. Der Fürst ist nur bis zu den Oberschenkeln zu sehen und erscheint als gewappneter Krieger, wie er sich selbst gern, zuweilen vielleicht am liebsten sah; in der eingerüsteten Rechten hält er wohl eine nicht näher bestimmbare Waffe. Moritz blickt ernst, gefaßt, leicht posierend, doch würdig, unverkrampft in die Bildmitte, ohne den Betrachter fest zu fixieren; er sieht so jung aus, wie er war, schlank, doch kräftig; die Gesichtshaut erscheint blaß-rosig und kontrastiert mit dem dreigeteilten dunklen Backen-, Oberlippen- und Kinnbart, den alle Bildner festhalten.

Liefen jahrzehntelang einprägsame Abbildungen von Moritz um, Begleiter seiner Statur und seines Ruhmes? Wurde kopiert? Der ähnliche Moritz des jüngeren Cranach von 1578 hat eine breitere Stirn, die ans Kinderbild von 1526 erinnert, einen volleren Bart, ein steifere Pose, eine eher martialische Rüstung mit deutlicher ausgemalten Waffenstücken – das Bild hängt äußerst passend in der waffenstarrenden Rüstkammer des Zwingers, die Rüstung schimmert silbergrau, als scheine helles Licht darauf, Schärpe und Zierat sind rot, die Metallborten haben goldene Ornamente, der Kurfürst glänzt im Bild, aber lebt er denn auch?

Die späte Präsentation ist schon dreißig Jahre früher vom 1547er Brustbild desselben Meisters im voraus übertroffen worden. Man schaut durch die Kunst des Malers in den großen Mann hinein, der gewiß etwas älter erscheint als 26, er wird in späteren Bildern ja immer stärker altern; die gelegentlich geäußerte abwegige und unbeweisbare Vermutung, Tizian und nicht Cranach junior habe das starke Porträt gemalt, weist immerhin auf die ernste, feine, Entschlossenheit, Selbstreflexion und Selbstgewißheit ausdrückende Verinnerlichung in dieser Abbildung hin; sie wird, neben dem wunderbaren Freiberger Knieenden, unerreicht bleiben. Durch genial-einfache Kunstmittel schafft Cranach übrigens die für alle sichtbare, heute im deutschen Saal der Gemäldegalerie Alte Meister hängende erste von mehreren Konfrontationen Moritzens mit seinem jüngeren Bruder und Nachfolger August: Cranach gibt Moritz im Halbprofil von rechts, mit ganz leicht zusammengekniffenen Augen und diesem Blick, der alles durchschaut und uns ebendadurch in sein Inneres sehen läßt, den Bruder aber fast frontal, rotwangig, gröber, den guten Kinder- und Landesvater.

Ein anderes Bild: Ein Ausschnitt des kuriosen Riesenwandbildes vom Dresdner Fürstenzug aus dem späten 19. Jahrhundert gibt Moritz auf strammem Roß, in der Wettiner Ahnenreihe reitend, prunkvoll gepanzert, den schönen, schmalen, bärtigen Kopf zum halb hinter ihm reitenden August gewendet, als empfange dieser eine Anweisung des Bruders. Ein Brustbild des jüngeren Cranach von 1559 zeigt Moritz und seine Frau, die Kurfürstin Agnes, Tochter seines Mentors Philipp von Hessen, die er als Vierzehnjährige gegen wütenden Widerstand seiner Eltern heiratete, ein früher Akt der Selbstbehauptung mit Neunzehn – das Doppelporträt zeigt ihn eher konturlos, in weichen Kleidern, konventionell, den Blick von ihr abgewandt, sie blaß und erst recht konturlos, leicht verbissen, sie hatten keine zur Thronfolge reifen Kinder; er soll zeitweilig, so beim Augsburger Reichstag 1547, heftige Frauengeschichten gehabt haben, Klatsch der Art, den fast jeder Außerordentliche evoziert, auf sich zieht und aushalten muß.

Es scheint ziemlich rätselhaft, warum Moritz in mehreren Bilddarstellungen stark gealtert ist. Ein Holzschnitt vom jüngeren Cranach aus dem Todesjahr zeigt den gepanzerten Kurfürsten breitschädlig, vollbärtig, faltig im Gesicht, fast bullig im Körper, er könnte 60 oder 65 sein. Die sehr eindrucksvolle Marmorbüste der Skulpturensammlung, neuerdings dem Oberitaliener Bonometti um 1570 zugeschrieben, gibt den Kopf wieder ganz schmal, das Gesicht glatter, aber wegen stark eingefallener Wangen trotzdem gealtert, die Augen sind eigenartig geschlitzt, die Pupillen nur kleine, weiße, runde Löcher, ihr Blick wirkt wie in die Ferne oder leicht in die Höhe gerichtet. Solche Darstellungen imaginieren, wie Moritz als älterer oder alter Mann hätte aussehen können, wenn er lange gelebt hätte. Soll die offenbar absichtsvolle Alterung obendrein zeigen, daß seine »Reife« in späteren Zeiten auch seinem Kopf, seinem Antlitz, seinem Körperzustand ablesbar gewesen wäre, ja: suggeriert das Altern im Abbild, das doch auf den Tod hindeutet, Unsterblichkeit, die Moritz zumindest als historische Größe gewann?

Vielleicht antworten die beiden Monumente. Das ältere, ein kleiner Tempel mit rahmenden griechischen Säulen, vom dabei auch sich selbst verewigenden Bruder August in Auftrag gegeben, 1555 durch einen Angehörigen der berühmten Dresdner Bildhauer-Sippe Walther an der nordöstlichen Eckbastion der Festung nach Entwürfen des Architekten

Caspar Voigt von Wierandt ausgeführt, präsentiert den Gefallenen in der linken Mitte, wie er mit der Rechten das erhobene Kurschwert dem Nachfolger übergibt, der zugreift; die im Profil hingestellten Brüder stehen dicht voreinander, in Rüstung, doch ohne Helm; Moritz ist vollschlank, nicht hager und einen halben Kopf größer als August, der wie in den Knien leicht eingeknickt dasteht, als deute er eine Demutsgeste an; links und rechts außen, hinter ihren Männern, stehen die kleiner gestalteten Frauen mit gefalteten Händen, Agnes und Anna, die spätere »Mutter Anna«. Die Männer, 32 und 26, sehen viel älter aus, wozu dicke lange Bärte beitragen; die harte Nähe des Todes – unmittelbar hinter Moritz steht ein greulich-realistisches, krud symbolträchtiges Gerippe – mag Walther zur Alterung seiner Figuren inspiriert haben; das Altern des Kurfürsten Moritz von Sachsen in bildlichen Darstellungen hätte also etwas mit der Unbegreiflichkeit menschlichen Lebens und Sterbens zu tun, mit einer letztlichen Gebrechlichkeit und Transzendenz unserer Existenz, die im jähen Verlöschen dieses jungen Helden erschütternd wahr wird.

A propos Kurschwert: Es steht, nicht Kampfwaffe, sondern Repräsentanz-Signum, original in einer schmalen Rüstkammervitrine, keine zehn Meter von Cranachs 1578er Moritz-Porträt entfernt, das seinerseits an der Gegenwand frontal mit einem August-Bildnis konfrontiert ist, der Nachfolger-Bruder hält das Schwert wie ein Zepter hoch in der rechten Hand, so ähnlich wie Moritz bei der Übergabe im Monument – ist August eher von der brüderlichen Tragik und Größe erschüttert oder von dem Geschenk der Nachfolge fasziniert? Vielleicht beides – er wußte, daß er der überlebende Kleinere war, und ließ folgerichtig beide Monumente errichten: das mit der Selbstdarstellung von 1555 an der Bastion und 1563 das schon erwähnte gigantische im Freiberger Dom mit dem wundervollen Knienden, diese schmuckbeladene Grabburg, womöglich dem Maximilian-Grabmal in der Innsbrucker Hofkirche abgeschaut, das Moritz kannte.

Das Antlitz des Knienden ist weder jung noch alt. Es schwebt, in seiner einzigartigen Schönheit, zwischen den Zeit- und Lebensaltern, zwischen Hier und Dort, was immer das Dort sein mag; es lebt in der Verklärung: insofern hat der Künstler eine Synthese höchsten Ranges zwischen Realität und Transzendenz geschaffen. Trotzdem bleibt vor diesem Standbild ein Widerspruch unaufgelöst: Der Freiberger Moritz hat sein irdisches Leben schon verlassen, steht mit Blick und Antlitz vor dem Gekreuzigten und der Ewigkeit, zugleich aber ist sein Körper in eiserne Rüstung gekleidet wie in der letzten Schlacht seines Lebens, ja: er hat das Kurschwert keck auf die rechte Schulter geschwungen, er kniet nur mit dem rechten Bein, mit links könnte er aufspringen – wo ist die Wahrheit? Die letzte, äußerste steht im alterslosen Antlitz, aber alle vor- und vorvorletzten gelten der sächsischen Macht und Herrlichkeit, Herrschaftlichkeit des größten Wettiners, dessen herrliches, pompöses Marmor-Grabmal Antonius van Zerroen aus Antwerpen bis 1563 im Vorchor des Domes baute; der Bruder und Nachfolger von Moritz gab den Auftrag.

Das Gesicht des Knienden hat auch einen kindlichen Zug. Vielleicht spielt der Bildhauer damit auf das phänomenale Kinderbildnis des älteren Cranach an, das er gekannt haben kann: »Prinz Moritz von Sachsen«, 1526, ein jung-altes, alt-junges Porträt allerfeinster Qualität, der Fünfjährige im rechten Halbprofil bis knapp unter der Taille aufgenommen, blonde Bubenlocken um den ganzen Kopf und über die Ohren, eine breite, freie, leicht kindhaft gewölbte Stirn, feine Augenbrauen, ein geschwungener Kindermund, feine weiße Hände am Gürtelschloß – aber zugleich der genaue prüfende Blick am Betrachter vorbei ins Weite, als fange er dort Zukunft ein, der ernste Zug um den Mund, ein tiefernster Ausdruck im ganzen Gesicht und die Kraft der Entschlossenheit über dem ganzen strengen Knaben-Männer-Gesicht, auf der Stirn auch Trotz:

Der geniale Maler ahnt im Kind den großen Mann voraus – sein Sohn, der jüngere Cranach, zeigt Moritz zwei Jahre vor dem Kriegs-Tod in drei ungewöhnlich großformatigen Gemälden als Herkules; davon sind zwei im Bestand der Galerie Alte Meister: »Der schlafende Herkules und die Pygmäen« sowie »Der erwachte Herkules vertreibt die Pygmäen«. Der eher schlanke, wohlgebaute Fürst ist nur mit einem Tuch bedeckt und beherrscht das Heer der altgesichtigen, bärtigen Zwerge schlafend wie wachend; das Bild ist milde heroisch, die Pygmäen, also die Moritz-Feinde, wirken komisch: Den Schlafenden können sie mit ihren »Wäffchen« allenfalls pieksen, der Aufgewachte verscheucht sie durch bloßes Hochheben eines Streitholzes, daß sie unheldisch-lächerlich durcheinanderpurzeln: Herkules/Moritz siegt sympathisch unblutig über seine zwergisch präsentierten Feinde.

Großer Garten und Palais

Man nähere sich dem Palais auf der Fetscherstraße, also ungefähr von Nordosten. Nachdem man den Comeniusplatz hinüber zum Großen Garten überquert hat, schließt man für einen Moment die Augen ungefähr dort, wo die Griebels in der Höllennacht Februar 1945 um ihr Leben bangten, und betrete die zum Palais führende breite, schnurgerade Fürstenallee. Nun auf den nordöstlichen Seitenflügel zu, der rechtwinklig quer zum Haupttrakt steht, spiegelbildlich symmetrisch mit dem Südwestflügel am anderen Ende des H-förmigen Schlosses. Die Vorderfront des Bauteils ist zunächst nicht vollständig zu sehen: Die flankierenden Allee-Linden verdecken beiderseits die Ecken des Flügels; erst ungefähr fünfzig Meter vor der kreuzenden, ungepflasterten Herkulesallee treten die dichtbelaubten Bäume ganz zurück und geben den Blick frei.

Das Palais strahlt eine wunderbare Harmonie aus, es ruht still, aber hellwach in sich selbst und verzaubert zugleich den ganzen Park, ein architektonisches Kunstwerk ersten Ranges. Die Quelle der fabelhaften Harmonie aber ist die ans Absolute grenzende Symmetrie des Gebäudes, von der selbstverständlich Teile des reichen Figurenschmucks ausgenommen sind, die man nicht symmetrisch spiegeln und verdoppeln kann; es ist eine sehr bewußte, aus feinstem Empfinden kalkulierte und gebaute Symmetrie, die dennoch nirgends Monotonie oder Starre erzeugt, sondern Schönheit, Lebendigkeit, Leichtigkeit, Heiterkeit, aber auch Genauigkeit schafft.

Die Front ist in drei Stockwerken aufgebaut (mit dieser Gliederung ist das ganze Palais in allen Längs- und Seitenfassaden streng und schön strukturiert); jedes Geschoß enthält auf seiner jeweiligen Ebene drei Dreiergruppen, also neun Elemente, die in den drei Stockwerken genau übereinandergestellt sind; die drei Mittelgruppen bilden mit feinen Lisenen und Pilastern den subtilen, nur leicht nach vorn gerückten Seitenrisaliten. Das Erd- oder Sockelgeschoß aus schwerem Rustikagestein hat im Mittelteil drei in die Nischen des Mauerwerks gebaute Türen mit Bogenabschlüssen; in den Mittelnischen der beiden äußeren Dreiergruppen stehen die lebensgroßen Statuen Minervas und Junos, die Nischen sind beiderseits durch rechteckige vergitterte Fenster gerahmt. Im hohen Hauptgeschoß, das hier wie in allen Teilen des Schlosses nach oben und unten durch starke, gleichermaßen begrenzende und verbindende, die Symmetrie und Harmonie des Baus akzentuierende Simse eingeschlossen ist, leuchten die drei kongruenten Mittelfenster mit ihren Bogenschlüssen als größte, ebenmäßig gegliederte Öffnungen der Seitenfront nach außen; hinter ihnen harrt der im Bombardement grauenhaft geschädigte Festsaal der trotz größter Bemühung begrenzten Heilung; die beiden seitlichen Dreiergruppen wirken wie zierlicher Schmuck.

Das dritte Stockwerk ist ein Mezzanin, ein Halbgeschoß, in das innen der Festsaal hineinragt; der Mittelteil jeder Dreiergruppe ist eine ovale Nische mit einer der sechzehn Mezzanin-Büsten, rechts und links römische Cäsaren, in der Mitte eine Kaiserin, die Büsten werden von filigranen Pflanzenornamenten und rechteckigen Fenstern gerahmt. Das flache Dreieck des Tympanongiebels, dessen Grundseite exakt die Breite des Risaliten einnimmt, ist mit einer Figurengruppe gefüllt; auf der Giebelspitze steht eine rauchgeschwärzte Frauenstatue. Das ebenmäßige, ausgewogene Kupferdach, ebenso die auffälligen Pinienfruchtpokale unweit der Dachränder, ja sogar die genau in die oberste Dachspitze gepflanzte, weithin sichtbare, hohe und schlanke steinerne Kartusche mit dem sächsischen Kurhut obenauf tragen zur bewundernswerten Harmonie des Gebäudes bei, ebenso die Färbungen: Haupt- und Mezzaningeschoß haben einen beigen Ton, das wuchtige Sockelstockwerk oszilliert in dunkleren, bräunlichen Nuancen, das Kupferdach gibt ein noch dunkleres, stumpfes Braun.

Und dann steigt vor dem inneren Auge die Federzeichnung des Carl Heinrich Jacob Fehling zum Abend des 23. September 1719 auf: Er hält, wie dieser Text, doch abends, die Vorderfront des Nordostflügels fest, im Jahr der Heirat des sächsischen Kurprinzen, der später König August III. von Polen war, mit der Habsburgerin Maria Josepha. Die Türen des Sockelgeschosses scheinen wie unsichtbar nach innen geklappt, die Öffnungen erlauben den Blick auf eine kleinere Festtafel. Das Hauptgeschoß hat der Künstler sozusagen aufgeschnitten; das Mauerwerk ist bis auf vier Lisenen »gefallen«, aus den drei großen Mittelfenstern sind fünf geworden, die wie die Seitenfenster links und rechts hinter drei großen, angestrahlten, eng aufgereihten Tafeln dünnkonturiert zu stehen scheinen; das ganze Stockwerk leuchtet wie unter Elektrizität, und so war das Palais ja gedacht: als Festort. Helles Licht, Musik, Wein, das Bauwerk als glanzvoller Rahmen – sicher doch: für die herrschende Klasse, aber das nimmt ihm ja nichts von seiner gebauten Schönheit!

An der Nordostfront liegt das Hauptgebäude, an das sich die beiden Seitenflügel als H-Stützen zu klammern scheinen, lang hingestreckt, die Westseite stadtwärts, die Teichseite nach Osten, die Mittelrisaliten beider Fronten im Vergleich zu denen der Seitenflügel stärker, aber nicht extrem vorgerückt, obendrein mit vier Doppelsäulen gerahmt und geschmückt, dazu die doppelseitigen Treppen zum Hauptgeschoß: Bewegtheit als Beiwerk zur schönen Harmonie! Und sind westlicher und östlicher Längstrakt nicht sogar schöner, jedenfalls aber bekannter, vertrauter, berühmter als die Ansichten vom Seitenflügel? Freilich: Wer entscheidet über Schönheit? Wer fängt sie ein, wen trifft sie, wen reißt sie hin, wen versetzt sie in stummes Staunen? In unseres Vaters Haus sind viele Wohnungen – gilt das auch in ästhetischen Fragen?

Dann wendet sich der Blick zu den beiden prächtigen Grotesken des üppigen, antikisch ausgerichteten Schmuckwerks, den Schlußsteinen des Erdgeschosses beider Mittelrisaliten: einem vollmondrunden Bacchuskopf mit dem Blick zum Teich und einem, laut Fritz Löffler, bärtigen Faunkopf stadtwärts. Man schreibt beide Häupter George Heermann zu, einem von mehreren Bildhauern, die das Palais mit vielgestaltigem Plastikwerk verzierten, das dem wunderbaren Bau Bewegtheit schuf, wie man von Experten erfährt, von denen man lernt.

Der Bacchus hat dicke Lippen, die zu leichtem Lächeln geöffnet sind; Lippen wie Lächeln werden durch tiefe Rundfalten von beiden geblähten Nasenflügeln her zum Kinn hervorgehoben. Die Augen liegen tief, fast verschattet unter der vorspringenden Stirn, die Brauen steigen schräg nach oben und außen und passen wie schmale Girlanden zu den üppigen Pflanzenornamenten, die den gehörnten Mondkopf schmükken. Er erscheint, mit dem »westlichen« Faunskopf verglichen, fast gemütlich – dieser ist hager, schroff, spitzbärtig, gehört wie ein aus der quellenden Pflanzenornamentik nach oben herausgewundener Steinbock, der Mund beinahe fressenhaft höhnisch mit beißend großen Zähnen, ein Satyr mit zerfurchtem Gesicht, furchterregend und zugleich komisch in seiner grinsenden Dynamik.

Das wiederhergestellte Innere wird für immer Fragment bleiben. Viel ist schon damit gewonnen, daß der Hauptsaal mit seiner einzigartigen Akustik als Konzert-, Vortrags- und Ausstellungssaal wiedergewonnen und nicht unsinnigen, seinen Charakter zerstörenden Museumsprojekten weichen wird – es gab monatelange Kämpfe wegen dieser Pläne, Kämpfe, in die auch der großzügige Dresden-Mäzen Nobelpreisträger Günter Blobel mit entscheidenden Machtworten eingriff.

Nichts abmalen, aber vielleicht (und dann doch mit Bilder-Hilfe?) ausmalen, was man nie ganz so sehen wird, wie es einmal war? Denn selbst in schlicht schwarz-weißen oder braun-weißen Aufnahmen der Zeit vor dem Desaster leuchtet die Pracht von Harmonie und Erfindung, von Finesse und Kontur, von Symmetrie und Heiterkeit: Säulen und Simse, Stukkaturen und Fenster, Nischen und Sockel, Arkaden und Plastiken, alles wunderbar aufeinander abgestimmt, und überall das opulente Schmuckwerk, Frühbarock in seiner neuartigen Richesse – jenes pompöse Ebenmaß, auf das die ganze Huldigung für das Palais hinausläuft, und, bei geschlossenen Augen, die Vision des unwiederbringlich Verlorenen: Samuel Bottschildts Deckengemälde »Apotheose Johann Georg III.«, der Kurfürst mit dem schlanken Schwert in der rechten Hand, in lange weiche Gewänder gekleidet, der Kopf wie der eines Heiligen hell umleuchtet und nach oben, ins ewige Leben gerichtet, von Putten und Engeln umflogen, die angebetete Wettiner-Figur (mußten sie nicht überschnappen angesichts solcher Halb-Heiligkeit, solchen Kunstglanzes? Ja: sie gaben das Geld dafür, doch wer gab es ihnen?) – und daneben »Diana mit Gefolge« vom gleichen Maler, eine in Mittel- bis Schwarzgrün getauchte Huldigung üppiger nackter Weiblichkeit (das Idol der Schlankheit noch unvorstellbar), grandiose Schenkel, Ärsche, Bäuche, die Göttin wie in einem Sichelmondrund aufgebaut, den Jagdspeer in der Rechten, ein nichts bedeckendes, die pralle Schönheit, das schwarze Schamdreieck enthüllendes Tuch in der Linken (der Verdacht, daß die Künstler vor drei und vier Jahrhunderten von Sinnlichkeit und ihrer Präsentation unendlich viel mehr verstanden als die heutigen Foto-Scharfschützen).

Das Palais im Großen Garten zu Dresden markiert eine geschichtliche und eine kunsthistorische Zäsur. Nach relativ kurzer Erschöpfungs- und Erholungszeit erhob sich in einer dem Dreißigjährigen Kriege folgenden Friedenswelt, in einem noch wachsenden Park ein Kunstgebäude neuer Art, von französischen Schloßbauten animiert,

doch nicht überwältigt, ein Lustschloß, einzig dem Vergnügen zuge-
dacht, zum Wohnen, ja selbst zum Übernachten nicht vorgesehen, ein
Friedenshaus voller Schönheiten, Lebenslust, auch wohl Verschwendung, der erste kursächsische Barockbau, Modell und Muster künftiger
Architektur und in grandiosem Wurf sogleich ein Meisterwerk – die
Dokumente über Baugeschichte und Schöpfer sind spärlich, belegt ist
immerhin, daß Johann Georg Starcke (etwa 1640 bis 1695) der ausfüh-
rende Baumeister war: es zweifeln aber Leute, ob er auch den genialen
Entwurf schuf, schrecklich uninformiert sind wir, laut Gurlitt, über den
wirklichen Ideengeber des herrlichen Baus, kriegen aber von keinem
der Zweifler auch nur ein Spürchen von Namen, Bild, Fingerabdruck,
Zeichen eines anderen Urhebers – also sagen wir: Starcke war der Entwerfer wie der Bauherr, seien wir doch glücklich, daß wir den haben!

Eingebettet ist das Palais in den Park, den man, nicht sehr farbfroh,
»Großer Garten« nennt, eingebettet und ihn zugleich freundlich-hell
beherrschend, er wäre ohne das Sommerschloß eher unscheinbar
schön und entstand doch, nach dem dreißigjährigen Grauen, das mit
seinen schlimmsten Exzessen an unserer Stadt vorüberzog, wie eine
luftige Oase ins erleichternde Freie hinaus, das dann, 1760 beim bösen
preußischen Bombardement Dresdens durch den Brühl-Hasser Friedrich II. und 1813 beim verwüstenden Abzug von Napoleons Truppen,
freilich schwer hergenommen wurde – das heißt nicht, dies sei die fin-
stere Antizipation des Februar 1945 gewesen; es gab aber, nach der aus
Karchers französischer Strenge-Geometrie befreiten Überführung in
englische Garten-Lockerheit, unvermittelt wuchtige Hiebe: Fontane
zum Beispiel ließ 1887 den arg-, aber auch taktlosen Bewunderer seiner schönen unglücklichen »Cécile«, den schottischen Kabelleger-In-
genieur Gordon, durch den düsteren Gatten der Dame beim Duell im
Großen Garten totschießen; die Kontrahenten waren extra aus Berlin
dorthin gereist. Die schlimmsten literarischen Überschattungen, die
bösesten Kriegsakte, die Gefahren endgültigen Verfalls haben jedoch,
zum Glück, nicht gesiegt, die Heiterkeit und Helligkeit, die Symmetrie
und Harmonie des bewunderten Baus und seines grünen Bettes nicht
zerstört, wenn auch der Wiederaufbau nach dem Bombardement langsam verlief und noch nicht vollendet ist – das neue Lebensgefühl von
Weite und Landschaft, das sich, so Löfflers Deutung, mit diesem Bauwerk und seinem Park nach der durch den Krieg erzwungenen Ab-
sperrung der Stadt erhob und das sich auch in den noch zu schildern-

den frontal aufgenommenen Stadtveduten Dresdens äußert, ist niemals erloschen.

1813, nach Sachsens verheerender Kriegsniederlage auf der falschen, nämlich der napoleonischen Seite, verfügt ausgerechnet der siegreiche – man denkt: reaktionäre? monarchistische? rachsüchtige? – russische Militärgouverneur Fürst Repnin-Wolkonski sozusagen demokratisch die Öffnung des bis dahin durch ein vergoldetes Tor abgesperrten Großen Gartens für alle Bürger. Alle Kenner und Deuter sind sich einig: Das Palais im Großen Garten ist das Signal- und Maßstab-Bauwerk des sächsischen Barock, von französischen Kunstneuerungen, erstrangigen Künstlern und Handwerkern inspiriert, die architektonische Ausdruckswelt eines herrischen, aber auch kunstkundigen Absolutismus genial aufnehmend und sich einer unerhört neu erscheinenden (und gleichzeitig antikisch geschulten) Formensprache revolutionär öffnend, dabei sofort mit kräftigen deutschen Nuancen glänzend – man spürt förmlich, wie eine in Friedenszeiten aufspringende Gestaltungslust nach schwarzen Jahrzehnten die Geister erweckt und erhoben hat; Starckes größte Leistung aber ist die Bändigung eines im Grunde explosiven Baustils, der ungeachtet seiner antikischen Anbindung alle Fesseln zu sprengen und zu überborden droht – Bändigung zur reichlich geschilderten Harmonie und Symmetrie.

Und weiter wandern die Blicke durch den Großen Garten: zu den leuchtendgelben Pavillons um das Palais herum, in einem hat zeitweilig Kokoschka gewohnt; zum Freilicht-Parktheater, das August der Starke zu bauen befahl (was haben die feinen Damen und Herren mit den feinen Hochfrisuren und Allonge-Perücken nur bei plötzlichem Regenguß getan?); zum Zoo und zur Parkeisenbahn, zwei Dampf-, zwei Elektrolokomotiven und teils kindliches Personal, Glückszonen der Kleinen, von denen der starke Kurfürst-König und der Konstrukteur Starcke noch nichts ahnen konnten – und zu den Außenplastiken des Gartens, die das Palais von fern und nah schmückend grüßen, aber frei, nicht eingesteint, es sollen zu Zeiten 150 gewesen sein, 30 sind übrig. Am Ostende der Herkulesallee stehen zwei der ehemals zwölf Herkulesstandbilder Balthasar Permosers und seiner Werkstatt: Sandsteinriesen, 3,50 Meter hoch; rechts Herkules mit dem Drachen im Hesperidengarten, hoch aufgereckt, die Arme erhoben, eine Griffwaffe schwingend, zum Schlag auf das zwischen den Beinen des Helden eingepreßte Ungeheuer ausholend, das, den Kopf nach links gedreht, das

Maul wie zum Biß, zum Schmerzschrei oder zu beidem aufgerissen, Zähne über großen Pranken zeigt; der linke Herkules gegenüber dem schlankeren rechten protzig breit, üppige Muskeln, der linke Arm siegreich in die Hüfte gestemmt, in der Rechten eine Keule, die gerade auf den besiegten Bosiris niedergekracht ist. er liegt nach vorn gekrümmt, Kopf zum Schutz tief in den Armen vergraben, nur Locken sichtbar, auch er muskelstark, doch erledigt, in der wehrlosen Linken eine zerbrochene Schlagwaffe, auf seinem Hinterteil ein schwer definierbares Tier, vielleicht ein Hund: und nun weiter zum Ostende der Hauptallee »An der Pikardie«, dort zwei turmartige Pfeiler, die ein dachloses Tor bilden, obenauf Kirchners Doppel-Paar »Meleager und Atalante« sowie »Venus und Adonis«, geschwärzte Figuren, beide Paare jeweils einander gegenübersitzend, Auge in Auge, das – von der Pikardie aus – rechte Paar wie zum Kuß einander zugeneigt, der linke Arm der Frau auf der Schulter des Mannes, zwischen beiden – den Eltern? – ein nacktes Kind (oder eine Putte?) – für den Betrachter Profilgruppen, die Blicke des linken Paares deutlich vom Park ostwärts weggewandt, keine Figur Kirchners schaut in den Großen Garten. Nun der Gang auf der schnurgeraden Hauptallee, auf die sprühende Fontäne vor der Südostfront des Palais zu, der Schaum zischt in den kanalartigen Teich, zur sogenannten »Üppigkeitsvase« des Antonio Corradini am östlichen Wasserrand, einem mehrteiligen phantastischen Gebilde, wofür das sächsische Herrscherhaus die damalige Unsumme von 2500 Talern zahlte. Ein Gedicht aus Stein: Psyche, die Hauptfigur, hängt in einer etwas gekünstelten Position am obersten Vasensims, den geflügelten Oberkörper nach hinten gebogen, den Unterleib nach vorn geschoben, bedeckt, wenn auch pralle Schenkel schwellen, der Kopf mit dem etwas leeren Gesicht leicht nach hinten gelehnt, Blick und Körper ostwärts die Hauptallee hinunter; üppiger Pflanzen- und Figurenschmuck im Vasenleib, Bilder aus dem Leben Alexanders des Großen; Psyches Hände unter den nackten, spitzen, prallen Brüsten, ihre Beine von den Knien an leicht nach hinten gebogen, der linke Fuß auf dem Kopf einer zweiten, aber nur mit Kopf, Hals und hängenden Brüsten ausgeführten Figur; zwei Putten, übereinandersitzend und zum Palais schauend, ein Faunskopf mit aufgerissenem Maul unter der tieferen Putte; und dann, hinter dem Palais, der Stadt zu, die feinste, subtilste Außenplastik des Großen Gartens zu Dresden im Rondell: »Die Zeit entführt die Schönheit« von Pietro Balestra, ein Doppel-Bildwerk in lebendigster Bewegung, der fast nackte, geflügelte Kronos, pralles Hinterteil, Blick stadtwärts gerichtet, hebt eine halbnackte, schwebende Schöne hoch, sie sucht ihn mit dem hochgerissenen linken Arm abzuwehren, üppiges, faltenreiches, grandios in Stein ausgeführtes Kleiderwerk hängt herab; Kronos ist bärtig, sein rechter Arm umspannt beide Oberschenkel der Frau, er hat nur mit dem linken Fuß Boden, und das auf Zehenspitzen. Ihr Blick, bei leicht in den Nacken gelegtem Kopf, ist fast entrückt; er, mit dem Gesicht eines alten Mannes, hat die Augen geschlossen – setzt er zum Entführungsflug an? Und wenige Meter weiter Corradinis zweifache Kentauren-Gruppe, wir nehmen die linke; der Kentaur liegt, alle vier Beine angespannt in offenbar großer Anstrengung, der muskulöse menschliche Oberkörper aufgereckt, kräftige Arme heben eine Halbnackte auf, die den linken Arm hochreißt, der seltsam verknotete Pferdeschwanz des Kentauren steht hoch in der Luft: rechts am Tierkörper ein Köcher mit Pfeilen, am Boden unter den Vorderhufen eine weibliche Figur mit nacktem Oberkörper, die wie ein Kentaurenjunges wirkt. Und dann die Herkulesallee schnurgerade fast nordwestlich hinunter bis zum Westende, fast ans Rudolf-Harbig-Stadion; nochmals zwei Herkules-Statuen von zwölfen, also ein mächtiger, ruhender, fast aufrecht stehender, wohl sitzender Koloß, sein rechter, am Kopf angewinkelter Arm hält ein über den Rücken hängendes Gewand fest, die Figur ansonsten bewegungslos, schlafend, müde, die linke Hand umklammert den Griff einer undefinierbaren Waffe, die Augen sind zu, der Held schläft: der Held nebenan im Kampf mit der mehrköpfigen lernäischen Schlange, zwei Köpfe mit leicht geöffneten Mäulern übereinander, der obere, offenbar angreifend, ungefähr in der Leibesmitte des Helden; Herkules hält mit der Linken einen dritten Schlangenkopf fest, der riesige rechte Arm holt mit einer dicken Keule zum Schlag aus, die Schlange ist dickstark, ihr Schwanz ringelt sich im Rücken von Herkules.

Und jetzt die Erinnerung an den unvergeßlichen Nachmittag des 1. August 2000: Um den Nordostflügel, um beide Längsflügel, soweit dort nicht außen lärmend gearbeitet wird, tobt ein herrliches Leben von Mauerseglern, wenigstens einhundert Vögel, wahrscheinlich mehr, zählbar ist das in seiner wirbelnden Bewegung nicht; die kleinen schnellen Flieger schwirren und sirren einzeln und in Schwärmen ums Palais, die Jungen sitzen klein und aufgereiht auf den Simsen unter den leicht vorspringenden Dachteilen, sitzen und werden gefüttert, fliegen aber auch selbst auf; es ist ein ununterbrochenes Singen und Sirren zu hören und der sausende Schnellflug der »Schwalben« zu sehen; mehrmals steigt, wie auf ein unhörbares Signal, ein dichter Schwarm hoch, kreist, fliegt Zickzack, vielleicht eine Flugübung, setzt sich wieder, das Palais hat ein überraschendes, wimmelndes Leben eingefangen – überraschend und kurz: der wundersame Flugtag wiederholt sich nach diesem sonnigen Nachmittag nicht, am nächsten Tag sind die Vögel weg, wohin auch immer.

Nachtrag vier Jahre später: Im Erdgeschoß, Nordwestecke, in erst teilweise erneuerten Räumen, eine grandiose Sammlung von Großplastik, Dresdner Barock, Permoser, Thomae, Kretschmar, Kirchner und andere, Skulpturen, deren Verbleiben an den ursprünglichen Orten, auch am Zwinger, konservatorische Bedenken untersagten, manche angeschlagen, alle zusammen entfalten eine visuelle Atmosphäre mächtig behauener, antikisch inspirierter Steinkunst mit einem Zug zum Ungeheuerlichen: Diese Stadt ist unerschöpflich, vielleicht ist das ihr tiefstes Geheimnis.

Cantorei, Schütz, Hasse

Die durch Moritz von Sachsen am 22. September 1544 mit eigenhändiger Unterschrift begründete »Cantorei-Ordnung« beginnt mit der folgenden programmatisch-mächtigen Kanzleistil-Hypotaxe: »Von Gotts Gnaden wir Moritz Hertzogk tzu Sachssen des Heyligen Römischen Reichs Ertzmarschalch vnnd Churfürst, Landtgrauv in Düringen Marggrauv zu Meyssen, & – Bekennen und thun khunt, hiermit öffentlich / Nachdeme Wir kunftigk an vnserm Hoffe, eine Cantorei zuhalten bedacht /, Vnnd aber die Jenigen So wir darzu brauchen werden, wiessenn möchtenn / wie wir dieselben mit besoldunge, vnnd anderm haltenn wollenn / vnnd wie sie sich hinwieder verhaltenn sollenn / So haben Wir solchs alles, damit sie sich darnach zurichten, in eine schriefft stellenn lassen / vnnd wollen ernstlich das solcher unserer Ordenunge, von allen den Jenigen, so sie angehet, vnweigerlich nachgesatzt werde.« Der 22. September 1548 war die Geburtsstunde der Dresdner Hof- und damit der aus ihr hervorgegangenen heutigen Sächsischen Staatskapelle.

Die »Cantorei«, der schon seit dem 13. Jahrhundert mehrere kleine Instrumentalgruppen vorausgegangen waren, von denen eine nach 1480 auch Sänger aufnahm, war anfangs ein Vokal-Ensemble mit nur einem Organisten, das aber rasch durch eine steigende Zahl von Instrumentalisten aufgestockt und verfeinert wurde: Schon 1554, bei der Pensionierung Johann Walters, des ersten Kantors, des Luther-Freundes und frühen Schöpfers evangelischer Kirchenmusik, gab es 38 Sänger, darunter 14 Knaben, und 10 Instrumentalisten; 1593 enthielt das Inventarium der Instrumente »Violinen, Gamben, Flöten, Schalmeien, Hörner, Krummhörner, Dulcian, Zinken, Trompeten, Posaunen, Pauken, Lauten und Orgeln« (Eberhard Steindorf, der Chronist der Staatskapelle).

Das neuberufene Ensemble, aus dem über Jahrhunderte hinweg ein weltberühmtes Orchester mit einem ebenso ruhmreichen Operntheater hervorging, trat öffentlich erstmals am 8. Oktober 1548 in Torgau auf, als August, Bruder und Nachfolger von Moritz, die dänische Prinzessin Anna heiratete; kurz darauf gingen die Musiker nach Dresden. Schon frühzeitig erfüllte die »Cantorei« mehrere Aufgaben: Kirchenmusik im Gottesdienst, Aufwartung an der fürstlichen Tafel, musikalische Ausmalung der zahllosen repräsentativen Hof-Festlichkeiten. Ebenso frühzeitig öffnete sich die Kapelle international: Italienische und holländische, später französische, britische und böhmische Musiker wurden engagiert, auch für leitende Posten – wir nennen als frühe Berühmtheit exemplarisch den Hofkapellmeister und Komponisten Antonio Scandello, der dem Ensemble schon seit 1549 angehörte und 1553 die Gedächtnismesse für Moritz schuf.

Die herausragende Frühgestalt eines Dresdner Cantorei-Direktors und Hofkapellmeisters ist der große Komponist Heinrich Schütz, der ausgezeichnetste Musiker seines Zeitalters – so nannte ihn die Grabinschrift der alten Dresdner Frauenkirche; Inschrift und Grab versanken leider mit George Bährs Neubau. Schütz, 1585 in Köstritz bei Gera geboren, 1590 mit den Eltern, einem Gastwirtspaar, und mehreren Geschwistern nach Weißenfels an der Saale gezogen, wo der Vater viele Jahre hochgeachteter Bürgermeister war; dreizehnjährig dem Landgrafen Moritz von Hessen – nicht zu verwechseln mit dem gleichnamigen sächsischen Fürsten! – durch schöne Diskantstimme und hohe Musikalität aufgefallen, an die Hofschule nach Kassel geholt, wo fürstliche Pagen, Söhne des Hofadels und Kapellknaben erzogen und ausgebildet wurden, in den alten Sprachen, worin Schütz glänzte, in modernen Sprachen (Schütz beherrschte Italienisch), Geschichte – erzogen ohne Glaubensdogma, ohne falschen Druck auf die Begabten; dazu kam »die freie, unvoreingenommene Vermittlung von Musik verschiedener Herkunft«, ebenso Instrumentalausbildung nach dem Stimmbruch – Schütz wurde ein bemerkenswerter Orgelspieler und lernte Praxis für seine künftige Kapellenführung.

Dennoch steuerte er, dem Elternwunsch folgend, lange eine orthodoxe bürgerliche Profession an und studierte Jura in Marburg – bis der Landgraf erneut eingriff: Er schickte seinen Schützling 1609 mit einem Jahresstipendium von 200 Talern zum hochberühmten Musikmeister und Komponisten Giovanni Gabrieli nach Venedig, zum Feinsten und Besten für einen jungen Musiker: »Gleichsam wider meiner Eltern willen« wurden alle Vorsätze »verrücket« (so Schütz in einem Memorial von 1651). Er blieb fast vier Jahre; ohne sie hätte er nie die ebenso großartige wie schwierige Karriere in Dresden gemacht; seine höchste Bewunderung für Gabrieli erlosch niemals: »Ja, Gabrieli – ihr unsterblichen Götter, welch ein Mann war das!«

Freilich: »Der erste Eindruck von Gabrieli und seinem Können war so überwältigend, daß Schütz förmlich erschrak, als er bemerkte, wie wenig er im Grunde konnte« (so der Schütz-Biograph Martin Gregor-Dellin, dem dieses Kapitel wichtige Anregungen verdankt) – der irritierte Ankömmling scheint vorübergehend sogar an Rückflucht zur exakten Wissenschaft gedacht zu haben. Gabrieli aber, der die außerordentliche Begabung seines nachmals besten Schülers schnell erkannte, lenkte ihn entschieden auf seine wahre, die musikalische Bestimmung und hatte Erfolg: 1611 vollendete und publizierte Schütz, durch die Venezianer hoch gelobt, die von ihm später als Opus 1 anerkannte Sammlung »Il Primo Libro De Madrigali Di Henrico Sagittario Allemanno«. Sein Biograph urteilt über die achtzehn fünfstimmigen Madrigale: »Mit diesem Werk stellte Schütz alles in den Schatten, was sich mit ihm in Gabrielis Schule am gleichen Gegenstand versucht hatte«; der melodische Reichtum von Opus 1 mache »dieses Werk vor allen anderen zum Einhören in die Musik des Heinrich Schütz geeignet«.

Gabrieli und seine anderen, offenbar neidlosen Schüler ermutigten das junge Genie, das 1610 übrigens Galileis erste Vorführung seines Fernrohrs miterlebte und am Festgottesdienst teilnahm, dringend zum Festhalten an der Musik. Einige Monate nach dem unerwarteten Tod des hochverehrten Lehrers, der ihm vom Sterbebett aus seinen schönsten Ring überbringen ließ, kehrte Schütz heim, entschied sich 1613, mit 28, endgültig für die riskante Künstlerlaufbahn und akzeptierte zunächst in Kassel eine Dreifachstelle als Privatsekretär von Moritz, Prinzenerzieher und zweiter Hoforganist. Dann aber bahnte sich die überraschende Wendung nach Dresden an: Kaum nämlich hatte Kurfürst Johann Georg I., selber Jahrgang 1585, »ein leutseliger und trinkfester Kunst- und Machtprotz«, den Sagittarius bei einem Dresden-Besuch mit dem Landgrafen gehört, forderte er ihn rigoros für sich und für immer: »Es ergab sich daraus ein jahrelanges, bei aller Bewahrung der äußeren Form fast erbittert zu nennendes Ringen zweier Höfe um einen Musiker, in das Heinrich Schütz, wenn nicht alles täuscht, niemals direkt eingegriffen hat.« Der Kampf um ihn hatte auch grotesk-komische Züge, der Sachse aber siegte am Ende, Schütz zog 1617, nachdem er das Amt schon zwei Jahre de facto ausgeübt hatte, als Hofkapellmeister fest nach Dresden; er blieb fast vierzig Jahre, dreißig davon waren Krieg.

Die Arbeit des Hofkapellmeisters stellt uns sein Biograph als Universalaufgabe und -leistung vor: »Unter Heinrich Schütz nahmen Kantorei und Kapelle einen raschen Aufschwung, aber das war nicht alles. Von Anfang an blickte man auf Dresden, als sei da einer am Werke, der nicht nur Musik machte« – oder mit dem bekannten Dresdner, später Bielefelder Musikkenner Hans Schnoor zu reden: Das gewaltige Stück deutscher Geistesgeschichte, das den Namen Schütz trage, sprenge den Rahmen der Dresdner Musikgeschichte nach allen Seiten. Schütz, so Gregor-Dellin, habe Reformen eingeleitet, Noten kaufen und Musiker anstellen lassen, um die er sich rührend kümmerte, er habe eine umfangreiche Lehrtätigkeit aufgenommen, die von vielen seiner Kompositionsschüler und Kapellknaben später dankbar und wortreich gerühmt worden sei. Er habe in seinem Amt für das ganze Dresdner Musikwesen – Kirche, Tafel, Schule – eine Oberaufsicht geführt, sich sogar um die Verwaltung gekümmert und den Kurfürsten auf seinen Reisen »als eine Art Kulturbotschafter und musikalischer Zeremonienmeister« begleitet. Schütz habe auch musikalische Aufgaben im engeren Sinn übernommen: Kirchenmusik in Gestalt von Messen, Motetten und Gesängen komponiert, die Kapelle bei wichtigen Anlässen dirigiert, Musiker und Kapellknaben unterrichtet, die Tafelmusik besorgt, die manchmal bis zu fünf Stunden dauerte; Schütz habe obendrein Musik für Alltag und Feste einzurichten und eventuell zu schreiben gehabt, wovon, bei anzunehmender reichlicher Produktion solcher Gebrauchsmusik, die er in seinem Amt einfach können mußte, so gut wie nichts erhalten ist.

Spätestens nach der mit Praetorius und Scheidt geschaffenen Konzertmusik für den Magdeburger Dom (1618) war Heinrich Schütz berühmt. »Und es ist erstaunlich, wie wenig diesen Mann der Ruhm berührt, verändert oder beirrt hat« (Gregor-Dellin), wobei wir wohl hinzudenken müssen, daß er, anders als berühmte Renaissance- und Barockmaler und die meisten ihm schaffenszeitlich folgenden Komponisten, über seine Arbeitsweise fast nichts hinterließ.

Einige Lebens- und Werkdaten aber können wir schlicht in seine Dresdner Biographie einordnen: Seine ständige Suche nach geeigneten Texten für die Vertonung; die Bekanntschaft und Kooperation mit dem charakterlich ganz andersartigen Dichter und Poesie-Theoretiker Martin Opitz (1597–1639); die Ehe mit der 16 Jahre jüngeren, kaum 18jährigen geliebten Frau Magdalena, die nach nur sechs Jahren Gemeinsamkeit starb und zwei Töchter hinterließ; den Appell von Opitz, den bitteren Verlust durch Musik zu bewältigen; den Entschluß des Witwers, den Gebräuchen des Zeitalters zuwider nicht nochmals zu heiraten: »Er ging seinen Weg allein weiter, der nun Vierzigjährige; es war ein bitterer Entschluß zu Askese und Verzicht, einzig seiner Aufgabe und seiner Kunst zuliebe und vielleicht auch, weil diese Liebe unwiederholbar war außer in Werken; er begann ein zweites Leben in Ernst, Frömmigkeit und unnachsichtiger Härte gegenüber den Mächten, die ihn an Meditation und Kunstausübung hinderten, und gegenüber sich selbst. Alle Vitalität, alle Kraft floß in sein Werk, das sich in einer Zeit der Verrohung und Zerstörung übereinandertürmte zu kaum glaubhafter Höhe (…) Er betrachtete, was er hervorbrachte, ausführte und vortrug, gleich ob im Auftrag oder nicht, als Friedensruf und Friedenswerk, für jeden bestimmt« (Gregor-Dellin).

Friedensruf und Friedenswerk aber galten über viele Jahre, in denen Dresdens Musiker durch den Krieg, durch den versoffenen und verstockten, keine Anträge und Vorschläge beantwortenden Kurfürsten behindert wurden, dem Schutz und der sozialen Sicherung der wenigen verbleibenden Musikanten, die Schütz manchmal, eben weil der Fürst sich in Schweigen und Zahlungsunwilligkeit verkroch, aus eigener Tasche bezahlte – der kaum noch tragbaren Verantwortung und der Sorge um seine schwer bedrohte Produktivität entkam der große, stolze, bewundernswerte Mann mehrmals ins Aufatmen gewährende Kopenhagener Exil, wo man wußte und würdigte, was man an ihm hatte, von wo aus er aber trotzdem immer wieder ins verdammte und geliebte Dresden heimkehrte. Der Mann war ein internationales Genie und ein treuer Dresdner, die Gemeinsamkeit beider Wesenszüge sucht ihresgleichen. Der späte »Lohn« kam 1656 nach Johann Georgs I. Tod, als für 90 Jahre unter anderem das Klein-Herzogtum Sachsen-Weißenfels gegründet wurde – es kam die weitgehende Pensionierung des nun einundsiebzigjährigen Meisters durch den Thronfolger Johann Georg II. unter Ernennung zum Oberkapellmeister auf Lebenszeit, Festsetzung des Ruhegehalts auf ansehnliche 800 Taler jährlich, Entlassung ins brave Weißenfels, die Chance zu Ruhe und spätem Werk. Das alles half ihm wohl auch über die folgende Stille und Vergessenheit in Dresden hinweg – ohnehin wußte er ja, daß er sie alle überragte, die deswegen keineswegs verachteten Zeitgenossen – überragte mit einem zugegeben schwierigen, gigantischen Werk, worin die legendäre erste deutsche Oper »Daphne«, deren Text Opitz schrieb, deren Schützsche Musik völlig verlorenging und die 1627 im Schloß Torgau zur Hochzeit der ältesten Kurfürstentochter uraufgeführt wurde, eher eine Randrolle spielt. Außerdem überragte er durch seinen unermüdlichen, unerschrockenen Kampf um sein Dresdner Werk und dessen Musiker, von denen er, dank Krieg und Fürst, viel zu viele gehen lassen mußte, bis der neue Fürst die Verhältnisse immerhin besserte. Schütz hat keinen einzigen seiner Musiker entlassen, doch auch keinen Weggang verhindern können. Sein tiefer sozialer Sinn aber, unter oft widrigsten Bedingungen erprobt, ist ein Grundpfeiler seines Ruhmes: mit vollem Recht nannte man ihn, so der Musikexperte Johann Mattheson (1681–1764), »den Vater aller Musikorum, dem es die Teutschen zu danken hatten, daß sie es nun ebenso hoch, wo nicht höher bringen konnten als die Italiener.«

Sein kluger Biograph glaubt ja sogar, Schütz habe den zweithöchsten Platz in den Hofrängen eingenommen, was dem Schreiber dieser Zeilen nicht so recht einleuchtet, weil der Komponist kein Adliger war und er doch, Krieg hin, Krieg her, von so hoher Warte aus mehr für Cantorei und Kapelle hätte erreichen müssen, oder doch nicht? Unbezweifelbar bleibt, daß der Betagte auch in den späten Pensionsjahren ständig zwischen Weißenfels, Dresden, Leipzig, Halle, Zeitz, wo er die Kapellgründung des Klein-Herzogtums Sachsen-Zeitz überwachte, unter Strapazen hin und her reiste – wollen wir von der Zähigkeit des Charakters wie der psycho-physischen Struktur reden? Jedenfalls blieb er dort, wo er sich unbedingt auskannte: Im Sternzeichen der Pflicht.

Daß er am Ende nicht im stillen Weißenfels begraben sein wollte, sondern an der alten Frauenkirche zu Magdalenas Seite, ist begreiflich, führte später aber leider zur erwähnten Auslöschung des Grabmals, als die neue Kirche gebaut wurde. Im übrigen war Schütz trotz des Weißenfelser Hauptwohnsitzes oft in Dresden und vertrug sich mit den dortigen italienischen Musikern gut, die unter Johann Georg II. die Überhand bekamen – der bekannte Kapellmeister Bontempi nannte Schütz seinen Herrn und Freund und rühmte ihn 1660 in einer feinsinnigen Widmung: Niemand beschirme so wie er gegen böswillige Kritik, niemand sei durch Kunst, Nachtarbeit, Ruhm und Mühen zu einer höheren Stufe der Verehrung gestiegen.

Es gibt von Schütz, anders als vom Kurfürsten Moritz, nur wenige, aber markante Bilder. Vermutlich kennen die meisten Schütz-Liebhaber das herrlich-strenge Porträtgemälde des Dresden-Weißenfelser Komponisten von Christoph Spetner aus den fünfziger Jahren, das Bild, das im Leipziger Musikinstrumentenmuseum hängt – das klassisch-reife Porträt mit den schönen, herben Alterszügen des ungefähr Siebzigjährigen, den ebenso großen wie rätselhaft-undurchdringlichen Augen, den markant-feinen Stirnfalten. Weniger bekannt, aber höchst aufschlußreich ist der 1676er Kupferstich von David Conrad, der 1694 das Frontispiz des Dresdner »Geistreichen Gesang-Buches« bildete; es zeigt Heinrich Schütz fast klein und verborgen, aber umringt, gewärmt, geschützt, bewundert, verehrt und geliebt von seinen Sängern und Instrumentalisten – ein bewegendes Dokument: Es bezeugt Unsterblichkeit, insofern fängt es auch seine Musik ein.

Den Bildern folgen jetzt einige Schritte zu ausgewählten großen Musiken aus dem Riesenwerk des wunderbar-spröden Meisters Heinrich Schütz. Zum schon gewürdigten »Primo Libro«, Opus 1, stellen wir die Psalmen Davids von 1619, Opus 2, 26 mehrchörige Stücke, dabei zwei Psalmen, Nr. 128 und 136, je zweimal vertont, »in derselben Handschrift und doch unverwechselbar verschieden«, einmalig in der Musikgeschichte, so Gregor-Dellin. Sehr Ähnliches nimmt der Biograph für Opus 4, »Cantiones Sacrae«, 1625, wahr, die »in ihrer Voraussetzungslosigkeit, Gewagtheit – und Unbekanntheit in der ganzen Musikgeschichte einzigartig sind (…) von heute aus gesehen, schon ein Stück absoluter Musik«, wie Bachs »Kunst der Fuge«. Herausragend sodann 1627 die Begrüßungsmusik zum ersten Gottesdienst des Mühlhauser Fürstentages, die doppelchörige Motette »Da pace, Domine«, fast ein imperativischer Schrei und Alarmruf an den Herrn: schon tief im Krieg, erschütternd.

Sodann greifen wir weit voraus zu dem dreiteiligen Werkkomplex »Symphoniae sacrae« von 1629/Opus 6, 1647/Opus 10 und 1650/Opus 12. Der Musik-Brockhaus beschreibt Opus 6 recht pathetisch als Werkgruppe, worin der deklamatorische Ausdruck solistisch gesteigert sei, durchsetzt mit exklamatorischen Affektausbrüchen, bereichert durch den gliedernden und charakterisierenden Einsatz von Instrumenten.

Zwischen Opus 10 und 12 steht zeitlich 1648 Schützens Beitrag zum endlichen Friedensschluß, seine »Geistliche Chronik«, »eine Sammlung von Motetten für die Gemeinden«, so der Biograph, »deutsche Musicalia ad Chorum sacrum, eines seiner bedeutendsten und umfangreichsten Werke, mit dem er sich deutlich vom Hof ab- und den einfachen singenden und betenden Menschen im Lande zuwandte«, was auch darin zum Ausdruck kam, daß er sein Opus 11 an einen bürgerlichen Adressaten richtete und nicht an einen Hof, einen Fürsten, einen Adligen, einen Gönner: er widmete die »Geistliche Chronik« den »Bürgermeistern und Ratsleuten in Leipzig« und versah die Widmung mit einer Warnung vor Dilettantimus und Unreife in der Musik, was er »Bärenhäutereien« zu nennen pflegte.

Schließlich stehen wir an den Toren zum Alterswerk, das seit etwa 1660 hauptsächlich in Weißenfels entstand: Drei Passionshistorien nach den Lukas-, Johannes- und Matthäus-Evangelien, die Weihnachtshistorie »in stilo recitativo« und der sogenannte Schwanengesang mit Vertonungen der Psalmen 100 und 119 und einem »Deutschen Magnificat«. Die »Historia der freuden- und gnadenreichen Geburt Gottes und Mariens Sohnes, Jesu Christi« sei verdientermaßen zur klassisch-populärsten Komposition Schützens geworden, urteilt Gregor-Dellin und hebt besonders die Rezitative als schiere Wunder hervor: Der Achtzigjährige habe in diesem Werk alle seine Künste und Erfahrungen von der Aneignung der venezianischen Madrigalkultur bis in die scheinbar einfache, aber schwer zu machende Polyphonie seiner Chormusik vereint. Das kaum verdeckte Brecht-Zitat vom schwer zu machenden Einfachen verweist auf eine Kernthese der Schütz-Interpretation: Es sei ihm immer zuerst um das WORT und dessen adäquate musikalische Umsetzung gegangen, seine Musik sei »daher wesentlich Textauslegung, Verkündigung, Predigt«. Kann man das aber derart ausschließlich behaupten und glauben? Ist Musik nicht zuoberst Musik, ganz eigenständige Kunstgestalt, auch für einen zutiefst gläubigen Lutheraner wie Schütz? Und, umgekehrt, das Wort, auch Gottes Wort, braucht doch wesensmäßig Musik nicht a priori? Freilich: So zweifelnd und fragend, ahistorisch, tritt man vielleicht schon aus der Epoche des großen Dresdner Musikmeisters und ihren künstlerischen Strukturen und Gesetzmäßigkeiten heraus?

In einem Dresden-Porträt wie diesem kann die unentbehrliche Musikgeschichte nur in zeitlichen Sprüngen verlaufen. So lassen wir dem großen Heinrich Schütz den auf ganz andere Weise großen Johann Adolf Hasse folgen, den Großmeister der Dresdner italienischen Oper, Lebenszeit 1699 bis 1783, Dienstantritt Februar 1734, kurz nach Augusts des Starken Tod, als »Königlich Polnischer und Kurfürstlich Sächsischer Kapellmeister«. Hasse hatte schon drei Jahre früher mit seiner wunderbaren Gesangsgefährtin und Ehefrau Faustina Bordoni debütiert; ihre

Stimme, dunkler Mezzosopran, muß himmlisch gewesen sein, ihr Pastellporträt von Rosalba Carriera in der Galerie Alte Meister mit der kecken Physiognomie, den schönen Augen, der fein entblößten, zarten linken Brust ist so freimütig wie faszinierend; sie war von 1734 bis 1751 Dresdens Primadonna. Der in Bergedorf bei Hamburg geborene Norddeutsche Hasse hatte in Italien, dem Mutterland der Oper, schon jung eine sensationelle Karriere gemacht und hieß in Venedig der liebe, göttliche Sachse. Er war offensichtlich als Komponist wie als Operndirigent gleichermaßen genial: »Hasse war«, schreibt Eberhard Steindorf, »obgleich kompositorisch universal tätig, der unumstrittene Meister, ja Vollender der ›opera seria‹, der Musizieroper par excellence, in der er dramatische Kraft, Empfindsamkeit, formale Klarheit, stimmliche Bravour, vokales und instrumentales Kantabile und orchestrale Perfektion zu faszinierend lebendigem Ausdruck vereinigte. In der italienischen Oper fand er die Erfüllung seines künstlerischen Denkens, Fühlens und Wollens; er wurde zum Idol eines ganzen Zeitalters.«

Erstklassiges Sängervolk und erstklassige Hofkapelle bildeten die Basis von Hasses Doppelensemble; 1756, kurz vor dem Siebenjährigen Krieg, hatte er 48 Musiker – so konnte der Kapellmeister dem Komponisten (wenn man das überhaupt trennen kann!) gleichermaßen »höchstmögliche interpretatorische Vollkommenheit« geben. Dabei fand der »Chef« im Konzertmeister Johann Georg Pisendel den kongenialen Assistenten, der als Deutschlands bester Geiger galt und in den Aufführungen dirigierte, während Hasse die Bühne vom Cembalo aus beobachtete.

Vom späteren Kurfürsten Friedrich August II., dem zweiten sächsisch-polnischen König und Sohn Augusts des Starken, entdeckt und dem Vater zur Anstellung empfohlen, bereitete Hasse mit Faustina am 13. September 1731 seiner Oper »Cleofide« eine triumphale Uraufführung. König, Hof und Stadt verstanden schnell, welches überragende Künstlerpaar da für Dresden zu gewinnen war; hohe königliche Stellendotierungen und äußerst großzügige Gastspiel-Erlaubnisse für beide hielten sie in Sachsens Hauptstadt fest und legten die materielle Grundlage für fast 30 Jahre gefeierter musikalischer Höchstleistungen, künstlerischen Ruhmes und Glanzes und einer fabelhaften Produktivität des Meisters: Er schrieb in Dresden allein 25 Opern, dazu unter anderem viele heitere Intermezzi für die Opera-seria-Aufführungen, Serenaten, acht Messen, elf Oratorien und 13 Festkantaten.

Die Hoch-Zeit der Hasses und der damaligen Musikstadt Dresden
endete mitten im Siebenjährigen Krieg, 1760, als die Preußen Friedrichs II., der den sächsischen Premierminister Graf Brühl haßte, Dresden in Brand schossen. Zahlreiche Menschen wurden getötet, viele Gebäude, so die Kreuzkirche, zerstört, wertvollste Kunstschätze vernichtet,
offenbar auch das Gros der weltlichen Musiken von Schütz. 1763 tau-
melte Sachsen, nicht zum letzten Mal auf seiten der Kriegsverlierer, in
die militärisch-politische Niederlage und danach in die wirtschaftliche
Krise; wie symbolisch starb Friedrich August II., der die Hasses nach
Dresden geholt hatte, im gleichen Jahr. Von einem Tag zum anderen
wurde Hasse im Zuge rabiater, scheinbar unvermeidlicher, aber jedenfalls kulturfeindlicher Sparmaßnahmen entlassen; der großartige, aber
nun von Undank geschundene Künstler verließ, unter Beibehaltung des
Oberkapellmeistertitels, aber ohne Pension, mit seiner einst gefeierten
Frau Sachsen: Wie so oft in der Geschichte büßte die am Unheil un-
schuldige Kunst zuerst. Johann Adolf Hasse konnte nicht einmal, wie
Schütz, mit seiner Musik in Dresden den Frieden feiern.

Dresden leuchtet: Der Zwinger

Am Anfang steht ein grundsätzliches Urteil von Fritz Löffler, dem Doyen der Dresdner Architektur-Geschichtsschreibung: »Das Unternehmen des Zwingers ist mit seinem Bauherrn August dem Starken, mit seinem Architekten Matthäus Daniel Pöppelmann und dem Bildhauer Balthasar Permoser untrennbar verbunden. Nur das Zusammenspiel dieser drei Kräfte gewährleistete die vollkommene Lösung des großartigen, scheinbar mühelos gewachsenen Baus.« Eindringlich zeigt der Zwinger die Handschrift dieses Kurfürsten-Königs und absoluten Herrschers von hohem Kunstverstand, der die beiden wichtigsten künstlerischen Lenker des Werkes mit Charme und untrüglichem Gespür für Qualität auswählte und selber ständig mit klugen Korrekturen, Vorschlägen und Anordnungen eingriff – in einem Umfeld, das Harald Marx, der Direktor der Galerie Alte Meister, in doppelter Perspektive einleuchtend ausmalt: Dresden sei als Residenz berühmt geworden, seine künstlerischen Leistungen, denen es diesen Ruhm verdanke, seien als Aufträge des Hofes oder doch aus Bedürfnissen der Residenz entstanden: »Sie wurden realisiert von ›Hofkünstlern‹, die frei von Innungszwängen lebten, aber gebunden an fürstliche Aufträge.« Diese hätten gewiß häufig die Grenzen des Möglichen überschritten, doch »es war die ›Verschwendung‹ des Königs, nicht das ökonomische Denken des Magistrats der Stadt, was Dresden zu einer Kunststadt höchsten Ranges machte.«

Was schließlich den prunkvoll-repräsentativen Gebäudekomplex mit dem scheinbar schlichten Namen ausmachte, begann am Festungswall westlich des Schlosses zunächst mit dem Plan einer winterfesten Orangerie, wo der Fürst, ähnlich wie bei seinem Porzellan-Enthusiasmus, der unter Zeitgenossen verbreiteten Liebhaberei zu südländischen Pflanzen und Früchten frönen wollte, die »paradiesisches und glückliches Leben« symbolisierten (Heinz Quinger). Die Ansätze zur Orangerie als Keimzelle eines das ursprüngliche Projekt nach Eigenart und Umfang weit übersteigenden Garten- und Architekturwerkes entstanden an der nordwestlichen »Scharfen Ecke« der Festung, der späteren »Bastion Luna«, auf dem Zwinger genannten Raum zwischen äußerer und innerer Mauer, wo auch das Zwingen, das Einsperren von Raubtieren, möglich war. Wichtige Leitbauten der ebenso prächtigen wie sinnlich-heiteren Repräsentations- und Festarchitektur wurden zwischen 1709 und 1719, dem Hochzeitsjahr des Kurprinzen Friedrich August und der Tochter des Habsburger-Kaisers Joseph I., Maria Josepha, errichtet. Die Anlage war aber zum gigantischen Fest kurfürstlich-königlicher Selbstdarstellung noch nicht vollendet; weitere Bauphasen folgten bis Ende der zwanziger Jahre, wobei die Elbseite des ungefähr entlang einer gedachten Nordwest-Südost-Achse, um einen rechteckigen Gartenhof gestalteten dreiseitigen Gebäude-Komplexes bis zur Errichtung von Sempers Galerie Alte Meister (1849–1855) frei blieb. Bemerkenswert, auch wegen des vielfachen königlichen Mitwirkens an den Großbauten des Gesamtkunstwerkes: Die Entstehungszeit des meisterhaften, wenn auch fragmentarischen Zwingers berührt sich an ihrem Ende mit dem Baubeginn von Frauenkirche und Hofkirche!

Die inspirierende und steuernde Einflußnahme Augusts des Starken, der als Prinz beim damaligen Oberlandbaumeister Wolf Caspar von Klengel grundlegend in Architektur unterrichtet wurde, bestand in sehr viel mehr als einer überlieferten, flüchtig hingeworfenen »Eigenhändigen Skizze zur Orangerie im Zwingergarten«, einem Grob-Entwurf von 1709, dem gegenüber Global-Lobsprüche wie die des Biographen Faßmann aus Augusts Todesjahr 1733 übertrieben-schmeichlerisch ausfielen: »Solche milde Neigungen Sr. Majestät haben sich auf alle Künste und Wissenschaften, die Bildhauer und die Mahlerey erstreckt.« Auf jeden Fall konnte der Monarch, wie Walter May mit gutem Grund annimmt, gerade wegen seiner Kennerschaft der faszinierenden Materie auch ein schwieriger Bauherr sein, zum Beispiel für August Christoph von Wackerbarth, den Generalintendanten seines Bauwesens, und für die Architekturbeamten des einflußreichen Oberbauamtes, denen er auch beim Zwinger-Projekt die Richtung vorgab: Bei aller Toleranz und Weitherzigkeit blieb August immer der absolute Herrscher, dessen Wille regierte. Dabei spielte zumindest zeitweilig die Abstimmung des Zwinger-Unternehmens mit dem geplanten Neubau des nahe gelegenen Schlosses eine Rolle – der Plan kam, auch aus finanziellen Gründen, über gelungene Innovationen des Inneren nicht hinaus.

Dem Eingangssatz Löfflers sei eine historische Epochenwürdigung von Marx zur Seite gestellt: »Es waren die politische Aufwertung und die architektonische Verwandlung, die in wenigen Jahrzehnten aus der kurfürstlichen Residenz der Wettiner eine Königsstadt werden ließen, mit verschwenderischer Hofhaltung und wochenlangen Festen, es waren aber auch die künstlerischen und musikalischen Interessen der Herrscher, das Entstehen der noch heute berühmten Sammlungen und der überwältigende Reichtum an kunsthandwerklichen und künstlerischen Leistungen, die, in solchem Klima gefördert, mit einem Male auf den verschiedensten Gebieten hervortraten, was diese Sonderstellung bewirkte.« Interessanterweise hob der Preußenkönig Friedrich der Große, der Dresden schon als Kronprinz kennengelernt hatte, in der »Geschichte meiner Zeit«, 1746 geschrieben, 1775 eigenhändig redigiert, bei einer strengen Auswahl »schöner Kunst im Norden« mit Werken aus Berlin, Wien, München, Mannheim, Ludwigsburg und Dresden für Sachsens Residenz zwei in ihrer Sonderstellung noch ausgezeichnete Bauten hervor: die Augustusbrücke und den Zwinger, beides Schöpfungen Pöppelmanns.

Der Zwinger-Architekt, 1662 in Herford/Westfalen geboren, tauchte um 1680 in Dresden auf und hinterließ zunächst keine Spuren, war aber, nach Ausbildung im Oberbauamt, dort spätestens ab 1686 angestellt. Nach Jahren bescheidener Positionen, aber genauester Studien des Dresdner Stadtbildes wurde er vom König ob seiner exzellenten baukünstlerischen Fähigkeiten entdeckt und 1705 zum Landbaumeister ernannt. Das war seine große, glänzend genutzte Chance: Als Bauorganisator, Bauingenieur und Architekt, urteilt Marx, habe er in den folgenden Jahren Hervorragendes geleistet und entscheidend dazu beigetragen, die Residenz der sächsischen Kurfürsten zu einer wegen ihrer Bauten berühmten Stadt zu machen. Auch habe es Pöppelmann durch Diensteifer und herausragende künstlerische Leistungen verstanden, sich die königliche Gnade beständig zu erhalten.

Der Monarch schickte seinen Künstler auf Studienreisen, damit er neueste architektonische Errungenschaften und ihre Schöpfer vor Ort kennenlernte. 1710 besuchte er Prag, Wien, wo er Fischer von Erlach traf, und Rom, wo er barocke Meisterwerke des 17. Jahrhunderts studierte, zum Beispiel Berninis kühnste Plastiken, seinen Palazzo Barberini und die Kolonnaden des Petersplatzes sowie Borrominis Kirche der Päpstlichen Universität Sant' Ivo alla Sapienza, »die wohl kühnste

Raumgestaltung des Barock«. 1715 reiste Pöppelmann nach Paris, wo er kurz vor dem Tod Ludwigs XIV. in Versailles, dem architektonischen Musterort des Sonnenkönigs, für den Zwinger, besonders für die Inneneinrichtung, forschte.

Fügen wir hinzu, daß Pöppelmann, seit 1718 Oberlandbaumeister, in den drei Jahrzehnten seit 1705 ständig dienstlich auf Achse war, so sieht man ein gewaltiges Pensum von Aufgaben und Leistungen vor ihm aufgetürmt; dabei stand der unermüdliche Baumeister und Organisator ständig »im Spannungsbogen zwischen Pflicht und schöpferischer Leistung, zwischen Ingenieurbau und höfischer Repräsentation, zwischen der Anpassung des Hofbeamten an gesellschaftliche Zwänge und den projektgewordenen Hoffnungen des Künstlers« (Marx).

Nur eine Auswahl aus der Werkfülle, die er allein oder anteilig bewältigte, kann hier aufgereiht werden: Neben anderen Wasserbauten, Toren und Straßen der vielbewunderte Brückenneubau, dessen Erhöhung und Verbreiterung »in den vollkommensten Stand« bis 1907 hielt, »die bemerkenswerte städtebauliche Situation, daß eine an einem breiten Strom gelegene Stadt an beiden Ufern eine gleichwertige Gestaltung erfuhr und die Stadtteile organisch miteinander verbunden wurden« (Bächler) – auch durch die glanzvolle beiderseitige Brückenkopf-Profilierung; genannt seien weiter die Außenbauleitung des – 1849 durch Beschuß und Brand vernichteten – Großen Opernhauses und die Neugestaltung der Repräsentations- und Festetage im Schloß, 2. Obergeschoß, beide Bauaufgaben für die Hochzeit 1719; die richtungweisende Mitwirkung Pöppelmanns bei der Installierung des Grünen Gewölbes ab 1723 und beim Umbau des Holländischen zum Japanischen Palais in der Neustadt; weiterhin der in der Forschung nicht eindeutig geklärte Anteil am Ausbau von Schloß Pillnitz; die Leitung des Umbaus von Schloß Moritzburg nördlich Dresdens zu seiner heutigen viertürmigen Gestalt innerhalb der ursprünglichen Landschafts-Umgestaltung zum barocken Tiergarten; die Mitwirkung an frühen Bauphasen des Taschenberg-Palais; anteilige Entwurfsarbeit für mehrere Bürgerhäuser; schließlich der Beitrag zum Bau der Matthäus-Kirche Friedrichstadt, wo der große Baumeister 1736 beigesetzt wurde, und zu den Umsetzungs- und Neubauarbeiten der Dreikönigskirche, deren Inneres George Bähr und Johann Gottlieb Fehre einrichteten; die Interimskirche, die der Neustädter Gemeinde von 1732 bis 1739 diente, war das alleinige Werk Pöppelmanns, ebenso die Weinbergkirche in Pillnitz.

Seinen die Jahrhunderte überdauernden Ruhm begründete der Zwingerbau. Besucher bewundern zugleich die fabelhafte, von einer ganzen geschundenen, aber nicht zerbrochenen Bevölkerung gewünschte und mitgetragene Wiederaufbauleistung kongenialen Nachschaffens, die mit Enttrümmerung, Sichtung und Rettung des Erhaltenswürdigen schon in den ersten Nachkriegsmonaten begann. Die Besucher, der südwestlichen Längsfront sich nähernd und auf der schlichten Holzbrücke über den Zwinger-Wassergraben verharrend, stehen staunend vor dem einzigartigen Kronentor, einem unwiderstehlichen, goldblitzenden Wahrzeichen dieser Stadt.

Ursprünglich als Torpavillon mit »Hercules saxonicus« obenauf projektiert, wovon noch ein überlieferter Entwurf Pöppelmanns von 1714 zeugt, ragt das architektonische und bildnerische Kleinod im Mittelpunkt der Langgalerie auf, die das Obergeschoß des Tores in einer Art Turmrotunde kreuzt. Löffler deutet es als Nachfahren antiker Triumphtore und baut es in Sätzen nach: »Durch einen kleinen Risalit ragt es aus der Langgalerie heraus. Flankiert von Pilastern und vorgelegten doppelten und einfachen Säulenstellungen, die sich auf über Eck gestellten Sockeln erheben, wird das erste Stockwerk mit stark verkröpftem Gebälk und gesprengten Giebeln bekrönt. Etwas zurückgesetzt erhebt sich das erste Geschoß mit seiner durchbrochenen Silhouette. Die vier tragenden Pfeiler, die die Rundbogen begrenzen, sind ebenfalls durch Pilaster aufgelockert und durch volle Ecksäulen betont. Verkröpftes Gebälk und gebrochene Giebel leiten über zur Attika, auf der sich der figurale Schmuck drängt«, durchweg filigrane Kleinplastik von Menschen und Pflanzenwerk. Den vier Pfeilern entsprechen vier Nischen; die an der Grabenfront zeigen zu beiden Seiten des Durchgangs überlebensgroße Figuren: links den grandiosen Permoserschen Vulkan, eine fast tragisch-dramatische, ins Riesige aufgetürmte Vergrößerung der Jahreszeiten-Miniatur »Winter« vom Grünen Gewölbe, rechts einen sanft lächelnden, an Kopf und nacktem Leib von prall-reifen Trauben und Weinblättern bedeckten Bacchus, wohl ein Werk Kretzschmars. In den Nischen der Hofseite korrespondieren mit den Frontstatuen, beiderseits und überlebensgroß wie diese, links Permosers Ceres, rechts Egells Pomona, beide heiter und reiche Ernte von Garben und Früchten spendend, jede mit einer kindlich-gierig bettelnden Putte am rechten Bein. Über der dichtbevölkerten Attika aber steigt die dunkelkupferne, zwiebelförmige Kuppel aus einem von Goldlaub und

Goldmuscheln verzierten Sims auf, großblättrige goldene Girlanden schmücken aufsteigend die Kuppelkanten, der Zwiebelturm mündet in vier vergoldete polnische Adler und in die goldschöne Königskrone: Dresden leuchtet!

Die Besucher schreiten schauend und redend durch das Tor und betreten den Innenhof. Sie wenden sich ungefähr in nordwestlicher Richtung nach links und sehen vor sich eine eigenartig gespiegelte bauliche Verdoppelung: Wie Geschwister, um nicht zu sagen: wie Zwillinge stehen zwei reichgeschmückte zweistöckige Gebäude auf gleicher Höhe und Linie des Innenhofes rechtwinklig zu den Längsseiten der Anlage, mit gehörigem Abstand voneinander, die dreiachsigen Schmalseiten einander spiegelhaft zugewandt: linker Hand, der Innenstadt zu, der nach seinen kostbaren Wissenschafts- und Technik-Kollektionen benannte Mathematisch-Physikalische Salon, rechts, nach der Elbe zu, der Französische Pavillon, der früher den auf Augusts Wunsch mit sächsischem Marmor erbauten Kunstsaal barg, dessen große mythologische Gemälde, zum Beispiel vom berühmten Hofmaler Louis de Silvestre, der Krieg 1945 unwiederbringlich zerstörte; beide Zwillingsbauten mit den gleichen breitwirkenden neunachsigen und neunfenstrigen Längsfronten prächtig ausgestattet, beide auf den Dachfriesen spiegelverkehrt mit denselben gedrängten Schmuckwerken und Verzierungen – Figuren, Pflanzen, Wappen, auch Putten auf Sockeln – befrachtet und überdies über den Fenstern des Erdgeschosses außer dem mittleren durch weit ihre Flügel spreizende Adler belebt, beide durch eingeschossige Bogengalerien mit dem wunderbaren Zentrum des Nordwest-Zwingers, manche Enthusiasten rühmen: mit seinem Herzen, verbunden, dessen Vasallen sie sind: mit dem Wallpavillon.

Die besondere, vielbewunderte, manche Nachweltler aber auch irritierende Eigenart des Zwinger-Herzstücks hat Löffler hyperbolisch zusammengefaßt: »Der gesamte Baukörper des Wallpavillons ist in Bewegung und völlige Auflösung geraten, die Mauern scheinen plastisch gebogen. Alle Horizontalen sind durch die fünf großen Bogenöffnungen der unteren Halle ebenso wie durch die Fenster des oberen Geschosses und die Giebelaufbauten gesprengt. Die ganze Architektur bewegt sich scheinbar über einen mächtigen Mittelgiebel aufwärts zu dem die Welt tragenden Herkules, der den Pavillon bekrönt und als ›Hercules Saxonicus‹ überragt.« Die Auflösung ist allerdings eine – freilich mit höchstem Raffinement und genialer Kunstfertigkeit erschaffene –

Scheinbarkeit: Die Sprengung der Horizontalen wird nämlich durch die dreifachen waagerechten Fenster-Querstreben, vor allem aber durch die sechs streng senkrecht strukturierten Pilasterbahnen der Vorderfront konterkariert, die vom Dachfries bis zum Plafond der Eingangstreppe oder umgekehrt ihre vertikale Geradlinigkeit behalten – eine Linearität, die durch die zwölf Pilaster-Hermen und deren nach unten fallenden Pflanzengirlanden nur scheinbar verdeckt, für den vorurteilslosen Gesamtblick des Betrachters aber eher noch bekräftigt wird – fehlte diese geniale Pilaster-Strenge, würde der herrliche Bau, angetrieben durch das wallende Bewegungen des Mauerwerks suggerierende, orgastische Schmuck-Festival über den Fenstern bis zur Weltkugel hinauf, geradezu davonfliegen müssen.

Der Doppel- und Kontrast-Eindruck von Auflösung und gleich-zeitiger, gleich-örtlicher Stabilität wird durch das Innere des fabelhaften Bauwerks bestärkt: Es ist ja, vom fünffachen, wundervoll verzierten Bogen-Torwerk der Vorderfront her, luft- und damit bis zu einem gewissen Grade auch licht-offen, durchlässig, scheinbar labil. Trotzdem steht die Halle innen unerschütterlich: durch dasjenige Instrumentarium, das womöglich sogar Pöppelmanns erste, ursprüngliche Vision des Wallpavillons war: die Treppe. Pöppelmann, so versichert uns Löffler, sei ein Meister der Treppengestaltung – das ist wahr. Die hier in Rede stehende Treppe ist eigentlich ein zusammengesetzter Komplex. Er beginnt unten auf dem Hofgrund mit einer Plattform leicht segmentbogenförmig gestalteter Flachstufen; die Treppe führt zunächst mit einem schnurgeraden, fünfzehnstufigen, breiten Anstieg ins luftige Halbdunkel des offenen Hauses, gabelt sich vor dem Innen-Brunnen nach rechts und links in zwei jeweils symmetrische und gegenläufig angelegte Teiltreppen mit erst 19, dann 16 Stufen, Treppenstrecken, die zickzackartig zum Wall hochsteigen, wo sie im Freien, unsichtbar für den Betrachter der Fassadenfront enden. Die vollkommene Symbiose von Treppenanlage und Pavillonbau, den Eberhard Hempel sogar »Gehäuse« nennt, schuf die wundervolle schwebende Festigkeit, die der Besucher, hinauf- oder hinabsteigend, erlebt.

In dieser Symbiose erreichten Pöppelmann und Permoser die Höhepunkte ihres Schaffens – zwei Persönlichkeiten von sehr unterschiedlicher Couleur und Geschichte: Der Bayer Permoser, bei seiner Arbeitsaufnahme am Zwinger schon um die Sechzig, mit europäischer, zumal vierzehnjähriger italienischer Erfahrung, der gebürtige Westfale

Pöppelmann, über zehn Jahre jünger und, von einigen kürzeren Studienreisen abgesehen, ganz auf das sächsische Baugebiet festgelegt – zwei unterschiedliche, dennoch kongenial zusammenarbeitende, ihre Ideen und Werke beim Fürsten behauptende und durchsetzende Künstler schufen das Sinnbild dieser Stadt, wobei Permoser auf seine reichbesetzte Werkstatt, auf Schüler und exzellente Kollegen setzen konnte. Die wichtigsten Skulptoren in seinem Gefolge waren Paul Egell, Schöpfer der schon vorgestellten Pomona und markanter Männerköpfe als Giebel-Schlußsteine am Wallpavillon, Paul Heermann, der die Paare Venus und Paris sowie Minerva und Juno links und rechts der Mittelkartusche gab (und von dem eine meisterliche Porträtbüste Augusts des Starken, jetzt in der Skulpturensammlung, stammt); ferner Johann Christian Kircher, schon vom Großen Garten her vertraut, am Wallpavillon unter anderem mit den Gruppen der geflügelt-menschlichen »Ostwinde« (Euros, Eos) und »Südwinde« (Auster, Iris) sowie, fast humoristisch, mit zwei prallbusigen, dünn- und langrohrige Trompeten blasenden Genien in der Mittelkartusche vertreten; weiterhin Johann Joachim Kretzschmar, der vermutliche Meister des Kronentor-Bacchus, und Benjamin Thomae, von dem eine Nymphe im Bad stammt.

Aus dem überbordenden Schmuckwerk-Schatz des Wallpavillons fallen, sozusagen auf dem Blickweg nach ganz oben, über dem zweiten und vierten Tor zwei mächtige steinerne Adler mit halbgeöffneten Flügeln und starken Krummschnäbeln auf. Über der Mittelkartusche mit Wappen und Krone, Genien-Musik, kühnem Doppelschwung-Giebel aber steigt himmelwärts der königliche Athlet und Atlas-Vertreter, »Hercules Saxonicus et Augustus«, das rechte Bein auf den felsigen Untergrund gestemmt, das linke mit überdimensionalem Oberschenkel angewinkelt, die gigantische Last stützend, die den monumentalen, schurzbewehrten und umhanggewärmten Heldenkörper beugt, den krausbärtigen, üppig gelockten Kopf auf die muskelgeschwellte linke Schulter drückt, wobei rechte Schulter, rechter Arm, linke Stützhand über Beugearm und Nacken die ungeheure, in der wehenden Luft geschwärzte Weltkugel heben, tragen, balancieren und halten: Balthasar Permosers Huldigung für einen Halbgott in sächsischem Sandstein.

Die Zwinger-Forschung ist sich darüber einig, daß diese Huldigung für eine die ganze Anlage beherrschende direkte oder metaphorische Glorifizierung des Stifter-Fürsten, Königs und Kurfürsten August durch architektonische und skulptural-ikonographische Präsentation steht:

»Wie kaum ein anderes Bauwerk ist die Erscheinung des Zwingers durch ein ikonographisches Grundmotiv geprägt, die antiken Sagen von Herkules und dem Garten der Hesperiden mit ihren goldenen Äpfeln, die zu einer Apotheose des Bauherrn gesteigert werden«, konstatiert Walther May; Bildwerk, Relief und Skulptur, findet Michael Kirsten, hätten im wesentlichen »einer Demonstration der Machtvollkommenheit von August dem Starken in seiner Eigenschaft als Reichsvikar, König und Kurfürst« gedient; Fritz Löffler erhebt die seinerzeitigen Bauaufgaben sogar zu einem allgemeingültigen Epochenmodell: Der Grundsatz der Anspielung auf den Auftraggeber sei bei allen repräsentativen Konzeptionen des Barock von entscheidender Bedeutung gewesen; so habe man auch das Figurenprogramm des Zwingers sowohl direkt als auch durch Allegorien auf August und seine Tugenden bezogen. Die nahezu einhellige Interpretation einer durchaus spektakulären Baukunst-Programmatik wird durch eine höchst kompetente zeitgenössische Auslegung historisch untermauert: durch Pöppelmanns Vorwort zu seinem berühmten Kupferstichwerk über den Zwinger von 1729. Es glorifiziert den »Hercules Saxonicus«, dessen »Bild-Säule theils als eines Ober-Aufsehers (...), theils als eines Welt-Unterstützers, wie er die Himmel-Kugel auf seinen Schultern trägt, in Abzielung auf die damahlige Reichs-Stadthalterschaft unseres heldenmüthigen Königs, in der Höhe über der großen Treppe aufgestellt« ist.

Die herkulische Gipfelfigur mit der Himmel-Kugel suggeriert noch eine andere Variante der Anspielung, wenn schon nicht der Glorifizierung Augusti: seine Männlichkeit und Sexualität. Sie drückt sich in der beinahe supermännischen Körperlichkeit des Permoserschen Helden aus – in seiner siegreichen Nacktheit, aber erst recht in der seltsam decouvrierenden Verhüllung des herkulisch-königlichen Geschlechts durch eine schlangenartige Pflanze oder ein Tuch, die den Phallus wie eine gierig umschlingende Hand packt, mit einem Griff, der einer raffinierten, dem Künstler vielleicht nicht voll bewußten, in der Verdeckung prahlenden Entblößung gleichkommt.

Dieser Eindruck wird – vielleicht ebenfalls halb bewußt und jedenfalls assoziativ – durch die eigenartige, aber zu den künstlerisch höchstrangigen Bildwerken des Wallpavillons zählende Männergruppe der zwölf Hermen verstärkt. Sie wachsen – zweimal drei, zweimal zwei, zweimal eine – mehrere Meter über der Plattform aus den sechs Stammpilastern der Vorderfront, dicht unter dem breiten Fensterfries heraus. Alle haben Männerköpfe, von denen keiner einem anderen oder einem Jünglingshaupt gleicht, durchgebildete nackte Körper bis in die Bäuche herab und muskelstarke Arme; die Beine stecken, sozusagen, in den Pilastern.

Exemplarisch zeigt der Text jetzt die zwei dem Haupttor am nächsten aufgebauten Hermen der linken Dreiergruppe von Permoser selbst. Zuerst die innere Randfigur: Lorbeerkranz auf dem Kopf, großblickende Augen, das Gesicht bei feinem Lächeln schön geschwungener Lippen mit eher leichtem, nachdenklichem Spott; der muskulöse linke Arm nach oben angewinkelt, die Hand hinter Kranz und unauffälligem Haar verborgen, der athletische rechte Arm über der Brust angewinkelt, starke Muskeln und Sehnen, die Hand den linken Oberarm greifend; Oberbauch und ein Teil des Unterleibs nackt, sportlich-muskulös geformt, der Nabel leicht gehöhlt; Schoß und Scham mit Trauben und größeren Früchten – Birnen, Äpfeln, Orangen und anderen Südfrüchten – dick bedeckt, wohl auch Anspielung auf die goldenen Äpfel der Hesperiden; nach unten fortgesetzt mit Ornament und hängender kleiner Fruchtgirlande, darin Ananas und Laubwerk: geballte Fruchtbarkeitssymbolik und Zeugungskraft – wie beim »Hercules Saxonicus« selbst?

Daneben die mittlere Figur im Dreigespann: ein älterer, vielleicht sogar alter Mann, aber mit üppiggelocktem Haar an Oberkopf, Wangen, Kinn, über die Schulter, die ganze rechte Körperseite bis in den Schoß hinabgeschlängelt; bei nach links geneigtem Kopf ein höhnisch-verzerrter Gesichtsausdruck: Satyrherme; beide Arme hinter dem Kopf verschränkt, Rippen und Brustmuskeln kräftig, die Warzen spitz erigiert, der Unterbauch bis an die Schamgrenze nackt, Nabel offen, ein dicker Schurzknoten über dem Geschlecht, aufgedeckt durch demonstrative Verhüllung wie beim »Hercules« unter der Himmel-Kugel – die gesamte Zwölfergruppe, deren Schöpfer mit der uralten Zauberzahl assoziativ zu spielen scheinen, ist vor allem in den Physiognomien zwischen sanfter Heiterkeit und Satyr-Fratzen wunderbar ausdifferenziert – und strömt zugleich durch ihre künstlerisch vollendete, erstaunlich jung wirkende nackte Körperlichkeit starke erotisch-sexuelle Attraktion und Macht aus: Der gewollte oder ungewollte Bezug zur Majestät Augusti ist auch in der Hermen-Phalanx unübersehbar.

Für Kronentor und Wallpavillon sind die Anspielungen auf den königlichen Bauherrn und seine Glorifizierung leicht erkennbar – wie aber steht es mit dem dritten großen Zentrum plastischen Prachtwerks, dem Nymphenbad? Nach dem Bericht des Chronisten Iccander von 1726 diente es »den Herrschaften, die im Erdgeschoß des Pavillons spielten, zum Refraichieren«. Gemeint ist der bis in wirkliche Tiefe hinter dem Wall gesetzte Französische Pavillon; der Fürst wird unter den Refraichierenden gewesen sein und die heitere, den Blicken von draußen diskret entzogene Wasserkunst goutiert haben: Das quadratische Becken in der Mitte, die aufschießende Fontäne darin, die Kaskade vom Wall herunter über den Schwall brechendes, zerstäubendes Gestein, die karikierend aufgerissenen, zähnebleckenden Drachenmäuler in zwei Nischen, die Wandbrunnen, Tropfsteingebilde, Grottenelemente – und die Nymphen, jede in eigener Muscheldach-Nische, überlebensgroß, jung, kraftvoll, ausdrucksstark, acht an der Südwand des Bades, Permosers und seiner Mitarbeiter großartiges Werk. Ist es zynisch zu fragen: ob sie, ganz sicher zur Freude des Monarchen, indirekte, von ihren Körpergestalten und den Kunstabsichten ihrer steinebelebenden Schöpfer her auf keinen Fall zynische Huldigungen an die legendäre, vielgeschmähte Manneskraft des »Hercules Saxonicus« seien, der, unbestreitbar, etliche Geliebte und Bettgenossinnen beschlief und zynisch wegwarf?

Aus der Südreihe (die acht Statuen der gegenüberliegenden Nordseite sind späte Ergänzungen und fallen nicht in die Gründerzeit des Zwingers) sind drei Nymphen Permosers Geschöpfe: die Nymphe, die zum Bade geht, hebt hinabsteigend-keß mit der Linken ihr Gewand zum Ablegen, die rechte runde Brust und das linke Bein sind schon entblößt, Erwartungslächeln erhellt das runde Gesicht der zum Wasser Strebenden; die Nymphe, die vom Bade kommt, zeigt nur noch die Beine bis zu den Knien nackt, der Körper ist schon warm verhüllt, die Linke zieht noch den Stoff unterm Hals zusammen, das rechte Bein kniet – ermüdet? – auf einem gemusterten Kissen, die rechte Hand löst das langgelockte Haar, das leicht gesenkte Antlitz zeigt einen Hauch Wehmut nach dem Vergnügen; die Nymphe mit der Muschel ist von subtiler Delikatesse, fast die ganze rechte Körperseite ist nackt, voller Arm, feine Schulter, Mädchenbrust, der Nabel offen, die Hüfte verlockend geschwungen, der Bauch bis dicht am Venushügel enthüllt, eine große flache Muschel in der rechten Hand dargeboten, das reich und filigran gefaltete Gewand zum Niederfallen im nächsten Augenblick bereit, der hinter dem Stoff angewinkelte Arm wird sofort loslassen – lockt der fürstliche Frauenjäger? Lächelt er? Befiehlt er ihr zu knien, umzusinken? Oder läßt er sich, gegenteils, selber gern verlocken?

Die erzählende Deskription ändert die Richtung. In einem bauge-
schichtlich entscheidenden Augenblick wurde dem Bauherrn und seinem Heer von Ratgebern, Konstrukteuren und Handwerkern klar, daß
Pöppelmanns hochfliegender Plan eines Zwingerforums bis zur Elbe
schon an unübersteigbaren finanziellen Hindernissen scheitern mußte.
Rechtzeitig vor dem fieberhaft erwarteten und vorbereiteten Fest von
1719 »fand Pöppelmann schließlich zu der genialen Lösung einer Wiederholung der nordwestlichen Baugruppe auf der dieser gegenüberliegenden Seite und schuf damit die einmalige, für den Zwinger so
charakteristische Grundrißform« (Kirsten). So entstanden drei spiegel-
symmetrische Gebäude-Paare: Mathematisch-Physikalischer Salon und
(heutiger) Porzellanpavillon, Französischer und Deutscher Pavillon,
Wall- und Stadt- oder Glockenspielpavillon. Ebenso wiederholten sich
die Bogengalerien und die halbe Langgalerie – gegenüber die langgestreckte Elbseite blieb, man weiß es schon, bis zu Sempers Museumsbau
offen; das Nymphenbad fand, begreiflicherweise, keine spiegelbildliche
Entsprechung.

Pöppelmann und die Bildhauer schufen auch mit dem Bau der Gale-
rien Meisterliches. Sie lösen eine dreifache Bauaufgabe: Sie stellen die
Verbindungen zu den Pavillons, zum Kronentor und zum Nymphen-
bad her; sie bewirken einen lebendigen Kontrast zwischen der eigenen
Eingeschossigkeit und den zwei Stockwerke hohen Pavillons sowie dem
Kronentor; und sie ermöglichen auf ihren flachdachartigen ebenen
Oberteilen Gänge vom einen Ende der Zwingeranlage zum anderen.
Dabei entstehen aus frei wähl- und verschiebbaren Standorten in hal-
ber Höhe zwischen Erdboden und Pavillongipfeln aus dem gesamten
Ensemble von Zwinger, Schloß, Oper, Kathedrale und Frauenkirche,
Kreuzkirche und Rathaus vor den Augen der auf den Galerien Wan-
delnden oder Verweilenden die wundersamsten und erregendsten Aus-
sichten, Perspektiven und Bewegungen, Verwandlungen und Verschie-
bungen, Verdeckungen und Enthüllungen, Hoch-, Durch-, Auf- und
Ausblicke, ein faszinierendes Kontinuum von Blickwinkeln, Reizen,
Spiegelungen, Steigerungen, Zuordnungen, Kombinationen und Har-
monien, zum Beispiel so: Standort des Besuchers an der »Ecke« der
Bogengalerie beim Salon, im Blick-Schwenk von links nach rechts der
Portikus des Opernhauses mit der Quadriga, die Turmspitze der
Kathedrale, die Flachkuppel der Galerie Alte Meister, halb dahinter
der Oberteil des Hausmannsturmes/Residenzschloß, mehrere Schloß-

türmchen, die Dächer vom Taschenberg-Palais, weit rechts ostwärts die Turmspitzen von Rathaus und Kreuzkirche. Nach etlichen Schritten Veränderung nach dem Gehen, Blick-Ort nun etwa in der Mitte zwischen Salon und Kronentor: jetzt das grüne Kupferdach der Semperoper, die Spitzen von Kathedralen- und Hausmannsturm höher herausragend, Teile der westlichen Schloßfront mit Dächern, Türmen und Türmchen, die Taschenberg-Dächer hintereinandergeschoben, Rathaus- und Kreuzkirchen-Türme über dem Porzellanpavillon nur mit den obersten Spitzen sichtbar, die eingerüstete Laterne der Frauenkirche knapp über den Schloßtürmen: und so weiter ad libitum, ein langsamer Film.

Im übrigen haben die Bogengalerien, die früher im Winter die Tropenpflanzen schützend aufnahmen, in ihrem Oberbau jeweils 16 durch Pilaster voneinander getrennte Bogenfenster; ihre Balustraden sind mit einander abwechselnden Putten und Vasen reich dekoriert. Unter den Fenstern stehen 16 vorgekragte Konsolen:»Als Konsolenträger«, schreibt Löffler, selber erheitert, »erfand Permoser (…) die köstlichen, bocksfüßigen, kauernden Satyrn und Faune. An ihrer Gestaltung waren auch die anderen Bildhauer beteiligt. Sie bilden die heitere Unterwelt, über der auf den Pfeilern der Galerien in der mittleren Zone das Puttenvolk sich erfreut und über denen dann, auf der Höhe der Dächer der Pavillons, die Götter und Helden agieren.«

Die durch das Kronentor geteilte Langgalerie mit den breiten Gehflächen ist durch ihre schnurgerade Wassergraben-Front aus zweimal 18 Fenstern der strengste, am wenigsten verzierte Bereich des Zwingers; sein Sockel steht an dieser Südstrecke »völlig in der massiven Quaderung der Festungsmauer, von der unmittelbar die Bogenfenster aufsteigen«. An der ebenfalls durch eine Fensterfront begrenzten Hofseite sind die beiden Hälften mit jeweils fünf figürlich grotesken Brunnenwerken ausgeschmückt:»Ein reich profiliertes Wasserbecken faßt die große Mittelkaskade, die ein fischschwänziger Triton bekrönt. Hier schließen je zwei kleine seitliche Brunnen an.« Der amüsante Plastikschmuck beider Galeriehälften stammt hauptsächlich von Kirchner und Kretzschmar.

Zur Geschichte des Dresdner Zwingers im Jahrhundert nach Pöppelmann, Permoser und ihrem königlichen Förderer gehört der viele Jahrzehnte während Prozeß einer heute nur schwer begreiflichen Geringschätzung, ja: Verachtung. Hempel urteilt über das Bild des nachaugusteischen Zeitalters vom Zwinger drastisch:»In den anschließenden hundert Jahren sank das Interesse für den einst so bewunderten Bau bis zur völligen Verwerfung wegen des verhaßten Barockstils.« Löffler schildert die kultur- und kunstgeschichtlichen Hintergründe dieser Verdammung: Mit der Abkehr vom Barock habe das große Schweigen begonnen; der Zwinger sei in Vergessenheit geraten; mit dem Wirken von Johann Joachim Winckelmann, dem Vater des Klassizismus, und seiner programmatischen Schriften sei der Zwinger nicht nur vergessen worden, sondern auch »für die beginnende Kunstgeschichte in eine durchaus negative Betrachtungsweise« geraten: »Die für den Barock typische Auflösung von Horizontalen und Vertikalen beunruhigte die Nachfahren Pöppelmanns, und der 1780 zuständige Oberlandbaumeister Christian Friedrich Exner machte sogar den Vorschlag, die gesamte Plastik des Baues abzuschlagen.« Soll man annehmen, die barocke und teilweise auch schon rokokofeine dekorative und skulpturale Pracht und Gestaltenfülle von Bauten wie dem Zwinger habe einen solchen Gegen- oder gar Kahlschlag geradezu herausgefordert, der wie eine Vorwegnahme der späteren berühmt-berüchtigten Adolf Loosschen Totalverdammung des Ornaments als Verbrechen wirkte? Jedenfalls bedurfte es erst Sempers großzügigen Forumplanes, der Pöppelmanns Vision vom Ausbau des Zwinger-Komplexes bis ans Elbufer aufnahm und einem neuen Verständnis der Barockkunst Bahn brach; und wenn sich Semper auch mit seinem »nur« die Lücke zum Strom hin schließenden kongenialen Galerie-Bau begnügen mußte, so fiel doch neuerlich leuchtender Glanz auf die herrlichen Schöpfungen der großen Meister des frühen 18. Jahrhunderts. Dieses Licht erlosch bis heute nicht; als Rettungssonne leuchtete es seit dem frühen 20. Jahrhundert über den langjährigen, sorgsamen Arbeiten der Konservierung und Renovierung, vor allem durch die 1924 neugegründete Zwingerhütte, die Hugo Ermisch leitete, und, wie schon erwähnt, gleich nach Kriegsende über den Ruinen des glücklicherweise im Feuersturm nicht gänzlich vernichteten Wahrzeichens und Sinnbildes. Die Narben und Beschädigungen lesen die Besucher schon beim Eintritt durch das Kronentor im Nebeneinander alten, oft nahezu schwarzen und neuen, hellen, nachgeformten Gesteins: Es ist aber überall, als erfülle sich nach langer, langer Zeit noch einmal König Augusts Wunsch-Befehl und seiner wunderbaren Künstler unvergängliches Werk – es ist überall unser sächsischer Sandstein, der Stoff der Huldigung an die weltberühmte Stadt.

Das Grüne Gewölbe zu Dresden

Inmitten des Infernos vom Februar 1945 bleibt ein Wunder stehen: Während ringsum die innere Stadt in Bombenhagel und Feuer versinkt, widerstehen fünf von acht Räumen des berühmten Museums »Grünes Gewölbe« im schwer geschädigten Residenzschloß dank technisch grandiosen, schon zur Renaissancezeit installierten Brandsicherungen der Katastrophe; danach können sie allerdings wegen der schauderhaften Zertrümmerung ihrer baulichen Umgebung lange nicht benutzt werden. Ohnehin waren die transportablen Schätze des Museums, wie schon im Siebenjährigen und im Napoleonischen Krieg, 1942 auf der Festung Königstein sicher verwahrt worden, von wo aus russische Experten sie nach Kriegsende wohlbehütet in Moskau und Leningrad unterbrachten. 1958 der DDR-Regierung übergeben, konnten sie vom 8. Mai 1959 an in kleinerem Rahmen, seit dem 1. September 1974 in einer von Joachim Menzhausen vorbildlich aufgebauten Dauerausstellung des Albertinums mit etwa der Hälfte von 3100 inventarisierten Kunstwerken gezeigt werden: vier Räume und ein Vestibül mit einem Ganzkörper-Großporträt Augusts des Starken von Louis de Silvestre.

Es kann passieren, daß einen beim ersten Besuch die Vielzahl der Kostbarkeiten erdrückt und verwirrt und man das Gewölbe jahrelang meidet, bis man es in seiner Einzigartigkeit begreift und sich darauf einläßt. 1548 begann Moritz von Sachsen mit dem Bau des repräsentativen Schloßflügels, der später das Gewölbe barg; er war 1556 installiert. Schon um 1560 gründete der Bruder und Nachfolger von Moritz, Kurfürst August, die sogenannte »Kunstkammer«, eine Vorläuferin des Grünen Gewölbes, die in den zwanziger Jahren des 18. Jahrhunderts »Geheime Verwahrung des Grünen Gewölbes zu Dresden« hieß und später reichlich Schätze der Kunstkammer aufnahm, wo Kurfürst August vorwiegend technisch-wissenschaftliche Kuriositäten sammelte, »eine Vielzahl von kostbar und sorgfältig gestalteten Geräten, Werkzeugen, Instrumenten und Automaten«, aber »früh schon … auch Kunstschränke,

Graphiken, Gemälde und kleinformatige Skulpturen«, so der heutige Direktor des Gewölbes, Dirk Syndram.

Im übrigen war August der Starke der tatsächliche Begründer des Grünen Gewölbes (wie auch wichtiger anderer künstlerischer und naturwissenschaftlicher Museen Dresdens: der Gemäldegalerie, des Kupferstichkabinetts, der Porzellansammlung und des Mathematisch-Physikalischen Salons). Besonders durch diese Gründungen wurde Dresden, beinahe beiläufig, zu einer der bedeutendsten Kunstmetropolen Europas.

Der niemals unumstrittene sächsische Fürst mit dem mächtigen Beinamen, ein erstrangiger Fachmann für Kunsthandwerk und Architektur, konnte seine anspruchsvollen, auch kostspieligen künstlerischen Ambitionen, Museen und Sammlungen, bei deren Einrichtung ihm eine Reihe exzellenter adliger und bürgerlicher Experten wie Wackerbarth und Pöppelmann jederzeit zur Hand war, auf eine für das frühe 18. Jahrhundert hochmoderne, Wohlstand schaffende industrielle Basis stellen, zum Beispiel auf den ergiebigen Abbau von Edelmetallen wie des erzgebirgischen Silbers. Die heikle Frage, welche Gruppen und Schichten der sächsischen Gesellschaft gleichzeitig mit dem Herrscher und durch ihn gefördert von den Reichtümern profitierten, kann hier nur gestreift werden. Jedenfalls wuchsen im öffentlichen Raum, gerade auch im Grünen Gewölbe, dessen Einrichtung und Bestückung August selbst bestimmte, die kostbaren, teuren Bestände, wogegen andere Baupläne des ehrgeizigen Fürsten scheiterten.

Am Ende seines Lebens war er der bedeutendste Kunstmäzen seines Zeitalters, dem das Gewölbe in seiner Frühzeit fast alles verdankte. Er besaß ein nahezu untrügliches Gespür für die Qualitäten von Kunst und Künstlern – und eine seiner Zeit weit vorauseilende Freiheit in deren Auswahl: Paradoxer- oder vielleicht doch logischerweise nutzte er den Spielraum, den er durch den vielgescholtenen Übertritt zum Katholizismus gewann, im Kunstbereich: Glaubenswechsel 1694 und Toleranzedikt 1697 sprengten die engen lutherischen Grenzen von Kunstauffassung, Kunstarbeit und Kunstpersonal; am Hof und in der Stadt entschied nun nicht mehr die Konfession, sondern das Können der Künstler über die Vergabe von Aufträgen, und das Grüne Gewölbe mit seinen herrlichen Schätzen hatte den schönsten Nutzen davon.

1733, das Todesjahr des kunstsinnigen Fürsten, wurde für zwei Jahrhunderte zum registratorischen Schlüsseljahr des Grünen Gewölbes durch die auch heute noch erhaltenen Inventare des Hauses. Das Museum selbst aber, um 1730 vollendet, war das Modell einer einzigartigen Modernität, »die sich erst allgemein zum Ende des 19. Jahrhunderts durchsetzte. Es gab Dienst- und Depoträume für den internen Museumsbetrieb und für die Besucher eine Art Foyer mit Garderobe und öffentlicher Toilette. Vor allem aber gab es einen klaren Rundgang, durch den die Kostbarkeiten des kunsthandwerklichen Staatsschatzes – dem barocken Gestaltungswillen der Zeit entsprechend – in ein sich in den Sinneseindrücken steigerndes Gesamtkunstwerk eingebunden wurden. Die Ausstellungsstücke wurden in den materialorientierten Räumen in verschiedenen Ebenen präsentiert. Die exzellente Innenarchitektur war kein Selbstzweck, sie diente vielmehr der künstlerischen Steigerung der Stücke. Schließlich waren die verschiedenen Zimmer einander so zugeordnet und gestaltet, daß ein Ansteigen, Abklingen und nochmaliges Ansteigen der Spannung gewährleistet war und der Besucher – trotz der Fülle des Dargebotenen – nicht allzu schnell ermüdete« (Syndram).

Der Rang, der Umfang, der Reichtum und die Schönheit des Grünen Gewölbes wie auch seiner zeitlich und räumlich nahen Dresdner Nachbarn sind über die Jahrhunderte hinweg von zwei miteinander verflochtenen Gründer- und Ausbau-Bedingungen bestimmt worden: von Fürsten mit Kunst-Verstand und Sammler-Ehrgeiz, deren Tätigkeiten durch erstrangige adlige wie bürgerliche Berater abgesichert wurden, und von wirtschaftlichen Bedingungen, die solche Kollektionen möglich machten und selber vom Ruhm und Glanz der großen Kunsttempel Nutzen hatten. Schon Kurfürst August I., gründete nicht nur die Kunstkammer mit den beschriebenen, vorwiegend technisch-wissenschaftlichen Schätzen, sondern sammelte auch eine für sein 16. Jahrhundert ungewöhnlich reichhaltige Bibliothek und baute die Dresdner Rüstkammer zu einem der bemerkenswertesten europäischen Waffenmuseen aus; auch er profitierte, wie Moritz, bereits vom wachsenden ökonomisch-finanziellen Wohlstand Sachsens, den sich für die Zwecke großer Kunst kein anderer sächsischer Monarch so umfassend zunutze machte wie August der Starke. Das Museum der angewandten Kunst im Grünen Gewölbe aber blieb für mehr als zweihundert Jahre bis zu den Verheerungen des Zweiten Weltkrieges fast unverändert sein schönstes Juwel, nahezu jedermann zugänglich, so öffentlich wie kein anderes Haus dieser Art.

Nach 1733 hat sich nie wieder ein Fürst mit der gleichen Leidenschaft, Genauigkeit und strengen Lust wie er dem Gewölbe gewidmet; sein Sohn, Kurfürst Friedrich August II., König August III. von Polen, tat das, was sein Vater dem Museum für Kunsthandwerk gab, für die Galerie Alte Meister. Das Grüne Gewölbe blühte trotzdem weiter, es behielt bis heute seine prunkvolle, schimmernde Singularität, auch wenn es zwischendurch vorübergehend einmal aus dem Gleichgewicht zu geraten schien. Es überstand sogar ernste Verluste: 1772, nach dem für Sachsen verlorenen Siebenjährigen Krieg, mußten aus finanzieller Not »über 620 Gegenstände, die August der Starke für das Weißsilber- und das Silbervergoldete Zimmer ausgesucht hatte, eingeschmolzen und vermünzt werden« (Syndram); 1924 verlor das Museum im Zuge der unsäglichen Fürstenabfindung wertvolle Werke an die Wettiner: andererseits kamen aus der 1832 aufgelösten Kunstkammer mehrere hundert bedeutende Schätze ins Gewölbe, andere später durch den Austausch von Kunstwerken mit dem damaligen Historischen Museum.

Syndram hat, zunächst für die sogenannte »Silberwand« sowie die Tische und Konsolen des Grünen Raumes im Albertinum, eine ganz eigenartige Seh-Erfahrung dargestellt: »Die sorgfältig gestalteten Einzelformen der Prunkgefäße, die kunstvolle plastische Wirkung der bizarren Kannen, der figurenförmigen Trinkspiele und der voluminösen Pokale verschwinden als eigenständige künstlerische Aussage in der goldschimmernden Gesamtwirkung. Nur der konzentrierte Blick erlaubt es, die Schönheit des einzelnen Werkes oder eines seiner Details zu erkennen.«

Diese anfangs wohl gar verwirrende Seh-Erfahrung trifft, wie Gänge durch das Albertinum-Exil und auch durch das im Herbst 2004 eröffnete »Neue Grüne Gewölbe« zeigen, im Grunde auf das gesamte Museum zu; der konzentrierte Blick aber stellt sich ein, wenn man verweilt, nachdem man sich zunächst der Überfülle, dem Ansturm von erstrangigen Kunstwerken gestellt hat – von Trinkgefäßen jeglicher, auch phantastischer, mit Menschen- und Tierfiguren reich und kühn geschmückter Art, von Pokalen, Kannen, Tassen, Flaschen und Gläsern, von Kelchen, Bechern, Krügen, Humpen, Becken und Schalen, von Spiegeln, Tafeln, Schmuckschränken und Elfenbeinwänden, von Dosen, Vasen, Tabatieren und verzierten Taschen, von Uhren, Automaten, Schiffen und Schreibzeugen, von Kreuzen, Kruzifixen und Altären, von Waffengriffen, Wappenanhängern und Orden, von Schmuck und Juwelen aller möglichen Couleur, von Ketten, Anhängern, Kolliers und Schnallen, Schmuckkästen, Ringen, Knöpfen und Haarschmuck, von Menschen- und Tierstatuetten und Kleinplastiken, von Götterfiguren und reichlichen antiken Gestalten, Stoffen und Modellen. Danach wählt man aus, zum Beispiel zwölf erlesene Stücke und schreibt buntgemischt, über jedes einige Zeilen.

Eine byzantinische Elfenbeinplatte, zu den ältesten Werken des Gewölbes gehörig, zeigt in zart-feinem Material aufrecht stehend, Bibeln in der Linken, Jesu Lieblingsjünger Johannes und Paulus, den Verkünder. Bärte, Haar, Hände, Füße, Gewänder sind aufs subtilste ausgearbeitet. Johannes hebt den rechten Unterarm leicht.

An anderer Stelle schreitet ein bulliger »Stehender bekrönter Löwe als Kanne« wie ein Mensch daher, eine kleine hohe Krone auf dem Schädel, in der demonstrativ ausgestreckten Rechten einen großen Reichsapfel. Die Mähne ist fein gewellt, das Maul offen, Zunge und Zähnen zeigend – Karikatur eines Machtprotzes; die Kannenöffnung perfekt versteckt.

Im Gelben, dem Juwelenraum, leuchtet silbern eine herrliche, groß wirkende Brustschleife für hohe Fürstinnen und steinreiche Bürgerinnen: Sie trägt 662 Diamanten! Sie hat die Gestalt eines großen Schmetterlings, statt des Tierleibs in der Mitte eine kleine Edelsteinbrosche. Bewegt man sich vor der Schleife, funkelt sie in allen Farben Gottes.

»Herkules und Antaios« – eine grandios komponierte, glänzendbraune Bronze-Figurengruppe, Herkules, selbstsicher, hebt den keuchenden Feind im nächsten Moment vom Boden, dann ist er tödlich verloren; am Boden Gäa, seine Mutter, tief erschreckt, erstarrt im Gesicht. Die Gestaltung der Leiber ist herrlich, Gäa hat einen Mädchenkörper: unsterbliche Göttin.

Die Kleinplastik »Springendes Einhorn«, Gelbguß, Körper und Sprung kräftig stilisiert, die Vorderbeine sehr hoch, das Tier steht frei auf den Hinterbeinen; das Horn ist gedreht, die etwas künstliche Mähne plastisch gewellt, der Schwanz seltsam verwickelt, unter dem Kinn ein Bart – dunkelgraubraunes idealisiertes Legendentier: kunstschön.

In der Silberwand steht ein »Hl. Georg im Kampf mit dem Drachen als Trinkgefäß«, beritten, ein Schwert schwingend, den Rundschild hochhaltend; das Pferd mit etwas schematisch geformtem Leib, feiner Kopf, hoch kurbettierend, geschwungener Schweif als Hinterstütze; der

Kopf des Unholds von spitzem Pfeil durchbohrt. Wo aber ist die Trink-öffnung?

Der »Lüneburger Spiegel«, eines der größten Stücke des Gewölbes, hat die Form eines gerahmten Epitaphs: »Eine beeindruckende Fülle von aus Silber gegossenen und getriebenen Figuren, von üppigem Schleifwerkornament, durchsetzt mit Gehängen, Fruchtbündeln, Trophäen, Tierköpfen, Mischwesen und Masken, sowie mehr als 30 medaillonförmige Hinterglasmalereien und eine Vielzahl von Edelsteinen bedecken den Rahmen« (Syndram); den eigentlichen Spiegel verdeckt eine Platte mit Bildrelief aus dem Buch Daniel.

Im neuen »Raum der reisenden Pretiosen« ein »Reiterstandbild Augusts des Starken«, vielleicht das kleinste seiner Kunstart auf der Welt, Innenraumwerk; der Fürst stolz aufgerichtet, gebieterische Geste des rechten Armes, großartig gearbeiteter Umhang über den Oberkörper geschlungen; das Ganze auf vier ornamentierten Stützen, an jeder ein hockender Sklave.

Die Gruppe »Schlafende Nymphe, die von Faun betrachtet wird« leuchtendes bis dunkles, glatt-glänzendes Lindenholz; die Nymphe auf einer Liege ruhend, linker Arm unterm Kopf, nackt bis auf leichten Scham-Schurz; der junge, schlanke, nackte Faun mit zum Zupacken erhobenen Armen, aber in gehemmter Gier, als wolle er sie nicht im Schlaf überwältigen.

»Der Kirschkern«: »1 Kirschkern in goldt eingefaßt, dorauf 185 allerley angesichte, hat Churfürst Christian zu Sachßen Christof von Loß uf Pilnitz vorehret.« So das Inventar der Kunstkammer von 1595; die Popularität des winzigen Ungeheuers hält bis heute an, viele Leute haben Vorlieben für das monströse Zwergische. Dabei schwanken die Zahlen der mit Feinstwerkzeugen eingeschnitzten Gesichter zwischen 185 und 85, die höhere Zahl hat populären Vorzug – viel Einbildung dabei, scheint es!

»Der Erzengel Michael im Kampf mit Satan« – Syndram nennt die braune Lindenholz-Kleinplastik ein eigenständiges Kunstwerk ersten Ranges: d'accord! Michael, geflügelter Herr der himmlischen Heerscharen, stößt den Teufel mit einem langen Speer fast spielerisch aus dem Himmel – der Engel leicht vorgebeugt, fast schlank, heiter, offenes Gesicht, Stirnband im Lockenhaar; Beelzebub dagegen muskulös, auf den Rücken geworfen, besiegt und finster, die Zunge quillt ihm rund gebleckt aus dem Mund, er lallt nur noch.

Zum Abschluß der kleinen Reise zu erlesenen Einzel-Kunststücken und noch vor dem Erscheinen der ungleichen Riesen wie auch der Perlfiguren auf der Gewölbe-Bühne wird ein einzigartiges, im wohlvertrauten Elfenbeinstoff ausgeführtes, doch aufregendes, aus dem Rahmen fallendes Kunstwunder gefeiert: die Fregatte des Jakob Zeller mit der vielleicht unübertrefflichen Verfeinerung des bildnerischen Baumaterials, der Transponierung scheinbar echter Leinwandsegel in pergamentdünne elfenbeinerne Feinst-Plastik, windgebläht, unversehrbar schön, selbst wenn die Stürme pfeifen: »Wohlwissend«, schreibt Jutta Kappel, »um die außerordentliche Qualität seines Werkes fügt er seiner Signatur den Hinweis hinzu, daß er es sowohl selbst erdacht als auch eigenhändig gefertigt hat: ›Jacobus Zeller, C. S. bestalter Kunstdrechsler fecit et inventavit 1620‹«. Genealogisches Wissen, technische Raffinesse und künstlerisches Formempfinden führte der 39jährige Jakob Zeller in diesem Meisterwerk frühbarocker Elfenbeinkunst zu einer harmonischen Einheit mit Seilen, Fahnen, Wimpeln.

Nun aber zu den ungleichen Riesen! Wir nennen sie so, weil Balthasar Permoser mit überlebensgroßen Plastiken in Dresden berühmt war, Johann Melchior Dinglinger aber mit feinsten Juwelier-Arbeiten und Kleinplastiken fast zur gleichen Zeit in unserer Stadt erschien: Permoser, 1651 geboren, kam gegen 1690 nach italienischen Aufenthalten, so in Rom und Florenz, und wurde Hofbildhauer, Dinglinger, Jahrgang 1664, kam 1691 oder 1692; er wurde 1698 Hofjuwelier. Im Grünen Gewölbe wird klar, daß beide Riesen Klein-Plastiken schufen, ja sogar an einigen Projekten zusammenarbeiteten. So erscheinen hier von jedem erst ein Einzelwerk und sodann zwei Exempel schöner Kunst-Kooperation.

Permosers Jahreszeiten-Allegorie, vielleicht noch in Florenz entstanden, setzt eine schon in der Antike begründete Tradition fort, mit Figuren aus der Götterwelt: Flora, Göttin des Wachstums, der Blumen und Blüten, erscheint als Frühling im Tanzschritt, mit bekränzter Stirn und einem kecken Putto am Rockschoß; für den Sommer steht Ceres, die Göttin des Ackerbaus, linke Brust und Oberbauch nackt, Ähren in der Rechten. Die raueren Jahreszeiten verkörpern Männer: den Herbst Bacchus, fast nackt, berauscht, den Kopf im Nacken, ein Weinglas symbolisch in der Linken erhoben, mit kleinen Brüsten wie ein junges Mädchen; und hart, herb, die stärkste Plastik der Gruppe: Vulkan, der Gott des Feuers als Winter, lockenbärtig, halbnackt, barfuß, frierend – grandioser Eindruck das ganze Werk, fabelhafte Kontrast-Harmonie zwischen Körpern und unvollständiger Kleidung, meisterhafte Faltenarbeit – der Giganten-Skulptor als Filigran-Artist: Weltkunst in der Vitrine.

Genauso herrlich Dinglinger! Wir wählen von ihm nicht eins der beiden berühmtesten Stücke, »Das Goldene Kaffeezeug« oder den »Hofstaat des Großmoguls Aureng Zeb«, vielfach beschriebene Wunderwerke, man hat zunächst keine Worte dafür. Statt dessen also die »Zierschale mit dem Kinderbacchanal« aus Achat, Gold, Email, Perlen, Diamanten, Dinglinger hat sie mit vollem Namen signiert und 1717 dem König für 9000 Taler, eine immense Summe, als Schale mit dem Ziegenbock verkauft. Ab 1725 setzte sich der zuerst genannte Name durch: wegen dreier kleiner, tobender Jungen, »deren Körper aus monströsen Perlen bestehen«, ähnlich den Perlenleibern der noch vorzustellenden Groteskfiguren. Das Ganze ist mit dichtestem Edelstein- und Figurenschmuck besetzt, nicht nur die sehr flache Schale, auch der Schaft: »Er enthält zwischen goldenem, mit Diamantenrosen verziertem Bandelwerk eine emaillierte Frauenbüste, ein Steckenpferd und einen kletternden Knaben, der ein Nest ausnehmen will« (Syndram).

Von den beiden ausgesuchten gemeinsamen Arbeiten der ungleichen Riesen ist die eine fast winzig: Zwei afrikanische Krieger Permosers auf Dinglingers Fassungen, der eine einen Pfeil abschießend, der andere seinen Bogen schwingend, sind kaum elf Zentimeter hoch, Lendenschurze, sonst nackt, aus glänzend glattem, tiefschwarzem Ebenholz, die Muskulaturen vollkommen durchgearbeitet – Permosers hinreißende Kunst, zwei Figuren aus einer ganzen Reihe schwarzhäutiger Menschen, keine Mode, sondern das starke Interesse des eigenwilligen, selbstbewußten, vor niemandem duckenden Bildhauers für die Andersartigen, die er als absolut gleichwertig ansieht.

Ganz anders, doch gleichermaßen wunderschön: »Das Bad der Diana«, 1704 gleichzeitig mit Dinglingers Großwerken entstanden, 1725 im Inventar der Königlichen Pretiosen beschrieben: »Ein Dianan-Badt, die Schaale von Agat, in welcher die Diana, nebst einem kleinen Kinde, aus Elffenbein geschnitten, sizet unter einem roth emaillirten Baldaquin; dieses Geschirr ist reich mit Goldt, Perlen und Diamanten gezieret, ruhet auf einem goldtenen Hirschgeweyhe, der Hirsch-Kopff ist braun, so auf einem Postement lieget, wobey zwey Jagt Hunde; umb den Fuß herumb die Schrifft L'Effronterie perd Discretion sert. Von Hoff-Juwelier Dinglinger verferttiget.« Das ist freilich ungenau: Diana, bis auf ein

Rückenteil nackt, elfenbeinern, mit einer Putte am Bauch, ist von Permoser, souverän hingelagert, einen Speer in der Linken. Die Schale samt dem Thron, in dem die Keusche ruht, ist wirklich von Johann Melchior Dinglinger, die Emailleteile gab dessen Bruder Georg Friedrich – es geht, wie von fast allen hier präsentierten Kleinplastiken, eine tiefe Ruhe als Bodensatz einer von den beiden erzeugten Lebendigkeit aus: Sie hatten Zeit; sie nahmen sich Zeit; die Werke hatten Zeit und haben sie noch, wenn man sich auf sie einläßt. Das goldene Zwölfender-Geweih und die Hunde übrigens sind Anspielungen auf Aktäon, den unfreiwilligen Belauscher der badenden Göttin, die ihn in einen Hirsch verwandelte; hernach zerrissen ihn seine eigenen Hunde. Wunderschön auch ein überlieferter Stich, offenbar zeitgenössisch: ein Innenraum, Dinglinger in einem Sessel, eine kräftige Gestalt, Pelzmütze, pelzbesetzter Morgenmantel, Halbprofil mit Blick nach rechts, vielleicht zu einem Besucher, in der Linken des Künstlers »Das Bad der Diana«; Dinglingers feine weiße Rechte weist mit fast überdeutlich ausgestrecktem schlankem Zeigefinger auf das Werk.

Ein besonderer Schatz dieses fabelhaften Museums sind 57 sogenannte Perl- oder Groteskfiguren, bunte Kleinplastiken von wenigen Zentimetern Höhe, deren jede als Leib eine oder mehrere unregelmäßige Perlen hat, die man zur Modezeit der Zwergfiguren Monster- oder Barockperlen nannte; das Grüne Gewölbe besitzt die weltgrößte Kollektion dieser Kuriosa. Die Figuren stehen auf fein ausgearbeiteten und ornamentierten Sockeln aus teuren Materialien: Figuren wie Untersätze sind mit Gold, Silber, Edelsteinen, regelmäßigen Perlen, Emaille und anderem Zierat geschmückt. In den Jahren nach 1700 gab es kaum einen größeren Fürstenhof, der sich nicht für die kleinen Gestalten begeisterte, die von verschiedenen in- und ausländischen Künstlern stammten; manche blieben anonym. Welchen Enthusiasmus sie, zumal bei Kindern, noch heute auslösen können, zeigte im Spätjahr 2000 eine ebenso feinsinnige wie fröhliche Ausstellung aller 57 Perlfiguren im Dresdner Schloß.

Der eigentümliche Reiz für ihre Liebhaber war zur Modezeit die Möglichkeit, die farbigen Zwerge in die Hand zu nehmen, sie zu »fühlen« und rundum zu betrachten. Eigenart und thematische Vielfalt der grotesken Kerlchen bezeugt ein anonymer Zeitgenosse Augusts des Starken: »Besonders merckwürdig aber ist auch noch ein kleines Cabinet, wo nichts als Perlen zu sehen, und sind alle Handwercker, so zu finden, und sonst vielerley Figuren, nicht länger als eines Fingers lang, mit Perlen besetzet, darin anzutreffen.«

Die thematische Mannigfaltigkeit ist vorwiegend eine personelle und soziale. Die Bezeichnung »Handwerker« meint nicht nur Marktschreier/Arzt, Schiffer und Galanteriehändler, die vorkommen, sondern auch eine Gruppe bewaffneter Soldaten, Hand*kämpfer* sozusagen. Neben ihnen finden wir biblische und antike Typen – David mit Goliaths Haupt, Diana, Josua und Kaleb, den heiligen Sebastian, von Pfeilen durchbohrt, die rechte Hand auf die Stirn gelegt, zum Himmel starrend, Cupido, Simson im Kampf mit dem Löwen – stark karikierte geigende Zwerge, Tanzende, komische Harlekine mit Wackelköpfen, fröhliche Weinzecher, einen holländischen Schlittschuhläufer, Uhren und Schreibzeuge mit Figuren, um die fünfzehn zum Teil an Menschen gekettete, reale und sagenhafte Tiergestalten vom See-Einhorn bis zum Eichhörnchen.

Das Härteste und Tiefste der Sammlung von Perl-Figuren aber sind die drei Versehrten und Verstümmelten, alle drei arm und geschlagen, alle drei würdevoll und tapfer: »Schwedischer Grenadier mit Stelzfuß«, »Einarmiger Bettler mit Stelzfuß und um Gaben bettelndem Hut« und, neben Sebastian die schmerzensreichste Figur, »Sitzender Bettler«, ein alter Mann mit kahlem Kopf, eisgrauem Bart, die Monster-Perlen am ganzen Oberkörper und an den Oberschenkeln prall hervortretend, die wohl verletzte linke Hand in einer schmalen Schlinge, die rechte zum Bierkrug greifend, die Füße nackt, die Betteltasche von der linken Schulter herabhängend; der Mann sitzt, offenbar gewollter Stilbruch, auf einem reich geschmückten Bernsteinsockel. Alle drei Figuren wirken wie ein fast unglaublicher Vorgriff auf den Naturalismus des späten 19. Jahrhunderts. Die Vorstellung, reiche Fürsten hielten die zwergischen, künstlerisch brillanten Abbildungen der Armen in ihren Händen, schafft grelle Kontraste.

Technik und Techniker:
Ehrenfried Walther von Tschirnhaus
und Johann Friedrich Böttger

Gibt es hier eine zweifache Symbolik? Der ganze Zwinger, das Kronentor obenan, verkörpert als barocker Symbolbau das Gesamtkunstwerk »Dresden«, an seinen Schmalseiten einander gegenüber aber als Symbolbauten früher, doch in die Zukunft zeigender Schätze der »Mathematisch-Physikalische Salon« und die Porzellansammlung, beide von historischen Symbolträgern – Ehrenfried Walther von Tschirnhaus und Johann Friedrich Böttger – angeführt. Der »Salon«, 1728 gegründet, ging aus der berühmten Kunstkammer hervor; er birgt Instrumente und Uhren vom 16. bis 19. Jahrhundert »Sonnen- und Sanduhren, Kunst- und Automatenuhren, Seechronometer, Tisch-, Wand- und Taschenuhren, Erd- und Himmelsgloben, Vermessungsinstrumente, einschließlich Markscheidegeräte und artilleristische Richtgeräte, Zeicheninstrumente, Instrumente des historischen Meßwesens zur Bestimmung von Länge, Masse, Temperatur und Luftdruck, optische Beobachtungs- und Meßinstrumente sowie Rechenhilfsmittel«, dazu »Brenn- und Beleuchtungsspiegel, Brennlinsenapparate und Vakuumpumpen«. Mit einem gewaltigen, 2,30 Meter hohen »Sphärischen Brennspiegel« (1686), einem gar 2,60 Meter hohen Doppelbrennlinsenapparat (um 1690) tritt uns hier Ehrenfried Walther von Tschirnhaus entgegen, Gutsbesitzerssohn aus dem heute polnischen Kieslingswalde, der später, selbst Gutsherr, dort ein großes Versuchslabor einrichtete, im übrigen aber viel in Städten arbeitete: Er studierte an der berühmten Universität Leiden, wo er die cartesianische Mathematik mit ihrer besonderen Hochschätzung der Algebra ein für allemal als Leitlehre aufnahm. Er unternahm 1674 bis 1679 eine große Bildungsreise mit regelrechten Kreuzfahrten zu Lande, mit Studienaufenthalten in Holland (allein sechsmal), England, Frankreich (viermal), Italien und der Schweiz, wurde in England bei der Royal Society vor allem als Mathematiker mit exzellenten algebraischen Fähigkeiten gewürdigt, besuchte die seinerzeit führenden wissenschaftlichen Institutionen, machte die Bekanntschaft großer Gelehrter, so mit Spinoza, mit Huygens, mit Leibniz, und eröffnete zum Teil langdauernde Korrespondenzen als angesehener Angehöriger der frühaufklärerischen europäischen Gelehrtenrepublik; 1682 wurde er Mitglied der Pariser Akademie. Die Bildung des vielgereisten Sachsen zielte auf Universalität, wissenschaftliche Theorie aber band er wo immer möglich programmatisch an experimentelle Praxis und technische Konstruktion, besonders im Felde frühen Maschinenwesens – seine optischen Großgeräte bezeugen es.

Von allen Gelehrten-Liaisons währte die in Paris entstandene mit Leibniz am längsten; sie war freundschaftlich-eng, wenngleich zu Zeiten nicht ungetrübt. Denn wohl lobte Leibniz Tschirnhaus von Paris aus nach London in hohen Tönen: Er genieße sehr den Umgang mit dem von den Briten Empfohlenen und »erkenne in ihm einen klaren und vielversprechenden Verstand«; Tschirnhaus habe ihm »nicht wenige äußerst elegante analytische und geometrische Entdeckungen gezeigt«, aus denen man mit Leichtigkeit schließen könne, »was man von ihm noch alles erwarten kann«. Als Leibniz aber fast gleichzeitig mit Newton, doch unabhängig von ihm, den Infinitesimalkalkül entwickelt hatte, stieß er zu seiner Enttäuschung bei Tschirnhaus auf entschiedene Abwehr: »Sein cartesianischer Freund«, schreibt der Dresdner Technik-Historiker Uwe Mayer, »störte sich an der Verwendung neuer Symbole und Formalismen und hielt stattdessen zeitlebens an einer anschaulicheren geometrisch-algebraischen Behandlung von Tangenten-, Rektifikations- und Quadraturproblemen fest, obwohl er später nicht umhin konnte, die Nützlichkeit des Infinitesimalkalküls anzuerkennen.«

Erforschungs- und Herstellungspraxis damals moderner technischer Einrichtungen und die Verwendung dazugehöriger Rohstoffe betrieb Tschirnhaus auf drei teilweise miteinander verbundenen Gebieten: in der Fertigung und Erprobung von Brennspiegeln und Brenngläsern, in der Produktion und Nutzung von Glas und in der Suche nach den Geheimnissen von Porzellan. Brennspiegel zur Erzeugung extremer Hitze waren legendär oder real bereits in der Antike und darauffolgenden Epochen aufgetaucht: »So soll Archimedes (um 287 bis 212 v. Chr.)«, erzählt Klaus Schillinger, der frühere Direktor des »Salons«, »bei der Belagerung von Syrakus im Jahre 212 v. Chr. durch die Römer im 2. Punischen Krieg deren Schiffe, mitunter wird von einer ganzen Flotte gesprochen, durch die Konzentration von Sonnenstrahlung mittels Hohlspiegeln oder durch mehrere Planspiegel in Brand gesetzt haben.« Tschirnhaus selbst konnte Arbeitsweise und Wirkungen von Brennspiegeln in Frankreich studieren, wo Francois Villette (1621–1698) ein höchst erfolgreicher Experimentator und Konstrukteur dieser Geräte war: mit verschiedenen Metallen als Spiegelmaterial! Eine solche »Maschine« von Tschirnhaus aus getriebenem, geschliffenem und poliertem Kupfer ist der schon erwähnte Spiegel im Dresdner »Salon«, ein Apparat von bester Stabilität, der noch heute »eine fast ideale sphärische Form« besitzt (Schillinger). Zur erregenden Wirkung derartiger konkaver Spiegel auf das zeitgenössische Publikum schrieb Jurgis Baltrusaitis, selber enthusiasmiert: »Alles an ihnen war Faszination, Glanz und Mysterium. Sie waren wunderbare Geräte, die das ganze Licht des Himmels wie in einem Pokal einfingen und es in Feuer umwandelten wie ein Metall in Gold und die gleichzeitig die Dinge verkehrtherum und monströs vergrößert zeigten.«

Tschirnhaus aber, der in Kieslingswalde etliche Brennspiegel gebaut und darüber Leibniz eingehend berichtet hatte, gelang schließlich, was Vorgänger und Zeitgenossen immer wieder verfehlten: das Gießen von Glas als Material der Spiegel und damit die Fertigung von Brenngläsern, deren Vorzüge vor Brennspiegeln er mehrfach beschrieb: »da sie doch viel größer an effectum als alle bishero fabricirte brennspiegel eine beständige politur haben, sehr leicht portativ, indem sie nicht über 36 pfund schwer« und von der Post durchaus ohne Schaden zu transportieren seien, so im Brief vom 13. Januar 1693. Zu ihrer Produktion waren möglichst große Glaskörper zu gießen; 1691 scheint Tschirnhaus im heimatlichen Laboratorium erstmals der Guß eines etwa 25 Kilogramm schweren Glasblocks gelungen zu sein; kurz danach gewann er Constantin Fremel, einen von drei Eigentümern der Glashütte Pretzsch bei Wittenberg, für die Herstellung großer Blöcke; nach etlichen Versuchen schafften sie dort »Brocken« bis zu 150 Kilo. Die jeweils gewünschte Gestalt des Glases und möglichst feine Oberflächen gewann man durch sorgfältige, auch zeitaufwendige Bearbeitung der Blöcke, insbesondere mittels Schleifen und Polieren. Für die Behandlung großer Glasblöcke baute Tschirnhaus in Kieslingswalde eine Schleif- und Poliermühle, über deren Konstruktion und Arbeitsweise so gut wie nichts bekannt ist: Geheimhaltung war die Devise solcher technischer Neuerungen!

Nun aber springen wir mehrere Stufen der Tschirnhausschen Biographie und Karriere hinauf: Zur Pretzscher treten in Dresden und Glücksburg zwei weitere sächsische Glashütten, die er leitet; er betritt damit endgültig unsere Stadt für große Aufgaben – und geht, hochwichtig für die Förderung eines modernen Forschers und Technikers, an den Hof und in die Nähe des Königs: Als diesen ein Schreiben von Maximilian Fremel zur Glashütten-Gründung in der Hauptstadt erreicht, wird die Idee schnell aufgegriffen und die Errichtung der Manufaktur energisch forciert. Sehr bald heißt die Dresdner Hütte spektakulär »Königlich-Polnische Kurfürstlich Sächsische Glasfabrique«.

Dresden und Glücksburg erzeugten seit der Wende zum 18. Jahrhundert außer Brenngläsern alle möglichen Glaswaren als Luxusgüter wie auch für den Alltagsgebrauch; August den Starken mußte das aus Wirtschafts- und Handelsmotiven stark interessieren. Zahlreiche Dokumente belegen insbesondere das Dresdner Engagement von Tschirnhaus, der die neuartige, seinerzeit hochmoderne Anlage einschließlich der eingebauten Schleif- und Poliermühle persönlich überwachte, alle Arbeitsprozesse und Experimente förderte und auch für Rohstoffe sorgte. Die Einheit von wissenschaftlicher Forschung und technischer Praxis umfaßte für den rastlos tätigen Gelehrten auch den von Herrscher und Hof erwünschten ökonomischen Nutzen der Novitäten. Seine Leistungen und Verdienste faßt Gisela Haase zusammen: Die Glashütten in Pretzsch, Dresden und Glücksburg seien die wichtigsten und einzigen sächsischen Produktionsstätten gewesen, wo der Philosoph, Naturwissenschaftler, Techniker und Gelehrte Tschirnhaus seine praxisorientierten Forschungen im Sinne des merkantilistischen Wirtschaftssystems weitgehend realisieren konnte.

Die Versessenheit europäischer Fürsten und Hofleute auf weißes (und teures!) Porzellan bei gleichzeitig begrenzter und kostspieliger Einfuhr aus China förderte die Suche nach Rezepten und Rohmaterialien im eigenen Land: lange Zeit erfolglos. Auch die Experimente von Tschirnhaus, noch vor dem Eintritt Böttgers in das Ringen ums kostbare weiße Porzellan, brachten keinen Ertrag, obwohl er dem skeptisch abwartenden König sogar die Errichtung einer Porzellanmanufaktur vorschlug und vorgab, ja: wohl auch glaubte, daß er die ersehnte Entdeckung machen werde, da er doch immerhin herausfand, daß Porzellan aus miteinander verschmolzenen Erden bestand, freilich nicht, aus welchen!

1703 wich er denn auch in einem vom Hof angeforderten Arbeitsbericht der Porzellan-Erfindung aus. Die Manufaktur kam zustande, aber erst nach Böttgers tatsächlicher Entdeckung des Rezepts für weißes Porzellan, nach der Auffindung des sensationell wirksamen Rohstoffs Kaolin durch erzgebirgische Bergleute. Tschirnhaus wird Böttger, als dessen einer »Wächter« er vom mißtrauischen, durch Böttgers alchemistische Versuche und wacklige Verheißungen irritierten Fürsten bestellt war, sicher beraten haben; er könnte auch an der Vorauf-Entdeckung des roten (Böttger-) Steinzeugs beteiligt gewesen sein und durch den nachhaltigen Hinweis auf die damals progressivste Betriebsform der Manufaktur Nutzen gebracht haben. Daß Böttger, der unermüdliche Empiriker und Probierer, die entscheidenden Schritte zur Erfindung des europäischen weißen Porzellans tat, wurde Tschirnhaus aber klar; so trat er, der durch sich selbst getäuschte Anwärter auf den großen Porzellan-Wurf, dezent zurück und gab einen Anspruch auf, dem er nicht hatte gerecht werden können: Auch universale Gelehrte haben ihre Grenzen.

Johann Friedrich Böttger ist eine der schillerndsten, aber auch bedeutendsten Persönlichkeiten in Dresdens Geschichte, ein Abenteurer, ein Filou, ein Genie, und leider früh verstorben: 1719 im Alter von nur 37 Jahren. Ein atemloses Leben: 1682 Geburt zu Schleiz, Münzmeisterssohn; im gleichen Jahr Umzug nach Magdeburg; ab 1685 nach dem Tod des Vaters Unterricht (Geometrie, Fortifikation, Feuerwerkskunst) beim Stiefvater (Ingenieur, Stadtmajor); frühes Interesse für Chemie; 1696 Beginn einer Apothekerlehre in Berlin; 1701 Flucht nach Sachsen, Bitte an August den Starken um Schutz; in ein »wohlverwahrtes Haus« nach Dresden gebracht; erstes Zusammentreffen mit Tschirnhaus; 1703 Flucht nach Österreich, Rückführung auf den Königstein; Bericht über Glas- und Porzellanforschungen an August; Kooperation mit Tschirnhaus; alchemistische Aventüren; 1705 zur Albrechtsburg/Meißen, 1706 zum Schutz vor Karl XII. zum Königstein; 1707 Beginn der Porzellanversuche im Laboratorium Jungfernbastei (Brühlsche Terrasse), teils mit Tschirnhaus, Dekret des Königs über die Finanzierung von Böttgers Lebensunterhalt und zum Betrieb seiner Manufakturen, großzügige Honorarzusagen; 28.3.1709 Meldung an August über die Erfindung weißen Porzellans; 1710 königliches Patent für die Porzellanmanufaktur Albrechtsburg; Schleifereien und Arbeitsplatz Böttgers weiterhin in Dresden; ständige Besuche in Meißen; dabei immer mit gewissen Freiheitsbeschränkungen lebend; strenge Geheimhaltung für alle unmittelbar Tätigen; Lob des Königs für das rote (Böttger-)Steinzeug; der Gelobte Administrator der Manufaktur; hochqualifizierter Arbeitsstab, u. a. Goldschmied Irminger, Bildhauer Thomae, eingestellt; 1713 erstmals Verkauf weißen Porzellans auf der Leipziger Ostermesse; neue Ofenkonstruktion Böttgers für den Garbrand; ernstliche Erkrankung (Kreislauf, Sehkraft, Vergiftungen infolge seiner Experimente); in den folgenden Jahren zunehmende Verschlechterung; 1714 endliche Wiedererlangung der vollen Freiheit; 1717 Bericht Johann Melchior Steinbrücks über die ersten Manufakturjahre; 1718 Böttger bettlägerig; 5. Januar 1719 Flucht des Mitarbeiters Stölzel nach Wien, Verrat des Geheimnisses der Prozellanherstellung; 13. März 1719 Tod Böttgers in Dresden.

Nach dieser Stichwort-Stakkato-Biographie halten wir erneut ein, bevor wir tiefer ins Zentrum von Böttgers rastloser Tätigkeit dringen. Sein Ehrgeiz, seine Kämpfe, seine Triumphe spielen sich vor dem Hintergrund seines Geburts- und Wirkenslandes ab: Sachsen ist schon seit langem das ökonomisch, technisch, wissenschaftlich führende Territorium Deutschlands, Dresden die aufsteigende, von August dem Starken zur wirklichen Residenz erhobene Stadt: Sie hat 1697, beim Gewinn seiner polnischen Königswürde, 21 300, im Todesjahr 1733 schon 44 700 Bewohner. Seit Jahrhunderten hält Sachsen dank dem natürlichen Reichtum des Erzgebirges eine Führerstellung in Bergbau und Montanwissenschaft; die Wettiner-Fürsten sammeln, getragen von erstklassigen Experten des Hütten- und Bergwerkswesens, große Erfahrung in der Ermutigung und Lenkung von Neuerertum: Eine großzügige Förderung des Gewerbes und des Handels, der Künste und Wissenschaften, so Sonnemann/Wächtler, ebenso die Bewahrung eines »Bauernschutzes« gegen den Adel habe die Position des Landesherrn gestärkt und seinem Gebiet besonderen Rang in Deutschland verliehen. Weitsichtige Wirtschaftspolitik setzt energisch und erfolgreich auf die damals progressivste Betriebsform, die Manufaktur. Diese, nach einem Ausdruck von Marx ein »ökonomisches Kunstwerk«, läßt die Enge des verknöcherten handwerklichen Zunftwesens hinter sich und erreicht durch die Strukturierung des Produktionsprozesses in kleinere arbeitsteilige Einheiten eine umfangreichere, dauerhaftere und billigere Herstellung von Gütern. Die Manufaktur schafft zugleich viele neue, oft spezialisierte Berufe; sie bringt neue Spezialwerkzeuge für die Teilarbeitsprozesse hervor und schafft durch solche technischen Fortschritte Voraussetzungen für die spätere industrielle Fabrikation von Werkzeugmaschinen. Handarbeit wird in diesen Prozessen zunehmend von Maschinenarbeit abgelöst; Ausnahmen entstehen aber, wenn wie bei der Meißner Porzellanmanufaktur wegen des künstlerischen Charakters ihrer Erzeugnisse Handarbeit unentbehrlich ist. Im übrigen zeigt Böttgers Manufaktur noch eine weitere Eigenart dieser Betriebsform: Zunächst werden Luxuswaren (wie Porzellan selber) fabriziert, später aber nimmt die Produktion von Massenbedarfsgütern immer mehr zu.

Bevor wir uns mit Böttgers Entdeckungen und Manufakturerzeugnissen beschäftigen, ein Blick auf die dubiosen Anfangsgründe seines Ruhms: eine Mixtur aus Clownerie, Angeberei, Versprechungen, Publikumsverspottung, Täuschung und der in Todesfurcht gespielten Rolle des angeblichen Goldmachers, der – immer die drohende Exekution betrügerischer Alchemisten am mit Flittergold geschmückten Galgen vor Augen – Fürsten und Völker zum Narren hielt: durch Taschenspielertricks mit winzigen, doch gnadenlos hochgejubelten »Erfolgen«. Die durch Gier gespeiste Dummheit der Menschen, von der auch so hochmögende Wissenschaftsheroen wie Leibniz und Tschirnhaus nicht frei waren, ließ Böttger nicht einmal nach seinen echten Siegen in Ruhe: Noch 1713 glaubte August der Starke, dem man vieles, aber Dummheit doch eigentlich nicht nachsagen kann, er habe von seinem Supermann tonnenschwere Goldschätze zu erwarten!

Bereits vier Jahre vorher hatte Böttger im »Memorial« vom 28. März 1709 seinem Landesherrn die Entdeckung des Porzellans gemeldet, nach dessen Substanz und Nutzungsmöglichkeit er seit 1706 forschte. Seine Denkschrift machte deutlich, was Porzellan eigentlich ist und daß es niemals, wie lange Zeit fälschlich vermutet wurde, durch Glastechnologie, sondern nur »über eine Qualifizierung keramischer Werkstoffe gefunden werden« konnte. Eine knappe heutige Definition faßt die Substanz des Porzellans so: »Porzellan ist ein feinkeramischer, weißer, dichter und transparenter silikatischer Werkstoff. Feinkeramische Werkstoffe (neben Porzellan z. B. Böttgersteinzeug und Steingut) unterscheiden sich von grobkeramischen (z. B. Ziegelsteinerzeugnissen, Grobsteingut) dadurch, daß sie keine mit dem bloßen Auge erkennbaren Gefügebestandteile enthalten. Für die weiße Farbe des Porzellans ist die Verwendung weißbrennender Rohstoffe – besondere Bedeutung kommt hier dem Kaolin zu – unerläßlich.«

Das hier erwähnte Böttgersteinzeug, auch rotes oder braunes »porcellain« geheißen, war ein gewichtiges, aber wohl unerwartetes Zwischenresultat bei der Umsetzung und Erprobung von Böttgers Vision, zur Jahreswende 1707/08 gefunden, ein rotbrauner feinkeramischer Werkstoff, dessen Produkte erstmals auf der Leipziger Ostermesse von 1710 gehandelt wurden. Es wurde allerdings bald vom eigentlichen, dem weißen Böttgerporzellan zurückgedrängt: durch den Erfinder selbst, dem dabei sicher das unmittelbare Übertreffen der weißen ostasiatischen Muster vorschwebte, und durch das Publikum: »Nach der Zeit aber«, meldet Johann Melchior Steinbrück, Schwager und als Inspektor enger Mitarbeiter Böttgers, dem König im Mai 1717 brieflich, »da das weiße porcellain auch hervorgekommen, sind die Liebhaber mehr auf dieses gefallen und haben die kostbare Arbeith am braunen (…) nicht weiter gesuchet, weswegen solches auch unterlaßen worden.« Man beachte hier den – zufälligen, beabsichtigten? – Doppelsinn des Verbs »gefallen« von Partizip Perfekt im Wortlaut, vom Infinitiv oder Präsens im Sinn des Satzes.

Übrigens hatte der Meister der Kommission mit seinen Produkten zugleich eine detaillierte Erklärung übermittelt; sie trug den Titel »Unvorgreiffliche Gedancken über theils denen Ausländern nachgeahmte, theils durch mich selbst neuerfundene Manufacturen«, pries noch vor der Gründung der Manufaktur höchst selbstbewußt die Vorzüge seiner Werke vor den chinesischen und formulierte ein stolzes, auf beide Porzellanarten abhebendes Zukunftsprogramm: »Zumahlen das Absehen unserer Porcellain-Manufacturen mitnichten auf so unproportionirte Dinge sondern vielmehr dahin gerichtet sein soll, wie aus den schönen so weiß als rothen Maßen etwas extraordinaires als gantze Service an Schüsseln, Dellern, Leuchtern, Tischen, Gueridons, SpiegelRahmen, Aufsätzen, Statuen und dergl. ebenso künstlich als in Silber zu prästiren möglich und mit einer sauberen Zeichnung orniret fabriciret werden möge, wozu das hiesige und die nahe angränzenden Länder die geschicktesten Arbeither geben kan.« Fest überzeugt ist Böttger, daß die Erzeugnisse der Porzellan-Manufaktur auf Grund »ihres eußeren lustres und unveränderlichen Schönheit allen metallischen Geschirren weith vorgehen.«

Der Porzellanmanufaktur und ihrem Schöpfer, Organisator und Wegweiser kamen die traditionsreichen und in seiner Zeit weiterhin höchst lebendigen und nützlichen Erfahrungen von Bergleuten und Bergbeamten zugute. Anfang 1706 wurden sechs bestausgebildete und praxisgewandte Montan-Experten aus der Freiberger Region als Mitbegründer seines Stabes angestellt. Sie wirkten als seine ersten Keramiktechniker an der großen Erfindung auf der Dresdner Jungfernbastei und der Meißner Albrechtsburg mit; unter Böttgers Leitung bauten sie die arbeitsteilige Porzellanherstellung auf, organisierten diesen Prozeß in der modernen Gestalt einer Manufaktur, begannen die Umsetzung des neuen Werkstoffes in Kunst- und Gebrauchsgegenstände, zum Beispiel in Kaffee-, Tee-, Schokolade- und Speiseservice. Ihre Mitwirkung verdeutlicht, daß die Erfindung des europäischen Porzellans eine Kollektivleistung darstellt, in der die Vorarbeiten von Tschirnhaus ebenso eine Rolle spielten wie Rat und Hilfestellung durch leitende Freiberger Beamte. Es wurde eine bahnbrechende, ja: fast sensationelle technologische Hochleistung vollbracht,»die nur im kollektiven Zusammenwirken der Vertreter überkommener Gewerke und wissenschaftlich gebildeter Techniker entstehen konnte«. So machten die Freiberger Praktiker der ersten Stunde beispielsweise Zusatzerfindungen wie die erste europäische kobaltblaue Unterglasfarbe und die erste Aufglasur-Farbpalette.

Die treibende Kraft des ganzen kühnen, manchmal sogar stürmischen Unternehmens, die stärkste Persönlichkeit war selbstverständlich Böttger: seine mitreißende Zuversicht und Voraussicht, seine Risikobereitschaft, die ihn auch bei gewagten Experimenten beispielgebend bis an die äußersten Grenzen der technischen Möglichkeiten hob, stehen außer Zweifel; er plante, entwarf und konstruierte die entscheidenden Versuche, er steuerte und leitete den Übergang von der Experimentierperiode zur Produktion.

Das offenkundig starke Interesse Augusts des Starken am Werk Böttgers, seiner Mannschaft und der Manufaktur hatte sicher sachlich-objektive Gründe: Die technisch-wirtschaftlichen Neuerungen und ihre wissenschaftlichen Hintergründe beeindruckten den Fürsten in ihren epochalen und zukunftsweisenden Dimensionen. Die Schnelligkeit, mit der er die Errichtung einer Porzellanmanufaktur förderte und finanzierte, bestätigte dies, zeigte aber zugleich eine andere, eher trübe Quelle seines Interesses: Er erhoffte, wie schon von der Alchemie, die Gold machte, von der Manufaktur als einem Eigentum des Staates, sprich: des absolutistischen Fürsten, eine zumindest partielle Deckung seines allzeit horrenden herrscherlichen wie persönlichen Geldbedarfs, zum Beispiel wegen der polnisch-sächsischen Union. Die Quelle ist spärlicher geflossen als vom König gewünscht – hätte er sonst 1713 nochmals auf den

Alchemisten Böttger gehofft und seine Beschützerrolle ihm gegenüber, die zuweilen einer Gefangenschaft bedenklich ähnelte, so lange durchgehalten?

Unabhängig von Augusts zweideutiger Interessenlage genoß die Dresden-Meißner Porzellanmanufaktur, deren Schöpfungen man in so wunderbaren Einrichtungen wie der Dresdner Porzellansammlung bewundern kann, genoß der künstlerisch-technische Reichtum des weißen Goldes aus Sachsen in der ganzen Welt hohes Ansehen; es gibt Stimmen, die uns versichern, diese Produktionsstätte und ihre Schätze seien auf ihrem Feld einzigartig: »Die Meißner Porzellanmanufaktur war und ist mit weitem Abstand die berühmteste sächsische und wohl auch europäische Manufaktur, die je existiert hat. Vielleicht hat auch kaum noch einmal eine Manufaktur – gleich welcher Branche, und das im Weltmaßstab – durch ihr Beispiel einen solch nachhaltigen Impuls zur Gründung arbeitsteiliger Werkstätten gegeben wie die Meißner Porzellanmanufaktur.« Zu dieser Hochschätzung mag ein historisches Phänomen beigetragen haben, das bis heute urteilsbildend wirkt: Die – vor allem im Vergleich zur jahrhundertelangen, mühseligen chinesischen Entwicklung – enorm schnelle Entdeckung der Substanz Porzellan und die hindernisreiche, dennoch sehr rasche Umsetzung in die Produktion zwischen September 1707, dem Eintreffen Böttgers im Laboratorium auf der Jungfernbastei, und der Überreichung des Memorials Ende März 1709. Das atemberaubende Tempo läßt auf höchstes Können und besessene Arbeit der fürs weiße Porzellan experimentierenden Entdecker und ihres vorwärtsdrängenden Meisters schließen.

Da fügt sich ins Bild des kühnen, selbstgewissen Bahnbrechers mit den Zügen von Schelm, Genie und Schurken das Porträt, das Steinbrück aufschrieb:

»Was seinen Verstand anbetrifft, so ist selbiger in Wißenschafften von ungemeiner penetration und kan sich in alles finden. Wie dann der von Tschirnhauß nicht genug auszusprechen gewust, mit was vor Fähigkeit Herr Böttger die Mathematica, so Er ihm gezeiget, begriffen, und wie geschwind Er darinnen fortgegangen. Darneben hat Er ihn auch in etlichen Briefen an den Herrn Stadthalter als sehr raffinirt beschrieben, mit dem man nicht behuthsam genug umbgehen könte. Sonderlich aber hat Er in rebus naturalibus und physicis ein vortreffliches Licht und Erkäntnüß, so daß ihm fast nichts vorkombt, wovon er nicht raison geben, und worinnen es bestehe, wißen solte: gleich als ob Er zu solchen Sachen gebohren, und sein Verstand expres dazu gemacht wäre. Wie aber nichts rarers auf der Welt ist, als Leüthe, die etwas gantz neues erfinden; indem die andern Gelehrte und Künstler nur bey dem bleiben, was bereits erfunden ist; sodaß man nicht Unrecht zusagen pfleget: Von denen inventoribus rerum käme in hundert Jahren kaum einer: also scheüe mich nicht zu avanciren, daß der Herr von Böttger zu dieser Arth Leuthe gehöre, wovon man alle 100 Jahre nur einen zusehen bekombt.«

Zu welchen phantastischen Kunstleistungen die Dresden-Meißner Erfindung führen konnte, sollte sich ebenfalls in extrem kurzer Zeit herausstellen: Schon ein Jahrzehnt nach Böttgers Tod erscheint noch zu König Augusts II. Lebzeiten im Umkreis der Manufaktur, des Hofes und der Hauptstadt der geniale Modelleur Johann Joachim Kaendler (1706 bis 1775), von dessen Hand etliche der kostbarsten Schätze der Porzellansammlung im Zwinger stammen. Blitzlichter auf zwei davon beschließen das Kapitel. Zuerst eine Sammlung: ungefähr dreißig Tierplastiken aus weißem Porzellan: rundbäuchiger Elefant, Wölfin mit zwei Jungen, Nashorn, Ziege mit saugenden Zicklein, Ziegenbock – und Vögel, Kaendlers fabelhafte Spezialität: Jeweils mehrere Adler, Geier (einer mit geschlagenem Kakadu), Goldfasane, Kasuare, Fischreiher, dazu einzeln Truthahn, Eule, Trappe, Falke, Seeadler mit Fisch, Pelikan, Kranich – eine Voliere aus dem neuen, schneeweißen Material; der Besucher bewundert die Vollkommenheit der Modellierung und der Ausformung in Kaendlers unwiderstehlichen Kunstgriffen: feingeschnittene, geschichtete Federkleider, gegliederte Flügel, Krallenfüße, degenlange Fangschnäbel (die Reiher), hakenkrumme Raubschnäbel (die Geier, die Adler), schlanke bis auf die Füße gebogene Hälse (wieder die Fischreiher; einen weißen hat der Künstler vor Ort studiert, »wie er im Königl. Schloßhofe zu Dresden am Leben befindlich war, in seiner natürlichen Größe, (…) wie er im Schilfe stehet und Frösche und Fische bei sich hat«) – es ist die vollkommene Verwandlung reiner Natur in reine porzellanene Kunst.

Auf ganz anderem Feld stehen Kaendlers religiöse Bildwerke. In seiner 1743 modellierten, danach etliche Male ausgeformten »Kreuzigungsgruppe« folgen »Komposition und Inhalt (…) der Ikonographie barocker Malerei, die den Gegensatz zwischen christlichem Glauben und römisch antikem Heidentum dramatisiert«, urteilt Ulrich Pietsch, Direktor der Porzellansammlung; so blieben die geharnischten Legionäre mit ihren rohen Mienen eher unbeteiligt, wogegen sich die Anhängerschaft Christi leidenschaftlich dem Schmerz hingebe. Besonders prägnant sei dem Künstler die Gruppe unter dem hoch aufragenden Kreuz gelungen: Johannes, Joseph von Arimathia, Cleophas' Frau Maria, Nikodemus brächten ihre tiefe Trauer durch heftige Bewegungen zum Ausdruck: »Allein die unter dem Kreuz kniende Maria Magdalena verharrt in stiller Andacht, beseelt von der sich im Kruzifix offenbarenden Erlösung und Heilserwartung.« Kaendler, so resümiert Pietsch, habe es vorzüglich verstanden, durch die Gruppierung der mit Gesten verbundenen Figuren und den Wechsel von aufrecht Stehenden und sich Neigenden oder Liegenden dem ganzen Werk einen lebendigen Rhythmus zu verleihen und durch den Kontrast von dumpfer Gleichgültigkeit und tiefer Ergriffenheit das seelische Befinden der um das Kreuz Versammelten überzeugend zu gestalten. Kaendler steht künstlerisch mit Permoser und Dinglinger auf gleicher Höhe.

Zwei Kirchen

Die Kuppel war das mächtige Zeichen über Elbterrasse und Strom und ins Land hinein, monumental, singulär, hervorgewachsen aus dem Korpus der Residenz-Metropole, aufgestiegen aus dem feinen konkaven Kuppelhals zu herrlicher Wucht, metaphorisiert zur »steinernen Glokke«. George Bährs halbrealisierter Tagtraum, auf einem gewölbten inneren Holzhelm die Außenkuppel tatsächlich zu massivem Stein gefügt und gehärtet, wurde eingerahmt von vier schmuckreichen Ecktürmen, gekrönt von der Wind und Blick offenen Laterne mit welscher Haube und, höchster Spitze, dem Turmkreuz – die Kirche unserer lieben Frau, mächtiger als alle anderen Turmbauten der Stadt, hundertmal oder öfter gemalt und gezeichnet, beispielsweise auf den wirklichkeitsgetreuen und doch poetischen Bildern des Bernardo Bellotto, genannt Canaletto. Dieses Haus wurde im Februar 1945 scheinbar für immer vernichtet, als die Kuppel im Feuer wie eine schwere Bombe herunterkrachte. Der Meister des Baus, dem es nicht vergönnt war, die Vollendung seiner Kirche zu erleben, hatte gewünscht, sie solle von Grund aus bis oben hinauf gleichsam nur ein einziger Stein sein: George Bähr, geboren zu Fürstenwalde bei Lauenstein/Erzgebirge am 15. März 1666, gestorben zu Dresden am 16. März 1738, Ratszimmermeister der bürgerlichen Ratsverwaltung, mit dem Bau der Frauenkirche betraut 1722. Zwei Könige August nahmen ihn in ihrer sächsisch-polnischen Doppeltheit unter ihre Fittiche, beide konvertierte Katholiken, er gläubiger Protestant, der eine protestantische Musterkirche spektakulär errichtete – ja doch: es gab kleinere Vorläufer-Kirchen; es gab um den Meister das, was wir heute ein Team nennen, so Johann Christian Feige, den Plastiken- und Ornamentenschöpfer – aber er, George Bähr, hatte die große Vision eines gebauten Weltkunstwerks, dazu Kraft, Geschick und Ausdauer, es zu verwirklichen, er hat, selber lernend, die Werkleute um sich herum großartig inspiriert und mitgerissen: Den Mann sie sollen lassen stahn, darauf muß man beharren und den heutigen Wiedererbauern der grandiosen Kuppelkirche applaudieren, wenn sie, die über fabelhafte Technik verfügen, sich bescheiden zu ihm zurückwenden:»Wir haben gemeinsam gearbeitet, gefeiert, Weihnachtslieder gesungen und den Segen Gottes für unser Tun erbeten. Mit zunehmendem Baufortschritt ist in uns aber auch die Ehrfurcht vor den alten Meistern größer geworden. Wenn ich an unsere heutigen bautechnischen Möglichkeiten, die planerische Vorbereitung bis in das Detail und den Einsatz modernster Technik auf allen Gebieten denke, wird es mir immer unerklärlicher, wie George Bähr mit seinen Meistern dieses gewaltige Bauwerk organisatorisch, fachlich und menschlich in fast gleicher Bauzeit realisieren konnte«, schreibt Eberhard Burger, Baudirektor, mit Blick auf 1998 und verspricht zugleich »Anerkenntnis, die zu Bescheidenheit Anlaß gibt«.

Und was, aus der Fülle des Stoffes, hält der Text fest? Das Verhältnis von Hof und Rat, von Krone und Bürgern zum Beispiel! Es war spannungsvoll und harmonisch zugleich. Monarchen und Bürger klafften konfessionell auseinander; die Kuppelkirche war Repräsentanz und Schaustück des neuen, erst zweihundert Jahre alten Glaubensbekenntnisses; August der Starke, der sich mit dem Glaubenswechsel sozusagen historisch rückwärts bewegt hatte, um die polnische Krone zu gewinnen, die ihm und späteren Wettinern immer etwas zu groß war, so daß sie ihnen schließlich verlorenging – der machtbewußte Fürst duldete, ja förderte die lutherische Kirche jedenfalls, die das ihm sehr wichtige Panorama seiner Hauptstadt zweifellos ansehnlicher und unbedingt origineller machte; er ließ den von ihm zum Gouverneur der Metropole erhobenen August Christoph Grafen von Wackerbarth, das königliche Oberbauamt, den Oberlandbaumeister und Bildhauer Christoph Knöffel ins Baugeschehen eingreifen. Knöffel straffte Bährs Entwurf eines Zentralbaus mit dem äußeren Umriß eines griechischen Kreuzes, indem er den kreuzartigen in einen quadratischen Grundriß transformierte; Wackerbarth hatte bei Knöffel eine Art Gegenentwurf bestellt und selber die vier Ecktürme verlangt. Bähr akzeptierte gewichtige Vorschläge des Oberbauamtes, setzte sie aber in seine Formensprache verändernd um (die Ecktürme, weil ohne »proportionierliche Höhe«, baute er beispielsweise 14 Ellen höher!) und stellte mit Befriedigung fest, daß seine kühnen Vorstellungen von Kircheninnenraum und Kuppel samt Einbeziehung der Emporen als integraler Teil des Baus beim König und seinen höfischen Experten Anklang fanden: Bereits »mit dem er-

sten Entwurf Bährs war die Raumstruktur der Frauenkirche insgesamt
und in ihren Grundelementen festgelegt«; das »unkonventionelle Konzept eines monumentalen Kuppelraumes, das Bähr mit seinem ersten
Entwurf der Frauenkirche vorgelegt hatte, ist im weiteren Verlauf der
Planung nie in Frage gestellt, wohl aber gestalterisch vervollkommnet
worden«. Aufschlußreich zeigen im übrigen fünf erhaltene Belegungs-
pläne um 1734 die Verteilung der Gemeinde im Gottesdienst: »Adel,
Bürgertum und zur Gemeinde eingepfarrte Landbevölkerung hatten
hier ihre nach ständischen Gesichtspunkten geordneten Plätze. Angehörige des Hofes, Ratsmitglieder, Handwerker, Bauern, Mägde und andere nahmen ihre Sitze entsprechend Rang und Herkommen ein. Die
Sitzverteilung wurde zum Spiegelbild der ständisch-sozialen Ordnung
innerhalb der Gemeinde« – geplant und fixiert vom Bürger Bähr, der
kein Mitglied der herrschenden Klasse war.

Zurück zu Canaletto und seinen Maler-Kollegen. Die riesigen und
trotzdem wundersam feinen, gleichermaßen stabilen wie durchsichtigen
Veduten, kostbar versammelt in der Galerie Alte Meister, rücken die
Stadt in eine Reihe mit anderen kuppelgekrönten europäischen Residenzen: Paris, London, Rom, Florenz, Venedig, sie schaffen Elbflorenz,
dazu Stadtszenerien als Abdrucke der Kultur- und Sozialgeschichte, mit
Menschen aller Klassen vom König bis zum Straßenhändler, »de Dräsdner« vor fast drei Jahrhunderten; sodann Johan Christian Dahls »Blick
auf Dresden bei Vollmondschein«, Tiecks mondbeglänzte Zaubernacht
als Stadtpanorama, woran der Poet nie gedacht hätte, die Kuppelkirche
im etwas nach hinten gerückten Zentrum, dunkel davor die Augustusbrücke, am rechten Rand aber groß, graudunkelgrün die damalige Hofkirche, heutige Kathedrale, der herrliche Campanile-Turm, lang hingestreckt die Kirchenschiffe, die schöne Konkurrentin der Bährschen
Schöpfung; und schließlich Gotthardt Kuehl, überraschende Blicke aus
angehobenen Standpunkten, weichere Konturen, die Stadt-Stücke in
Farben und Umrissen schon sacht aufgelöst, Vorahnungen nahender
Darstellungsrevolutionen, Vorsignale auf Kunstgenerationen, die Frau-
en- und andere Kirchen nicht mehr anbeten werden; »Dresdner Topf-
markt im Frühjahr« zum Beispiel mit einem Stück Kirchenschiff am
rechten Rand, »Ansicht von Dresden – Neumarkt und Frauenkirche«,
Kuehls letztes Bild, darin Bährs Bau machtvoll-dunkel dominierend,
und sodann »Kircheninneres (Inneres der Dresdner Frauenkirche)« –
Rarität, »die einzige malerische Darstellung des Inneren der Frauenkir-

che von Rang« (Hans Joachim Neidhardt), Konturen, Figuren, Farben, Farbflächen stark aufgelöst.

Sodann Johann Christian Feige, lange Zeit vergessen oder im Schatten Bährs; ihm ist Unrecht geschehen. Der Bildhauer Johann Christian Feige war von 1729 bis 1742 am Bau der Frauenkirche, im Dienste des Rats, tätig. Er schuf alle Bauplastik des Gotteshauses, außen wie innen. In Bährs Team arbeitete er mit den anderen Gewerken; seine Biographin und Interpretin Gitta Christine Hennig findet, daß er »den manchmal etwas spröden und unbeholfenen Formen von Bährs Entwürfen mit großem Einfühlungsvermögen die endgültige Gestalt« gegeben und die Ästhetik des jungen Kirchenbaus verfeinert habe. Feiges plastische Auszierungen, betont sie, seien organisch mit dem Baukörper verbunden, wie aus diesem selbst erwachsen: »Sie verselbständigen sich nie, sind nie nur hinzugefügte schmückende Ergänzung. Sie sind, das Äußere modellierend, der Gesamtwirkung untergeordnet«, die, ergänzen wir, stets Bähr steuert. »So wirkt«, schreibt sie, »diese Kirche tatsächlich selbst wie eine monumentale, in sich geschlossene Plastik.«

Feiges hoher Rang als Plastiker und Schöpfer von steinernem Schmuck zeigt sich erst recht im Kircheninneren. Wie außen auch, arbeitet Feige hier »noch mit dem Mustervorrat (...) des Barock und Rokoko«, also gibt es »Voluten, Akanthuslaub, Kartuschen, geflügelte Engelsköpfchen, Blütenrosetten, Füllungen, Knorpelwerk, Festons, Lambrequins, Draperien, Quasten und Ziervasen«. Hervorzuheben ist besonders das feinnervige, aus Überfülle von Mustern und Einfällen schöpfende, auch eigenwillige Kunstwerk des Altars. Mario Titze schreibt dazu: »Anstelle des nach traditioneller Sehgewohnheit erwarteten Altarbildes quillt dem Betrachter eine Pseudowirklichkeit entgegen, in der die Grenzen zwischen Relief und Vollplastik, Bild und Realität, Bühne und Zuschauerraum verwischt werden. Das Bild des am Ölberg betenden Christus wird zur mystischen Vision, der Gedanke der Compassio damit für jedes Gemeindeglied zur lebendigen, unmittelbaren Erfahrung.« Mit der ihren Rahmen illusionistisch überschneidenden szenischen Darbietung des am Ölberg Betenden, so Titze, habe der Künstler ein gängiges Stilmittel der monumentalen Barockmalerei in die dreidimensionale Sprache des Reliefs übersetzt: »Der Bildhauer Johann Christian Feige hat sich bei diesem Relief selbst übertroffen.« Ein rares Glück, daß einige Elemente des grandiosen Altars die Hölle des Bombardements überstanden haben: Die biblische Geschichte von

Jesus Christus in seiner Einsamkeit auf dem Ölberg im Garten Gethsemaneh blieb fast unzerstört; so ist auch die Darstellung der von Judas angeführten, in den Garten eindringenden Häscher in voller Farblichkeit erhalten.

Es gibt Kuriosa, auch musikalische. Die über dem Altar aufgestellte Silbermann-Orgel, um deren Preis es längere unerfreuliche Dispute zwischen Baumeister und Rat gegeben hatte, wurde am 25. November 1736 eingeweiht und von Bach am 1. Dezember nachmittags sozusagen tonmeisterlich gesegnet. Zur Einweihung mit erstmaligem Spiel des wunderbaren Instruments erklang im Rahmen der von Kreuzkantor Reinholdt komponierten Festmusik (»eine vortreffliche Vocal- und Instrumental-Music« mit drei Chören) ebenfalls erstmalig das nachmals berühmte, etwas groteske Echo-Wunder: »Sonderlich in der Music nach der Predigt bey der Communion, da ein wohlcomponirtes Echo aus der obersten Kuppel der Kirchen nicht ohne besondere Gemüths-Ergötzung erschallete« – es erregte große Bewegung. Musik aus der höchsten Kuppel gab es samt »Gemüths-Ergötzung« danach öfter; seinen absoluten Höhepunkt erreichte das musikalische Kuriosum am 6. Juli 1843 durch Wagner, der für seine Auftragskomposition »Das Liebesmahl der Apostel« gigantische 1200 Sänger in drei getrennten, akustisch raffiniert verteilten Chorgruppen, dazu 100 Instrumentalisten aufbot: »Vierzig Stimmen erklangen aus der Kuppel des Kirchengewölbes und versinnbildlichten die Ausgießung des Heiligen Geistes an Pfingsten: Seid getrost, ich bin euch nah. Die Begeisterung der zuhörenden Sangesbrüder soll groß gewesen sein; beim späten »Parsifal« wird sich Wagner an die Gesänge aus der Kuppel erinnern.

Soweit ihr Inneres als Konzert-Bühne! Das Äußere, die »steinerne Glocke«, widerstand kriegerischen Attacken: Die preußische Artillerie, die die Kreuzkirche schwer beschädigte (Augenzeuge Canaletto hielt das fest) – Preußens Mörser schleuderten bei der Belagerung von 1760 Granaten gegen den Turm: vergebens, Bährs Steinpanzer hielt stand: »Da rühmte mir«, erinnert sich Goethe, »der Küster die Kunst des Baumeisters, welcher Kirche und Kuppel auf einen so unerwünschten Fall schon eingerichtet und bombenfest gebaut hatte.« Friedrichs II. Witzwort, man solle den alten Trotzkopf doch stehenlassen, ist prächtig, nur leider nirgends zuverlässig belegt. Erhalten aber ist bis heute die Hälfte einer Mörserkugel; das Geschoß hatte einen vollen Durchmesser von 27,93 cm und ein volles Eigengewicht von 85,55 kg.

Die Silbermann-Orgel übrigens, über dem Altar plaziert, schmolz im Feuersturm. Der allseits verlangte Neubau erregte bei Experten und denen, die sich für solche hielten, einen jahrelangen Streit: Sollte man, wie es auch großzügige Spender forderten, eine haargenaue Erneuerung des alten Instruments schaffen oder eine modernisierte Version, wie es auch im Stiftungsrat propagiert wurde? Es flogen allseits die Fetzen; die Modifikation siegte, am Ende verdiente der kuriose Zank Gelächter, man hielt sich am besten heraus.

Nun aber noch das kurioseste Bildwerk zu Bährs Dom: »Umsicht auf der Kuppel der Frauenkirche zu Dresden«, farbig lavierter Kupferstich eines Carl August Richter von 1824, Rundpanorama, Blick-Schau auf Dresden samt Elbtal wie aus vier Augen (mindestens!), Kreis, der sich leicht locker um den Neumarkt legt, die Häuser wie reglementiert nach strengen Oberbauamtsmaßen (oder von heutigen Behörden), die Innenstadt eher elliptisch umfangen, an den Rändern des Zentrums alles rasch verkleinert und verdichtet, die Bauten der Außenbezirke winzig – Entfernungen, Strecken, Abstände, Straßen verzerrt, Türme und Elbbrücke klar, der Fluß breit-hell westwärts strömend, die Neustadt knapp-fern, ganz außen blauer Hügel- und Bergekreis, auf 180 Grad geschlossen, aber in Bildmitte die Draufsicht auf Kuppel und Kirchenleib, ein rundes steinernes Tier mit stereometrisch abgespreizten Beinen (den Ecktürmen!), und mittendrin ein schwarzbrauner Düster-Kreis, als stürze unser Blick ab in Dresdens tiefste Unterhölle!

Der Konversion der wettinischen Herrscher, 1697 durch August den Starken bahnbrechend vollzogen, verdankt die katholische Hofkirche, die heutige Kathedrale dicht am Elbufer, ihre Gründung. August II. selbst beugte sich allerdings dringlichen päpstlichen Wünschen nach dem Bau einer solchen Kirche nicht; er ließ lediglich 1707 das nicht mehr benutzte Hoftheater aus dem 17. Jahrhundert zur Hofkapelle umwandeln, wo auch bereits Kunst, so Werke Permosers, zu Hause war. Die Stifter der nur wenige hundert Meter von der Frauenkirche entfernt errichteten Hofkirche St. Trinitatis auf landesherrlichem Grund im Schloßgelände waren August III. und seine Habsburger Gemahlin Maria Josepha – beide tief altgläubig, von untadeligem Lebenswandel, Eltern von fünfzehn Kindern und unter starkem italienischen Einfluß kunstliebend; die Königin »wurde die große Protektorin der katholischen Kirche in Dresden und Sachsen«. Ungeachtet ihres streng katholischen Bekenntnisses ging das Herrscherpaar der großen protestantischen Mehrheit gegenüber schonend und maßvoll tolerant vor: Die Wahl des Bauplatzes und der Prozessionsumgang in der Kirche mit Bildern der 14 Stationen von Jesu Via dolorosa bezeugen es. Beide Kirchen bestimmten Dresdens Stadtbild, was in Canalettos Gemälden und Radierungen wunderbar eingefangen ist.

Auf jesuitischen Rat holte das Königspaar den Architekten Gaetano Chiaveri 1736 nach Dresden und betraute ihn mit dem geplanten Bau. 1739 wurde der Grundstein gelegt, italienische Künstler, so Lorenzo Mattielli, arbeiteten mit, der Name »Italienisches Dörfchen«, heute noch für ein Restaurant am Theaterplatz gebraucht, erinnert an sie. Der Außenbau wuchs rasch, die Inneneinrichtung begann 1740. Später gab es Verzögerungen wegen immer knapperer Geldmittel, um die Chiaveri den König ausdrücklich bitten mußte; auch gab es Auseinandersetzungen und Attacken, die den Meisterarchitekten schließlich aus Dresden vertrieben: schwer enttäuscht ging der wirkliche Erbauer einer der schönsten Kirchen unserer Stadt weg; bei der Einweihung 1751 war der Bau noch nicht vollendet.

Äußere Gestalt und Standort durchbrachen die geläufigen Vorgaben, Konstanten und Topoi solcher Sakralbauten. Chiaveris »Kirche am Strom« ist vom Turm im Nordosten zum Altarbereich im Südwesten gerichtet und nicht wie die meisten christlichen Gotteshäuser von Westen nach Osten. Der 86 Meter hohe, auf elliptischem Grundriß stehende Turm ist nur bis etwa zur Höhe der Seitenschiffe fest an die Basilika gebaut, ansonsten ein Campanile an der Nordseite und zum Kirchkörper quergestellt, ein luftdurchwehter Säulenbau, der wie ein Schiffsbug das herrliche Gebäude schräg und nicht rechtwinklig dem Wasser zusteuert, der ganze Kirch-Bau einsehbar aus jeder Richtung, so genial ist der Platz gewählt, jedem Wind und Zugang offen.

Insgesamt ist der schon beinahe rokokoschlanke Kathedralenturm mit seinen frei stehenden Ecksäulen und den Durchblicken im Vergleich zur mächtigen Frauenkirchenkuppel, deren Wachsen Chiaveri seit 1736 verfolgt haben muß, ausgesprochen filigran – architektonisch höchst ungleiche Schwestern sind das, die etwas jüngere, auf mehreren Veduten Canalettos ins helle Licht der Elbfront gestellt, übrigens teilweise ohne Gerüste, obwohl etwa der Turm damals noch gar nicht zu Ende gebaut war, der Meistermaler muß wohl die Baurisse gekannt haben. Bei Taglicht ist die Kathedrale die hellste, heiterste Kirche von Elbflorenz und vielleicht, als Kunstschöpfung, überhaupt Dresdens schönstes Bauwerk?

Man betritt seinen Innenraum von Hauptportal her. Man erkennt die Dreiteilung in das Hauptschiff (muldengewölbt) und die beiden Seitenschiffe (mit Tonnengewölbe); der Prozessionsumgang, durch den die Kirche wie fünfschiffig erscheinen kann, umschließt das Mittelschiff und wurde notwendig, weil Sachsens Katholiken über längere Zeit keine öffentliche Veranstaltung im protestantischen Mutterland halten durften. Man nimmt die beiden hellen Hauptfarben der herrlichen, bei Sonnenschein lichtdurchfluteten Halle wahr: Weiß und Gold. Weiß sind große Teile der inneren Basilika: die hohen Säulen des Hauptschiffs und ihre ebenfalls hohen Sockelpfeiler, die Wände, auch in den Emporen, und die Decken (gedachte Ausmalungen unterblieben, Ausstattungen blieben wohlbedacht in Grenzen); golden leuchten einige Kapitelle, die frei hängenden oder an den Wänden befestigten Leuchter, die Rahmen wichtiger Bilder, so vom Hauptaltar-Gemälde »Himmelfahrt Christi«, das prachtvolle Schmuckwerk von Permosers Kanzel und der Silbermann-Orgel, zahlreiche Randleisten, die niedrigen Gitter vor dem Hauptaltar, Detailelemente mancher Bildwerke.

Wir erkennen nach dem ersten langsamen, ehrfürchtigen Rundgang die strengen Symmetrien der Längsschiffe. Vorbei an den vier Eckkapellen: Sakramentskapelle und Kreuzkapelle im Südwesten, Benno-Kapelle und Gedächtniskapelle im Nordosten, betrachten wir die übrigen Altäre, Nischen und Kunstwerke.

Wir wählen wieder aus. Zunächst die drei bewegenden Altarbilder des Klassizisten Anton Raphael Mengs. Das gigantische Hauptaltar-Gemälde im Herzen der Kirche, eine künstlerische Riesenaufgabe im Format 9,30 zu 4,50 Metern, an denen sich der Maler über zehn Jahre abmühte, bis jede Spur artistisch-religiöser Angestrengtheit aufgehoben war; das Werk deutlich dreigeteilt, unten auf der dunkleren, aber bewegten Erde schauen »dem zum Himmel aufsteigenden Christus in bewegenden Gesten – Abschiedsschmerz, Trauer, Staunen und Liebe ausdrückend – seine Mutter Maria, Maria Magdalena und die Apostel nach«; in der Bildmitte der Entfliegende halbnackt, die Beine verschattet, der schlanke, schöne Oberkörper hell, die Arme gebreitet, der Blick nach oben gerichtet, ein leuchtendrotes wehendes Tuch um den Unterkörper, zwei Engel scheu an Christi Flanken; ganz oben Gottvater, von drei Engeln getragen, auf weißen, dichten Gewändern hellweißes

Licht, das Gesicht weißhaarig umkräuselt, die Linke grüßend angehoben – das Bild soll beim ersten Ausstellen riesigen Jubel erregt haben.

Sodann rechts und links an zwei gegenüberliegenden Pfeilern des
Mittelschiffs die Gemälde von Jesu Eltern in ihren Altären: Rechts Maria sitzend, Blick zum Himmel, das fast nackte Kind auf dem Schoß, der
Knabe mit einer Lanze die sich windende Schlange (das Böse) auf dem
Erdball tötend; die Farben moderat und fein, Marias Gewand dunkel-
blaugrün, gedämpft, rosig die Kindeshaut, der Hintergrund bräunlich-
warm, Marias Haupt hellorangebraun umleuchtet, die Erde dunkles
Grün. Links Joseph, Namens- und Schutzpatron der Königin – schlafend, dick bekleidet, die linke Hand stützt den bärtigen Kopf, Joseph
träumt wie im Neuen Testament, daß er zu Maria stehen solle; es däm-
mert; aber der Engel über Joseph, in rotwehendem Kleid, halb entblößt, weist mit erhobenem Zeigefinger zum himmlischen Auftrag –
ein relativ dunkles Bild, Helligkeit ist nur beim Engel.

Weiter zu den reichen Skulpturenschätzen der Kathedrale. Zuerst
zur Kanzel nahe dem Marienaltar; der wie eine riesige Traube über-
quellende Korb aus Lindenholz ist von Permoser, der geschnitzte Dek-
kel von Joseph Hackl (1753); der Korb wurde 1712 bis 1722 schon für
die Hofkapelle gearbeitet, die Evangelisten sind darin von Engeln umringt, die Christi Marterinstrumente zeigen – hier wie auch auf dem
Deckel (und als Goldstickerei das Hauptbild des Kreuzaltars rahmend –
der stille Laie fragt sich, was denn diese demonstrative Präsentation der
Folterwerkzeuge ausdrückt: Schauder? Angst? Oder Lust?).

Sodann am Nordende des linken Seitenschiffs der Taufplatz in einer
hohen Bogennische, der Taufstein, Carrara-Marmor mit vergoldetem
Metalldeckel, ein Werk Permosers, 1721 von Maria Josepha für die erste
Hofkapelle gestiftet; hoch auf einem Podest Johannes der Täufer, ebenfalls Marmor, dem römischen Bildhauer Francesco Mochi zugeschrieben, athletisch wie ein Zehnkämpfer, halb sitzend, halb stehend und
kniend, vorgebeugt wie zum Sprung, der Mund halb offen wie zum
Ruf nach dem Retter, dem kommenden Größeren – der Ankündiger
trägt den Kreuzstab im Arm, an den Füßen ruht ein Lamm – Symbol
für Christus; der Kopf des Täufers erinnert manche an Michelangelos
Moses.

Mehrere Betende knien vor der »Madonna im Engelskranz« – die
Gottesmutter ruht auf einem Postament, ihr faltiges Gewand ist golden
und blau, sie hebt es leicht mit der feinfingrigen linken Hand, es be-

deckt sie trotzdem ganz samt den Füßen; das Kind auf ihrem linken Arm hebt ein weißgraues Halstuch quer über ihren Oberkörper, das Kind schaut eifrig-wach auf die Beter und Betrachter; Mutter und Sohn sind von einem goldenen Strahlenkranz gerahmt, wo sieben kleine Engel mit goldenen Flügeln schweben und musizieren, wir erkennen Harfe, Geige, Gitarre; auf der obersten Kranzspitze, über dem ganz leicht zum Kind geneigten Haupt Marias schwebt eine kostbare Goldkrone – das Ganze ist nur die Kopie eines Bamberger Originals, weckt aber trotzdem das Bedürfnis nach Andacht und Gebet.

Wir schicken uns an hinauszugehen, halten aber noch zweimal kurz hintereinander an. Unter der Orgelempore stehen zwei grandiose ältere Männerfiguren von Permoser, riesig und stark, doch nicht kriegerisch wie seine Heldenplastiken im Großen Garten, sondern friedlich. Der linke, Ambrosius, ist lesend über die Heilige Schrift gebeugt, entspannten, fast heiteren Gesichts; der rechte, Augustinus, deutet mit der linken Hand zum Himmel, mit der anderen zur Erde; beide Kirchenväter sind kahlköpfig und lockenbärtig, haben kräftige, stark geäderte Hände und tragen schwere, fußlange liturgische Gewänder: zwei Meter hohe Meisterwerke aus Lindenholz.

Wenige Schritte weiter nach dem Ausgang zu hängt ein spätgotischer, schlanker Gekreuzigter, nur mit einem Lendentuch bekleidet, die verzerrten Arme fast ausgekugelt, die blutende Wunde auf der rechten unteren Brustseite, der Kopf bei geschlossenen Augen abgeknickt, großstachlige Dornenkrone und schwarzes Haar (Roßhaarperücke) bedecken das halbe Gesicht – der stille Laie fragt sich: Warum hängt der Schmerzensmann an einer der dunkelsten Stellen im Kirchenhaus?

Draußen treten wir etliche Schritte Richtung Strom zurück und nehmen die Kirche von Norden her in den Blick. Auf Turm und Fassaden, in der großen Mehrzahl aber auf der übereinander gestapelten Doppel-Balustrade des Daches stehen insgesamt 78 steinerne Heilige und Allegorien. Sie stammen vom Bildhauer Lorenzo Mattielli und seiner Werkstatt am heutigen Palaisplatz und bilden, ungeachtet der persönlichen Streitigkeiten zwischen ihm und Chiaveri, einen kongenialen, einzigartigen, hoher Kunstfertigkeit und enormer Arbeitsenergie entsprungenen Haupt-Schatz von St. Trinitatis. Das Bildprogramm entwarfen Maria Josepha, Chiaveri und Pater Guarini, der Beichtvater Augusts III.; sie schufen mit den Statuen ein kompliziertes Netzwerk aus religiösen und künstlerischen Bezügen, Anspielungen und Appellen, die heutzutage nicht mehr alle zu entschlüsseln sind.

Die Plastiken, die in der freien Luft aufragen, zeichnen sich stilistisch durch signifikante spätbarocke Elemente aus, zum Beispiel durch starke Gestik »mit ausfahrenden Gliedmaßen«. Wir wählen als Beispiel den heiligen Prokop aus dem 11. Jahrhundert, der als Abt in der Einsamkeit des Sazavatales bei Prag Kloster und Kirche baute; er steht auf der oberen Balustrade, halbnackt, athletisch aufgereckt, den Kopf in den Nacken geworfen, die fest gefalteten Hände hoch erhoben in beschwörendem, vielleicht alarmierendem Gebet Richtung Südosten, zur böhmischen Heimat. Die ganze Ansammlung der Heiligen aber bildet einen mächtigen geistlichen Chor mit Ausblick und Blickgesang in alle denkbaren Himmelsrichtungen und Menschengegenden, einen unhörbaren, doch einen weiten Raum erfüllenden Chor zur GROSSEN BOTSCHAFT der katholischen Christenheit, ausgeführt von erstrangigen Kunstfiguren aus sächsischem Sandstein.

Zuletzt aber steigen innen, die helle Halle füllend, die Töne der mächtigen weißgoldenen Orgel auf, Gottfried Silbermanns letztes und größtes Werk, nach seinem Tode vom früheren Schüler Zacharias Hildebrandt zu Ende gebaut, 1755 geweiht, während des Zweiten Krieges im Kloster Marienstern ausgelagert und so gerettet, vor nicht langer Zeit subtil und streitlos restauriert, freilich ging das Barockgehäuse 1945 im Feuer unter; der Besucher drinnen wird von feierlicher Musik in allen Farben eingehüllt und denkt an Mozarts überlieferte Worte von seinem enthusiastischen Spiel anno 1789: »Dies sind über die Maßen herrliche Instrumente.«

Carl Maria von Weber und die
deutsche Nationaloper

Wir schreiben das Jahr 1815. Die Menschen ahnen, daß sie an einem Kreuzweg der sächsischen Geschichte stehen, und schauen nach dem fernen Wien, wo ein Riesenkongreß Europas politische Verhältnisse nach den Befreiungskriegen gegen Napoleon Bonaparte, nach dem endgültigen Sturz des korsischen Usurpators neu ordnen soll. Der größte deutsche Verlierer des Krieges aber ist Sachsen. Einstmals, in besten Zeiten, eine europäische Macht, liegt es nun militärisch und politisch am Boden. Nicht zum ersten, nicht zum letzten Mal hat es, diesmal von Napoleon mit der Erhebung zum Königreich verlockt, auf der falschen Seite gekämpft. Sachsen verliert über die Hälfte seines Territoriums an das protzige und überaus tüchtige Preußen; die schlimmste Strafe, die völlige Auslöschung des sächsischen Staates durch den starken deutschen Nachbarn, wird nur durch eine gewisse Übervorsicht von dessen Verbündeten verhindert, die Berlin nicht übermächtig werden lassen wollen. So bleibt es für die Wettiner und ihre zerknirschten Untertanen bei ihrer Entmachtung, bei der Teilung ihres Landes und der demütigend-provokanten Gründung der preußischen Provinz Sachsen, bei Armut, Schande und Rückständigkeit.

(Daß das zerrüttete Land durch seine wachsende Industrie, durch den Verbleib seiner bedeutendsten Wirtschaftszentren im Königreich eine Zukunftshoffnung besitzt, die – freilich in großem Umfang erst Jahrzehnte später – Sachsen eine auch manche Kriegssieger von 1815 überflügelnde wirtschaftliche Machtstellung verspricht, sehen zur Zeit des Wiener Kongresses wohl nur die hellsten Köpfe des Landes; daß dessen industrielle Revolution ihm allerdings nicht zugleich die frühere politisch-militärische Führungsrolle zurückgibt, mag man tragisch nennen; es ist jedenfalls ein historisches Faktum.)

Immerhin kehrt der einstige Kurfürst Friedrich August III., seit 1806 König Friedrich August I. von Napoleons mit politischer Unterwürfigkeit bezahlten Gnaden, im Juni 1815 aus der Internierung von der Festung Königstein zurück und trifft sogleich eine überraschende, aber im Kern richtige Entscheidung, die er nicht allein und nicht freiwillig gefällt hat: Weitsichtige Berater, so Webers großer Förderer Heinrich Graf Vitzthum von Eckstädt, »Generaldirektor der Königl. Musikalischen Kapelle und des Hoftheaters«, haben dem Fürsten nämlich unmißverständlich erklärt, welche einzig würdige Rolle ihm und seiner Führungskamarilla im schwarzen Schatten der Kriegsniederlage noch bleibt: »daß Sachsen«, so Vitzthum, »jetzt mehr als je die vielen ihm zu Gebote stehenden Hülfsmittel benutzen sollte, um sich immer mehr durch Ausbildung aller Künste und Wissenschaften auszuzeichnen, da jede andere Art sich Ruhm und Ansehen zu verschaffen, verloren für uns ist.«

Der König verspricht sofort nach seiner Heimkehr, daß dies sein politischer Kurs sein wird. Vitzthum aber gelingt es, Friedrich August I. zur Grundsteinlegung für ein großes künstlerisches Zukunftswerk zu gewinnen, das Sachsen bei kluger Anwendung der beschworenen Hilfsmittel zum deutschen Zentrum einer progressiven Kulturmacht erheben könnte: durch die Begründung einer Nationaloper in Dresden als deutsches Departement der sächsischen Hofoper. Dafür unterzeichnet der musikliebende Monarch am 18. April 1816 das Dekret, ein in der deutschen Kunst- und Geistesgeschichte außergewöhnliches Dokument, vom König wohl nicht ganz ohne Bedenken signiert, auch wegen des Musikers, der nun als Oberhaupt die Dresdner Opernbühne betritt: der knapp dreißigjährige Komponist Carl Maria von Weber.

»Er erschien als kleiner, schmalbrüstiger Mann mit etwas langen Armen, schmalem, sehr blassem Gesicht, aus dem sehr lebhafte Augen unter einer starken Brille vorblitzten. Den meist ernsten Mund umspielte, wenn er freundlich sprach, ein wahrhaft bezauberndes Lächeln, und bei Momenten, die ihn ergriffen, neigte er den Kopf leicht auf die Seite, was den starren Zügen etwas Weiches und Lauschendes verlieh (…). Nichts an ihm zeigte das Bestreben, den Künstler kund zu geben. Es war leicht, Weber auf der Straße oder im Salon zu übersehen, einmal bemerkt, fesselte er aber durch die Feinheit und geistige Eleganz seiner Erscheinung mit fast magnetischer Kraft.«

Diese Schilderung ist der Weber-Biographie seines Sohnes Max Maria, eines bekannten Eisenbahn-Ingenieurs und Schriftstellers, entnommen, der seinerseits viel später dem Bericht einiger inzwischen gealterter Kapellmitglieder über Webers erstes Auftreten vor seinen Musikern folgte – der künftige Operndirektor hielt nämlich dabei eine auf gegenseitiges Vertrauen zielende, aber äußerst offene, wohl auch schockierende Rede, an deren Schluß er »unbedingten Gehorsam« forderte: »Ich werde gerecht aber auch, ohne Ansehen der Person, gegen Jeden, am meisten gegen mich selbst, unerbittlich streng sein.« Gleichermaßen entschieden trat er gegenüber seinen neuen »Arbeitgebern« auf, als sie ihn zunächst nur als Musikdirektor der Deutschen Oper, nicht aber als Hofkapellmeister wie Francesco Morlacchi einstuften, den Chef der noch dominierenden Dresdner italienischen Oper. Webers energische Proteste und Auftritte wirkten rasch: Seine Majestät gaben nach und hoben den selbstbewußten Neuling auf Morlacchis Ranghöhe.

Es war seine besondere Tragik, daß er nach Übernahme seines erlesenen Amtes nur noch knappe zehn Jahre zu leben hatte. Webers gewaltige Kunstarbeitsleistung war seinem schwächlichen, immer kränkelnden, nie geschonten Körper abgerungen, der am Ende der unheilbaren Schwindsucht erlag. Webers zitierte Rede an die Musiker, von denen etliche vor ihm wegliefen, zeigt im Kontrast zur physischen Malaise einen äußerst willensstarken Charakter, der sich schon früh herausgebildet hatte: Der 1786 zu Eutin geborene überzart-anfällige Junge führte, vom Vater, einem rastlosen Lebens- und Kunst-Filou, angetrieben, ein unruhiges Wanderleben mit jäh wechselnden Schauplätzen, Anstößen, Musiklehrern, Anregern und Vorbildern für Werk und Leben – zum Untertanen, Schmeichler, Duckmäuser erzog ihn der leichtlebige Vater gewiß nicht, der ungeachtet aller Unstetigkeit Rückgrat besaß und auf den Sohn übertrug, den er am liebsten zum musikalischen Wunderkind gemacht hätte.

Treffend schildert der Weber-Biograph Leinert, was der nur körperlich schwache Junge aus der turbulenten Frühzeit ins reifere Leben mitnahm: »Von seinem Vater hat Carl Maria ohne Zweifel die Liebe zur Musik und zum Theater mitbekommen, auch eine tüchtige Portion Selbstbewußtsein und den Mut, Ideen auch gegen Widerstände durchzusetzen. Das oftmals geradezu erstaunliche Durchhaltevermögen des Vaters, der sich auch in ausweglosen finanziellen, beruflichen und familiären Situationen noch zu behaupten wußte, wird seinen Teil dazu beigetragen haben, daß Carl Maria von Weber in seinem späteren Leben Schwierigkeiten weder ängstlich aus dem Wege gegangen ist noch sich um seiner Karriere willen ins scheinbar Unabänderliche gefügt und angepaßt hat.«

Einige Stationen, Erscheinungen, Aufschwünge, Kunststücke: Theaterleben als existentielle Selbstverständlichkeit schon des Kindes; Musik aller Arten, Orte und Protagonisten; Wien, Kassel, Meiningen, Nürnberg als Spielstädte von Vater Webers mehrjähriger Schauspieltruppe; Lehrmeister wie den Kammermusiker Johann Peter Heuschkel, Pianisten, Organisten, Oboisten (Grundausbildung Tonsatz und Klavier) oder Joseph Haydns Bruder Johann Michael (Contrapunkt); mit Zwölf sechs Fughetten als erstes, noch kindliches »Werk«, vom Vater in Druck gegeben, in der »Allgemeinen Musikalischen Zeitung« als »ungemein vielmehrsprechende Seltenheit« gelobt; seit 1798 erste Opernversuche, so »Das Waldmädchen«, später »Silvana«, sowie »Peter Schmoll und seine Nachbarn«; über die Jahre hinweg Instrumentalmusik reichlich, vor allem Klavier, von dem er herkam und das er, wohl auch durch die extreme Spannweite seiner Hände, glänzend beherrschte – die Instrumentalkunst des bereits berühmten Kollegen wird Claude Debussy wundervoll charakterisieren und Webers Opernmusik subtil zuordnen: »Er erforscht die Seele der einzelnen Instrumente und legt sie mit behutsamer Hand bloß. Auch bewahren seine kühnsten Klangkombinationen, wenn er absichtlich symphonisch wird, noch die individuelle Klangfarbe, die den einzelnen ursprünglich war, so wie Farben, die übereinandergemalt sind und sich nicht vermischen und in ihrer gegenseitigen Wirkung ihre Individualität eher noch verstärken als vernichten.« 1806/07 komponiert er die Sinfonien Nr. 1 und 2, C-Dur; mit knapp Achtzehn wird er Kapellmeister in Breslau.

Hier stockt man: Auf einmal ist Weber Dirigent, der entdeckt, heranschafft, experimentiert und irritiert, mehr angefeindet als akklamiert wird, auch in den eigenen Reihen, der aber stark bleibt, unbeirrt, unbeugsam, über gängige Opern- und Kapellarbeit weit hinausgreift, ja: der alles anfaßt, nicht nur die engere Inszenierung, die Führung von Solisten, Orchester und Chor, sondern die ganze Maschinerie des Musiktheaters: Bühnenbild, Bühnentechnik und technisches Personal, Beleuchtung, Akustik, Sitzordnung im Orchester, die er den Strukturen und Leistungen der Instrumente entsprechend revolutioniert, Probenorganisation, Spielplangestaltung, Dramaturgie: »Der Achtzehnjährige«, so Leinert, »führte in Breslau ein, was heute an den Opernhäusern mit Selbstverständnis praktiziert wird«, und wurde, so der Weber-Experte Erwin Kroll, »der erste Opernleiter im modernen Sinne, der Begründer der modernen Arbeitspraxis im Opernbetrieb«: mitten in der Provinz und mit der angekündigten künstlerisch-disziplinären Strenge; daß diese die Qualität der musikalisch-theatralischen Darbietung hob, wurde in Breslau nur zu oft geleugnet; schon liefen Weber aus ihrer Bequemlichkeit aufgescheuchte Leute davon. Er räumte das Feld, als man ihm Stein um Stein in den Weg legte; er ging, aber er beharrte streng auf seinen Einsichten und Überzeugungen, ohne die es die deutsche Nationaloper anderthalb bis zwei Jahrzehnte später nicht gegeben hätte.

Um die Jahrhundertwende wird die Lern- und Arbeitsleistung Webers gewaltig und bleibt so bis ans Lebensende. Er unternimmt zahlreiche Konzertreisen, so mit dem Klarinettisten Bärmann; er arbeitet seit 1813 als Operndirektor in Prag, mit denkwürdigen, vom Publikum freilich kaum goutierten Mozart-Inszenierungen; er erlebt die gefeierte Uraufführung seines Operneinakters »Abu Hasan« (München 1811); schließlich – man ist versucht zu sagen: fast auf einer Nebenstraße – erreicht ihn der Ruhm. Jahrelang hat er das deutsche Lied studiert: 1814 vertont er aus dem patriotischen Gedichtzyklus »Leier und Schwert« des 1813 gefallenen, sehr populären Dresdner Lyrikers Theodor Körner die rasch volkstümlich gewordenen sangbaren Chöre »Lützows wilde Jagd« und »Du Schwert an meiner Linken« – da war er in aller Munde, ein vaterländischer Tonsetzer: Die Tore für den großen Sprung zu höchsten musikalischen Weihen öffneten sich.

Als Carl Maria von Weber am 13. Januar 1817 in Dresden eintraf, schreibt Wilfried Höntsch in seiner Monographie »Opernmetropole Dresden«, sei er trotz seiner erst dreißig Jahre bereits ein als Pianist, Dirigent und Opernleiter erfahrener Mann und auch als Komponist in Dresden kein Unbekannter mehr gewesen. Er überwindet die nach der Antrittsrede aufgekommene Abwehr im Ensemble der Musiker und gewinnt sie wie auch den wegen der Neuheit des Unternehmens »Deutsche Oper« skeptischen Teil des Publikums mit seiner großartigen, sich selbst das Äußerste abverlangenden Arbeit: »Durch seine exakte Probenarbeit, die von Eleganz und Klarheit geprägte Dirigiertechnik, seine Souveränität in allen künstlerischen Fragen überhaupt gelingt es Weber sehr schnell, das Vertrauen und die Hochachtung der Kapelle zu erringen.« (Höntsch). Was er in Breslau begann und in Prag ausbaute, erreicht Weber nun mit unbedingter Beharrlichkeit: Modernes Operntheater, das alle Aspekte der Bühnenwirklichkeit abdeckt: »Nach dem schwierigen Anfang, den folgenden, oftmals gegen vielerlei Widerstände mühsam errungenen Erfolgen und der wachsenden Resonanz bei den Dresdner Bürgern hatte sich die ›Deutsche Oper‹ in der ›Italiener-Hochburg‹ Dresden als gleichberechtigter Partner im Verband der Hoftheater durchgesetzt.« (nochmals Höntsch)

Bei mehreren Maßnahmen und Neuerungen bewies Weber eine glückliche Hand: Er leitete alle Proben selbst und führte den damals weithin noch unüblichen Taktstock ein; er gründete als erster Generaldirektor eigens für die »Deutsche Oper« einen festen Chor; ständig arbeitete er, auch im Hinblick auf die Konkurrenz zur italienischen Abteilung, an der Schulung und Verfeinerung des solistischen Personals; schließlich gelang es ihm, die berühmte, allerorts gepriesene und gefeierte Sängerin Wilhelmine Schröder-Devrient für sein Haus zu gewinnen: Am 29. April 1823 gibt sie als Leonore in Webers »Fidelio«-Inszenierung ihr triumphales Debüt; für etliche Jahre verleiht sie als Primadonna der Dresdner Oper neuen Glanz, wird aber auch in Hauptrollen italienischer Opern gefeiert – und in Webers eigenen Opern, so als Agathe im »Freischütz«; die »kleine Schröder« wird der »Deutschen Oper« später neue Dimensionen in den ersten großen Frauenrollen von Wagners dramatischen Opern gewinnen.

Selbstverständlich begründet Carl Maria von Weber seinen Dresdner Ruhm noch vor dem Erscheinen seiner eigenen Hauptwerke, von denen übrigens keines durch die »Deutsche Oper« uraufgeführt wurde, mit seinen meisterhaften Inszenierungen der europäischen Opernliteratur, und ebenso selbstverständlich muß er in der Anfangszeit zunächst überhaupt ausländische Muster in deutscher Sprache präsentieren. Schon kurz nach seiner Ankunft, am 30. Januar 1817, eröffnet er die Reihe seiner fast 70 Dresdner Inszenierungen mit einer Oper des französischen Komponisten Etienne Nicola Mehul: »Joseph«, als deutsche Erstaufführung unter dem Titel »Jakob und seine Söhne in Egypten«, so der Theaterzettel. Die Aufführung ist ein großer Erfolg; Weber notiert in seinem Tagebuch: »Ging sehr gut. Am Ende wurde zweimal sehr applaudiert und bravo Weber gerufen. Vor dem Anfang sagte S. M. der König, wenn es heute gut gehet, hat Weber schon viel geleistet. Am Ende: er hat meine Erwartungen weit übertroffen.« Leistungen wie diese werden Friedrich Augusts I. Skepsis gegenüber Weber gemindert haben, gewisse Vorbehalte des Königs blieben wohl, die auch von seiner Abneigung gegen die Körner-Vertonungen herrühren, sie werden dem konservativen Monarchen zu »populistisch« vorgekommen sein; Webers Beförderung hinderten sie nicht mehr. Sicher werden dem selber kompositorisch italienisierenden Fürsten Webers Mozart-Inszenierungen gefallen haben, die wir aus dem ständig wachsenden Repertoire herausheben: wirklich deutsche Opern: »Die Entführung aus dem Serail« und »Die Zauberflöte« 1818, »Don Giovanni« 1821.

Ein heikles Problem ist dies: Webers neue »Deutsche Oper« sieht sich mit einer starken, aus fast zweihundert Jahren Tradition erwachsenen, vom ausführenden Ensemble wie vom Publikum, zumal bei Hofe, favorisierten Konkurrenz konfrontiert: der auch zu Webers Amtsantritt dominierenden italienischen Oper, die Mitte des 18. Jahrhunderts, wie wir sahen, durch die Hasses ihre absolute Hoch-Zeit in Dresden erlebte. Seit 1810 leitete der versierte Kapellmeister Francesco Morlacchi die italienische Bühne, die er 1814 durch Intervention beim Zaren Alexander vor Repnin-Wolkonskis Auflösungsplänen rettete; er gründete 1826/27, kurz nach Webers Tod, eine Hilfskasse für arme Musikerwitwen und als deren Geldquelle die später, vor allem durch Wagners Präsentation von Beethovens 9. Symphonie, berühmt gewordenen Palmsonntagskonzerte, die es heute noch gibt. Fest überzeugt, daß seine deutsche Novität via allmähliche Gleichberechtigung die »welsche« Dominanz übertreffen und verdrängen wird, geht Weber gegen die Konkurrenten dennoch klug und behutsam vor, arbeitet auch, zum Beispiel als Morlacchis Urlaubsvertreter, erfolgreich mit dessen Musikern und stellt sich mit ihm persönlich und künstlerisch gut. Ob er das relativ plötzliche Ende der Italiener, das 1832 eintrat, zu seinen Lebzeiten vorhersah, bleibe offen; jedenfalls war die junge deutsche Nationaloper ins Zentrum des Dresdner Musiktheaters gerückt, seit der König – nun Friedrich Augusts Bruder Anton – ab 1831 laut Verfassung keinen Sonderetat aus Staatsgeldern mehr erhielt und die früher von ihm getragene italienische Hofoper 1832 mit einer »Don Giovanni«-Aufführung unter Morlacchi erlosch.

Weltruhm und Unsterblichkeit entsprangen dem kompositorischen Werk des Künstlers. Carl Maria von Weber begründete und befestigte beides durch drei große Opern der Dresdner Zeit: den »Freischütz« (Berlin 1821), »Euryanthe« (Wien 1823) und »Oberon« (London 1826).

Mit dem »Freischütz« schuf der »Vater« der Deutschen Oper das Modell-Werk der deutschen romantischen Musik; seine Popularität, die mit der Uraufführung einsetzte, ist ungebrochen: »Mit dem ›Freischütz‹ glückte Weber, was Tieck, Brentano, Schlegel, Arnim und Werner vergeblich versucht hatten: die Romantik auf die Bühne zu bringen« (der

Weber-Biograph Warrack). Es glückte mit einem brauchbaren Libretto des eher biederen, doch ehrgeizigen Dresdner Autors Friedrich Kind; es glückte, obwohl Weber Plot und Musik schon nach wenigen Wochen im Kopf hatte, erst im Laufe von drei Jahren – 1817 bis 1820 – Arbeitszeit: Einerseits wurde der Meister ständig durch strapaziöse Kapellarbeit mit Pflichtaufträgen unterbrochen; andererseits verstand er die Komposition einer romantischen Oper nicht als ekstatisches »brainstorming«: »Weber war nicht der Meinung, romantisches Temperament bedeute, in rasendem Fieberwahn zu schaffen. Ganz im Gegenteil, das Komponieren war für ihn ein höchst ordentliches Verfahren, das allergrößte Verstandesarbeit erforderte« (Warrack).

Seiner Braut gab Weber die folgende Inhaltsskizze: »Ein alter fürstlicher Jäger will seinem braven Jägerburschen Max seine Tochter und Dienst geben, und der Fürst ist es zufrieden. Doch besteht ein altes Gesetz, daß jeder einen schweren Probeschuß ausführen muß. Ein anderer boshafter, liederlicher Jägerbursche Kaspar hat auch ein Auge auf das Mädel, ist aber dem Teufel halb und halb ergeben. Max, sonst ein trefflicher Schütze, fehlt in der letzten Zeit vor dem Probeschuß alles, ist in Verzweiflung darüber und wird endlich von Kaspar dahin verführt, sogenannte Freikugeln zu gießen, wovon sechs unfehlbar treffen, dafür aber die siebente dem Teufel gehört. Diese soll das arme Mädchen treffen, dadurch Max zur Verzweiflung und Selbstmord geleitet wird usw. Der Himmel beschließt es aber anders; beim Probeschuß fällt zwar Agathe, aber auch Kaspar, und zwar letzterer wirklich als Opfer des Satans, erstere nur aus Schrecken; warum usw. ist im Stück entwickelt. Das Ganze schließt freudig.«

Weber hat auch die leitenden Elemente von Handlung und Stimmung selbst ausgesprochen: »In dem ›Freischütz‹ liegen zwei Hauptelemente, die auf den ersten Blick zu erkennen sind: Jägerleben und das Walten dämonischer Mächte … Ich hatte also bei der Komposition der Oper zunächst für jedes dieser beiden Elemente die bezeichnendsten Ton- und Klangfarben zu suchen.« Weber gibt für diese Suche ein hochwichtiges Beispiel: »Die Klangfarbe, die Instrumentation, für das Wald- und Jägerleben war leicht zu finden; die Hörner lieferten sie. Die Schwierigkeit lag nur in dem Erfinden neuer Melodien für die Hörner, die einfach und volkstümlich sein mußten. Zu diesem Zwecke sah ich mich unter den Volksmelodien um und dem eifrigen Studium derselben habe ich es zu danken, wenn mir dieser Theil meiner Aufgabe gelungen ist. Ich habe mich sogar nicht gescheut, Einzelnes aus solchen Melodien – soll ich sagen: notlich? – zu benutzen.« Der geniale Meister der von Debussy ebenso genial dargestellten Instrumentation verteilt die diversen Klangfarben sorgsam und wesensgemäß auf alle die gesamte dramatische Handlung einhüllenden Naturphänomene und -schilderungen, zum Exempel die berühmte schaurige Wolfsschlucht, ja: er teilt sogar einzelnen Personen für deren musikalische Charakterisierung instrumentale Eigenheiten zu: etwa die Klarinette für Max, Bratsche und Oboe für Ännchen, das Horn für Jägerleben überhaupt.

Im übrigen schätzt der Komponist das düstere Walten dämonischer Kräfte als stärkstes, weil nahezu allgegenwärtiges Hauptelement ein: »Wenn Sie die Partitur der Oper durchgehen, werden Sie kaum ein Stück finden, in welchem jene düstere Hauptfarbe NICHT bemerkbar wäre. Sie werden sich überzeugen, daß die Bilder des Unheimlichen die bei weitem vorherrschenden sind und es wird Ihnen deutlich werden, daß SIE den Hauptcharakter der Oper geben.« Dem dominierenden Unheimlichen gibt der Schöpfer des »Freischütz« je nach Situation die »dunkle, düstere Klangfarbe« verschiedener Instrumente, »also die tiefsten Regionen der Violinen, Violen und Bässe, dann namentlich die tiefsten Töne der Clarinette, die mir ganz besonders geeignet zu sein scheinen zum Malen des Unheimlichen, ferner die klagenden Töne des Fagotts, die tiefsten Töne der Hörner, dumpfe Wirbel der Pauken oder einzelne dumpfe Paukenschläge.«

Der Erfolg der Uraufführung in Schinkels neuem Berliner Schauspielhaus am 18. Juni 1821 unter dem Dirigat des Komponisten war überwältigend: »Der Freischütz«, notierte Weber im Tagebuch, »wurde mit dem unglaublichsten Enthusiasmus aufgenommen. Ouverture und Volkslied da capo verlangt, überhaupt von 17 Musikstücken 14 lärmend applaudiert.« Im Beisein der jungen geistigen Elite schwoll der Applaus nach Agathes herrlichem »Leise, leise, fromme Weise«, dem feinsten »Volkslied« der Oper, zur Ovation an – ein erster unter vielen folgenden musikalischen Triumphen Webers. Anwesend war auch – wundersame romantische Simultaneität! – der am Beginn seiner ruhmreichen Karriere stehende Heinrich Heine, der das Ereignis in den »Briefen aus Berlin« würdigte, nicht ohne den herrschsüchtigen Spontini und den bescheidenen Weber zu konfrontieren und eine köstliche Satire auf den seine Ohren plagenden »Schlager« vom Jungfernkranz zu geben. In den folgenden Aufführungen der Oper wiederholte sich der rauschende

Erfolg; als Weber den »Freischütz« seinen Dresdnern vorstellte, schwoll die Begeisterung so hoch an, daß er fürchtete, sie werde »Euryanthe«, die nächste Oper, unter sich begraben.

Die Sorge war zunächst unbegründet: Sowohl die Uraufführung als auch die Dresdner Inszenierung kam sehr gut an; die meisten weiteren »Nach-Spiele« waren zur Enttäuschung des in solchen Versagungen hochempfindlichen Komponisten freilich nur halbe Erfolge, auch wegen des schwächlichen Librettos der »poetisch« dilettierenden Dresdner Autorin Helmina von Chezy, die einen schon etliche Male bearbeiteten Stoff aufgriff. Und Weber tat es, weil er dadurch eine große Oper zu schaffen hoffte − Widerlegung jener Gegner, die den »Freischütz« als eine Zauberoperette kritisierten (Kroll). Die Handlung, deren Hauptpersonen hohe Adlige sind, läuft, immer am Rande des Kitsches, in grellen Gegensätzen von Liebe und Treue, Untreue und Haß, Aufopferung, Edelmut, Verrat und Mord ab − alle Kenner aber bestätigen, daß Weber, der die beschriebene Rechtfertigung vor kleinen Geistern überhaupt nicht nötig hat, das Unding von Plot und Konflikten durch überwältigend reiche musikalische Vielfalt übertrumpft hat. Freilich wurde »Euryanthe« bis heute nicht die verdiente Volkstümlichkeit höchsten künstlerischen Niveaus zuteil, wozu die Verbannung ins Rittertum zweifellos beiträgt, dieser soziale Rückschritt gegenüber dem wirklich im Volk blühenden Menschentum des »Freischütz«!

Es bleibt noch »Oberon«, biographisch die Todesoper, ein Auftragswerk der Covent Garden Opera in London; Weber, ein Todkranker, fuhr hin und dirigierte es zwölfmal mit riesigem Applaus, mit riesiger, kaum faßbarer heroischer Anstrengung, auch zum Ruhme seiner »Deutschen Oper« in der Weltmetropole, und starb still in der Nacht vom 4. zum 5. Juni 1826, kaum Vierzig, kurz vor der erhofften Heimkehr zu Max und Frau Caroline, die, voller Todesahnungen, ihn am liebsten nicht hätte reisen lassen und ihn nicht wiedersah; er wurde in der Kirche von Moorfield beigesetzt.

Das Libretto nach Wielands berühmtem Epos, aber vom englischen Autor Planche in seine Sprache übertragen und stückweise kurzfristig geliefert, ließ kein im strengsten Sinne vollkommenes Werk zu; es ist aber voller musikalischer Herrlichkeiten, kein Testament, doch ein »Memento mori in musica«: Oberon und Titania, das Elfen-Königspaar, streiten, einander temporär grollend, ob Frauen oder Männer treuer seien; die turbulente Handlung um zwei zur Probe aufs Exempel antre-

tende Liebespaare gipfelt in mehreren fabelhaften musikalischen Zeugnissen Weberscher Naturliebe: zum Beispiel im Elfenchor der ersten
Szene, in dramatischen Sturmszenen und -gesängen, im von feinstem
Stimmungszauber getragenen Chor der Meermädchen – manche Figuren, so die Liebenden, gewinnen überhaupt erst durch Webers Tonkunst
Charakter. Hier wie schon im »Freischütz« und in »Euryanthe« siegt
letzten Endes das Gute über das Böse; inmitten aller dichten, auch düsteren Romantik glänzt so etwas wie spätaufklärerischer Optimismus!

Im übrigen haben Weber und Dresdens »Deutsche Oper« der Zukunft Wege gebahnt: anderthalb Jahrzehnte später betritt erneut ein
junges Genie die von Weber revolutionierte Bühne, Richard Wagner,
der den Meister schon als Kind bewunderte und ihn als selbst schon berühmter Dresdner Komponist mit anderen Bewunderern heimholte.
Es entsteht ein bewegendes, heute historisches, 1844 sehr gegenwärtiges
Bild. Es war in verschiedenen Zirkeln der Wunsch laut geworden, die
Asche Webers von St. Mary's Chapel in Moorfield nach Dresden heimzuholen, was anfangs auf kleinlichen amtlichen Widerstand stieß. Die
Befürworter siegten, Wagner in ihrer Mitte als Anreger und Wortführer, auch musikalisch: »Den Trauermarsch nach Motiven aus ›Euryanthe‹ setzte er für achtzig Bläser, die er bei den Proben zur besseren Ein-
studierung der Wirkung auf der ausgeräumten Bühne des Theaters im
Kreis um sich hergehen ließ.«

Die Beisetzung Webers verzögerte sich, weil das Schiff mit dem Sarg
auf der Elbe bei Wittenberg eingefroren war: »Die Asche Webers erreichte mit der Bahn am Abend des 14. Dezembers Dresden. Vom
Bahnhof bewegte sich der Kondukt, geleitet von tausend Fackeln, unter
den Klängen des Wagner-Weber'schen Trauermarsches zur Kapelle des
katholischen Friedhofs, wo Wilhelmine Schröder-Devrient den Sarg
empfing und Wagner gegenüberstand.« Er sprach am nächsten Morgen
zu den Trauernden; dabei verschlug es ihm einmal die Sprache. »Nicht
die mindeste Bangigkeit«, erinnerte er sich, »oder auch nur Zerstreut-
heit kam mir hierbei an, nur entstand nach einem geeigneten Absatz
eine so unverhältnißmäßig lange Pause, daß, wer mich mit sinnend ent-
rücktem Blick dastehen sah, nicht wußte, was er von mir denken sollte.
Erst mein eigenes längeres Schweigen und die lautlose Stille um mich
herum erinnerten mich daran, daß ich hier nicht zu hören, sondern zu
sprechen hätte; sofort trat ich wieder ein und sprach meine Rede mit so
fließendem Ausdruck bis an das Ende, daß mir hierauf der berühmte

Schauspieler Emil Devrient versicherte, wie er nicht nur als Teilnehmer der ergreifenden Leichenfeier, sondern namentlich auch als dramatischer Redner von dem Vorgange auf das erstaunlichste imprimiert worden sei.«

Heute finden wir Webers Grabmal, das Gottfried Semper schuf, am äußersten Rand des Alten Katholischen Friedhofs zu Friedrichstadt; dicht daneben eine kleine Kapelle, darin Balthasar Permosers letztes Werk: der Grabstein für ihn selbst.

Poesie und Malerei

Und die Literatur, die Poesie? Die bildenden Künste, die Malerei? 1798 war dafür ein Doppel-Jahr mit zwei voneinander unabhängig eintretenden Ereignissen: dem Galerietreffen deutscher Frühromantiker und der Ankunft des Malers und Zeichners Caspar David Friedrich in Dresden. Im August dieses Jahres traf sich eine Gruppe aus Jena kommender jüngerer Intellektueller – die Autoren-Brüder Friedrich und August Wilhelm Schlegel, dessen Frau Caroline, der Salinenassessor und Dichter Friedrich von Hardenberg/Novalis, der Philosoph Friedrich Wilhelm Joseph Schelling, der Übersetzer Johann Diederich Gries und, nicht ganz freiwillig, der von allen Versammelten bewunderte Philosoph und Zeitkritiker Johann Gottlieb Fichte – zu Kunstgesprächen in Dresdens berühmter, damals im späteren Johanneum eingerichteter Gemäldegalerie. Diese Sammlung, seit längerem öffentlich zugänglich, bis neun Meter unter die Decke mit Bildern behangen, dennoch durch die Zusammenlegung zweier Stockwerke und eine Hängewand vorzüglich aufgebaut und von Novalis als »eine Vorratskammer indirekter Reize aller Art für den Dichter« gelobt, wurde zu einer Gründungsstätte deutscher Frühromantik – übrigens ohne einen Maler als Teilnehmer!

Das änderte August Wilhelm Schlegel zumindest fiktiv in seinem mit Caroline verfaßten, 1799 im »Athenäum« veröffentlichten kunsttheoretischen Dreier-Gespräch »Die Gemählde« zwischen der Kunstliebhaberin Louise, dem Kritiker und – schwächlichen – Poeten Waller sowie dem künstlerisch nicht bewertbaren Maler Reinhold. Der Dialog, durch seine Thematik einzigartig in unserer Literatur, reproduziert keinen Rundgang durch die Galerie, sondern gibt neben zahlreichen Bildbeschreibungen durch Louise und Waller eine Art durchdachter und textlich niedergelegter Überhöhung der 1798er Gespräche und spiegelt dabei vor, sie fänden nicht vor den Gemälden statt, sondern aus der Erinnerung, also Schilderung und Deutung gewissermaßen mit dem inneren Auge, ausgeführt am Neustädter Elbufer mit schöner Kulisse von

Elbfront, Elbaue und Elbhang: »Hier, dächte ich, ließen wir uns nieder«, sagt Reinhold, »wir können keinen bequemeren und anmuthigeren Sitz finden. Vor uns der ruhige Fluß; jenseits erhebt sich hinter dem grünen Ufer die Ebne in leisen Wellen, dort unten spiegelt sich die Stadt mit der Kuppel der Frauenkirche im Wasser, oberhalb ziehn sich Rebenhügel dicht an der Krümmung hin, mit Landhäusern besäet und oben mit Nadelholz bedeckt.«

Schlegel kann nur einen kleinen Teil der Dresdner Gemälde vorstellen; er gibt freilich auch einzelne Werke der Düsseldorfer Galerie hinzu. Ausführliche Vergleiche themengleicher Bilder nach Identitäten und Ähnlichkeiten, Unterschieden und Kontrasten tragen das Gespräch: »drey Landschaften neben einander, von Salvator Rosa, Claude Lorrain und Ruisdael« (Louise) werden verglichen, ebenso zwei Madonnenbilder von Ferdinand Boll und Francesco Trevisani, drei »Büßende Magdalenen« von Franceschini, Batoni und Corregio, denen Waller noch die »Magdalena« von Mengs hinzufügt, sowie Poussins »Aussetzung des Mosesknaben« und Veroneses »Auffindung des Mosesknaben« (ebenfalls Waller).

Auch Holbein d. J., Carlo Dolci und Rubens werden erörtert – Gipfel der dialogischen Kunstschau aber ist, wie in der Galerie damals und heute, Raffaels »Sixtinische Madonna«. Lothar Müller hat die künstlerisch-religiöse Bedeutung dieses einzigartigen Bildwerks für die Frühromantiker resümiert: Es stehe »für das höchste Gelingen der Synthese von Ausdruck und christlichem Ideal«; die Inszenierung des Bildes in Schlegels Text entspreche seiner »Isolierung und Heraushebung in der Galerie selbst«; und es werde auch formal zum Höhepunkt des Dialogs, indem die Bildbeschreibung unmittelbar im Gespräch entstehe. Diese – im Gegensatz zu Schlegel/Wallers eingeschobenen unglücklichen lyrischen Huldigungen – glänzend gelungene Präsentation zum höchsten Lobe von Raffaels Kunst legt der Autor Louise in den Mund. Sie deutet insbesondere die Mutter und das Kind: »Eine Göttin kann ich die Maria nicht nennen. Das Kind, was sie trägt, ist ein Gott, denn so hat noch niemals ein Kind ausgesehn. Sie hingegen ist nur das Höchste von menschlicher Bildung«; daher bleibe auch ihr herrlicher Körper, obwohl bedeckt, sichtbar. Schilderung und Auslegung des Kindes zeigt Schlegel in Louises Worten auf der Höhe seines interpretatorischen Feingefühls: »Es sitzt nach vorn gewendet und scheint nichts zu wollen, aber was es einst wird wollen können, ist unermeßlich, oder vielmehr was es gewollt hat: denn alles ist bereits geschehn, und es zeigt sich nur auf dem Arm der Mutter der Erde so wieder, wie es sie zuerst betrat. Die Formen sind die eines Kindes, der Kopf von breiter Rundung, die Glieder stark und voll, nicht von zarter Gattung, aber Auge und Mund beherrschen die Welt. Der Mund ist besonders ernst, sehr geschweift, beyde Enden der Lippen ziehen sich herunter. Dieser fremde Zug an einem Kinde giebt ihm den unbegreiflich hohen Ausdruck, glaube ich. So auch das kurze Haar, das emporstrebend den Kopf umgiebt. Die Augen scheinen zwey unbewegliche Sterne; sie liegen tief, die Stirn ist voll Nachdenken … So weit sich das Göttliche in kindischer Hülle offenbaren kann, ist es hier geschehn, und ich kann mir den Mann zu diesem Kinde nicht einmal denken.«

Über die wertende Betrachtung konkreter Einzelbilder und Werkgruppen hinaus diskutiert die Dresdner Versammlung zwei grundlegende Probleme der bildenden Künste. Das eine ist das Verhältnis von »Bildnerey«, sprich: Bildhauerei, Plastik zur »Mahlerey«. Waller verteidigt den ästhetischen, ja sogar den moralischen Höchstrang der Statuen: »Die Bildnerey ist Wahrheit und über alle Täuschung erhaben«; Louises Annahme, daß die »Bildnerey« auch den Moment verewigen dürfe, bekräftigt er, aber einseitig-apodiktisch und ohne Konzession an die Gemälde: Die Plastik unterwerfe den Augenblick »ihren Gesetzen, damit er dessen würdig sey«. Louises Sicht von beiden bildenden Künsten aber zielt auf eine Neu- und Hochwertung der Malerei: »Aber das geben Sie mir doch zu, daß die Bildnerey für den Betrachter die sprödere Schwester ist. Die Mahlerey macht es einem leichter, sie zu genießen, sie spricht so unmittelbarer in unsre Sinnenwelt hinein.«

Das zweite fundamentale Problem ist die – begrenzte oder unbegrenzte – Fähigkeit der Sprache, Werke der bildenden Künste aufzufassen und adäquat zu beschreiben. Hier dürften die Äußerungen der drei fiktiven Redner denen der Teilnehmer am Galerietreffen am nächsten kommen: Sie sind uneindeutig und widersprüchlich. So meint Reinhold, vielleicht aus eigener trüber Erfahrung: »Das weiß ich gewiß: der Eindruck ist nur ein Schatte von dem Gemählde oder der Statue; und wie unvollkommen bezeichnen wieder Worte den Eindruck! Das Rechte kann man gar nicht nennen.« Waller bestätigt dieses Schweben der Sprache vor Plastik und Bild: »Die Sprache vermag, wie Sie es nehmen wollen, alles oder nichts.« Aber er setzt auch eine ermutigende Gewißheit: »Es fällt mir nicht ein, mit der Sprache eben das ausrichten zu wollen, was nur ein sinnlicher Abdruck leisten kann. Ich sage bloß, daß sie fähig ist, den Geist eines Werkes der bildenden Kunst lebendig zu fassen und darzustellen.« Louise bekräftigt das zuversichtlich und umfassend: »Für alle Künste, wie sie heißen mögen, ist doch die Sprache das allgemeine Organ der Mittheilung, … die gangbare Münze, worein alle geistigen Güter umgesetzt werden können.« Ihre optimistische Sicht bestätigt nachhaltig das gesamte aufgeschriebene Gespräch: Es gibt Inhalt und Form wie auch den Geist der vorgestellten Bildwerke weithin vorzüglich wieder. Das ist August Wilhelm Schlegels Dresdner Sieg und Verdienst.

Es sind, vom August 1798 aus, Rückblenden und Vorgriffe im romantischen Umkreis möglich. Friedrich Schlegel hatte, zeitweilig hoch verschuldet und von Gläubigern festgehalten, schon zwischen 1794 und 1796 in Dresden gelebt, neben der Galerie besonders die von Mengs gesammelten Abgüsse antiker Plastiken besucht und an seinen Frühschriften gearbeitet, so an der Abhandlung »Über das Studium der griechischen Poesie«, die einen gewichtigen Schritt von der klassischen zur romantischen Poetologie darstellt. Schlegel muß sich in der Stadt zumindest zu Zeiten sehr wohl gefühlt haben: »In dem schönen Dresden erwachte zuerst mein jugendliches Gefühl, da sah ich die ersten Kunstwerke, da war ich mehrere Jahre ununterbrochen vertieft in das Studium des Altertums, und da lebte ich oft und noch zuletzt die glücklichsten Tage unter Menschen, bei denen ich mich einheimischer fühlte, als bei allen andern«, schrieb der Rastlose später, sehnsüchtig zurückblickend – er starb 1829 in Dresden und liegt auf dem Alten Katholischen Friedhof begraben. 1796 besuchten auch Ludwig Tieck und sein bald danach verstorbener Freund Wilhelm Heinrich Wackenroder die Galerie, was sich in dessen ästhetischen Schriften niederschlug. An den Gesprächen im Jahre 1798 war Tieck, obgleich schon mit Novalis befreundet, nicht beteiligt, wohl weil seine Verbindung zum gesamten Jenaer Kreis noch nicht eng genug war.

Wir greifen jetzt vor der Präsentation Friedrichs in Dresden auf der poetischen Ebene anderthalb Jahrzehnte voraus: In turbulenten Kriegs- und Nachkriegsmonaten 1813/1814 gelingt E. T. A. Hoffmann, beruflich an die Elbe verschlagen, sein erster großer dichterischer Wurf, eine in »Dresden« spielende Phantasmagorie besonderer und singulärer Art; er nennt sie »Der Goldene Topf. Ein Märchen der neuen Zeit«. Er verkündet und begleitet es in mehreren programmatischen Selbstdeutungen: »In keiner als in dieser düstern verhängnisvollen Zeit, wo man seine Existenz von Tage zu Tage fristet und ihrer froh wird, hat mich das Schreiben so angesprochen – es ist, als schlösse ich mir ein wunderbares Reich auf, das aus meinem Innern hervorgehend und sich gestaltend mich dem Drange des Äußern entrückte – Mich beschäftigt die Fortsetzung ungemein, vorzüglich ein MÄRCHEN, das beinahe einen Band einnehmen wird – Denken Sie dabei nicht, Bester! an Scheherazade und Tausendundeine Nacht – der Turban und türkische Hosen sind gänzlich verbannt – Feenhaft und wunderbar, aber keck ins gewöhnliche alltägliche Leben tretend und seine Gestalten ergreifend soll das Ganze werden«, signalisiert er dem Verleger Kunz am 19. August 1813, zehn Tage vor der Schlacht um Dresden. Wirklichkeit und Phantasie sollen ineinander über- und auseinander hervorgehen:

»Hier ist es nun das Fantastische, das zum Teil aus dem abenteuerlichen Schwunge einzelner Charaktere, zum Teil aus dem bizarren Spiel des Zufalls entsteht, und das keck in das Alltagsleben hineinfährt, und alles zu oberst und unterst dreht. Man muß zugestehen: es ist der Herr Nachbar, im bekannten, zimtfarbenen Sonntagskleide, mit goldbesponnenen Knöpfen, und was in aller Welt muß nur in den Mann gefahren sein, daß er sich so närrisch gebärdet? (…) Ein besonderer Stern ist aufgegangen, und überall stellt der Zufall seine Schlingen auf, in denen sich die ehrbarsten Leute verfangen, strecken sie die Nasen nur was weniger vor.«

Am 4. März 1814, beim Absenden des vollendeten Märchens, schreibt der Dichter dem Verleger: »Die Idee, so das ganz Fabulose, dem aber, wie ich glaube, die tiefere Deutung gehöriges Gewicht gibt, in das gewöhnliche Leben keck eintreten zu lassen ist allerdings gewagt und, soviel ich weiß, von einem andern teutschen Autor in diesem Maße noch nicht benutzt worden.« Die Allianz des Phantastischen mit dem handgreiflich Realen, deren Kühnheit und Brisanz der Dichter durch das dreimal verwendete Adverb »keck« hervorhebt, deutet sich schon im berühmten Dresdner Beginn des »Goldenen Topfes« an: »Am Himmelfahrtstage, nachmittags um drei Uhr, rannte ein junger Mensch in Dresden durchs schwarze Tor und geradezu in einen Korb mit Äpfeln und Kuchen hinein, die ein altes häßliches Weib feilbot, so daß alles, was der Quetschung glücklich entgangen, hinausgeschleudert wurde und die Straßenjungen sich lustig in die Beute teilten, die ihnen der hastige Herr zugeworfen.«

Von diesem scheinbar märchenfernen Anfang ausgehend, verstreut Hoffmann einige weitere präzise Zeitangaben, ein paar für den Leser angeblich erkennbare Dresdner Bürger, vor allem aber eine Reihe von Ortsangaben über den Text, eine Art Topographie, unzweideutig dresdnerisch, doch kein Netzwerk, das den Blick des Lesers eher verstellen würde: neben dem Schwarzen auch das Pirnaer und das Seetor, etliche Male das beliebte Ausflugslokal »Linckesches Bad«, Schloßgasse und Moritzstraße, die Turmuhr der Kreuzkirche, den Koselschen und den Antongarten, einander an der Elbe gegenüberliegend, die Gast- und Rasthäuser »Goldener Engel«, »Helm« und »Stadt Naumburg«, alle Wilsdruffer Gasse, den Strom selbstverständlich, Uferwege, die Elbbrücke mit dem Kreuz darauf, eine Elbüberquerung zur Pirnaischen Vorstadt und als kompaktestes, aber poetisches Blick-Feld »die goldgelben Wellen des schönen Elbstroms, hinter demselben streckte das herrliche Dresden kühn und stolz seine lichten Türme empor«, dazu »die blumigen Wiesen und frisch grünenden Wälder« und »die zackichten Gebirge … vom fernen Böhmerland«.

Fabel und Struktur des Märchens werden dadurch bestimmt, daß in die reale, zeitlich, topographisch und personell konkrete Dresden-Welt jederzeit das Irrationale, Phantastische, Wunderbare, aber auch Gefährliche einbrechen kann, und zwar oft plötzlich: Der Student Anselmus, der den Korb des alten Weibes umwarf, drückt den Klingelknopf beim Archivarius Lindhorst, da verwandelt sich der Türdrücker plötzlich in die höhnische Fratze der Frau, die sich binnen kurzem als Zauberin und seine Feindin herausstellt; schon vorher, nach dem Unheil am Schwarzen Tor, hört der verwirrte Stolperer beim Ausruhen unter einem Holunderbaum geheimnisvolle Stimmen im Gezweig und sieht auf einmal drei grüngoldne Schlänglein, deren eine ihn anschaut: »Durch alle Glieder fuhr es ihm wie ein elektrischer Schlag, er erbebte im Innersten – er starrte hinauf, und ein Paar herrliche dunkelblaue Augen blickten ihn an mit unaussprechlicher Sehnsucht, so daß ein nie gekanntes Gefühl der höchsten Seligkeit und des tiefsten Schmerzes seine Brust zersprengen wollte« – dies alles am Ufer der Elbe, in die sich die Reptilienschönen schließlich stürzen.

Nach diesem jähen Angriff des Phantastischen spalten sich Persönlichkeit und Lebensweise des jungen Mannes – und die gesamte Geschichte: Einerseits läßt Hoffmann Anselmus in seiner bürgerlich-studentischen Existenz, zum Beispiel mit dem Registrator Heerbrand, dem Konrektor Paulmann und dessen blühender Tochter Veronika, verharren; andererseits taucht Anselmus ins Märchenreich exzentrischer Abenteuer, vor allem beim Archivarius Lindhorst, der ihn auf Heerbrands Empfehlung als Kopisten geheimnisreicher, kostbarer, doch schwer les- und schreibbarer Manuskripte anstellt.

Der Archivarius, äußerlich ein angesehener Dresdner Bürger, ist der mit magischen Kräften ausgestattete Abkömmling eines Salamander-Geschlechts und der Vater der drei Schlänglein, dreier Töchter, die er mit einer grünen Schlange zeugte und die sich jederzeit in zauberhaft schöne Mädchen verwandeln können. Der Student aber reüssiert als Kopist glänzend und gewinnt das Vertrauen Lindhorsts. Für sich selbst deutet Anselmus die Ereignisse und Konstellationen:»Ich sehe und fühle nun wohl, daß alle die fremden Gestalten aus einer fernen wundervollen Welt, die ich sonst nur in ganz besondern merkwürdigen Träumen schaute, jetzt in mein waches reges Leben geschritten sind und ihr Spiel mit mir treiben.« In Gedanken beschwört er Serpentina, die Geliebte, daß nur sie die unendliche Sehnsucht stillen könne, die sein Inneres zerreiße – und tatsächlich, sie liebt ihn auch, der Magier-Vater billigt ihren Bund, den er vorhergesehen hat, aber nicht ohne geheimnisvolle Andeutungen und Warnungen:»Serpentina liebt dich, und ein seltsames Geschick, dessen verhängnisvollen Faden feindliche Mächte spannen, ist erfüllt, wenn sie dein wird und wenn du als notwendige Mitgift den goldnen Topf erhältst, der ihr Eigentum ist. Aber nur dem Kampfe entsprießt dein Glück im höheren Leben. Feindliche Prinzipe fallen dich an, und nur die innere Kraft, mit der du den Anfechtungen widerstehst, kann dich retten vor Schmach und Verderben. Indem du hier arbeitest, überstehst du deine Lehrzeit; Glauben und Erkenntnis führen dich zum nahen Ziele, wenn du festhältst an dem, was du beginnen mußtest. Trage sie recht getreulich im Gemüte, SIE, die dich liebt, und du wirst die herrlichen Wunder des goldnen Topfes schauen und glücklich sein immerdar.«

Abgesehen von seiner Liebe, ist Anselmus freilich nicht sicher, ob ihn etwa nur»ein toller Wahn und Spuk« umfängt – Hoffmanns poetische Kunst des Kontrastierens baut eine ganze Erzählstrecke lang ein Zurückweichen des zaudernden Verzauberten auf: zurück zu den Paulmann und Heerbrand, die jedes Zeichen von Anselms Wunder-Erlebnissen für Narrheit und Wahnwitz erklären und sich über Lindhorsts selbstbiographische Fabelreden von salamandrischer Wunder- und Gei-

Dresden 1945, der berühmte Blick vom Turm des Neuen Rathauses auf die fast
völlig kriegszerstörte Stadt.
(*Foto: akg-images*)

Die Elbe, Blick flußabwärts auf Augustusbrücke und Marienbrücke. (*Luftaufnahme, 1995. Foto: akg-images / Reimer Wulf*)

Der Georgenbau als Teil des Residenzschlosses (Nordseite). (*Foto: akg-images / Bildarchiv Monheim, L. Hammel / J. Peter*)

Schloß, Portal der ehe-
maligen Schloßkapelle.
(*Foto: akg-images/
Schuetze/Rodemann*)

Kirschkern mit 185 geschnitzten
Köpfen.
(*Grünes Gewölbe, Staatliche
Kunstsammlungen Dresden,
Foto: Jürgen Karpinski*)

Dresden, Großer Garten. Im Vordergrund Marmorvase mit Psyche (von A. Corradini), im Hintergrund das Palais
(*Foto: akg-images / Bildarchiv Monheim / Florian Monheim*)

Der Zwinger am Postplatz. Gesamtansicht mit Gemäldegalerie, Oper, Sophienkirche und Postplatz. (*Luftaufnahme um 1935, Foto: akg-images*)

Blick über den Neumarkt und die Frauenkirche Richtung Dresdner Neustadt
(*Aufnahme von 1929, Foto: akg-images*)

Blick auf die Katholische Hofkirche und Umgebung mit Schloß, Gemäldegalerie,
Theaterplatz und Semperoper
(*Luftaufnahme, vermutlich aus den 30er Jahren, Foto: akg-images*)

Die Semperoper, das Königliche Hoftheater am Theaterplatz. Ansicht vom Turm der katholischen Hofkirche
(*Aufnahme um 1910, Foto: akg-images*)

Die Zigarettenfabrik Yenidze. Ansicht von Norden
(*Aufnahme 1927, Foto: akg-images*)

Deutsche Werkstätten Hellerau, Torgebäude
(*Aufnahme 2003, Foto: akg-images / Cordia Schlegelmilch*)

Das Deutsche Hygienemuseum am Lingnerplatz

Wiederaufbau der Frauenkirche. Magazinierung der aus dem Schutt geborgenen, wiederverwendbaren Steine
(*Aufnahme 1994, Foto: akg-images/Dieter E. Hoppe*)

UFA-Kino Kristallpalast (1998)
(*Foto: akg-images/Bildarchiv Monheim/Florian Monheim*)

sterwelt, die er als buchstäblich wahr vorträgt, vor Lachen ausschütten wollen. Es sind jene »bekannten Gestalten«, die, so der Dichter in direkter Anrede, der geneigte Leser »täglich, wie man zu sagen pflegt im gemeinen Leben« als um ihn herwandelnd wiedererkennen soll und die der Hoffmann-Biograph Kleßmann köstlich charakterisiert: »Einzig im Alkoholrausch ist die Bürgerwelt fähig, etwa dumpf zu ahnen, was jenseits ihrer täglichen Vorstellungen liegt, sich dann aber doch wiederum dessen zu schämen.« Trotzdem verliert Anselmus vorübergehend den Glauben an Lindhorsts Visionen – und wird dafür mit Einschluß in eine Kristallflasche bestraft. Eine temporäre Verlockung durch die verliebte Veronika hat bei seinem alsbald bitter bereuten Abfall mitgewirkt. Veronika hat sich, um ihn zu kriegen, in wüster nächtlicher Zauber-Szenerie der Alten verschrieben, die den irritierten Studenten »umzudrehen« versucht und einen Machtkampf mit dem Salamander-Archivarius riskiert. Sie verliert ihn und wird von Anselmus verflucht, der so seine Unschuld wiedergewinnt, die Flasche sprengt und Serpentina in die Arme stürzt. Veronika, übrigens, wird den zum Hofrat beförderten Heerbrand heiraten.

Für den Studenten hat die »Rückkehr« zu Serpentinas und Lindhorsts Welt noch ein tiefgründigeres Motiv: die Vision vom glücklichen Leben in einem märchenhaften Zauberreich, dessen Verkörperung und Symbol der goldene Topf ist: »Im Augenblick der Vermählung«, so prophezeit der Archivarius, werde eine Feuerlilie aus dem Topf sprießen; die schöne Lilie, bekräftigt Serpentina, werde emporblühen, »und wir werden vereint glücklich und selig in Atlantis wohnen«.

Visionen von Glück und Dauer hat Hoffmann im Märchen und anderswo mehrmals ausgemalt und als Ausdruck einer die menschliche Alltags- und Lebensnot übersteigende und aufhebende höhere Welt gedeutet. Anselmus erlebt sie als Vorahnung künftiger Gewißheit bei seiner Kopisten-Tätigkeit: »Diese Arbeitsstunden waren für ihn die glücklichsten seines Lebens, denn immer von lieblichen Klängen, von Serpentinas tröstenden Worten umflossen, ja oft von einem vorübergleitenden Hauche leise berührt, durchströmte ihn eine gefühlte Behaglichkeit, die oft bis zur höchsten Wonne stieg. Jede Not, jede kleinliche Sorge seiner dürftigen Existenz war ihm aus Sinn und Gedanken entschwunden, und in dem neuen Leben, das ihm wie im hellen Sonnenglanze aufgegangen, begriff er alle Wunder einer höheren Welt, die ihn sonst mit Staunen, ja mit Grausen erfüllt hatten.«

Verallgemeinernd wird der Dichter in den Rahmengesprächen der »Serapions-Brüder« (1819/21) mit rückblickender Anspielung auf den »Goldenen Topf« durch eine sozusagen aufsteigende Metapher zum Kern seiner utopischen Märchenpoesie vordringen:»Ich meine, daß die Basis der Himmelsleiter, auf der man hinaufsteigen will in höhere Regionen, befestigt sein müsse im Leben, so daß jeder nachzusteigen vermag. Befindet er sich dann immer höher und höher hinaufgeklettert, in einem fantastischen Zauberreich, so wird er glauben, dies Reich gehöre auch noch in sein Leben hinein und sei eigentlich der wunderbar herrlichste Teil desselben.«

Unstrittig ist im übrigen, daß Hoffmanns Märchen Gedanken und Vorstellungen zur menschlichen Evolution aufnimmt, die ihm 1813 seine Beschäftigung mit Gotthilf Heinrich Schuberts »Ansichten von der Nachtseite der Naturwissenschaften« eintrug. Schuberts Idee, daß der Mensch seinen früheren Einklang mit der Natur, einen Urzustand, durch die gewaltige Entfaltung seiner geistigen Erkenntnis verloren habe, aber wiedergewinnen müsse, überzeugte Hoffmann so stark, daß er sie ins Märchen vom goldenen Topf hineintrug. Das Wunschbild, daß der Mensch in einer dritten Stufe seiner Gattungsentwicklung auch wieder in der heiligen Harmonie mit der ganzen Natur auflebe, taucht in Varianten mehrmals auf, besonders bei den Visionen vom glücklichen und dauerhaften Leben in einer höheren Welt – die Feuerlilie ist das leuchtende Wahrzeichen dieses Einklangs mit der Natur.

Nun wäre E. T. A. Hoffmann nicht er selbst, wenn er sein Dresdner Märchen nicht mit einem genialen Schlenker beendete: Der Dichter selber, der sein Traum-Paar immer höher ins Zauberreich hat klettern lassen, fühlt sich – plötzlich! »von jähem Schmerz durchbohrt und zerrissen«, und während sein Held Anselmus »in Wonne und Freude« auf dem Rittergut in Atlantis lebt, klagt sein Schöpfer:»Aber ich Armer! – bald – ja in wenigen Minuten bin ich … versetzt in mein Dachstübchen, und die Armseligkeiten des bedürftigen Lebens befangen meinen Sinn, und mein Blick ist von tausend Unheil wie von dickem Nebel umhüllt, daß ich wohl niemals die Lilie schauen werde.« – Was aber geschieht da? Eines seiner Hauptgeschöpfe, der Meister visionärer Künste und Bezauberungen, der Archivarius Lindhorst, mahnt und tröstet den, der ihn geschaffen hat und mit seiner poetischen Schöpfung zufrieden sein muß – hat er denn, Atlantis schauend, nicht »wenigstens einen artigen Meierhof als poetisches Besitztum« seines inneren Sinnes? »Ist denn überhaupt des Anselmus Seligkeit etwas anderes als das Leben in der Poesie, der sich der heilige Einklang aller Wesen als tiefstes Geheimnis der Natur offenbaret?« Diese interrogative Apotheose der Poesie mit dem überdeutlichen Hinweis auf die schöne Vision der Harmonie von Mensch und Natur formuliert, der Zeichensetzung nach, Lindhorst – dieser letzte Satz des Märchens läßt sich aber auch als Selbstbefragung und Selbsttröstung des armen Dichters in der Dachkammer lesen, so wie der lapidare und doch hintersinnige Text-Schluß: »Ende des Märchens.« Man ist versucht hinzuzufügen: in Dresden und anderswo.

1798, ungefähr um die Zeit des Galerietreffens, doch unabhängig davon, trifft der 1774 in Greifswald, damals Schwedisch-Pommern, geborene, nach vierjährigem Studium an der Kunstakademie Kopenhagen ausgeschiedene Künstler Caspar David Friedrich in Dresden ein. In einem Bittgesuch an König Friedrich August I. wird er 1816 den Zweck der damaligen Übersiedlung angeben: »um hier, in der Nähe der trefflichsten Kunstschätze, und umgeben von einer schönen Natur, meine artistischen Arbeiten fortzusetzen.« Friedrich, Sohn eines Seifensieders und Lichtgießers in kinderreicher Familie, hat schon früh unvergeßbare, lebenslang nachwirkende Todeserfahrungen machen müssen: Nacheinander starben seine Mutter (1781), seine Schwester Elisabeth (1782) und sein Bruder Johann Christopher (1787, vor seinen Augen beim Schlittschuhlaufen ertrunken, nachdem er Caspar David gerade aus Lebensgefahr gerettet hatte). Auch die streng lutherische Erziehung durch den Vater trug wohl zur Herausbildung einer ernsten, nicht leicht zugänglichen Persönlichkeit bei. 1798 begann Friedrichs lange Suche nach dem eigenen künstlerischen Weg. Freilich wurde er in Dresden nur allmählich heimisch, die sächsische Kunsthauptstadt und seine karge, flache norddeutsche Heimat hatten wenig miteinander gemeinsam. Friedrich blieb bis zu seinem Tod in Dresden, kehrte aber etliche Male »nach Hause« zurück, 1801/02 sogar für fast anderthalb Jahre, Aufenthalte in Neubrandenburg, Greifswald und auf Rügen sind nachgewiesen. Von den dortigen Studien zählen mit Blick auf die künstlerische Groß-Entwicklung hauptsächlich Landschaftszeichnungen, denn »die Erfassung des Raumes war offenbar das wichtigste Anliegen beim Naturstudium dieser Monate« (Börsch-Supan). Dabei gilt aber unzweifelhaft Günzels Gesamturteil, daß Friedrichs Durchbruch zur eigenen Handschrift, die ihn »zum Magier der Landschaftsmalerei und zur stärksten deutschen Malerpersönlichkeit des Jahrhunderts« gemacht habe, in Dresden erfolgt sei. Er ging seinen Weg fast allein, streng, eigenwillig, unakademisch, nur wenige Vertraute standen ihm nahe, so der Künstler Gerhard von Kügelgen mit seiner Familie und der als Maler eher dilettierende, über Landschaftsmalerei theoretisierende Naturforscher und Mediziner Carl Gustav Carus, zeitweilig Philipp Otto Runge und der Norweger Johann Christian Dahl. Wilhelm von Kügelgen hat den schwierigen Kollegen seines Vaters in seiner Autobiographie »Jugenderinnerungen eines alten Mannes« vortrefflich, und zwar auch als wunderbaren Kinderfreund charakterisiert: »Friedrich war ein sehr aparter Mensch. Mit seinem ungeheuren Kosakenbarte und großen, düsteren Augen hatte er ein treffliches Modell zu einem Bilde meines Vaters gegeben, das den König Saul darstellt, über den der böse Geist vom Herrn kommt. Doch wohnte in ihm vielmehr ein Geist, der keine Fliege kränken, viel weniger geneigt sein konnte, den frommen Harfenisten David zu erlegen, ein sehr zarter, kindlicher Sinn, den Kinder und kindliche Naturen leicht erkannten, mit denen er daher auch gern und zutraulich verkehrte. Im allgemeinen war er menschenscheu, zog sich auf sich selbst zurück und hatte sich der Einsamkeit ergeben, die je länger je mehr seine Vertraute ward und deren Reiz er in seinen Bildern zu verherrlichen suchte … Friedrich war ein Einundeinzigster in seiner Art, wie alle wirklichen Genies. (…) Sehr einfach, ärmlich, ernst und schwermutsvoll, glichen Friedrichs Phantasien … den Liedern jenes alten Keltensängers, dessen Stoff nichts ist als Nebel, Bergeshöhe und Heide.« Deshalb »hatte Friedrich doch immer nur ein kleines Publikum. (…) Hätte mein Vater die Fremden, die seine Werkstatt besuchten, nicht regelmäßig auf Friedrich verwiesen und überall Lärm für ihn geschlagen, so würde der bedeutendste Landschaftsmaler seiner Zeit gehungert haben.« Sehr feinfühlig schildert auch die Malerin Caroline Badua den Kollegen, den sie 1810 eindrucksvoll porträtiert hat: »Wie er in seinem Wesen erschien: still, verschlossen, weltscheu, absonderlich, tief denkend, voll warmer Liebe für Kunst und Natur – so waren auch seine Bilder: wunderbar einfach, melancholisch, eigentümlich, voll geistreicher religiöser Bedeutung.«

Friedrichs Werkstatt entsprach seiner Kunst und Persönlichkeit, sie war ablenkungslos streng, einfach, schmucklos, asketisch, dem einzigen Zweck seiner Arbeit angemessen, wozu auch die ständige Kontemplation gehört. Ein Ölgemälde des Maler-Kollegen Kersting zeigt Friedrich im Atelier mit Palette und Reißschiene, davor Stuhl, Tisch, Staffelei, an kahler Wand Lineal und Dreieck, von zwei großen Fenstern nur das halbe obere an der linken Seite des Künstlers hellem Licht offen, alle anderen Lichtquellen abgedeckt.

Von Jahr zu Jahr wurde Friedrichs Kunstleistung reifer, erlesener, neuartiger, einzigartiger; von Jahr zu Jahr aber zog er sich immer tiefer aus der Öffentlichkeit und von den Nahestehenden zurück, wurde ungeselliger, verkroch sich förmlich – in Frau von Kügelgens Augen war er »der Unpaarste aller Unpaaren«. Auch die 1818 mit der jungen Caroline Bommer überraschend geschlossene Ehe, die Hochzeitsreise an die geliebte Ostsee, die Geburt zweier Töchter und eines Sohnes sowie die Besuche durch den späteren Zaren Nikolaus I. (1820), den preußischen Kronprinzen Friedrich Wilhelm (1830), den berühmten Bildhauer David d'Angers änderten letzten Endes an diesem Rückzug nichts. Der geniale Künstler spürte, daß ihm die verdiente große Würdigung seines singulären Werkes versagt blieb, und erfuhr obendrein Zurücksetzungen: Das Gesuch von 1816 brachte ihm zwar die Mitgliedschaft der Akademie und 150 Taler Jahresgehalt, die erhoffte und verdiente Position als Lehrer der Landschaftsklasse bekam er jedoch nie. Psychische Erbitterung und einzelgängerisches Mißtrauen zehrten an seiner Gesundheit, ebenso Zorn über die Demagogenverfolgung gegen national gesinnte Landsleute. Eine beginnende Hirnerkrankung erschwerte seine Lage; ein Schlaganfall mit Lähmung der rechten Hand beschränkte 1835 die künstlerische Arbeit; Friedrich starb am 7. Mai 1840 und wurde auf dem Dresdner Trinitatisfriedhof beigesetzt. Sein Werk und seine Größe gerieten über ein halbes Jahrhundert in Vergessenheit. Es sei versucht, beides in einigen Zügen nachzuzeichnen.

Zuerst die »kleinen« Kunstformen. Meist vor den Gemälden entstanden, manchmal gleichzeitig mit ihnen: Bleistift und Feder voran, Tusche, Klein-Pinsel, Kreide, Radierung und Holzschnitt, etliche Aquarelle, Sepia (das bräunliche Zeichnen mit Tintenfischsekret), dazu auffallend häufig Mischformen, Feder über Bleistift, Feder getuscht beispielsweise. Die »kleinen« Formen, oft zur Übung und Erprobung skizzenhaft verwendet, weisen mit Themen, Motiven und Gestalten vielfach auf das reiche Ölbilder-Werk voraus: Pflanzen, immer wieder Bäume, Äste, Baumgruppen, Wald, besonders Bergwald; Flüsse, Bäche und Brücken; das Meer, Küsten und Strände, viele Male Boote, Segelschiffe und Häfen; Friedhöfe; Ruinen, seltsame Mischungen aus Verfall und Lebendigkeit (Abtei Eldena, Torruine bei Meißen); Felsen, Felsbrocken und Schluchten, wildes Land (mehrmals die Uttewalder Felsen, Elbsandsteingebirge, gigantisch in Taglicht und Mondnacht); Hütten und Gehöfte. Die bevorzugten Regionen sind das mecklenburgische Ostseeland, die böhmischen Mittelgebirge, das Elbsandsteingebirge (in der Uttewalder Felsen-Phantasmagorie bei Wehlen haust er einmal acht Tage und Nächte, ohne einer Menschenseele zu begegnen), ferner das Riesengebirge, der engere Landschaftsraum um Dresden mit dem Elbtal – aber nicht die Stadt selbst, sie erscheint fast nur an den Rändern des Abgebildeten, in Fernen, an Horizonten mit feinen Türmen. Wohl aber gibt Friedrich Menschen, sogar reichlich und verschiedenartig nach Antlitz, Körper, Kleidung und Alter, von kleinen Kindern bis zu Greisinnen und Greisen, obendrein Bildnisse (den Vater, die Schwestern) und klare, freimütige, sehr ernsthafte Selbstporträts, das schönste ist das mit dem Kosakenbart, dem klugen, offenen Gesicht, den hellen, weit geöffneten, unnachgiebig schauenden Künstleraugen, schwarze Kreide, um 1810.

In vielen Dresdner Jahren erwanderte Friedrich, allein oder mit einem Freund, die Landschaften seiner Bilder. Von jedem Gang brachte er eine Fülle gezeichneter Notizen heim, die er sorgsam speicherte und in entsprechenden Werkphasen als Quellen heranzog, oft erst Jahre nach dem Aufzeichnen: Er verfügte über ein phänomenales Gedächtnis für das Gesammelte. Mehrere Wanderungen führten ihn durch die heimatliche, für ihn nur scheinbar karge Küstenwelt; daraus entsprangen Kunstwunder wie die »Kreidefelsen auf Rügen«. Mit Kersting zog er im Sommer 1810 zunächst ins Zittauer Gebirge zur Klosterruine von Oybin, danach ins Riesengebirge, »wo Friedrich«, so Klaus Günzel nicht ohne Pathos, »gleichsam seine Urlandschaft fand, deren Tal- und Höhenwellen den heimischen Meereswogen beziehungsvoll antworteten«. Auch die nordböhmischen Mittelgebirge zogen den Künstler an.

Als Sohn der Meeresküste an das Wirken starker Naturkräfte – Sturm, Seegang, Nebel, Eisgang – von früh auf gewöhnt, beim Eintreten in die moderne Stadt aber der wachsenden Entfremdung vieler Menschen von ihrer natürlichen Lebensgrundlage ausgesetzt, teilte Friedrich das Bemühen deutscher Künstler um die Überwindung dieser Fremdheit: durch andächtige Vertiefung in die Natur. Entscheidend für Friedrichs Weltsicht und Kunstarbeit war aber, daß diese Andacht ge-

nauste, aufmerksamste, geduldigste, findungsreichste Beobachtung ein-
schloß, wenn nicht sogar voraussetzte. Denn darin vor allem bestand
Friedrichs singulärer künstlerischer Rang: Er legte einen sehr reichen
Schatz vielfältigster Naturphänomene frei und setzte die gefundenen
Kenntnisse zeichnend und malend in große Kunst um – nicht unbedingt hochfahrend enthusiastisch, manchmal eher grüblerisch, aber immer mit feinstem Verständnis und subtilstem Einfühlungsvermögen bei
unbedingter faktischer Schonung des Entdeckten, Aufbewahrten und
Ausgedrückten, zugleich unnachgiebig gegenüber eingefleischten Vor-
urteilen; der feinsinnige Friedrich-Kenner Angelo Walther zitiert eine
schriftliche Äußerung des Meisters gegen die Ablehnung von Winter-
und Nebelbildern, worin er denjenigen arm an Phantasie nennt, der
»im Nebel nichts als grau sieht«, denn »wenn eine Gegend sich in
Nebel hüllt, erscheint sie größer, erhabener und erhöht die Einbildungskraft und spannt die Erwartung gleich einem verschleierten Mädchen«.

Das gründlichste Studium und die absolute Kenntnis der naturhaften
Phänomene und Prozesse sind für Caspar David Friedrich *conditio sine
qua non* jeder Landschaftsmalerei, doch niemals artistischer Selbstzweck.
Das Kunstwerk folgt ganz eigenen Strukturen und Gesetzen; es erfüllt
aber auch existentielle, die ästhetisch-artistischen Grenzen übersteigende Zwecke und Ziele. Landschaftsmalerei erscheint da »als vielschichtige Möglichkeit für die künstlerische Gestaltung psychischer Regungen
und weltanschaulicher Sinngehalte« (Günzel). Die Natur wird für den
Maler wie den Betrachter der Werke Raum der Zuflucht, des Schutzes,
der Geborgenheit – für den einzelnen, vielleicht auch für die gesamte
Gesellschaft. Dabei zielt die Naturerscheinung gleichermaßen ins Innere des Künstlers, ins Gesamtsystem seiner Wahrnehmungen, in Psyche
und Geist wie auf seine Stellung in der Natur als ihr Teil und auf seine
Einordnung ins Ganze von Welt, Natur und Kosmos. »In einem verinnerlichten Sehen«, schreibt Walther, »nahm er nicht nur die optischen
Eindrücke in sich auf, sondern lauschte auch den seelischen Regungen
nach, die diese bei ihm hervorriefen. (...) Das subjektive Empfinden
des Einzelmenschen, der sich in die großen kosmischen Bewegungen,
in das ewige Werden und Vergehen der Natur einbezogen fühlte, wurde
zum Ausgangspunkt des Welterlebnisses. (...) Weil dieser Maler in der
Natur vor allem die ewige Bewegung suchte, zogen ihn die Grenzsitua-
tionen zwischen Tag und Nacht besonders an. ›Die Dämmerung war

sein Element‹, wie Carus berichtet. (…) Zugleich ist jedoch die Natur in den verschiedensten Zuständen wiedergegeben. (…) Der Himmel als wesentlicher Träger der Stimmungen wie auch als ideelle Sphäre ist dabei immer von ganz besonderer Bedeutung.« Denn Friedrich sieht hinter den Phänomenen des Himmels stets auch das Walten des Göttlichen; seine wunderbaren Farbspiele, die in manchen Gemälden impressionistisches Filigran-Kolorit der feinsten, millimetergenauen Nuancierungen, anderswo dagegen leuchtende expressionistische Farbdynamik vorwegnehmen, sind immer auch Ausdruck der transzendenten Verwurzelung seiner Kunst. Dabei »explodiert« Friedrich so wenig wie der musikalische Zauberer Weber; er sei, urteilt Thomas Kellein, nicht radikal, sondern langsam; er wäge beim Arbeiten ab, Entscheidungen fielen ihm schwer; nie wirke er fanatisch und besessen, eher führten ihn viele Wege über mehrere Jahre zum Bild. Nicht radikal, nicht fanatisch, nicht besessen – aber, das fügen wir hinzu: unerbittlich war Friedrich, extrem ausdauernd zu seinen Gegenständen wie zu sich selbst, ein Genie des Durchhaltens und der Geduld.

Sein Kindheitserbe, die Melancholie, bezwang er freilich niemals ganz. Als feierliche Wehmut, so Ludwig Tieck, schwingt sie, beispielsweise durch seine häufig, wenngleich in erlesener Finesse angewandte gedämpfte bis dunkle Farbgebung mit, zumal wenn sich einsame Menschen in der Natur verlieren wie im wohl berühmtesten Bild dieser Art, dem »Mönch am Meer« mit dem winzigen Einzelgänger in einer horizontal aufgeteilten, düster-leeren Landschaft. Auf solche Verdüsterung zielt wohl auch David d'Angers' enthüllende Bemerkung über Friedrichs Malerei: »Das ist ein Mensch, der die Tragödie der Landschaft entdeckt hat.«

Friedrichs melancholischer Wesenszug drückte ihn aber nicht in anhaltende Hoffnungslosigkeit oder gar Verzweiflung: Zu stark war seine ebenfalls auf Kinderzeiten zurückgehende christliche Frömmigkeit. Ehrfurcht vor Gottes Schöpfung, in deren Mitte die lebenspendende, auf die Ewigkeit weisende Natur steht; Erlösungs- und Jenseitsglauben tragen Friedrich auch über die Schwelle des Todes hinweg, der den Menschen Tor und Weg zurück in den ewigen Kreislauf des Seins und in ein neues, besseres Leben öffnet. Friedhöfe sind die oft gemalten Stätten der menschlichen Trauer wie der göttlichen Verheißung; Christi Kreuz, ebenfalls mehrmals im Kunstwerk aufgerichtet, ist das erhabene Symbol der Befreiung.

Der Diskurs wendet sich, da die Gesamtheit von Friedrichs in Dresden entstandenen Werken detailliert zu würdigen unmöglich ist, einer kleinen Gruppe markanter Einzelbeispiele zu; vorgestellt werden fünf der vierzehn Bilder in der Galerie Neue Meister; Bäume, Felsen, Wasser und Himmel sind ihre Zentren. In der Mitte des Ölgemäldes »Hünengrab im Schnee« (um 1807) faszinieren drei die mehrteiligen Grabfelsen einzäunende, vom Sturm getroffene Eichen mit ebenso phantastischer wie feingeschnittener dunkel-graubrauner Stamm-, Ast- und Zweig-Graphik im Schnee; die düstere blaugraue Talansicht im unteren Hintergrund kontrastiert mit dem aufhellenden Himmel oben in schwach-feinen grünlichen und rosa Tönen; der Blick des Betrachters nimmt Nach-Sturm- und Nach-Schneefall-Stimmung sowie offene Vordergrund-Klarsicht aus wohlbedachter Standort-Entfernung wahr; die verschneiten Felsstücke liegen locker, mit Durchblicken ins Tal aufeinander.

Felsen, Baum, Himmel ganz eigener Art prägen das Nachtbild mit vertraut-romantischem Motiv-Topos: »Zwei Männer in Betrachtung des Mondes« von 1819. Die Szenerie liegt in wunderbaren Abschattierungen von Dunkelbraun; die beiden Männer auf einem ansteigenden grau-blau-braunen Felspfad in altdeutsch-patriotischer dunkelblauer Tracht sind zwei fast schattige Dunkelmänner, mit angeblichen Demagogen-Absichten, (so der Künstler ironisch). Alles aber konzentriert sich auf die Bildmitte mit der wie ausgeschnittenen, herrlich leuchtenden Mondsichel am rechten unteren Rande der blassen Kreisscheibe des Trabanten und mit einem scheinbar fernen, ebenfalls leuchtenden punktrunden Stern – das meisterhaft verteilte Licht inmitten des Nachtbraunen rückt die Himmelskörper fast unglaublich nahe, ein krummgewachsener, teilweise entwurzelter Baum mit knorrigem, kahlem Ast- und Zweigwerk rahmt Männer, Mond und Stern: auch kompositorisch ein Meisterstück höchsten Ranges, dabei nur 35 x 44 cm groß!

Dagegen wirkt das hochformatige Ölbild »Der Friedhof« (»Friedhofseingang«) von 1825 beinahe riesig. Zwei mächtige vierkantige Pfeiler beherrschen bei ganz geöffnetem Tor die Abenddämmer-Szene; zwei scheue, erst bei näherem Hinsehen erkennbare Personen drücken sich an den linken Pfeiler: womöglich Eltern, denen ein Kind starb? Vor dem Eingang reicht braun-dunkler Erdboden bis an den unteren Bildrand, dem suggerierten Standort des Betrachters. Dessen ins Friedhofsinnere gelenkter Blick erfaßt hinter dem linken Pfeiler einen grauen Grabstein, dahinter einen dichten, dunklen, graugrünen Busch, ein Grabkreuz schon etwas fern, unter der Bildmitte einen kleinen grauen Obelisken. Der unebene, wellige Boden des Gottesackers steigt sachte nach links oben; in ganzer Bildbreite, den Hang hinauf stehen Bäume mit schlanken Stämmen und vollen, doch lichtdurchlässigen Kronen, vielleicht Kiefern; zwischen den Stämmen unten webt Dunst oder schwacher Nebel. Wie ein Sicherheben der Seele steigt aus den Bäumen der Himmel in einem sich nach oben kräftigenden Blau zur Überwindung der düsteren Dämmerung; in einer Baumlücke hängt ein hellerer, zartrosaner Schimmer vom Sonnenuntergang; genau in der Bildmitte aber, in Kronen, schwebt, wie erlösend, nur fein weiß angedeutet, ein Engel.

Es folgen zwei »warme« Bilder der Dresdner Kollektion. Unter Friedrichs See- und Strandstücken ist »Schiffe im Hafen am Abend« eines der schönsten. Eine geometrisch scharf gezogene, waagerechte Horizontlinie teilt das Tableau in zwei annähernd gleich große Rechtecke; der lilablaue, düstere Wolkenhimmel hängt wie ein leicht schräger Vorhang herab; darunter hellere gelb-lila Streifen bis an die äußersten linken Rand, daran hängend, sehr hell, der untere Scheibenrand eines Mondes; das Meer am Horizont dunkellila mit etwas Spiegelung, der Strand im breiten Vordergrund dunkelbraun bis dunkelgrün mit leichter Streifenspiegelung vom Himmel her, die Segel der im Flachwasser ausruhenden Boote graublau oder bräunlich, einige sehr dunkle Boote haben die Segel eingezogen – eines der berühmten Dämmerbilder Friedrichs, sein Geheimnis sind vier eindeutig in den Hafen steuernde, von vorn nach hinten bis zur Winzigkeit kleiner werdende Schiffe, deren Segel die Horizontlinie senkrecht schneiden; die heimkehrenden, wie an einer unsichtbaren Schnur gezogenen Boote bilden eine Art Kette, die sich am Horizont fast verliert – Heimkehrer nach glücklichem Fischzug? Aber es sind keine erkennbaren Menschen im Bild – oder Heimkehr als Abschied vom Leben? Doch selbst die ruhenden Boote wirken stark und lebendig, gespannte Segel rufen nach frischer Ausfahrt: Das Rätsel bleibt.

Schließlich die Krone der Dresdener Friedrich-Gemälde: »Das Große Gehege zu Dresden«, nämlich »die Darstellung (…) eines bogenförmig von der Elbe umflossenen, damals von Alleen durchzogenen Auengeländes im Nordwesten des alten Stadtkerns«, des Ostra-Geheges – also die klassische Friedrich-Lage seiner Dresdner Landschaften, kein

Haus, kein Turm, nur ein halb verborgenes, blaßfarbiges Segelboot – das Bild beherrscht von der berühmten Horizontal-Komposition und -Verteilung; etwa in der Werkmitte die Horizontlinie mit ganz dünnem Sonnenlichtfaden nach Untergang, darüber ein starkes, dichtes, monochrom-blaues Himmelsband, das sich höher hinauf mit quer über das ganze Gemälde gezogenen Leuchtorange-Streifen paart; Sonnenuntergangslicht, es erlischt im steigenden Himmel zu annähernd streifigem Grau; noch höher ist das wolkenlose Luftreich nicht ganz gleichförmig, doch durchsichtig blau, hohe Weite suggerierend – unter der Horizontlinie aber ruht die dunklere, die Landhälfte, in meisterlich schönem Kontrast zur himmlischen Helle; Baumgruppen von links her, geballte Rundkronen auf kurzen Stämmen ineinanderfließend, schwarzgrün, Dämmerungsfarbe; auf den Betrachter zu hinten noch hellere Wiesen; im breiten Vordergrund Auensumpfgelände, Wasserläufe schlängeln sich zu kleinen Teichen, nach der Bildmitte zu das Orange, weiter unten den Himmel vielarmig und in verschiedenen Tönen mattblau spiegelnd, im Wasser grün-weiche, kleinere und größere Inselflecken bis an den unteren Bildrand, bis an unsere Füße – einzigartige Harmonie von Bild und Empfinden, Schönheit und Frieden.

Wir treten jetzt wieder in die fortlaufende Stadt-Erzählung ein; ihr Gegenstand ist, zeitgleich mit Friedrichs Dresdner Jahrzehnten, jener romantische Dichter, der am längsten in Dresden ansässig war: Ludwig Tieck. Er hatte nach 1798 mehrere Verbindungen zur Stadt, so zum Haus Körner und brieflich zu Novalis, der, bereits unheilbar krank, von Oktober 1800 bis zum 20. Januar 1801, bis zwei Monate vor seinem Tod hier lebte. Während eines ruhelosen Wanderlebens verweilte Tieck für einige kürzere oder längere Aufenthalte in Dresden, so von April 1801 bis Oktober 1802 mit Frau und Töchterchen Dorothea. 1819 ließ sich die Familie fest in Elbflorenz nieder; sie wohnten, behütet und materiell abgesichert durch Tiecks Mäzenin Gräfin Henriette von Finckenstein, bis 1842 in unserer Stadt, und zwar fast die gesamte Zeit in der 1. Etage des Eckhauses Altmarkt/Kreuzgasse, wo eine Gedenktafel an den Dichter erinnert.

Tieck entfaltete umfangreiche Tätigkeiten. Er schrieb exzellente Theaterkritiken für die »Abendzeitung«, wirkte in der »Academia Dantesca« des Prinzen und nachmaligen Königs Johann (»Philaletes«) mit, veranstaltete gewichtige Buch-Editionen, darunter Schnabels Roman

»Die Insel Felsenburg«, eine dreibändige Werkausgabe von Jakob Michael Reinhold Lenz und Kleists »Hinterlassene Schriften«, darin die Erstausgaben der »Hermannschlacht« und des »Prinzen von Homburg«.

Tieck arbeitete als Dramaturg am Hoftheater; dort setzte er die Dresdner Erstaufführungen des »Prinzen« und von Goethes »Faust I« durch – seine hochrangigen Spielpläne (neben moderner deutscher Dramatik Shakespeare, Calderon und Lope de Vega) stießen freilich auf Widerstände, die ihn schließlich zur Amtsniederlegung trieben.

Außerdem publizierte der Dichter zwei umfangreiche poetische Sammelwerke. Er vollendete auf der breiten Basis von 17 durch August Wilhelm Schlegel übersetzten Stücken die deutsche Shakespeare-Ausgabe: »Zur Fortführung«, resümiert Günzel, »und Vollendung des Gesamtwerks, das alle Dramen Shakespeares dem deutschen Publikum vorstellen sollte, zog er zwei kundige Mitarbeiter heran: die Tochter Dorothea und den Grafen Baudissin, Tieck selbst versah alle Bände (…) mit Anmerkungen und Erläuterungen. (…) Wenn Tieck auch kein einziges Stück allein übersetzt hat (…) so gebührt ihm doch das Verdienst, das Ganze in die Hand genommen, die Regie geführt und das bis dahin unvollendete Unternehmen zum Abschluß gebracht zu haben.« (Günzel). Daneben steht, getragen durch Tiecks von Goethes Idee der »unerhörten Begebenheit« beeinflußten Novellentheorie, ein sehr umfangreiches Novellenwerk, eine Art Abgesang romantischer Poesie in Prosa, verfaßt von einem »König der Romantik«, der sich ihres nahenden Endes oder doch ihrer verbreiteten Trivialisierung und Ideologisierung bewußt war.

Er suchte diesem Verfall durch eine der seltsamsten, originellsten, weil nur in seinem Dresdner Salon angesiedelten Darbietungen der Literaturgeschichte zu widerstehen oder zu entgehen: durch sein »Welttheater am Altmarkt«, wie es Günzel, geistreich und sanft spöttisch, genannt hat: Tieck las einer ständig wechselnden, enthusiasmierten Zuhörerschaft große Werke der dramatischen Weltliteratur vor, er allein, wohlgemerkt, in genialer Ausführung, mit stupender Wirkung – Clemens Brentano sagte, Tieck sei »das größte mimische Talent, das jemals die Bühne NICHT betreten«. Sein Verwandlungs- und Einfühlungsvermögen war phänomenal, seine Stimme von hinreißender Eindringlichkeit und Variabilität: Der von Goethe geschulte Schauspieler Pius Alexander Wolff nannte das Altmarkt-Zimmer und seine Aufführungen »das beste Theater in Deutschland«, da sei »Ensemble, Stil, Harmonie, Inspiration, Humor und alles, was wir nur wünschen können«. Das empfanden auch die Besucher aus der Stadt und »extra muros«, von denen wir nur einige nennen können: den schräg gegenüber wohnenden Carl Maria von Weber, Carus, Dahl, Grabbe, Immermann, Hauff, Cooper, Washington Irving, Thomas Carlyle. Tiecks wunderbares Einfühlungsvermögen, das sich in den unzähligen »dramatis personae« äußerte, bewährte sich auch bei den vielfältigsten Charakteren der Gäste – der von Tiecks Herzlichkeit überwältigte Hans Christian Andersen, den der poetische Vorleser 1831 aufforderte, er solle mutig den Weg gehen, für den er geboren sei, deutete dies später als Weihe für sein Dichtertum.

Die Fülle der Tätigkeiten, die Breite des Werkes, die humane Ausstrahlung des physisch eher gebrechlichen, an Gicht leidenden Dichters machte ihn, zumal nach Goethes Tod, zu einer großen literarischen Repräsentationsfigur – für einige Zeit. Denn in den späten Dresdner Jahren geriet er, auch durch seine schroffe Ablehnung des aufkommenden Industriezeitalters und seiner Instrumentarien, in die Position des Unzeitgemäßen, so daß er dem Ruf des »Romantikers auf dem Thron«, des Preußenkönigs Friedrich Wilhelm IV., nach Berlin schließlich folgte. Vielleicht deutet Vogel von Vogelsteins berühmtes Künstler-Doppelgemälde »Der Bildhauer David d'Angers modelliert die Büste Ludwig Tiecks« mit der eher krampfhaft-aufrechten Haltung des Meisters vom Altmarkt im Lesestuhl und seinem unbehaglich in die Ferne gerichteten Blick schon auf seine Ahnung künftiger Umwälzungen, Entfremdungen und Abschiede hin?

Die Künstler und der Krieg

»Ein großer Stern, einen langen Feuerschweif hinter sich her ziehend, stand über unseren Häuptern und schimmerte so unheimlich geisterhaft über den dunklen Häusern. Von den so fernen Wohnstätten des Friedens strebte er herab auf die unruhigen, bewegten Länder und Völker, und die Leute versahen sich nicht des Besten von den kommenden Tagen.« So beschreibt Ludwig Richter in seiner späten Autobiographie »Lebenserinnerungen eines deutschen Malers« den Anblick des berühmten Kometen von 1811, der den Achtjährigen und viele Dresdner als Kriegszeichen tief erschreckte. Ähnlich erlebte der gleichaltrige Wilhelm von Kügelgen, Sohn des Malers und Caspar-David-Friedrich-Freundes Gerhard von Kügelgen, das kosmische Menetekel: »Bei (…) nächtlichen Wanderungen in die Stadt«, schreibt er in seiner Autobiographie, »die wir teils zu Fuß machten oder auch in größerer Gesellschaft zu Wasser, erschien dann regelmäßig am Himmel unter tausend und aber tausend kleinen Sternen die Feuerrute des riesigen Kometen von 1811.« Kügelgen erinnert sich, daß »leider (…) der einsame Segler dort oben nicht der einzige Prophet« war, »der damals Unheil und schwere Zeit verkündete. Das mächtige Kaiserreich Napoleons rüstete jetzt offenbar in allen seinen Teilen, und auch Rußland raffte sich auf und wies die Zähne.«

Da ist man vom hohen, drohenden Firmament herabgestiegen auf die vom Unheil entflammte Erde: Dresdner Künstler zeigen ihre Stadt und sich selber in oft dramatischen Texten über die das frühe 19. Jahrhundert beherrschenden napoleonischen Feldzüge und die patriotischen Befreiungskriege. Neben Richter und Kügelgen erscheinen hier Theodor Körner, dessen berühmteste Gedichte »Lützows wilde Jagd« und »Schwertlied«, wie wir sahen, Carl Maria von Weber vertonte und der im Gefecht bei Gadebusch fiel, sodann E. T. A. Hoffmann, dessen Gastspiel als Dresdner Musikmeister ins blutige Schlachtenjahr 1813 fiel, sowie der Volksschriftsteller, Erzähler, Autobiograph und Zeichner

Gustav Nieritz, der auch zahlreiche Jugendbücher verfaßte. Körner und Hoffmann schildern die verlustreichen Kämpfe aus ihrer unmittelbaren Gegenwart, Kügelgen, Nieritz und Richter aus dem Abstand von rund sechs Jahrzehnten.

Der Eindruck, den die »Grande Armée« des Kaisers Napoleon machte, war gewaltig, besonders auf den Knaben Wilhelm und den Jüngling Gustav – beiden Autoren gelingt es, ihr kindlich-jugendliches Staunen über die Jahrzehnte festzuhalten. »Schon im Frühjahre 1812«, rekapituliert Kügelgen, »wälzten sich die Heersäulen der krieggeübten französischen Armeen nach Norden. Durch Dresden zogen sie in dichtgedrängten Massen« und öfters ganz nah am Wohnhaus vorbei: »So ging es täglich unter unseren Fenstern durch, Mann an Mann und Brigade an Brigade. Ich bekam fast alle Waffengattungen des großen Heeres zu sehen, die hohen Kürassiere mit beschweiften Helmen und goldenen Panzern, die leichtberittenen Chasseurs, Ulanen, Dragoner, Husaren, Voltigeurs, alle Gattungen von Infanterie und Artillerie mit guter Bespannung, endlich lange Züge von Pontons und Kriegsgerät. Es war eine gar treffliche Armee, wie sie die Welt noch nicht gesehen, wohlversorgt und ausgerüstet mit allem Nötigen«, sogar mit Winterschuhen und Schneebrillen.

Der halberwachsene Nieritz greift bei aller Begeisterung tiefer, in die Konflikte der verwirrten Deutschen: »Noch sehe ich im Geiste die endlosen, glanzvoll ausgestatteten Scharen (…) Smolensk war erstürmt, die blutige Schlacht bei Borodino gewonnen, Moskau ohne Schwertstreich besetzt worden. Heller denn je glänzte Napoleons Siegesstern und unser Dresden zugleich, wegen Moskaus Einnahme, in einer unbefohlenen Illumination« – da scheint in den Herzen der nach außen hin mit den Eroberern Rußlands verbündeten Deutschen gar »alle Hoffnung auf die heiß ersehnte Befreiung von dem französischen Joche« aufgegeben!

Daß kurz darauf mit dem gezielt gelegten Brand Moskaus das russische Feuerzeichen für die große Wende des Krieges und der gesamteuropäischen Konstellation aufflammen würde, ahnten die irritierten Sachsen zunächst nicht. Dann aber: »Plötzlich«, so Nieritz, »durchlief eines Morgens die staunenerregende Kunde unsere Stadt, daß Napoleon in der verwichenen Nacht in Dresden angelangt und nach einer kurzen Unterredung mit unserem König sogleich weiter nach Paris geeilt sei.« Zuerst scheu und heimlich wegen französischer Spione, bald aber beherzter und offen gaben die erregten Dresdner die Wende-Nachricht einander weiter: »Nun begannen der Spott, die Schadenfreude, der Haß und der lange zurückgestaute Grimm« sich zu entladen, erst recht beim Anblick der armseligen, abgerissenen, ausgehungerten Überlebenden des vernichteten riesigen Heeres: »Später sahen wir selbst die traurigen Überreste der Großen Armee in dem kläglichsten Zustande zurückkehren. Die so pracht- und glanzvolle Ausrüstung war verschwunden und hatte einem nackten Elende Platz gemacht, das nun einen um so schrofferen Gegensatz zu jener bildete.« Zeitweilig gab es sogar von beiden »Kindern« erlebte und erinnerte Aufruhrstimmungen gegen Aktionen der Franzosen, zum Beispiel gegen deren Versuche, die Augustusbrücke in die Luft zu jagen. Auf den ersten Blick überraschend wirkt übrigens die Abstempelung der genannten Reaktionen von Spott, Schadenfreude, Haß und Grimm als »feiges Spiel« – da urteilt selbstverständlich nicht der sechzehnjährige Bursche, sondern der sechsundsiebzigjährige Autobiograph Nieritz im Namen des Anstands gegenüber den schwer geschlagenen ehemaligen Verbündeten. Kindlich klug erscheint dagegen die Schlußfolgerung des wachen Beobachters Wilhelm angesichts der weinseligen Freude erwachsener Napoleon-Hasser: »So wackere Gesichter hatte man lange nicht gesehen, denn wenn Napoleon als sein eigener Kurier die Armee verlassen hatte, so mußte ihm das Wasser reichlich an die Kehle gehen.«

Ein weiteres die dargestellten Eindrücke vom Rußlandfeldzug der napoleonischen Militärmacht resümierendes Urteil stammt ebenfalls vom »Erwachsenen« Nieritz: »Welche nutzlose Verschwendung im Kriege getrieben wird! Es scheint, als suchten und fanden die Befehlshaber der Krieger eine wahre Freude in der Verwüstung alles dessen, was dem Volkswohl dienlich oder unentbehrlich ist!« Das trifft zuerst den Empereur und seine eroberungswütige, prunksüchtige Machtclique – doch auch, wenngleich abgeschwächt, die übrigen Fürsten in den neuen Bündnissen. Das zivile Volk bekommt es anno 1813 hart zu spüren: durch mehrfach wechselnde Besatzungen, anfangs die frischen antifranzösischen Verbündeten – die Russen schildern Kügelgen wie Nieritz prächtig, samt dem Einzug des Zaren Alexander und des Preußenkönigs Friedrich Wilhelm III., was Goethe an einem Fenster des Kügelgenschen Hauses unauffällig beobachtete –, danach wieder Franzosen und Sachsen, Ende August die aufeinanderprallenden Heere in der blutigen Schlacht um Dresden, des Korsen letzter Kriegssieg gegen die russischösterreichischen Alliierten mit schweren Verlusten, schließlich die Belagerung der von französischen Okkupanten gehaltenen Stadt, die auch nach der Völkerschlacht von Mitte Oktober noch wochenlang blieben – da war, wie die Schilderungen zeigen, fürs Volkswohl oft von keiner Seite etwas übrig, so treffend die »Benennung« Befreiungskriege scheinen mochte: Nieritz malt unvergeßlich-grausige Bilder seiner täglichen Gänge zum Lehrerseminar, von barbarischen Einquartierungen und Plünderungen, von Hunger und Krankheit, Lazarett- und Nervenfieber, Seuchen und schrecklichen Verwundungen, vom Elend der zeitweilig zu Tausenden in Dresdens Straßen, Plätzen, Höfen, Häusern, ja überfüllten Kirchen herumliegenden, vegetierenden, oft unversorgten und unversorgbaren Kriegsgefangenen beider einander feindlichen, beider ausblutenden, sterbenden Heere mit den furchtbar zugerichteten Massen teilweise nackter Schlachtfeld-Toter.

Ein makabrer Zufall schreibt in erregender Gleichzeitigkeit zwei historisch zusammengehörige, doch räumlich getrennt verlaufende Ereignisse ins literarisch-militärische Geschichtsbuch des Monats August 1813 ein: den Soldatentod des ungeheuer populären Dresdner Lyrikers Theodor Körner und die Dresdner Schlachten-Erlebnisse des Kapellmeisters und Poeten E. T. A. Hoffmann.

Inmitten der hin und her wogenden, wechselvollen und opferreichen Kämpfe der von Preußen angeführten deutschen Volkserhebung gegen die napoleonische Diktatur steht leuchtend die bewunderte und verehrte Gestalt des jungen Poeten und Offiziers, dessen aufrüttelnde Verse den Aufstand artikulieren und symbolisieren. Theodor Körner, Jahrgang 1791, Sohn von Schillers engstem Freund und Protektor, des Appellationsrates Christian Gottfried Körner, ehemaliger Kreuzschüler, Freiberger Bergbaustudent, Schüler des berühmten Montanwissenschaftlers Abraham Gottlob Werner wie zwanzig Jahre früher Novalis, und besessener Burschenschaftler; er schloß sich im März 1813 dem legendären Freikorps der Lützowschen Jäger an; ein Gemälde des befreundeten Künstlers Georg Friedrich Kersting zeigt Körner im halbdunklen Wald mit zwei anderen Lützowern, alle drei in der schwarzen Uniform dieser Truppe, die durchaus auch partisanenartig operierte. Körner, der schnell zum Leutnant avancierte und während seiner Einsätze bis zuletzt ständig patriotische Kriegsgedichte schrieb, wurde Mitte Juli erstmals in einem Gefecht bei Kitzen unweit Leipzig durch drei Säbelhiebe am Kopf verwundet und am 26. August unweit Gadebusch

durch einen Schuß in der Unterleib getötet; die erschütterten Kameraden begruben ihn am Rande des nahe gelegenen mecklenburgischen
Dorfes Wöbbelin symbolträchtig unter einer hohen Eiche.

Der Soldatentod, in Körners Kriegsgedichten unentwegt vorher-
gesagt, imaginiert, ausgemalt, glorifiziert, ja als radikalstes Opfer und
höchstes Gut des kämpfenden Soldaten herbeigesehnt, steigerte die Popularität des jungen Poeten durch seine bedingungslose patriotische
Glaubwürdigkeit, durch die Identität von Dichten (»Leyer«) und Handeln (»Schwert«) zur bis ins 20. Jahrhundert reichenden Heroisierung,
Verehrung und Verklärung. Es ist der besungene, gesuchte und erlittene
Tod für die Freiheit des deutschen Vaterlandes von fremdem Joch; der
Appell im dichterischen Wort wird bei Theodor Körner zur durch
nichts zu erschütternden und übertreffenden Wahrheit. An der Aufrichtigkeit und Unantastbarkeit von Text und Gesinnung Körners ändert
auch späterer nationalistischer, ja chauvinistischer Mißbrauch nichts.

Die Kriegsgedichte, die teilweise schon zu seinen Lebzeiten umlie-
fen, die er in der Truppe vortrug, die, wo zu vertrauten Melodien mög-
lich, gesungen wurden und die sein Vater 1814 im Band »Leyer und
Schwert« gesammelt herausgab, zeigen eine breite Skala von Facetten,
Gestalten und Ereignissen aus der großen Volkserhebung: bewunderte
Helden wie Andreas Hofer und Erzherzog Karl, den Sieger von As-
pern; Jäger- und Reitergefechte sowie Kanonaden; enthusiastische
Aufrufe zum Eintritt ins kämpfende Heer; feuriges Lob von Preußens
Grenz- und Österreichs Doppel-Adler; blutige Erbitterung und Opfer
in der Schlacht; Gebete während der Schlacht:

Vater, ich rufe dich!
Brüllend umwölkt mich der Dampf der Geschütze,
Sprühend umzucken mich rasselnde Blitze.
Lenker der Schlachten, ich rufe dich!
Vater du, führe mich!

Körner stellt unbeschönigt das Erleiden schwerer Verwundungen dar,
ja, auch den »Abschied vom Leben« im nach der Säbel-Attacke voller
Todesahnung hingeschriebenen Sonett. Den Höhepunkt lyrischer
Kriegspräsentation bildet das von Weber kongenial vertonte, grandiose
Sechs-Strophen-Poem »Lützows wilde Jagd«; die erste Strophe lautet:

Was glänzt dort vom Walde im Sonnenschein?
Hör's näher und näher brausen.
Es zieht sich herunter in düsteren Reih'n,
Und gellende Hörner schallen darein,
Und erfüllen die Seele mit Grausen.
Und wenn ihr die schwarzen Gesellen fragt:
Das ist Lützows wilde verwegene Jagd.

Es ist wohl das stärkste Kriegsgedicht der deutschen Literatur – Kriegs-gedicht, nicht Anti-Kriegsgedicht: das gibt es bei Theodor Körner nicht, wohl aber die feste, unwiderlegliche Überzeugung, daß dies ein gerechter Krieg sei: Freiheitskrieg, Vertreibungskrieg gegen den korsischen Tyrannen, aber mit keiner Silbe ein Eroberungskrieg! Und der junge Dichter weiß Gott stets gegenwärtig; er folgt dem höchsten Willen; der angerufene Vater droben erscheint ihm immer als der erhoffte, manchmal auch als der sichere Beistand und Schützer des Freiheitskampfes, ein Herr, der auch hohe, das Leben des einzelnen auslöschende Opfer fordern darf.

Der Rang dieses singulären patriotischen Poeten gründet entscheidend in der Wucht, der Schärfe, der Bildhaftigkeit, der Deutlichkeit seiner Sprache. Sie ist nicht immer originär: Körner hat aus nächster Nähe von Schillers pathetischer Lyrik gelernt; seine poetische Kriegsrede ist nicht frei von Klischees. Sie lebt aber zugleich von einer souveränen Beherrschung vorgegebener aktueller Gedicht- und Versformen: des Sonetts, des Volksliedes, der Stanze, des Chorals, und entwickelt darüber hinaus eine erstaunliche Vielfalt des Vers- und Strophenbaus; diese erfindungsreiche Kunstfertigkeit gibt, so Gerhard Schulz in seiner Analyse der Lyrik Körners, den Gedichten Kraft und »besondere Würde, die in Verbindung mit der Eingängigkeit der Bilder und der Schlichtheit der Gedanken die Wirkung begreiflicher macht«.

Um dieser Wirkung willen hat Körner ein aggressiv wie defensiv stark moralisierendes Vokabular entwickelt das in verschiedenen Kombinationen, auch durch häufige Wiederholung wie etwa beim an die dreißigmal verwendeten Leitwort »heilig« nichts an Frische, Intensität und glaubwürdigem Pathos einbüßt. Die derart komprimierte Motivik gipfelt in zwei Versen, die wie poetische Fanfarenstöße durch Theodor Körners Lyrik-Landschaft hallen:

»Frisch auf, mein Volk! Die Flammenzeichen rauchen« (im Gedicht
»Aufruf«) und »Das Volk steht auf, der Sturm bricht los« (im Nachlaß-
Poem »Männer und Buben«) – beide Signale eröffnen die jeweiligen
Texte.

Körners letzte Gedichte und E. T. A. Hoffmanns Kriegsberichte aus
Dresden haben, die unmittelbare Gegenwärtigkeit gemeinsam. Der
Musiker-Poet und seine Frau zogen im April 1813 von Bamberg nach
Dresden, wo er eine Musikdirektorenstelle bei der Secondaschen
Operntruppe antrat. Sein Biograph Eckart Kleßmann vergleicht die
Fahrt nach Sachsen mit »einer Reise aus dem Frieden in den Krieg«.
Schon unterwegs treffen die Reisenden auf »Kosaken, Kalmücken,
Baschkiren und preußische Husaren« sowie »die ersten russischen Ge-
schütze und Dragoner«; Anfang Mai aber weichen die Russen und
Österreicher vor den von Napoleon selbst angeführten frischen fran-
zösischen Truppen zurück; am 9. Mai gerät der neugierige Beobachter
Hoffmann in Schießereien, wird von einer Gewehrkugel ganz leicht
am Schienbein getroffen und weicht in sein hochgelegenes Zimmer am
Altmarkt zurück: »In der ganzen Gegend konnte man den Tod der
Neugierde sterben.«

Die folgenden Monate sucht Hoffmann, auch während eines mehr-
wöchigen Arbeitsaufenthalts in Leipzig, die musikalische und dich-
terische Tätigkeit (so am Aufsatz »Der Magnetiseur«) und die Kriegs-
notizen im intensiv geführten Tagebuch miteinander in Einklang zu
bringen. In der zweiten Augusthälfte, wieder in Dresden, gibt er eine
Vorstadtwohnung am Linckeschen Bad auf und dringt mit dem Umzug zur Moritzstraße gewissermaßen frontal in das sich anbahnende
Schlachtgeschehen um Dresden vor. Mit dem befreundeten Schauspieler und Sänger August Keller gerät er erneut in schweres Feuer, das viele Franzosen und Zivilisten tötet und vor dem die beiden Späher
schleunigst fliehen.

Am 26. August morgens erwacht Hoffmann vom Kanonendonner;
gegen Mittag begegnet er überraschend Napoleon und seiner Kaval-
kade: »Um 11 Uhr kam der Kaiser auf einem kleinen falben Pferde
über die Brücke schnell geritten – es war eine dumpfe Stille im Volk –
er warf den Kopf heftig hin und her und hatte ein gewisses Wesen, was
ich noch nie an ihm bemerkte – er ritt bis vors Schloß, stieg aber nur
wenige Sekunden ab und ritt wieder an die Elbbrücke, wo er, umgeben
von mehreren Marschällen, stillhielt. – Die Adjudanten sprengten ab

148

und zu und holten Ordres, die er allemal in kurzen Worten, aber sehr laut, erteilte – er nahm sehr häufig Tabak und schaute noch häufiger durch ein kleines Taschenperspektiv die Elbe herab.«

Hoffmann, so Kleßmann, sei die auch damals noch weitverbreitete Napoleon-Verehrung völlig fremd gewesen, er habe in ihm »nur den Tyrannen und Mörder« gesehen und Karikaturen von ihm gezeichnet: letztmalig sah er ihn am 30. August: »Dem Kaiser begegnet mit einem *FURCHTBAREN* Tyrannenblick. ›Voyons‹ brüllte er mit einer Löwenstimme dem Adjudanten zu.«

Da hatte Hoffmann die schrecklichsten Eindrücke schon aufgenommen und aufgeschrieben: das Schlachtfeld nach dem mit blutigsten Verlusten erkauften Sieg der Franzosen. Traum und Realität flossen dem erschütterten Poeten ineinander: »Was ich so oft im Traum gesehn ist mir erfüllt worden – auf furchtbare Weise – verstümmelte zerrissene Menschen!!« Das Tagebuch wirkt passagenweise selber gedanklich-syntaktisch zerrissen, als er den Schreckensgang vom 29. August schildert, den er trotz seines Entsetzens wie unter innerstem Zwang tut, wobei er Massen der 15 000 toten Franzosen und der 20 000 gefallenen Russen und Österreicher sowie zahllose Verwundete sieht:

»Heute ging ich vor den Moszynskischen Garten und sah zum erstenmal in meinem Leben *ein Schlachtfeld* – Erst heute hatte man angefangen aufzuräumen, und zwar wurden, wie ich bemerkte, zuerst die gebliebenen Franzosen nackt ausgezogen und in große Gruben zu 20, 30 verscharrt – Hier hatten die russischen Jäger unter dem wütenden Feuer der französischen Kanonen gestürmt, das Feld war daher überdeckt mit Russen, zum Teil auf die schrecklichste Weise verstümmelt und zerrissen – So z. B. sah ich einen, dem gerade die Hälfte des Kopfs weggerissen – ein scheußlicher Anblick – Pferde – Menschen – daneben Gewehre – Säbel – gesprengte Pulverwagen – Tschakos – Patrontaschen – alles in wilder Unordnung durcheinander geworfen – Auf manchem unverstümmelten Gesicht sah man noch die Wut – den Grimm des Kampfs – einer hatte gerade in die Patronentasche gegriffen, um frisch zu laden, und so hatte ihn der Tod getroffen – Ein russischer Offizier, ein herrlicher, schöner Jüngling (höchstens 23 Jahr) hielt noch den Säbel über dem Kopf geschwungen in der rechten Hand und war so zum Tode erstarrt – Eine Kanonenkugel hatte ihn gerade auf der Brust am linken Arm getroffen, diesen weggerissen und die Brust zerschmettert – sein Tod war leicht! – Mir schien es, als bewege sich etwas im Grase in geringer Entfernung; ich teilte es meinem Begleiter, dem Advokaten Cunradi, mit, wir gingen darauf zu, und siehe da, ein Russe, dem beide Füße auf das jämmerlichste zerschossen waren, so daß alles von geronnenem Blute klebte, saß ganz gemütlich und zehrte von einem Stück Kommißbrot. *So lag der Mensch seit dem 26. August* nachmittags und war der starken Verwundung unerachtet frisch und munter. Er zeigte uns seine leere Feldflasche, und Cunradi eilte, sie mit Wasser zu füllen …« Einige Texte zeigen speziell den Obersten Kriegsherrn anno 1813 in Dresden. Er ließ sich auffallend oft vor der Bevölkerung blicken; das als Topos durch die Schilderungen gleitende Marmorgesicht erscheint da ebenso wie seine stoische Ruhe unter Beschuß, seine offenbare Unverwundbarkeit, seine knappe Befehle erteilende Härte und Raschheit. Er hatte lange Zeit viele kleine, namenlose Bewunderer – und einzelne ganz große:»Schüttelt nur an Euren Ketten«, rief Goethe Ende April im Hause Körner schroff und zuinnerst wohl doch irritiert,»der Mann ist Euch zu groß, Ihr werdet sie nicht zerbrechen.« Ein Ölgemälde von Friedrich Tzocholdt aus dem gleichen Jahr zeigt den Kaiser zu Pferde durchs Ostra-Gehege reitend, in der bekannten einfachen Uniform unterm Dreispitz wie Friedrich der Große, das Gefolge in gehörigem Abstand dahinter, die Alleebäume wie ein ehrerbietiges Spalier starr aufgereiht, neben Napoleon, zu seiner Linken, König Friedrich August I. von Sachsen, vom Künstler in feinem, trotzdem leicht merklichem Abstand zum Kaiser positioniert, das Gesicht dem Großmächtigen wie zum Empfang einer vertraulichen Nachricht, einer beiläufigen, aber unüberhörbaren Ordre zugewandt, die Rangabstufung zwischen den Monarchen ist dem Künstler meisterlich gelungen.

Kleßmann fügt seinem Kriegsbild E. T. A. Hoffmanns ein Dresdner Schlacht-Porträt Napoleons aus dem autobiographischen Band »Kriegerleben des Johannes von Borcke« bei, eines 1813 zweiunddreißigjährigen Leutnants aus Westfalen, der den Empereur und sein Gefolge im Feuer leichter feindlicher Truppen völlig unbeirrt, in gleichmütiger Kugelsicherheit erlebte, während mehrere Begleiter getroffen wurden – der deutsche Beobachter zeigt den Kaiser in einer Art Vergöttlichung, beinahe überirdisch:»Um ihn herrschte, trotz der ihn begleitenden Menschenmenge, eine so tiefe feierliche Stille, daß, wären die Tritte der Pferde und das durch die Kugeln hervorgebrachte Geräusch nicht gewesen, man ein Blatt vom Baume hätte fallen hören können. (…) Im Anschauen konnte ich mich des Gedankens nicht erwehren, er sei nicht

Mensch, wenn meine Einbildungskraft auch keinen Gott, sondern ein anderes noch nicht dagewesenes unbegreifliches Wesen in ihm zu sehen glaubte (…) so zog mich jeder neue Blick den ich in das von eigentümlicher Färbung übergosssene Gesicht tat (…) zu dem Gedanken hin, dies alles müsse notwendig Marmor und Napoleon, von anderem Stoffe wie die übrigen Sterblichen geformt, ursprünglich Statue und von einer göttlichen Macht belebt worden sein. Es schien mir, daß der Kaiser anderen Naturgesetzen unterworfen sei, wenn ich die Gefahr erwog, in welcher er sich in diesem Augenblick befand, wie er sich hundertmal bereits in größeren befunden hatte; nie hatte eine Kugel ihn getroffen, und wenn es Kugelfestigkeit gab, mußte er sie besitzen.«

Gleichzeitig und tendenziell zunehmend verfiel aber der Glanz des Monarchen und, durch das Desaster in Rußland, die Bewunderung für den Feldherrn Bonaparte. Manche Urteile wurden in der Krise erst recht radikal, wie die Familie Kügelgen zeigt: Gerhard von Kügelgen nahm jede Gelegenheit wahr, den Kaiser zu sehen, um sich seine Züge einzuprägen: »Dann malte er ein schönes, düsteres Bild, das er seiner Sammlung von Zeitgenossen einverleibte.« Seine Frau, Wilhelms Mutter, war bis in die Metaphorik ihrer Urteile hinein rigoros: »Napoleon ritt (…) oft vorüber, doch meine Mutter sah ihn nie. Wie nachteilige Speisen ihr nicht schmeckten, auch nicht die delikatesten, so mochte sie auch nichts sehen, was ihr verderblich schien, wenn es auch noch so interessant war. In ihren Augen war jener große Mann nichts anderes als eine dem Abgrunde der Hölle entstiegene Schreckgestalt, ein Dieb, ein Räuber, ein Mörder, ein Vielfraß an Ländern, Blut und eitler Ehre. Seine Größe bewunderte sie am wenigsten. Was sie davon erkannte, schrieb sie lediglich dem Zorne Gottes zu, der ihn als einen giftigen Skorpion vom Staube aufgerafft, die Welt mit ihm zu geißeln.« Der Sohn teilte ihren Widerwillen, doch hinderte ihn das nicht, sich an die Straße zu stellen, um »den hochgewaltigen Mann, dessen Name auf allen Lippen war, möglichst von nahem zu besehen«. Daß beim späten Aufschreiben eine gewisse Redigierung der sicher starken frühen Eindrücke stattfand, ist klar: »Auch war es mir gelungen, in einem Augenblicke, da er anhielt, um eine Meldung anzuhören, nicht weit von seinem Pferde Fuß zu fassen. Da blickte ich ihm lange in sein gelblich fahles, damals schon gedunsenes Gesicht, das mir den Eindruck eines Leichenfeldes machte. Seine festen, imperatorischen Züge waren kalt und ruhig, sein Auge tot, und gleichgültig ruhte sein trüber Blick ein Weilchen auch auf dem kleinen, ihn neugierig anstarrenden Knaben. Dann ritt er langsam weiter, von seinem glänzenden Stabe gefolgt.«

In die Darstellungen vom Niedergang Napoleons kann sich auch ein Hauch von grimmiger Trauer über diesen Absturz mischen – so bei Nieritz: »Zu jener Zeit konnte man den großen Kaiser jeden Tag sehen. Allein der Zauber, welcher früher seine Person umfing und auch mich einst an die Tritte seines Rosses heftete, war verschwunden und gleichgültig, ja mit stillem Ingrimm blickte man auf den früher angestaunten Besieger Europas hin, wenn er uns in den Weg kam. Napoleon schien während des Waffenstillstands Dauer weiter nichts zu tun zu haben, als alltäglich über seine Garde Musterung zu halten. Dieses geschah in dem sogenannten großen Gehege zu Friedrichstadt-Dresden. Es war, als wollte er sich an dem Anblick seiner treuen, ihm blindlings ergebenen und mit ihm unter den Pyramiden Ägyptens gewesenen Scharen neuen Lebensmut und neue Ausdauer zur Kampfesfortsetzung erholen.«

Das Kapitel wendet sich am Ende zu seinem Anfang zurück: Der Junge Ludwig Richter, der achtjährig den Riesenkometen mit dem Unheilsschweif beklommen wahrnahm und nie vergaß, gab seinem Bild Bonapartes noch eine doppelte mathematische Metapher bei: »Plötzlich sah ich einen Trupp glänzender Generale und höherer Offiziere, und ihnen voran, ruhig vor sich hinsehend, wie ein Bild von Erz, den Kaiser, – ganz so, wie sein Bild stereotyp geworden ist: der kleine, dreieckige Hut, der graue Überrock, der Schimmel, den er ritt! Ich gaffte den Gewaltigen mit großen Augen an, und obwohl ich nichts weiter begriff, als daß er der Mann sei, um den sich alles drehe, wie um eine bewegende Sonne, so habe ich doch den Ausdruck dieses Gesichts nicht vergessen. Ein unbewegliches und unbewegtes Gesicht, ernst und fest in sich gesammelt, doch ohne Spannung. Sein Ich war die Welt, die Dinge um ihn nur Zahlen, mit denen er rechnete. Schon donnerten die Kanonen; denn man stürmte die Schanzen vor dem Ziegelschlage, und jetzt führte er Tausende von Ziffern ihnen entgegen.« Wie schrecklich viele der Ziffern endeten, erlebte der zehnjährige Ludwig, als er mit seinem Vater ebenfalls über das Schlachtfeld ging: »Obwohl man schon tags zuvor beschäftigt gewesen war, die Verwundeten fortzuschaffen – man legte sie gewöhnlich auf mit Stroh bedeckte Leiterwagen –, so lagen doch außer den Massen der Toten noch unzählige Verwundete und Sterbende herum. Wir gingen den Weg nach Blasewitz zu, der damals öd und sandig und unbebaut war. Auf einem Hügel, wo eine russische Batterie

gestanden hatte, lagen ganze Haufen toter und zum Teil gräßlich ver-
stümmelter Gestalten. Wir gingen nicht ganz in die Nähe, denn es
schauderte uns, das Gewimmer zu hören. Es war gerade der Wagen da,
auf welchen die Verwundeten gebracht wurden, und daß dies nicht
sanft und mit Schonung geschah, läßt sich bei solchen Massen, welche
fortzuschaffen waren, leicht denken. – Eine Erscheinung aber ist mir
heute noch wie ein wilder Traum lebhaft im Gedächtnis, obwohl ich sie
nicht zu erklären weiß. Einer der Verwundeten, ein russischer Artille-
rist, schrie so furchtbar und schnellte sich dabei von dem Boden so weit
in die Höhe, daß ich, der ich unten am Hügel stand, zwischen ihm und
dem Erdboden über eine Elle den Horizont sehen konnte. Wir hörten,
es seien ihm beide Augen ausgeschossen, und dieses In-die-Höhe-
Schnellen sei ein Krampf infolge des Schmerzes.«

Vater und Sohn überwinden ihre Scheu vor dem Gewimmer dann
doch bei einem anderen Russen, dem ein abgeschossener Fuß nur noch
»an einer langen Flechse« vom Bein hing; sie tragen den Armen auf einer umherliegenden Stubentür zu einem überfüllten Scheunenlazarett,
wo durch weggeschleppte, nackt auf einen »hochgetürmten Haufen«
geworfene Verstorbene ein Platz für den Verstümmelten frei wird: »Aufs
tiefste erschüttert traten wir unseren Rückweg an nach Hause. Wenn
ich später von Schlachten las, von großen, herrlichen Siegen, von dem
Todesmut der Kämpfenden und ihrer großen Tapferkeit, so mußte ich
immer mit innerem Entsetzen an das Ende denken, an das Schlachtfeld«, schrieb Richter noch aus der weiten Distanz von sechzig Jahren
in den Lebenserinnerungen.

Gottfried Semper

Eher unscheinbar steht er auf der Brühlschen Terrasse, dem »Balkon Europas«, von Johannes Schilling zwischen Albertinum und Kunstakademie in Bronze errichtet – unscheinbar, doch auch leicht dramatisch mit einem entfalteten Bauplan in den Händen. Sockel und Künstler stehen auf dem Flachdach der ehemaligen unterirdischen Festung; Semper hat den schönen Kopf mit dem in die linke Stirnseite fallenden Haar leicht nach links gedreht, wo sein herrliches Opernhaus und sein Museum mit der Galerie Alte Meister stehen; man ist versucht zu phantasieren, daß er den Kopf plötzlich nach rechts wendet, zu seiner Synagoge am Hasenberg, deren brandstifterischen Untergang er zum Glück nicht erleben mußte – der grandiose Baumeister und 1849er Revolutionär, der als Dreiunddreißigjähriger nach Dresden kam, jung, klug, frech, wagemutig, genial, unbequem.

Der Schöpfer großer Dresdner Bauten des 19. Jahrhunderts, 1803 als Sohn eines Wollfabrikanten in Altona geboren, dort aufgewachsen und am Hamburger Gymnasium Johanneum ausgebildet, schwenkte nach frühen Berufsplänen als Artillerieoffizier und kurzem Mathematik-Studium zur Architektur um: zu seinem wahren Feld. Nach längerem Aufenthalt in Paris als Schüler des Professors Christian Gau, mit Sympathien für die Julirevolution von 1830, verbrachte er von Oktober 1830 bis August 1833 »Wanderjahre auf classischem Boden« in Italien (mit Genua, Pisa, Florenz, Rom, Neapel, Pompeji, Paestum, Sizilien) und Griechenland (Nauplia, Athen), wobei er die Akropolis, den Theseus-Tempel und die römische Trajansäule unter erheblichen Mühen auf die bis dahin zumeist bezweifelte Vielfarbigkeit antiker Bau- und Bildwerke untersuchte; die stark beachtete kleine Schrift »Vorläufige Bemerkungen über bemalte Architektur und Plastik bei den Alten« (Altona 1834) erregte auch Schinkels Beifall – und heftigen Widerspruch, so von Franz Kugler; Semper widersprach den Gegnern scharf.

Durch Gau empfohlen, erhielt der junge Baumeister und Gelehrte die Architekturprofessur an der Kunstakademie und die Direktion der Bauleitung in Dresden, wo er am 25. September 1834 eintraf – es war der Anfang einer fast fünfzehnjährigen Glückszeit, in der Semper mehrere seiner berühmtesten Bauten schuf und die Dresdnerin Bertha Thimmig heiratete, mit der er zwei Töchter und vier Söhne hatte. Die Dresdner begriffen schnell, daß ein junger Architekt ersten Ranges ihr umstrittenes Bauwesen in die Hand bekam. Der Neuling wurde gleichzeitig von mehreren Seiten gefordert: bis 1840 vom Bau der Synagoge, bis 1841 von der Errichtung des grandiosen Hoftheaters, das mit den späteren Neu- und Nachbauten seine Unsterblichkeit sicherte, jahrelang vom kühnen, leider nur fragmentarisch verwirklichten Plan eines Zwinger-Forums, das den zur Elbe offenen heutigen Theaterplatz schließen sollte, bis 1855 von der Schaffung des Museums mit der Galerie Alte Meister, dessen Vollendung Semper wegen seiner Flucht nach der gescheiterten Revolution 1849 Nachfolgern überlassen mußte.

Sein erstes öffentliches Gebäude war die Synagoge. Ihr Grundstein wurde am 21. Juni 1838, ein Jahr nach der gesetzlichen Emanzipation von Sachsens Juden gelegt; am 8. Mai 1840 wurde das Gotteshaus am östlichen Ende der Brühlschen Terrasse geweiht. Wegen mangelhafter Quellenlage, des Verlusts einschlägiger Akten bleibt die Entstehungsgeschichte des imposanten Bauwerks im dunkeln; wer aus der jüdischen Gemeinde Dresdens an Semper herantrat, ist ebenfalls ungewiß. Wahrscheinlich war Sempers damalige radikaldemokratische Haltung für seine Wahl als Synagogen-Architekt von Einfluß, er selbst empfand den Auftrag gewiß nicht nur künstlerisch, sondern auch politisch als reiz- und ehrenvoll.

Die jüdische Gemeinde war übrigens bei ihren Versuchen gescheitert, von der Stadtobrigkeit einen geeigneten Bauplatz gestellt zu bekommen, und mußte schließlich, trotz Finanznot, das von mehrstökkigen Häusern umgebene, also nicht sonderlich günstig gelegene Gelände am Hasenberg kaufen. Geldprobleme haben den Bau der ersten sächsischen Synagoge wohl ständig begleitet – Sempers Honorar von 500 Talern war alles andere als verlockend; statt der von ihm geplanten steinernen Turmkuppel kam es nur zu einem hölzernen Oktogon: noch 1850 in Paris, als er vorübergehend eine Chance sah, sein Dresdner Modell dorthin zu übertragen, ließ er die Hasenberg-Gemeinde ermahnen, daß bei Erkundigungen der Pariser nach der Solidität und Zweckmäßigkeit seines Baus »nicht das Unglück mit den Rissen zur Sprache komme, welches freilich nicht sowohl durch meine Schuld als durch die Schuld der Vorsteher, die das Haus nicht leicht und billig genug bekommen konnten, veranlaßt wurde.«

Eine Hauptleistung des Synagogen-Erbauers Semper war die Überwindung des architekturhistorischen Vorbildmangels: »Einerseits ghettoisiert, andererseits zur Anpassung gezwungen«, urteilt die Dresdner Bauhistorikerin Heidrun Laudel, »hatten die Juden im Laufe der Geschichte keinen Synagogentypus herausbilden können, sondern ihre Gotteshäuser stets dem lokalen und zeitlichen Rahmen angepaßt, sie etwa im barocken oder im klassizistischen Stil errichtet.« Also mußte Semper zuallererst für die jedem sichtbare Außenarchitektur, die Fassade, eine eigene Gestalt finden; er gewann sie ebenso unverkennbar wie eigenständig in der originellen Anlehnung an romanische Architektur. Heidrun Laudel schildert die Grundstrukturen und -merkmale dieses herrlichen Gebäudes: Sempers Synagogenbau gewinne seinen Ausdruck durch die Einfachheit und Klarheit seiner Gliederung; der nicht zu übersehende stilistische Bezug zur Romanik sei nicht nur durch die Formen der Fenster, den Rundbogenfries im Traufbereich, das zwerggalerieartige Fensterband am Mittelpolygon, sondern erst recht mit der funktionsbezogenen Wandbauweise gegeben, wodurch die Raumgruppierung des Inneren außen erkennbar werde; Semper habe einen würfelförmigen, in sich ruhenden Baukörper gewählt, der innen einen ausgewogenen Raum für die Gemeinschaft bereithalte; der Zentrierung durch den überhöhten Polygonbau mit Zeltdach habe der Baumeister eine von zwei Türmen begleitete Vorhalle angefügt, die an markante Eingangsfronten christlicher Kathedralen erinnere; die gedrungene Gestalt der Türme mit jeweils einem Davidstern verleihe dem Bau etwas ganz Eigenes. Frau Laudels hier konjunktivisch, sozusagen in indirekter Rede wiedergegebene Beschreibung der Semperschen Synagoge wird durch einen naheliegenden Hinweis ergänzt: Sie ist durch das wunderschöne, aber auch hintergründige Gemälde von Bernhard Kretschmar unvergeßlich festgehalten worden – das Gotteshaus und die steifen, großenteils schwarz gekleideten, zylindertragenden Gläubigen davor stellte der Maler hin, als habe er den künftigen Massenmord an ihnen schon schreckensvisionär vorausgeahnt.

Ein Jahr später steht Sempers berühmtestes Bauwerk. Es trägt seinen Namen: Semperoper. In dieser einzigartigen Titulierung treffen

Kunstleistung und Popularität, Werk und Schöpfer vollkommen auf- und ineinander. Die Hofoper ist eine der Monumentalbauten, die Semper der Stadt verschrieben hat – oder verschreiben wollte: nur sie und das Galeriemuseum wurden an dem von ihm markierten Platz gebaut und nach Zerstörungen wieder errichtet; Sempers weit ausgreifender Plan eines Zwinger-Forums scheiterte dagegen.

Das erste, seinen internationalen Ruhm begründende Opernhaus, dessen Bau im April 1838 von König und Ministerrat als glückliches Fi- nale jahrzehntelanger Dispute um Dresdner Theaterbauten, nach dem Ende mehrerer versunkener Vorläufer beschlossen wurde, öffnete seine Pforten am 12. April 1841 mit Webers »Jubelouvertüre« und Goethes »Tasso«. Semper selbst, verärgert über höhnische, wohl neidische Kritik an seinem Werk, blieb der Eröffnung fern. Er erhielt, bei Baukosten von etwa 1,1 Millionen Mark, für Entwurf und Bauleitung das keineswegs üppige Honorar von 9000 Mark (die für den Außenschmuck zustän- digen Bildhauer Rietschel und Hähnel bekamen für acht Statuen und drei Giebelreliefs 39 000 bzw. 24 000 Mark!) – Semper wurde immer- hin zusätzlich mit dem selten verliehenen Ritterkreuz des Verdienstor- dens, dem Anrecht auf täglich zwei Freikarten im Parkett und einer Dienstreise nach Italien und Frankreich »belohnt«, die seine früheren Reisen abrundete und auf der er die neuesten Errungenschaften auf dem Gebiet der Inneneinrichtung und der Bühnentechnik studieren konnte.

Im übrigen hatte Karl Friedrich Schinkel, dessen Berliner Schau- spielhaus von 1821 noch streng klassizistisch entworfen und gebaut war, angeregt durch einen frühen Theaterentwurf seines jung verstorbenen Lehrers Gilly, neue, Sempers Projekten ähnliche architektonische Vor- haben entworfen, so den 1837 bis 1840 durch den Architekten Eber- hard realisierten Gothaer Theaterbau. Als die Dresdner Kulturbüro- kratie Schinkel Sempers Opernmodell zur Beurteilung vorlegte, riet der Berliner Meister nachdrücklich zu Annahme und Ausführung; sein hohes Lob entschied über den Erbauer des Hauses.

»Sempers Verdienst ist es«, so Fritz Löffler, »den Theaterbau zu einer architektonischen Wahrheit geleitet zu haben. Er versteckt sich nicht mehr hinter einem barocken Schloßbau oder hinter der klassizistischen Maske von Giebeln und Säulenstellungen, sondern gliedert ihn nach seinem Zweck. Das Halbrund des Zuschauerraumes, der Orchester- und Bühnenraum, die Nebenräume für das Publikum und die Nebenräu- me für die Bühne scheiden sich in voller Klarheit voneinander. Das geometrisch-konstruktive Denken steht im Mittelpunkt von Sempers Schaffen.«

Die Zweckmäßigkeit des Gebäudeinneren bestimmt die äußere Gestalt der Hofoper; angelehnt an Löffler, befindet Friedrich Dieckmann in seinen »Dresdner Ansichten«, Semper arbeite nach dem Grundsatz, »die äußere Erscheinung des Gebäudes von dessen notwendiger innerer Gliederung abhängig zu halten und jede Maske oder Einschachtelung zu vermeiden« (so Sempers eigene Formulierung!) … »Sempers Baugesinnung zielt von innen nach außen; das äußere Bild eines Gebäudes ist ihm gerechtfertigt nur als Ausdruck von dessen innerer Bestimmung und konstruktiver Beschaffenheit.«

Diese Zweckmäßigkeit, diese Bestimmung der jedem sichtbaren Fassade äußert sich in allen drei Varianten von Sempers Hofoper besonders beim Halbrund oder Halbzylinder, der außen das Halbrund der Zuschauerränge ausdrückt. auch wenn das Parkett noch nicht inbegriffen ist, beim zweiten und dritten Bau auch im deutlich vom Hauptgebäude abgehobenen, frei hochragenden Bühnenhaus, einer durchaus radikalen Lösung. Diese Neuerungen finden wir auch in Gillys Entwurf, im Gothaer Theater, im Stettiner Theater von Langhans – nur ist Semper allen anderen Experimentatoren in der künstlerischen Ausführung turmhoch überlegen: zu Dresdens früherem und heutigem Glück.

Monumentalbauten wie die Dresdner Hofoper wiesen der deutschen Architektur der Jahrhundertmitte eine neue Richtung; die neue Entwicklung aber rief sehr alte Modelle hervor und kleidete sie frisch ein: Semper griff, stets höchst eigenwillig, einerseits auf Muster der italienische Früh- und Hochrenaissance wie Bramante zurück (in äußerst zierlicher und geschmackvoller Weise, wie die Allgemeine Deutsche Biographie meldete), andererseits auf römische Spektakulär-Architektur wie das Kolosseum, das, 80 n. Chr. vollendet, bereits das Halbrund-Ideal theatralischer Architektur vorgeführt hatte. Der Erfolg der so ausgestatteten und historisch fundierten Semperoper war außerordentlich: »Der ästhetisch ausgewogene, klar gegliederte und reich geschmückte Neubau erregte die Bewunderung der Fachleute, entzückte das Publikum und verbreitete Sempers Ruf durch ganz Europa«, resümiert der Kunsthistoriker Hans Joachim Neidhardt. Zu dieser Begeisterung trugen außer den schon genannten Neuerungen auch andere gelungene Eigenheiten des großartigen Theaterbaus bei: innen das weit ausholende Parterre, die vier harmonischen, subtil gegliederten und geschwun-

genen Ränge mit Logen als Halbkuppelnischen, die enorm große Spiel-
bühne mit ihren besonderen Möglichkeiten der Inszenierung, »die in
feinstem bramantischen Geist componirten und decorirten Arkaden-
geschosse der Corridore und des Foyers, … die zurücktretende, mit fein
ornamentirten Füllungsfeldern erhöhte Mauer des eigentlichen Zu-
schauerraums« (so Hans Semper im biographischen Abriß über seinen
Vater, um 1880), die hohen, auf umfangreichen Studien Sempers beruhenden akustischen Qualitäten der Hofoper, »die Farbgebung des
Zuschauerraumes, auf helles Gelb, Weiß und Gold gestimmt« und »zusammen mit dem Kardinalrot der Logendraperien und des Bühnenvor-
hanges« (Neidhardt) von festlicher Wirkung, das große, bemalte »Hauptschmuckstück des Hauses«, ebendieser Vorhang, der dem Baumeister
freilich mißfiel, weil er im Gegensatz zu Ludwig Richter, der die Be-
liebtheit des Vorhangs beim sich allabendlich ergötzenden Publikum
wegen der reichen Komposition und der Fülle bekannter Dichtergestal-
ten pries, diese Art Schaustellung für antiquierten Romantizismus hielt.

Die Begeisterung der Dresdner wie der Besucher galt der Außenarchitektur ebensosehr wie dem Inneren des Hauses: Der Eleganz des
dominierenden Halbrunds mit der wundervollen Harmonie seiner
Fenster, Türen, Säulen, Statuen-Nischen, Balustraden und Attiken, dem
glänzenden Figurenschmuck, den Hochreliefs, aber auch Sempers kühn-
nem Verzicht auf den Säulenportikus, wodurch sein Theater als eigenständige Architekturgattung fast dramatisch von »tarnenden« Tempel-
und Kirchenbauten abgenabelt wurde, und der schönen Harmonie
seiner Hofoper mit benachbarten Bauwerken des Theaterplatzes: Zwinger, Hofkirche, Residenzschloß, Schinkelwache: »Den Zeitgenossen«,
bilanziert Dieckmann, »muß es wie Schuppen von den Augen gefallen
sein: Sachlichkeit und Schönheit.« Unbestritten bleibt inmitten von
Sempers großem Gelingen und dem bis heute anhaltenden Enthusiasmus, daß er zwei Wunschziele mit dem ersten Haus noch nicht erreicht
hat: die Einbindung des Parketts ins Halbrund, womöglich mit amphi-
theatralischem Anstieg, und die Verselbständigung des Bühnenhauses
durch sichtbare Höhe.

Wir greifen nun zweimal über Jahrzehnte hinweg in die Zukunft
voraus. Am 21. September 1869, 20 Jahre nach Sempers Flucht aus Dresden wegen seiner aktiven Beteiligung an der 1849er Revolution, zerstörte ein durch menschlichen Leichtsinn verursachter Brand das
Opernhaus schwer; Musiktheater fand bis zur Einweihung des zweiten

Hauses Anfang 1878 in einem schlichten, flachen Holzgebäude statt, der »Bretterbude«, die immerhin vier Ränge und 1800 Sitzplätze hatte. Die Frage nach dem Architekten des unumstrittenen Wiederaufbaus entschieden die erschütterten Dresdner Bürger gegen den letztlich erlahmenden Widerstand von Hof und Adel: Kein anderer als Semper kam für sie in Frage. Das sächsische Parlament billigte seinen zweiten Entwurf – eine herrliche Genugtuung für den bis 1863 steckbrieflich Verfolgten, der die Leitung des Baus vor Ort freilich wegen in Wien übernommener fester Verpflichtungen seinem Sohn Manfred übergab. Bei mehrfach gestiegenen Kosten – am Ende 4 132 000 Mark, Sempers Sohn erhielt 153 000 Mark – wuchs das Werk seit der Grundsteinlegung im April 1871 langsam und sorgsam, auch nicht ohne Verstimmungen und Anfeindungen; in zwei unausgeführten, aber sehr detaillierten Entwürfen – 1857/58 für den Kaiser von Brasilien, Rio de Janeiro, 1865–67 in München für ein Richard-Wagner-Theater hatte Semper sozusagen »geprobt«: Er hat, als Dresden ruft, »ein fertiges Theater in der Schublade. (…) Nun kann Semper sein Münchner Theater in Dresden bauen (…) ein Hoftheater, dessen Architekten das Bürgertum bestimmt« (Dieckmann), und wieder entsteht ein grandioses Haus.

Schon Hans Semper hatte in seinem biographischen Nekrolog höchstes Lob gespendet: Das zweite Theater des Vaters stelle die vollendetste Entwicklung des bereits am Anfang seiner Laufbahn konzipierten Typus dar. Die Nachwelt, Publikum wie Experten, haben solche Einschätzungen bis heute bekräftigt:

»In der Art und Weise«, urteilt Neidhardt über die zweite Hofoper, »wie Architektur, Plastik, Malerei und dekorative Künste miteinander verbunden und einander zugeordnet sind, kann man Sempers Werk – wie schon Fritz Löffler bemerkte – als ein ›Gesamtkunstwerk‹ ansehen, dessen strukturelles und dekoratives Konzept einer einzigen großen Idee dient: Der Verherrlichung der Künste. Das ist auch der Grundgedanke des ikonographischen Programms. (…) Das umfangreiche bildnerische Programm umfaßt in weitem zeitlichen Bogen die Geisteswelten der Antike und der nachmittelalterlichen Neuheit.« Die ungebrochene Vorbildlichkeit der Antike hält Semper unbeirrt aufrecht und setzt sie in große Kunst um; bei der inneren wie bei der äußeren Gestalt des erneuerten Theaters.

Die innere Schönheit des Gebäudes, so Neidhardt, sei vor allem seiner Farbgebung zu verdanken, zum Beispiel in den ornamentalen und figürlichen Malereien; so entstehe besonders in den oberen Foyers und Vestibülen der Eindruck heiterer Festlichkeit, wozu die bewußte Wahl von farbigem Marmor, Kunstmarmor und Stucco-lustro statt des anfangs vorgesehenen grauen Elbsandsteins ebenso beitrug wie »die Lünettenbilder an den Schildbogenflächen der Deckenwölbungen. Sie zeigen Szenen aus der Geschichte des dramatischen und musikalischen Theaters von der Antike bis zur damaligen Gegenwart in landschaftlicher oder architektonischer Umgebung«, also genau das, was Sempers Bildprogramm vorsah. Es gab sogar einen neuen, vom Meister goutierten Theatervorhang, ausgeführt durch den Karlsruher Maler und Wettbewerbssieger Ferdinand Keller, dessen Farbkünste Semper hoch lobte.

Wie aber stand es um die ihm äußerst wichtige Neuerung des Innenraumes, den amphitheatralischen Anstieg des Zuschauer-Parketts? Ihr Unterbau war schon begründet, da setzte, Bürgertum hin, Bürgertum her, König Albert die Bewahrung des alten Zustands mit Monarchenloge im Ersten Rang und Säulenführung über zwei Ränge durch. Gegen die von Semper selbst stammende, das Innen und Außen des Neubaus verändernde und neu verbindende Ersetzung des Halbrunds durch eine Segment-Konstruktion im zweigeschossigen Arkadenbau gab es keinen Widerspruch. Ihm vorgelagert aber war eine von zwei wirklich spektakulären Veränderungen gegenüber dem ersten Haus, das ja nicht einfach kopiert wurde, eine scheinbar aus kühnem Rückgriff entspringende Neuerung: die Exedra, 26 Meter hoch, 9,50 Meter breit, mit großer Nische, die Paul Kießlings Malerei der »Drei Grazien«, Apollons und Pans schmückte, und gekrönt von Schillings Panther-Quadriga mit Dionysos, dem griechischen Gott der Ekstase, der Wandlung, der Fruchtbarkeit, dessen Kultlied, der Dithyrambus, die Tragödie hervorbrachte, neben ihm seine Frau Ariadne und vor den wundervollkräftigen Götterkörpern die vier Raubkatzen, mit klaffenden, scharfzähnigen Mäulern, wie zu Hieben ausholenden Tatzen, vorwärts stürmend und doch von Dionysos' linker Hand gezügelt – im Bau voller prächtiger Statuen und Reliefs der absolute skulpturale Gipfelpunkt: damals wie heute, im dritten Haus. Und wenn der geniale Architekt auch mit dem Amphitheater-Plan drinnen unterlag: draußen siegte er mit der hinreißenden Exedra-Quadriga und mit dem hoch aufragenden Bühnenhaus, das er schon in den Entwürfen für Rio de Janeiro und München vorsah: Es ist, so Dieckmann, »in unbeschönigter Vertikale (...) in seine ästhetischen Rechte eingesetzt«; mit den künstlerisch hinter der Semperoper weit zurückbleibenden Theatern von Langhans in Stettin (1846) und Leipzig (1864–1867) macht sie das abgehobene hohe Bühnenhaus zum Muster deutscher Theaterbauten überhaupt: »Das Theater löst seine letzte architektonische Bindung an den Schloßbau« – nochmals Dieckmann. Bewegend ist am Ende die teils schöne, teils traurige Feststellung Hans Sempers: Die Freude über die glückliche Vollendung des Baus, die zahlreichen Ehrenbezeugungen dazu seien der letzte Lichtstrahl in der künstlerischen und irdischen Laufbahn seines Vaters gewesen, wogegen ihm die Wirksamkeit in Wien durch Konflikte mit einem ehrgeizigen Kollegen, von dem wir noch hören werden, dermaßen verleidet wurde, daß er sich ganz zurückzog, als die Ausführung seiner Pläne gesichert war – so wird Dresden noch einmal zur Glücksstadt seines schöpferischen Daseins.

Unser zweiter Vorgriff reicht weit über Sempers Lebenszeit hinaus: In der Nacht vom 13. zum 14. Februar 1945 geht die zweite Oper scheinbar unrettbar in Bombenhagel und Feuersturm unter – scheinbar, denn schon kurz nach Kriegsende erwacht bei den Dresdner Überlebenden der starke Wille zum Wiederaufbau. Der Chefarchitekt der vier Jahrzehnte dauernden Willensanstrengung, Wolfgang Hänsch, schildert das vorgefundene Grauen: »Keiner, der das zerstörte Theater kannte, wird den Eindruck seines toten Innern vergessen können. (…) Die Stille, die das hohle Gemäuer umgab, die nur durch das Gurren und den verstörten Flügelschlag hunderter Tauben unterbrochen wurde, die gleichsam wie Schicksalsvögel in seiner Ruine ein Biotop gefunden hatten, verstärkt das Bild einer symbolhaften Szenerie des Grauens und der Anklage.« Die Doppelvokabel »Gemäuer – Ruine« enthält auch Hoffnung: Es stand noch etwas, das vielleicht zu retten war: ein Biotop für tapfere, unbeugsame Menschen! Sie kämpften und sammelten, auch gegen Widerstände, für den Wiederaufbau, allen voran der Zwingerbaumeister Hubert Ermisch und der Denkmalpfleger Hans Nadler. Im November 1950 bekannte sich die Landesregierung zu diesem hohen, schwierigen Ziel. Seit 1965 schien eine doppelgleisige Konzeption plausibel: Das historische Äußere sollte aufgebaut, das Innere modernisiert werden. In einem langen, manchmal schmerzhaften Prozeß wich diese Vorstellung der besseren, wenngleich komplizierten Einsicht, daß die angesteuerte Zweispurigkeit die von Semper immer gewollte und gebaute Einheit der Hauses zerstören müsse: »außen alt, innen neu, eine unreine Lösung«, schreibt Dieckmann so lapidar wie treffend. Also be stätigte der Ministerrat der DDR im März 1976, daß das Sempersche Opernhaus »in Form und Material mit dem überlieferten bildkünstlerischen Schmuck wiederherzustellen« ist, weitestgehend getreu dem Original des Meisters. Hänsch und seine Mitarbeiter ließen es, den strengen Wünschen der Denkmalpfleger folgend, unangetastet, bauten aber die unabdingbare Erweiterung durch eine Gebäudegruppe hinter dem Opernhaus, das mit dem Neubau auf der Ebene der Bühne verbunden wurde, durch zwei Nebenbühnen verdreifachte sich die Bühnenfläche. Dieckmann führt noch weitere triftige Gründe für die Wiedergeburt des alten Interieurs an: die Schwierigkeit, mit den Mitteln zeitgenössischer Architektur festliche Wirkungen zu erzielen; die Oper sei jedoch ihrem Wesen nach eine festliche Kunst, darum so unzeitgemäß – und so beliebt; dieses Festliche aber fordere Zierat und Dekor, im Gegensatz zur modernen, ihrem Ursprung und ihrem Wesen nach antidekorativen Architektur. Auch sei es nicht gut, wenn der Schritt von außen nach innen, von der reicheren zur kargeren Gestalt führe, wie sie modernes Bauen mit sich bringe. Grundsteinlegung war am 24. Juni 1977, Einweihung mit dem »Freischütz« 40 Jahre nach der Katastrophe, am 13. Februar 1985, einem ganz unvergeßlichen Tag in der Geschichte unserer Stadt; Redlichkeit gebietet es, den Anteil der SED-Regierung am Bau der dritten Oper anzuerkennen.

Eine starke Würdigung verdient aber erst recht die schier unglaubliche Arbeits- und Kunstleistung aller am Neubau Beteiligten. Aus nächster Nähe urteilt Neidhardt mit Pathos: »Um das zweite Sempersche Opernhaus der Weltkultur zurückzugewinnen, bedurfte es ungeheurer Leistungen ungezählter schöpferischer Menschen. Die Schwierigkeiten bei der konstruktiven wie auch restauratorischen Wiederherstellung des berühmten Bauwerks schienen zuweilen unüberwindlich, die Energie und Findigkeit, mit der sie bewältigt wurden, verdienen größte Bewunderung. (…) Geradezu abenteuerlich gestaltete sich die Wiederherstellung des bildkünstlerischen Schmuckes, über den keine systematische Dokumentation vorlag, sowie der ehemaligen Ausmalung.« Die auch durch sein Alter bewirkten Probleme des »Transports« eines überdies zweimal verwüsteten Gebäudes ins späte 20. Jahrhundert erhellt blitzartig eine von dem Kunsthistoriker übermittelte Anekdote: Nur ein einziger älterer Stukkateur habe noch die für Foyers und Vestibüle notwendige Anfertigung von Kunstmarmor und Stucco-lustro verstanden!

Aber das gesamte Erneuerungswerk glückte wunderbar – nur eine Forderung Sempers erfüllte sich auch in seiner dritten Hofoper nicht, an der er selber nur »historisch« mitwirken konnte: Der steile amphitheatralische Bau des Parketts unterblieb zum dritten Mal.

Sempers Dresdner Werkchronik hat, bei aller Kontinuität, Sprünge und Überschneidungen: Mitten in die Bauzeit zur ersten Oper fällt 1838–1839 ein schöner, begrenzt monumentaler Wohnhausbau, die Villa Rosa für den Bankier Oppenheim an der Holzhofgasse, Neustädter Peripherie unweit des rechten Elbufers, nach italienischem Vorbild der Villa Rotonda von Palladio und als neuester Renaissance-Typus selber Vorbild etlicher mitteleuropäischer Villenbauten, »ohne daß das Vorbild wieder erreicht worden wäre« (Löffler); ein Gebäude mit quadratischem Grundriß, einem durch beide Stockwerke geführten Oberlichtsaal in der Mitte, mit einem Sockel aus Rustikaquadern, einer breiten Terrasse, Treppen an beiden Seiten (seltsam, über ein Bauwerk zu schreiben, das man nie gesehen hat, nie mehr sehen kann – schreiben nach Bildern und Texten!), und: »Der Risalit mit den drei Rundbogen im Untergeschoß vor dem Gartensalon und den vier Karyatiden, die das Gebälk des Obergeschosses tragen, vereinigen Monumentalität und heitere Gelöstheit in einer bis dahin unbekannten Weise«, schreibt Löffler.

Die vielgestaltige, imposante Villa brannte 1945 ebenso aus wie das Palais Oppenheim und wurde wie dieses später abgerissen. Dem Palais, Bürgerwiese 9 bis 11 in schöner Parklage, erbaut 1845 bis 1848, äußerlich schmuckloser als Villa Rosa, im Ebenmaß der Fassade mit den drei wie am Schnürchen gezogenen Fensterreihen streng, sparsam im Dekor, dennoch beeindruckend in seiner scheinbar unerschütterlichen Souveränität – dem Palais widmet Löffler eine kurze, elliptisch zupackende Beschreibung: »Über einem Rustika-Untergeschoß mit Triglyphengesims ein Obergeschoß mit durch ionische Dreiviertelsäulen gefaßten und durch Gebälk mit Dreieckgiebeln bekrönten Fenstern sowie ein Mezzanin mit ornamentalem und figuralem Felderfries mit Reliefs, die ein Kreuzgesims abschließt. Betonung durch seitliche Vorlagen mit Rustikaeinfassung. Reiner Sandsteinbau.« Ja, die Sprache! Der Schreiber muß so viel wie möglich auf engstem Raum unterbringen, da muß sich die Präposition »mit« aber anstrengen!

Und dann der harte Bruch in Sempers Leben, die Emigration aus Dresden, die ihn hinderte, das letzte seiner hiesigen Monumentalbauwerke

selbst zu beenden: das Museum für eine der berühmtesten Gemälde-
galerien der Welt, 1847 nach mehreren großen Entwürfen des Meisters,
deren kühne zeichnerische Präsentation mit Kuppelturm erhalten ist,
begonnen und von seinerseits mißtrauisch beobachteten Nachfolgern
bis 1855 vollendet. Sie beschloß die längste von mehreren Dresdner
Kunstdebatten, die um die würdige Unterbringung und Ausstellung
der vor allem von August dem Starken und seinem Sohn angehäuften
Kunstschätze kreisen. Die Herauslösung der besten Gemälde der
Kunstkammer durch August den Starken, die Ankäufe der 100 besten
Bilder aus der berühmten Sammlung des Herzogs von Modena 1745
und der »Sixtinischen Madonna« 1754 durch König August III., den bedeutendsten Liebhaber und Kenner von Malerei unter allen sächsischen
Fürsten, sind die auffälligsten Marksteine einer unermüdlichen, ja uner-
sättlichen Einkaufspolitik, die der Premierminister Graf Brühl mit sei-
nem Sekretär von Heynecken organisierte: »So kam in etwas mehr als
50 Jahren (…) in Dresden zusammen, was wir als Gemäldegalerie Alte
Meister bewundern«, resümiert Harald Marx. Die anschwellenden Bestände aber liefen allen Versuchen ihrer Unterbringung davon, ob im
Redoutensaal oder im Riesensaal des Schlosses oder im ehemaligen
kurfürstlichen Stallhof – mit Sempers Berufung schlug endgültig die
Stunde für einen ausschließlich der Gemäldesammlung bestimmten
Neubau. Er mußte über ursprüngliche Planungen hinaus an den Au-
ßenseiten vergrößert werden (und hat heute noch Bilder-Gedränge,
es hängen in mehreren Sälen zwei und drei Reihen übereinander);
er schloß, nach dem Scheitern des Zwingerforum-Planes, die vierte
Zwingerseite relativ glücklich ab – so Löffler.
Der Neubau ist jedenfalls am Theaterplatz vorzüglich positioniert:
im Erdgeschoß mit dem Zwinger unmittelbar verbunden, an den westlichen und östlichen Flügelspitzen in nächster Nähe zu Oper und
Schinkelwache, an der nördlichen Längsfront mit bester Blickperspek-
tive zu Schloß und Kathedrale, von innen, aus den Fenstern, geradezu
bühnenhaft. Umstritten bleibt, ob Sempers Bau zum ganzen Zwinger-
Ensemble hin architektonisch-stilistisch diskrepant steht, zumal die
Meister des 19. Jahrhunderts mit Bauten des vorhergehenden Säkulums
wenig im Sinn hatten – sollen wir Sempers schöpferische, eigenständige Verarbeitung der italienischen Hochrenaissance im Galerie-Haus,
die offenkundig auch das Vordringen von Kunst- und Bildungsbau-
ten bei gleichzeitiger Beschneidung der Dominanz von Kirchen- und

Schloßarchitektur ausdrückt, obendrein als Distanzierung von überlebten Barock- und Rokoko-Mustern deuten?

Jedenfalls übernimmt Semper mit der Galerie eine weithin glänzend gelöste doppelte Bauaufgabe: die Abschließung der offenen Elbseite des Zwingers, die zugleich Südfront des eben entstehenden, bald weltberühmten Theaterplatzes wird. Das gelingt Semper nach Maßstab des Menschenmöglichen: Zwingerbauten und Kunstgalerie unterdrücken und dominieren einander nicht; sie vertragen sich trotz stilistisch-epochaler Differenzen durch »die dem Zwinger mit größtem Takt angefügten Bauteile« (Heinrich Magirius).

Semper errichtet dazu ein 127 Meter langes, ohne Risalitenmaße 24 Meter breites Gebäude, darin eine, laut Löffler »zweigeschossige Palastfront im Stile der Hochrenaissance« mit leicht vorspringenden Mittel- und Eckrisaliten, mit starker Quader-Rustika im Erdgeschoß von Zwinger- und Elbseite; beide Obergeschosse werden von langen, die Physiognomie des Gebäudes bestimmenden, etwas gleichförmige Bogenfensterreihen beherrscht, die ähnlich im Palais Oppenheim auffallen. »Die feingegliederte, schmuckfreudige Art, mit der Semper die italienische Hochrenaissance behandelt«, (Löffler) schlägt sich besonders im beiderseitigen Mittelrisaliten nieder; dort steht »ein dreifacher Portikus in Triumphbogenform mit Kuppelbekrönung als Durchgang vom Theaterplatz zum Zwinger« und selbstverständlich umgekehrt, innen eine herausgehobene Rotunde, wo die besten Bilder ausgestellt werden sollen; die in mehreren Entwürfen hingestellte Kuppelkrone in korrespondierender Höhe der Gleichrangigkeit mit dem gegenüber gelegenen Kronentor gedacht, das, betritt man den Triumphbogen von der Elbseite her, wie in einem perfekten Bildrahmen erscheint. Seit 1889 erhebt sich, tritt man vom Zwinger herein, Schillings wunderschönes Reiterstandbild von König Johann, der den Gemäldebau förderte, wie in einem Rahmen: Dresden ist eine Stadt der unvergeßlichen Durchblicke. Daß Sempers Nachfolger die hohe runde Kuppel kippten, wohl wegen des Kronentors, war sein schwerer Verdruß; die auch heute wieder sichtbare Flachkuppel in Gestalt eines zusammengedrückten Hutes schmälert die Qualität des Kunstpalastes ebenso wie eine von Semper selbst gespürte gewisse Monotonie der langgestreckten Nordost-Fassade; so bleibt die Galerie qualitativ ein wenig hinter Synagoge und Hofoper zurück: ein wenig.

Dies betrifft in keiner Weise die Kunstschätze des Hauses: Die Galerie Alte Meister, deren Bestände im Zweiten Weltkrieg ausgelagert waren, 1945 als Beutekunst in die Sowjetunion transportiert und Ende der fünfziger Jahre größtenteils zurückgegeben wurden, zählt heute zu den berühmtesten Gemäldesammlungen der Welt. Ein paar Stichworte müssen genügen: Die Italiener Sandro Botticelli (»Vier Szenen aus dem Leben des heiligen Zenobis«), Giorgione (»Schlummernde Venus«, vom jungen Tizian vollendet), Tizian (»Der Zinsgroschen«) und Rosalba Carriera (mit einem ganzen Schock kostbarer Pastelle, teils Porträts, teils Köpfe), die Spanier Jusepe de Ribera (»Martyrium des heiligen Laurentius«), Bartolomé Estéban Murillo (»Maria mit dem Kind«) und Velázquez (»Bildnis eines Herrn«), die Franzosen Nicolas Poussin (»Das Reich der Flora«), Antoine Watteau (»Gesellige Unterhaltung im Freien«) und Louis de Silvestre (»König August II. von Polen zu Pferde«), die Flamen Peter Paul Rubens (»Leda mit dem Schwan«), Anton van Dyck (»Der trunkene Silen«) und Adriaen Brouwer (»Bauernrauferei beim Kartenspiel«), die Holländer Rembrandt Harmensz van Rijn (»Ganymed in den Fängen des Adlers«), Jan Vermeer van Delft (»Bei der Kupplerin«) und Frans Hals (»Bildnis eines jungen Mannes im schwarzen Rock«), schließlich die Deutschen Albrecht Dürer (»Die sieben Schmerzen der Maria«), Hans Holbein der Jüngere (»Doppelbildnis des Thomas Godsalve und seines Sohnes«) und Christian Seybold (»Alte Frau mit grünem Kopftuch«). Wer dieses Haus betritt, dem öffnet sich ein Kontinent der gemalten Künste; in den Sehpausen genießt er Fensterblicke auf die gebauten Schönheiten des Gesamtkunstwerkes.

Binnen einiger Maitage des Jahres 1849 stürzten die beiden damals bedeutendsten Dresdner Künstler zu steckbrieflich gesuchten Staatsfeinden ab: die Freunde Richard Wagner und Gottfried Semper. Der als »Führer einer Umsturzpartei«, »Haupträdelsführer«, »Demokrat I. Klasse« beschimpfte Schöpfer der Hofoper floh, nach der durch preußische Intervention gelungenen Niederschlagung des Volksaufstandes und anfänglichem Zögern, aus Deutschland wie Wagner auch; Hoffnungen auf Freispruch, auf Wiedergewinnung der Professur zerstoben schnell. Der Bruch erschien jäh; Constantin Lipsius spekulierte in seinem Nekrolog von 1880, Semper sei tragischerweise in den Strudel der Ereignisse geraten – wir wissen das, zum Glück, heute besser, Semper wußte es schon damals: Bereits in seiner Hamburger Jugendzeit, erst recht in Paris, wo er die 1830er Revolution mit dem Sturz der Bourbonen als befreiend erlebte, legte er den Grundstein für das, was er auch gegenüber seiner mißbilligenden, verängstigten Frau seine republikanische Gesinnung nannte.

In Briefen an sie wie an König Friedrich August II., der durch seine Weigerung, die Reichsverfassung anzuerkennen, die sächsische Revolution auslöste, legte er seine Befürwortung der Demokratie und der künftigen nationalen Einheit dar; damals, schrieb er dem stockkonservativen Monarchen, »bekannte ich mich (…) laut für die Sache des Parlamentes und fand mich tief und lebhaft davon ergriffen, alle die schönen Erwartungen einer großen nationalen Zukunft eine nach der anderen enttäuscht zu sehen. In dieser aufgeregten Stimmung befand ich mich, als die Ereignisse des Mai für mich ganz unerwartet eintraten.« Seinem Charakter gemäß habe er sich »bei dem eingetretenen Conflicte« den letzten Konseqenzen seiner »oft laut ausgesprochenen Ueberzeugung« nicht entziehen können; auch empfand er, so an Bertha, »bei dem allen ein edles Gefühl« und lehnte die von ihr – chancenlos – erstrebte Begnadigung ab; »Nichts kann mich zu der Verleugnung meiner Parthei und meines Glaubens bewegen. Entweder Freisprechung, oder freiwillige Verbannung auf immer.«

Bevor er sich der politisch-militärischen Katastrophe und dem Zwang zum Exil nach dem Einmarsch der von Sachsens König gerufenen preußischen Armee beugen mußte, hatte er im Straßenkampf eine seiner genialen Kunst-Fähigkeit entsprungene Leistung vollbracht, über die man laut jubeln könnte, wäre sie nicht dennoch in der Niederlage untergegangen: Die unter seiner Leitung erbauten Barrikaden der Aufständischen seien, wie staunende preußische Sieger zugaben, regelrechte kleine Festungen gewesen, die man nicht nehmen, sondern nur umgehen konnte. Dem Konstrukteur standen schwere Jahre bevor: Reise über Straßburg nach Paris, mehrjähriger Aufenthalt unter ernsten finanziellen Nöten, getrennt von der in Dresden zum Glück unbehelligten Familie; Übersiedlung nach London: in Frankreich und England keine wirklich angemessene Bauaufgabe: seit Herbst 1852 wenigstens eine Lehrerstelle am Londoner »Department of Practical Art« unter akzeptablen materiellen Bedingungen, mit Wiedervereinigung der Familie. 1855 geht Semper als Professor für Architektur zu vorzüglichen Konditionen an die Eidgenössische Technische Hochschule (Polytechnikum) Zürich, baut deren Hauptgebäude und löst andere gewichtige Schweizer Bauaufgaben wie die Zürcher Sternwarte und das brillante Stadthaus von Winterthur; ab 1869 ist er zunächst als Gutachter, später, von Kaiser Franz Joseph nach Wien berufen, als Planer und Architekt großer neuer Monumentalbauten am Ring: des Naturhistorischen und des Kunsthistorischen Museums sowie des Burgtheaters nahe der Hofburg tätig – und menschlich unglücklich wegen ständiger, seine Gesundheit untergrabender Konflikte mit dem ihm zur Seite gestellten ehrgeizig-neidischen Kollegen von Hasenauer. Dresden besucht er nach 1863 mehrmals, kurz und ohne Rückkehr-Absichten: die glücklichen alten Zeiten können nicht wiederkehren; Semper stirbt 1879 in Rom.

Knapp sechzig Jahre später, in einer der schwärzesten Stunden von Dresdens Geschichte, als die braunen Brandstifter Feuer an Sempers Synagoge legten, vollbrachte der damals vierundzwanzigjährige Feuerwehrmann Alfred Neugebauer eine Heldentat: Er rettete unter Gefahr für sein Leben den Davidstern von einem Seitenturm des geschändeten Gotteshauses, versteckte ihn zehn Jahre lang und gab ihn dann der dezimierten jüdischen Gemeinde zurück. Neugebauer arbeitete bis ins hohe Alter als kenntnisreicher und geschätzter Heimatforscher und Wanderführer; der Stern hängt jetzt über der Eingangspforte der Neuen Synagoge.

Richard Wagner

Auf vielfältige Weise kreuzen und verschränken sich im zweiten, dritten und fünften Dezennium dieses geschichtsträchtigen Jahrhunderts Richard Wagners Lebenswege mit denen anderer großer Künstler. Im Juni seines von Kriegsstürmen geschüttelten Geburtsjahres 1813 treffen in der Vaterstadt Leipzig der später von ihm bewunderte Musiker-Dichter E. T. A. Hoffmann und Richards Vater, der Polizeiaktuarius Friedrich Wagner, zusammen, der Poet nennt den Polizisten im Tagebuch einen exotischen Menschen, der Opitz, Iffland und andere geistreich kopiere und reichlich Rum trinke; Hoffmann schreibt noch im gleichen Jahr Wagners Lieblingsroman »Der Goldene Topf«. In den frühen zwanziger Jahren wird der heranwachsende Knabe in Dresden seinem musikalischen Vorbild Weber vorgestellt, der zeitweilig Gast der Familie ist; Richards erste Notenschrift ist eine Kopie von Webers »Lützows wilde Jagd«. 1829, nun wieder in Leipzig, erlebt der hingerissene Sechzehnjährige ein Dresdner »Fidelio«-Gastspiel mit Wilhelmine Schröder-Devrient als Leonore, entscheidet sich daraufhin endgültig für den Musiker-Beruf, huldigt der Diva in einem Brief, den sie lange aufbewahren wird, gewissermaßen als seiner künftigen Entdeckerin, und läßt die Hoffnung durchschimmern, daß man ihn einst rühmen werde. Das tritt ein: Nach Wagners »Heimkehr« 1842 werden in Dresden seine drei ersten großen Opern in Sempers Hoftheater uraufgeführt: »Rienzi« (1842), »Der Fliegende Holländer« (1843) und »Tannhäuser« (1845), mit der Primadonna als Adriano, Senta und Venus. 1844 wirken die Protagonistin, die Wagners Vision der Sänger-Darstellerin ideal verkörpert, und er an der Heimholung von Webers sterblichen Überresten mit; der geniale Tonsetzer und der geniale Architekt Semper aber treffen, Gleichgesinnte, in vorrevolutionären Zirkeln zusammen. Im Mai 1849 stehen sie als prominenteste Repräsentanten der Allianz von Kunst und Revolution auf Dresdens umkämpften Straßen und »büßen« nach der Niederlage ihren Mut mit langjährigem Exil; die Sängerin versucht beim Aufstand vom Fenster eines Hauses auf dem Altmarkt aus die Rebellen gegen die Reaktion zu ermutigen.

Richard Wilhelm Wagner wurde am 22. Mai 1813 in turbulenter Kriegszeit unter französischer Besatzung auf dem Brühl zu Leipzig geboren und verbrachte dort, aber mit mehrfachen Ortswechseln (Stötteritz, Teplitz) die ersten anderthalb Lebensjahre. Er wohnte während zweier entscheidender, weit auseinanderliegender Lebensepochen in Dresden: in der Kinderzeit von Ende 1814 bis zur Rückkehr nach Leipzig 1827 und in den Jahren des großen künstlerischen Durchbruchs von April 1842 bis Mai 1849. Er war das neunte Kind der Johanna Rosine und des Polizeibeamten Friedrich Wagner, der am 23. November 1813 in Ausübung seines Dienstes an Lazarett-Typhus starb. Die kinderreiche Familie wäre ohne den in Dresden arbeitenden Sänger und Schauspieler der Secondaschen Truppe Ludwig Geyer, Friedrichs treuen Freund, verloren gewesen. Er heiratete die Witwe am 28. August 1814 und holte die ganze Familie gegen Jahresende in die Residenzstadt. »Unser Vater Geyer«, wie ihn Richard liebevoll nannte, war ein Glücksfall für alle Wagners, aber besonders für den Jungen: Geyer war ein begabter Theatermann, doch im Gegensatz zu Friedrich Wagner von höchster bürgerlicher Solidität: »Was an ihm bestach«, schreibt der Wagner-Biograph Martin Gregor-Dellin, »waren seine Feinsinnigkeit und Ausgeglichenheit, bei aller Verstellungskunst als Charakterdarsteller; ferner seine Bildung, seine Liebenswürdigkeit und das Beispiel vollständiger Selbstlosigkeit«. Geyer, »der den Rest seines Lebens der Erhaltung der Wagner'schen Familie und der Erziehung der Kinder widmete«, liebte den schwierigen Knaben wie einen leiblichen Sohn, ertrug, ja schätzte seine Wildheit, nannte ihn den kleinen Kosaken. spürte seine ungewöhnliche Intelligenz, setzte also seinen Ehrgeiz in ihn und suchte ihm produktive Bildung zu vermitteln. Den Rest seines Lebens: Ende 1819 erkrankte Geyer, vermutlich an Tuberkulose; Ende September 1821 starb er; Richard hatte zum zweiten Male den Vater verloren: den wahren, sorgenden, liebevollen, großzügigen. Er wird den Vater sein Leben lang suchen; die Suche wird sich durch sein ganzes Werk ziehen und besonders den »Ring des Nibelungen« prägen.

Epoche und Lebensumkreis bestimmen Charakter und Verhalten eines Menschen ebenso früh wie anhaltend; diese geläufige, aber auch unwiderlegliche Wahrheit trifft auf das Dresdner Kind Richard Wagner ganz besonders zu: »Der Zustand, in dem sich seine Umgebung vom

Tag seiner Geburt an bis in seine ersten Lebensjahre befand, die bedrohliche Nähe der Kriegshandlungen und die schreckliche Unruhe, die Familie und Freunde ergriff, haben tiefe Spuren hinterlassen in seinem Gemüt« (Gregor-Dellin). Stark wirkten dabei die Ortswechsel mit, die neuen, ungewohnten Quartiere und Schlafstellen, in die das kleine Kind sich schicken mußte – unverstandene Wechsel und Verschiebungen, die Fundamente für ein Sorgenkind mit Leiden, Kränklichkeiten, Nervositäten, Ängsten und Angstträumen wurden also reichlich gelegt, aber alle Verluste, Schwächen, Fahrigkeiten, Wildheiten, die man an ihm beobachtete, sind mit seinen feinsten Gaben, seinem Schöpfer- und Neuerertum, den Kunstwagnissen vielfach und oft unentwirrbar verbunden – und auch mit Dresden: Es hatte wohl nicht bloß die noch darzustellenden musik-, werk-, theaterpraktischen Gründe, daß Wagner nach dem Scheitern in Paris gerade Dresden für die Rückkehr wählte, mit Leipzig gleich nebenan; einen Touch von Heimat, eine dauernde emotionale Reminiszenz hatte Sachsens Metropole wohl doch für »mich Heimatlosen, unruhig Umhergejagten«; auch seine nie verlorene sächsische Redeweise belegt das.

Was aber verweist schon aus Kindertagen auf die spätere Musik- und Theaterwelt? Die bewundernde Bekanntschaft mit Weber selbstverständlich; die Faszination durch alles, was Theater ausmacht und schenkt; erster Auftritt im Singspiel »Der Weinberg an der Elbe«, Musik von Weber, zu Ehren von Friedrich Augusts I. Rückkehr 1815, das Bübchen »als Engel ganz in Trikots eingenäht, mit Flügeln auf dem Rücken, in schwierig eingelernter graziöser Stellung«; dem Meister als auf den »Freischütz« versessener Kreuzschüler Richard Geyer vorgestellt; kindliches Puppen- und anderes Theater gespielt; Aufführungen des »Freischütz« mit Freunden nachgestellt; nach 1822 an der berühmten Schule intensives Studium griechischer Geschichte und Mythologie betrieben; mit Dreizehn die ersten Odyssee-Gesänge übersetzt; schließlich Shakespeare verschlungen.

Voll hochfliegender Hoffnungen, Teile des »Rienzi« im Gepäck, traf Wagner mit Minna, seiner ersten Frau, am 17. September 1839 in Paris ein: »Der Rienzi sollte ihn aus der Enge befreien, und das Ziel hieß Paris.« Er erlebte eine niederschmetternde Enttäuschung. Kein Mensch von Einfluß interessierte sich für den Französisch nur radebrechenden jungen Komponisten und seine Pläne; keine Empfehlung half, nicht einmal ein Schreiben Meyerbeers an den Direktor der Grande Opera.

Wagners fanden Freunde, aber die waren einflußlos; schnell gerieten die ahnungslosen Deutschen in finanzielle Not. In verzweifelter Lage bat Wagner, schon mit dem »Fliegenden Holländer« beschäftigt, König Friedrich August II. Ende 1840 um die Dresdner »Rienzi«-Uraufführung und schickte die Originalpartitur an den Hoftheater-Intendanten von Lüttichau. Am 29. Juni 1841 sagte dieser zu; die Botschaft bestärkte Wagner im »Holländer«-Unternehmen, dessen Urschrift schon vom 18. bis 28. Mai in Meudon entstanden war, dessen vollständige Orchester-Skizze Wagner vom 11. Juli bis zum 22. August schrieb; und schon warf ihm »Tannhäuser. Eine Legende« von Heine, mit dem er guten Kontakt hatte, den nächsten faszinierenden Stoff zu. Noch zögerte er mit der Rückkehr nach Deutschland, allen Pariser Niederlagen zum Trotz; aber dann kamen dringliche, verlockende wie beunruhigende Nachrichten aus Dresden: Sempers hochmodernes Opernhaus war eröffnet, die »Rienzi«-Premiere jedoch erlitt Verzögerungen, und so zugänglich Wagner manche Änderungen aufnahm, »sofern nur die Größe Rienzis und das musikalische Gerüst unberührt blieben« (Gregor-Dellin): Der Komponist mußte vor Ort erscheinen.

Am 12. April 1842 kam das Ehepaar nach fünf kalten Reisetagen in Dresden an, schweren und leichten Herzens zugleich: Die Stadt, das wußten sie, war Residenz und Kulturstätte, aber keine Weltmetropole; über die politischen Zustände hatte Wagner keine Illusionen:»Ein empfindungsvoller, sehnsüchtiger Patriotismus stellte sich bei mir ein«, schrieb er rückblickend in »Eine Mitteilung an meine Freunde« (1851), »von dem ich früher durchaus keine Ahnung gehabt hatte. Dieser Patriotismus war frei von jeder politischen Beifärbung; denn so aufgeklärt war ich allerdings schon damals, daß das politische Deutschland, etwa dem politischen Frankreich gegenüber, nicht die mindeste Anziehungskraft besaß.« Die Zensur war scharf, dabei ging man mit ihm noch schonend um: das »Päpstliche« im »Rienzi« etwa war durch das »Römische« zu ersetzen. Im übrigen, so der Biograph, habe Wagner kräftig in alle Vorbereitungen eingegriffen, Besetzungslisten, Vorschläge für Größe und Aufstellung der Chöre, für die Stärke der Militärmusik und die Inszenierung, ja sogar die exakte Aufführungsdauer gegeben.

In der erstaunlich kurzen Zeitspanne von genau drei Jahren wurden am Semperschen Hoftheater die drei »Dresdner« Opern uraufgeführt: »Rienzi« am 20. Oktober 1842, »Der Fliegende Holländer« am 2. Januar 1843 und »Tannhäuser« am 19. Oktober 1845. Den »Rienzi«-Stoff fand

Wagner in einem Roman des Engländers Bulwer-Lytton: Cola di Rienzi, 1313 geboren, asketischer Volkstribun und -verführer, der das einheitliche römische Staatswesen wiederherstellen will, anfangs große Triumphe feiert, aber schließlich tragisch scheitert. Geschichtlich eine widerspruchsvoll-bedenkliche Gestalt, ist er bei Wagner ein »hochbegeisterter Schwärmer, der wie ein blitzender Lichtstrahl unter einem tief gesunkenen, entarteten Volke erschien, welches zu erleuchten und emporzuheben er sich berufen fühlt« – so sein Schöpfer zum Rienzi-Darsteller Tichatschek, der das Werk und seine Rolle als »himmlisch« feierte. Gregor-Dellin kritisiert das Libretto – Rienzi sei überzeichnet, die Freiheits-Oper verkläre den Diktator, nicht das Volk – und die Musik: Sie enthalte »endlose Leeren« (was immer das ist), überflüssiges Geschmetter, aufdringlichstes Pathos, herausgeschleuderte Textmassen und strapaziöse Schlußformen (was immer auch das ist). Wagner selbst distanzierte sich schon 1844/45 von diesem Werk: Er liebe das Ungetüm nicht, »Rienzi« sei sein »Schreihals«. So blieb diese Oper als einzige bis heute von Bayreuth ausgesperrt – zu Unrecht. Immerhin mußte der später ungnädige Meister doch vor Ort zugeben: »Vor allem erhielt sich in Dresden der ›Rienzi‹ stets in vollster Gunst des Publikums.«

Das vom 20. Oktober 1842, zusammengeströmt nach geschickter Werbung durch Sänger und Musiker, bejubelte schon die drei ersten Akte des unbekannten Neulings und hielt von sechs bis Viertel vor zwölf aus; am Ende brachte es der Oper, dem Ensemble wie dem Orchester unter Kapellmeister Carl Gottlieb Reißiger und dem Tonsetzer eine fünfzehnminütige Ovation, worüber niemand perplexer war als Wagner selbst; er brauchte Tage, um den Triumph zu begreifen. Und wenn die Begeisterung auch nach der dritten Vorstellung kurz nachließ und seine Einkünfte dürftig waren: In Dresden war Wagner erst einmal in aller Munde; die Leipziger Familie kam mit der Eisenbahn angereist; er dirigierte die sechste Aufführung selbst – mit einem Quirlgriff, da ein Taktstock fehlte – und wurde nach einem Probe-Dirigat der »Euryanthe« und der »Holländer«-Uraufführung Hofkapellmeister auf Lebenszeit bei 1500 Talern Jahresgehalt.

Mit dem »Holländer« begann Wagners eigentliches musikalisches Neuerertum: »Mit dem ersten Einsatz des Orchesters signalisiert die Holländer-Musik einen Neuanfang«, den Berlioz, bei der Uraufführung anwesend, als Schauder der leeren Quinten sofort empfand. Die hier aufgerufene Wende der Musikgeschichte ging insbesondere in die

Richtung einer Revolutionierung der Orchestermelodie: als weitge-hender oder angestrebter Verzicht »auf die Separierung von Arie, Du-ett, Ensemble, Chor und damit auf Füllsel, Floskeln, Überleitungen und Schlußformeln«, als Preisgabe des Rezitativs zugunsten der Durchkom-ponierung des Dialogs. Das von Werk zu Werk deutlicher realisierte Ziel ist die Selbständigkeit der Orchestermelodie unter Abkehr von der musikalischen Begleitung der Szene. Die Melodie soll aus den »gewal-tigsten Tiefen der reichsten menschlichen Natur« dringen – nach Ab-schluß des »Rings« deutet Wagner das Orchester resümierend als die Natur, worin sich der Sänger bewege. Daß das Dresdner Publikum diese Uraufführung eher zögerlich aufnahm, ist verständlich und kein wirk-licher Mißerfolg – die Leute verfolgten die Handlung vom unheim-lichen, die Weltmeere rastlos durchsegelnden Fliegenden Holländer und seiner vermeintlichen Befreierin, der Kapitänstochter Senta, aufmerk-sam und waren von der Musik beeindruckt; es gab ja auch immerhin vier Aufführungen – der Komponist, im vollen Bewußtsein der Wende, die er eingeläutet hatte, war zufrieden, zumal das Neuartige den Dresd-nern nur zweieinhalb Monate nach dem »Rienzi« zugemutet wurde.

Wagners drittes Musikdrama in der Semperoper entstand vom ersten Entwurf bis zur Uraufführung in Dresden. Seine erste Quelle, Heines Tannhäuser-Gedicht von 1837, aus der saint-simonistischen Periode des Dichters, ist ein Hymnus auf die Lust der Sinne, worin der Ritter-Pilger, vom Papst verdammt, reumütig zu Frau Venus heimkehrt, die ihn freimütig aufnimmt und seine wunden Füße wäscht. Der Urtext von 1531, der Wagner später zufiel, und Ludwig Bechsteins Sammlung »Die Sagen von Eisenach und der Wartburg, dem Hörselberg und Rein-hardtsbrunn« (1835) zeigen Tannhäuser gleichfalls zur Venus zurück-kehrend; Bechstein aber stellt als erster die Sagenkreise Venusberg und Sängerkrieg zueinander: Tannhäuser lebte in der Zeit, »als der edle Land-graf Hermann von Thüringen an seinem Hof auf der Wartburg so viele Dichter versammelte, die in stolzen Liederwettkämpfen um hohe Preise rangen«. Wagner vereinte beide Sagenkreise und fand als Antipodin zur Venus die heilige Elisabeth; damit war die Basis für den entscheiden-den, dramatischen, den ursprünglichen Stoff regelrecht umkehrenden Schritt gelegt: Tannhäuser steht vor der Wahl zwischen Venus, der Ver-körperung und Verherrlichung irdischer, und Elisabeth/Maria, der Re-präsentanz und Verklärung himmlischer Liebe; er zerbricht in diesem Konflikt. Dabei scheint die Fachwelt einig, daß Wagner musikalisch

»die harmonischen und melodischen Interessantheiten« der Venuswelt gegeben habe; Gregor-Dellin spottet sogar: »Die Frommen bleiben ewig langweilig. Die Liebesgesänge der Keuschen halten sich an die Konvention.« Eine wichtige thematische Neuerung erklärt der Biograph für unbewußt gefunden: »Ab dem Tannhäuser wurde die Musik selbst zum Opernstoff: Sängerkrieg, Schalmeiengesang, Romglocken.« Hier, wie etwa auch in den »Meistersingern«, habe die Orchestermelodie nie einfach Klänge nachgeahmt und Wagner nicht mehr illustriert, was der Text ohnehin verriet (wenn denn der gesungene Text den Hörenden überhaupt auf- und einging). Das Publikum reagierte erwartungsgemäß gespalten; Verdächtigungen, Wagner habe das Werk in katholischem Auftrag geschrieben, ärgerten ihn; einen Durchbruch erreichte »Tannhäuser« erst mit der Weimarer Inszenierung von 1849; damit war Wagners nationaler Ruhm gesichert.

Drei große Opern und ein Berg anderer Tätigkeiten: Das war die Aufgabenlast des »Königlich Sächsischen Kapellmeisters«, formal Morlacchis, künstlerisch Webers Nachfolger. Mit überfallartiger Feierlichkeit am 2. Februar 1843 durch Lüttichau ernannt, wußte er sehr wohl, daß sein Amt, für einen Dreißigjährigen an sich ehrenvoll, auch gut dotiert, Sprengstoff für die Zukunft enthielt: »Es ist mir unverhohlen erklärt worden, daß man von mir eine echte künstlerische Reorganisation des hiesigen Musikwesens erwarte!« Die Explosionen kamen fünf Jahre später, als er die verlangte künstlerische Reorganisation ausdrücklich auch politisch-sozial interpretierte; wie er in seiner Autobiographie »Mein Leben« sarkastisch erklären wird, sei mit seiner Audienz bei Friedrich August II. kurz nach der Berufung der Höhepunkt seiner so schnell betretenen Dresdner Glückslaufbahn bereits erreicht gewesen. Selbstverständlich nahm Wagner, den auch Webers Witwe beschwor, mit dem Amt in die Fußstapfen des verstorbenen Vorbilds zu treten, seine Arbeit für Oper und Kapelle, die er »Wunderharfe« und »das kostbarste und vornehmste Institut des Vaterlands« nannte, sehr ernst: »Durch den Reichtum der hier vorgefundenen Mittel dazu begeistert, habe ich mir nun die schöne Aufgabe gestellt, Webers Werk fortzusetzen, das heißt Dresden musikalisch emanzipieren zu helfen, den Philistrismus übers Ohr zu hauen, den Geschmack des Publikums für das Edle auszubilden und somit seine Stimme geltend zu machen.« Dabei entfaltete er eine neue Kunst des Dirigierens. Beinahe poetisch schildert der spätere Hoforganist Edmund Kretschmer Wagner bei der Probe zu Beethovens »Neunter«: »Man denke sich die kleine, von dem heiligen Feuer durchglühte Persönlichkeit. Man denke sich den ewig Beweglichen, seine hastig elektrisierenden Gesten, wie er sich am Pulte vor Eifer und Glut für die Sache des Unsterblichen erhitzte. Bei jeden Crescendo schien die kleine Gestalt zu wachsen, bei jeden Diminuendo kroch sie in sich zusammen.« Gregor-Dellin ergänzt: »Er übte in Konzert und Theater eine Macht aus, die neu war. Er machte mit dem bloßen Taktschlagen Schluß. Erhobenen Kopfes, den linken Arm an der Seite, lenkte er das Orchester, ganz Mienenspiel und Auge, mit Bewegungen aus dem Handgelenk.« Eine originelle, schnell wirkende Hilfe für die Musiker war ebenfalls neu: Wagner sang ihnen beim Einstudieren vor.

Während seiner Dienstzeit zwischen 1843 und 1849 wurden 46 Opern ur- oder erstaufgeführt; das Opern-Repertoire scheint dagegen sowohl von Reißiger als auch von Wagner, wenn ihm ein Werk mißfiel, vernachlässigt worden zu sein; es gab aber exzellente Neueinstudierungen, so von Gluck, Lortzing und Donizetti. Zu den Pflichten des Kapellmeisters gehörten Hofkonzerte, in denen das Orchester samt Solisten exklusiv für den Hof, auch nach dessen Programmwünschen, zu musizieren hatte, und der von Wagner mit gnädiger Duldung des Hofes vernachlässigte Kirchendienst. Vom »Liebesmahl der Apostel« und dem Sängerfest war schon die Rede. Für den 22. September 1848 organisierte der Komponist zum 300. Jubiläum der Kapelle eine »Historisch-musikalische Festfeier« mit Stücken aus dem entstehenden »Lohengrin«. Ein absoluter Höhepunkt seiner konzertanten Arbeit war die leidenschaftlich betriebene Aufführung von Beethovens Neunter Symphonie mit dreihundert mitgerissenen Sängern und zwölf Spezialproben der Violoncelli und Kontrabässe für den Anfang des vierten Satzes. Den zunächst wütenden Widerstand von Orchestervorständen und Pensionsfonds-Verwaltern bekämpfte Wagner erfolgreich mit einer ungewöhnlichen Werbekampagne durch anonyme Zeitungsartikel. Das Publikum kam schon zur Generalprobe in Massen; die Aufführung am 5. April 1846 im Palmsonntagskonzert wurde musikalisch und finanziell ein Riesenerfolg und begründete eine lange, bis heute währende Tradition.

Die dritte Säule seines weitgreifenden Dresdner Wirkens ist Wagners Kampf für eine soziale Reform des Musikwesens von Kapelle und Opernbühne; sie ist für ihn aufs engste mit einer energisch und unermüdlich geforderten Verbesserung der Lebensverhältnisse seiner Musiker verbunden. 1846 richtet er die Denkschrift »Die Königliche Kapelle betreffend« an Lüttichau. Von erschütternden Beispielen gesundheitlicher Zerrüttung und arbeitsmäßiger Überlastung erstrangiger Violinisten ausgehend, entwirft er einen Katalog notwendiger Verbesserungen: Steigerung der Basis-Gehälter; Erhöhung der Planstellen; gründliche Neuorganisation der Dienste auf allen musikalischen Ebenen; Verstärkung von Instrumentengruppen; Ermöglichung qualitätshebender Privatstudien für Instrumentalisten; Reduzierung der Arbeitslasten; Einführung von Kapellkonzerten; Bau eines Hauses für Symphoniekonzerte – ein solches fehlt auch heute noch! So versteht Wagner die Aufgabe der künstlerischen Reorganisation. Erst nach fast einem Jahr wird sein Gesuch mit Pseudo-Dank beantwortet – und abgelehnt (man denkt sofort an ähnliche Erfahrungen von Heinrich Schütz).

Am 16. Mai 1848 – die Revolution scheint auch in Sachsen vor der Tür zu stehen! – verschärft Wagner in einem »Entwurf zur Organisation eines deutschen Nationaltheaters für das Königreich Sachsen« seine Reformvorschläge in Richtung Demokratisierung von Theater- und Konzertwesen. Er verlangt die Bildung eines Vereins der Dramatiker und Komponisten, die Wahl des Theaterdirektors durch die Vereinsmitglieder und das künstlerische Personal, die Gründung einer Theaterschule und eines Chorinstituts, die Verstärkung der Kapelle und höhere Gehälter, die musikalische Gesamtleitung in der Hand EINES Kapellmeisters mit Intendantenmacht. Er denkt dabei wohl an sich selbst – und sucht mit den demokratischen Forderungen die von der radikalen Mehrheit im neugewählten Abgeordnetenhaus drohende Streichung der Zuschüsse für das Hoftheater zu verhindern: drohend für die eigene Kunstarbeit! Bei Hofe scheitern die demokratischen Anläufe selbstverständlich; Wagners Personalisierung der Chef-Position tut ein übriges, um seine Vorschläge zu verwerfen.

Auch wenn er die gesellschaftliche Macht und Wirksamkeit von Musikwesen und Theater überschätzt: Wagners Schluß von den Künsten auf die politisch-sozialen Verhältnisse ist treffend: »Auf dem Wege des Nachsinnens über die Möglichkeit einer gründlichen Veränderung unserer Theaterverhältnisse«, sagt er rückblickend in der »Mitteilung an meine Freunde«, »ward ich ganz von selbst auf die Erkenntnis der *Nichtswürdigkeit der politischen und sozialen Zustände hingetrieben, die aus sich gerade keine andern öffentlichen Kunstzustände bedingen konnten, als eben die von mir angegriffenen.*« Wagners Politisierung beschleunigt und verschärft sich mit seinen Erkenntnissen; schon im September 1846 berichtet der österreichische Autor Alfred Meißner, Wagner halte die politischen Zustände für reif zur gründlichen Änderung und sehe einer Umwälzung in nächster Zeit als unausbleiblich entgegen; die Revolution, meine er, sei bereits in allen Köpfen vollzogen, das neue Deutschland sei fertig wie ein Erzguß, es bedürfe nur eines Hammerschlags auf die tönerne Hülle, daß er hervortrete. Daß dies ein bitterer Irrtum war, sollte Wagner in Dresden drastisch erfahren.

Zunächst aber tritt er dem republikanischen Vaterlandsverein bei, trägt 3000 Mitgliedern seinen Text »Wie verhalten sich republikanische Bestrebungen dem Königtum gegenüber?« vor und tritt für Volksbewaffnung ein; Lüttichau »bestraft« ihn, indem er seine Zusage zur »Lohengrin«-Uraufführung zurückzieht und »Rienzi« und »Tannhäuser« abzusetzen droht. Wagner knüpft enge Verbindungen mit dem linksradikalen Musikdirektor August Röckel, einem Katholiken, den er am katholischen Hof durchgesetzt hat, der ihn politisch stark beeinflußt, beispielsweise mit dem Bekenntnis zur nationalen deutschen Einheit, und der 1849 erst zum Tode verurteilt, dann zu zehn Jahren Zuchthaus »begnadigt« wird. Noch nie hat der oft eher mißtrauische Wagner einem anderen Menschen so vorbehaltlos vertraut und brisante politische Anschauungen so bedingungslos geteilt, wofür Röckel dem musikalisch turmhoch Überlegenen ebenso unbedingt die Treue hält. Unter den anderen revolutionär gesinnten Dresdnern ragt selbstverständlich Semper am stärksten hervor – daß die beiden größten und mit ihren berühmten Werken eigentlich dem Wettiner Herrscherhaus verbundenen Dresdner Künstler in die vorderste Linie der Rebellion treten, ist für Friedrich August II. und seinen Bruder und Nachfolger, den auch heute noch manchmal gefeierten Schöngeist Johann, ein vernichtendes Urteil.

Denn sie sind stockreaktionär, dabei ohne wirkliche Tragik: Sie beschwören im Frühjahr 1849 die späte sächsische Revolution herauf, indem sie die allenthalben anerkannte deutsche Reichsverfassung betonköpfig-borniert auch dann noch verwerfen, als ihnen Minister weglaufen und treueste Untertanen sich flehentlich zu ihren Füßen werfen, um sie zur Umkehr zu bewegen. Also bricht auch in Sachsen der Aufstand los, und Wagner ist »die Sturmglocke und das Mundstück der Revolution«, wie sein Biograph reichlich pathetisch, doch sachlich zutreffend konstatiert, während der Meister später in »Mein Leben« seine Rolle zu bagatellisieren sucht. Bereits am 12. Februar hat er im »Gasthof zum Lämmchen« den Kapell-Musikern ohne Lüttichaus Wissen seine Reformideen vorgetragen und bessere Zeiten für sie angekündigt, was ihm nach Bekanntwerden als Beginn der Demoralisierung des Orchesters ausgelegt wird. In mehreren anonymen Artikeln von Röckels »Wochenblättern« schlägt er schärfste Töne an. Am 10. Februar erklärt er, 1848 habe der letzte, heiligste, erhabenste Kampf gegen die bestehende Gesellschaft und für »die Bestimmung der Menschheit«, für »die immer höhere Vervollkommnung ihrer geistigen, sittlichen und körperlichen Kräfte« begonnen. Am 8. April, in seinem aggressivsten, poetisch-rhapsodischen Revolutionstext, prophezeit Wagner die Zerstörung der bestehenden »Ordnung der Dinge« durch die als Sturm heranbrausende »Göttin der Revolution«, einer Ordnung, »welche die einige Menschheit in feindliche Völker, in Mächtige und Schwache, in Berechtigte und Rechtlose, in Reiche und Arme teilt«, einer Ordnung, »die Hunderttausende zwingt, ihre kräftige Jugend im geschäftigen Müßiggange als Soldaten, Beamte, Spekulanten und Geldfabrikanten der Erhaltung dieser verworfenen Zustände zu wirken, während die andere Hälfte durch übermäßige Anstrengung ihrer Kräfte und Aufopferung jedes Lebensgenusses das ganze Schandgebäude erhalten muß.«

Zur gleichen Zeit erscheint, als internationaler Bundesgenosse der Dresdner Aufrührer, Michael Bakunin, dieser Koloß von einem Mann mit feinsten Umgangs- und Freundschaftssitten, aber mit weltbrandstiftenden Gesinnungen in Kopf und Rede. Sie alle werden vom 3. Mai an in die Strudel der Kampfhandlungen gerissen, in denen schon bald, trotz Errichtung einer mutigen provisorischen Regierung, die schrillen Signale der Niederlage ertönen, besonders seit der verräterische Monarch über seinen Schwager Friedrich Wilhelm IV. preußische Truppen ins Land gerufen hat, Truppen jenes Staates, der Sachsen ein Vierteljahrhundert früher die Hälfte seines Territoriums entrissen hat!

Unmöglich, alle schnellen, oft widersprüchlichen Schritte Wagners im revolutionären Getümmel nachzuzeichnen, wo er, von der berühmten Diva nach dem ersten Toten dringlich zum Friedenstiften aufgefordert, im Herzen wohl vor allem das Abwenden weiterer Blutopfer wünscht. Zwei Einzelheiten aber stehen fest: Auf seinen Vorschlag hin wird Semper beauftragt, den Bau starker Barrikaden zu veranlassen und zu leiten; Wagner selbst besteigt als Kundschafter und Beobachter von Truppenbewegungen den 96 Meter hohen Turm der Kreuzkirche, Dresdens höchsten Aussichtspunkt, wo Scharfschützen die Soldaten unten beschießen, die ihrerseits zurückfeuern. Einem besorgt warnenden Schützen soll Wagner erwidert haben:»Keine Sorge, ich bin unsterblich!« Das ist wohl schwarzer Humor; die ganze Szenerie hat ohnehin durch die Symbolik der extremen Höhen-Stellung einen grotesken Zug, zeugt aber auch von Wagemut: Wagner hält über Nacht aus und weicht erst am nächsten Mittag, als ihm die Kugeln um die Ohren pfeifen. Nur zögernd, weil er sich unschuldig glaubt, aber von Verwandten und besonders von Franz Liszt gedrängt, der ihm nach dem»Tannhäuser« die Freundschaft angetragen und lebenslang gehalten hat, flieht Wagner mit viel Glück sozusagen mitten durch die feindlichen Linien außer Landes. Hätte man ihn gefangen, er wäre wie Röckel zum Tode verurteilt und dann für lange Jahre im Zuchthaus eingesperrt worden; der schöngeistige Erzreaktionär Johann hat das brieflich 1854 ausdrücklich bestätigt. So verlor Dresden seinen größten Musiker nach Heinrich Schütz und vor Richard Strauss.

Schon wenige Tage, nachdem er sein Leben aufs Spiel gesetzt, doch auch die Unabwendbarkeit der Niederlage und die Grenzen seines Heldentums erkannt hat, schreibt er seiner verzweifelten Frau:»Die Dresdener Revolution und ihr ganzer Erfolg hat mich nun belehrt, daß ich keineswegs ein eigentlicher Revolutionär bin; ich habe gerade an dem schlimmen Ausgang der Erhebung gesehen, daß ein wirklicher siegreicher Revolutionär gänzlich ohne alle Rücksicht verfahren muß, – er darf nicht an Weib und Kind, nicht an Haus und Hof denken, – sein einziges Streben ist: – Vernichtung (…). Aber nicht Menschen unsrer Art sind zu dieser fürchterlichen Aufgabe bestimmt: wir sind nur Revolutionäre, um auf einem frischen Boden *AUFBAUEN* zu können; nicht das *ZERSTÖREN* reizt uns, sondern das *NEUGESTALTEN*, und deshalb sind wir nicht die Menschen, die das Schicksal braucht, – diese werden aus der tiefsten Hefe des Volkes entstehen; – wir und unser Herz kann nichts mit ihnen gemein haben. Siehst Du! *So scheide ich mich von der Revolution …*« Das Verb »sich scheiden« hat hier einen sozusagen chronologisch deutbaren Doppelsinn: Es meint zunächst »sich unterscheiden«, danach aber »sich trennen«; Wagner ist diesen Weg fern von Dresden gegangen. Verzeichnet sei aber noch ein spätes, vorzügliches, unvertontes Bei-Produkt seiner Dresdner Zeit: In der Autobiographie gibt Wagner eine Reihe großartiger Personen-Porträts, so von Wilhelmine Schröder-Devrient, Semper, Bakunin, Röckel – der große Komponist war ja, da und dort, auch ein guter Schriftsteller.

Die Stadt und die Industrie

Als Wagner und Semper aus Dresden flohen, stand Sachsen an der Schwelle zu einem der radikalsten Umbrüche seiner Geschichte: zur industriellen Revolution. Sachsen war das deutsche Pionierland dieser Umwälzung, Dresden seit der Jahrhundertmitte ein wichtiges Industriezentrum mit stürmisch wachsender Bevölkerung. Die technisch-ökonomische Revolution grub tiefe, wenn auch nicht entstellende Spuren in die Physiognomie der Residenzstadt. Es entstand ein fundamentaler, bis heute schwelender und immer wieder aufflammender Konflikt zwischen zeit- und ortsweise rabiat vordrängenden Forderungen industriell-technischer Expansion, Okkupation und Innovation und den bewahrenden, sicher zuweilen zögerlichen und starren politisch-ökonomischen und kulturellen Widersachern ungehemmten Fortschritts. Es wurde an vielen Stellen der Stadt erbittert um Freigaben oder Sperren für Industrieansiedlung gerungen, wobei die Wertkonservativen von Hof, Adel, sensibler Bürgerlichkeit und einsichtige Verteidiger des Gesamtkunstwerks Innenstadt sich dem Ansturm rigorosen, vitalen und erfolgreichen Fabrikwesens keinesfalls erfolglos entgegenstemmten: Die sozialen Probleme während der stürmischen Industrialisierung und Urbanisierung wurden weitgehend gemildert. Es gelang dem Rat der Stadt, Dresdens Entwicklung in geordnete Bahnen zu lenken; Sachsens Hauptstadt war inzwischen ein Zentrum von Industrie, Technik und Verkehr mit einer halben Million Einwohnern geworden.

Eine Bestandsaufnahme von 1917 vergleicht Berlin, Hamburg, München, Leipzig und Dresden miteinander und zieht ein distanzloses Fazit zu Sachsens Residenz: Anders als etwa in Wien oder Berlin mache sich in Sachsens Residenz »die großstädtische Hast und Unruhe« nicht sehr bemerkbar, »obschon auch hier alle an moderne Großstadtverwaltungen gestellten Anforderungen erfüllt werden«; da Dresden aber im Gegensatz zu Leipzig sein Emporblühen ausschließlich Hof und Adel verdanke, so nehme die Residenz »einen gewissen aristokratischen Zug«

an, wozu »Gelassenheit und verfeinerte Lebenshaltung« gehörten; dazu passe die Verbindung von Schönheit und Annehmlichkeit, durch die sich Dresdens Straßen von denen vieler anderer Großstädte auszeichneten.

Das klingt, was Hof und Adel und deren ausschließliche Vorbildlichkeit betrifft, reichlich schönfärberisch, wenn man etwa Ludwig Renns Roman »Adel im Untergang« den maroden inneren Zustand der militärischen Aristokratie abliest oder Hintergründe und Ursachen des Flucht-Skandals von Kronprinzessin Luise von Toscana anschaut, der für das Königshaus unter Georg (1902–1904) und Luises Gatten Friedrich August III., den letzten sächsischen König (ab 1904), wenig schmeichelhaft ausging. Unbestreitbar ist aber sicher der gewichtige Anteil des Hofes an der andere Städte übertreffenden, gewissermaßen »stadtökologischen« Baugesetzgebung: »In seinem Bestreben, den Charakter der Kunst-, Kultur- und Residenzstadt durch Verdrängung der Industriestandorte in die Vororte und Randgebiete zu erhalten, wurde er von den Pensionären und dem Kleinbürgertum gegen die Interessen des Industriekapitals und der Bodenspekulanten unterstützt.« Das Fazit war jedenfalls, daß ungeachtet der unaufhaltsamen Industrialisierung das Gesamtkunstwerk der Innenstadt, aber auch ein beträchtlicher Teil der schön begrünten, naturoffenen Vorstädte tatsächlich bis zum Feuersturm 1945 erhalten blieben.

Zahlen und Namen, auch Aufzählungen, erzählen die aufregende Geschichte vom Aufstieg des Dresdner Fabrikwesens, das eine andere, neue, rauhere, weniger spektakuläre, weniger berühmte Stadt schuf, als es Elbflorenz war, kein geschlossenes, sondern ein über die ganze weite Stadtfläche verstreutes Gebilde. Der Industrie-Historiker Holger Starke setzt einige markante Jahreszahlen des stürmischen Aufschwungs: »Nachdem die Industrialisierung im Dresdner Raum in den 20er Jahren in ihre Vorbereitungsphase eingetreten war, gelangte sie in den 1850er Jahren zum Durchbruch. In der Folgezeit stieg die Stadt zu einem bedeutenden deutschen Verkehrs- und Wirtschaftszentrum auf. Nach der Reichsgründung setzte sich der Aufbau der Industrie in beschleunigtem Tempo fort. Bis Mitte der 80er Jahre kam es zu einer starken Verbreiterung der industriellen Basis; Dresdner Firmen konnten dauerhaft auf dem Weltmarkt Fuß fassen. Danach ließ ein starker Entwicklungsschub die Industrie bis zur Jahrhundertwende (gemessen an der Beschäftigungszahl) endgültig zur dominierenden Wirtschaftsform werden.«

Die Fülle der aufzählbaren Firmengründungen und -namen bezeugt »die sächsische Besonderheit, daß die Gewerbestruktur durch eine außerordentliche Vielfalt geprägt war« (Ursula Forberger), was in Dresden schon für die Frühphase der zwanziger Jahre galt. So entstanden zum Beispiel 1817/20 die Zuckersiederei Calberla hinter dem Zwinger, 1820 die Tafelwasserfabrik des Apothekers Struve sowie die Preßhefe- und Kornspiritusfabrik Dursthoff, 1821 die spätere Stadtsparkasse, 1823 die Schokoladen- und Zuckerwarenfirma Jordan & Timaeus, 1826 die Tintenfabrik Leonhardi und die Feuerspritzenfabrik Händel, 1827/28 die Dresdner Gasanstalt Blochmann. Wenige Jahre später erschienen die frühesten Aktiengesellschaften, so die Leipzig-Dresdner Eisenbahncompagnie (1835), die Waldschlößchen-Brauerei und die Sächsisch-Böhmische Dampfschiffahrts-Gesellschaft, beide 1836.

Unmöglich, die Aufzählungen hier im Text zu vervielfachen. Unter nachdrücklichem Hinweis auf die enorme Schubkraft des Ferneisenbahnbaus, der von den Herren der jungen Industrien als Beitrag des Staates nachdrücklich gefordert wurde, sei daher nochmals, nun für die Durchbruchsphase, Starke zitiert:»Der Durchbruch der Industrialisierung im Dresdner Raum wird an einer Gründungswelle von Firmen sichtbar, die relativ rasch zu arbeitsteiliger Produktion mit Maschineneinsatz übergingen und ihr Geschäftsfeld über den regionalen Markt hinaus ausweiteten. Bezeichnenderweise erfolgte die Mehrzahl der Gründungen unmittelbar nach Abschluß wichtiger Eisenbahnbauten (1852 Marienbrücke, 1854 Albertbahn). Manche Unternehmen legten den Grundstein für typische Industriezweige bzw. beeinflußten die Standortwahl anderer Firmen. Hier sind u. a. folgende Betriebe zu nennen: Hofmühle Plauen (1852 Pacht T. Bienert), Steingutfabrik Villeroy & Boch (1854), Farbenfabrik Gleitsmann (1847/57), Dresdner Papierfabrik AG (1859) Felsenkeller-, Consolidierte Feldschlößchenbrauerei (1857, 1859), Nähmaschinenfabrik Clemens Müller (1855), Schokolade/ Zuckerwarenfabrik Rüger (1858), Pianoforte-Fabriken Rönisch (1851) und Kaps (1861). Daneben wurden Zement-, Maschinen-, Eisenfabriken, Verlage, Photoanstalten und Druckereien gegründet. 1857 öffnete im Elimeyerschen Bankhaus die Dresdner Börse.«

Selbstverständlich folgten bei Einzelfirmen wie Aktiengesellschaften in beträchtlicher Zahl Insolvenzen und Konkurse. Ursula Forberger schreibt dazu, daß bis zum Erlaß der Gewerbefreiheit 1861 fünfzig Dresdner Betriebe mit fabrikatorischer Fertigung ermittelt wurden, von denen zwanzig noch vor 1861 wieder schließen mußten. Mehrfach gab es auch nicht auf Sachsen beschränkte Wirtschaftskrisen: Dem Boom der Gründerjahre durch die französischen Milliarden-Reparationen nach 1871 folgte der Gründerkrach von 1873, der aber in Dresden weniger dramatisch verlief als andernorts; sieben Jahren Hochkonjunktur bis 1900 folgte eine schwere ökonomische Krise bis 1902; der Erste Weltkrieg brachte starke Einbrüche in nicht kriegswichtigen, aber exportabhängigen Branchen. Über die Krisen hinweg aber gab es immer wieder ein »Emporblühen« der anderen Stadt im Zuge der großen wirtschaftlich-technischen Gesamtentwicklung; Starke meint sogar: »Zwischenkrisen bedeuteten bei dem steilen Aufwärtstrend nur eine notwendige Konsolidierung.« Aufschlußreich sind unter diesem Aspekt die Angaben zweier Gewerbezählungen mit Wachstumstendenz: 1875 wurden 1094 Firmen mit über 5 Arbeitskräften und 13 252 kleinere Betriebe registriert; in der Zählung von 1907 »wurden knapp 42 000 ›Hauptbetriebe‹ mit etwas über 190 000 Beschäftigten ermittelt, davon 86 % Kleinbetriebe mit höchstens 5 Personen. In den 179 größten Betrieben (mehr als 100 Personen) arbeitete fast ein Viertel (46 015) aller Beschäftigten. Sechs Unternehmen … beschäftigten mehr als 1000 Arbeiter.«

Nach diesem Überblick zieht Starke für den Vorabend des Ersten Weltkrieges eine Bilanz von fast hundert Jahren industrieller Entwicklung der Elbmetropole: Dresdens Wirtschaft stellt sich sehr stark ausdifferenziert dar; dabei dominiert die arbeits- und intelligenzintensive Fein- und Fertigungsindustrie. Beachtliches Gewicht erlangen einzelne Dresdner »Frauenindustrien« – im innersächsischen Vergleich ist die Beschäftigungsquote von Frauen in Dresden geringer, verglichen mit anderen deutschen Großstädten aber höher. Von Inhabern geleitete Klein- und Mittelbetriebe mit relativ geringer Kapitalausstattung herrschen vor; gleichzeitig aber bestehen kapitalistische Großbetriebe und Konzernverbände in der Stadt. Bauwirtschaft, Verkehr, Banken, Versicherungswesen, Dienstleistungen und Handel, die bis zur Jahrhundertwende eine bedeutsame Rolle spielten, fielen danach in eine rückläufige Tendenz. Mehr als ein halbes hundert Branchen wachsen überproportional und/oder überregional – einige Beispiele bezeugen die außerordentliche Vielfalt und Breite des Dresdner industriellen Angebots: Schiffs-, Maschinen- und Anlagenbau; Bekleidung, Lederwaren und Tapeten; Druck- und Verlagswesen; Schokolade und Zuckerwaren; Zi-

garetten, für deren Produktion Dresden zeitweilig europäischer Hauptort war; Kameras; Dresden-Übigau als größte deutsche Binnenschiffs-
Werft; Schreib-, Rechen- und Nähmaschinen; Bierbrauerei und Spiri-
tusbrennerei, deren sächsisches Zentrum Dresden war.

In dieses Bild der Stadt paßt das neben den ökonomischen Prozessen
und Phänomenen auffälligste, mit ihnen und der mächtigen Flächen-
vergrößerung verbundene Phänomen der Bevölkerungsexplosion. Wieder erzählen Zahlen Stadt- und Industriegeschichte: 1830 hatte Dresden 70000 Einwohner; 1871 waren es 177400, 1885 bereits 260088,
1905 516996 Bewohner; 1910 lebten 548308, 1914 schließlich rund
567000 Personen in Dresden, das damit seiner Bevölkerung nach die
viertgrößte Stadt Deutschlands war.

Das explosive Wachstum hatte vor dem Hintergrund der Industrialisierung drei Hauptursachen: Geburtenüberschuß, Zuwanderun-
gen und Eingemeindungen. Der absolute Geburtenüberschuß betrug
1867 bis 1871 insgesamt 3771 Personen, wuchs 1880 bis 1885 auf 10778
und 1905 bis 1910 auf 26839 Neugeborene. Die hauptsächlich durch
das Fabrikwesen angelockten Zuwanderer stammten mehrheitlich aus
dem nahen Umfeld der Stadt und aus dem Königreich Sachsen. Die
meisten Zuwanderer waren arm und erstrebten in der jungen Industrie
einen höheren Lebensstandard. Viele von ihnen pendelten aus den Vor-
orten, deren Bevölkerung sprunghaft anstieg, täglich hin und her, arbeiteten in Dresden oder verkauften dort Waren. »Sie nutzten die technischen und kulturellen Einrichtungen der Stadt, ohne dort Steuern zu
zahlen. Dies war der entscheidende Grund für den Rat, Orte mittels
Eingemeindung in die Stadt Dresden einzubeziehen.« Bis 1903 wurden
nicht weniger als 17 Vororte nach Dresden eingemeindet. Das führte zu
einer kräftigen Vergrößerung der Stadtfläche: Sie wuchs von 2860 auf
6750 Hektar und war damit sogar größer als die von Berlin mit 6349
Hektar; dabei wohnten in der Reichshauptstadt rund viermal soviel
Menschen wie in Dresden. Die außergewöhnliche Flächenausdehnung
ist bis heute in der Weitläufigkeit der Stadt mit viel Raum zwischen
etlichen Bezirken erlebbar. So wie die menschlich-soziale Physiognomie der sächsischen Metropole durch die vielen tausend Zuwanderer
sich veränderte, so die äußere Stadtgestalt durch die Bauten des Industriezeitalters, einerseits durch die in vielen Bereichen der Stadt »em-
porblühenden« Fabrikanlagen, andererseits durch Wohnbauten für die
»andere« Stadt.

Durch die Architektur des Industriezeitalters, durch die neuen Fabrikgebäude, aber auch durch die neuen Wohnhäuser und Wohnblocks verwandelten sich Teile des Dresdner Stadtbildes in eine Richtung, die dem barocken Gesamtkunstwerk entgegengesetzt war: Das sichtbare Äußere dieser Bauten nahm Züge entschiedener Schmucklosigkeit und geometrischer Strenge, um nicht zu sagen, von Kargheit oder Öde an. Seit Adolf Loos das Ornament mit dem Verbrechen gleichgesetzt hatte, kam eine Baukunst der äußerlichen Simplizität und Rationalität auf, deren Vormachtstellung bis heute anhält, wenn auch nicht überall und immer: gewisse Ausnahmen waren um 1900 zum Beispiel die Eschebach-Werke in Pieschen, auch jetzt noch ansehnlich.

Interessanter sind Versuche, die Einrichtungen des siegreichen Maschinenzeitalters historistisch oder exotisch einzukleiden, so daß dem industrietechnischen Inneren eine – scheinbar? – schöne Schale übergezogen wird – je nach Auslegung als Reservat, als Bewahrung, als Überhöhung, als Abwehr, als Ausweichen, als Tarnung, als Flucht oder als alles zusammen. Die »Saloppe« von 1875, Dresdens erstes städtisches Wasserwerk, in Loschwitz am rechten Elbufer gelegen, erbaut und installiert durch den Architekten Theodor Friedrich und den Ingenieur Bernhard Salbach, barg in einem auffallend lang gestreckten Hauptgebäude aus gelbem Klinker Kessel- und Maschinenhaus und machte hinter einer starken, hohen, gegen Hochwasser aufgerichteten Stützmauer aus Sandsteinbossen mit spitzen Türmen und Rundbogenfenstern einen Eindruck von neorenaissanceartiger, wenn nicht gar mittelalterlicher Wehrhaftigkeit, die allerdings teilweise dem Bombardement anheimfiel. Auch das 1898 in Dienst gestellte, nach längerer Unterbrechung und Sanierung heute wieder arbeitende zweite Wasserwerk der Stadt wurde von Friedrich und Salbach errichtet, und zwar an den linkselbischen Wiesen von Tolkewitz: Ein mehrteiliges Ensemble mit Beamtenwohnhaus als typisches Zeugnis historistischer Architektur; die dunklen Sandsteinbauten erinnern noch stärker als die »Saloppe« an eine mittelalterliche Wehranlage, urteilt der Kunstwissenschaftler Gilbert Lupfer.

Zwei andere, am Westrand der Innenstadt gelegene »eingekleidete« Industriebauten wirkten, verglichen mit den Wasserwerken, durch Turmhöhen ausgesprochen spektakulär, wenn nicht gar provokant: das historistische Fernheiz- und Elektrizitätswerk in der Großen Packhofstraße nahe der Semperoper und die historistisch-exotische Tabakfabrik »Yenidze«. Das Heizwerk des Architekten Julius Temper, am 15. Dezember 1910 in Betrieb gegangen, 1945 zerstört, war eine phantastisch-eklektizistische Mischung aus Neorenaissance und Neoromanik, geschmückt mit Risaliten, Ecktürmchen, verschiedenen Fenstertypen bei Dominanz von Bogenfenstern, Treppchen und Geländern, gekrönt durch einen relativ schlanken Hauptturm mit stilmischender Laterne – der Turm versteckte den Schornstein; eine prächtige Fotografie, aufgenommen wohl aus dem Residenzschloß, zeigt das kuriose, aber reizstarke Ungetüm schräg hinter der Oper und höher als sie, dikken schwarzen Qualm ausstoßend; der Turm-Schornstein wurde 1935 abgetragen.

Noch markanter ist bis heute der Gebäudekomplex der nach einem türkischen Tabak-Anbaugebiet benannten »Yenidze«, die nach Beseitigung von Kriegsschäden in alter Pracht am Südende der Marienbrücke, an der Grenze zwischen Alt- und Friedrichstadt zum Himmel ragt. Der wirtschaftlich erfolgreiche Fabrikant Hugo Zietz konzentrierte darin zwischen 1907 und 1912 seine Produktion und ließ das Bauwerk herausfordernd, auffällig, außerhalb aller Dresdner Tradition, aber auch einfallsreich und erheiternd als Moschee aufführen; der Architekt Hammitzsch wurde wegen des seinerzeit heftig umstrittenen und bekämpften Unikums aus der Reichsarchitektenkammer ausgeschlossen. Für die Außengestalt verarbeitete er ägyptisch-mamelukische und maurische Vorbilder. Das sechsstöckige Frontgebäude trägt einen zehnstöckigen Mittelbau, den eine spitzbögige, farbig verglaste, an Kalifengräber in Kairo erinnernde 20 Meter hohe Kuppel krönt. Der ganze Bau ist von acht Minaretten umzäunt, deren größtes den Schornstein verbirgt und der höchste Teil des Ensembles ist. Die Fassade aus Granit, farbigem Betonwerkstein, Ziegeln und bemaltem Putz ist kontrastreich rotbraun und weiß gefärbt; sie läßt durch viele dicht an dicht stehende, vorwiegend bogenförmige Fenster die lichte und luftige Atmosphäre der großräumigen Säle ahnen. Dieses Innere aber erhielt eine überaus reizvolle Modernität: Die »Yenidze« ist eines der ersten deutschen Industriewerke in Stahlbeton-Skelettbauweise mit Ziegelausfachung: »Die neuartige Konstruktion mit dem Verzicht auf tragende Mauern war gerade um die Jahrhundertwende in den USA ›zur Serienreife‹ gelangt (...). Die technische Ausstattung, mit Dampfheizung, Staubsaugern für die Produktionsräume, Aufzügen und der effektvollen elektrischen Beleuchtung der Kuppel, war auf dem

neuesten Stand, die Arbeitsbedingungen vergleichsweise vorbildlich.«
(Lupfer)

Insgesamt aber erfüllte das aufsehenerregende Gebäude eine doppelte Bauaufgabe: die Errichtung einer seinerzeit hochmodernen Fabrik
und die gleichzeitige, weithin sichtbare, dicht an der Elbe und einer
Hauptbahnstrecke ins Auge springende Werbung für Werk und Produkte. Vielleicht ist die »Yenidze« überhaupt das erste Dresdner Bauwerk
der Postmoderne – mehr als ein halbes Jahrhundert älter als diese im
strengen künstlerisch-wissenschaftlichen Sinn? Übrigens war der Kup-
peltrakt der getarnten Tabakwaren-Firma mit rund 60 Metern Höhe
eines der erste deutschen Hochhäuser – und, wie die berühmten Innen-
stadt-Türme, ein Wahrzeichen in der Dresdner Skyline, dem freilich
nicht der gleiche künstlerische Rang wie den Spitzen des Gesamtkunstwerks zukommt.

Die nun folgende Präsentation einiger weder historistischer noch
gänzlich schmuckloser Bauten eröffnet ein ebenfalls höhenmarkantes
Gebäude in Friedrichstadt: die Hafenmühle am Rande des Ostra-Geheges, errichtet 1913 von der bekannten Architekturfirma Lossow &
Kühne. Peter Stockbrandt beschreibt das mächtige Bauwerk: »Die Firma Bienert erbaute am Alberthafen eines der damals größten und modernsten Mühlenwerke Deutschlands. Seine drei kompakt wirkenden
Hauptgebäude sind in Stahlbeton-Bauweise errichtet und verputzt.
Das sechsgeschossige, parallel zum Südkai errichtete Mühlenhaus (heute Verwaltung und Labore) ist das längste und niedrigste der Mühlen-
gebäude. Eine kleine Brücke verbindet es mit dem zehngeschossigen
Silo- und Wasserturm, der über zweifach verjüngtem Aufsatz von einem konvex geschweiften Satteldach kuppelartig bekrönt wird. An den
Turm schließt das hohe, fast fensterlose Silogebäude an, das im rechten
Winkel zum Maschinenhaus ausgerichtet ist. Durch Lisenen und Putz-
felder streng gegliedert, trägt das Silo ein dreifach getrepptes, gauben-
besetztes Dach.«

Die weithin sichtbare Hafenmühle erfüllt annähernd die Wunsch-Be-
dingungen, die Walter Gropius, der Pionier und Ideologe moderner In-
dustriebauweise, 1911 formulierte: Diesen Bauten wohne »eine gewisse
Ursprünglichkeit und Mächtigkeit von Haus aus inne. Wucht, Strenge
und Knappheit« entsprächen dem organisierten Arbeitsleben, das sich
in ihnen abspiele. So erscheine die Annahme berechtigt, daß die Großbauten der modernen Industrie »Vorboten eines kommenden monu-

mentalen Stiles bilden werden«. Sofern architektonische Monumentalität nicht mit bloßer Größe, Höhe und Flächenausdehnung der Bauwerke gleichgesetzt, ja verwechselt wird, hat sich die prognostische Hoffnung von Gropius, der sich sogar einen »neuen Sakralstil« durch Industriebauten erträumte, doch wohl nur begrenzt erfüllt.

In Dresden gerieten neben der Hafenmühle vor allem zwei Schöpfungen von Hans Jakob Erlwein, (1872–1914), seit 1905 Stadtbaurat, in den Bereich von Monumentalität: sein Gasometer in der Gasanstalt Reick (1907/08) und der gewaltige Speicher in der Kleinen Packhofstraße unweit von Strom, Theaterplatz und Ostra-Gehege. Erlwein, ein geübter Beschreiber der eigenen Werke, hat Bauaufgabe, Bauabsicht und »Kunstmittel« des Gasbehälters 1913 in einem Ausstellungskatalog der progressiven Galerie Arnold überzeugend dargestellt: »Die bisherigen Gasbehälter erinnern alle mehr oder weniger an das Kolosseum oder die Engelsburg in Rom. Sachstil und Material erfordern aber eine ganz andere Behandlung eines derartigen Nutzbaus. Der Eisenbeton, der zum ersten Male in solchem Umfang verwendet wurde, forderte in der Architektur den Ausdruck seiner Eigenschaften und schloß deshalb von vornherein Bauformen, wie Zinnen und Arkaden, überhaupt rein ornamentale Zutaten, aus. Das ungeheuere Fassungsvermögen des Behälters – 110 000 Kubikmeter – legte es dem Architekten vor allem nah, für die Anlage die sparsamste Form zu finden (…). Da die überhaupt sparsamste Form, die Kugel, ausgeschlossen ist, ergab sich die Zylinderform annähernd gleich im Durchmesser und in der Höhe … Der Eisenbetonmantel, der die Glocke des Behälters umgibt, wurde der Konstruktion wegen in stützende Pfeiler und füllende Flächen aufgeteilt und durch fünf turmartige Versteifungen gegen den Winddruck … befestigt. Schmucklos, ohne Architektur im landläufigen Sinne, stehen die Türme da, aber scharf und klar sprechen sie in ihrer Form ihre konstruktive Aufgabe aus.« Fotos desselben Terrains zeigen übrigens neben dem Giganten sehr schön die beiden älteren Gasbehälter Theodor Friedrichs von 1878: runde Steinbauten mit letzten Anklängen des Historismus, Klein-Kolosse mit torartigen Rundbogenfenstern, schlichten Lisenen, schwach ornamentierten Simsen zwischen Zylinder-Körpern und sehr flachen Kuppeln.

Der Packhof-Speicher, 1914 aus städtischen Mitteln wegen des Mangels an Lagerraum errichtet, ist mit 19 800 Quadratmetern Hauptfläche, 76 Metern Länge, 36 Metern Breite und 39,50 Metern Höhe bis zum Dachfirst ein kompakter Riese: »Erlwein stellte den Stahlbetonbau unter mächtigem, gesteiftem Walmdach mit hohen Zwerchhäusern in die typologische Ahnenreihe vom maritimen Speicherhäusern. Direkte historische Zitate sind jedoch ebensowenig zu finden wie eine Einbindung in Dresdner Bautraditionen. Trotz – oder gerade wegen – seiner lapidaren Monumentalität wirkt der Speicher keineswegs nüchtern, eine eindrucksvollere Verbindung von Zweckbestimmung und romantischem Pathos ist kaum denkbar.« Fotos aus Vorkriegszeiten bestätigen das »Romantische«, das auch aus der ursprünglichen Nachbarschaft zum stark historisierten, im Krieg vernichteten Zollspeicher und aus der Kombination von – damals – relativ hellen Außenwandflächen mit der überraschend großen, doch keineswegs aufdringlichen Fülle quadratischer Fenster entsteht, die Helligkeit nach innen, aber auch einen Zug von Unheimlichkeit suggerieren. Nachkriegsfotos zeigen den nach starker Beschädigung und bloß provisorischer Reparatur ständig wachsenden Verfall; die begonnene Umwandlung in ein Hotel rettet durch Renovierung die ursprüngliche Gestalt.

Die Erzählung von Dresdens Industrialisierung hält bei dem schon genannten Baumeister ein: Hans Jakob Erlwein, nach dem gleichen Amt in Bamberg Stadtbaurat zu Dresden, am 9. Oktober 1914 bei einer Fahrt des »Sächsischen Freiwilligen Autokorps« für den Hilfsdienst bei der französischen Stadt Rethel unweit Reims als Beifahrer tödlich verunglückt. Inmitten einer beträchtlichen Anzahl guter einheimischer Architekten war er die stärkste Persönlichkeit und die vielseitigste baukünstlerische Begabung; ein glänzender Organisator, ein »Vollblut- und Kampfmensch«, so ein Nachruf, zitiert bei Volker Helas, energisch, ungeheuer arbeitsstark, gewandt in Rede und Auftreten, aber auch selbstherrlich, aufbrausend, bei Widerspruch und Renitenz grob, als Vorgesetzter autoritär und anspruchsvoll, einfühlsam und offenherzig zu überzeugten, begeisterungsfähigen Mitarbeitern, mit einem Buckel voller zumeist neidischer, verleumderischer Feinde – noch immer ohne das verdiente Denkmal in der Stadt, deren existentielle Eigenarten und Erfordernisse er für seine Entwürfe scharfsinnig durchleuchtete, um seine Bauten, auch riesige wie Gasometer und Speicher, stadtökologisch und künstlerisch meisterhaft zu gestalten und einzufügen.

Erlweins Dresdner Werke sind ihrer Wesensart nach unverwechselbar, ihrer Zahl nach fast unglaublich: Er schuf über 120 Bauten; nur ein Teil von ihnen, dabei aber besonders wichtige, sind industriellen Charakters, eine ganze Reihe ist zerstört, einige erhaltene sind stillgelegt oder von Verfall bedroht. Es gibt keinen Dresdner Architekten, der uns an so vielen Plätzen und Straßen entgegentritt. Er baute das dritte städtische Wasserwerk in Hosterwitz und, zusammen mit Hermann Klette, die Kläranlage Kaditz – beides noch heute arbeitende Anlagen; er baute etwa zehn teilweise sehr große Schulen wie die prächtige 32. Bezirksschule in Neugruna; drei Feuerwachen; Stadt- und Geschäftshäuser wie die jetzige Sparkassenzentrale Johannstadt/Gerokstraße; etliche Wohnhäuser, darunter das ursprüngliche Obdachlosen-Asyl Altpieschen; die schöne, nach der Zerstörung im Feuersturm rekonstruierte Gaststätte »Italienisches Dörfchen« an der Elbseite des Theaterplatzes; das Verwaltungsgebäude der Löbtauer Heil- und Pflegeanstalt; den 1945 gesprengten Wolfshügelturm in der Dresdner Heide; die neue Löwenapotheke am Altmarkt; den filigranen Rundtempel über dem Artesischen Brunnen am Albertplatz; die Ausstellungshallen der Künstlervereinigung Dresden am Stübelplatz; eine Reihe von Klein-Architekturen wie Haltestellen und Bedürfnisanstalten.

Und er baute, als seinen größten Gebäudekomplex, von 1906 bis 1910 den städtischen Vieh- und Schlachthof auf einer hochwassergeschützten, aufgeschütteten Fläche im Ostra-Gehege, nahe dem Alberthafen und dem Güterbahnhof Friedrichstadt. Die »Schlachthof-Insel« hatte einen kleineren, noch heute arbeitenden Erlweinschen Vorläufer in Bamberg; die weitläufige Dresdner Anlage war seinerzeit der größte Vieh- und Schlachthof Deutschlands, erbaut auf ausgezeichnetem Terrain: »Das Areal«, liest man in den Ratsakten, »ist außerordentlich geeignet zu der Schlachthofsanlage: die leichte Entwässerung, die Möglichkeit, die zahlreichen Abwässer in die Elbe zu verweisen, die gute Verbindung mit dem Hafen und der Elbe sind große Vorzüge. Dabei liegt das Areal isoliert von den bebauten Stadttheilen, trotzdem in der Mitte des Stadtgebietes, so daß es von allen Stadttheilen aus gleichmäßig schnell erreichbar ist.« Das Ganze präsentierte sich als Ensemble jeweils frei stehender Gebäude, die einander zum übergeordneten Hauptzweck zuarbeiteten – beinahe eine eigene Vorstadt, deren von Erlwein minutiös konstruierter Plan in strenger, subtil mit den Gegebenheiten des Geheges abgestimmter, auch heute noch sichtbarer Ordnung am Reißbrett entworfen wurde und aus der Vogelperspektive dennoch großzügig und luftig wirkte. Was im Hochbauamt der Stadt schon vorbereitet war und von Erlwein nach Amtsantritt 1905 in nur einem Jahr baureif gemacht wurde, ging er »mit Feldherrnbegabung und als architektonischer Kapellmeister« an, so in trefflicher Metaphorik seine Freunde vom Bund Deutscher Architekten, Ortsgruppe Dresden. Er wurde assistiert von über dreißig Baumeistern und Ingenieuren sowie einem Beirat von Veterinären, Künstlern und Ordinarien, darunter der großartige Bildhauer Georg Wrba. Die Bauaufgabe war gigantisch: Es entstanden unter Mitwirkung von über 30 Firmen Schlachthallen für Großvieh, Kleinvieh und Schweine, Markthallen und Futterställe für Großvieh und Kleinvieh, eine Kraftstation mit Maschinenhaus, Pumpstation und Schornstein, verborgen in einem hoch aufragenden Turm, Amtsschlachthof, Schauamt, Kühlhalle, Abwasserreinigung, Talkschmelze, Pferde- und Hundestallung, Stallungen für Auslandsvieh, Lokomotivschuppen, Wirtschaftsgebäude, Verwaltungsgebäude, mehrere Läden, Gasthof (später Hotel), Pförtnerhaus, Torwarthäuschen, Gartenhaus, Straßenbahnwartehalle und Bedürfnisanstalt.

Die Kraftstation ist das technisch-bauliche Zentrum der gesamten Anlage. Erlwein beschreibt sie in einem eigenen Text: »Die Kraftstation (…) besteht aus dem Kessel- und Maschinenhaus und einer großen Zahl von Nebenräumen und dient zur Erzeugung von elektrischem Licht, elektrischer Kraft, Wärme und Kälte. Der äußeren Erscheinung nach ist die Kraftstation durch den als Turm ausgebildeten Schornstein das charakteristischste Gebäude der gesamten Anlage. Es ist ein Gewinn für das Stadtbild Dresdens zu nennen, daß der hohe Schornstein, ohne sich ganz als solcher zu verleugnen, umkleidet wurde. Ohne diese Verkleidung hätte er bei seiner Höhe von rund 50 m sogar das herrliche Elbpanorama beeinträchtigt, das sich von der Brühlschen Terrasse dem entzückten Blick des Beschauers darbietet.«

Eine für viele Erlweinsche Architekturwerke und insbesondere auch für die »Schlachthof-Insel« gültige Bauabsicht ist sein Beharren auf schmückende, dekorative, ästhetisierende Verwendung von Kunstmitteln, die nicht per se industriell sind: Die »Beherrschung der Raumkunst«, schreibt er, sei unabdingbare Voraussetzung neuzeitlicher architektonischer Aufgaben; die Hilfsmittel dieser Kunst seien »geschickte Verteilung der Gebäudemassen, Abwägung der Verhältnisse, Abwechslung in den Dachformen und wohlberechnete Durchbildung der Silhouette«; für die äußere Wirkung aber käme »die Verwendung von roten Ziegeldächern, weißen Putzflächen und dunkelgrünen Fensterläden« in Betracht, da sie, womöglich mit Blumen und Bäumen zusammen, kontrastreiche Farbwirkungen erzeugten. Mit solchen Hilfsmitteln könnten auch industrielle Anlagen ein Städtebild bereichern.

Die Synthese von technischer Modernität und architektonischer Ländlichkeit, die Erlwein noch in seiner Münchner Studienzeit beim sogenannten Heimat(schutz)stil kennenlernte, gelingt ihm in der Großraum-Anlage des Dresdner Schlachthofes vorbildlich, ja einzigartig. So setzt er beispielsweise mit einer Anlage zur Produktion von Trockeneis, mit einer Betriebsdampf- und Entnebelungsanlage, mit Fernwasserwarmleitungen, einem modernen Trichinoskop für die Trichinenschau und einem Kühlsystem auf Ammoniak-Basis neueste technische Errungenschaften ein; auf der anderen Seite prägen Formen und Farben, wie sie eben zitiert wurden, das Fassaden-Bild des Bauwunders vom Ostra-Gehege. Hier wie in den meisten anderen Gebäuden Erlweins spielt die meisterhafte, variantenreiche Gestaltung der Dachformen eine Hauptrolle:»So haben die Futterställe«, schreibt Norbert Göller in einer vortrefflichen Würdigung von Erlweins größtem Werk,»hohe, abgestufte, die Gebäude des Amtsschlachthofs hingegen flache Mansardendächer. Ebenso verwendete er Krüppelwalmdächer. Die Lüftungsschächte sind als Ziertürmchen und Dachreiter verkleidet und beleben wie die zeltförmigen Glasdächer auf den Markt- und Schlachthallen die Dachlandschaft. Aus den Prototypen ländlicher Bauten wie Scheune und Stall sind die Gebäude zweckgerichtet geformt, ihre Umrißlinien durch Reduzierung hervorgehoben.« Was Benutzern wie Besuchern des vielgerühmten Areals dort widerfuhr, faßt der gleiche Autor eindringlich zusammen;»Wie man sich dem Dresdner Vieh- und Schlachthof auch nähert, von der Pieschner Allee oder von der Magdeburger Straße über die Flutrinnenbrücke her, jedesmal empfängt einen das malerisch-harmonische Bild einer Siedlung in offener Landschaft (…). Die Illusion ist perfekt. Wer erwartet, daß sich hinter diesen Mauern ein 36 Hektar großes Fabrikgelände verbirgt, das zur Jahrhundertwende zu den modernsten Europas gezählt wurde? Kein hochgereckter Schlot, das Symbol des aufbrechenden Industriezeitalters; nur ein 50 Meter hoher, verkleideter Turm, der eher einem barocken Kirchturm ähnelt, dominiert das Gelände.« Göllers Text von 1996 steht im Präsens. Das Gelände mit seinen Bauten ist noch da, doch der Vieh- und Schlachthof arbeitet seit 1995 nicht mehr. Verfall breitete sich aus; Pläne zu neuer Nutzung wurden nicht realisiert. Die überraschende Rettung kam von außen und indirekt: vom Volkswagenkonzern, wie wir noch sehen werden.

Jahrzehnte nach Kriegsende erfährt Erlweins Schlachthof eine unerwartete literarische Präsentation. In der Nacht vom 13. zum 14. Februar 1945 haben nämlich 150 amerikanische Kriegsgefangene das Inferno in einem Fleischkeller von Schlachthof 5 überlebt. Einer von ihnen, Kurt Vonnegut, 1922 in Indianapolis geboren, publizierte 1969 den Roman »Slaughterhouse-Five or The Children's Crusade«, deutsch 1970 unter dem Titel »Schlachthof 5 oder Der Kinderkreuzzug«. Vonnegut stellt seine Kriegserlebnisse künstlerisch-freimütig in die phantastische Geschichte seines zu irdischen wie transplanetarischen Zeitreisen fähigen Antihelden Billy Pilgrim, erzählt sie aber zugleich drastisch-autobiographisch, memorierend und kommentierend als Ich-Person. So »erleben« wir die Schrecknisse des Jahres 1945 »kurz, wirr und schrill«, wie der Dichter meint: Eisenbahntransport und Lagerleben der »prisoners-of-war«, »die bezauberndste Stadt« mit staunendem Blick, die Nacht ihrer Zerstörung, Dresden als »eine einzige große Flamme«, den fürchterlichen Befehl an die Gefangenen, die Toten in den Ruinen auszugraben und »Leichenbergwerke« zu errichten. Übrigens kehrte Vonnegut 1998 auf Verleger-Drängen widerwillig noch einmal ins Schlachthaus 5 zurück und stellte sich seinen Lesern am besonderen Ort sarkastisch, selbstironisch, skrupelhaft, erbittert und verstört.

Der Exkurs in die literarische Bewältigung von Dresdens schlimmster Katastrophe sei durch Einblicke in drei weitere künstlerisch anspruchsvolle Romane ausgebaut, die das brisante Sujet auf jeweils eigenständige Weise, wenn auch nicht aus der Perspektive des Schlachthof-Zentrums darstellen. Harry Mulisch erzählt schon 1959 in seinem Kurzroman »Das steinere Brautbett« eine ebenfalls brisante, aber fiktive Variante der Rückkehr in die heimgesuchte Stadt: Der Zahnarzt Corinth aus Maryland, der 13 Jahre nach der Apokalypse zu einem Fachkongreß nach Dresden fliegt, ist ehemaliger Bordschütze eines »Liberator«-Bombers! So gewinnt der Autor zwei räumlich wie zeitlich konfrontierte Erzählebenen: Der Flieger von 1945 schildert in einer verwegenen Mischung aus Drastik und Rhapsodik Aktionen und Atmosphäre im Kampfflugzeug; der Tagungsteilnehmer registriert die auch 1958 noch schwärenden Wunden der Elbmetropole, »die Überreste der Stadt: eine unüberschaubare Brandung von Schutthaufen«, darunter »noch Zehntausende von Menschen«, in den Trümmern hausende Leute, »Wracks, die in erleuchteten Nischen herumwirtschafteten«, »den turmhohen Schuttberg« der Frauenkirche – als düsterer

Höhepunkt erscheint die Erzählung einer beim Angriff schwerverletzten, beinamputierten Dresdnerin von Bombardement, Feuersturm und Tiefflieger-Grausamkeit.

Zwei deutsche Romane stellen die Katastrophe und ihre Folgen aus erinnernder Opfersicht von Kindern und Jugendlichen dar. Alfred Dorn, der unheldische Protagonist von Martin Walsers großem Roman »Die Verteidigung der Kindheit« (1991), und seine Mutter fliehen aus dem brennenden Haus Borsbergstraße 28d, wo sie unweigerlich im Keller erstickt wären, »mit nassen Wolldecken umwickelt, in den östlichsten Teil des Großen Gartens«. Vater Dorn und dessen Geliebte, beide karnevalistisch geschminkt, fliehen aus der letzten Vorstellung des brennenden Zirkus Sarrasani; die Frau wird am nächsten Tag durch Tiefflieger tödlich verwundet. Dorns jüdische Bekannte Dr. Halbedl und seine Frau können wie die Klemperers aus dem in Flammen aufgehenden Judenhaus entkommen, die Frau aber wird in den Feuersturm gerissen; der erschöpfte Mann »lag in den Elbwiesen, ringsum die Leichen der an Verbrennungen und Verwundungen Gestorbenen«, ein aus dem Zirkus geflohener Löwe legt sich zu Dr. Halbedl und schmiegt sich dicht an ihn: eine Szene von rührender Ungeheuerlichkeit. Dorns Erinnerungen an das Grauen sind an weit auseinanderliegenden Textstellen eingebaut: stark, unvergeßlich, allgegenwärtig.

Eine besondere Variante von Rettung aus dem Inferno gibt Helga Schütz in ihrem neuesten Roman »Knietief im Paradies« (2005): Die achtjährige Eli (Kurzform von Raphaela), deren Vater in Stalingrad, deren Mutter im Winter 45 irgendwo an der deutschen Ostfront verschollen sind und die später im Großen Garten als Gärtnerin ausgebildet wird, erzählt ihre ans Unwahrscheinliche grenzende Geschichte in der 1. Person Singular: »Die Bomben haben mich nicht getroffen, weil ich scharf auf die silbernen Stanniolstreifen war, die immer vom Himmel flatterten (…). Ich verschwand, um draußen Stanniol zu sammeln (…) Silber vom Feind, das unsere Flak verwirren sollte. Es regnete nur so herab. Ich rannte dem vor mir treibenden Silber hinterher. Mein Eifer war schneller als das Feuer (…). So bin ich als einzige von einundzwanzig Personen aus dem Haus Altenzeller Straße 41 in Dresden-Süd überraschend oder wie durch ein Wunder übriggeblieben.« Das totgeglaubte Mädchen wird krank und verletzt am Elbufer aufgefunden; sein Großvater und nunmehriger Vormund will die Rettung des Kindes zunächst gar nicht wahrhaben. Die junge Gärtnerin aber wird zeitweilig eine makabre Neigung zu Trümmerstraßen entwickeln; daß sie später die akribische Bepflanzung des Mahnmals für die Bombenopfer auf dem Heidefriedhof übernimmt, wirkt wie eine nachträgliche Entschuldigung für ihr eigenes Überleben.

Ein Königreich fällt

Am 13. November 1918, etwa eine Woche nach Ausbruch der Revolution in Sachsen, verzichtete Friedrich August III., der letzte König des Landes, im preußischen Schloß Guteborn, wohin er auf Drängen von Familie und Hof geflohen war, auf den Thron. Rudolf Heinze, seit dem 26. Oktober Chef des Gesamtministeriums, überlieferte die Szene der Nachwelt:»Ich musste im Auftrage des Staatsministeriums die schwere Aufgabe übernehmen, Seine Majestät aufzusuchen und ihn zu verständigen, dass das Ministerium seinen Rücktritt für unausweichlich halte, angesichts der Lage. Der König forderte mich auf, Platz zu nehmen, und nachdem er meinen Vortrag angehört hatte, antwortete er nicht sogleich. Er legte die Arme auf den Tisch und den Kopf darauf. Nachdem er längere Zeit so verharrt hatte, unterzeichnete er das vorgelegte Schriftstück schweigend.« Damit endete die 829jährige Herrschaft des Hauses Wettin über Sachsen. Der vom Abgedankten zeit seines Lebens bestrittene Ausspruch bei diesem Anlaß – »Machd doch eiern Dregg alleene!« – gehört zur weitverbreiteten Witz-Legende dieses Fürsten.

Der unaufhaltsame Niedergang des sächsischen Königtums wurde spätestens mit der Reichsgründung 1871, also noch in der Ägide von König Johann sichtbar: Thron und Königswürde blieben erhalten, doch Macht- und Rechtskompetenzen gingen weitgehend an die kaiserliche Zentrale; sächsische Außenpolitik mit ausländischen Staaten erlosch; das Land war nun einer von 25 Einzelstaaten im Deutschen Reich, es hatte bis 1918 23 von 397 Reichstagswahlkreisen:»Letztlich bestand die Rolle Sachsens, das im Reich seiner Fläche nach an fünfter und der Einwohnerzahl nach an dritter Stelle stand, im verwaltungsmäßigen Vollzug der Gesetze und Bestimmungen.« (Reiner Groß) Ähnliche Restriktionen bei gleichzeitiger starker Anspannung der sächsischen Kräfte herrschten im Militärwesen: Obwohl König Albert als Kronprinz

1870/71 die 4. Armee befehligte und Feldmarschall wurde, obwohl Sachsens Streitkräfte bis 1899 von 24 auf 82 Bataillone Infanterie, von einer Artilleriebrigade auf 8 Artillerieregimenter wuchsen und um Pionier-, Scheinwerfer-, Nachrichten- und Transporteinheiten verstärkt wurden, waren diese Truppen stets Untergliederungen der gesamtdeutschen Militärs unter dem Kaiser als Oberstem Kriegsherrn.

Die Herrschaft des Königshauses sah sich noch von ganz anderen, die politischen Gewichte der konstitutionellen Monarchie Sachsen stark verschiebenden Kräften angegriffen und eingeschränkt: Im Zuge der industriell-ökonomischen Revolution erhob sich, als Vorhut und Schutzschild der millionenstarken Arbeiterschaft, die deutsche Sozialdemokratie. Ferdinand Lassalle gründete 1863 in Leipzig den Allgemeinen Deutschen Arbeiterverein; mit August Bebel, dem »Arbeiterkaiser«, der in Dresden an etlichen politischen Veranstaltungen mitwirkte, zeitweilig den Reichstagssitz für Dresden-Altstadt innehatte und 1884 bis 1890 im Vorort Plauen wohnte, und Wilhelm Liebknecht stieg Sachsen zum Zentrum der deutschen Linken auf. Seine Regierung, sprich: seine monarchische Spitze griff »zum untauglichsten Mittel bei Lösung sozialer Konflikte – Verweigerung ökonomischen Ausgleichs, von Meinungsfreiheit, Koalitionsrecht, allgemeinen und direkten Wahlen«, schreibt Walter Fellmann, der Biograph der sieben sächsischen Könige von 1806 bis 1918; Bismarck, der Erfinder des repressiven, wenn auch letztlich gescheiterten Sozialistengesetzes, »sollte in keinem anderen Bundesland während seines Feldzugs gegen die Sozialdemokratie einen so aktiven Parteigänger finden wie in Sachsen« (Fellmann). Nicht zufällig fanden zwei dubiose Strafprozesse – 1872 wegen »Hochverrats« gegen Bebel und Liebknecht in Leipzig, 1886 in Freiberg gegen Bebel und andere Funktionäre wegen »Geheimbündelei« – vor sächsischen Gerichten statt. Das Anwachsen der Linken konnten die fürstentreuen Konservativen aber nicht verhindern: Mit dem Auslaufen des Sozialistengesetzes errangen die Sozialdemokraten 1890 in beiden Dresdner Wahlkreisen 15 000 Stimmen, 9000 mehr als drei Jahre früher; 1893 bekam die sächsische SPD sogar 45,7 % der gültigen Stimmen gegenüber dem Reichsdurchschnitt von 23,3 % – das Lob- oder Schimpfwort »Rotes Königreich« lief um. Gewissermaßen zur Revanche bekämpften Königshaus und Konservative alle demokratischen Wahlrechtsinnovationen auf Landes- und Kommunalebene durch Verzögerungen und haarsträubende Mehrstimmigkeitsregeln; das sogenannte Hohenthalsche Pluralwahlrecht, nach dem federführenden Innenminister benannt, war eines der reaktionärsten im Kaiserreich.

Sachsen hatte, wenn man den 1873 verstorbenen Johann ausnimmt, zwischen den Kriegen drei Könige: Zuerst Albert, 1873 bis 1902 auf dem Thron, politisch mäßig talentiert, ganz auf Militär und Heerführerrolle orientiert, dabei, wie Königin Carola, seine Frau, durchaus beliebt (kein anderer Fürst lieh so vielen Dresdner Einrichtungen seinen Namen: Albertinum, Albertplatz, Alberttheater, Albertbrücke, Albertstadt, Alberthafen); unter Alberts Ägide feierte das Haus Wettin 1889 das einzigartige Regierungsjubiläum von 800 Jahren, mit Pomp, riesigem Festumzug, vielen tausend Besuchern, dem ganzen deutschen Hochadel samt Kaiser Wilhelm II. als Gästen.

Dem kinderlosen Feldmarschall folgte sein bereits siebzigjähriger stockkonservativer, verbohrter, tyrannischer Bruder Georg, genannt »der Grämliche«, für zwei Jahre (1902 bis 1904); politisch talentlos, doch herrschsüchtig, dabei versessen auf eine unmäßige Erhöhung seiner Zivilliste, immer kränklich, schwerhörig, unbeliebt, ja verhaßt: »Das Volk brachte ihm offene Abneigung entgegen«, schrieb die »Dresdner Rundschau« bei seinem Tod höhnisch. Sicher fielen nicht zufällig in seine Regierungszeit drei für die Wettiner unheildrohende Ereignisse: ein politisches, nämlich der totale Sieg der Sozialdemokratie mit 22 von 23 Sitzen bei der Reichstagswahl im Juni 1903, ein ökonomisch-soziales, nämlich der alarmierende 21 wöchige Streik von 10 000 Crimmitschauer Webern und Heimarbeitern für Zehnstundentag und zehnprozentige Lohnerhöhung, ein Ausstand, verursacht durch profitgierige, asoziale Unternehmer, schließlich niedergeschlagen nur mit Hilfe des Staates, des starrsinnigen Monarchen durch »kleinen« Belagerungszustand, verstärkten Polizeieinsatz, Aufhebung des Vereins-, Versammlungs- und Koalitionsrechtes.

Das dritte, vordergründig nur dynastisch-private Ereignis erregte Aufsehen in ganz Europa: Die Flucht der Kronprinzessin Luise von Toscana, der Gattin Friedrich Augusts III., die ihm und der Dynastie fünf Kinder gebar und wieder schwanger war, als sie im Dezember 1902 ausbrach. Sie war schön, temperamentvoll, lebenslustig, freisinnig, auf eigenen Anschauungen, zum Beispiel über Kindererziehung, beharrend, im Volk der Sachsen ungeheuer populär, weil offenherzig und nie hochmütig, sicher manchmal sehr spontan und taktisch unklug. Sie verließ den goldenen Käfig des Wettiner Hofes wegen der Diktatur der überlebten, aber unverrückbar aufrechterhaltenen Etikette, wegen der Bespitzelung durch Aufpasserinnen bis ins Schlafzimmer, wegen der religiös drapierten Moral-Kontrolle, der unerhörten Vorschriften und Maßregelungen wie Still-Verbot und Kleiderzwang, wegen des alles beherrschenden, diktierenden Hasses ihres ungnädig-gnadenlosen Schwiegervaters, der das dynastische Hausgesetz ungeniert und ungestraft über alle im ganzen Reich geltenden Bürgerrechte setzte, bis zu »Gerichtsverfahren« jenseits aller Jurisdiktion und Öffentlichkeit. Luise floh als Ausgestoßene, wie ihre Autobiographie dramatisch festhält – und beugte sich schließlich, zur Enttäuschung des dem Aufruhr nahen Volkes, um ein finanzielles Rest-Fundament zu retten. Nach Georgs Tod kehrte sie nicht zur Familie zurück, gab Friedrich August am Ende sogar das sechste Kind. Offenbar schien niemand in Herrscherhaus und Hof zu verstehen, daß die Vertreibung einer der Ihren (Luise war enge Verwandte des Habsburger Kaiserhauses!) die innere Morschheit und Überlebtheit der mit Zähnen, Klauen und Verleumdung verteidigten Dynastie noch krasser zeigte als die politisch-sozialen Mißstände. Luisa, wie sie im Volksmund hieß, ging auch wegen ihres Mannes, der sie nicht schützte, nicht auffing, ja: der ihre Drangsalierungen nicht wahrhaben und sie nicht zurückhaben wollte, weil er es seinem Vater gelobt hatte.

Sachsens letzter König war ein äußerlich unprätentiöser Regent, uneitel, unelegant, etwas täppisch, furchtlos und unvoreingenommen, wenn er allein durch die Straßen spazierte, mit den Kindern ins Café ging oder mit wildfremden Leuten Skat spielte, ein immer sächselnder, »natürlicher« Mensch, über den unzählige Witze kreisten – aber unfähig, sich dem Vater, dem starren höfischen Etikettenkodex zu widersetzen, seine ungewöhnliche Frau aus der Einschnürung zu befreien, insofern schwach bis feige, andererseits auf seine Art beliebt, versessen auf Jagen und Reisen, endlos zu Besichtigungen unterwegs. Er widerstand auch den höheren deutschen Mächten nicht, übte Nibelungentreue zum Kaiser, schätzte die deutschen militärischen Potenzen des Ersten Weltkrieges so falsch ein wie fast alle deutschen Obrigkeiten – die 212 783 sächsischen Kriegstoten, die 334 000 Verwundeten, die über 40 000 Kriegsgefangenen nahm er wohl mit Bedauern wahr, Mitschuld und Mitverantwortung empfand er nicht, lebte nach den Stürmen der Revolution zumeist auf seinem schlesischen Schloß Sybillenort, reiste viel, vereinsamte, genoß sein Millionenvermögen und die Erträge der Fürstenabfindung, starb im Februar 1932 und wurde in der Fürstengruft der Hofkirche beigesetzt. Hunderttausende nahmen an der Trauerfeier für den Witz-König teil:»Eine solche Popularität viele Jahre nach seinem Sturz war für den Freistaat wahrlich kein Kompliment«, urteilt Fellmann mit Recht. Ein Jahr später regierte in Berlin Adolf Hitler, in Sachsen Martin Mutschmann. Die Massen liefen ihnen zu.

Unbestritten bleiben den Wettinern kulturelle Verdienste: ihr Eintreten für den Schutz des Gesamtkunstwerks Innenstadt und der Naturräume von Hauptstadt und Elbtal sowie die Förderung von Künsten. Genannt seien, unter Hinweis auf König Georgs musische Neigungen, die neue Blüte von Hofoper und Hofkapelle unter dem genialen Dirigenten Ernst Edler von Schuch, das Auftreten herausragender Bühnen-Persönlichkeiten wie Eleonore Duse und Josef Kainz, die strahlende Erscheinung von Richard Strauss mit den Uraufführungen so berühmter Opern wie »Salome«,»Elektra« und »Rosenkavalier«. Hervorzuheben ist ferner neben den schon vorgestellten historisierend-industriellen Bauwerken und Erlweins reichem Schaffen eine Reihe markanter Einzelbauten und Ensembles nicht- oder nur begrenzt industriellen Charakters – zum Beispiel: die neuen Elbüberquerungen mit Carolabrücke, Albertbrücke und zweigeteilter Marienbrücke, Villen- und Wohnhausviertel offener Bauweise wie in Strehlen und Striesen, zum Teil mit den berühmten Dresdner Würfelhäusern; Albertinum, Kunstakademie samt dem Ausstellungsgebäude des Sächsischen Kunstvereins und Ständehaus, alle auf der Brühlschen Terrasse und lange Zeit als störend und zu pompös für die eigentliche Elbfront-Kulisse kritisiert; ferner das Neue Rathaus nahe der Kreuzkirche, die Ministerien am Neustädter Königsufer, der Ausstellungspalast am Großen Garten, das Schauspielhaus an der Ostraallee, Alberttheater und Villa Eschebach am Albertplatz, das Hauptstaatsarchiv am früheren St.-Privat-Platz; etliche Schulen, Kaufhäuser wie Herzfeld am Altmarkt, an die 20 Kirchen.

Kunst, die den Niedergang des Königshauses und – mit Arnold Zweig zu reden – den »Großen Krieg der Weißen Männer« thematisierte und Förderung weder genoß noch erstrebte, kam aus ganz anderer Richtung. Sozusagen in Seiten-Beleuchtung zeigen zwei Dresdner Künstler den sich anbahnenden und den eintretenden Kollaps des sächsischen Königtums exemplarisch; ein Romancier einerseits, ein Maler und Graphiker andererseits. Der Schriftsteller ist Arnold Friedrich Vieth von Golßenau, mit Pseudonym Ludwig Renn, uralter Adel, geboren am 22. April 1889 in der rechtselbischen Antonstadt, Glacisstraße, die Mutter eine wohlhabende Rußlanddeutsche, der Vater, homosexuell wie Arnold, Lehrer für Mathematik, Physik und Erdkunde am Königlichen Gymnasium in der Holzhofgasse, zeitweilig Mathematiklehrer der Prinzen im Taschenbergpalais; Arnold 1910 Abitur und Fahnenjunker beim 1. Leibgrenadier-Regiment Nr. 100, 1911 Leutnant, vier Jahre im 1. Weltkrieg: 1920 Austritt aus dem Heer, verschiedene Studiengänge und Berufsarbeiten, Hinwendung zur KPD, 1928 Wechsel nach Berlin, von den Nazis bis Sommer 1935 in Bautzen inhaftiert, Flucht nach Spanien, Kommandeur des Thälmann-Bataillons, Stabschef der 11. Internationalen Brigade; 1939 Emigration nach Mexiko; 1947 Heimkehr nach Dresden, Direktor des Kulturwissenschaftlichen Instituts und Professor für Anthropologie an der TH; 1951 Übersiedlung nach Berlin, 1961 Nationalpreis 1. Klasse, gestorben am 21. Juli 1979.

Mit zwei Hauptwerken, »Adel im Untergang« (Mexiko 1944) und »Krieg« (Frankfurt/Main 1928) schuf Renn meisterhafte literarische Denkmale zur letzten Periode des Königreichs Sachsen, autobiographische Romane, zwischen beiden Gattungen schwebend und mit einem Ich-Erzähler im Zentrum. Im Buch mit dem apokalyptischen Titel-Signal präsentiert Renn die Vorkriegsgesellschaft in allen Klassen vom König bis zum industriellen wie ländlichen Proletariat, vorwiegend unter militärischen Aspekten. Der Erzähler von Vieth, dessen schnelle Laufbahn vom Fahnenjunker bis zum Leutnant das Raum-Zeit-Kontinuum als Struktur-Element mitträgt, sieht Friedrich August nur einige Male: in bloß sekundenlanger Audienz zur Vorstellung als Leutnant, wo er zwar die schlechtsitzenden Hosen des Fürsten wahrnimmt, aber in seiner Rede aufgeregt steckenbleibt; beim Hofball, wo Seiner Majestät berühmtes »wildes und schlechtes Tanzen« ihn beinahe rempelt; bei den intimeren »Kammerbällen«: »Der König aß übrigens bei solchen Gelegenheiten von goldenen Tellern.«

Im zweiten Kapitel nennt Vieth aus Anlaß von Luises Autobiographie König Georg »einen steifen Mann, der sich nicht die geringste Mühe gab, seine Verachtung für alle Welt zu verbergen«. Dagegen sind seine Enkel, die Prinzen Georg und Friedrich-Christian, vor allen anderen Adligen des Romans durch »ausgesuchte Liebenswürdigkeit« ausgezeichnet. Kronprinz Georg, der spätere Jesuitenpater, trinkt sogar mit Vieth Brüderschaft; gegen Ende des Romans stellt der Ich-Erzähler obendrein »ein heimliches Einverständnis, etwas wie ein Waffenbündnis« fest: »Er ist derselbe Mensch wie ich, mit denselben Empfindungen. Auch ihn schützt sein fürstlicher Glanz nicht vor der Angst der Leere, der Angst, die unsre Generation mehr zu fühlen scheint als andere … Unsre Zeit muß eine tiefe Schuld haben. Wenn man nur ihren Namen wüßte!«

Diese Leere und die Angst vor ihr beherrschen besonders die Führungsschicht der Armee, freilich bei den allermeisten Offizieren unbewußt, unbemerkt, uneingestanden, unausgesprochen. Sie hängen fest in einem starren System von Rangordnungen, Befehlsgewalten und Gehorsam, an den strengen sozialen Grenzen, Differenzen, Über- und Unterordnungen des die hierarchische Militärapparatur steuernden Adels, an den ausgepichten Ritualen des Grüßens, Verbeugens, Strammstehens, Tafelns, überhaupt des Kasino-Alltags, an den Vorschriften des Exerzierens, Marschierens, Wachestehens, Präsentierens, an den sprachlichen, schein- oder überhöflichen Klischees der Anreden: »Können uns Herr Major nicht etwas davon erzählen?«

Nahezu unerschöpflich ist Renn beim Ausmalen der nur äußerlich glanzvollen Hofbälle mit ihren tradierten Ritualen. Er geißelt die innere Leere von Zwangsgottesdiensten und die teilweise aberwitzigen Vorschriften, Spitzfindigkeiten, Selbsteinschnürungen der Uniform-Bekleidung und der Stiefel. Renn belächelt den dummen, auch von ihm selber kultivierten Stolz von Offizieren im Winter: »Wenn daher unsre Burschen beim Dienst waren und nicht den Ofen heizen konnten, mußten wir frieren. Denn den Ofen selbst zu heizen, welche Zumutung!«

Am grellsten, den Ich-Erzähler und Autor am stärksten irritierend, erscheint die angstdurchsetzte innere Leere des Offizierskorps im Klassengegensatz. Denn nicht als Persönlichkeiten, als Charaktere mit Menschenwürde und Geist, als ausgewiesene Vorbilder, sondern allein als ranghöhere Befehlshaber und Kommandierer in der Militärmaschinerie fordern König, Generalität und Offiziere bis hinab zum Leutnant bedingungslosen Gehorsam bis zur Unterwerfung und Selbstpreisgabe von ihren Untergebenen – absolut bis zu Verachtung und atemloser Angst bei den einfachen Soldaten, Rekruten und Burschen, etwas eingeschränkt wegen einer gewissen unerläßlichen Machtteilung bei den Unteroffizieren. Bei beiden mehr oder weniger proletarischen Schichten des Militärs gelingt dem hochadligen Dichter ein doppelter Wurf: Er findet (oder erfindet) bei Landsern und Unteroffiziers-Dienstgraden künstlerisch ebenso profilierte Gestalten wie bei den Kollegen Kommandeuren, und er zeigt einen Leutnant Vieth, der sich, wie auch einzelne andere Offiziere, mit den Untergebenen einläßt! Er fühlt sich schon bald nach dem Kennenlernen seiner Grenadiere von dieser »Art Menschen, die wir zu Hause das Volk genannt hatten, (…) stark angezogen.« Also beschäftigte er sich mit ihnen, so »gewann ich ein wirkliches Interesse für meine Rekruten, dachte über ihren Charakter nach und gewann sie lieb«. Er begriff, daß die brüllenden Unteroffiziere, die den Angeschnauzten doch zugleich, ohne die geringste Hilfe der Offiziere, »Unterricht« geben sollten, zwischen den Fronten der Offiziere und der Landser in »den berüchtigten Stumpfsinn« ihrer Gruppe verfallen mußten, wofür aber die Offiziere verantwortlich waren, ja: daß »an dem ganzen Stumpfsinn« (und an der Angst der Leere) die Obersten und Generale und letztes Endes Kriegsminister und Kaiser schuld waren.

Entscheidend aber: Solche Erkenntnisse bleiben in der verfallenden Armee und bei Hofe vereinzelt; dabei ist das ganze Gesellschaftssystem bereits morscher, als es selbst dem um Erkenntnis und Positionierung in der Angst der Leere ringenden jungen Offizier und wenigen Gleichgesinnten erscheint. Die große Mehrheit der sächsischen Offiziere würde das niemals eingestehen. Fehlendes Bewußtsein und mangelndes Eingeständnis der nahenden Katastrophen erzeugen jedoch untergründige Reaktionen: Einzelne Offiziere wie Vitzthum von Eckstädt »flippen aus«; der Träger eines berühmten Namens macht sich zum belachten Clown mit verrückten Streichen wie dem Wasserlassen in den Kasino-Schornstein und Revolverschüssen in die Luft am Germania-Standbild auf dem Altmarkt. Alle Offiziere, mit Ausnahme eines einzigen Anti-Alkoholikers, trinken. Sie trinken tags, abends und nachts; die Älteren und Höheren ziehen die Offiziersanwärter geradezu hinein ins Saufen; Ich-Erzähler von Vieth kämpft, ohne erkennbaren Erfolg, gegen das viele Trinken an. Das Trinken der Offiziere ist ihre wahrhaftigste Lebensäußerung: Sie betäuben sich damit gegen die geleugnete, doch zuinnerst, in den Nerven und der Physis empfundene Angst der Leere, zumal ja auch die Kriegsdrohung über ihnen hängt. Selbstverständlich saufen auch die Mannschaften, Angetrunkene torkeln durch manche Abendappelle.

Es gibt nur wenige ernsthafte Ausbruchsversuche. Da ist, als Einzelfall, von Vieths Kooperation mit dem zunächst überraschten, verlegenen, dann bereitwilligen Unteroffizier Weidlich zur besseren Ausbildung ohne Anschreien; da ist von Ehrenthals eher verschämtes Bekenntnis: »Ich möchte ein guter Frontoffizier werden, und ich liebe meine Soldaten. – Wir sind uns doch auch alle heimlich darüber einig, daß sie wichtiger sind im Leben als wir – und viel netter!« Da ist sogar ein kurzes Gespräch zur Überflüssigkeit von Adel und Monarchie, wobei »der gute Major von Trützschler« gegen Widerspruch konstatiert: »Bei uns in Sachsen ist die Monarchie doch sicher überflüssig geworden.« Und Vieth selbst resümiert: »Ich hasse diese Gesellschaft, in der ich leben muß, aber ich bleibe um derer willen, die nicht zu meiner Gesellschaft gehören.«

Das Buch endet mit dem Kriegsausbruch, wobei weder Offiziere noch Soldaten zu ahnen scheinen, was ihnen, mit dem Kollaps des Königtums, in der modernen Kriegsmaschinerie an Angst, Blut und Massentod noch bevorsteht.

Die Ereignisse des Ersten Weltkrieges folgen historisch-chronologisch unmittelbar den Szenerien vom nahen Untergang der sächsischen Monarchie und ihrer Armee. Renn hebt im Roman »Krieg« die sächsische Herkunft dieser Truppen nicht gesondert hervor: Das militärische Unheil ist gesamtdeutsch, das Ende des Königreiches bricht mit dem des Kaiserreiches zugleich herein. Der Autor schildert das Kriegsgeschehen historisch getreu in drei Perioden, sprich: Großkapiteln: »Vormarsch« (etwa 100 Seiten), »Stellungskrieg« (ca. 185 Seiten) und »Zusammenbruch« (etwa 24 Seiten); der jeweilige Textumfang spiegelt Dauer und Tempo der Kriegshandlungen wider. Ihr Verlauf wird ausschließlich in der Ich-Perspektive des Soldaten Vieth erzählt, der bis zum Vizefeldwebel und Zugführer avanciert, mit beiden Eisernen Kreuzen dekoriert und zweimal verwundet wird. Alle Schilderungen sind von größter militärischer Genauigkeit und voll bitterer Eindringlichkeit, Wucht und Tragik – was Landser-Humor und Landser-Ironie nicht ausschließt. Harte Märsche, Sturmangriffe, Vorrücken über Belgien nach Frankreich, Patrouillen, Anfangssiege, Gefangennahmen, Erbeutungen, aber auch Gegenangriffe, zunehmender Artillerie-Beschuß und Zurückweichen charakterisieren die Vormarsch-Zeit. Volksbegeisterung und patriotisch-nationalistische Prahlereien zu Kriegsanfang verebben rasch, zumal der Ich-Erzähler da nicht einstimmt. Fast alle, vom Kompaniechef bis zum letzten Schützen, leisten aber ihr soldatisch Bestes.

Den Stellungskrieg zeigt Renn als ein System schlimmster Härten und Einschnürungen in zahl-, ja endlosen Gräben, mit Schützenlöchern, Brustwehren, Granattrichtern, Horchposten, Unterständen, grotesken Latrinen samt Donnerbalken, dabei Nässe, immer wieder Wasser-einbrüche, Schlamm und Leichengeruch, nächste Nähe, Flüsternähe zum Feind, Einkrallen in die Erde, Angriff und Gegenangriff auf engem Raum, lächerlich geringe Bodengewinne, schwere und schwerste Ver-luste, Scheitern – und die Gewitterschläge des Beschusses; »hundert Geschütze auf einen Kilometer Frontlinie«, kommentiert ein Oberst fassungslos die Stärke der Feinde in der Somme-Schlacht; wie eine Ob-session schildert Renn das ohrenbetäubende Artillerie-Bombardement und erfindet dazu ein lautmalerisches Geschoßflug- und Explosions-Inferno. Und dann, 1917, fallen merkwürdig leise deutsche Granaten: »Grünkreuzgranaten«, wie der befreundete Leutnant Lamm Vieth er-klärt, »sehr üble Granaten. Damit wird unsere Artillerie jetzt jeden Abend auf die vorderen französischen Gräben schießen«, nämlich mit Giftgas.

Was die Offiziere vor Kriegsausbruch nicht absehen konnten, sind die grausamen Verluste an Toten und Verwundeten. Renns Roman wirkt an manchen Stellen wie die verbale Abbildung eines Leichenfeldes und einer Sanitäts- und Lazarett-Kolonie. Schon bei einem Vormarsch-Ge-fecht verliert Vieths Regiment über zwanzig Offiziere; ein Wegführer zur vordersten Linie erzählt schluchzend, von jeder Kompanie seien nur noch ein paar Mann da, Offiziere außer zweien oder dreien keine; beim ersten Antreten zum Stellungskrieg vor Chailly findet der Ich-Erzähler noch etwa sechzig Mann, die Reste von vier Kompanien vor. Nicht verwunderlich, daß dieses bitterböse, weithin exzellent geschrie-bene Buch auch von Verwundeten aller Art wimmelt – das alles er-innert an die Dresdner Schlachtfeldschilderungen einhundert Jahre früher, nur daß hier, anders als bei Richter, Hoffmann, Kügelgen, ein unmittelbar als soldatisches Opfer Beteiligter aus eigenem Erleben schreibt: Seine Erzählungen von den beiden Verwundungen und den Folgeleiden gehören zu den im schwärzesten Sinne stärksten Passagen des Romans. Ganz und gar verwunderlich aber, daß in diesem Krieg, da mit dem Sturz von Kaiser- und Königreich Chaos und Zerstörung alle Ordnungen, Ideale und Bindungen regelrecht zerfressen und der mi-litärische Zusammenbruch feuerrot am Schlachtenhimmel lodert, Eti-kette und Rangordnungen scheinbar unversehrt weiterregieren. Die Offiziere werden weiter bedient; sie bekommen die besten Plätze im Unterstand; erst im vorletzten Satz des Romans schreibt Renn zum Rückkehr-Zug lapidar: »Es waren alles Viehwagen mit Schiebetüren.«

Renns langer Weg durch den über vierjährigen Krieg könnte auch als ein freilich nicht gradliniger, sondern von widersprüchlichen Gefühlen, Einsichten, Urteilen, Einbrüchen geschüttelter Entwicklungsroman gelesen werden – ein großes, denkwürdiges Buch voller Kraft und Präzision, Authentizität und Humanität, getragen von einer souveränen Beherrschung der adäquaten Kunstmittel: einer »harten« Syntax, besonders in den gehämmerten Parataxen und Ellipsen, der ausgiebigen, nuancierten wörtlichen Reden und Gespräche, der Finessen von mobiler Optik und Perspektivik, Akustik und Bildlichkeit, mehrfacher Filmschnitte und Kameraschwenks. Obendrein zeigt der Romancier Renn den Frontsoldaten der ersten Person Singular, wie er in der Stellung sein Schreiben aufschreibt: »Schon zum drittenmal beschrieb ich das Gefecht von Lugny. Wenn ich vom Schreiben aufstand, fror ich und war steif, aber dann war auch eine Heiterkeit in mir, die alles hell machte, was ich sah.«

Der zweite Künstler der in diesem Zusammenhang genannt werden muß, ist der geniale Maler und Graphiker Otto Dix, geboren 1891 in Gera-Unternhaus, Sohn eines Eisengießers und Formers; mehrere lange Perioden in Dresden ansässig und arbeitend: 1909 bis 1914, 1919 bis 1922, 1927 bis 1933, dazwischen und danach ständiger Dresden-Besucher; 1914 dort als Feldartillerist eingezogen, ab Herbst 1915 Frontsoldat. MG-Schütze, Zugführer in Frankreich, Flandern, Polen, Rußland; nach Einflüssen durch den Expressionismus (Künstlergruppe »Die Brücke«, Dresden 1905–1911, mit radikaler Sprengung der Abbild-Kunst in Figuren, Gegenständen und Farben, mit einigen Frühwerken in der Galerie Neue Meister vertreten), nach Impulsen durch Dadaismus und Kubismus Hinwendung zu radikaler, teils grotesker Verismus-Kunst; unter vielen schockierenden Themen – Armut, Proletariat, Schieber- und Protzentum, Sexualität, Prostitution, Sucht, Verbrechen – der Krieg als viele Male künstlerisch umgesetzte traumatische Erfahrung; 1933 aus seiner Professur an der Dresdner Kunstakademie verjagt, ein Hauptopfer der nazistischen Hetz- und Vernichtungsaktion »Entartete Kunst«; Rückzug an den Bodensee.

Dix hat den Weltkrieg als Finale der kaiserlich-deutschen und königlich-sächsischen Herrschaft weit über das Kriegsende hinaus verfolgt und gestaltet. Sein Hauptwerk dieser Schreckensthematik ist das Tritychon »Der Krieg« (1929–1932) in der Galerie Neue Meister; es hat

Vorläufer- und Parallelwerke an verschiedenen Orten, zum Beispiel das feuerrote expressionistische »Selbstbildnis als Soldat« (1914), die wild-kubistischen Ölgemälde »Das Geschütz« (1914) und »Selbstbildnis als Mars« (1915), mehrere erschütternde Kriegskrüppel-Bilder um 1920, das verschollene, wohl zerstörte Großgemälde »Der Schützengraben« (1920–1923) sowie zahlreiche Graphiken und Zeichnungen; dabei sind die fünf Mappen »Der Krieg« (1924), jede mit zehn Radierungen, besonders eindrucksvoll.

Zwei markante Vorläufer des Triptychons aus der zweiten Dresdner Periode, das aufrüttelnde Kriegsopfer-Gemälde »Die Kriegskrüppel« (1920) und das monumentale Schlachtfeld-Gemälde »Der Schützengraben«, hingen zeitweilig, bewundert und angefeindet, im Dresdner Stadtmuseum. Sie wurden ab 1933 mehrmals im Verlauf nationalsozialistischer Ausstellungen »Entartete Kunst« mißbraucht, geschändet und mit vielen anderen verbotenen Werken vernichtet; etwa 260 Bilder und Graphiken von Otto Dix wurden beschlagnahmt; viele davon sind für immer verloren.

Das Gemälde »Die Kriegskrüppel« gehört als zeitlich letztes Werk zu einer 1920 in schneller Folge entstandenen Viererserie großformatiger Bilder in Öl auf Leinwand und Collage; alle vier wurden auch in Kaltradierungen umgesetzt. Das Bildwerk »Prager Straße (Meinen Zeitgenossen)« verweist schon im Titel auf Dresden und beruht auf einer bewußt chaotischen Komposition: Man sieht quer und geballt zueinander gestellte, an den Gliedmaßen grauenhaft zerstückelte Rest-Menschen, Prothesen-Gestalten mit fratzenhaften Elendsgesichtern vor Schaufenstern voller Kleiderpuppen, Büsten und Torsen aus Gips. »Wahrheitsliebe bis an die Schwelle des Zynismus« (Eva Karcher), aber zugleich Mitgefühl und Solidarität mit den Schwerverwundeten kennzeichnen auch das zweite Kriegsopfer-Gemälde von 1920: »Die Skatspieler«, ein Trio beinloser Soldaten, auf hochbeinige Hocker mit schwarzen Gestellen gesetzt, deutsche Spielkarten (Eichel, Grün, Rot, Schellen), die dem Betrachter von Krüppel-Händen und Mündern frontal vors Gesicht gehalten werden, zerhauene Köpfe mit Teilprothesen, Löchern für fehlende Augen und Nasen, ein in höhnischem Stolz an eine blaue Uniformjacke geheftetes EK 1 – beide Bilder übrigens im Kontrast zum »menschlichen Elende« vielfarbig gemalt, ein morbider Karneval. Sodann »Der Streichholzhändler 1«, ein auf rotbraunem kachelartigem Trottoir ausgesetztes einzelnes Menschen-Wrack, blind, ohne Arme und

Unterschenkel, ein Holzkästchen mit Streichholzschachteln um den Hals gehängt, darüber ein erbarmenswürdiges unrasiertes Jammer-Gesicht, nach links und rechts schräg gestellte, flüchtende, feinbekleidete Passanten-Beine, Rüschenrock, Gamaschen, hochhackige Lederschuhe, vielleicht nach eben abgeworfener »milder« Gabe; einziger Trost des armen Invaliden ist sein nußbrauner Dackel mit wachen Augen.

Von diesen drei Nachkriegsbildern, die heute in Stuttgarter Museen hängen, hebt sich das Dresdner »Kriegskrüppel«-Gemälde durch eine querformatige Bewegungs-Komposition ab: vier uniformierte Schwerstgeschädigte verhöhnen und parodieren eine Militärparade im Gänsemarsch von rechts nach links am Betrachter – oder dem unsichtbaren verspotteten Kommandeur – vorbei; die vier haben zusammen noch drei Beine; der dritte wird vom vierten in einem zweirädrigen Wägelchen geschoben; man meint die Holzbeine klacken zu hören. Die vier mit Militärmützen bedeckten Schädel – drei dem Betrachter halb zugedreht, einer augenlos nach vorn gerichtet – zeigen ein schauriges Ineinander von hinterbliebener Individualität und klischeehaften Fratzenmasken der Gesichter; greller Hohn wird durch Ordensspangen, Verwundetenabzeichen, beim vordersten Marschierer durch das EK 1 freigesetzt; die Tapferkeitsmedaillen entlarven sich in diesem Ambiente als »Auszeichnungen« eines mörderischen vaterländischen Undanks.

Die ganze Serie der Kriegsinvaliden-Gemälde entspringt einer überscharfen malerischen Sachlichkeit und Sehweise, die sich durch schneidende Zuspitzung ins Irreale und Groteske, ins Hypertrophe und Extreme explodierend entladen. Dabei sind diese Blätter, wie Fritz Löffler in seiner großen Dix-Monographie nachweist, »keine einfachen Dokumente nach jeweils einem konkreten Erlebnis, sondern komprimierte Zusammenfassungen permanenter Erlebnisse.«

Das gilt, wenngleich mit veränderten Kunst-Mitteln, auch für das »Schützengraben«-Gemälde und das Triptychon sowie für das schon erwähnte, zeitlich zwischen den Großgemälden entstandene Mappen-Konvolut »Der Krieg«, das Löffler als graphisches Hauptwerk von Otto Dix einschätzt. Man kann heute glücklicherweise vier dieser Mappen jederzeit im Residenzschloß, im neuen weitläufig-hellen Studiensaal des Kupferstich-Kabinetts in den extra weißbehandschuhten Händen halten: Kein entspannender Genuß, aber ein bewegendes, kathartisches Erleben apokalyptischer Sujets, ausgeführt auf höchstem bildkünstlerischen Niveau, bewunderungswürdig für die geniale Handhabung graphischer Techniken,»von der einfachen Kaltnadelradierung bis zu den raffiniertesten Aquatintaverfahren, bei denen auch Zufallseffekte einbezogen sind«, von der nahezu monochromen Schwarzgrau-Fläche der Schützengraben-Nacht bis zu den feinsten Strichelungen von Krieger-Antlitzen; hinzu kommt eine fabelhafte Gestalten-Vielfalt: Kompositionen von Schlachtfeld- und Stellungslandschaften, kleinere und größere Gruppen von Soldaten, unversehrte, verwundete und tote, dagegen Einzelfiguren, vor allem liegende, Ganzkörper und Oberleiber, Büsten, Brustbilder, Köpfe, Totenköpfe.

In einem gewissen Gegensatz zu den Kriegsopfer-Bildern und zu den nach der Schlacht dargestellten Kriegszuständen von »Schützengraben« und Triptychon gibt Dix auf etlichen Mappen-Blättern auch Kampfszenen: Eine Soldatengruppe zieht einen von Gefallenen bedeckten felsigen Hang hinab ins Gefecht (»Maschinengewehrzug geht vor«); vier nur mit Oberkörpern und Schädeln in Gasmasken unter den Stahlhelmen präsentierte deutsche Soldaten greifen an, einer holt zum Handgranaten-Wurf aus; ein »Feind«, offenbar, dem Helm nach, ein französischer Poilu, stößt im Graben einem Deutschen eine Stichwaffe in die Brust; ein einmotoriges Flugzeug attackiert über einer Stadtstraße fliehende Bewohner im Tiefflug; die Radierung »Durch Fliegerbomben zerstörtes Haus« zeigt die Leichen getöteter Frauen im aufgerissenen Gebäude. Die ganze Bildfolge wirkt, auch durch jähe Sujet-Wechsel von Blatt zu Blatt, als artistisch perfektes Pandämonium des Schreckens und erreicht thematisch wie bildästhetisch den Rang ihres großen Vorbilds: Goyas Radierungs-Zyklus »Los Desastres de la Guerra«.

Das schon vor 1933 geschmähte Graben-Bild ist formal ein Musterbeispiel des Dixschen »Stilpluralismus«: Den kräftigen, tendenziell klaren, einfachen Lokalfarben der schwer geschädigten, aber noch lebenden Kriegsopfer-Figuren und den vollkommenen Schwarzweiß-Künsten der Mappen folgte eine ausdifferenzierte Palette mit pastosem, bis zu einem Zentimeter dicken Farbauftrag bei höchst subtiler und akribischer, dichter, ja: obsessiver malerischer Präsentation aller inhaltlichen Details, sprich: des zum riesigen, wüsten Trichter zerschossenen Schützengrabens mit seiner »Massierung des Entsetzlichen« ohne Überlebende: »Über Bergen von Leichen und dem Unrat des Schützengrabens ist das menschliche Leben erstarrt.« Nicht die Schlacht, das

Sperrfeuer, das Gemetzel von Angreifern und Verteidigern malt Dix, sondern die verheerenden Folgen, wie er es beinahe thesenhaft erläutert hat:»Ich habe es vermieden, Kämpfe darzustellen. Ich wollte keine ekstatischen Übertreibungen. Ich habe Zustände dargestellt, Zustände, die der Krieg hervorgerufen hat, und die Folgen des Krieges, als Zustände.«

Das Triptychon, das der Maler im Jahr vor Hitlers Machtergreifung vollendete, wurde nur einmal öffentlich ausgestellt und konnte, in Kisten verpackt, vor der Vernichtung durch die braunen Horden gerettet werden. Das monumentale Meisterwerk – eine große quadratische Mitteltafel von 204 x 204 cm mit zwei halb so breiten Seitenflügeln – ergänzt das Muster des mittelalterlichen dreiteiligen Flügelaltars noch um eine Predella am unteren Quadratrand. Der Mittelteil führt Motive des »Schützengraben«-Gemäldes fort: Vorder- und Mittelgrund füllt ein mächtiger aufgerissener Granattrichter voller Trümmer aus; es herrschen schwarze, dunkelgraue, bräunliche, meist gemischte Töne vor, einzelne Tupfer anderer Farben sind eingesprengt. Am rechten Tafelrand liegen drei entsetzlich zerschossene, zerfetzte, helmlose Soldatenleichen; die oberste steht kopf, wie eben abgestürzt, die nackten, grauhäutigen, von Granatsplittern durchsiebten Beine ragen hoch in den Hintergrund, die graublaue linke Krallenhand spreizt sich in der Bildmitte; der Vorderleib des untersten Toten ist grauenhaft blutig aufgerissen. Vom linken Bildrand krümmen sich zwei Eisenträger wie schwebend zum Himmel, auf ihnen hängt ein zerfetzter Gefallener in graugetönten, zerrissenen Uniformresten; der Totenschädel bleckt die Zähne.

Dix schuf mit den Menschen im Trichter einen schauderhaft-absurden Kontrast: Bei den Toten erkennt man die Köpfe und, verschieden deutlich, die Gesichter; der Kopf des einzigen Überlebenden aber, der, in eine wärmende bräunliche Decke gehüllt, unter den Eisenträgern und braunem aufgerissenem Mauerwerk hockt, ist samt dem Gesicht völlig von Stahlhelm und Gasmaske verdeckt; allenfalls ahnt man hinter den runden, lichtspiegelnden Maskengläsern noch Augen. Der zurückweichende Hintergrund zeigt in eine Art Eisfarben getauchtes kahles Land mit Hausresten, einer Reihe entkronter aufragender Baumstämme und, in der linken oberen Bildseite, etwas wie Himmelshelle; rechts herrscht dunkles Blaugrau.

Auf dem linken Flügel zieht eine lange Kolonne Soldaten, die mit prallen Tornistern, lichtspiegelnden Helmen und fast überlang aufra-

genden Gewehren zumeist von hinten dargestellt sind, durch morgendlichen Bodennebel zum Einsatz; die Färbung ist, getreu der Unifor-
men-Realität, Feldgrau in leichten Schattierungen. Im rechten Flügel
erscheint der Maler selbst, angestrengt, kraftvoll, mit leicht gebleckten
Zähnen, den Betrachter erbittert anstarrend; er schleppt einen Verwundeten mit blutigem Kopfverband aus der Kampfzone, seine Hände sind
übergroß, Haut und Kleidung vom gleichen Grau, als sei die lädierte
Uniform mit der Körperhaut eins geworden; vor dem fliehenden Paar
kriecht ein anderer Landser mit altem Gesicht, Brille, dickem Schnurr-
bart, neben ihm liegt ein blutiger Toter. In der Predella ruhen unter
lilaner Zeltbahn drei Soldaten auf dem Rücken; sie schlafen todmüde.

Das Triptychon ist ein gemaltes mahnendes Requiem. Es ist ein laut-
loses Bild, auch die marschierenden Soldaten scheinen keinen Lärm zu
machen. Es ist eine höllische Harmonie im Bild, wahrlich Totenstille
nach dem Donner der Schlacht.

Etliche Jahre später aber, als das Königreich Sachsen und die Wettiner
Residenz als Institutionen längst versunken sind, im Unheilsjahr 1939
malt Otto Dix das Mischtechnik-Bild »Lot und seine Töchter«, ein
vielfarbiges Meisterwerk. Hinter dem trunkenen Vater und den schönen jungen Sünderinnen, am Horizont in der Bildmitte schlagen grell
die Flammen himmelhoch aus der königlichen Altstadt, aus den Türmen von Hof- und Frauenkirche: Der geniale Künstler sieht den Feuersturm vorher!

Richard Strauss in Dresden

Am 26. Januar 1911 erscheint in Dresden ein Gedenkblatt des Künstlers Georg Erler in Gestalt einer heiteren Karikatur. Ihr Text lautet: »Generalmusikdirektor Ernst Edler von Schuch, sein Leittier Richard Strauss reitend.« Das Blatt zeigt auf tiefschwarzem Untergrund einen hoch ausschreitenden, von links nach rechts durch das Bild stürmenden Vogel Strauß, auf dessen gebogenem Hals ganz oben das kleine, runde, helle Köpfchen des Komponisten mit dünnem Spiralhaar sitzt und aus dessen federbedecktem Hinterleib eine hellrote Rose mit gebogenem Stengel steigt. Auf dem Tierrücken hockt der berühmte Meisterdirigent von Hofoper und Kapelle; aus dem grundschwarzen Körper und der schneeweißen Hemdbrust ragt mit beigefarbener Haut und schlohweißem Kopf- und Barthaar Schuchs markantes Haupt heraus; der Dirigent blickt entgegengesetzt zum Lauf des Riesenvogels nach hinten, in die gefeierte jüngste Vergangenheit des Musikerbundes, die überschlanke Rechte hebt aus bügelweißer Manschette den Dirigierstab in Gestalt einer Wunderkerze; vier Finger der linken Hand um den Straußenhals halten den Reiter sicher.

Das Datum markiert den Uraufführungstag der Oper »Der Rosenkavalier« in Sempers zweitem Haus, inmitten großer Erfolge sein Welt-Triumph, bis heute anhaltend in damals unvorhersehbarer Frische, will heißen: Unsterblichkeit, auch zum Ruhme der Musikstadt Dresden. Die schrittweise Annäherung des schon in seiner Kinderzeit kompositorisch produktiven geborenen Münchners an Elbflorenz begann in den frühen achtziger Jahren des 19. Jahrhunderts; die Nähe schuf Zuneigung und ständige Wiederkehr über mehr als sechs Jahrzehnte, wobei ihn neben Musik-Kontakten besonders die Kunstmuseen anzogen: die Galerie Alte Meister, die Porzellansammlung – der Virtuose von Klangfarben war auch ein Augenmensch, der Musik und bildende Kunst zu vereinen suchte; die Sixtinische Madonna löste musikalische Assoziationen aus: »Raffael und Beethoven«, schreibt der Strauss-Biograph Franzpeter

Messmer, »die Kunst der Renaissance und die Musik der Klassik fügten sich ihm wie selbstverständlich zusammen.« Strauss lernte Schuch und den Dirigenten Franz Wüllner kennen, deren Proben er besuchen durfte; so bekam er erste starke Eindrücke von der Kapelle, der »Wunderharfe«. Am 27.11.1882 wurde seine Serenade (Es-Dur) für 13 Blasinstrumente im Tonkünstlerverein beifällig uraufgeführt; Anfang 1883 verhalf ihm sein Vermieter Böckmann, Solocellist der Hofkapelle, zur Erstaufführung seiner Sonate (F-Dur) für Violoncello und Klavier.

Im Laufe des Jahrzehnts nach 1900 wird Dresden zum Hauptort seiner Werkpräsentationen; die Wende zum Musiktheater ist der entscheidende Schritt dazu: Neun der fünfzehn Opern von Richard Strauss werden in der sächsischen Metropole uraufgeführt! Die ersten vier »Dresdner« Opern – »Feuersnot« (1901), »Salome« (1905), »Elektra« (1909) und »Der Rosenkavalier« (1911) – dirigiert Ernst von Schuch, von dessen legendärer Arbeit eine Serie feinsinniger Gemälde, Graphiken und Zeichnungen des kongenialen Dresdner Impressionisten Robert Sterl zeugt; Fritz Busch hebt »Intermezzo« (1924) und »Die ägyptische Helena« (1928) aus der Taufe; 1933, nach Buschs terroristischer »Entfernung« aus dem Opernhaus, springt Clemens Krauss bei »Arabella« ein, 1935, unter dramatischen, ja bedrohlichen politischen Umständen leitet der von allen Beteiligten offenbar am wenigsten berührte Karl Böhm »Die schweigsame Frau«, der 1938 auch »Daphne« uraufführt.

Strauss, selber lange Zeit festangestellter, begehrter und gefeierter Chefdirigent von Spitzenorchestern, zum Beispiel an der Berliner Staatsoper, nannte das Dresdner Opernhaus ein »Dorado für Uraufführungen«, lobte seine »lieben Dräsdner« über die Maßen, leitete aber – vielleicht klugerweise? – keine der neun Dresdner Erstpräsentationen. Dabei lag ihm die hiesige Musikwelt, und nicht nur diese, nach anfänglichen Irritationen zu Füßen: Zu Vorstellungen des »Rosenkavaliers« mußte die Deutsche Reichsbahn Sonderzüge aus Berlin fahren lassen! Als er sein Opernwerk dem Dresdner Musik-Ensemble anvertraute (er pflegte bei einer solchen Wahl vorsichtig und wohlüberlegt zu handeln!), empfahl ihn bereits ein selbstgeschaffenes, konturiertes Künstler-Bild: »Sie gehören«, hatte ihm sein maßgebender Lehrmeister Hans von Bülow schon Ende 1885 versichert, »zu den Ausnahmemusikern, die nicht von der Pike auf zu dienen nöthig haben, die das Zeug haben, sofort einen höhern commandirenden Posten zu bekleiden.« Es war ein Doppel-Posten, auf breitester Hoch-Begabung als Komponist wie als Dirigent beruhend: »Von Feuersnot bis Capriccio verwirklichte Strauss unterschiedlichste Möglichkeiten des Musiktheaters, experimentierte mit neuen Formen und schuf in seinen Opern ein Universum des menschlichen Denkens, Fühlens und Handelns.« (Messmer). Schon in seinen Tondichtungen wie »Ein Heldenleben«, »Don Juan«, »Macbeth«, »Tod und Verklärung« oder »Also sprach Zarathustra« schlug er, den exzentrischen Stoffen entsprechend, avantgardistische Wege ein, rüttelte mit der Preisgabe von Harmonie und Tonalität an jahrhundertealten Prinzipien europäischer Musik und begründete bislang ungekannte Formen des Musizierens und des Hörens: »Strauss komponierte nervöse, flirrend vielschichtige, turbulente, oft anstößig erscheinende, vieldeutige Großstadtmusik, in der freilich auch immer die Sehnsucht nach dem Naturidyll durchscheint.« (Messmer)

»Feuersnot«, die erste Dresdner Oper, beurteilte ihr Schöpfer aus später, verharmlosender Perspektive als »Unöperchen«, als kleines Intermezzo gegen das Theater »mit persönlichen Motiven und kleiner Rache an der lieben Vaterstadt« – München hatte den Aufsteiger manchmal, auch durch Zurücksetzung, geärgert, er rächte sich, auf der witzigen Grundlage eines kabarettistischen Einakter-Librettos des »Überbrettl«-Gründers Ernst von Wolzogen, an den Bajuwaren deftig: Als die Bürgermeisterstochter Diemut ihren Anbeter Kunrad beim vergeblichen Fensterln zum Gespött der Münchner macht, löscht ein mittelalterlicher Zauber alle Lichter der Stadt; sie leuchten erst wieder, als das Mädchen sich Kunrad sozusagen vor gierigen Zeugen hingibt. Die drastisch-komische Sexualität des Stoffes setzte der Komponist in einer offenen Mischung von Kunst- und Volksliedhaftem, rauschhaften Klangfarben und polyphonen Passagen, Brechungen und Spiegelungen um. Manche Zeitgenossen fanden das Werk gar nicht harmlos: Die bigotte Kaiserin Auguste Victoria ließ das »frivole« Stück nach sieben Aufführungen in Berlin absetzen; Strauss bot der Opernbühne, deren eigener Chef er war, nie eine Uraufführung an: zum Glück für Dresden.

Der Durchbruch zur selbständigen Opernsprache war gelungen; die bahnbrechenden Gipfelwerke standen bevor; Schuch, sein Orchester, sein Gesangsensemble, seine Techniker bereiteten aufsehenerregende Triumphe vor. Strauss' subtiles Gespür für die Eignung von Textvorlagen als Opernlibretti führte ihn zu Oscar Wildes ursprünglich auf französisch geschriebenen Einakter »Salome«, dessen Max-Reinhardt-Inszenierung im Kleinen Theater Berlin ihn elektrisierte. Die deutsche Übersetzung von Hedwig Lachmann im Insel-Verlag 1903 richtete der Komponist selbst für seine Oper ein; sein Arbeitsbuch zeigt die markanten Kürzungen des Textes und unmittelbare musikalische Einfälle schon bei Lektüre; Wildes stark bildhaft-metaphorische, sinnliche Sprache, in der sich die verführerische, fremde, auch abgründige Schönheit des Orients ausdrückt, riß den Meister hin, Salomes Tragödie »schrie nach Musik«: Die Kindfrau entbrennt in hemmungsloser Liebe zu Jochanaan, dem jungen, attraktiven Propheten, den ihr Stiefvater, König Herodes, in einer tiefen Zisterne eingesperrt hält. Der asketische, unnahbare, auf die verkündete Ankunft des Messias wartende Gefangene weist Salome schroff zurück und verflucht sie. Die Verschmähte tanzt für das Versprechen, ihr jeden Wunsch zu erfüllen, vor dem lüsternen König den Tanz der sieben Schleier, verlangt danach von ihm Jochanaans Kopf auf einer Silberschüssel und küßt, Ungeheuerlichkeit, das Haupt des Ermordeten in wahnhafter, ungezügelt sinnlicher, doch auch rachsüchtiger Leidenschaft. Der entsetzte, wohl auch eifersüchtige König läßt die entfesselte Stieftochter töten.

Was sich in dieser für neuartig-große Musik eingerichteten Tragödie bei Dichter und Tonsetzer zusammenballte und das überraschte Dresdner Publikum zumindest im ersten Moment schockiert haben muß: Die Exotik von Personal und Ambiente, die extrem »natürliche« Wildheit, Wut, Lust, Nacktheit, das Aufgebot exzentrischer Charaktere, die explosive Zertrümmerung moralischer Konventionen, die Freiheit zu radikalem psychischen und seelischen Ausleben, zu rasender sexueller Gier, zu Grausamkeit, Perversion und Todeslust, vor allem aber die fortgesetzten Ausbrüche des Unbewußten − das alles vermochte Musik (und Tanz mit ihr) schärfer zu sagen als Sprache, selbst Poesie. Strauss griff also zu bisher »unerhörten« musikalischen Mitteln: »Die Musik ist grell, dissonant, voller Farbenpracht, wild und schrecklich wie ein Vulkan. Unbeherrschbar, hysterisch, manisch, wahnsinnig rast sie in die Katastrophe.« (Messmer)

Wohl noch nie zuvor war Dresdens ruhmreiches Musiktheater so unerbittlich gefordert und provoziert worden wie durch diese Oper. Kein Wunder, daß die Gesangssolisten zunächst ihre Partien als unsingbar zurückgaben; nur der Herodes-Darsteller Karl Burrian erklärte, er könne das Seine schon auswendig. Da zogen die anderen mit: zu einer monatelangen Probezeit, täglich von zehn bis halb drei, mit einem Riesenorchester von 120 Musikern. Am 9. Dezember 1905 trat die Sensation ans Licht: »Aus allen Gegenden Deutschlands und des Kurlandes«, notierte ein Wiener Kritiker, »waren Musiker, Musikfreunde und Journalisten, Kapellmeister, Theaterdirektoren und Intendanten herbeigeeilt, um Zeugen des Ereignisses zu sein.« Die Meinung der Fachkritiker war tief gespalten, von höchstem Kunst-Lob, zum Beispiel für die »erhaben dahinströmenden, machtvoll den Hörer bezwingenden Töne« von Jochanaans Gesang, bis zu schwerer sittlicher Entrüstung wegen »der peinlich genauen Schilderung abnormer Geschlechtsverhältnisse, mit denen die viehische Gemeinheit der Salome ja nur zu erklären ist«, reichte die Skala. Unfreiwillig komisch, weil ahnungslos war das Urteil vom obersten Dienstherrn des Komponisten, Kaiser Wilhelm II.: »Es tut mir leid, daß Strauss diese ›Salome‹ komponiert hat, ich habe ihn sonst sehr gern, aber er wird sich damit furchtbar schaden.« Die – neben der Oper selbst – wirkliche Sensation war die Reaktion des Publikums, das weiß Gott nicht ohne weiteres auf derart avantgardistische Musik geeicht war: »Man hat es gewagt«, berichtete der Musikkritiker und Komponist Ludwig Hartmann, »den Stoff als ›unchristlich‹ zu verleumden. Gerade das Umgekehrte trat ein: das überfüllte Haus stand atemlos unter dem Eindruck des schauerlich-ernsten Geschichtsbildes, das wohl *kein* Lebender so tiefbewegend hätte in Musik setzen können, wie R. Strauß, der seit seinem ›Heldenleben‹ und der ›Feuersnot‹ doch als der größte moderne Erfinder zu gelten hat. Das Publikum stand unter einem Banne und war am Schluß derart erschüttert, und man kann sagen von der glühenden Musikfarbenpracht so geblendet, daß es eine Minute dauerte, bis der stürmische Beifall ausbrach, der die Darsteller, Herrn Schuch und den Schöpfer der Musik, Dr. Rich. Strauß, immer wieder vor die Rampe rief.«

Stoff und Figuren zur nächsten avantgardistischen Oper fand der Komponist wiederum in einer Reinhardt-Inszenierung: Hofmannsthals »Elektra«, den blutigsten und grausamsten Stoff, den Strauss, wie sein Biograph urteilt, je aufgriff – er war im übrigen schon seit seiner Schulzeit mit der antiken Mythen- und Sagenwelt vertraut, arbeitete mit dem Dichter zur Ausformung der operngemäßen Fassung eng zusammen und pries ihn als geborenen Librettisten: »In meinen Augen das größte Compliment, da ich es für viel schwerer halte eine gute Operndichtung zu schreiben als ein schönes Theaterstück.« Beide

Künstler deuteten das Schicksal Elektras und aller Atriden gleichnishaft für ihre von nahen Katastrophen bedrohte Gegenwart. Elektra, Tochter Klytämnestras und Agamemnons, muß hilflos zusehen, wie die Mutter und ihr Geliebter Aegisth den heimkehrenden Vater im Bad ermorden. Elektra versinkt völlig in Rachephantasien, aus denen sie auch die vor den Schrecknissen des Elternhauses zur Flucht bereite Schwester Chrysothemis nicht lösen kann. Elektra schreit der scheinbar erbarmungslosen, innerlich aber angstgeschüttelten Mörderin die Todesdrohung ins Gesicht, wird aber selbst durch die Nachricht vom angeblichen Tod des Bruders Orest niedergeworfen. Sie muß dennoch die Rache ebensowenig vollziehen wie Chrysothemis, denn Orest kehrt doch heim und tötet das Mörderpaar. Elektra bricht nach einem mänadischen Jubeltanz wie tot zusammen; die Schwester ruft hilfeflehend nach Orest.

Wie bei »Salome« gibt es in der »griechischen« Oper ein Pandämonium von Leidenschaften, Exzessen und Idiosynkrasien, von Hysterien, Wahntaten und Verbrechen, von Vulkaneruptionen des Unbewußten, Machtgelüsten, Greueln und Unterwerfungen, es fließt entsetzlich viel Blut, Elektra tanzt durch das Mörder-Blut, jubelt über den Leichen – die hochkomplexe Musik rast und explodiert in nie vorher gehörten Polyphonien, in Nervositäten, neuen Zertrümmerungen der Tonalität, ungeheuren, alptraumartigen Klangmalereien.

Obgleich Strauss mit »Salome« in Dresden und anderen Städten ein wachsendes, erwartungsvolles Publikum für moderne Musik gewonnen hatte, blieben die Reaktionen auf die neue Oper gespalten. Elektras hypertrophe Radikalität, ihr Blutrausch stießen ab; Kapelle, Dirigent und Solisten wurden folgerichtig stärker gefeiert als der Komponist und das Libretto. Zeitlicher Abstand, weiter Rückblick über die Musikgeschichte des 20. Jahrhunderts sieht die Straussche Doppelleistung von »Salome« und »Elektra« als Marksteine der Avantgarde, bahnbrechend, bald sogar legendär, auch zum Ruhme der Musikstadt Elbflorenz, an der Strauss hing: »Mit beiden Stücken war Strauss unzweifelhaft zur musikalischen Avantgarde seiner Zeit vorgestoßen, hatte sogar selbst definiert, was Avantgarde nunmehr heißen sollte. Die Musik entfaltete, bis in Bereiche der Atonalität hinein, eine aggressive, auf dissonante Reibungen zielende Tonsprache, strapazierte damit aufs äußerste die eingeübten Hörgewohnheiten, wirkte unablässig beunruhigend und entwarf in beiden Opern ein aufwühlendes, unter permanenter Spannung stehendes Personaldrama, das nur in wenigen Momenten

musikalische Entspannung gewährte.« (Udo Bermbach im Sammelband »Wer war Richard Strauss?«)

Der 1942 zurückblickende Komponist selber urteilt in seinen »Be-
trachtungen und Erinnerungen« deutlich einschränkend: Beide Opern
stünden in seinem Lebenswerk vereinzelt da; er sei in ihnen bis an die
äußersten Grenzen der Harmonik, psychischer Polyphonie (mit Klytämnestras Traum) und Aufnahmefähigkeit gegangen. Damit wehrt er
sich indirekt auch gegen zeitgenössische, bis in die unmittelbare Gegenwart erhobene Vorwürfe, daß er mit dem folgenden »Rosenkavalier«
seine bisherige opernästhetische Linie abgebrochen, eine reaktionäre
Kehrtwendung vollzogen habe und in allen späteren Werken nur einem unentschiedenen Schlingern verfallen sei; ohnehin habe ihm ja ein
künstlerisches Gesamtkonzept gefehlt.

Tatsächlich erlebte das treue Dresdner Publikum am 26. Januar 1911
in Gestalt einer vom Librettisten Hofmannsthal entscheidend mitge-
tragenen, zum Teil an Mozart orientierten, mit barocken Elementen
geschmückten »Gesangs- und Parlando-Oper« ein heiter-komödianti-
sches Werk, der Tonalität wieder nahe, die Melodie neu gewonnen, fern
der vorherigen inhaltlichen wie musikalischen Härte, sozusagen ein
Friedensgeschöpf, insbesondere auch durch die in Vexierspielen um-
herschwirrenden Figuren wie die Marschallin (Margarethe Siems), ihren kaum zwanzigjährigen Liebhaber Octavian (Eva von der Osten),
den dreist-lauten Baron Ochs von Lerchenau, einen Don Juan vom
Lande (Carl Perron), Herrn von Faninal, einen reichgewordenen Neu-
geadelten (Karl Scheidemantel) und seine Tochter Sophie (Minnie
Nast). Die Fachkritik zeterte; das Publikum aber feierte, wohl auch in
der wehen Ahnung, daß es in herrlicher Musik den Abgesang einer
Epoche erlebte, da ja nicht nur ein Königreich fiel, die Ausführenden
unter Schuch enthusiastisch und öffnete dem »Rosenkavalier« seinen
bis heute nicht beendeten Siegeszug durch die Kontinente. Neuartig
freilich war das Vorspiel zum Triumph in der Semperoper: Eine gigantische Werbeaktion lancierte das Unternehmen; noch nie, so der Kritiker Fritz Jacobsohn ironisch, sei in neuerer Zeit für eine Angelegenheit
der Kunst solche Reklame gemacht worden – Richard Strauss war
eben in mancherlei Hinsicht bahnbrechend ...

Im übrigen ließ er sich auch weiterhin nicht auf die radikale Schärfe
der beiden Einakter-Opern festlegen. Er beanspruchte jederzeit die gesamte Fülle seiner Kunstmittel; er nahm sich die Freiheit, auch ideelle

und kompositorische Leichtigkeit und Heiterkeit zu geben: »Strauss kannte das seiner Generation zur Verfügung stehende Stilspektrum in seiner ganzen Breite und hatte es ausgiebig erprobt. Vielleicht wurde er sich mit zunehmendem Alter der Relativität aller stilistischen Entscheidungen immer klarer bewußt? Jedenfalls schien ihm keine Facette dieses Spektrums überholt oder veraltet.« (Ingo Harden)

Die Breite und Fülle seiner musikalischen Stilmittel behauptete sich in den fünf weiteren Dresdner Opern, von denen wohl nur »Die schweigsame Frau« künstlerischen Höchstrang erreichte. »Intermezzo« von 1924 bot ein nahezu intimes Strausssches Ehe-Stück im Operngewand mit selbstverfaßtem, Libretto in kaum abgehobener Alltagsrede – Thema ist der bekannte Dauer-Clinch des Meisters mit seiner Ehefrau Pauline de Ahna, der begabten Sopranistin, einer vitalen, herrschsüchtigen, hemmungslos impulsiven »Teufelin«, deren verbalpsychische Prügel Strauss nötig zu haben behauptete. Die Kunst-Aufgabe beschrieb er so: »Vielleicht ist es doch der eigentümliche, ganz aus dem realen Leben geschöpfte, von nüchterner Alltagsprosa durch mancherlei Dialogfarbskalen bis zum gefühlvollen Gesang sich steigernde Stoff«, der hier stilbildend wurde; der Gesang stellte an die Solisten hohe Anforderungen; die Zuhörer waren entzückt über die erste Strauss-Oper, die Fritz Busch uraufführte.

Er leitete 1928 auch die erste Präsentation der Antike-Neudeutung »Die Ägyptische Helena« nach Hofmannsthals Vorlage – eine die Schrecken mindernde Variante des alten Mythos: die Schrecken des Menelaos wegen der untreuen schönen Ehefrau und die Schrecken des Krieges (der Vorzeit wie der Gegenwart!): Die ägyptische Königstochter und Zauberin Aithra kann das Paar miteinander versöhnen: durch einen Trank für Helena zum Vergessen alles Schlimmen, für Menelaos durch die schöne Lüge, seine Frau sei von den Göttern auf Aithras Insel gebracht, die Griechen aber und er selber seien durch eine Täuschung zum zehnjährigen Krieg verführt worden, was Menelaos glaubt; am Ende wird Helena glückliche Hausfrau im Palast des Gatten – eine scheinbar ironische Entkleidung des antiken Mythos, doch für das Publikum in Dresden und anderswo tröstlich, und für den Dichter wie den Komponisten in ihrer Nachkriegs-Gegenwart ebenfalls?

»Arabella«, Hofmannsthals letzte, kurz vor seinem Tod 1929 abgeschlossene Arbeit für Strauss, doch erst 1932 komponiert, stellt zwei Kulturräume der k. u. k. Monarchie einander gegenüber: das Wien von

1866 mit, so der Dichter, »drei leichtfertig nach Frauen und Mädchen jagenden Grafen«, insbesondere mit »dem ganzen zweifelhaften Milieu dieses kassierten Rittmeisters Waldner«, eines Spielers, dessen schöne, »selbstverantwortliche mutige« Tochter Arabella für die Rettung der Familie zu einer Art Eheprostitution bereit ist – und die Welt »des großen halb-slawischen Österreich (…) eine ganz andere Luft«, mit dem reichen kroatischen Magnaten Mandryka als Retter, der, freilich erst nach bösen Verwicklungen, eine Liebesheirat mit Arabella eingeht. Messmer urteilt, der von Hofmannsthals Ableben erschütterte Strauss – »Noch nie hat ein Musiker so einen Freund und Förderer gefunden – Niemand wird ihn mir und der Musikwelt ersetzen« – habe in »Arabella« die schönste, traurigste, melancholischste Musik gefunden, die er je schrieb, und bisher unbekannte Ausdrucksbereiche geöffnet; gemeint ist damit auch die Rezeption einer vierbändigen Sammlung südslawischer Volksweisen aus dem späten 19. Jahrhundert.

Die Dresdner Strauss-Gemeinde wie auch das Ensemble von Oper und Kapelle sah sich vor der Uraufführung dieses Werkes mit dem Einbruch dessen konfrontiert, was der Komponist die »konservative Revolution« zu nennen pflegte, das aber nun braune oder schwarze Uniformen mit Hakenkreuz-Armbinden trug. »Arabella« hatte Strauss »meinen Freunden Alfred Reucker und Fritz Busch« gewidmet, dem Generalintendanten und dem Generalmusikdirektor. Busch war im März von nazistischem Mob aus seiner Arbeit gejagt, Reucker seines Amtes enthoben worden. »Strauss«, so berichtete Busch in seiner Autobiographie, »erklärte es für selbstverständlich, daß er die Uraufführung dieses uns gemeinsam gewidmeten Werkes nur in Reuckers szenischer Einstudierung und nur unter meiner Leitung erlauben würde (…). Als Strauss dies sagte, war er zweifellos vollkommen aufrichtig. Viele Jahre später beteuerten mir gemeinsame Freunde, daß er auch wirklich versucht habe, sein Wort zu halten, indem er in aller Form das Werk zurückzog. Doch habe er schließlich den vertraglichen Ansprüchen weichen müssen.« »Arabella« wurde am 1. Juli 1933 unter dem Dirigenten Clemens Krauss, in der Regie des vom Schauspiel ausgeliehenen Josef Gielen, mit Viorica Ursuleac in der Titelrolle, erfolgreich uraufgeführt; was das Strauss zutiefst zugetane Publikum von den politischen Hintergründen wußte, bleibt offen.

Zwei Jahre später entstand um die Dresdner Uraufführung der Oper »Die schweigsame Frau« ein hochpolitischer Konflikt, der um ein Haar

Strauss selbst gefährlich geworden wäre: Das vom Komponisten hoch-
geschätzte Libretto stammte von Stefan Zweig, als Jude, Pazifist und
Kosmopolit den Nazis verhaßt, die seine Bücher 1933 verbrannten.
Strauss war nach der Machtübernahme Hitlers nicht emigriert; er ging
Kompromisse mit den Nazis ein; er hatte Kontakte zur obersten Führung, zu Hitler, Göring, besonders zu Goebbels. Dafür gab es wohl auch
triftige Sachgründe; Der Opernkomponist, schreibt Friedrich Dieckmann, sei vom Metier her, »dem Angewiesen-Sein auf riesige Apparate,
die nur der Staat zur Verfügung stellen kann und die nur in Deutschland und Italien in größerer Zahl zur Verfügung stehen, von allen
Künstlern der staats-, also politikabhängigste«. Strauss hätte im Exil nie
ein zweites Dresden gefunden; freilich ließ er sich 1933 zum Präsidenten der Reichsmusikkammer ernennen und sprang im gleichen Jahr
zweimal, für Bruno Walter und Arturo Toscanini, mit Dirigaten ein, was
ihm rufschädigend ausgelegt werden mußte und zumindest politisch
naiv erscheint: er unterschätzte offenbar das immanente verbrecherische
Wesen des Nationalsozialismus.

An einer entscheidenden Stelle aber war er unnachgiebig: in der Verurteilung des Antisemitismus. Er weigerte sich, seinen Librettisten
fallenzulassen oder auch nur zu verschweigen; er schrieb ihm Briefe
voller Regime-Kritik und mit der Aufforderung, weiter für ihn zu arbeiten. Es gelang Strauss, von Hitler eine Ausnahmegenehmigung für
die Dresdner Uraufführung mit Maria Cebotari zu erlangen, ja: sogar
die Streichung von Zweigs Namen auf dem Programmzettel rückgän-
gig zu machen: »So brach«, schrieb der Dichter stolz, »dieser schwarze
Tag für das nationalsozialistische Deutschland heran, daß noch einmal
eine Oper aufgeführt wurde, wo der geächtete Name Stefan Zweig auf
allen Anschlagzetteln paradierte.« Der musikalische Triumph der Dresdner Musiker am 24. Juni 1935 war grandios, der moralische Sieg – von
wie vielen Dresdnern empfunden, weiß man nicht! – genauso groß, der
faktisch-politische Zugriff danach freilich total: Nach wenigen Vorstellungen wurde das Werk mit dem hintergründigen Titel-Adjektiv abgesetzt und in ganz Deutschland verboten, Strauss unter dem Vorwand
»erschütterter Gesundheit« als Präsident entlassen: Er hatte ja in einem
Brief an Zweig vom 17. Juni Kopf und Kragen riskiert, die Gestapo das
Schreiben aus dem Briefkasten des Hotels »Bellevue« gefischt, Mutschmann leitete es an den »Führer« weiter, wodurch es erst zum Politikum
wurde. Mit einem ausdrücklichen Treuebekenntnis zu seinem Libretti-

sten schrieb Strauss: »Glauben Sie, daß ich jemals aus dem Gedanken, daß ich Germane (vielleicht, qui le sait) bin, bei irgend einer Handlung mich habe leiten lassen? Glauben Sie, daß Mozart bewußt ›arisch‹ komponiert hat? Für mich gibt es nur zwei Kategorien Menschen; solche die Talent haben und solche die keins haben, und für mich existiert das Volk erst in dem Moment, wo es Publikum wird. Ob dasselbe aus Chinesen, Oberbayern, Neuseeländern oder Berlinern besteht, ist mir ganz gleichgültig.« Für Walter sei er nur dem Orchester zuliebe, für den »Nichtarier« Toscanini Bayreuth zuliebe eingesprungen; mit Politik habe das gar nichts zu tun, und um die Auslegungen in der »Schmierantenpresse« solle man sich nicht kümmern: »Daß ich den Präsidenten der Reichsmusikkammer mime? Um Gutes zu tun und größeres Unglück zu verhüten. Einfach aus künstlerischem Pflichtbewußtsein! (…) Die Aufführung hier wird famos. Alles ist in heller Begeisterung. Da soll ich auf Sie verzichten: Nie und Nimmer!«

Strauss war nach diesem Eklat, der für einen weniger Hochgestellten, international Unbekannten unweigerlich schlimme Folgen gehabt hätte, politisch kaltgestellt. Seine übrigen Werke durften nach Hitlers Anordnung weitergespielt werden; ein Brief des Komponisten an den »Führer« mit dem Verlangen nach einem Gespräch blieb jedoch unbeantwortet. Mit anderen Nazi-Größen machte Strauss widersprüchliche Erfahrungen, die ärgsten mit seinem scheinbaren früheren Protektor Goebbels: »Es ist halt eine traurige Zeit, in der ein Künstler meines Ranges ein Bübchen von Minister um Erlaubnis fragen muß, was er componieren und aufführen lassen darf«, hatte er schon kurz nach dem Verbot der »Schweigsamen Frau« gegenüber Zweig sarkastisch geklagt; 1941 machte ihn das Bübchen im Beisein anderer Musiker auf unverschämteste Weise herunter, als Strauss die Eigenverwaltung der Musiker gegen staatlichen Zugriff verteidigte. Die laut geschriene Abkanzlung des weltberühmten Komponisten durch den großspurigen Flegel endete mit der höhnischen Behauptung, Strauss sei von gestern. Der Bericht des Zeugen Werner Egk verzeichnet, daß der Gedemütigte das infame Bübchen mit Tränen im Gesicht verließ.

Gegen die menschlich ernsteste, die judenfeindliche Bedrohung – Alice, die Schwiegertochter und Vertraute des Komponisten, war Jüdin, die Enkel Richard und Christian galten also als Halbjuden – fand die Familie des Strauss-Sohnes Franz in Wien Schutz durch den früheren »Reichsjugendführer« und dortigen Gauleiter Baldur von Schirach,

Sohn eines Theaterintendanten und Bewunderer von Strauss; der Schutz der Kinder scheint durch ein Dekret der Reichskanzlei gedeckt worden zu sein ...

Im übrigen ist »Die schweigsame Frau« eine absolut unpolitische, harmlose, witzige Komödie, worin der gegen Lärm überempfindliche alte Seemann Morosus durch seinen von ihm wegen des Schauspielerberufes enterbten Neffen zum Schein mit dessen angeblich schweigsamer Frau, der Sängerin Aminta, verheiratet wird, die, kaum »getraut«, wild lärmt und Möbel zerhaut. Morosus erkennt den schlimmen Schabernack, ist von seiner Phobie geheilt, verzeiht Aminta und ihrem Mann und lebt glücklich – ein grellerer Kontrast zwischen dieser charmanten Harmlosigkeit und ihrer brutalen Verdammung ist kaum denkbar!

Die letzte Dresdner Oper, »Daphne«, erklang erstmals am 15. Oktober 1938, ein Alterswerk, äußerlich von der Gegenwart abgewandt, zurück zur Antike, getragen vom »Konflikt zwischen dem Rausch, der Ekstase und der Leidenschaftlichkeit von Dionysos und der Reinheit, Keuschheit und Geistigkeit Apollos« (Messmer), den Daphne letztlich wählt, um sodann, in einen Lorbeerbaum verwandelt, zur Natur zurückzukehren: visionärer Wunschtraum des vom nahenden Weltunheil verstörten oder alarmierten alten Meisters? Die eigentliche Pikanterie dieses Abends war die gleichzeitige Premiere der am 24. Juli in München uraufgeführten Einakter-Oper »Friedenstag« nach einer Idee des ungenannten Urhebers Stefan Zweig, eines Anti-Kriegs-Werkes, in einer eingekreisten Zitadelle um 1648 spielend, die Schrecknisse des Strauss aufs äußerste verhaßten Krieges zugleich drastisch und voller Mitleid mit den Opfern darstellend, musikalisch voller starker Dissonanzen, so beim C-moll-Trauermarsch des leidenden, hungernden, die Kapitulation der Festung fordernden Volkes – eigentlich, auch wenn am Schluß die Feinde Frieden schließen, ein Keulenschlag für Hitler und seine Kamarilla; statt das Werk jedoch zu verbieten, feierte der »Führer« nach der Wiener Aufführung Oper und Schöpfer, nicht, wie vermutet worden ist, aus Dummheit oder in bewußter Abblendung, sondern weil die verbrecherische, aber siegestrunkene Führung des Reiches anno 1938, nach der Einverleibung Österreichs und des Sudetenlandes sich überhaupt nicht vorstellen konnten, daß Strauss und Zweig mit der eingeschlossenen Festung – Deutschland meinten. Die Kritiken des Werkes zeigten Staunen und Irritation – freilich: Der Sieg des

Künstlers auf der Opernbühne hielt den Diktator auf seinen Marsch in den Krieg nicht auf.

Das große Musikwerk von Richard Strauss aber, dieser gewiß schillernden Persönlichkeit, lebt in Dresden, bewundert und immer neu aufgeführt, weiter wie eh und je.

Die Gartenstadt und das Hygiene-Museum

Merkwürdige Daten-Doppelkonstellation der Stadtgeschichte: So wie 1798 unabhängig voneinander das berühmte Frühromantiker-Treffen und die Übersiedlung Caspar David Friedrichs nach Dresden vor sich gingen, fanden 1898, ohne daß die Betreffenden davon gewußt hätten, wenige Kilometer voneinander entfernt zukunftsweisende Ereignisse statt: In Laubegast, Salzburger Straße, gründete der Tischler Karl Schmidt (1873–1948) seine erste Kleinmöbel-Werkstatt, in Johannstadt der Industrielle Karl August Lingner (1861–1916) mit dem Arzt Schlossmann Dresdens erste Säuglingsstation. Schmidt begann nach Jahren produktiver Berufsarbeit in Bremen, Berlin, England und Skandinavien einen spektakulären Aufstieg als kunstgewerblich orientierter Handwerker und Fabrikant: Aus der Werkstatt mit zwei Arbeitern wurde, besonders nach dem Umzug in die Blasewitzer Straße 17, ein Betrieb von 500 Werktätigen im Jahr 1908. Die Enge der Platzverhältnisse und die stark steigenden innerstädtischen Bodenpreise zwangen Schmidt zur Geländesuche außerhalb; nördlich von Dresden, im Gebiet am Heller, dem Hügel bei Klotzsche und Rähnitz, wurde er fündig, gewann die Bürgermeister für seine Pläne und schloß mit 73 vorwiegend bäuerlichen Eigentümern Kaufverträge für 140 Hektar zumeist sandiges Bauland. Das Terrain, das als neue Gemeinde amtlich Hellerau hieß, wurde die erste deutsche Gartenstadt und die Heimstatt der »Deutschen Werkstätten für Handwerkskunst«. Denn Karl Schmidt, der wegen seiner exzellenten Werkstoff-Kenntnis gelegentlich auch »Holz-Goethe« genannt wurde, der mittlerweile den Münchner Architekten Richard Riemerschmied und den künstlerisch sensiblen Wolf Dohrn, einen Dilettanten im guten Sinne, als kongeniale Partner gewonnen und mit ihnen 1908 die gemeinnützige »Gartenstadt-Gesellschaft Hellerau GmbH« gegründet hatte – Schmidt strebte über die Einrichtung einer Möbelfabrik hinaus die »Bildung eines sozial gemischten, differenzierten Gemeinwesens« an – so Hans-Jürgen Sarfert in seinem Buch über die Neugründung, an deren Südrand damals noch der Heller-Exerzierplatz des sächsischen Heeres lag. Daß die Siedlung mit ihrer landschaftlichen Einbettung, ihrer Abwendung von der großstädtischen, oft schmutzigen, ungesunden Industrie, ihren sozialen und künstlerischen Bemühungen um bessere Lebensbedingungen der Bewohner und Mitarbeiter den Mustern englischer Gartenstädte wie Ebenezer Howards Letchworth bei London ähnelte, war offenkundig.

Das Experiment, das in den Jahren vor dem Ersten Weltkrieg schnell internationales Aufsehen erregte und zahlreiche Ansiedler, Gäste, Besucher anlockte, ruhte auf drei Säulen: auf der maschinellen Produktion kunsthandwerklich gestalteter Möbel, dem Bau von Wohnhäusern, später eingeschlossen der maschinellen Herstellung ganzer Holzhäuser, und einem als progressiv verstandenen, mehrschichtigen, auch pädagogischen Programm der Künste mit dem architekturgeschichtlich bedeutsamen Festspielhaus als Zentrum.

Obwohl als Tischler von Haus aus Hand-Werker, entfaltete Schmidt schon früh ein wegweisendes Maschinen-Verständnis und gründete darauf, seit 1902 in enger Kooperation mit Riemerschmid, die maschinelle Herstellung von Möbeln. »Formgebung und Funktion«, schreibt Peter Peschel im Hellerau-Band der »Dresdner Hefte«, »wurden hier im Hinblick auf maschinengerechtes Produzieren vorbildlich miteinander verbunden. Die Möbel setzte man aus einer Anzahl typisierter, für Maschinenfertigung geeigneter Elemente zusammen; es handelte sich um Massivholzmöbel, deren Türen und Wände konsequent auf Rahmen und Füllung gearbeitet waren (…). Die Möbel (…) konnten zerlegt bzw. leicht zusammengesetzt werden, die Möglichkeit der Zerlegung erlaubte raumsparenden Transport und auch das Verschicken von Möbelteilen.« Und sie schuf Vielseitigkeit: »Die Dresdner Werkstätten«, resümiert Michael Faßhauer in seiner Monographie »Das Phänomen Hellerau«, »stellten von der Tür bis zum Briefbeschwerer alles her, was zur Inneneinrichtung gehörte.« Mit ganzen Zimmern und kompletten Wohnungsausstattungen feierten die Werkstätten auf großen Ausstellungen Triumphe.

Die Formgebung konnte weder die Maschine noch der die Einzelteile herstellende Maschinist leisten; dazu brauchte Schmidt Experten: festangestellte entwerfende Künstler. Eine solche Zusammenarbeit verlangte er schon 1898; die kunstgeschaffenen Möbel aber hatten − und da spricht ein schon länger waltender Zeitgeist aus dem Hellerau-

Gründer – sachlich streng, unverziert, ornamentfrei, sozusagen rein zu sein; die natürliche Maserung des Holzes verdrängte das aufgesetzte Schmuckwerk. So entstanden die berühmten schlicht-schönen Hellerauer Möbel mit dem besonderen sozialen und individuellen Anspruch: »Solide, wertvolle Stücke sollen billig für jedermann zu haben sein, doch sollte nicht jeder das gleiche haben. Das war Karl Schmidts Ziel, wofür er Riemerschmid zu begeistern vermochte.« (Faßhauer) Schon 1907 hatte Dohrn in einem Brief Schmidts Qualitätsanspruch sogar zur Zielsetzung der gesamten Hellerauer Bewegung erhoben: »Wir wollen mit der Zeit eine Zentrale bilden für Geschmacksveredlung, Qualitätsverbesserung.«

Die Produktion bekam ihre Heimstatt in einer völlig neuen, nach modernsten technischen, ökologischen und sozialen Erkenntnissen eingerichteten Werkstätten-Fabrik am Moritzburger Weg: der erste Spatenstich fand am 9. Juni 1909 statt. Der Grundriß des Hauptgebäudes zeigte symbolisch die Gestalt einer Schraubzwinge, eines Werkstücke zusammenhaltenden Tischler-Instruments. Riemerschmid gelang es, »alle Anforderungen an Belichtung, Lüftung, Geräumigkeit, Geruchs-, Staub- und Lärmfreiheit weit unter den in der Gewerbeordnung festgesetzten Werten zu halten« (Faßhauer). Obendrein gab er dem Gebäudekomplex eine Außengestalt, die ihn weder historisierend einkleidete noch in düster-abstoßender Kahlheit präsentierte; Faßhauer vergleicht die vielleicht von ferne an Erlwein-Bauten erinnernde Anlage mit einem ländlichen Gutshof und den um ihn gruppierten Wirtschaftsgebäuden. Prominente Zeitgenossen sahen das ganz unterschiedlich: Gropius rieb sich an der »unsachlichen Bauernhausromantik«; Howard pries nach einem Besuch 1912 die architektonische Schönheit der Hellerauer Werkstätten im Gegensatz zu den eigenen einstöckigen Fabriken in Letchworth mit ihren sägeförmigen Oberlichtdächern. Wahr ist: Die ganze Riemerschmidsche Anlage ist in ihrem Aussehen scheinbar un-modern und un-industriell – und strahlt auch heute noch, wenn man etwa im Hof steht, eine eigentümliche Wärme und Geborgenheit aus; ihre Schöpfer wollten mit der gesamten Bau-Gestaltung ihren Arbeitern ja auch Wohlbefinden schenken und sie auf eine kunst-freundliche Weise wo nicht erziehen, so doch ermutigen und erheben. Die derart undogmatisch angespornten und motivierten Werkleute pflegten ihre Fabrik bei höchster Arbeitsdisziplin: »Noch heute gilt die vorbildliche Ordnung und Sauberkeit in dieser Fabrik als beispielgebend.«

Der Aufbau der Gartenstadt kam der Gründung einer ganzen Gemeinde gleich; dabei sollten, in Wolf Dohrns Worten, »Garten, Haus und Möbel (…) eine gemeinsame baukünstlerische Aufgabe werden«. Zu ihrer Bewältigung wurde als eine Art Kontrollrat eine Bau- und Kunstkommission berufen; eine 1910 gegründete »Baugenossenschaft Hellerau GmbH« kümmerte sich vorrangig um die Errichtung der Kleinhausbauten. Vor allem die Häuser prägten (und prägen noch heute) die Physiognomie des Ortes, und der Bau billiger, aber ansehnlicher Wohnstätten für die Werkstätten-Mitarbeiter war eine Hauptleistung der Gartenstadt-Gemeinde. Mit der Kleinhausanlage »Am Grünen Zipfel« errichtete Riemerschmid, nach einer umfangreichen Fragebogenaktion bei den potentiellen Bewohnern, unweit der Fabrik und zu ihrer äußerlichen Ländlichkeit passend, »den ersten charakteristisch geschlossenen Straßenzug, der sich in leichter Biegung bis zum Markt hinzieht.« (Sarfert) Die in der Mehrzahl für jeweils eine Familie angelegten, zumeist aus Erdgeschoß und ausgebautem Dach bestehenden Häuser sollten so kostengünstig wie möglich, aber auch architektonisch anziehend sein: »Riemerschmid suchte die Aufgabe zu lösen, indem er Typenhäuser vorsah. Da er den höchsten künstlerischen Anspruch zu erfüllen suchte, schuf er die beträchtliche Anzahl von 34 Haustypen (…) Der Architekt vereinheitlichte eine Vielzahl von Details, wodurch Bauteile wie Fenster- und Türstürze, Sohlbänke, Treppen, Fenster, Türen, Fensterläden und Deckenbalken in größerer Zahl vorgefertigt werden konnten. Diese Lösung, verbunden mit dem einheitlichen Anstrich nach dem Schema: Türen, Fensterläden, Säulen, Brüstungen – grün, Fenster – weiß, Putzfassade – kräftiges Ocker, ermöglichte eine bauliche Geschlossenheit und zugleich eine Variabilität. So entstand der Reiz des ›Grünen Zipfels‹.« (Faßhauer)

Kleinhäuser gab (und gibt) es auch in anderen Teilen Helleraus, von anderen Baumeistern, in anderer Außengestalt. Riemerschmid selbst plädierte nachdrücklich für verschiedene Architektur-Individualitäten, gegen die Gefahr der Monotonie im Ortsbild; bei seinen eigenen Arbeiterhäusern gab es zum Beispiel Größenunterschiede. Der Architekt Hermann Muthesius baute an der Westseite der Straße »Beim Gräbchen« eine Häuserreihe, deren vier mittlere mehrere markante Merkmale zeigen: steile Treppen an der Vorderfront, den für Muthesius-Bauten signifikanten Wechsel von Giebel und Traufe, deutlichen holzverkleideten Überstand der Dächer, creme- oder elfenbeinfarbe-

nen Rauhputz der Fassaden. Besonders auffällig, ja für Hellerau Gründerzeit provokant sind die Eigenheiten architektonischer Indivi-
dual-Handschrift bei Reihenhäusern des Festspielhaus-Baumeisters
Heinrich Tessenow. Sarfert nennt dessen Stil puritanisch und asketisch-
schlicht, seine Häuser Am Schänkenberg, Am Pfarrlehn, im Heideweg
»kahle Schöpfungen mit einem sicheren Gespür für hintergründige
Einfachheit« – gemeint ist damit Tessenows Verzicht auf jegliche Art
von Schmuck; er baute Häuser von höchstmöglicher, geometrischer äußerer Einfachheit mittels vorgefertigter typisierter Wandteile, wodurch
sich die Bauzeit verkürzte und Kosten gespart werden konnten.

»Hellerau soll eine Siedelung bemittelter und minderbemittelter,
aber freier Menschen werden.« Dieser programmatische Satz aus Wolf
Dohrns Text »Die Gartenstadt Hellerau. Ein Bericht« (1908) signalisiert, daß auch gutsituierte Bewohner willkommen waren – und Villen,
Landhäuser gebaut wurden, die sie aufnahmen. Die Spannung zwischen »progressiven« Kleinhäusern mit ärmeren Bewohnern und großen Häusern der Betuchten wurde in Hellerau wahrgenommen, aber
nicht explosiv entladen: »Schmidt brauchte einen vergrößerten Betrieb«, urteilt Faßhauer, »und wollte die Gartenstadt Hellerau als Umfeld. Eine Weltrevolution brauchte er nicht und stieß sich nicht an der
Einteilung in Viertel als gebaute Segregation.« So kam es, daß prominente Kleinhaus-Architekten zugleich Villen und Landhäuser bauten,
die das Antlitz der Gartenstadt stark mitbestimmten, ja: ohne die dieser
Ort am Ende architektonisch vielleicht zu schmalspurig und dörflich
erschienen wäre.

Gewissermaßen als Vereinigung von Maschinenmöbel-Produktion
und bodenfestem Häuserbau entwickelte sich ab 1910 mit dem ersten
eingeschossigen Holzhaus am Tännichtweg die Fabrikation von »Ma-
schinen-Holzhäusern«, die, nach dem Vorbild von Riemerschmids Ma-
schinenmöbeln, aus maschinell vorgefertigten Teilen montiert wurden:
»Dabei bildete die Hellerauer ›Kassette‹ – eine 60 cm breite, geschoß-
hohe Außenwandplatte – das entscheidende Grundelement der Konstruktion.« (Ulrike Schlosser im schon zitierten »Dresdner Heft«) Die
»Deutschen Werkstätten« zogen bekannte Architekten, u. a. Riemerschmid, Karl Bertsch, Adelbert Niemeyer, Hans Poelzig, Oswin Hempel, als Entwerfer heran. Eine gewisse Blütezeit setzte freilich erst nach
dem Krieg ein: Das erste Musterhaus wurde 1920/21 am Heideweg 15
aufgestellt; für die gleichzeitig beginnende Serienproduktion samt pro-

beweiser Montage kompletter Häuser wurde eine besondere Fabrika-
tionshalle gebaut: »Das Produktionsprinzip der maschinellen Vorferti-
gung setzte sich bei Fenstern, Fensterläden, Fußboden, Deckenplatten,
Türen und Türklopfern in genormten Fertigteilen fort.« (Schlosser)
Der besondere Vorzug war die Kombination von preiswerter Typisie-
rung und Verwendbarkeit mit Beweglichkeit und Offenheit für individuelle Wünsche der Bauherren: Die Bauteile waren genormt, nicht
aber die Grundrisse. Die Fabrikations- und Verkaufszahlen der Zwan-
zigerjahre deuten auf Erfolg: Am Anfang des Jahrzehnts wurden jährlich etwa 16 Häuser montiert, insgesamt 40 Häuser in Hellerau und
Rähnitz, 45 in Prohlis, 41 in Leubnitz-Neuostra errichtet. Der letzte
Gipfelpunkt der maschinellen Holzhausproduktion war 1934 die Serie
von 15 Musterhäusern entlang der frisch geschaffenen Straße Am Son-
nenhang, auch heute noch ein interessanter, origineller Straßenzug.

Eine überraschende künstlerische Wende vollzog Wolf Dohrn. Der
Inspirator der Gartenstadt, in der nach seinem Willen Erbauer und Bewohner durch Kunst erzogen werden sollten, erlebte am 29. Oktober
1909 im Übungssaal eines Fräuleins Flint, Dresden, Dippoldiswalder
Gasse 15, mit etlichen Dresdner Bürgern und Karl Schmidt den Auftritt
des Genfer Komponisten Emile Jaques-Dalcroze und seiner Schülerin-
nen, die eine neue Methode musikalischer, künstlerischer, befreiender
Menschenerziehung vorführten: »Man macht sich heute schwer eine
Vorstellung davon, wie es diesem Manne gelang, die Gemüter aufzu-
wühlen. Er faßte Musik als eine das menschliche Dasein geistig, seelisch
und körperlich steigernde Kraft auf, die eine emotionale Erweiterung
menschlicher charakterbildender Seinsmöglichkeiten hervorrufen sollte. Dalcroze beabsichtigte, durch Körperrhythmik Gestalt und Wesen
der Musik zu erleben, um dadurch gleichzeitig alle seelisch-schöpferi-
schen Kräfte zu lösen und zu steigern.« (Sarfert) Der Genfer Meister,
ein in Wien geborener Bruckner-Schüler, schrieb selber resümierend
und provozierend: »Alle rhythmischen Elemente der Musik sind ursprünglich der Rhythmik des menschlichen Lebens entlehnt (…). Ich
will den Rhythmus auf die Höhe einer sozialen Institution heben und
einen neuen Stil vorbereiten, der eine natürliche Ausbreitung erfährt
und so ein wirkliches Erzeugnis der Seele aller Bewohner wird.« Wolf
Dohrn, von Schwärmerei nicht frei, bekannte: »Mich legitimiert zu
dem, was ich sagen will, nur mein Glaube an die rhythmische Gymnastik, mich drängt zur Aussprache das ursprüngliche, völlig einzigartige

Erlebnis, das ich hatte, als ich zum ersten Male eine Stunde rhythmischer Gymnastik gesehen habe.«

Dohrns Enthusiasmus hatte gravierende Folgen: Gegen Schmidts und Riemerschmids Bedenken, denen Jaques-Dalcroze' Rhythmus-Lehre und Dohrns Begeisterung eher elitär-abgehoben vorkamen, setzte er, indem er auch die finanziellen Mittel beschaffte, nach manchen Kämpfen unbeirrt eine Bildungsanstalt für Dalcroze mit eigenen Gebäuden, detaillierten Lehrplänen und einer internationalen Schülerschaft durch. 1913/14 lernten dort fast 500 junge Leute. Zentrum der Schule, die, so Dohrn, »der Wiedergewinnung des Rhythmus in der Erziehung, in der Bildung der Persönlichkeit, in der Kunst und im Leben« diente, und ihrer Aufführungen, ihrer Feste aber wurde das von Heinrich Tessenow erbaute Festspielhaus.

Wolf Dohrn setzte sich auch bei der Wahl seines Architekten durch: Tessenow, wegen seiner Wohnhäuser umstritten, zumal Riemerschmid eigene und sehr andere Vorstellungen eines zentralen Bauwerks hatte, drang nach der Ablehnung zweier Entwürfe in der Bau- und Kunstkommission mit seinem dritten Projekt bei kräftiger Rückendeckung von Dohrn und Dalcroze durch. Es ist eines der ersten Dresdner Beispiele dessen, was man moderne Architektur nennt, in der Außenansicht wie in der Innenausstattung völlig schmucklos, mit einem quadratischen, von vier schlanken Pfeilern streng gegliederten Portikus, einem Giebel als gleichschenkligem Dreieck, darin eine kreisförmige Öffnung, die eine Art Yin-Yang-Signum umschließt, vor dem Eingang flache, unauffällige Stufen, rechts und links bedachte, mit rechteckigen Fenstern und Gauben besetzte Seitenflügel, hinter Pforte und Giebel ein langgestreckter Saalbau, und in der Tat: Das eigentliche Kernstück des Gebäudes ist dieser große Saal, der sich über den gesamten Mittelbau auf drei Geschossen 12 Meter hoch erstreckte und etwa 700 Zuschauer aufnehmen konnte; das Imposante am Saal ist die Konzeption als einheitlicher Raum, »der von allen Installationen und festen Einbauten frei gehalten blieb und dadurch Spielraum für verschiedenste Verwendungen und Verwandlungen bot«. Das heißt: Bühne und Zuschauerraum waren (und sind) überhaupt nicht voneinander getrennt.

Eine besondere Zutat für Inszenierungen suchte der Schweizer Musiker Adolphe Appia im Festspielhaus zu realisieren: Seine Lehre von den rhythmischen Räumen und deren Neugestaltung durch eine auf ungewöhnliche Effekte zielende Lichtregie hat die legendäre Spitzeninszenierung der Hellerauer Festspiele vom 5. Oktober 1913 wesentlich mitgeprägt: Paul Claudels Mysterienspiel »Verkündigung«. Bei durchaus konträren Ansichten zu schauspielerischen Einzelleistungen war die Resonanz insgesamt gewaltig. Darius Milhaud, zeitweise Claudels Sekretär, schrieb begeistert: »Die äußerst stilisierte Bühne bestand aus großen architektonischen Kuben, die entweder in Stufen oder in Plateaus von verschiedener Höhe aufgebaut werden konnten, so daß eine Aufführung zugleich auf verschiedenen Ebenen möglich war. Einige der Szenen der Verkündigung spielen sich auf zwei Ebenen ab: der menschlichen und der göttlichen. Licht spielte eine sehr große Rolle in Hellerau und verlieh den Aufführungen eine mystische Schönheit.« Der berühmte Kritiker Julius Bab konstatierte »ein Theatererlebnis großen Stils (…), eine mutig große Lossage vom Naturalismus, ein erster, kühner, noch schwanker Griff nach einem rein geistigen Bühnenstil«. Fast unglaublich und an die gerade abgelaufenen großen Dresdner Richard-Strauss-Uraufführungen erinnernd war der Zustrom intellektuell-künstlerischer Prominenz; Sarfert nennt unter anderem Nikolaus Graf Seebach, Intendant der Dresdner Hoftheater, Stefan Zweig, Martin Buber, das Verleger-Ehepaar Kippenberg, Gerhart Hauptmann, Max Reinhardt, Oskar Kokoschka, Annette Kolb, Franz Blei, Lou Andreas-Salomé, Kurt Wolff, Ernst Rowohlt.

Das Jahr 1914 brachte Hellerau einen doppelten tiefen Einschnitt: Mit nur 36 Jahren verunglückte Wolf Dohrn am 4. Februar bei einem Skiunfall in den Walliser Alpen tödlich. Da sich Richard Riemerschmid schon 1913 zurückgezogen hatte, blieb von den drei Gründern der Gartenstadt nur Karl Schmidt zurück. Der Ausbruch des Ersten Weltkrieges war ein weiterer harter Schlag: Nationalistische Pressehetze, nachdem Jaques-Dalcroze im September 1914 gegen die deutsche Beschießung der Kathedrale von Reims protestiert hatte, machte seine Rückkehr nach Deutschland unmöglich. Der Traum von Dohrn, Claudel und Dalcroze, es könne in Hellerau ein »laboratoire d'une humanité nouvelle« begründet werden, war ausgeträumt; die Gartenstadt lebte weiter, aber die Blütezeit der spektakulären Künste war vorbei.

Die Anziehungskraft für zeitweilige Bewohner und Besucher blieb zunächst ungebrochen. Der Buchverleger, Drucker und Übersetzer Jakob Hegner, der Claudel nach Hellerau geholt hatte, brachte in kostbaren Ausgaben europäische Literatur heraus. In der Künstlerkolonie wohnten zu unterschiedlichen Zeiten neben anderen die Schriftsteller

Paul Adler, Alfons Paquet, Emil Strauß, Berthold Viertel, Theodor Däubler und der Metallkünstler Georg von Mendelssohn. Im Zuge von Experimenten in einer Art pädagogischer Provinz hielt sich der später als Gründer der antiautoritären Kolonie Summerhill berühmt gewordene A. S. Neill auf; die jahrelang unter mehreren Namen laufenden Schul-Versuche, das Erbe Dalcroze' in Hellerau zu bewahren, hatten keinen dauerhaften Bestand: 1925 verlegte die »Schule Hellerau für Rhythmus, Musik und Körperbildung« ihren Betrieb nach Schloß Laxenburg bei Wien.

Schmidt hatte nach 1933 Mühe, nicht von den »völkischen« Zugriffen der Nazis vereinnahmt zu werden. Daß das Festspielhaus auf Befehl von Gauleiter Mutschmann zur NS-Kaserne herabgewürdigt wurde, konnte er so wenig verhindern wie nach 1945 die Enteignung seiner Werkstätten und das Verbot, sie zu betreten. Die 1951 als »VEB Deutsche Werkstätten Hellerau« (DWH) verstaatlichte Fabrik geriet, nachdem sie die traditionelle Herstellung gediegener Maschinenmöbel wiederaufgenommen hatte, in den aberwitzigen, doch für »Abweichler« von der stalinistischen Parteilinie gefährlichen Formalismus-Streit: Ulbricht selber attackierte die Hellerauer Anbaumöbel als Kastenschränke. Spätere Festlegungen auf planwirtschaftliche Einheitsprogramme gestatteten eigenständige Sonderfertigungen nur am Rande.

Eine Rückkehr zu den großen Vorbildern begann erst nach der Wende, unter Schmerzen und Verlusten: »Die Wiedervereinigung konfrontierte die DWH über Nacht mit den Spielregeln des freien Marktes und dem intensiven Wettbewerb einer nunmehr europäischen Möbelindustrie … Das Unternehmen brach in die Knie (…). Um die Verluste nicht ins Uferlose steigen zu lassen, folgte ein Sanierungsprogramm dem anderen. 1992 war die Mitarbeiterzahl von ehemals 1000 auf mittlerweile 250 zurückgegangen«, so Fritz Straub, der jetzige Geschäftsführer der Werkstätten. Von 1992 an hatte aber eine auf die speziellen Stärken der Werkstätten gezielte Reprivatisierung Erfolg: Unter Preisgabe aller Massenanfertigungen, auf der Basis modernster Technik, mit ausgewähltem erstrangigen Personal konzentrierte sich der Betrieb auf die flexible Produktion hochwertiger Innenausbauten mit allen Feinheiten Hellerauer Möbeltradition, aber auch mit anderen Werkstoffen als Holz, zum Beispiel Aluminium und Polstermaterialien; es entstand ein mittelständisches Unternehmen für exzellente, differenziert-individuelle, den Wünschen der Bauherren folgende Inneneinrichtungen von öffentlichen, repräsentativen Gebäuden und Privathäusern, aber auch von Schiffen und Eisenbahnzügen. Hellerauer Innenaustattungen finden sich an so unterschiedlichen Orten wie im neuen Sächsischen Landtag, in der neuen Dresdner Synagoge, im Großen Sitzungssaal des Dresdner Rathauses, in der SPD-Parteizentrale und auch in der Pressag Berlin, aber auch in teuren Luxusjachten, deren Interieurs mittlerweile ein Drittel des Umsatzes ausmachen: etwa fünf Millionen Euro jährlich. Besucher lassen sich die Projektwerkstatt zeigen, ein helles Großraumbüro in einem renovierten Gebäudeteil der ehrwürdigen, denkmalgeschützten Schraubzwinge, sie erfahren, daß noch 100 Beschäftigte in den Deutschen Werkstätten arbeiten, sie lesen die Namen zahlreicher Firmen, Architekten, Künstler, Techniker, die in den Flügeln der Schraubzwinge Büros und Ateliers bezogen haben, sie finden gleich rechts hinter der Einfahrt in einem kleinen Foyer ein Porträt Schmidts von Otto Dix, 1942, rührend realistisch, unprovokativ – das ganze historische Bauwerk hat etwas Rührendes mit seinen roten Ziegeldächern, dem beigefarbenen Anstrich: jedenfalls bei Sonnenschein. Die Werkhallen aus den späten Siebzigern sind nicht rührend, sondern nüchtern, hell, hoch, geräumig, sauber, die starken Maschinen gesteuert, die Bretterstapel und Regale gefüllt durch rasch und sicher arbeitende, sorgsam messende Fachleute, die gelegentliche Besucher gelassen ertragen.

Das Festspielhaus erlebte nach dem Zweiten Weltkrieg weitere Jahrzehnte des Mißbrauchs, nun als Kaserne, Lazarett, Sporthalle der Roten Armee, deren Offiziere erst ganz spät begriffen zu haben schienen, welche Tradition sie beschädigten.»Vierzig Jahre Dornröschenschlaf für Hellerau also« (Hans-Peter Lühr) – sie sind zum Glück vorbei, es ist aber nicht einfach Leichtigkeit eingezogen. Mehrere Versuche, im Schritt für Schritt zu renovierenden Tessenow-Haus die Künste (oder manche von ihnen) Urständ feiern zu lassen, wurden unternommen; derzeit sucht der gebürtige Dresdner Udo Zimmermann, Komponist, Dirigent, Opernintendant und Musiktheoretiker, ein »Europäisches Zentrum der Künste Hellerau« zu etablieren und hat dazu den weltweit gefeierten William Forsythe mit seinem Tanz-Ensemble gewonnen.

Nun zu jener anderen Gründung, die zufällig ins gleiche Jahr fällt wie die Anfänge von Hellerau. Der industrielle Karl August Lingner hatte 1898 bereits Ansehen und Reichtum erlangt: 1885 in Dresden gelandet,

»mit leeren Taschen, jedoch mit viel Energie und Ehrgeiz« (Susanne Roeßiger und Martin Roth vom Hygiene-Museum), zunächst in der Nähmaschinenfabrik Seidel & Naumann, dann als Kleinproduzent nützlicher Alltagsartikel tätig gewesen, gründete er 1892 das »Dresdner Chemische Laboratorium Lingner« – und erfand, im historischen Moment großer bakteriologischer Entdeckungen wie des Tbc-Erregers und der Auseinandersetzung mit den krank machenden Plagen des modernen Großstadtlebens überhaupt, das mit einem gigantischen Reklamefeldzug angekündigte, millionenfach gekaufte Mundwasser Odol, das »durch den Zusatz eines Antiseptikums den sicheren Erfolg im Kampf gegen die gefürchteten Bakterien« versprach. Es wurde ein Welterfolg, sein Erfinder Millionär. Von nun an widmete er sich, auch mit finanziellen Mitteln, der Volksgesundheit und der Volksbildung, zwischen denen er einen engen Zusammenhang sah. Dorthin gehört die erwähnte Säuglingsstation, ebenso eine »Zentralstelle für Zahnhygiene«, die Schulkinder, von denen 90 Prozent an Karies litten, kostenlos behandelte, eine Desinfektionsanstalt zur Seuchenbekämpfung (1901), die Gründung der Dresdner Lesehalle in der Waisenhausstraße (1902) und schließlich 1903 im Rahmen der »Deutschen Städteausstellung zu Dresden« die Sonderschau »Volkskrankheiten und ihre Bekämpfung«, die mit ihrer Mischung aus Massenbelehrung und Unterhaltung in vier Monaten 200 000 Besucher anzog: »Bakterienpräparate, die mit Hilfe von leicht handhabbaren Mikroskopen vorgeführt werden, stark vergrößerte Modelle von Bakterien, Wachsabgüsse von Krankheitsbildern, Spirituspräparate, übersichtlich gestaltete Lehrtafeln und Statistiken« waren derart massenwirksam, daß Lingner ab 1905 die Vorbereitungen zur Internationalen Hygiene-Ausstellung aufnahm; sie sollte zur Gründung eines Museums führen.

Lingners durch eine neuerliche Werbekampagne vorbereitete, von Künstlern, Ärzten, Technikern, Naturwissenschaftlern unterstützte »1. Internationale Hygiene-Ausstellung« fand von Mai bis Oktober 1911 statt: mit über 30 beteiligten Nationen, in mehr als 50 Palästen und Hallen, mit etwa 5,5 Millionen Besuchern. Franz von Stuck schuf das Plakat mit dem goldstrahligen Hygiene-Auge auf dunkelblauem Sternhimmel-Grund, der Graphiker G. Erler die Erinnerungspostkarte zur Eröffnung der Schau (derselbe Künstler, der Ende 1911 eine köstliche Richard-Strauss-Schuch-Karikatur zur »Rosenkavalier«-Uraufführung edierte). Für Lingner wie beim Publikum war der Pavillon »Der

Mensch«, wo der Körper »als Kunstwerk gezeigt und wissenschaftlich zerlegt und erklärt« wurde, das Zentrum des Interesses.

Nach dem grandiosen Erfolg der Ausstellung gründete sich der »Verein für das Nationale Hygiene-Museum Dresden e. V«.; Lingner verfaßte die »Denkschrift zur Errichtung eines National-Hygiene-Museums«. Daraufhin beschlossen Dresdens Stadtverordnete am 16. April 1912, für das Projekt kostenlosen Baugrund bereitzustellen. Der Erste Weltkrieg, Lingners früher Tod 1916, die faktische Vernichtung des Grundkapitals durch die Inflation verzögerten den Museumsbau nachhaltig; immerhin konnten die Werkstätten der Ausstellung weiterarbeiten, Wanderausstellungen organisieren und zahlreiche hygienische Lehrmittel publizieren.

1930 konnte das Haus nach dreijähriger Bauzeit rechtzeitig zur 11. Internationalen Hygiene-Ausstellung eingeweiht werden: auf dem Terrain, wo es heute noch steht, am Blüherpark, mit der Vorderfront in sozusagen axialem Blickkontakt zum Palais im Großen Garten, der Abstand ist immerhin weit genug, daß Starckes herrliche Schöpfung nicht erschlagen wird. Denn das Deutsche Hygiene-Museum des Architekten Wilhelm Kreis ist wuchtig, ja: ornamentlos-monumental und dominiert seine Umgebung mit einem mächtigen kubischen Mittelbau, zwei flacheren, kantig-kräftigen Seitenflügeln und einem langgestreckten, der Stadt zugekehrten Rechteck-Rückentrakt mit Innenhof. Der Haupteingang mit den vier hohen, schlanken Pfeilern ist ein offenkundiges Zitat von Tessenows Hellerauer Festspielhaus. Das fassadenweiße Haus ist weitläufig für geräumige Säle, Ausstellungsräume, Werkstätten, Depots, Büros und Treppenhäuser gebaut; große Fenster schaffen Helligkeit.

Von den vielfältigen, in den Werkstätten produzierten Anschauungs- und Lehrgegenständen war der vielbewunderte, unter dem populären Namen »Gläserner Mensch« berühmt gewordene, durchsichtige, das innerste Körperleben enthüllende Mann der Mittelpunkt von Haus und Schau: »Wie ein Kultbild stand er mit erhobenen Armen im Zentrum der Röntgenbilder und der Präparate. Eine Schallplattenstimme ermahnte die Besucher zu andächtigem Staunen.« (Klaus Vogel, heutiger Direktor des Museums) Der Konstrukteur Franz Tschackert leitete die Werkstatt, wo bis 1945 wohl neun gläserne, realiter aus Cellon gebaute Menschen entstanden, darunter zwei Frauen; für Nerven und Adern brauchte jede Figur etwa 12000 Meter Draht!

Das vielbesuchte neuartige Museum suchte in den letzten Jahren der Weimarer Republik mit innovativen Ausstellungsformen zu einem demokratisierten Gesundheitswesen beizutragen. Die schwärzeste Zeit des Museums brach 1933 mit einer infamen rassistischen Vertreibung an: Marta Fraenkel, 1930 wissenschaftliche Geschäftsführerin der 11. Hygiene-Ausstellung, danach Leiterin des Frauenreferats und des Nachrichtendienstes im Museum, 1932 Planerin der Wanderschau »Gesunde Frau – Gesundes Volk«, eine erstrangige Expertin, wurde im Frühjahr 1933 brutal und unter widerstandsloser Kollegen-Passivität aus dem Amt geekelt wie gleichzeitig der Generaldirektor der Staatsoper Fritz Busch; ein von Otto Dix geschaffenes dreiteiliges Wandgemälde wurde 1933 als »entartet« abgeschlagen. Das Museum geriet bedenklich ins Fahrwasser der nationalsozialistischen Rassenhygiene und der ihr entspringenden Vernichtungspolitik, was unter anderem die Ausstellung »Volk und Rasse« (1934) mit ihrer hetzerischen Parole »Reinerhaltung des deutschen Volkskörpers von fremden Elementen« zeigte. Die gegenwärtige Leitung verschweigt diese wirkliche Entartung nicht, nennt freilich keine Namen von Verantwortlichen.

Im Februar 1945 wurde das Museum zu 80 Prozent zerstört. Der Wiederaufbau gelang mit einigen baulichen Veränderungen relativ früh, nachdem die sowjetische Militäradministration das Institut der ostdeutschen »Verwaltung für Gesundheitswesen« unterstellt und »mit der hygienischen Aufklärungsarbeit unter der deutschen Bevölkerung nach neuesten wissenschaftlichen Ergebnissen« beauftragt hatte (Befehl Nr. 16 vom 14. Januar 1947). Vier Jahrzehnte lang entfaltete das Museum umfangreiche Aktivitäten: Wanderausstellungen wie »Hygiene auf dem Lande«, Wanderpavillons, auch als vereinfachte Nachbildungen des Museums, Broschüren, Merkblätter und Kinderkalender; Lehrtafeln, anatomische Modelle und Moulagen (Großmodelle von Krankheitsbildern) aus den Werkstätten gingen auch in den Export. Begehrt waren weiterhin die gläsernen Figuren: Zwischen 1948 und 1959 entstanden 21 Frauen, 12 Männer und drei Tiere. Nach zweieinhalb Jahren Arbeit war die erste gläserne Kuh fertig, eine besonders beliebte Attraktion mit einem vierjährigen trächtigen Tier als Modell, einem Aluminium-Skelett aus 197 Teilen, 120 Lampen passend zur Tonbanderläuterung, rund 60000 Metern Draht für Nerven- und Blutbahnen. Mitmach-Einrichtungen fanden besonders bei Kindern Anklang; so bot das Programm »Gesund wie Ben und Anne« (1986) Kindern zwischen sechs und zehn

Jahren reichliche Anregungen zur spielerischen Selbstbetätigung wie Computerplatz und Fahrradergometer, aber auch Einsichten in die Lage behinderter Kinder. Daß die vielfältigen Projekte des Hauses am Blüherplatz oft genug marxistisch-ideologisch überschattet wurden, ist leider wahr.

Die Nachwendezeit ist durch einen Schwerpunkt- und Richtungswechsel gekennzeichnet. Der eingeschlagene Weg weist von »einer ehemaligen Gesundheitserziehungseinrichtung« zum Wissenschaftsmuseum, so Klaus Vogel, der dessen Arbeit durchaus in die Tradition der Aufklärung stellt. Die schmerzliche Verkettung mit zwei Diktaturen, insbesondere mit der nationalsozialistisch-antisemitischen Rassendoktrin, verlangt unabdingbar inhaltliche Unabhängigkeit der Museumsarbeit; die Bindung an »ein humanistisches Menschenbild, das auf der europäisch-christlichen Zivilisation gründet« (Vogel), bleibt davon unberührt. Eine Hauptaufgabe des Museums ist die Beschäftigung »mit den fortgeschrittensten Positionen in Wissenschaft und Forschung«; der inhaltliche Zugang zu ihnen sei, so Vogel, stets inter- oder multidisziplinär ausgerichtet, gerade dadurch werde das Museum zum Ort der Diskussion von Menschenbildern; der Einsatz der jeweils avanciertesten Medien aber gehöre zum festen Traditionsbestand des Deutschen Hygiene-Museums, daher gebe es gegenüber den digitalen Welten weder Tabus noch Berührungsängste, ebensowenig »Fortschrittskritik« oder »Ausstiegssehnsüchte«, denn der Weg des einzelnen wie der Gesellschaft könne nur innerhalb einer wissenschaftlich-technizistischen Welt verlaufen; die Grenzen dieser Welt wie auch die Gefahr, daß sich Wissenschaft und Forschung von der Gesellschaft abkoppeln, dürften freilich nie übersehen werden.

Die Öffentlichkeitsarbeit des heutigen Museums gibt der neugestalteten Dauerausstellung und den thematisch wechselnden Sonderausstellungen eine überragende Rolle. Eine kleine Auswahl der Themenveranstaltungen zeigt deren Spannweite: In aller Munde. 100 Jahre ODOL (1992); Darwin und Darwinismus. Eine Ausstellung zur Kultur- und Naturgeschichte (1994); Die Pille. Von der Lust und von der Liebe (1996); Gen-Welten. Werkstatt Mensch? (1998); Kosmos im Kopf. Gehirn und Denken (2000); Mensch und Tier (2002); Spielen (2005). Inzwischen sind die sieben Abteilungen der neuen Dauerschau – Der gläserne Mensch; Leben und Sterben; Essen und Trinken; Sexualität; Bewegung; Erinnern, Denken, Lernen; Schönheit, Haut, Haar – ein-

drucksvoll fertiggestellt. Sie zielen alle auf da und dort dramatische An-
schaulichkeit, zum Beispiel durch extreme Vergrößerung lebender Originale in nachgebauten Modellen (eine bis zur Abscheulichkeit vergrößerte Zunge, eine 500fach vergrößerte Fruchtfliege, mächtig wie ein
Kondor, ein Chromosom, 300 000fach vergrößert), auf Einprägsamkeit
durch wiederholende Häufung, beispielsweise kranker, geschundener,
bedrohter Körperlichkeit, auf besonders für Kinder verlockende Mit-
mach- und Einschalttechniken, auf Licht- und Filmeffekte (das Wachstum des Fötus bis zum Austritt aus dem Mutterleib). Ein besonderes
Kindermuseum mit Garten, »Gläsernem Labor« und »Gläserner Kü-
che« wird künftig die Dauerschau ergänzen.

Mutschmanns Mob und seine Opfer

»Streicher in Franken und Mutschmann in Sachsen, das sind wohl die Nonplusultras«, notiert Victor Klemperer am 10. Oktober 1936 in seinem monumentalen Tagebuch der Nazizeit und markiert mit diesen Gauleitern zwei der schlimmsten Handlanger Hitlers. Hier steht Mutschmann als schwerstkrimineller Repräsentant der NSDAP in Sachsen mit Dresdner Wohn- und Herrschaftssitz; exemplarische Repräsentanten der Opfer sind neben Klemperer der Dirigent Fritz Busch sowie die Malerin und Graphikerin Elfriede Lohse-Wächtler.

Martin Mutschmann, Jahrgang 1879, lebte seit 1886 mit seiner Familie in Plauen, einem Zentrum der Textilindustrie, absolvierte eine kaufmännische Lehre sowie die Handelsschule und gründete 1907 eine Spitzenfabrik; sie muß längere Zeit immerhin so viel Profit abgeworfen haben, daß er die aufkommende NSDAP seit seinem Beitritt 1922 finanziell unterstützen konnte. Dadurch gewann er die Gunst Hitlers, der ihn nie fallenließ und seine »Verdienste« 1926 auf einer Parteiversammlung öffentlich pries. Seit 1925 war Mutschmann Gauleiter; er blieb es bis zum Kriegsende 1945. 1931, während der großen Weltwirtschaftskrise, ging die Fabrik in Konkurs; Mutschmann lebte fortan ganz der Parteiarbeit, projizierte sein Scheitern auf die verhaßten jüdischen Feinde, besorgte der NSDAP Spenden von anderen Unternehmern und bereitete die eigene sächsische »Machtergreifung« vor. Am 14. September 1930 in den Reichstag gewählt, blieb er trotzdem auf Sachsen fixiert – mit Erfolg in seinem Sinne: Im Mai 1933 wurde er Reichsstatthalter, im Februar 1935 Chef der Landesregierung statt des gestürzten Ministerpräsidenten von Killinger.

Und da entsteht eine merkwürdige, widerspruchsvolle, für ganz Sachsen hochbrisante, für die Opfer des sächsischen Faschismus lebensgefährliche Konstellation: Einerseits verharrt Mutschmann in tiefstem Gehorsam zum »Führer«, andererseits aber errichtet er eine sächsische Allein- und Gewaltherrschaft, eine Art hitlertreuen Staat im Staate, eine barbarische, selbstherrliche, die Zentrale ständig dreist und ungestraft unterlaufende Eigenregierung, mit allen ekelhaften Zügen einer solchen Regional-Tyrannei: mit Brutalität gegen die geringsten Widerstände auch in den eigenen Reihen, Brutalität, hinter der sich schamloses Versagen seiner Verantwortlichkeit für Sachsens Bevölkerung versteckt; mit Luxus-Sucht und Hamsterei wertvoller Nahrungsmittel und Getränke bei gleichzeitigen rigorosen Forderungen zu Verzicht, Opfermut, Entbehrungsbereitschaft der Untertanen; mit Protzentum und privilegiert-billigem Kunsterwerb für die riesige, parkumsäumte Villa Comeniusstraße 32; mit der zynischen Bevorzugung der eigenen Luftschutzbunker-Anlagen bei völliger Vernachlässigung des Bevölkerungsschutzes, für den er als Reichsverteidigungskommissar seit 1939 entscheidend zuständig war; mit durch die Partei gefördertem Erwerb und bombensicherem Ausbau des Schlosses Grillenburg im Tharandter Forst. Mutschmanns ganze Regierungszeit beherrscht bis in die letzten Wochen seines verrotteten Regimes ein schäumender, blutrünstiger Antisemitismus, der die Juden immer wieder zu Untermenschen und Hauptschuldigen am Krieg abstempelt; als die deutsche Niederlage endgültig abzusehen ist, bereitet Mutschmann, während er Todesdrohungen gegen Defaitismus und Desertion der Geschlagenen ausstößt, die eigene Flucht nach Westen vor.

Er hat in dem Jahrzwölft seiner unmenschlichen Diktatur über Sachsen nicht nur die große Mehrheit seiner ohnmächtigen Untertanen, sondern auch die meisten seiner Parteigenossen gegen sich aufgebracht: Es kreiste 1943 eine Witzfrage in Dresden: »Warum sind wir noch nicht bombardiert worden? – Weil wir mit Mutschmann schon genug gestraft sind.« Der Witz glänzt, befreit aber nicht. Klemperer hat recht: Der verhaßteste Mann in Dresden sei fraglos der Statthalter gewesen, »auch bei den Ariern, auch bei den Nazis«. Freilich: Hitler deckte ihn immer, so vernichtend die Kritik an ihm auch war. Übrigens mißlang ihm die Flucht: Am 16. April 1945 stellten ihn frühere Untertanen im Erzgebirgsdorf Tellerhäuser; sie hätten ihn, nach seinem eigenen Eingeständnis, unweigerlich gelyncht, wenn ihn nicht sowjetische Soldaten schnell festgenommen hätten. Die Siegermacht ließ ihn, wohl 1950, in einem KGB-Lager als Kriegsverbrecher hinrichten.

Fünf Wochen nach der »Machtergreifung« Hitlers in Berlin und Mutschmanns in Dresden, am 7. März 1933 abends, stürzte der sächsische Mob, vom Gauleiter zweifellos angestachelt, ermutigt und gedeckt, ein erstes Künstleropfer in den Abgrund nazistischer Gewalttat: Dirigiert von dem sogenannten Gaukunstwart Alexis Posse, einem Schauspieler, hinderten Horden bestellter SA-Männer Fritz Busch, einen der großartigsten Dirigenten und Opernchefs in der Dresdner Musikgeschichte, an der Leitung einer »Rigoletto«-Probe und vertrieben ihn von der Bühne herab aus der mit Braunhemden besetzten Semperoper: aus seinem Haus. Proteste von Teilen des Publikums blieben erfolglos.

Busch hatte elf Jahre zuvor, eben dreißigjährig, erst die Kapelle und wenig später die Operndirektion übernommen und war in beiden Feldern national und international äußerst erfolgreich. Sein erstes Probedirigat im Dezember 1920 schilderte der Geiger und spätere Orchesterdirektor Arthur Tröber: »Was sich in dieser dreistündigen Konzertprobe abspielte, grenzte ans Wunderbare. In der zweiten Sinfonie von Brahms, mehr noch aber in den abschließenden Mozartvariationen versetzte er uns in eine andere Welt.« Dem heutigen Betrachter, der Fotos von Busch anschaut, besonders das Fast-Frontal-Porträt mit der wunderbar feinen, klaren, klugen Physiognomie ohne jede Affektiertheit, mit ruhig verschränkten Armen – dem Betrachter von Bild, Leben und Leistung dieses Mannes bleibt das Staunen über solche Kunstfeinheit; bewegt liest er Steindorfs Resümee: »Der Bund war sofort besiegelt: 1921 übernahm Busch die Leitung der Sinfoniekonzerte, 1922 auch der Oper.« Seine Verdienste um deutsche Musik, deutsches Operntheater im Rahmen einer weltkünstlerischen Vision hätten die angeblichen *nationalen* Vorkämpfer vorgeblicher deutscher Größe in den Sand der Bewunderung sinken lassen müssen – sie aber warfen ihn, den großen deutschen Meister, in den Schmutz des Terrors und schmähten so, was sie, verführt und angestiftet von Mordhetzern wie Mutschmann, zu feiern und zu schützen vorgaben: Deutschlands Kultur und ihr Vaterland.

Die Erzählung wirft Schlaglichter auf Buschs Werdegang. Dabei hilft die Neuausgabe seiner Autobiographie von 1949 »Aus dem Leben eines Musikers«, die seine Größe in ihrer schönen Vereinigung von hohem Selbstbewußtsein und Können mit tiefer Bescheidenheit unprätentiös einfängt. Es helfen ferner die Werturteile bedeutender Kollegen über den 1890 in Siegen als Sohn eines Instrumentenbauers Geborenen; Fritz Buschs jüngerer Bruder Adolf war ein bekannter Geiger. Die musikalischen Talente des späteren Meisterdirigenten äußerten sich schon in Kindheit und früher Jugend, zum Beispiel das schnelle Erlernen mehrerer Instrumente und die Gabe des absoluten Gehörs. Gediegene Ausbildung und zeitige Karriere – mit Zwanzig schon Dirigent in Riga! – trugen zur frühen Bekanntheit bei. Stuttgart war ab 1918 die erste Großstation, das Sprungbrett nach Dresden.

Einige Glanzurteile charakterisieren die Persönlichkeit und die Kunst Buschs: »Bei Busch stimmte einfach alles! Ein Tempo, das er anschlug, war – wie seine gesamte Mozartinterpretation – so, daß man sich etwas anderes überhaupt nicht vorstellen konnte« (der Sänger Willy Domgraf-Faßbaender). »Er drängte sich nie vor das Werk. Bei ihm sprach die Musik für sich selbst« (Sena Jurinac, Sopranistin unter anderem beim Glyndbourne-Festival). »Busch ist der geborene Erzmusikant (...). Ihn beseelt fanatische Begeisterung für die Sache, mehr noch, Besessenheit, Hingabe an das Kunstwerk bis zur Erschöpfung! Orchestererzieher ersten Ranges, natürlich absolutes Gehör, Temperament, Innerlichkeit, Poesie, feinster Klangsinn, Fingerspitzengefühl (...) wirkt auf Publikum und Mitwirkende faszinierend (...). Die Orchesterkultur dank intensivster Qualitätsarbeit beispielgebend in Europa« (internes Arbeitspapier des Orchestervorstands der Staatskapelle). »Fritz Busch war ein idealer Interpret für einen Komponisten; von haarscharfer Auffassungsgabe, untrüglichem Stil- und Tempogefühl und unerschütterlicher Sachlichkeit. Vom Podiumsvirtuosen hatte er nichts als die Virtuosität, die freilich bei ihm natürliches Ausdrucksmittel geworden war. Eitelkeit kannte er nicht (...). Ich habe niemals einen Menschen in führender Stellung gekannt. der so frei von jeder Autoritätspose war (...). Seine innere Bescheidenheit war tatsächlich ein Ausdruck echten Selbstbewußtseins« (Hans Gal, Altersgenosse und Freund von Busch).

Dieser Dirigent, der sich schon früh für eine solche Laufbahn prädestiniert fühlte und daher für die Vielfalt des Orchesters interessierte, der »die Sprache des Orchesters und die Psychologie der Musiker von Grund auf kennenlernte«, der die Ausbildung an Einzelinstrumenten als unumgängliche, auch gewinnbringende Umwege, doch nie als Endziel seines Weges betrachtete, für den Dirigieren aber auch eine Kunst war, »die man am wenigsten erlernen kann« – Fritz Busch schildert die gegen Stuttgart nicht leichtgefallene Entscheidung für Dresden: »Das Schicksal hatte mich an einen Platz gestellt, an dem sich alle Voraussetzungen von Natur, Kunst und guter Tradition in seltener Weise vereinigten. Schon der äußere Anblick des Opernhauses stimmte die Erwartungen hoch. Der Semperbau war ein Schatz von wirklich königlicher Schönheit. Das Stadtbild, das er, zusammen mit der phantastischen Hofkirche, dem Zwinger, der Elbe und der Brühlschen Terrasse in geringer Entfernung, beherrschte, hatte nichts seinesgleichen (…). Der ehrwürdige Orchesterkörper der Staatskapelle bestand unversehrt; seine Geschlossenheit, Virtuosität und klangliche Pracht hatte mich beim ersten Hören hingerissen. Meine Sorge mußte dem weit heikleren, zarteren und vergänglicheren Wesen des Sängerpersonals gelten, das sich nach Notzeit und Interregnum wie ein verwahrloster Garten ausnahm.« Mit unendlicher Geduld, mit subtiler Sorge um Sängerinnen und Sänger gelang es Busch, die Verwahrlosung zu überwinden und die heute weltberühmte Oper auf die ihr mögliche Kunsthöhe zu heben.

Busch vollbrachte in Dresden, das ihm zur Schicksalsstadt mit Triumph und Verjagung wurde wie Gottfried Semper, eine gigantische Kunst-Arbeitsleistung wie der große Baumeister. Dazu resümiert Steindorf eindrucksvoll: »Wer sich über Buschs Arbeitsleistung ein Bild machen will, vergegenwärtige sich allein seine Opernbilanz nach zehnjähriger Amtszeit: Von den insgesamt 113 Premieren hat er 64 selbst dirigiert, darunter von 21 Uraufführungen 15, von 7 deutschen Erstaufführungen 4, von 29 Dresdner Erstaufführungen 14! Pro Spielzeit leitete er mindestens 80 Opernvorstellungen, dazu fast ausnahmslos alle Konzerte. Sein breitgefächertes Repertoire – mitgetragen von einem Sängerensemble der Sonderklasse – fußte auf Mozart, Wagner und Strauss (von dem er ›Intermezzo‹ und ›Ägyptische Helena‹ uraufführte). Er entdeckte Mussorgskis ›Boris‹ und ›Chowantschina‹ neu, löste mit der ›Macht des Schicksals‹ eine Verdi-Renaissance aus, brachte Puccinis ›Turandot‹ kurz nach der Uraufführung, stellte Pfitzners ›Palestrina‹ exemplarisch vor und engagierte sich fürs Neueste: Hindemiths ›Cardillac‹, Busonis ›Faust‹, Weills ›Protagonist‹, Kaminskis ›Jörg Jenatsch‹, Schoecks ›Penthesilea‹ sind einige seiner Uraufführungstaten; ferner stellte er Strawinsky, Krenek, Wolf-Ferrari, Weinberger, Casella und andere vor. Im Konzert bildeten die Klassiker und Romantiker das Fundament; selbst eine Schütz-Morgenfeier fehlte nicht. Außerdem setzte er Werke von Reger. Mahler, Strauss, Honegger, Bartok, Schönberg, Respighi, Berg, Janáček und Prokofjew an.« Dabei spielten Widerstände von Teilen des klassisch und romantisch orientierten Publikums keine geringe Rolle; Busch hat das in seiner Autobiographie ziemlich drastisch dargestellt; nachgegeben hat er nicht. Über die Arbeit mit der herrlichen Kapelle schrieb er ihr zum 400. Geburtstag 1948 so selbstbewußt wie bescheiden: »Während elf Jahren habe ich in öffentlichen Aufführungen über tausendmal an der Spitze der Staatskapelle gestanden; eine Zeit des Lernens, Reifens und manchmal des Gelingens, deren Erinnerung in mir nicht ausgelöscht worden ist.«

Man kann Buschs gewaltige Kunstleistung in Dresden erst endgültig würdigen, wenn man auch seine organisatorisch-institutionellen und seine medialen Neuerungen heranzieht. Er führte, mit kurzen Aufnahmen aus Konzerten und Operninszenierungen, die Schallplatte in seine beiden Ensembles ein. Er begründete die regelmäßigen Tourneen von Orchester und Opernensemble, die heute erst recht eine bedeutende Rolle in den Jahresprogrammen spielen. Er gründete eine Orchesterschule, in der Mitglieder der Staatskapelle begabte junge Musiker unterrichteten und so den erstrangigen Nachwuchs des Orchesters sichern halfen.

Es folgt der Schluß von Fritz Buschs Brief an sein Orchester, 1948: »Es ist das Wesen des Schönen, daß böse Mächte keine Gewalt darüber haben. Der Staatskapelle, die mit ihrer alten Heimat nicht unterging, wünsche ich herzlich, daß sie mit ihrem neuen Dresden weitere Jahrhunderte leben möge.« Die sittliche Überlegenheit des Opfers über die verhetzten Verfolger und ihre Anführer entstammt auch der Einsicht des großen Dirigenten, daß seine Jäger von 1933 letzten Endes muskel- und brüllstarke, mörderisch mißbrauchte – Nullen waren. Sein Opernhaus, das er so liebte, hat er nie wieder betreten.

Der Dresdner Musikhistoriker Matthias Herrmann hat die schändliche Beleidigung und Vertreibung Buschs aus zwei Perspektiven beurteilt: »Der 7. März 1933 ist in doppelter Hinsicht als schwarzer Tag in die vielgerühmte Dresdner Operngeschichte eingegangen: einerseits als deutliches, infames, skrupelloses Zeichen der gerade an die Macht gekommenen Nationalsozialisten, andererseits als Inbegriff einer äußerst raschen Anpassung der allermeisten Angehörigen der Sächsischen Staatsoper an das neue Regime.« Der Eklat dieses schwarzen Tages hatte eine kunstferne, aber politisch hochbrisante Vorgeschichte: Busch hatte schon seit Jahren kein Hehl aus seiner Abneigung gegen die Hitler-Partei gemacht. Aus der anfänglich »instinktiven Ablehnung« wurde, wie der Dirigent in seiner Autobiographie erzählt, durch die Lektüre von Hitlers »Mein Kampf« eine »bewußte Gegnerschaft«, die er ständig offen äußerte und die in seiner Umgebung ebenso ständig aufgezeichnet wurde. So entstand bei permanenter Bespitzelung im Opernhaus durch Nazi-Zellen »schließlich eine Anklageschrift von vielen Schreibmaschinenseiten«; Busch sah sich, zumal er alle Aufforderungen zum Eintritt in die NSDAP entschieden abwies, bald ständigen Anpöbeleien, Angriffen und Lügenmeldungen »der immer einflußreicher werdenden nationalsozialistischen Presse« ausgesetzt. Vor dem Eklat und erst recht in seinem unmittelbaren Gefolge warf man dem weltweit gefeierten Musiker hauptsächlich zuviel privaten Verkehr mit Juden, die angebliche »bevorzugte Beschäftigung jüdischer und ausländischer Sänger« in der Staatsoper, Spielpläne mit, laut Nazi-Ideologie und -Terminologie, »entarteten« Werken und – so das Nazi-Blatt »Der Freiheitskampf« – seine »Ablehnung der nationalen Freiheitsbewegung« vor.

Fritz Busch hatte es vor dem 7. März 1933 für unter seiner Würde erachtet, auf die verlogenen Nazi-Attacken zu antworten. Nach dem Eklat stellte er klar: Über seine Privatkontakte, seine Freunde entschieden allein deren menschliche und geistige Fähigkeiten, nicht ihre Herkunft oder Abstammung; in seiner Personalpolitik zähle einzig die künstlerische Leistung, niemals nationale oder rassische Zugehörigkeit; er habe in elf Dresdner Jahren an die 6000 Sänger geprüft, davon 90 Prozent Deutsche; das Ergebnis seiner Auswahl sei ein seit Jahren von der gesamten Presse anerkanntes Ensemble schönster Stimmen.

Selbstverständlich hatte Busch recht; er lief aber gegen eine Wand aus Schweigen, Ablehnung und Feindseligkeit, und das schlimmste, das nicht zu Verwindende, Unfaßbare war, »daß der größte Teil des Solistenensembles sowie die Chor- und Kapellmitglieder sich nicht wenigstens zurückhielten, sondern mit offener Stimme und einer Auflistung künstlerischer ›Verfehlungen‹ gegen ihn zu Felde zogen.« (Herrmann) Schon auf der abendlichen Bühne hatte der Dirigent registriert: »Die Mitglieder der Sächsischen Staatskapelle, die mich vor elf Jahren einstimmig zu ihrem Leiter gewählt hatten, saßen blaß und schweigend an ihren Plätzen.« Scheinbar von einem Tag auf den anderen ließen sie ihren großen Chef gnadenlos fallen und setzten eine ungeheuerliche »Entschließung gegen Fritz Busch« in die Presse: »Wir halten Herrn Busch weder künstlerisch noch menschlich für qualifiziert, an der Staatsoper zu wirken.«

Dieser politisch-moralische Rufmord entsprang der Gesamtlage nach der Machtergreifung Hitlers: Buschs Vertreibung fand zwei Tage nach dem fatalen Nazi-Wahlsieg vom 5. März 1933 statt, worauf sich Posse auch ausdrücklich berief. Offenbar waren bereits mehr Angehörige des Opern- und Kapell-Personals NSDAP-Mitglieder, als Busch wußte; und offenbar – »blaß und schweigend«! – standen sie alle unter massivem Droh-Druck der Nazi-Funktionäre. Der Verjagte wird jedenfalls den unglaublichen Abfall seiner Künstler im Juni 1934 aus zeitlicher Distanz und vom argentinischen Exil her resümierend beurteilen: »Ein großes Charaktersterben hat eingesetzt, keiner traut mehr seinem Nachbarn, und in Millionen Fällen sind durch die Lehren des N. S. die edelsten Eigenschaften von Menschen zerstört worden« – eine Einschätzung, die Victor Klemperer in seiner Tagebuch-Darstellung des jähen Sturzes der Weimarer Republik teilt.

Busch hat eine Weile gehofft, die schwere Untat seiner Vertreibung und Diffamierung könne in einer öffentlichen Ehrenerklärung aufgehoben werden, mit Benennung der Schuldigen – und mußte bald einsehen, daß auch zwei nichtöffentliche Telegramme Hitlers an die Dresdner Nazi-Nebenregierung sowie das scheinbare Wogenglätten durch Göring, mit dessen späterer Frau Emmy Sonnemann das Ehepaar Busch gut bekannt war, seine Ehre nicht retten konnten. Hitler deckte letzten Endes den Mutschmann-Mob und gab dessen Terror nicht offen zu; Göring aber duckte im entscheidenden Augenblick vor dem »Führer«. Busch verstand, nahm 1933 und später keinerlei Friedensangebote und Verlockungen zu Dirigaten in Deutschland an und emigrierte mit seiner Familie; er zog ein unruhiges, aber ehrenvolles Wanderleben mit wechselnden Engagements und Erfolgen der Rückkehr ins verkommene Vaterland vor, wo an jeder Ecke, Hitler-Telegramme hin, Göring-Beschwichtigungen her, der antisemitische, freiheits- und lebensfeindliche Mob neuerlich lauern konnte.

Und nun steigt ein Gesicht auf, etliche Male, über Jahrzehnte, jedesmal älter, doch fast immer gleich. Zuerst das Antlitz eines Mädchen-Kindes um 1905, sechsjährig zwischen dunkelhaarigen Eltern, ernst, mit großen, ausdrucksvollen, suchenden Augen, der Blick am Fotografen vorbeischweifend; und sogleich ein zweites, gleichaltriges Foto, das Mädchen mit Zuckertüte, denselben Augen, vielleicht mit einem ganz feinen Hauch von Lächeln um den Mund, das ist aber nicht sicher; das Kind, dem schon mit zwei Jahren sein kleinbürgerlicher Vater großes Malertalent zusprach, ein scheinbar erkennender Vater, der das Mädchen trotzdem über die Jahre in immer neue Kämpfe, Angriffe, Beschneidungen verwickelte, in Streitereien bis zu Handgreiflichkeiten: »Undeutlich zwar, aber immer noch im Ohr klingen mir die häuslichen

Krachs zwischen ihr und dem Vater und die verzweifelten Bemühungen meiner Mutter, eine Vermittlung herzustellen«, erinnert sich Bruder Hubert 1958. Nun das Kind 1910, mit Violine, sehr ernster Miene, dem frühen schweifenden Blick, älter aussehend, als es war, was sich später wiederholen wird – auch suchender Blick, große Augen, Ernst werden wiederkehren, bis fast zuletzt, auf den Erwachsenen-, Ehe-, Krankheitsbildern, da ist sie vierzig und hat sich immer wieder selbst porträtiert, die Künstlerin Anna Frieda Wächtler, die als Elfriede Lohse-Wächtler in ihren Werken überlebte, der Name des Ehemannes, der an ihr und an dem sie scheiterte, ist angekoppelt. Mit Siebzehn entspringt sie in einem Akt heftigster Selbstbefreiung dem Elternhaus Voglerstraße 15, Dresden-Blasewitz, den Fängen des Vaters; auch die Fotos der ersten Studienzeit sind wie die des Kindes: ernst, suchende Augen, die Metapher »Fängen« soll nichts anderes suggerieren als den Wunsch des Angestellten Adolf Wächtler nach einer braven, gehorsamen, eingepaßten Tochter. Sie wird nicht gehorchen; eines Tages wird sie sich das Haar zum Herrenschnitt kürzen lassen und den Vater damit fast zur Raserei treiben. Eigenwillig, exzentrisch, mit Anlagen zu immer tieferen Verstörungen bei großem Kunst-Talent, wird sie im Umkreis von Otto Dix, Conrad Felixmüller, Otto Griebel künstlerisch und freundschaftlich aufgenommen und gewürdigt. Sie schlägt sich durch, so mit Batikarbeiten, wird in und um Dresden in gewisser Höhe bekannt, heiratet den Sänger und Maler Kurt Lohse, vielleicht wider besseres Wissen und wider Warnungen, wohnt mit ihm und Griebel eine Weile oberhalb der Stadt Wehlen im ehemaligen Werkleiterhaus eines Steinbruchs und zieht mit ihrem Mann nach Hamburg. Dort lebt sie trotz des großen Talents immer am Rande der Armut, des menschlichen Scheiterns, in schwierigen Zeiten selber schwierig genug. Und noch in Dresden gab es dieses unerkannte Warnzeichen: Sie legte sich dort den männlichen Vornamen »Nikolaus« bei; wohl nicht sie selbst, aber die Freunde verkürzten ihn zu »Laus« und nannten sie so, und keiner, auch sie selber nicht, schien den abgründigen Hintersinn des Beinamens zu spüren; sicher konnte keiner wissen, daß sie zu Mutschmanns Macht-Zeit wirklich wie eine Laus, wie unwertes Ungeziefer zertreten würde; makaber genug bleibt diese Ahnungslosigkeit allemal.

Wir unterbrechen. Wir versuchen jetzt, beschreibend, zitierend, kommentierend, Zitiertes beleuchtend und ergänzend, die Künstlerin und ihr überliefertes Werk zu würdigen, das 1999 in einer großen Ausstellung des Stadtmuseums erschütterte, vielleicht auch deswegen, weil bis dahin nur wenige eine Ahnung von ihr, ihrer Kunstleistung, ihrem schrecklichen Schicksal bis zum mörderischen Ende hatten. Zitiert sei ihr kundigster Kenner Georg Reinhardt, Herausgeber und Mitautor der großen Monographie »Im Malstrom des Lebens versunken ...« Etwa 400 Einzelstücke ihres Schaffens sind überliefert, »fast ausschließlich Pastelle, Aquarelle und Zeichnungen vornehmlich der Jahre 1928 bis 1932. In diesen vor allem in der Hamburger Zeit entstandenen Arbeiten spiegeln sich die schmerzvollen Erfahrungen ihres eigenen geistigen und psychischen Leidens ebenso wie die starke Teilhabe an den sozialen Umbrüchen gegen Ende der Weimarer Republik.« Bevorzugte Motive ihrer Arbeiten sind Szenen aus der Großstadt: Hafenmilieu und Arbeiterviertel, Straßen, Kneipen, Bordells und Nachtklubs, das unruhige Leben vagabundierender Zigeuner, dazu eine Fülle eindrucksvoller Porträts einfacher Leute und freimütige, schonungslose Selbstbildnisse, auch Liebespaare, Katzen und Naturimpressionen. »Mit unruhig geführter und gewischter Pastellkreide von oft expressiv-dissonanter Farbigkeit sind diese Motive gezeichnet, ihre Darstellungen von monumentaler Einfachheit werden zu ergreifenden Szenerien des eigenen wie des fremden Lebens«.

Im Ganzen beeindruckt am stärksten die Kraft, die Härte, die bis zur Grausamkeit auch sich selbst gegenüber gerichtete Erbarmungslosigkeit dieser Bilder, wobei die Wucht der Farbgebung und der Konturierung eine besondere Rolle spielt.

Das bittere Leben dieser Frau schlägt ins Werk unerbittlich hinein: Die Ehe zerbricht, die Künstlerin muß zusehen, wie Lohse eine Geliebte nimmt und mit ihr drei Kinder hat, sie selber dagegen, weil sie nicht anders kann, treibt mehrmals ab. 1929 bricht sie erstmals ganz zusammen und lebt monatelang in der Anstalt Hamburg-Friedrichsberg; 1931 kehrt sie verzweifelt ins Elternhaus zurück, 1932 schafft sie der Vater in die Heilanstalt Arnsdorf: als schizophren. Sie war krank, aber die Krankheit wurde nie eindeutig diagnostiziert; sie geriet jedoch in den Strudel der nazistischen Ausrottung »unwerten« Lebens, auch weil die Eltern ihre flehentlichen Bitten, sie heimzuholen, nur für Urlaube erhörten, da sie nicht gesund genug war. Das letzte Foto von Elfriede Lohse-Wächtler, ein Frontalbild mit ihrer weißhaarigen Mutter, zeigt eine stark gealterte Frau mit bitter verzogenem Mund, kleinen Augen ohne Fernblick. Sie geriet in die mörderische T4-Aktion zur Ermordung Geisteskranker auf Schloß Sonnenstein zu Pirna, wo an die 15 000 wehrlose Kranke von den Nazi-Verbrechern umgebracht wurden; sie war zweifellos eine sehr schwierige, eine kranke Frau, niemand aber hatte das Recht, sie deswegen zu ermorden. Eben das aber geschah: Nachdem sich Lohse 1935 wegen ihrer Erkrankung von ihr scheiden ließ und sie im Dezember desselben Jahres im Krankenhaus Dresden-Friedrichstadt zwangssterilisiert worden war, zwei nie verwundene Erniedrigungen für sie, wurde sie am 31. Juli 1940 von Arnsdorf nach Sonnenstein deportiert und dort am gleichen Tag vergast. Noch nach über sechzig Jahren verschlagen einem die Untaten an ihr und den anderen Sonnensteiner Opfern die Sprache.

Es bleibt, mit der Trauer in Dresden und der Nachbarstadt, der tiefe Respekt vor dieser Künstlerin: vor der erschütternden Reihe ihrer Selbstporträts, die das menschlich und künstlerisch Ungeheuerliche ausdrücken, vor ihren in der Geschichte der bildenden Künste einzigartigen Zeichnungen der in allernächster Nähe zu ihr leidenden, vegetierenden, sterbenden Mit-Kranken in Friedrichsberg und Arnsdorf; man kann sie gedruckt bekommen, diese Bilder, die Demut vor ihnen und der Künstlerin verbietet Details und Beschreibungen. Aber eine andere, doppelte Verbeugung muß man nicht scheuen: die vor ihren Selbstbildnissen und die vor einem Porträt, das Lohse 1927 von ihr geschaffen hat, der wie sie in der Ehe scheiterte und seine kranke Frau schließlich preisgab; es ist das schönste Porträt von ihr, ein Aquarell über Bleistift, 24,0 x 29,0 cm, wunderbar harmonisch in Form, Farbe, Blick, Antlitz, Licht und Schatten – und warum gerade er? Da steht hinter allen Schrecknissen, Untergängen, Hoffnungen, Euphorien, Künsten, Bildern das unlösbare Rätsel des Humanen.

Von Selbstporträts der unglücklichen Künstlerin sei eine kleine Galerie von Bildern aus der Zeit zwischen 1929 und 1931 ausgewählt, Stücke in hochproduktiven und hochproblematischen Kunst- und Lebensjahren – es lassen sich Zusammenhänge samt Konflikten und Kontrasten zeigen. Also etwa 17. Februar 1929, Hamburg-Friedrichsberg! Bleistift, nur Kopf und Halsansatz, fast frontal, riesige Augen mit tiefen Rändern, wild hängendes Haar, scharf konturiertes Gesicht, üppiger sinnlicher Mund; sie ist dreißig und wirkt älter. Und nochmals 1929, ohne genaues Datum, Pastellkreide über Bleistift, Selbstbildnis mit Zigarette, Linksprofil, alle Gesichtszüge hart bis grob, erbarmungslose Momentaufnahme, Faltenkopf, sehr ernst, fast verfallen; dann 1931

Aquarell, verwüstete Fratze, ein wildes, tobendes Tier, absolute Schonungslosigkeit der Selbstdarstellung, nahe an der Selbstauslöschung, frontal um sich beißend – die schlimmste, aber künstlerisch nicht bedeutendste Selbstdarstellung der Elfriede Lohse-Wächtler; es gibt nämlich eine kleine Gruppe künstlerisch stärkerer Blätter, zuerst »Selbstporträt in Grau«, wieder 1929, Gouache, Haare, große Pupillen und Schultern fast schwarz, Grau eher nur kontrastierend, das Antlitz ernst, aber nicht wild und wüst, sondern fragend, horchend, wartend, Blick knapp am Betrachter vorbei; sodann das zwei Jahre spätere düster-schöne Stück »Selbstporträt und ein Schatten«, Pastellkreiden, schwarzbraune Haarmähne, bitterer Mund, katzenhafte, grün-blaue, in Fernen blickende Augen, Kleid und Hintergrund schattenrot; vom gleichen Jahr vor ganz hellem Hintergrund ein beinahe schwarzes Tuschenpinselstück mit Pastellkreiden, das Porträt einer in starken Konturen gemalten, fast alten, wüsthaarigen, faltigen, aus Fernaugen abgebildeten Frau am Abgrund des Lebens; schließlich, auch 1931, »Die Zigarettenpause«, Aquarell über Bleistift, kraftvoll rot, lila, grün, braun in Haarwirbel, Kopf, Gesichtshaut, Kleidung, eine Art Summe aller Selbstbildnisse, in vorgeneigt-abwartender Selbstschau, stark gepinselt, zuletzt aber gehen wir ins eher Sanfte, lesen und fangen ein »Selbstporträt im Spiegel« von 1930, fein, sinnend, vielleicht kurz vor einem sachten Lächeln, die Frau mit zarten nackten Brüsten, der hellhäutige Oberkörper durch subtil pointillierte Blau-Lila-Umrisse gegliedert, Blau auch in Kopf, Haar und Baumhintergrund: Friedlichkeit wie in keinem anderen Eigenbildnis.

Einen tollkühnen Mut bewies übrigens der Vater der vergasten Malerin, der die völlige Verlogenheit der behördlichen Nachrichten über die Todesursachen schnell durchschaute. Er schickte dem Kultusministerium in Berlin, mit der Bitte um Weiterleitung an Hitler, einen Brief und den Gedenktext »Lebens- und Todesgeschichte unserer Tochter Anna Frieda« mit schwersten Attacken gegen die Verantwortlichen von Arnsdorf; er nannte die Tötung der kranken Menschen »hinterhältigen Mordüberfall« und schrieb radikal offen: »Wir fühlen uns in unserer Herzensnot gedrängt zu einem Vergeltungsfluche, der ewig auf dem Anordner lasten soll, weil er leichtfertig oder im Größenwahn in wilder, rücksichtsloser Brutalität und in Verachtung des persönlichen Menschenrechtes das Signal zu einem unterschiedslosen Hinmorden der Anstalt-Insassen aus verwaltungstechnischen Gründen gegeben hat.«

Daß Adolf Wächtler nur kurz von der Gestapo verhaftet wurde, ist ein Wunder – war es vielleicht vom »Anordner« auf der höchsten Ebene veranlaßt?

Unterdrückung, Terror, Mord durch Mutschmann und seinen Mob waren Massenerscheinungen; nach der exemplarischen Vorstellung zweier ausgewählter Opfer soll nun eine Reihe ganz unterschiedlicher Verfolgter nur mit Namensnennung und Art des Terrors in Erinnerung gerufen werden: der sorbische katholische Priester der Hofkirche Alojs Andritzki, ermordet 1943 im KZ Dachau: als Opfer der Kunstvernichtungsaktion »Entartete Kunst« mit Mal- und Ausstellungsverboten die Künstler Otto Dix, Lea und Hans Grundig, der vier Jahre in Buchenwald eingekerkert war, Conrad Felixmüller, Otto Griebel, zeitweilig als Kommunist verhaftet, Wilhelm Lachnit, ebenfalls zeitweise eingesperrt, Eva Schulze-Knabe, 1941 zu lebenslänglicher Haft verurteilt, 1945 befreit, Wilhelm Rudolph, 1938 aus seiner Professur an der Kunstakademie verjagt, nach 1945 der bildnerische Chronist des zerstörten Dresdens; Kurt Schlosser, Bergsteiger, Antifaschist, Helfer vieler Verfolgter, hingerichtet 1944 durch die Gestapo; Paul Aron, avantgardistischer Musiker, Begründer der Konzertreihe »Neue Musik – Paul Aron« (1921–1931), wie Fritz Busch 1933 rechtzeitig emigriert; Heinz Steyer, KPD-Arbeitersportler, Strafbataillon 999, 1944 im besetzten Griechenland wegen Kooperation mit Partisanen exekutiert, das Stadion des einst berühmten DSC nach ihm benannt; General Friedrich Olbricht, etliche Jahre Bataillonskommandeur in Dresden, 1942 Gründer einer Oppositionsgruppe, nach dem mißglückten Attentat auf Hitler hingerichtet; das weitverzweigte Dresdner Bankhaus Arnhold, von den Nazis enteignet und aus Dresden weggeekelt, aber zum Glück überlebend, bis heute unverbrüchlich an unserer Stadt hängend und sie beschenkend, zum Beispiel mit Gemälden für die Galerie Alte Meister; schließlich der Arzt Rainer Fetscher, der 1933 angesichts der nationalsozialistischen Rassenideologie seine weitbekannten erbbiologischen Forschungen aufgab, in seiner Privatpraxis »vor allem Arbeitern und Widerstandskämpfern« half, wissenschaftliche Notate zu den Folgen von Verbrechen an KZ-Häftlingen machte und am 8. Mai 1945 als Parlamentär mit weißer Flagge auf dem Weg zur Roten Armee in der Prager Straße von SS-Leuten hinterrücks erschossen wurde.

Diese Überschau ließe sich um ein Vielfaches erweitern. Wir schließen mit dem langen Zug deportierter jüdischer Dresdner, dem Zug, der dank Victor Klemperers unerbittlicher, bewundernswerter Aufmerksamkeit mehr als ein Dezennium lang durch sein mittlerweile um die Welt gegangenes Diarium der Hitler-Mutschmann-Diktatur dokumentiert, aufbewahrt wurde. Von Klemperers einzigartigem Tagebuchwerk, von seiner postumen Zeugenschaft wird noch die Rede sein.

Erich Kästner ins Dresden

»Die Königsbrücker Straße begann, als Verlängerung der Achse Prager Straße, Schloßstraße, Augustusbrücke, Hauptstraße und Albertplatz, freundlich und harmlos«, schreibt Dresdens populärster Dichter Erich Kästner in seinem Roman für Kinder »Als ich ein kleiner Junge war« (1957). »Je mehr sich die Königsbrücker Straße von der Elbe entfernte, um so unfeierlicher und unherrschaftlicher geriet sie. Die Vorgärten wurden seltener und schmäler. Die Häuser waren höher, meist vierstökkig, und die Mieten waren billiger (…). In diesem Viertel lagen die drei Häuser meiner Kindheit. Mit den Hausnummern 66, 48 und 38. Geboren wurde ich in einer vierten Etage. In der 48 wohnten wir im dritten und in der 38 im zweiten Stock. Wir zogen tiefer, weil es mit uns bergauf ging (…). Diese Straße und ich kamen von einander nicht los! (…) Und ich selber bin, was sonst ich auch wurde, eines immer geblieben: ein Kind der Königsbrücker Straße. Dieser merkwürdig dreigeteilten Straße mit ihren Vorgärten am Anfang, ihren Mietshäusern in der Mitte und ihren Kasernen, dem Arsenal und dem Heller, dem sandigen Exerzierplatz, am Ende der Stadt.«

An das Geburtshaus Nummer 66 hatte er, weil er zu klein war, keine eigenen Erinnerungen; das Gebäude blieb ihm fremd, eine Mietskaserne wie tausend andere. Um so nachhaltiger und klarer die Erinnerung an Haus 48, ans Fensterbrett, wo er die Hinterhöfe erblickte, ans Treppenhaus, den kindlichen Spielort mit den erfindungsreichen Schlachten der Nürnberger Zinnsoldaten, über welche der Briefträger und »die kleine Frau Wilke« vom vierten Stock mit Riesenschritten hinwegsteigen mußten, an die Treppenstufen und Treppenkanten, die er noch als älterer Herr, wenn er die Augen schloß, an Füßen und Hosenboden zu spüren meinte, an die vollgepackte, wohl vom Vater gefertigte lederne Einkaufstasche. Und was immer »große und kleine Gedächtniskommoden« gespeichert haben mögen an frühesten Erlebnis-Stücken: sein goldgelocktes Kinderköpfchen, einen Schnitt ins Bein mit einer wie

Feuer brennenden bandagierten Wunde, die frühen, leicht komischen Aufnahmen vom »Atelier für künstlerische Portrait-Photographie« eines Herrn Patitz, das Aufgewachsensein in Mietskasernen mit Teppichstange als Lindenbaum, Hinterhöfen als Vorgärten – immer wohnten die Kästners in den drei Häusern nach vorn hinaus, zur Straße, gehörten also nicht zur Stadt-Armut!

Im Vorwort seiner Kindheitserinnerungen erklärt Kästner seine Schreibabsicht: Er will, auf Kinder-Interesse hoffend, erzählen, »wie ein kleiner Junge vor einem halben Jahrhundert gelebt hat«. Das ist eine Dresdner Kindheit: Geburt am 23. Februar 1899 im vierten Stock von Haus 66, Taufe in der Dreikönigskirche (und 1913 auch die Konfirmation dort), Einschulung in die 4. Bürgerschule, Tieckstraße, Muster- und Einserschüler, allzeit mit Forderung und Segen der Mutter – Erich ging gern zur Schule, obwohl er sich oft langweilte und das düstere Schulhaus eine Kinderkaserne nannte; er fehlte keinen Tag und hatte einen psychologischen Vorteil vor den Mitschülern: Die Kästners hatten jahrelang Lehrer als Untermieter, zuerst den immer fröhlichen Herrn Franke: »Daß er Lehrer war, wurde für mich von größter Bedeutung (…). Ich wuchs (…) mit Lehrern auf. Ich lernte sie nicht erst in der Schule kennen.« Schon sehr früh wollte er selbst Lehrer werden und ließ sich durch den gefürchteten, überstrengen Drill- und Prügelpauker Lehmann nicht abschrecken, den er auf einem Ausflug ins Elbsandsteingebirge sogar von seiner menschlichsten Seite erlebte.

Die Berufswahl entsprang nicht nur der vermeintlichen Neigung des Jungen: »Eine Lehrerausbildung war auch ein Gebot der Vernunft«, urteilt der Kästner-Biograph Hanuschek, »sie war die einzige ohne weiteres erreichbare Aufstiegsmöglichkeit für intelligente Kinder, deren Eltern nicht das Geld hatten, Oberrealschule oder Gymnasium zu bezahlen; das Lehrerseminar war staatlich bezuschußt.« Seinen Absolventen bot sich später eine Lehrerstelle mit Pensionsberechtigung. Erich bestand die Aufnahmeprüfung, besuchte ein Jahr die »Präparande« für das Freiherrliche von Fletschersche Lehrerseminar zu Dresden-Neustadt, das er bis zur Einberufung in den Wehrdienst 1917 durchhielt, ein Institut mit dem harten Drill einer Unteroffiziersschule, einem ausgeklügelten Netzwerk von Verboten und Strafen: »So stutzte man die Charaktere. So wurde das Rückgrat geschmeidig gemacht und, war das nicht möglich, gebrochen.« (Kästner in: »Zur Entstehungsgeschichte des Lehrers«, 1946) Aus der Kinder- war eine Lehrerkaserne geworden.

Die Erzählung von Kästners Dresdner Lebensgang blendet zurück ins Früheste, das zugleich sein Tiefstes und Heikelstes war: die Mutter. Ida Kästner geborene Augustin, ein früheres Dienstmädchen, traf 1895 mit ihrem Ehemann, dem Sattlermeister Emil Kästner, den sie drei Jahre zuvor ohne Liebe,»mangels besserer Möglichkeiten«, geheiratet hatte, in Dresden ein und bezog die Wohnung im Geburtshaus des Dichters. Das Paar kam aus der Döbelner Gegend, wo der Sattler eine eigene Werkstatt mit Laden betrieb. Kästner beschreibt den Vater als vorzüglichen Fachmann, von dem er die eigene handwerkliche (sprich: künstlerische) Fähigkeit gelernt habe – ja: der Sattlermeister war »ein Lederkünstler, aber ein schlechter Geschäftsmann«, weil seine Schöpfungen, etwa Schulranzen, unverwüstlich waren und keine Nachkäufe brauchten:»Der Sattlermeister Kästner stellte also unverwüstliche Ranzen her, unzerreißbare Mappen und ewige Herren- und Damensättel. Natürlich waren seine Erzeugnisse etwas teurer als anderswo. Denn er verwendete das beste Leder, den besten Filz, den besten Faden und sein bestes Können. Den Kunden gefielen seine Arbeiten weit besser als seine Preise, und mancher ging wieder aus dem Laden hinaus, ohne gekauft zu haben.« 1895 mußte Emil Kästner Werkstatt und Laden mit Verlust verkaufen; das Ehepaar zog nach Dresden, der Mann wurde Facharbeiter: »Das Maschinenzeitalter rollte wie ein Panzer über das Handwerk und die Selbständigkeit hinweg.« Immerhin machte der gescheiterte Meister auch Leder-Reparaturen zu Hause und produzierte verkäufliche Waren mit Nebeneinkünften für die knappe häusliche Kasse.

Insgesamt allerdings stand der gutherzige Mann in der strapaziösen Ehe und erst recht in der Vaterrolle am Rand der Familie; die kleine Werkstatt wurde sogar in den Keller verbannt. Ida Augustin, Jahrgang 1871, war unter kräftigen älteren Brüdern einer Schmiede- und Pferdehändler-Familie aus Kleinpelsen nahe Döbeln aufgewachsen, hatte in der zweiklassigen Dorfschule von Börtewitz nach mühsamen Anfängen so glänzende Noten geschafft wie später der vergötterte einzige Sohn – dieser wird in seiner Kindheits-Autobiographie den armseligen Hausmädchen-Stand der Mutter mit einer Aufzählung von Frauenberufen zu erklären suchen, die es damals noch nicht gab! Die Erklärung ist rührend, der Ausgang von Idas moralischem Schlüsselerlebnis erst recht: Ihre Brüder Franz, Robert und Paul, schul-faul im Gegensatz zur Schwester, aber mit dem »Rechnenkönnen« sozusagen geboren, handelten schon als Jungen heimlich mit Kaninchen, verschwiegen das aber dem erbosten Vater trotz kräftiger Prügel. Die Wahrheit über das Treiben der Söhne erfuhr der Händler von – Ida, die aussagte, weil sie zur Wahrheit erzogen war. Sie büßte die Petzerei damals mit zahllosen blauen, grünen und gelben Körperflecken und ihr Leben lang zu ihrem Leidwesen mit Spöttereien ihrer reich gewordenen Brüder. Ihre späteren, lebenslang hochgehaltenen, zweifellos starren Moralbegriffe hatten in dieser Erfahrung ihren Ursprung; sie wird bis zu ihrem Tod, auch unter Leid und Enttäuschungen, aufrechterhalten, was sie für Wahrheit, Moral, Sittlichkeit, Pflicht hält, und das ist, seit der Geburt des Sohnes nach sieben kinderlosen Ehejahren, die unbedingte Liebe zu ihm, die bedingungslose Aufopferung für seine Bildung, seine Karriere, sein materielles Wohlergehen, sein Lebensglück, seine Einzigartigkeit – wofür sie ihm allerdings harte Lern- und Arbeitsdisziplin, niemals erlahmenden Ehrgeiz, den sie von sich auf ihn überträgt, unbedingte Treue zum »Muttchen« abverlangt. Sie war zugleich bedingungslos opferbereit und erdrückend, sie liebte niemanden, nur ihn. Sie diente ihm bis zum letzten Pfennig, verlangte Leistung, Erfolg, Aufstieg von ihm, und er folgte ihr, würdigte, lobte, liebte sie: »Sie war eine einfache Frau, und sie war eine herrliche Mutter«, rühmt er sie und fängt ihre exzentrische Beziehung, mitten in den Dresdner Schilderungen, mit einer ebenso kühnen wie hintersinnig-makabren Metapher ein: »Ida Kästner wollte die vollkommene Mutter ihres Jungen werden. Und weil sie das werden wollte, nahm sie auf niemanden Rücksicht, auch auf sich selber nicht, und wurde die vollkommene Mutter. All ihre Liebe und Phantasie, ihren ganzen Fleiß, jede Minute und jeden Gedanken, ihre gesamte Existenz setzte sie, fanatisch wie ein besessener Spieler, auf eine einzige Karte, auf mich. Ihr Einsatz hieß: ihr Leben, mit Haupt und Haar! Die Spielkarte war ich. Deshalb mußte ich gewinnen. Deshalb durfte ich sie nicht enttäuschen. Deshalb wurde ich der beste Schüler und der bravste Sohn. Ich hätte es nicht ertragen, wenn sie ihr großes Spiel verloren hätte. Da sie die vollkommene Mutter sein wollte und war, gab es für mich, die Spielkarte, keinen Zweifel: Ich mußte der vollkommene Sohn werden.«

Da der von solcher Mutter-Sohn-Intimität ausgeschlossene Sattler-Vater trotz Fabrik- und freiwilliger Heimarbeit nie genug verdiente, erlernte die weit über dreißigjährige Mutter noch das Handwerk einer Damen-Friseuse, das sie an gutbürgerlichen Kundinnen im eigenen Schlafzimmer sowie außer Haus und bei Hochzeiten ausübte – der bravste Sohn, der diese Arbeit in der Autobiographie höchst sachkundig und anschaulich schildern wird, half der unermüdlichen Mutter, zum Beispiel durch Kochen. Die beiden unternahmen vieles gemeinsam: Besuche in der Gemäldegalerie, Vorstellungen in Alberttheater, Schauspielhaus, Semperoper:»Bald wurden die Dresdner Theater mein zweites Zuhause (…). Meine Liebe zum Theater war die Liebe auf den ersten Blick«, bilanziert der spätere Theaterkritiker und Stückeschreiber. Animiert durch Erich, zogen die scheinbar Unzertrennlichen auf große Wanderungen wie dereinst Caspar David Friedrich,»die Friseuse in grünem Loden«, den sie, komisch genug, samt perfekter Ausrüstung von Bergstock bis Knorrs Erbswurst und Maggisuppen besorgt hatte: »So eroberten wir uns den Thüringer Wald und die Lausitzer Berge, die Sächsische Schweiz und das böhmische Mittelgebirge, das Erzgebirge und das Isergebirge.«

Angeregt vom Sohn, einem guten Turner und Schwimmer, versuchte sich Ida Kästner sogar als Schwimmerin, versank aber hilflos und Wasser schluckend und unternahm keinen zweiten Versuch. Beim Radfahren war sie ausdauernder, nur vergaß sie bei Abfahrten jedesmal, die Rücktrittsbremse zu betätigen – die »Radtouren wurden mehr und mehr zu Angstpartien«; obwohl die Mutter bei allen Stürzen glimpflich davonkam, wurden die Touren, komisch genug, am Ende eingestellt.

Jenseits aller Komik aber liegen, im autobiographischen Text selten direkt ausgesprochen, die Anspannung, die Überanstrengung und Überforderung, die Ida Kästners auf das eine Ziel hin gerichtetes Leben beherrschend und schreckerregend durchbrechen: Sie stürzt in tiefe Depressionen ab: sie kann nicht mehr; der Junge findet »die hastig bekritzelten Zettel« mit kaum verhüllten Selbstmord-Ankündigungen; er findet die verzweifelte vollkommene Mutter dann meist auf Elbbrücken, erstarrt; er reißt sie ins Leben zurück; jedesmal flüstert sie dann denselben Satz:»Es ist schon wieder gut.« Der Hausarzt Dr. Zimmermann, den ein dummes Gerücht zeitweilig zu Erichs wirklichem Vater gemacht hat, tröstet ihn: Die Verzweifelte, die an unaufhebbarer Überarbeitung nervenzerrüttend leide, werde letzten Endes nicht von der Brücke springen:»Auch wenn sie alles um sich her vergißt, wird ihr Herz an dich denken (…). Du bist ihr Schutzengel.«

So erzählt es der Dichter in einer der bewegendsten Mutter-Sohn-Darstellungen der Weltliteratur. Er zeigt auch seine gelegentlichen Fluchten aus der engen Umarmung: Fluchten in Spiele, zu Orten

»glücklichen Nicht-zu-Hause-Seins«, in Schwimmbäder, auf den Heller, zum Zoo, zu Einkäufen, in Ferienfahrten mit einem Untermieter oder der Cousine Dora Augustin, Tochter von Onkel Franz. Hanuschek deutet obendrein die besondere Lesewut des Jungen als »die wohl wichtigste Fluchtwelt« aus dem Bannkreis der Mutter. Dabei entdeckte Erich früh den in der Nähe von Onkel Franz Augustins Villa Antonstraße 1 wohnhaft gewesenen Volkserzähler und Selbstbiographen Gustav Nieritz, den er für zu Unrecht vergessen hielt und von dessen Geschichten er Motive gewann.

Ebendiese Villa war eine besondere Form von Fluchtort, weil Erich dort jederzeit allein willkommen war, Ida Kästner aber, wenn sie dabei war, zur Freude ihres Mannes nicht das letzte Wort hatte wie für gewöhnlich zu Hause. Die Augustins, seit 1568 als Bäcker und Bierbrauer in Döbeln bezeugt, lösten sich 1847 mit Kästners Urgroßvater Johann Carl Friedrich als Fuhrwerksbesitzer aus dem Bäckerinnungszwang und hatten seitdem mit Pferden zu tun; auch waren Dutzende von Fleischern in der Sippe − der Dichter schildert deren Arbeit, die oft mit Pferdehandel einherging, ebenso packend wie drastisch. So malt er prachtvolle Bilder aus der neustädtischen Hechtstraße, sicher nicht der feinsten Gegend Dresdens, doch voll bunten, prallen Lebens. Hier hatten sich zwei Brüder Idas (zwei der Kaninchenhändler!) niedergelassen, hielten Ställe und betrieben ihre Geschäfte: erstens der hochnoble Onkel Paul, der »nur Warm- und Vollblütler kaufte und verkaufte, nur das Feinste vom Feinen«, der Königlicher Hoflieferant wurde und zu dem manchmal der König selber kam: »Stellt euch das vor! In die schmale, mickrige Hechtstraße! Mit den Prinzen und dem Hofmarschall und dem Leibjäger!« − und zweitens der freilich saugrobe Onkel Franz, in dessen Hof und Stallungen sich Erich dennoch tausendmal lieber herumtrieb als beim Hoflieferanten. Großartig schildert Kästner die Pferde mit den riesigen Häuptern und den unerforschlichen Augen, einen turbulenten Verkaufstag mit Onkel Franz als »Herrn der Pferde« und Tante Lina, seiner Frau, den Bleistift hinter dem Ohr, das Geschäftliche regelnd, im übrigen aber dem Mann in hündischer Devotion gehorchend. In einer Kette exklamatorischer Sätze malt der Kinder-Poet, den Onkel Robert in Döbeln (den dritten Kaninchen-Händler) einbeziehend, aus der virtuellen Sicht des Großvaters Augustin mit leicht ironischer Bewunderung den Aufstieg der Pferde-Onkel aus: »Wenn man meinem Großvater damals erzählt hätte, daß seine Söhne Robert und Franz, eines

Tages, auf einer einzigen Reise zu den großen europäischen Pferde-
märkten in Holstein, Dänemark, Holland und Belgien hundert, ja zweihundert Pferde kaufen würden! Daß ganze Güterzüge voller stampfen-
der Pferde nach Dresden und Döbeln rollen würden, in die Stallungen
der berühmten Firmen Augustin! Daß sich die Kommandeure der Ka-
vallerieregimenter und die Generaldirektoren der Brauereien gegenseitig auf die Zehen treten würden, wenn der Robert in Döbeln und der
Franz in Dresden ihre frischen Pferde mustern ließen!«

Ausgehend von diesem stürmischen Erfolgsgemälde, komponiert
Kästner ein Porträt des Onkels Franz, das an Plastizität, Farbigkeit, souverän beherrschter Kunst-Exzentrik, Witz und Abgründigkeit zum
Schönsten gehört, das er geschrieben hat. Vor den Augen der – kindlichen? – Leser steht ein rabiater, gerissener, selbstgefälliger Erfolgs-
mensch, der schon als Fleischer mit auch sich selbst nie schonender
Rastlosigkeit, mit Charme und Tricks Geld scheffelt, der sich nach Aufgabe der Fleischerei brutal und schlau, herrisch, jovial und machtbe-
wußt zum König der sächsischen Pferdehändler aufschwingt, besessen
und triumphierend Reichtümer häuft, alle Menschen um sich herum
seinem brüllenden Willen unterwirft, seine Frau, seine Tochter Dora,
die früh im Kindbett stirbt, und die Wirtschafterin Frieda wie Sklavin-
nen behandelt: »Onkel Franz war ein Despot, ein Tyrann, ein Pfer-
de-Napoleon. Und im Grunde ein prächtiger Kerl. Daß sich niemand
traute, ihm energisch zu widersprechen, war nicht seine Schuld (…). Er
brüllte, und die anderen zitterten«, schreibt der Neffe, den der Millionär
noch am ehesten schonte. Nur einmal wich er übrigens vor den anderen
zurück: Als die Mitbewohner der Hechtstraße, die nach außen meinten, er verdiene sich dumm und dämlich, aber insgeheim wohl recht
stolz auf ihn waren, deutlich machten, daß er seinen Reichtum öffentlich zeigen und aus der Hechtstraße fortmüsse; das sei er ihnen schul-
dig, er brauche einen Palast. Widerwillig, weil im Grunde allem Luxus
abhold, gab Onkel Franz nach und kaufte die zweistöckige Villa Antonstraße 1 am Albertplatz, mit parkartigem Garten, hohen alten Bäumen, Treibhaus, Wagenremise, Kutscherwohnung – die Villa Augustin
wurde zu einem weiteren Abwechslungsort für Erich, wo man ihn
freundlich aufnahm, ja: verwöhnte und der grobschlächtige Onkel die
armen Verwandten mit einer Art schnauzend-gutgemeinter Gast-
freundschaft bewirten ließ: »Am liebsten hockte ich dann auf der Gartenmauer und schaute dem Leben und Treiben auf dem Albertplatz

zu (…). Der Albertplatz war die Bühne. Ich saß, zwischen Jasmin und Bäumen, in der Loge und konnte mich nicht satt sehen.«

1917, bei immer brenzliger werdender militärischer Lage, holt der mörderische Weltkrieg den Achtzehnjährigen in der Vaterstadt ein: Er wird einberufen und erhält am 20. Juni, ein Jahr vor Abschluß der Lehrerausbildung, ein Kriegsabgangszeugnis »über die wissenschaftliche Befähigung für den einjährig-freiwilligen Dienst«. Er ist zunächst in Dresden, dann einige Wochen in Köln Rekrut der Fußartillerie und muß wenigstens in der ersten Phase der Grundausbildung schwer »geschliffen« worden sein, wobei jener Sergeant Waurich eine üble Schinderrolle spielte, den er 1929 im gleichnamigen Gedicht schwer beschuldigen wird: als rüden Peiniger der jungen Soldaten, der sie mit zweihundert Kniebeugen, die Karabiner in den ausgestreckten Armen, schikanierte:

> Er hat mich zum Spaß durch den Sand gehetzt
> und hinterher lauernd gefragt:
>
> »Wenn du nun meinen Revolver hättst –
> brächtst du mich um, gleich hier und gleich jetzt?«
> Da hab ich »Ja!« gesagt.
>
> Wer ihn gekannt hat, vergißt ihn nie.
> Den legt man sich auf Eis!
> Er war ein Tier. Und er spie und schrie.
> Und Sergeant Waurich hieß das Vieh,
> damit es jeder weiß.
>
> Der Mann hat mir das Herz versaut.
> Das wird ihm nie verziehn.
> Es sticht und schmerzt und hämmert laut.
> Und wenn mir nachts vorm Schlafen graut,
> dann denke ich an ihn.

Kästner litt mehrere Monate stark unter dem Herzschaden; er konnte zeitweilig nicht ohne elterliche Hilfe die Haustreppen hinaufsteigen und lag sechs Wochen mit »Herz-Erweiterung, -Klappenfehler und -Neurose« im Kasernenlazarett IV Dresden-Loschwitzberg. Die Behinderung schützte ihn vor Fronteinsätzen; er wurde zwar am Karabiner 98, als Richtkanonier und Geschützführer ausgebildet, hatte gelegentlich Wachdienst, auch in der äußeren Königsbrücker Straße, wurde ein paarmal im Regiment versetzt, beendete den Militärdienst aber in Köln als »Auswerter« weit hinten in der Zentrale.

Kurz nach der Entlassung Anfang Januar 1919 in Dresden fällte er, genauer gesagt: fällten Muttchen und er eine schwerwiegende Entscheidung. Noch auf dem Fletscherschen Seminar, in der Übungsschule erkannte der Siebzehnjährige, obwohl seine Probestunden gelangen und die Professoren wohlwollend nickten, daß die frühe Berufswahl »Lehrer« der »größte Irrtum meines Lebens« war, was übrigens die durchaus gutwilligen Kinder vor ihm genau bemerkten. »›Der Jüngling auf dem Katheder‹, dachten sie, ›das ist kein Lehrer, und er wird nie ein richtiger Lehrer werden.‹ Und sie hatten recht. Ich war kein Lehrer, sondern ein Lerner. Ich wollte nicht lehren, sondern lernen. Ich hatte Lehrer werden wollen, um möglichst lange ein Schüler bleiben zu können (…). Ich war ungeduldig und unruhig, ich war kein künftiger Erzieher. Denn Lehrer und Erzieher müssen ruhig und geduldig sein. Sie dürfen nicht an sich denken, sondern an die Kinder.«

Im vollen Bewußtsein dessen, was er Ida Kästner aufbürdete, trug er ihr, dem schweigenden Vater, dem schweigenden Untermieter Lehrer Schurig seine Entscheidung und, auf Rückfrage der Mutter, den Wunsch vor, das Abitur auf einem Gymnasium nachzuholen und dann zu studieren. »Meine Mutter dachte einen Augenblick nach. Dann lächelte sie, nickte und sagte: ›Gut, mein Junge! Studiere!‹« Das ist der Moment, wo man vor dieser – was immer man ihr an Bedenklichem, den Sohn Versperrendem und Belastendem zuschreiben mag – außergewöhnlichen Frau den Hut ziehen muß. Nicht nur wegen der neuen materiellen Bürden, die die nun fünfzigjährige Schwerarbeiterin auf sich nimmt – da ließe sich ihr Lächeln ja sogar als eine Miene freudigen Stolzes deuten, daß der vergötterte Sohn ihr und nur ihr das zutraut, aufträgt, zumutet. Ida Kästner weiß zweifellos sofort, daß die Wende zum Abitur (Erich wird am König-Georg-Gymnasium Johannstadt, einem von ihm hochgelobten Reformgymnasium ohne autoritäre Strukturen, eine Kriegs-Reifeprüfung mit vorzüglichen Leistungsnoten ablegen) und zum Studium die Preisgabe Dresdens als festen Wohnsitz bedeutet. Tatsächlich wird Kästner nie mehr endgültig, sondern nur noch besuchsweise nach Dresden zurückkehren; vom Wintersemester 1919 an wird

Leipzig, damals Sachsens einzige Universitätsstadt, ab 1927 Berlin, nach 1945 München ständiger Wohnort. Häufige gegenseitige Besuche in Dresden respektive Leipzig und Berlin bestimmen die Jahrzehnte bis zum Kriegsende, dazu ein exzessiver Briefwechsel zwischen Mutter und Sohn mit beinahe täglichen Nachrichten des immer berühmter werdenden Schriftstellers an sie:»Diese Briefe sind so detailliert, daß sie geradezu als Chronik seines Lebens bis zum Ende der vierziger Jahre gelesen werden können; mit signifikanten Einschnitten während des Nationalsozialismus.« (Hanuschek) Arbeitsberichte, Liebesaffären, Freundschaften werden ausgiebig und vertraulich erörtert, bis hin zum Gespräch über eine Gonorrhoe-Erkrankung; Vater Emil bleibt weiter am Rande, wird aber nicht vergessen; leider sind viele Briefe der Mutter bei der Vernichtung von Kästners Berliner Wohnung 1944 verlorengegangen. Das wichtigste aber: Erich Kästner bleibt während der zwölf Jahre Hitler-Herrschaft in Deutschland. Dafür gibt es nur einen Hauptgrund: die immer wartende Mutter in Dresden. Er konnte sie nicht verlassen; sie hätte seinen Weggang nicht überlebt. Es gelang ihm mit Glück, mit List, mit schützenden Helfern, die schwierigen Jahre durchzustehen, unter manchen Gefahren (1933 wurden in Berlin seine Bücher vor seinen Augen verbrannt!), unter Verboten, Diffamierungen, Namenstarnungen seine Integrität zu wahren – es gibt, wie ein Zeichen, dieses herrliche Foto von 1947, wie Ludwig Renn und Erich Kästner einander lachend zum Wiedersehen und Überleben umarmen; es wirkt wie eine Bekräftigung von Kästners Integrität durch den verfolgten Emigranten.

Bombardement, Nachkriegswirren, deutsche Teilung erschwerten zeitweilig Kästners Verbindungen nach Dresden. Die größte Sorge war ihm abgenommen, als er von der relativen Unversehrtheit der elterlichen Wohnung und ihrer persönlichen Unverletztheit erfuhr. Ein Foto vom September 1946 zeigt die kleine Familie noch einmal auf einem Dresdner Balkon vereint: der Vater mit dünnem Lächeln in sich blickend, die Mutter gepflegt, fein frisiert, schmalgesichtig, der Dichter-Sohn zwischen und halb hinter ihnen stehend, vorgebeugt wie zur Mitteilung oder zum Lauschen auf ihre Rede. Ida Kästner starb 1951; sie hatte die letzten vier Lebensjahre in einem Sanatorium verbracht, erdrückt in Verstörung durch die Lebenslast; bei seinem letzten Besuch erkannte sie den geliebten Sohn nicht und fragte, wo Erich sei. Der Vater besuchte den Berühmten mehrmals in München, ließ sich auch für die Kindheitserinnerungen befragen, blieb aber in Dresden wohnen.

In Dresden geblieben, aber noch auf Jahre mit Kästner verbunden, war übrigens bei seinem Umzug nach Leipzig die erste Frau, mit der er, wohl zwischen 1919 und 1926, ein enges Verhältnis hatte: die in Dresden geborene, talentierte, selbstbewußte Chemikerin Ilse Julius, Promovendin der TU – das letztlich wohl von ihr bewirkte Scheitern der Beziehung hat, so urteilt Kästners Biograph einleuchtend, »neben der übermächtigen Mutterbindung – das Scheitern aller kommenden Beziehungen mitbestimmt«, wobei sich Ilse Julius, bemerkenswerterweise, als einzige Frau in Kästners Nähe mit seiner dominanten Mutter vorzüglich verstand.

Zurück blieb auch der Junge auf der Gartenmauer. Er sitzt immer noch dort, nun in Bronze. Hinter ihm steht die schöne neue Villa Augustin, erbaut auf den Kriegstrümmern von Onkel Franzens Palast. Sie beherbergt ein superbes kleines Kästner-Museum, ein Literaturbüro und ist ein Hauptort der internationalen Gegenwartsliteratur in Dresden.

Am Abgrund der Vorhölle: Victor Klemperer I

Dieses Kapitel erreicht die schwärzesten Abgründe Dresdner Geschichte. Es folgt den Tagebüchern eines zunächst unfreiwilligen Chronisten, der um Haaresbreite rückkehrlos in die Schwärze gestoßen worden wäre: Der Romanist und Schriftsteller Victor Klemperer. Hier sind Lebens- und Schaffensdaten in stichwortartiger Kürze: Geboren am 9. Oktober 1881 in Landsberg/Warthe als Rabbinersohn; 1884 bis 1890 in Bromberg, danach in Berlin, Predigerstelle des Vaters in der jüdischen Reformgemeinde; Besuch zweier Gymnasien; 1897 bald abgebrochene Kaufmannslehre; 1902 Abitur am Königlichen Gymnasium Landsberg; bis 1905 Studium (Philosophie, Romanistik, Germanistik) in München, Genf, Paris und Berlin, dort bis 1912 Journalist und Schriftsteller; 1906 Heirat mit der Pianistin und Komponistin Eva Schlemmer aus Königsberg; 1913 Promotion über Spielhagen, 1914 Habilitation über Montesquieu; 1915–1918 Soldat, erst an der Westfront, dann im Militär-Pressedienst; 1919 Berufung zum Ordinarius an die Technische Hochschule Dresden; bis 1933 zahlreiche Buch- und Zeitschriften-Publikationen, hauptsächlich zur französischen Literatur vom 17. bis 20. Jahrhundert.

Klemperer schrieb seit dem 17. Lebensjahr private Tagebücher; sie wurden nach Hitlers Machtübernahme, unter dem Damoklesschwert einer radikal antidemokratischen, nationalistischen, judenfeindlichen, schließlich mörderischen Politik und Regierungsgewalt zum monumentalen Speicher der Katastrophe Dresdens und Deutschlands, vor allem seiner jüdischen Bevölkerung. Mit der scheinbaren Urgewalt und Unwiderstehlichkeit von Natur-Explosionen bricht das Dritte Reich 1933 in Klemperers Tagebücher ein: »Seit etwa drei Wochen die Depression des reaktionären Regimes (…). Es ist eine Schmach, die jeden Tag schlimmer wird. Und alles ist still und duckt sich, am tiefsten die Judenheit und ihre demokratische Presse.« Mit wachsendem Entsetzen registriert der Autor den verschärften Terror nach dem NSDAP-Wahlsieg vom 5. März: »Acht Tage vor der Wahl die plumpe Sache des Reichstagsbrandes (...), dann die wilden Verbote und Gewaltsamkeiten. Und dazu durch Straße, Radio etc. die grenzenlose Propaganda (...), Kommissare, zertretene Regierungen, gehißte ⚡-Fahnen, besetzte Häuser, erschossene Leute (...). Vollkommene Revolution. Und alle Gegenkräfte wie vom Erdboden verschwunden. Dieser völlige Zusammenbruch einer eben noch vorhandenen Macht (...). Die Niederlage von 1918 hat mich nicht so tief deprimiert wie der jetzige Zustand. Es ist erschütternd, wie Tag für Tag nackte Gewalttat, Rechtsbruch, schrecklichste Heuchelei, barbarische Gesinnung ganz unverhüllt als Dekret hervortritt.« Klemperers Entsetzen erwächst auch aus der Schwäche des Widerstands, der Hinnahme des Terrors, der allgemeinen Angst, Nachgiebigkeit auch von Juden, obwohl gerade ihnen doch überdeutlich Schlimmstes droht, wofür der Boykott ihrer Läden nur das Vorspiel ist. Fassungslos registriert der Chronist die 90-Prozent-Resultate in »Wahlen« von November 1933 und August 1934, zutiefst irritiert nimmt er den Redner Hitler als schreienden, aber leider sehr massenwirksamen Hysteriker und Demagogen wahr. Resigniert muß er sich eingestehen, daß der Diktator ungeachtet vermeintlicher Fäulnis- und Sturz-Symptome und tatsächlicher moralischer Niederlagen seine Herrschaft von Monat zu Monat festigt: innenpolitisch durch Terror, den die »Volksgemeinschaft« zumindest schweigend duldet, vor allem aber außenpolitisch − durch die Rückgewinnung des Saarlandes, durch die vom Ausland widerstandslos akzeptierte Ankündigung der allgemeinen Wehrpflicht wie auch der Rheinland-Besetzung, ganz besonders aber durch den gelungenen Schachzug eines Flottenabkommens mit England. Der deutsche Patriot Klemperer, der nie ein bewußter Jude sein wollte, notiert erbittert, er könne das Gefühl des Ekels und der Scham nicht mehr loswerden, Scham über Deutschland; er »werde niemals wieder Vertrauen zu Deutschland haben«.

Denn ein verbrecherisches deutsches Regime mit einem tagtäglich agierenden Mob wird den Wissenschaftler als Angehörigen einer angeblich niederen, aussätzigen, letzten Endes zur Auslöschung freigegebenen Rasse aus der deutschen »Volksgemeinschaft« ausstoßen. Dresdens Juden drohen schon Pogromsignale, Beschimpfungen, Bedrückungen und Hetze an Straßenschildern und Schaufenstern, »überall der ›Stürmer‹ mit den gräßlichsten Rassenschändergeschichten, wilde Goebbels-Rede − an verschiedensten Stellen offene Gewalttaten«.

Klemperer persönlich quält noch eine spezielle, aber in jedem Sinne existentielle Bedrohung: »Wie lange werde ich noch im Amt sein?« hat er sich schon nach der März-Wahl 1933 gefragt. Nachrichten über Ausschlüsse und Entlassungen von Juden beginnen umzulaufen; eine Zeitlang kann er noch Vorlesungen und Seminare halten, wohl auch beschützt als Weltkriegs-Frontkämpfer; doch von Semester zu Semester verringert sich die vom Fach her ohnehin begrenzte Hörerzahl, wobei er gelegentlich freimütige Worte fallenläßt und seine treueste Studentin absurderweise »mit den Hakenkreuz als Schlips oder auf der Brust« erscheint. Dann treffen ihn Affronts und Schikanen: Alle Beamten müssen den Hitlergruß anwenden; Beamte durfen nicht mit Juden verkehren; er muß, als Beamter, einen persönlichen Eid auf Hitler ablegen; die Fach-Abteilung wird regierungstreu umorganisiert, mit einem SA-Studenten im Senat; Klemperer wird von der Prüfungskommission ausgeschlossen; der Teubner-Verlag kann für ihn »nicht mehr eintreten«.

Am 30. April 1935 wird ihm die »im Namen des Reiches« von Mutschmann selbst unterzeichnete Urkunde zur Entlassung und Zwangspensionierung per Post zugestellt; der Frontkämpfer-Nachweis gilt nun nichts mehr, das ohnehin knappe Monatsgehalt fällt von 800 auf 490 Mark Pension. Bitterkeit und Trostlosigkeit beherrschen den Ausgestoßenen, der im übrigen vor und nach dem Hinauswurf energisch, wenn auch von Zweifeln heimgesucht, um die Fortsetzung seines wissenschaftlichen Werkes kämpft, wohl wissend, daß Publikationen und damit Nebenverdienste so gut wie ausgeschlossen sind. So schwankt die Stimmung des Schreibenden, der sich obendrein von den braunen Terroristen bei derart verbotener Tätigkeit nicht ertappen lassen darf, zwischen Zuversicht und Resignation: »In meinem Leben habe ich nie so konzentriert gearbeitet wie seit der Entlassung« (11. 8. 1935); »Der Mut sinkt immer tiefer, wie sich die Manuskriptblätter aufspeichern. Im Grunde ist das Ganze Selbstbetrug und Zeittotschlag.« (20. 9. 1937) Trotzdem treibt er mehrere Projekte voran, so eine französische Literaturgeschichte des 18. Jahrhunderts, deren Passagen über Rousseau er im Januar 1937 sogar als sein Bestes und Reifstes überhaupt einschätzt. Das spätere »Curriculum vitae« bleibt Fragment, auch aus Sorge vor dem Zugriff von Mutschmanns Mob. Solange er überhaupt unter den diktatorischen Sperren noch an neue Bücher gelangt, betreibt Klemperer, Ermüdungen trotzend, ausgiebige Lektüre; und »die Studie über die Sprache des 3. Reiches bewegt mich immer mehr«: damit ist »Lingua

Tertii Imperii« gemeint, jenes Buch, das seinen Namen bis zum Erscheinen der Tagebücher präsent hielt.

Klemperers unbedingte Aufrichtigkeit läßt ihn nicht verschweigen, daß sich zeitweilig persönlich-private Bedrohungen in die schweren politischen Bedrängnisse mischten. Schon vor 1933 gab es längere Zeit eheliche Spannungen, es gab Krisen, Depressionen und Gemütserkrankungen Evas, die als Musikerin fast ganz verstummte, vielleicht unter der wissenschaftlich-intellektuellen Agilität ihres Mannes litt. Ungeachtet ihrer tiefen Liebe zueinander, ungeachtet der in allen Schrecknissen unbeirrten Tapferkeit dieser »arischen« Frau, soweit es um das – sein Leben rettende! – Festhalten an dem verfolgten Mann und an ihrer von den Nazis mit Schmutz beworfenen Ehe ging, ungeachtet all dessen verbiß sich Eva in den Wunsch, ein Haus zu bauen, und beschuldigte den selber an immer stärkeren Augen- und Herzbeschwerden Leidenden, die Verwirklichung ihres Traumes zu verzögern und zu erschweren. Tatsächlich fürchtete Klemperer, der Bau werde sie finanziell und existentiell ruinieren, und wußte doch: »*Ohne* den Bau schleppe ich Eva sicher nicht mehr lange durchs Leben.« Die wundersame Rettung fiel dem Ehepaar durch eine langfristige Hypothek der Kollegen-Familie Wengler zu; das Haus wurde gebaut, ein bescheidenes Heim Am Kirschberg 19 in Dölzschen, Dresden-Südwest, »Eva ist selig«, wenn es auch immer neue Kosten und gewisse Anfeindungen durch regimehörige Nachbarn gab. Jedenfalls zogen die Klemperers im Oktober 1934 ein; 1940 wurden sie aus Dölzschen in ein »Judenhaus« verjagt, immerhin nicht enteignet.

Und inmitten aller Gefährdungen, bei weiterhin knapper Geldlage, trotz Victors Befürchtung seines nahen Endes leisteten sich die Klemperers eine tröstende Ablenkung, die von ihm ausging: den Kauf eines Autos. Er nahm Fahrstunden und bestand die Prüfung; er kommentierte seine Begeisterung nicht ganz ohne Ironie: »Das Auto soll uns ein Stück Leben und die Welt wiedergeben (…). Auto, Auto über alles, es hat uns furchtbar gepackt (…). Es ist im vollsten Wortsinn tragikomisch.« Obwohl »der Bock« an ständigen Störungen und hohem Benzinverbrauch leidet, genießen die Klemperers Ausflüge und längere Touren; beinahe kindlich-bubenhaft meldet der Gelehrte die jeweils erreichten Höchstgeschwindigkeiten; beide sind im Auto für kurze Zeit aus dem Alltag der Verfolgten ausgetreten; sie leisten sich im Spätsommer 1937 »eine Küsten- und Hansafahrt« und eine Fahrt ins Rie-

sengebirge. Noch im November 1938, kurz nach der »Reichskristallnacht«, inmitten finsterer Zukunftsdrohungen, reisen sie nach Berlin.
Am 6.12.1938 aber meldet das Tagebuch in Anspielung auf eine be-
rüchtigte antijüdische Phrase der Nazis: »Das gesunde Rechtsempfin-
den des deutschen Menschen ist gestern in einer sofort wirksamen Verfügung des Polizeiministers Himmler zutage getreten: ›Entziehung der
Autofahrerlaubnis bei allen Juden.‹ Das Verbot trifft uns überaus hart.«

Autoverbot und Vertreibung aus dem eigenen Haus sind Elemente
eines allmählichen Strangulierens der Dresdner (und der gesamten
deutschen) Judenheit in einer Abfolge satanischer Erfindungen von
Eingrenzungen, Schikanen, Schindereien, Gewaltakten physischer wie
psychischer Gestalt. Klemperer resümiert diese abgrundtief erbärmliche
Schändung am 2. Juni 1942 in einer brachialen Aufzählung: »Ich stelle
einmal die Verordnungen zusammen: 1) Nach 8 oder 9 Uhr abends zu
Hause sein. Kontrolle! 2) Aus dem eigenen Haus vertrieben. 3) Radio-
verbot, Telefonverbot. 4) Theater-, Kino-, Konzert-, Museumsverbot. 5)
Verbot, Zeitschriften zu abonnieren oder zu kaufen. 6) Verbot zu fahren; (dreiphasig: a) Autobusse verboten, nur Vorderperron der Tram erlaubt, b) alles Fahren verboten, außer zur Arbeit, c) auch zur Arbeit zu
Fuß, sofern man nicht 7 km entfernt wohnt oder krank ist (aber um ein
Krankheitsattest wird schwer gekämpft). Natürlich auch Verbot der
Autodroschke. 7) Verbot, ›Mangelware‹ zu kaufen. 8) Verbot, Zigarren
zu kaufen oder irgendwelche Raucherstoffe. 9) Verbot, Blumen zu kaufen. 10) Entziehung der Milchkarte. 11) Verbot, zum Barbier zu gehen.
12) Jede Art Handwerker nur nach Antrag bei der Gemeinde bestellbar.
13) Zwangsablieferung von Schreibmaschinen, 14) von Pelzen und Wolldecken, 15) von Fahrrädern – zur Arbeit darf geradelt werden (Sonn-
tagsausflug und Besuch zu Rad verboten), 16) von Liegestühlen, 17) von
Hunden, Katzen, Vögeln. 18) Verbot, die Bannmeile von Dresden zu
verlassen, 19) den Bahnhof zu betreten, 20) das Ministeriumsufer, die
Parks zu betreten, 21) die Bürgerwiese und die Randstraßen des Großen Gartens (Park- und Lennéstraße, Karcherallee) zu benutzen. Diese
Verschärfung seit gestern erst. Auch das Betreten der Markthallen seit
vorgestern verboten. 22) Seit dem 19. September der JUDENSTERN.
23) Verbot, Vorräte an Eßwaren im Hause zu haben (Gestapo nimmt
auch mit, was auf Marken gekauft ist.) 24) Verbot der Leihbibliotheken.
25) Durch den Stern sind uns alle Restaurants verschlossen. Und in den
Restaurants bekommt man immer noch etwas zu essen, irgendeinen

›Stamm‹, wenn man zu Haus gar nichts mehr hat. Eva sagt, die Restaurants seien übervoll. 26) Keine Kleiderkarte. 27) Keine Fischkarte. 28) Keine Sonderzuteilung wie Kaffee, Schokolade, Obst, Kondensmilch. 29) Die Sondersteuern. 30) Die ständig verengte Freigrenze. Meine zuerst 600, dann 320, jetzt 185 Mark. 31) Einkaufsbeschränkung auf eine Stunde (drei bis vier, Sonnabend zwölf bis eins).

Über diese sukzessiven Einzel-Drangsale hinaus (Klemperer leidet am stärksten unter der Brandmarkung durch den gelben Stern, der öfter Anpöbeleien auslöst und ihn von der Straße vertreibt) suchen die Verfolgten langdauernde Drohungen, Gewalttaten und Gefahren heim: so der Zwang, in Judenhäuser mit Raumnot und Überfüllung zu ziehen – Eva und Victor Klemperer ab Mai 1940 Caspar-David-Friedrich-Straße 15b, ab September 1942 Lothringer Weg 2, ab Dezember 1943 Zeughausstraße 1, neben der Brandstelle der Synagoge; sodann heftige Mangelerscheinungen: Kürzungen der ohnehin schmalen jüdischen Rationen, Lebensmittelknappheiten, zeitweilig mit bloßer Kartoffelernährung die Hungergrenze erreichend, Kohlen- und Tabakmangel, fehlende Wäsche- und Reparaturmöglichkeiten, Mangel an Toilettensachen; ab Februar 1942 zwangsweise Arbeitseinsätze: erst Schneeräumen bei schneidender Kälte, später Fabrikarbeiten, Teeabwiegen und -verpacken (leicht), Schneidedienst bei total lärmender Maschinisierung (hart), Papierziehen an der Gummimaschine (stumpfsinnig und schwierig), im Juni 1944 überraschend »dienstentpflichtet«. Schließlich die zumindest hautnahen, wenn nicht lebensgefährlichen Untaten; brutale anlaßlose Haussuchungen durch Gestapo-Schläger mit Verprügelungen, Anspucken, schweren Beschimpfungen, rüdem Duzen, Plünderung, Raub, Verwüstung der Zimmer, Haft- und Morddrohungen, besonders auch gegen alte Leute (»Eva sagte: ›*Das* sind keine Haussuchungen mehr. Es sind *Pogrome*.‹ Sie hatte völlig recht.«); oder Verhaftungen (1941 eine schreckliche Woche Haft für Klemperer wegen versehentlicher Nicht-Verdunklung eines Zimmers, düster-grandioser Bericht darüber im Tagebuch), schlimmer: Gefängnis, eventuell KZ und Ermordung; und der äußerste Schrecken der Dresdner Vorhölle: ab Oktober 1941 erst gerüchtweise, dann in unmittelbarer Nachbarschaft des Diaristen Deportationen, willkürlich-undurchschaubare Auswahlen von Massenevakuierungen nach Polen, auch Auschwitz, ab Juli 1942 außerdem nach Theresienstadt, schon auf dem Transport wüste Brutalitäten, keine Rückkehr, Massenmorde, bald nur noch wenige jüdische

Bewohner in Dresden wie anderswo, die (vorläufige) Rettung Klemperers durch die Mischehe mit der tapferen »arischen« Frau – und ringsum die gehäuften jüdischen Selbstmorde: »Überall unter den Juden tiefste Depression (...) nicht mehr anzunehmen, daß irgendwelche Juden aus Polen lebend zurückkehren.«

Mitten in der Vorhölle verzeichnet der Chronist aber auch etliche Beispiele von Freundlichkeit, Sympathie, Trost, Hilfe und Mut »arischer« Dresdnerinnen und Dresdner, wohl wissend, wie wenig weitwirkend solche Exempel waren »gegen die ungeheure Organisation und Skrupellosigkeit und Machtfülle der Regierung«: Die ehemalige, von den Nazis aus dem Dienst vertriebene Haushaltshilfe am Kirschberg schleicht sich im Dunkeln zu Evas Geburtstag; die Aufseher bei Schneeschippen und in der Fabrik sind human; der Unternehmer behandelt die Zwangsarbeiter human, Antisemitismus gibt es in seinem Betrieb nicht; zwei ältere Lehrerinnen, ein alter Herr begrüßen den Unterdrückten auf offener Straße demonstrativ; »die Polizei ist immer höflich«; Handwerker ermutigen den Verfolgten: die Unterdrücker werden untergehen; die Professoren-Gattin Winde bringt Weihnachtsgaben und das Fahrrad ihres Sohnes für eine mögliche Flucht; eine junge Fabrikarbeiterin, Soldatenwitwe, solidarisiert sich und drückt Victor die Hand: »Uns gegenüber beinahe Rassenschande«, April 1944; mehrfach geben Kaufleute unerlaubt Lebensmittel; am 29. Januar 1945, während eines Luftalarms, versichert ein kontrollierender Polizist unter Händeschütteln dem ausgestoßenen Gelehrten, es komme schon wieder anders, der Professor werde sein Amt zurückerhalten: »Das«, notiert der bewegte Tagebuch-Autor, »in Uniform, vor Zeugen! Man wird für weniger hingerichtet.« Obenan unter den Helfern steht selbstverständlich die befreundete Pirnaer Ärztin Dr. Annemarie Köhler, die jahrelang ihr Leben riskiert, indem sie Klemperers Manuskripte verwahrt und verbirgt, was ihm übrigens auch der bekannte Arzt Dr. Rainer Fetscher anbietet, der Juden nicht mehr behandeln darf und am 8. Mai 1945, mit weißer Flagge den Sowjetsoldaten entgegengehend, hinterrücks erschossen wird.

Ein besonders starker Strang kommentierter diaristischer Erzählung stellt den Kriegsverlauf dar. Klemperer verfolgte ihn wie alle Leidensgenossen mit größter Genauigkeit und Sorge seit dem Polenfeldzug: Nur die Niederlage der deutschen Wehrmacht konnte sie ja aus den Klauen des verbrecherischen Regimes befreien – vielleicht. Denn die

Niederlage Hitlers wird zwar spätestens 1942 immer deutlicher sichtbar, als die deutsche Erfolgsserie in Rußland erlischt;»»Aber alle Gespräche unter Juden«, notiert der Chronist am 23. Oktober 1942,»»führen immer wieder zu der gleichen Betrachtung: ›Wenn sie Zeit behalten, töten sie uns vorher.‹ Einer sagte gestern (…): Er komme sich vor wie ein Kalb auf dem Schlachthof, das zusieht, wie die anderen Kälber vor ihm geschlachtet werden, und darauf wartet, an die Reihe zu kommen. Der Mann hat recht.«

Bis ganz spät im Krieg, nach den schweren Bombardements auf deutsche Städte, nach der Signalwirkung von Stalingrad, nach den großen Siegen der Alliierten in Afrika, Italien, an der Westfront seit der Landung in Frankreich, nach dem unaufhaltsamen Vormarsch der Roten Armee und sogar nach ihrer im Januar 1945 einsetzenden Großoffensive bis vor Dresdens Tore bleibt Klemperer trotz immer neu aufspringender Hoffnungen die Furcht des herzkranken, sensiblen, zwiespältigen Diaristen, die zu späte Niederlage Nazi-Deutschlands und seine eigene Schwäche versperre ihm noch Frieden und Freiheit:»»Der Zukunft stehe ich mit geringer Hoffnung und stumpf gegenüber. Es ist fraglich, wann der Krieg zu Ende sein wird (obschon im Augenblick die deutsche Chance bei stockender Westoffensive und verlorenem Budapest wieder gesunken ist). Und es ist mir noch fraglicher, ob ich aus dem Frieden noch etwas für mich werde herausholen können, da ich doch offenbar am Ende meines Lebens stehe.« Das, glücklicherweise, war ein Irrtum, die Rettung kam, wie dargestellt, in Bombardement und Feuersturm. Freilich hatte Klemperers vorheriger Zweifel am rechtzeitigen Kriegsende Gründe, zum Beispiel »die ungeheure Zähigkeit und immer neue Erfindungskraft, mit der die Regierung den Krieg weiterführt«. Hinzu kam die erbarmungslos geschürte Angst der Bevölkerung: »Sie verdanken alles dem Schreckgespenst Bolschewismus, trotzdem sie selbst Bolschewikissimi sind (…). Alle haben sie Angst. Einer könnte irgendwas anzeigen (…) jede dieser Anzeigen würde zur Strafe führen. Solange diese Angst das stärkste Gefühl im Volke ist, solange geht der Krieg weiter.«

Übrigens gelingen Victor Klemperer inmitten seiner fast unerträglichen Bedrängnisse einzelne ruhig-verweilende Blicke auf die Stadt und ihre Umgebung, fast rührende, weitverstreute Sätze:»»Ich machte einen einsamen Abendweg über Feld … Gewaltig der Kreisblick oben auf die erleuchtete Großstadt und ihre Umgebung. Schön genug ist unser

Blick hier – aber nur Segment, während oben das ganze Rund funkelt« (November 1934, von Dölzschen aus, kurz nach dem Einzug). »Sehr lieb ist mir auch das schmale Flußtal zwischen Tharandt und Dresden, ganz eingesackt zwischen Waldbergen und vorn grün abgeriegelt« (Mai 1936, Autofahrt): »Wunderschön ist Dresden: die dunklen Höhenzüge, die Fülle der Gärtnereien, die Pracht der Blumen und Gerüche, das Stück freie Landschaft mit dem Pfropfen der Gasanstalt darin« (Juni 1942, Weg zum jüdischen Friedhof). Und obendrein, durch lange, oft qualvolle Gänge, gibt das Panorama der Tagebücher auch eine unfreiwillige, unsystematische Teil-Topographie von Dresden, mit vielen Straßen und Plätzen.

Für das nicht von vornherein geplante gigantische Unternehmen, die zwölfjährige Dresdner Nazi-Herrschaft so umfassend, so genau, so glaubwürdig wie möglich zu dokumentieren, war das Medium Tagebuch unübertrefflich. Es hat die durch hochdramatische lokale, nationale, internationale politisch-militärische und persönliche Ereignisse ausgelöste, ja diktierte Schärfe der Unmittelbarkeit, Unerbittlichkeit und Wahrhaftigkeit, wie sie auch die kühnste, doch stets nachträgliche Autobiographie nicht erreicht. Klemperers inzwischen ebenfalls publizierte Tagebücher von 1918 bis 1932, etwa 1700 Textseiten, zielen noch nicht direkt auf das diaristische Hauptwerk, sondern wirken eher wie Vorstudien zu einer zeitweilig als Lieblingswunsch imaginierten Eigen-Vita des Autors; methodisch aber bereiten sie bereits das grundlegende Verfahren des Tagebuch-Schreibers vor: »Nur Leben sammeln. Immer sammeln. Eindrücke, Wissen, Lectüre, Gesehenes, alles. Und nicht fragen wozu u. warum«, notiert Klemperer am 3. September 1929 auf einer Türkei-Reise; dieser Ansatz des Sammelns und Aufbewahrens von Beobachtetem und Erfahrenem kehrt, nun aber streng zielgerichtet, im bitteren Kontext der Tagebücher ab 1933 immer wieder, und noch in dem diaristisch vielfach vorbereiteten Buch »LTI« (»Lingua Tertii Imperii – Die Sprache des Dritten Reiches«) liest man: »In den Stunden des Ekels und der Hoffnungslosigkeit, in der endlosen Öde mechanischster Fabrikarbeit, an Kranken- und Sterbebetten, an Gräbern, in eigener Bedrängnis, in Momenten äußerster Schmach, bei physisch versagendem Herzen – immer half mir diese Forderung an mich selber: beobachte, studiere, präge dir ein, was geschieht.«

Eine besondere Rolle spielt im Tagebuch der Hitler-Diktatur das vielstimmige Gesprochene und Gehörte, das der Schreibende aufnimmt: »Das Material (…) ist das Stimmengewirr der Volksgemein-schaft«, schreibt Hannes Heer nicht ohne Ironie gegenüber dem völki-schen Nazi-Begriff. Und Klemperer selbst hält am 16. September 1935 fest: »Ich lese nur die Zeitungsdepeschen und Hetzanschläge und -verse auf den Straßen. Aber ich frage jeden Besucher und jeden, den ich tref-fe, nach seiner Meinung, seinen Neuigkeiten. Alle schwanken oder haben gegenteilige Meinung.« Der Berichterstatter schaltet ständig zwi-schen Äußerung und Rezeption hin und her, er ist Sender und Emp-fänger zugleich, es mischen sich die Klagen, Ängste, Gebete, Sehnsüch-te und – seltenen – Euphorien der Opfer mit den gegrölten Befehlen, Beschimpfungen, Beleidigungen, Drohungen der sadistischen Häscher und Henker: »Gerüchte und Stimmen wechseln von Tag zu Tag, von Person zu Person. Wen sehe, wen höre ich (…). Vox populi zerfällt in zahllose voces populi.« Im Netzwerk des Gesehenen und Gehörten, Gesprochenen und Geschriebenen und, vor allem, der einander jagen-den, vielfach terroristischen Aktionen entsteht wie von selbst ein brei-tes, vielschichtiges Panorama der Dresdner Bevölkerung mit Porträts sonst namenlos Gebliebener, für immer Verschollener; manche huschen nur kurz durch den Text, andere tauchen über Hunderte von Seiten im-mer wieder auf. So wird Victor Klemperers monumentales Tagebuch zur Dresdner, aber zugleich Dresdens Grenzen weit übersteigender Chronik, eine Epochen-Präsentation von dichtester und schmerzhafter Authentizität; tiefer und ausdauernder hat kaum ein anderer schreiben-der Zeuge in die Abgründe geblickt: »Die selbstgewählte Aufgabe als Chronist ist Klemperers Antwort auf den Einbruch der nazistischen Barbarei in all das, was ihm am Deutschtum einmal wertvoll erschien. Der Beobachtungsposten ist sein Widerstandsnest«, urteilt sein Biograph Peter Jacobs zutreffend. Was aber diesen Posten als Entstehungsort der Tagebücher einzigartig macht, formuliert ihr Herausgeber Walter No-wojski: »Als Chronist konzentrierte er sich darauf, die ihn umgebenden Dinge, das, was er tat, was ihm widerfuhr, was ihm zugetragen wurde, zu beschreiben. Die öffentlichen Vorgänge, so betont er, könne man später den Zeitungen entnehmen, wie sie aber auf den gehetzten, stän-dig vom Tode bedrohten Menschen wirkten, wie sich im Alltag den-noch Leben vollzog, hat der meisterhafte Beobachter und Stilist akri-bisch, menschlich anrührend und gänzlich ›unheldisch‹ festgehalten.« Auf dieser Dokumentation des Alltags unter der Diktatur beharrt Klemperer unbeirrt, so im Gespräch mit seinem Leidensgenossen

Stühler auf der Zeughausstraße: »Es kommt nicht auf die großen Sachen an, sondern auf den Alltag der Tyrannei, der vergessen wird. Tausend Mückenstiche sind schlimmer als ein Schlag auf den Kopf. Ich beobachte, notiere die Mückenstiche.«

Klemperer wußte selbstverständlich um die Gefährlichkeit seines Schreibens. Die Entdeckung der Tagebücher, etwa bei einer Haussuchung, hätte ihn, vielleicht auch Eva und die Pirnaer Ärztin das Leben kosten können. Was seine Frau dazu meinte, erfährt man nicht durch Äußerungen: Sie transportiert aber unbeirrt die Texte zu Annemarie Köhler, die sie ebenso unbeirrt versteckt. Der doppelte Mut der Frauen dämpft Klemperers moralische Besorgnis über das, was er ihnen zumutet. Für sich selbst verteidigt er sein Schreib-Risiko in kräftigen Sätzen mit Bildern und Metaphern: Die minutiöse Tagebuch-Arbeit ist »die Balancierstange«, ohne die er hundertmal abgestürzt wäre. Er sinniert und entscheidet: »Die Angst, meine Schreiberei könnte mich ins Konzentrationslager bringen. Das Gefühl der Pflicht zu schreiben, es ist meine Lebensaufgabe, mein Beruf (…), ich schreibe weiter, das ist *mein* Heldentum. Ich will Zeugnis ablegen, und echtes Zeugnis (…), die Gefahr ist so groß und so allgegenwärtig, daß sie mich zum Fatalisten macht. Dies Manuskript ist meine Pflicht und meine letzte Ausfüllung (…). Ich will Zeugnis ablegen bis zum letzten.« Die Zeugnisse wurden nicht entdeckt und überlebten unversehrt. Von 1945 bis 1959 entstand ein zweites Riesenkonvolut Tagebuch über Klemperers Zeit in der zweiten deutschen Diktatur zu Dresden und anderswo; beide gewaltigen Manuskripte wurden in der Landesbibliothek getreulich aufbewahrt und konnten erst in den neunziger Jahren, nach der deutschen Wende veröffentlicht werden. Sie machten den Dresdner Tagebuch-Autor, der 1960 starb, in wenigen Jahren weltberühmt.

Großer Sport in Dresden

Das Foto ist eher unscheinbar und nicht sonderlich hell belichtet. Am linken Bildrand stehen auf einem Rasenplatz sieben Fußballspieler im Trainingsdreß; der schlanke Sportler ganz vorn überragt die Kameraden um Haupteslänge; er hat eine hohe Stirn mit schütterem Haar und lächelt in die Kamera. Der Gruppe gegenüber, vier oder fünf Meter entfernt, steht ein einzelner Sportler im schwarzen Trainingsanzug mit langen Hosen, auf der Brust ein großes Wappen, das kurze Haar zurückgekämmt; er hat den angewinkelten rechten Arm leicht erhoben, dozierend oder etwas demonstrierend, das rechte Bein ist eigentümlich vorgestellt. Die Spieler hören ihm zu; den Hintergrund bildet eine ziemlich ramponierte, grasbewachsene Tribüne mit etwa fünfzehn zuschauenden Jungen.

Das unspektakuläre Foto dokumentiert Welt-Sportgeschichte. Der hochaufgeschossene Fußballer ist der 16fache deutsche Nationalspieler, Mittelstürmer des Dresdner Sportclubs (DSC), Deutscher Fußballmeister 1943 und 1944, später höchst erfolgreicher Bundestrainer: Helmut Schön, Europameister 1972, Weltmeister 1974; von den anderen Spielern im Foto erkennt man Schöns Mannschaftskameraden Dzur, Machate, Pohl und Hempel. Der Mann rechts ist der berühmteste deutsche Leichtathlet aller Zeiten, der Dresdner Weltrekordläufer über 400, 800 und 1000 Meter Rudolf Harbig, im Bild bei seiner Arbeit als Konditionstrainer der DSC-Fußballer, gefallen am 5. März 1944 als Fallschirmjäger in der Ukraine; ein einzigartiger Sportler:

Geboren am 8. November 1913 in Dresden-Wilder Mann, gelernter Stellmacher, auch Wandergeselle, später Gasableser in der Altstadt, wurde er von dem exzellenten Leichtathletik-Trainer Woldemar Gerschler entdeckt und aufgebaut, gewann bei Olympia 1936 in Berlin wegen einer Darmgrippe »nur« die Bronzemedaille in der 4x400-Meter-Staffel, wurde 1938 Europameister über 800 Meter und in derselben Staffel-Disziplin, blieb zwischen 1936 und 1940 in 47 800-Meter-Rennen ungeschlagen und erreichte 1939, kurz vor Kriegsausbruch, einen fabelhaften Doppel-Triumph: Am 15. Juli stellte er beim Länderkampf Deutschland gegen Italien in Mailand mit 1:46,6 einen großartigen Weltrekord über 800 Meter auf, der erst 16 (!) Jahre später in Oslo vom Belgier Roger Moens unterboten wurde; einen Monat später gelang Harbig in Frankfurt/Main mit 46,0 Sekunden über 400 Meter ein zweiter, neun Jahre unübertroffener Weltrekord; und schließlich stellte er im Mai 1941 im Stadion seiner Heimatstadt, das heute seinen Namen trägt, mit 2:21,5 über 1000 Meter einen weiteren Weltrekord auf. Da hatte er seinen größten sportlichen Traum, den Mehrfach-Triumph bei den Olympischen Spielen 1940, schon begraben müssen, weil diese wegen des Krieges abgesagt wurden. Er scheint, anders als Spitzenfußballer, auch vom DSC, den Fronteinsatz gewollt, eine Verschonung und Besserstellung gegenüber weniger prominenten Soldaten abgelehnt zu haben. Fotos des Ausnahme-Athleten zeigen ihn mitten im Lauf oder am Zielband als durchtrainierten, muskelstarken, relativ schlanken Mann: »Der Athlet Harbig war der Beweis, daß der eiserne Wille auch aus einem keineswegs höchstveranlagten Sportler einen ganz großen Könner zu formen vermag. In seinen Anfangsjahren wirkte er eher schwächlich und unausgeglichen. Aber eine sorgfältige Ausbildung und Steigerung aller körperlichen Fähigkeiten und eine disziplinierte Lebensweise – kein Alkohol, kein Nikotin, zweckmäßige Kost und zeitiges Schlafengehen – schufen die Grundlagen für die Leistungen, von denen die Sportwelt mit Staunen sprach.« (Günther Frank)

In der DSC-Leichtathletik-Abteilung glänzten neben Harbig vor allem zwei Frauen: Käthe Krauß (Bronze über 100 Meter bei Olympia 1936, Silber über 100 und 200 Meter zur EM 1938) und Luise Krüger (Silber 1936 und Bronze 1938 im Speerwerfen) – der Ursprung des berühmten Vereins war aber der Fußball: Im April 1898 gründeten fünf Herren den Dresdner Sportclub 1898, dessen Aufstieg zur deutschen Spitze 1903 mit dem Gewinn des Ostsächsischen Gaumeistertitels begann und 1908 mit der ersten Berufung eines Dresdners zur noch jungen Nationalmannschaft sichtbar wurde: Der Stürmer Arno Neumann stand am 20. April im deutschen Team, das in Berlin mit 1:5 gegen England verlor. Der DSC stellte von 1908 bis 1941 15 Nationalspieler mit insgesamt 62 Einsätzen: an der Spitze Richard Hofmann mit 19 (und vorher 6 für Meerane 07), Helmut Schön mit 16, Georg »Schorsch« Köhler mit 5, Torwart Willibald Kreß mit 4 (vorher 12 für Rot-Weiß

Frankfurt). Der Fußballclub fand schon früh betuchte Sponsoren, neben kleineren Betrieben zum Beispiel die Radebeuler Arzneimittelfirma Madaus, das Modehaus Esders und eine Freitaler Maschinenfabrik. Sportlicher Erfolg und materielle Verlockungen zogen viele Spieler aus Dresdner wie auswärtigen Vereinen zu den Rot-Schwarzen des DSC.

Am Aufstieg in die deutsche Spitzenklasse und zu internationalen Spielen (mit Zwischenstationen wie Sachsenmeisterschaft, Mitteldeutsche Meisterschaft und Pokalsieg) hatte der nach mancherlei Umwegen und Notlösungen gelungene Bau des bald legendären Stadions am Ostra-Gehege seinen Anteil, das am 12. Oktober 1919 mit Spielfeld, Laufbahn und Tribünen für zunächst 20 000 Zuschauer eingeweiht und danach mehrmals erweitert wurde. So sahen 1930 46 000 Fans ein Punktspiel gegen den ruhmreichen 1. FC Nürnberg und sogar 50 000 einen dramatischen 5:3 (0:3)- Sieg der Nationalelf gegen Ungarn; 1935 füllten sogar 65 000 Menschen die Arena bei einem Spiel gegen die Tschechoslowakei.

Besondere Verdienste um den Aufschwung des Dresdner Fußballs hatte zwischen 1928 und 1932 der Engländer Jimmy Hogan, genannt Meister Jimmy. Seine sehr erfolgreiche Trainer-Karriere führte ihn über Austria Wien, MTK und Vasas Budapest, Karlsruher SC, Spielvereinigung Fürth und Bayern München zu Meerane 07, wo er den jungen Hofmann entdeckte, und schließlich zum DSC. Er kooperierte eng mit Gerschler, arbeitete insbesondere an einer ausgefeilten Balltechnik seiner Spieler und ging von dem Prinzip aus, daß einem Kurzpaß ein Langpaß folgen müsse, was das Spiel schnell und für den Gegner unberechenbar mache. Einmal lud der einfallsreiche Brite sogar den gefeierten Jongleur Enrico Rastelli ein, damit er den staunenden Fußballern seine exzentrischen Ballkünste vorführte – unbedrängt! Beim folgenden Übungsspiel war er durch körperliche Attacken schnell entzaubert. Hogans Monatssalär war für damalige Verhältnisse sensationell hoch: 1500 Reichsmark; Spielern der höchsten Klasse gestanden die vom – oft unterlaufenen – Amateurstatus benebelten Funktionäre 7,50 Mark pro Match zu. Dabei gab es in England schon seit 1894 Profispieler …

Die schönsten Triumphe feiern Dresdens Meisterkicker unter dem früheren DSC-Mittelläufer Georg Köhler, Trainer und Geschäftsführer von 1936 bis 1944. Er kennt die Seinen wie kein Zweiter und hebt die Mannschaft auf die umjubelte Höhe der Größten des Landes: Nürnberg und Schalke 04. 1940 steht der DSC im Berliner Olympiastadion erstmals im Endspiel um die deutsche Meisterschaft und unterliegt den großen Schalkern mit dem knappsten aller Ergebnisse: 0:1. Ein halbes Jahr später ringen die Dresdner im Finale des deutschen Fußball-Pokals den favorisierten »Club« aus Nürnberg bei Schneematsch in der Verlängerung mit 2:1 nieder: »Neben dem Cup steht ein Pfund Kaffee, damals eine Rarität«, schreibt der Dresdner Fußball-Historiker Peter Salzmann. Am 2. November 1941, wieder im Pokal-Endspiel, wieder bei Schnee, trifft der DSC auf Schalke, und diesmal bezwingen die Hofmann und Schön, Kreß und Hempel die Szepan und Kuzorra, Klodt und Tibulski, die Erfinder und Protagonisten des sagenhaften »Schalker Kreisels«, mit 2:1. Rührend das Foto vom Verlassen des zerfurchten Rasens: In der Bildmitte der beinahe kleine »König Richard« Hofmann mit dem riesengroßen, schleifengeschmückten Siegeskranz auf den Schultern, ein ganz feines Lächeln auf den Lippen, hinter seinem Kopf der von Schön, ein paar Jungen mitten unter den Spielern, ganz vorn im Bild aber, fast riesig, die Augenlider gesenkt, doch auch lächelnd der faire Verlierer Ernst Kuzorra.

Und dann die zweifache Krönung des DSC: Am 27. Juni 1943 der erste Meistertitel mit einem klaren 3:0-Sieg über den FV Saarbrücken – beinahe noch mehr als das Mannschaftsfoto, vermutlich Tage vor dem Spiel aufgenommen, durchweg entspannte bis verhalten lächelnde Gesichter, beeindrucken zwei Bilder nach dem Sieg: das eine zeigt eine riesige Menschenmenge, die an der Südseite des Hauptbahnhofs zum Empfang ihrer Idole zusammengeströmt ist wie scheinbar im tiefsten Frieden, das andere wiederum Hofmann, nun mit Mantel, Hut, Krawatte und steifem Hemdkragen, er trägt, leicht nach hinten geneigt, die »Victoria«, zwei Schritte seitlich vor ihm eine schlanke, hochgewachsene Dame mit großem Hut, Pelzkragen, Stöckelschuhen – strahlend! Und am 18. Juni 1944 der souveräne 4:0-Sieg gegen den Luftwaffen-Sportverein Hamburg zum zweiten Meistertitel, Experten meinten, es sei das beste Spiel des DSC überhaupt gewesen, Helmut Schön erinnerte sich in seinen Memoiren: »Wir siegten in einem rassigen und schönen Endspiel« – mitten im geschundenen Berlin, immerhin vor 70 000, die so wenig wie die Spieler den ausgestreuten Gerüchten glaubten, daß die Engländer das Stadion während des Spiels bombardieren würden – undenkbar bei ihrer Liebe zum Fußball, außerdem flogen sie ja nur nachts.

Trainer Köhler verfügte über ein Reservoir erstklassiger Spieler, unter denen drei Weltklasse-Leute hervorragten: der Stürmer Richard

Hofmann, 24 Tore in 25 Länderspielen, der Torhüter Willibald Kreß, der Mittelstürmer Helmut Schön, 17 Tore in 16 Länderspielen. Hofmann, Jahrgang 1906, zeichnete sich durch eine phänomenale »Plötzlichkeit und Wucht im Schuß« (bei Schuhgröße 36!) und vollkommene Balltechnik aus. »Ein Dickkopf, der weiß, was er will. Wenn Richard einen Ball sieht, ist er nicht zu halten. Wenn er schießt, möchte ich nicht Tormann sein«, schrieb Meister Jimmy, und die Hofmann-Legende erzählt: »Noch Anfang der 50er Jahre soll er bei den Alten Herren im Stadion an der Hepkestraße im Dresdner Stadtteil Striesen das Torgebälk mit einem Gewaltschuß zu Bruch geschossen haben, Andere erzählen von einem durchschossenen Tornetz, das damals aus Draht bestand.« Hofmanns jüngerer Mitspieler Schaffer erinnert sich: »Als Spieler des DSC von 1938 bis 1944 habe ich König Richard nicht nur als Sportler und Mannschaftskameraden, sondern auch als charakterfesten, hilfsbereiten Menschen kennen- und schätzengelernt (...), im Spiel und Training war er zu Späßen nicht aufgelegt. Es war keine Seltenheit, daß das Training erst dann beendet werden konnte, wenn Richard das anschließende Übungsmatch nach drei Stunden Dauer endlich gewonnen hatte. Er war einfach vom Fußball besessen.« Spektakuläre Taten des Torjägers machten ihn erst deutschlandweit, dann international bekannt, ja berühmt: 3 Tore beim 4:0-Auftaktsieg gegen die Schweiz im Olympiaturnier 1928 Amsterdam, von sechs Toren am 23. Juli 1929 gegen Schweden nur drei zu seinem vollen Zorn anerkannt (Endstand 3:0), alle drei Tore beim sensationellen 3:3-Match gegen England am 10. Mai 1930 in Berlin von ihm erzielt – der englische Starspieler David Jack nannte ihn danach den besten Mittelstürmer der Welt. Ganz Fußball-Deutschland litt mit König Richard, als er Anfang 1930 bei einem Autounfall das rechte Ohr verloren hatte (das Kopfband mit schützender Ohrenklappe wurde zum Markenzeichen des Gefeierten). Ganz Fußball-Deutschland protestierte vergeblich, als Hofmann 1933 wegen der harmlosen, als Verstoß gegen den Amateurstatus gewerteten Teilnahme an einer Zigarettenwerbung lebenslang für die Nationalmannschaft gesperrt wurde; alle Proteste prallten an den Betonköpfen borniert Funktionäre ab. Die großen Siege seines DSC durfte Hofmann immerhin mit erringen.

Willibald Kreß, vom gleichen Jahrgang wie der Bomber der Nation, war 27 Jahre Torwart in deutschen Spitzenmannschaften: 1923 bis 1932 bei Rot-Weiß Frankfurt, 1932 bis 1945 beim DSC, 1945 bis 1950 beim

FSV Frankfurt. Er war Dresdens Schlußmann auf den höchsten Stufen des Erfolgs, ein Gentleman zwischen den Pfosten, dem man vor allem Fangsicherheit, glänzendes Stellungsspiel und eleganten Stil nachrühmte, international erfahren und hochgeachtet, mit dem Ehrennamen »Dresdner Zamora« ausgezeichnet, nach dem seinerzeit als weltbester Tormann geltenden Spanier Ricardo Zamora. Der lange, schwarzhaarige Spieler war wegen seines lockeren Auftretens und wegen seiner gelegentlichen Einlagen beliebt: Er nahm gern die damals für Torhüter obligatorische Mütze ab, »um den Ball zu köpfen – aber dann mit einer Präzision, die immer den freien Mann fand und nie leichtfertig brenzlige Situationen für seine Mitspieler heraufbeschwor«, wie ein Zeitzeuge anschaulich berichtete. Helmut Schön nannte Kreß den besten Tormann, den Deutschland je besaß. (Absurdität Nummer 1: Ein Jahr vor seinem Wechsel zum DSC setzten ihm die künftigen Gefährten in einem Spiel den Ball neunmal ins Netz!)

Schön, Jahrgang 1915, Sohn eines Kunsthändlers, nach dem Abitur als Bankkaufmann ausgebildet, wurde beim Verein »Dresdensia« von Hogan entdeckt, spielte schon mit 17 in der ersten Mannschaft des DSC und absolvierte dort 700 Spiele mit 650 Toren. Er war »ein Spieler, der ästhetische Fußballkunst zu zelebrieren verstand. Man schwärmte von seiner sauberen Technik, seinen eleganten Soli, seinen schier unerschöpflichen Manövern und intuitiven Finten, mit denen er die Gegner narrte«, so Günther Frank; und Hans Kreische (der Vater), der jahrelang mit ihm gespielt hat, rühmt: »Er liebte das Kombinationsspiel, Hauruck war nicht seine Art. Und er konnte aus 16 Metern einen plazierten Kopfball abgeben ... Mit dem ›Langen‹ habe ich mich blind verstanden, weil einer geahnt hat, was der andere macht.«

Sein Debüt in der Nationalelf unter Sepp Herberger am 21. November 1937 in Hamburg beim 5:0-Sieg über Schweden hätte brillanter nicht sein können: Er erzielte sofort zwei Tore! Der glanzvollen Spieler-Karriere, die immer auch mit strenger Disziplin den Kniebeschwerden abgerungen war, folgte nach dem Verlassen der DDR und einem Intermezzo bei Hertha BSC Schöns Aufstieg als Trainer; zunächst, vor der Weltmeisterschaft 1954, bei der Saarländischen Mannschaft, dann, über die Assistenz bei Herberger, die Arbeit als Bundestrainer von 1964 bis 1978 mit den genannten großen Erfolgen – der Mann, den Mitspieler und Gegner auf dem Feld den »Langen« und die sächsischen Fans den »Meester« nannten und den Udo Jürgens nach Schöns unvergeßlichem, das blanke Haupt schützenden, weltbekannten Utensil den »Mann mit der Mütze« taufte – dieser Mann, der zuweilen als Zauderer kritisiert wurde, war schließlich der erfolgreichste deutsche Fußballtrainer, der sogar den 1954er Weltmeister,»Chef« Herberger, noch mit einer außergewöhnlichen Bilanz übertraf: 139 Länderspiele, dabei 87 Siege, 31 Unentschieden und nur 21 Niederlagen, 292:107 Tore; zu Recht wählte ihn zur WM 1990 ein Computerprogramm zum erfolgreichsten Trainer der Welt. (Absurdität Nummer 2: Beim WM-Turnier 1974 in der Bundesrepublik schlug ausgerechnet die DDR-Elf mit den Dresdnern Hans-Jürgen Kreische und Wätzlich Schöns spätere Weltmeister im Gruppenspiel 1:0.) Den entscheidenden Hintergrund seiner Persönlichkeit aber, neben der unübertroffenen Sachkenntnis, benannten Spieler aus zwei Generationen: Franz Beckenbauer, sein Meisterschüler, würdigte die Menschlichkeit des Mannes mit der Mütze:»Wir haben vor allem immer seine menschliche, verständnisvolle Art geschätzt.« Und Hans Kreische sagte zum 100. Geburtstag des Deutschen Fußballbundes anno 2000:»Er war einer der besten Kumpels, die ich kennengelernt habe: nicht eingebildet, sondern einfach und feinfühlig, witzig und intelligent (...). So einen Menschen wie den ›Langen‹ gibt's heute nicht mehr.«

Vom Stammpersonal des DSC seien noch hervorgehoben: Torjäger Fritz Machate, der in 36 Spielen der Saison 1940/41 56 Tore schaffte, Schaffer und Kugler als effektive Flügelzange, Mittelfeldspieler Herbert Pohl, der trotz schwerer Kriegsverletzung (Armamputation) zweifacher Meister und Pokalsieger wurde, und Verteidiger Heinz Hempel, Kapitän der Siegermannschaften, der später noch gewichtig beim FC St. Pauli Hamburg wirkte. Trainer Köhler und alle Spieler wußten, daß die Vereinsspitze sich mit der Naziführung arrangierte und Generalleutnant Mehnert, Befehlshaber des Wehrkreises Dresden, die Mannschaft weitestgehend vor Fronteinsätzen schützte, ein mit Kompromissen erkauftes Überleben, das auch vielen anderen Fußball-Prominenten gelang, wie man weiß. Diese nicht unbedenklichen, aber von den Sportlern nicht verantworteten Kompromisse hatten noch eine menschliche Komponente: In schweren Kriegszeiten waren die Schaustellungen großen Fußballs für Millionen von Menschen Ablenkung, Erleichterung, vielleicht sogar Trost.

Der ruhmreiche DSC-Fußballclub, über dessen Stadion im Februar 1945 die Markierungszeichen der Bomber leuchteten, blieb nach

Kriegsende nicht bestehen; Versuche zur Neugründung waren sportlich wenig erfolgreich. Teile der Mannschaft, so auch Helmut Schön, spielten in der SG Friedrichstadt, deren vielbejubelter Siegeszug am 17. April 1950 vor 60 000 Zuschauern im Ostra-Gehege, im nunmehrigen Heinz-Steyer-Stadion, abrupt endete: Im entscheidenden Spiel um die erste DDR-Fußballmeisterschaft unterlagen die Dresdner der von SED-Generalsekretär Walter Ulbricht persönlich-politisch protegierten ZSG Horch aus dem Sachsenring-Automobilwerk Zwickau mit 1:5; es war ein Skandal-Match, in dem brutale ungeahndete Unsportlichkeiten und geplante, ja: befohlene Schiedsrichter-Parteilichkeit gegen die Dresdner eine entscheidende Rolle spielten; Tumulte empörter Zuschauer änderten am Ergebnis nichts. Unterstützt vom befreundeten Fuhrunternehmer Ignatz Bubis, dem späteren Vorsitzenden des Zentralrates der deutschen Juden, setzten sich die meisten um den Sieg gebrachten Spieler nach Westberlin ab; ein Teil von ihnen spielte zeitweilig bei Hertha BSC, später auch bei St. Pauli.

Nicht dem Namen nach, aber sportlich suchte eine Dresdner Club-Gründung in die Fuß(ball)stapfen der ruhmreichen Rot-Schwarzen zu treten. Unter dem nicht gerade glücklich gewählten Namen »Dynamo«, der aus der Sowjetunion angeflogen kam, übernahmen die neuen Dresdner, übrigens mit dem Spielort Rudolf-Harbig-Stadion, sehr bald eine DDR-Führungsrolle. Mißtrauisch beäugt von orthodoxen Polit-Funktionären, ständig gegenüber dem von Stasi-Chef Mielke schamlos bevorzugten »Schieber-Meister« BFC Dynamo (Berlin-Ost) benachteiligt, intern durchsetzt und belauert von IM-»Kollegen«, gelangte Dynamo Dresden trotzdem zu Popularität und nationalem wie internationalem Ansehen: Allein in der Ära des hoch eingeschätzten Trainers Walter Fritzsch von 1969 bis 1978 war der Club fünfmal DDR-Meister und zweimal Pokalsieger, hatte von 1967 bis 1991 98 Europacupspiele, freilich nie in einem Finale. Spieler-Namen internationalen Ranges sind zum Beispiel Hans-Jürgen »Dixie« Dörner mit 100 Länderspielen für die DDR, Hans-Jürgen Kreische (Hansi, Sohn), Klaus Sammer (Vater) und Matthias Sammer (Sohn, Weltfußballer 1996) und Ulf Kirsten – die beiden letztgenannten prominenteste Abwanderer in einem Strom von Spielern, die nach der Wende 1989 in den Westen zogen. Derweil stürzte Dynamo, obwohl als letzter DDR-Vizemeister für die Bundesliga qualifiziert und dort keineswegs von vornherein aussichtslos, in die Unterklassigkeit ab, fehlgeleitet durch sicher gutwillige, aber selbstherrlich-ehrgeizige, von den neuen Verhältnissen vollständig überforderte Funktionäre und einen westdeutschen Geldgeber, der Dynamo nur kurzzeitig half und dann im Gefängnis landete. Zur Zeit, da dieses Buch beendet wird, kämpft die wiederaufgestiegene Mannschaft um den Klassenerhalt in der 2. Bundesliga.

Selbstverständlich gab es nach 1945 auch in anderen Sportarten Hochleistungen Dresdner Athleten und Athletinnen mit zahlreichen Titeln und Medaillen bei Olympischen Spielen, bei Welt-, Europa- und Landesmeisterschaften, zum Beispiel in der Leichtathletik, beim Rudern, Schwimmen, Wasserspringen, Eisschnellaufen. Zu DDR-Zeiten brillierte da der Sportclub Einheit Dresden, ansässig im Heinz-Steyer-Stadion, nach 1989 auch ein neugegründeter DSC mit erfolgreichem Frauen-Volleyball. Dennoch fehlt der Elbmetropole sportlich nichts so sehr wie großer Fußball, wofür die Stadien allerdings wegen anhaltenden Verfalls untauglich sind.

Nach-Krieg

Unüberhörbar sind die Huldigungen und Klagen der Dichter: »Niemand lebte auf der Welt, der diese Stadt kannte und hätte sie nicht mit besonderer Liebe geliebt. Daß es diese Stadt gab, mußte jeden ein wenig glücklich machen, auch den, der fern von ihr lebte. Ihr Reichtum war unerschöpflich, man brauchte sich nur zu nehmen davon, es war immer noch mehr und mehr da« (Erhart Kästner, ehemals Bibliothekar an der Sächsischen Landesbibliothek); »Ja, Dresden war eine wunderbare Stadt. Ihr könnt es mir glauben. Und ihr müßt es mir glauben! Keiner von euch, und wenn sein Vater noch so reich wäre, kann mit der Eisenbahn hinfahren, um nachzusehen, ob ich recht habe. Sie ist, bis auf einige Reste, vom Erdboden verschwunden. Der Zweite Weltkrieg hat sie, in einer einzigen Nacht und mit einer einzigen Handbewegung, weggewischt. Jahrhunderte hatten ihre unvergleichliche Schönheit geschaffen. Ein paar Stunden genügten, um sie vom Erdboden fortzuhexen … Ich lief einen Tag lang kreuz und quer durch die Stadt, hinter meinen Erinnerungen her. Die Schule? Ausgebrannt … Das Seminar mit den grauen Internatsjahren? Eine leere Fassade … Die Dreikönigskirche, in der ich getauft und konfirmiert wurde? In deren Bäume die Stare im Herbst, von Übungsflügen erschöpft, wie schrille schwarze Wolken herabfielen? Der Turm steht wie ein Riesenbleistift im Leeren … Das Japanische Palais, in dessen Bibliotheksräumen ich als Doktorand büffelte? Zerstört … Die Frauenkirche, der alte Wunderbau, wo ich manchmal Motetten mitsang? Ein paar klägliche Mauerreste … Ich habe den Schmerz kontrolliert. Er wächst nicht mit der Anzahl der Wunden. Er erreicht seine Grenzen früher. Was dann noch an Schmerz hinzukommen will, löst sich nicht mehr in Empfindung auf. Es ist, als fiele das Herz in eine tiefe Ohnmacht« (Erich Kästner); »Wer das Weinen verlernt hat, der lernt es wieder beim Untergang Dresdens. Dieser heitere Morgenstern der Jugend hat bisher der Welt geleuchtet. Ich weiß, daß in England und Amerika gute Geister genug vorhanden sind, denen das göttliche Licht der Sixtinischen Madonna nicht fremd war und die, vom Erlöschen des Sternes allertiefst schmerzlich getroffen, weinen. Und ich habe den Untergang Dresdens persönlich erlebt. Wenn ich das Wort ›erlebt‹ einfüge, so ist mir das jetzt noch wie ein Wunder. Ich nehme mich nicht wichtig genug, um zu glauben, das Fatum habe mir dieses Entsetzen gerade an dieser Stelle, in dem fast liebsten Teil meiner Welt ausdrücklich vorbehalten ... Ich weine. Man stoße sich nicht an dem Wort weinen; die größten Helden des Altertums haben sich seiner nicht geschämt« (der fast dreiundachtzigjährige Gerhart Hauptmann, der in der Nachbarstadt Radebeul zu Zeiten fast zu Hause war und das Inferno vom Weißen Hirsch aus verfolgte); »Wenn du durch Dresden gehst, weinst du nicht, und das Herz blutet dir nicht, denn es wird dir zu Stein in der Brust ... Und doch muß ich dir sagen: hab keine Sorge, wiederzukommen. Vielleicht kannst du's nicht glauben, aber die Stadt ist immer noch stark und großartig in ihrem Ruin« (Erhart Kästner).

Dies alles belegen, freilich in vorwiegend entsetzlicher Bilderwucht, Fotobücher wie der Sammelband »... oder Dresden« und »Eine Kamera klagt an« von Richard Peter. Die gemeinte Stärke und Großartigkeit erwächst wohl auch aus der Tatsache, daß glücklicherweise um das Ruinenterrain herum Teile der verheerten Stadt überlebten, zum Beispiel in Laubegast, in Wachwitz, im äußeren Dresdner Westen, in Klemperers Dölzschen und in Arealen der Neustadt. Untergegangen, ruiniert im wortwörtlichen Sinne waren, bis auf Reste, jene Bezirke, die den jahrhundertealten Weltruhm Dresdens ausmachten, das Gesamtkunstwerk also und angrenzende Gebiete wie die furchtbar zugerichtete Johannstadt. Vernichtet waren 15 Quadratkilometer Stadt-Raum, aufgehäuft ungeheuerliche Trümmermassen: »Die Trümmermenge des alten Dresden betrug nach Schätzungen 15 000 000 – 20 000 000 Kubikmeter, von denen etwa 5 000 000 als Schutt zu beseitigen waren (...). Auf jeden Einwohner entfielen zwischen 32 und 40 Kubikmeter Trümmer, ein Verhältnis, das wesentlich über jenen von Frankfurt/Main (21,65 Kubikmeter) und Berlin (16 Kubikmeter) lag. Die Stadt glich einer Wüste, resümiert Matthias Lerm in seinem Standard-Werk »Abschied vom alten Dresden«.

Die Nachkriegs-Aufgabe war also gewaltig. Nach ersten Anfängen 1945 wie den erwähnten Sicherungsmaßnahmen im Zwinger steigerten sich Uneinigkeiten über den einzuschlagenden Weg zur Heilung der Kriegswunden sehr bald zu einem erbitterten fundamentalen Streit, ja: zu einer Art Nach-Krieg, einem Krieg nach dem Kriege, ausgelöst und angeheizt von der neuen Stadt-Herrschaft, mit regelrechten Feinden im eigenen Lande, zu einer »Polarisierung in zwei unversöhnliche Lager, die angesichts der Kriegszerstörung für Wieder- beziehungsweise Neuaufbau plädierten.«

Die Befürworter des Wiederaufbaus verlangten, daß so viel wie nur irgend möglich vom schwer getroffenen, ruinösen, aber nicht in Schutt und Asche aufgelösten alten Dresden so sorgsam wie möglich gesichert, gerettet und wiederhergestellt werde – in Konwiarz', von Lerm zitierten Worten: Man müsse behutsam vorgehen »und sich hüten, den historisch gewachsenen Organismus so zu amputieren, daß nur noch ein seelenloser Altstadtrest übrigbleibt. Der Wert der Individualität der Dresdner Altstadt als städebauliches Kunstwerk kann trotz der Zerstörungen kaum hoch genug eingeschätzt werden.« Warnrufe wie diese wurden von den Verfechtern eines radikalen Neuaufbaus, die nach 1945 die Macht in Staat und Stadt übernahmen, gar nicht oder nur scheinbar gehört, weil »es den verantwortlichen Politikern und Stadtplanern beim Wiederaufbau des Dresdner Stadtzentrums von Anfang an nicht um die vielzitierte ›Bewahrung und Pflege des kulturellen Erbes‹ ging, sondern vorrangig um die Manifestation des Machtanspruchs der SED durch ein den baulichen Traditionen der Stadt mehr und mehr zuwiderlaufendes großräumiges Neubaukonzept. Die ruinösen, doch wiederaufbaufähigen Baudenkmale wurden daher nicht allein aus engstirnigen ökonomischen Erwägungen, sondern vorrangig aus ideologischen Gründen abgetragen«, mit dem Ergebnis von »unwiederbringlichen Verlusten an historischer Bausubstanz nach 1945 durch eilfertige Trümmerberäumung und durch eine die kulturellen und baukünstlerischen Traditionen des Ortes ignorierende Stadtplanung« (Thomas Topfstedt, bei Lerm). Das ideologische Banner dieser neuerlichen Verheerung Dresdens war das angebliche Interesse der angeblich herrschenden Arbeiterklasse, deren Repräsentanz und Sachwalterschaft sich die neue Staatspartei anmaßte.

Der Konflikt zwischen Wiederaufbau der berühmten historischen Stadt und einem Neuaufbau auf dem – womöglich total – enttrümmerten und beräumten Terrain entsprach konträren Grundstimmungen in der Bevölkerung: Einerseits gab es von Kriegsende an zahlreiche Bekenntnisse und rettende Aktionen zur Bewahrung der Altstadt; andererseits lag vielen Dresdnern die Linderung der eigenen Nöte näher als die Wiedererrichtung der ruhmreichen Bauten: »Die Haltung der Bevölkerung«, registriert Lerm gerechterweise, »war ambivalent, mußten sich doch – fünf Jahre nach den verheerenden Luftangriffen – zahlreiche Ausgebombte noch immer mit ›nicht zumutbaren Wohnungen in Notunterkünften, Barackenanlagen und verfallenen Gebäuden‹ begnügen.« So hatte auch der damalige Leiter des Stadtplanungsamtes, Herbert Conert, in seinem 1945er Aufbauplan Dresden zwar als Stadt der Kunst und Kultur zukunftsweisend definiert, als dringendste Aufgabe aber die Wiederherstellung von 7000 mittelschwer beschädigten Wohnungen angesetzt.

Zweifellos hatten in der Auseinandersetzung zwischen Wiederaufbau und Neuaufbau die Planung und Ausführung der möglichst totalen Enttrümmerung der innerstädtischen Ruinenwüste etwas gleichermaßen Verlockendes und Niederschmetterndes. Verlockend waren die ruinenfrei geräumten Flächen insofern, als sie den heimgesuchten Einwohnern Angebote für neu zu bauende Wohnungen suggerierten; niederschmetternd aber, weil die Freiflächen eine Leere anboten, die nicht weniger gespenstisch schien als die Ruinenwüstenei.

Nichtsdestoweniger hatte die Enttrümmerung als Werkzeug der Altstadtgegner und einer ideologisch diktierten Nach-Kriegsführung eine eigene Wucht und Wirkung, die die schrecklichen Kubikmeter-Millionen zu bewältigen schienen und, systematisch betrieben, Baustoffe für die »neue Stadt« bereitstellten, was in Nachkriegs-Mangelzeiten unleugbar nutzbringend war: »Die Enttrümmerung entwickelte bald eine unvorstellbare Eigendynamik, die alles gefährdete, was ihr im Wege stand. Wo Gleise gelegt waren, wurde angestrebt, alle Gebäuderuinen zu entfernen, um die Trümmerbahn richtig auszulasten und eine vollständige Enttrümmerung zu erreichen. Dadurch kam beispielsweise 1949 sogar die Ruine der Frauenkirche in Gefahr. Besonders kulturhistorisch wertvollen Gebäuden gegenüber verhielten sich die Verantwortlichen ignorant.« (Lerm)

Die eigentliche Schärfe des Kampfes im Nach-Krieg entbrannte mit dem Verlangen der neuen Herrscher Dresdens nach einer sozialistischen Stadt und Architektur. Diese Forderung wurde endgültig mit der Verkündigung von »Grundsätzen des Städtebaus der Deutschen Demokratischen Republik« 1950 erhoben. Letztmalig, urteilt Lerm, habe man damals die Rolle Dresdens als Kunst- und Kulturstadt unterstrichen, bevor das Leitbild einer »Stadt der sozialistischen Industrie« bestimmend geworden sei; gleichzeitig habe das Aufbaugesetz das gesellschaftliche Verfügungsrecht über Grund und Boden und damit die Enteignung des Besitzes in den zerstörten Stadtgebieten gesichert. Anders gesagt: Der Bodensozialismus sollte die Basis für den Bau- und Stadtplanungssozialismus schaffen, nämlich die Industrialisierung des gesamten Bauwesens; zehn Jahre später wird die SED-Bezirksleitung deklarieren, daß die sozialistische Großstadt Dresden sich durch ständige Planerfüllung der Industriebetriebe auszuzeichnen habe, die sozialistischen Großbetriebe also »zu wirklichen Festungen der Arbeiterklasse in der Stadt werden« müßten – die Militärvokabel spricht für sich!

Schon früh hat sich bei den Planern des sozialistischen Dresden, bei Politikern wie Architekten, die Gewißheit festgesetzt, daß sich auch das Aussehen, die Physiognomie der Stadt verändern und möglichst viel von den Überresten der verhaßten Kunst- und Kulturstadt verschwinden müsse. Die »neue Stadt« sollte sich an drei markanten Bau-Phänomenen kenntlich machen: an einer gewaltigen, überbreiten Magistrale für die riesigen Auf- und Vorbeimärsche in der sozialistischen Zukunfts-Metropole; an einem ebenso mächtigen Platz, wo die magistralen Ströme zum Zwecke der Kundgebung zusammenzufließen hätten; und, zentral, an einem alles überragenden Hochhaus der sozialistischen Kultur mit zwingend notwendiger Turm-Krönung, wovon es bald mehrere spektakuläre Entwürfe gab.

Am schnellsten gefunden war mit der breit ausgebauten früheren Wilsdruffer, dann Ernst-Thälmann-Straße die Magistrale, die entsprechend genutzt wurde und sogar eine feste Tribüne bekommen sollte. Für den Aufmarschplatz fiel keine endgültige Entscheidung; der Altmarkt war favorisiert, der Theaterplatz zeitweilig nicht verschont – so kam bei 120 000 Teilnehmern einmal der absurde Vorschlag auf, man solle das Reiterstandbild König Johanns durch einen – »Traktor als Zeichen unserer Zeit« ersetzen. Aber abgesehen von diesem Schwachsinn: »Die Pläne zur Anlage des Demonstrationsplatzes hätten dem Theaterplatz unweigerlich eine sozialistische Umgestaltung eingebracht«, so Lerm – der Galerie Alte Meister, der Semperoper, der Schinkelwache und Teilen des Schlosses drohte der Abriß! Diese Pläne wurden aufgegeben, »zum Glück für diesen einzigen, auch nach dem Inferno nicht unrettbar verlorenen Dresdner Platz von Weltbedeutung«. (Daß der Terminus »Demonstration« für die Aufmärsche der DDR-Zeiten wegen der weitgehenden Unfreiwilligkeit der Teilnahme nicht paßt, ist klar.)

Das spektakulärste und gegenüber der Kunst- und Kulturstadt aggressivste Bauprojekt, das Hochhaus mit Turm, scheiterte völlig, obwohl das Regime, allen voran der diktatorische Oberbürgermeister Walter Weidauer, die Kritiker des Hochbauplanes ideologisch fertig machte: »Der Kampf der Reaktion gegen unseren Plan, am Altmarkt das Hochhaus zu errichten, ist nichts anderes als der Versuch, die Manifestierung unserer neuen Gesellschaftsordnung im Stadtkern zu verhindern«, wurde das Stadtoberhaupt am 26. November 1953 in der Tagespresse zitiert. Und obwohl Genosse Ulbricht höchstpersönlich an der Diskussion um vorgeschlagene Modelle mitwirkte und Werner Krolikowski, 1. Sekretär der SED-Bezirksleitung Dresden, einen an sich gelobten und sodann mit der Vorplanung betrauten Entwurf des »Weimarer Kollektivs« um Professor Engelberger selbstgefällig-anspornend rügte, dessen Vorschlag werde »den alten Dominanten in Dresden noch nicht gefährlich genug«, verschwand das hybride Unternehmen bald in einer triumphlosen Versenkung, auch wegen ausufernder Kosten, wegen der eher abschreckenden Forderung nach einer Höhendominante, die Dresdens Wiederaufbau erheischende historische Türme ihrerseits »versenken« sollte, und wegen des Vordringens einer – letztes Endes westlichen – modernen Architektur. Statt des hohen Turmes entstand am Altmarkt schließlich ein »flachgelagerter Baukörper« mit viel Glas, der zwar auch nicht zum hinter ihm liegenden Gesamtkunstwerk paßt, aber keine zerschmetternde Höhendimension, sondern bloß eine häßliche Rückseite aufweist, der Kulturpalast.

»Und wer hatte die Kraft, sich den Mechanismen der Macht zu widersetzen?« fragt Matthias Lerm nicht ohne sympathisches Pathos. Es waren in erster Linie die Denkmalpfleger im weitesten Sinne von Wort und Begriff, also auch Wissenschaftler der TU, Architekten, Kunsthistoriker und, wie schon erwähnt, Teile der wachen Bevölkerung. Die Verantwortung für Bauten in Staatsbesitz lagen bei der Hochbauverwaltung, für städtische Gebäude beim Amt für Bau- und Denkmalpflege. »Wertvolle Ruinen in Privatbesitz ignorierte man gänzlich und gab sie dem Verfall preis. Arbeiten an Gebäuden der Kirche mußten von dieser finanziert werden« – ein fast unlösbares Problem bei 27 zerbombten Kirchen, dabei sämtliche der Altstadt (Ursula Wicklein: »Dresden und seine Kirchen«).

Die gesamte Aufgabe von Denkmalschutz und Wiederaufbau war schon wegen der ungeheuren Zerstörungen übermenschlich groß: »Von den rund 700 Gebäuden der Altstadt, deren Mehrzahl unter Denkmalschutz stand, wurden rund 550 total vernichtet und 150 schwerst beschädigt.« Das Ausmaß des Infernos (und die dargestellten Pläne und Aktionen für die sozialistische Stadt!) verhinderten alle Bemühungen, den alten Stadtgrundriß als Ganzes zu retten; statt dessen führten die Verteidiger der Denkmale einen Kampf um buchstäblich jedes Gebäude, das sie für bewahrenswert hielten. Im Verlaufe des Nach-Kriegs entstand daher eine ganze Serie von Listen zu erhaltender Denkmale, deren Zahl von den Feinden des Wiederaufbaus immer wieder zusammengestrichen, von den Denkmalschützern aber, denen häufig wirkliche Mitsprache und rechtzeitige Information verweigert wurden, immer neu aufgelegt wurde. Dabei versuchten sie mit manchem Erfolg, »wertvolle historische Substanz durch das Finden von Nutzungen in das neue Dresden zu integrieren und damit vor dem Abriß zu bewahren«, und sei es als Kartoffelkeller. Aus einer Liste von 1948 mit 26 Bauten, die später bestimmt wiederaufgebaut werden sollten, zählt Lerm eine stolze Reihe auf: Zwinger, Gemäldegalerie, Taschenbergpalais, Schinkelwache, Katholische Hofkirche, Residenzschloß mit Georgentor und Johanneum, Albertinum, Oper einschließlich Theaterplatz, Landtagsgebäude, Kurländer Palais, Landhaus, Japanisches Palais. Sie sind alle, wenn auch einige nicht in absolut detailgetreuem Nachbau, gerettet worden; nur das Kurländer Palais ist, bei Niederschrift dieses Berichts, noch Ruine. Man könnte es als Mahnmal stehenlassen.

Aus der Vielzahl von Verteidigern abrißgefährdeter historischer Bauwerke stehen hier repräsentativ der Kunsthistoriker Fritz Löffler (1899–1988) und der ehemalige Leiter des Landesamtes für Denkmalpflege Hans Nadler. Löfflers Ansehen gründet einerseits auf seinem 1955 erstmals erschienenen Hauptwerk »Das alte Dresden – Geschichte seiner Bauten«, das zu einer Art Kultbuch Dresdner Stadtökologie gegen feindselige Bedrohungen aufstieg, andererseits auf seinem vieljährigen legendären Kampf gegen Weidauer – das war ein Zweikampf von Erzfeinden, dessen wichtigste Phase (1957/58) Hans-Peter Lühr, der Redakteur der »Dresdner Hefte«, dokumentiert hat: »Der eine hat als Kunsthistoriker seine Lebensarbeit daran gesetzt, die schwer lädierte Kultur einer zerstörten Stadt zu retten und ihre Neuentwicklung helfend zu begleiten, dem anderen fällt als Oberbürgermeister der traurige

Ruhm zu, für die dritte ›Zerstörung Dresdens‹ verantwortlich zu sein und das SED-Dogma in Reinform zu verkörpern.« Dabei steht der Kunsthistoriker gegenüber dem lokalen Machthaber stets als der Bedrohte da, der gegen Weidauers Programm recht hat, aber machtlos ist. »Nicht alles war schön und gut, was vernichtet wurde«, verkündete der Funktionär schon 1946. »Im Gegenteil, ein großer Teil darf in seinen alten Formen nie wieder erstehen. Was nützt dem Menschen die Tradition, wenn er dadurch in eine Zwangsjacke gesteckt wird, wenn er unbequem wohnt und den Krankheiten Vorschub leistet. Besser wohnen wollen wir, schöner und freier soll unser Leben sich gestalten. Keine Paläste für die Reichen und Hütten für die Armen, sondern Demokratie im Wohnungsbau. Je besser und zweckmäßiger der Mensch wohnt, um so größer seine Leistungsfähigkeit. Nicht eine Residenzstadt mit ihrem stark parasitären Einschlag, sondern eine Stadt der Arbeit, der Kultur, des Wohlstands für alle muß Dresden werden.« Die politisch-bauorganisatorische Praxis hinter den wohltönenden Worten sah dann eben so aus, daß einzig die Spitzenfunktionäre der SED bestimmten, was Schönheit, Freiheit, Demokratie, Kultur in Städtebau und Wohnen waren und daß fast alles, was in der Vergangenheit aufgerichtet und in Bombenhagel und Feuersturm vernichtet worden war, vernichtet bleiben sollte. Wer, wie Löffler, gegen diesen Stachel löckte, wurde attackiert, diffamiert, verleumdet und zum Feind der vorgeblich neuen, besseren Ordnung erklärt: Löffler führe »um westlicher Silberlinge« verleumderische Angriffe gegen die fortschrittlichen Menschen der Stadt Dresden; Löffler sei »einer von denen, welche radikal alles der Arbeiterklasse verweigern möchten« (Weidauer); mit aller Entschiedenheit müsse die Meinung aller Löfflers zurückgewiesen werden, forderte der Leiter der Technischen Werkstätten Knaute.

Hans Nadler, immerhin Inhaber eines verantwortungsvollen Amtes, wie auch seine Kollegen und Mitarbeiter waren bis hoch in die sechziger Jahre nicht weniger aufreibenden Kämpfen, Drangsalierungen, Verdächtigungen, illegalen Aktionen und geradezu systematischem Informationsmangel seitens der Abriß-Fanatiker ausgesetzt. An vielen bedrohten Denkmalsorten versuchten sie abzuwenden, zu mildern, aufzuschieben, zu umgehen, zu alarmieren − sie waren Niederlagen gewohnt, wurden ausgetrickst, über- und hintergangen, irregeführt und schikaniert, mußten klug, besonnen, auch kompromißbereit, manchmal der Selbstverleugnung nahe agieren und sich dabei möglichst wenige

Blößen geben in einer Epoche, die Nadler einmal als »Zeit der Mündlichkeit aus Vorsicht« charakterisierte. Weidauer hetzte dem Landesamt einmal drei »Tiefenkontrollen« auf den Hals: »Während der dreiwöchigen Aktionen wurde der gesamte Aktenbestand auf ›konspiratives Schrifttum‹ durchsucht. Ziel war, einen Vorwand für die Auflösung des Amtes und zur direkten Unterstellung unter die Stadt zu erreichen.« Man könnte diese Epoche wohl auch als »Zeit der vorsichtigen Unbeugsamkeit« auffassen, einer Haltung, die bei vielen Niederlagen noch Schlimmeres: den totalen Enttrümmerungs-Kahlschlag verhinderte. Denn zusammen mit Teilen der leidenschaftlich und unüberhörbar am Rettungswerk mitwirkenden Dresdner Bevölkerung gelang es, »daß letzten Endes die Entscheidungen wenigstens für die bedeutendsten Denkmale im Sinne der Bewahrung und Integration dieser stadtbildprägenden Monumente des alten Dresden in die neue Stadt erfolgten«, wie es Hans Nadler beinahe umständlich, gewollt zögerlich, latent einschränkend formuliert hat. Er meint mit »bedeutendsten Denkmalen« die Kernzone des Gesamtkunstwerks Innenstadt und läßt in der absichtlich gewundenen Ausdrucksweise durchschimmern, daß »letzten Endes« und erfreulicherweise offenbar einzelne historische Bauten überhaupt nie von Abrißplänen bedroht waren, zum Beispiel die Hofkirche/Kathedrale und das Neue Rathaus.

Die Sicherung und der Wiederaufbau des einzigartigen Ensembles stadtbildprägender Monumente wurden auch durch ein gewisses temporäres Zurückweichen der staatlichen und städtischen Autoritäten vor dem Widerstand gegen den Abrißwahn und durch eine gewisse Preisgabe des Phantoms der sozialistischen Stadt möglich. Mehrmals waren schon aus Berlin rügende Aufforderungen an die Dresdner Genossen gelangt, sich stärker um Denkmalerhaltung zu bemühen, so 1957 vom Beirat für das Bauwesen beim Ministerrat, unter Hinweis auf Bautzener und Görlitzer Eigeninitiativen! Mehrfach wurden auch Wiederaufbaukonzepte vor Ort wie auf höchster Ebene proklamiert – und hinterrücks unterlaufen und negiert. So wurde 1953, »offenbar unter dem wachsenden Druck der Öffentlichkeit und aus der Erkenntnis heraus, daß aus dem alten Dresden imternational Kapital und Ansehen gewonnen werden könnte (…) – nach den bereits vollzogenen Abrissen des größten Teils der Ruinen kunsthistorisch wertvoller Gebäude – nun plötzlich deren Erhalt betont«. Genannt wurden zur Rekonstruktion weiterer solcher Bauten, zu der Weidauer »jede nur mögliche Unterstützung« versprach, die Frauenkirche, die Rampische Straße, der Theaterplatz mit den anliegenden historischen Gebäuden und der Neustädter Markt.

Ungeachtet solcher Ankündigungen fielen in den Jahren danach zum Beispiel der weitgehend erhaltene Turm der Johanneskirche an der Kreuzung Pillnitzer/Güntzstraße, Sempers Villa Rosa, Antons an der Elbe, die Reformierte Kirche und Teile des Wackerbarthpalais. 1958 verkündete eine Politbürovorlage (!) zwar, daß die wichtigsten Bauten am Neumarkt, auf der Brühlschen Terrasse, am Theaterplatz wiederaufgebaut oder als Ruinen erhalten bleiben sollten, die Rekonstruktion historischer Gebäude sei nämlich »zur Erreichung einer optischen Geschlossenheit des Zentrums« und für die aus der Sowjetunion heimgeführten Kunstschätze nötig. Im gleichen Kontext wurde aber energisch der Abriß der Sophienkirche zwecks Gestaltung des Postplatzes gefordert, der Wiederaufbau der Frauenkirche war schlicht »nicht vorgesehen«, die Diskussion um ein Mahnmal aber noch nicht abgeschlossen.

Die Fülle der Abrisse, die, anders als die Bombardements, ohne massenhafte Menschenopfer, aber ansonsten ähnlich wie Luftangriffe Stadtbild und Physiognomie Dresdens weit- und tiefwirkend veränderten, verzerrten, verödeten und bei denen Ungesetzlichkeiten, ungeahndete strafbare Handlungen, Wortbrüche gegenüber den Hütern der historischen Ruinen, rabiat schnelle Exekutionen kaum erteilter Befehle, dreiste Kompetenzüberschreitungen, unsachgemäße und vom Plan abweichende gefährliche Sprengungen an der Tagesordnung waren – diese Fülle kann, mit Blicken auf Täter und Opfer, in dieser Erzählung nur als Enumeration eine Reihe von Einzelbauten und der etwas ausführlicheren Präsentation eines schlimmen Paradigma-Falles dargestellt werden.

Abgerissen und teilweise gesprengt wurden unter anderem der Ausstellungspalast am Großen Garten, das Altstädter Rathaus am Altmarkt, das Neustädter Rathaus, das Alberttheater, das Reiterdenkmal König Alberts beim Ständehaus, die Torhäuser im Großen Garten und an der Leipziger Straße, das Körnerhaus und die Kleine Meißner Gasse, die Barockhäuser Rampische Straße 17–33 (mit üblen Tricks und gegen heftigen Protest und Widerstand), die Große Meißner Gasse (unter ähnlich schlimmen Umständen und Anstalten), die Villa Kap-herr, das berühmte Sempersche Oppenheimpalais, das Wackerbarthpalais, die Jakobikirche, die Amerikanische Kirche, die Erlöserkirche und die Sophienkirche.

»Der ›Fall Sophienkirche‹ verdeutlicht, wie verheerend sich Dummheit und Arroganz der Macht auf unwiederbringliche bauliche Zeugen der Vergangenheit auswirkten«, kommentiert Lerm den hier gewählten beispielhaften Fall der Abrißwut trotz starken Einspruchs und Protestes. Die Sophienkirche am Ostrand des Postplatzes wurde 1945 schwer getroffen und danach zu einem Symbol-Bauwerk im Nach-Krieg, auch durch die penetrante Feindseligkeit, mit der Ulbricht »das Ding« durch Zugriffe am Stadtmodell und arrogante Roheiten aus der Auto-Perspektive geradezu verfolgte, genauso aber durch ihre filigrane, verfallbedrohte Gebrechlichkeit. Der Zustand der Ruine verschlechterte sich im Winter 1945/46 mit dem Einsturz der Gewölbe rapide; spätestens seit 1949 zweifelte auch das Evangelisch-Lutherische Landeskirchenamt an der Erhaltbarkeit und gestattete die Verlagerung noch vorhandener Kunstschätze an sichere Orte (so gelangten 1950 die Wettiner-Särge aus der Krypta in den Freiberger Dom); der eine noch stehende Turmhelm wurde gesprengt. 1951 konnte Nadler die totale Enttrümmerung der Kirche dank seiner Darlegung ihres kunsthistorischen Ranges als das älteste Zeugnis Dresdner Baukunst noch verhindern. Im weiteren Verlauf des von vielen Gläubigen unterstützten Kampfes für den Wiederaufbau des Bauwerks, das die Denkmalpflege wegen seines Charakters einer zweischiffigen, mit zwei Ostchören ausgestatteten Hallenkirche eindrucksvoll als »einen Sonderfall der europäischen Baugeschichte« darstellte, geriet die Landeskirche in eine nahezu verzweifelte Zwangslage wegen der für sie nicht tragbaren hohen Kosten eines Wiederaufbaus – nach langem Ringen mit Appellen an Grotewohl und Dieckmann bei gleichzeitig verstärktem Druck der von Ulbricht gedeckten Dresdner SED-Führung, nach mehrmaligem Aufschub des Endes bei anhaltenden Protesten, auch von der Fakultät Bauwesen der TU, nach der die SED-Spitzen der Stadt irritierenden und weiteren Aufschub bewirkenden Verleihung des Nationalpreises an Nadler zog sich das Unheil des Abrisses der Kirche dennoch immer drohender zusammen: Schon am 30. März 1960 hatte der amtierende Oberbürgermeister verlauten lassen, daß Ulbricht, mittlerweile Staatsratsvorsitzender, sich verwundert hatte, weil die Ruine noch nicht verschwunden sei. Im Dezember 1962 begann der Abriß mit Seilwinden, Ende April 1963 wurde die Vernichtung mit dem Abriß der restlichen Nordwand vollendet. Weitere Kunstschätze, wie »Glocken, Epitaphe, Fenstergewände, Konsolfiguren und Paramente«, konnten »in Kirchen, Tresoren, Kellern und Magazinen von Freiberg bis Dresden« deponiert werden. Übrig blieben entlarvende Fotos: Ulbricht, der die ihm verhaßte Sophienkirche eigenhändig von ihrem Platz im Stadtmodell entfernt hat.

Jenseits des Nach-Kriegs um den getreuen Nachbau der alten Stadt suchten Dresdens Politik, Verwaltung, Wirtschaft und Einwohnerschaft nach Wegen aus der Wohnungsnot. Es entstanden Bauten, die neue Züge ins Antlitz von Elbflorenz zeichneten. Durch die Industrialisierung des Bauwesens einschließlich der Schaffung einer eigenen Grundstoffindustrie sollten die zerstörten und angeschlagenen Territorien planmäßig neu aufgebaut werden, wobei Planerfüllung und der DDR-typische Materialmangel einander oft im Wege standen und ideologische Borniertheit der häufig effektiveren privaten Bauwirtschaft die Aufträge und damit den Boden unter den Füßen wegzog. Begreiflicherweise konnten die vielen tausend benötigten Wohnungen nur in Großbaublocks produziert werden; ob deren architektonische, das Stadtbild mitprägende Außengestalt derart monoton und farblos ausgeführt werden mußte wie zum Beispiel in den Massensiedlungen von Johannstadt, Prohlis und Gorbitz, bleibe dahingestellt. Auf jeden Fall nahm die Öde der Fassaden mit der politisch forcierten, bald in allen DDR-Städten regierenden Plattenbauweise noch zu, erst recht durch die Abnutzung über die Jahre.

In manchen Massen-Wohnvierteln blühte auch die Hochhaus-Euphorie, in der sich, wie Lerm interpretiert, das Lebensgefühl der sechziger Jahre ausgedrückt habe. Belegbauten stehen zum Beispiel in Räcknitz, Gruna, am Pirnaischen Platz, an der Grunaer und der heutigen St. Petersburger Straße. Da und dort haben auch zwei voneinander unabhängige Vorgänge das Aussehen von Sachsens Hauptstadt geprägt: Einerseits der wachsende Autoverkehr mit den unvermeidlichen Straßenbauten, andererseits der unaufhaltsame Verfall vieler in Privatbesitz befindlicher Altbau-Wohnhäuser, verursacht durch den bekannten ideologischen Starrsinn, der mit endlosen Schikanen, Beschränkungen und Belastungen der Eigentümer, die ihre Häuser nicht erneuern oder nicht einmal mehr halten konnten, Hunderte von Ruinen ohne Bombardement und Enttrümmerung produzierte; manche stehen heute noch leer und angefressen, stumm klagend mit leeren Fensterhöhlen und kaputten Dächern.

Zwischen allen Stühlen: Victor Klemperer II

»Am späteren Nachmittag stiegen wir nach Dölzschen hinauf.« Mit diesem Eintrag vom 10. Juni 1945 schließt Victor Klemperers gigantisches, größtenteils Dresdner Tagebuch der Nazizeit. Am 17. Juni beginnt der Chronist sein zweites diaristisches, bis zum 29. Oktober 1959, wenige Monate vor seinem Tod reichendes Riesenwerk, das ebenfalls Epochengeschichte erzählt. Es beginnt mit der Rückkehr ins eigene Haus: »Ein noch immer unbeschreibliches Gefühl, noch immer wie ein Wachtraum, wir leben seitdem in einer Märchenwelt (...). Umschichtig schwimme ich in erstaunter Seligkeit, in skeptischer Verwunderung über diesen vollkommenen Märchenumschlag unseres Schicksals (...), als Ganzes steht das Haus unversehrt.« Evas Glück übertrifft das seine: »E., die anders diesem Hause verbunden ist als ich (und deren ständige Beglücktheit vom Morgen bis zum Abend, deren geradezu stündliches Aufblühen mir das grösste Glück in dieser ganzen Angelegenheit bedeutet), E. sagte, wir würden uns um niemanden kümmern und ganz eingesponnen in unserm Garten leben.« Dieser aber »ist ein fruchtbarer Urwald geworden, all die winzigen Bäumchen von damals sind nun große Stämme, die sich gegenseitig beengen. Clou des Ganzen, schönster Schmuck und sozusagen unsere Devisen sind neun Kirschbäume, die unbeschreiblich übervoll mit Früchten hängen« und Freunde wie Nachbarn speisen. Eva »hat für nichts, buchstäblich für nichts anderes Sinn, als für den Garten. Pereat mundus, fiat hortus.« Und Victor selber bekennt fast hedonistisch »die ganz gemeine Genußsucht. Noch einmal gut essen, gut trinken, gut Autofahren, gut am Meer sein, gut im Kino sitzen (...). Kein Zwanzigjähriger kann halb so lebenshungrig sein.« Er wird später auch Evas Baupläne für das Haus einschließlich der Kosten billigen und fördern, denn er weiß: »E. erfüllt von Um- und Anbauplänen; ich glaube: in ihrem Esse« (sein Wort für Element, Identität, Lebensziel).

Das eingesponnene Leben im Garten findet freilich nicht statt: Ein

Strom von Leuten besucht die der Vorhölle Entronnenen und lädt sie ein: Freunde, Bekannte, Nachbarn, Gemeindeangestellte bringen Kleidung, Schuhwerk, Lebensmittel, Rauchwaren, echten Kaffee und versprechen Hilfe bei der Renovierung des Hauses, beim Abbau des dort errichteten Kaufladens und Bunkers:»Diese Hilfsbereitschaft«, notiert der überraschte Chronist am 20. Juni,»dieses durchaus Schenken-, Erfreuen-, Wiedergutmachen-wollen hielt und hält noch an, und vieles davon scheint wirklich aus gutem Herzen und Rechtsgefühl zu kommen.« Es gibt auch Besuche von anderen jüdischen Überlebenden, so von Dr. Katz, nun»der Sklave seiner Befreier« und»Vertrauensarzt und Obergutachter aller antifaschistischen Verbände«. Und es gibt schließlich die wunderbare Gewißheit, daß alle seine Manuskripte und Aufzeichnungen bei Annemarie Köhler (später: Dressel) erhalten und verfügbar sind! Übrigens steht der Diarist beim Wiederlesen und Weiterplanen zunächst ratlos vor dem Gebirge seines Tagebuch-Textes:»Welche Unsumme von Arbeit! Ich muss ordnen, ich muss überlegen, wohinein ich mich kniee (…), bin zugleich bedrückt und glücklich.« Und kurz darauf: Er stehe»der Übermasse« seiner Tagebücher so hilflos gegenüber, daß er sich gar nicht entschließen könne,»in alter Breite fortzufahren«. Genau das aber wird er tun, stillschweigend, kommentarlos, dem schon viele Jahre erprobten Schreibprogramm folgend.

Die Euphorien verflogen rasch: Es war Frieden in Dresden und überall, aber die Nachkriegslasten der Besiegten waren erdrückend – schwere Nahrungsknappheiten auf Jahre hinaus, zeitweilig außer Brot fast nichts, drohender Hunger, schlimme Stimmung selbst bei treuen KPD-Leuten über bessere Versorgung in den Westzonen, Geldmangel, Kohlenmangel, Stromausfälle, die Trümmerfelder,»die erschütternden Wege durch absolute (…) Zerstörung«, Verkehrsmittel sporadisch, also endlose Wanderungen»durch ganz zerstörte, ganz verödete Straßen«, manchmal»ein beinahe trostloses Chaos«; nach einer politischen Versammlung im Freien»vollkommen finster (…) Ruinenviertel (…) ganz einsam (…) höchst unsicher bei eingenistetem Gesindel« (9. Dezember 45).

Die angegriffene Gesundheit belastet Klemperer zusätzlich; da wirken, neben den Alltagssorgen, die Schindereien der Verfolgungsjahre nach: ständige Müdigkeiten, Schwächezustände, Erschöpfungen, die Qual des Gehens, Augen, Genick, Schultern geschädigt – da fällt er sogar in düsteren Pessimismus, der an seine schweren Zweifel über den Kriegsausgang erinnert:»Ich bin unendlich skeptisch und warte mit einer gewissen Stumpfheit (…). Das Märchen ist zuende (…). Ich bin furchtbar pessimistisch geworden, and Eva too, im Punkte Änderung des deutschen Sumpfes, des Friedens, der Menschheit überhaupt.«

Immer wieder überwindet er Müdigkeit und Stumpfheit und stellt sich – mit zumeist zwiespältigen Erfahrungen und Urteilen – der neuen politischen Gesamtlage. Unerwartet dabei eine Sturzflut Hilfe, Schutz, Fürsprache, Gutachten erbittender früherer PG's (einige beseitigen im Zwangseinsatz den Bunker). Klemperer schlägt, bildlich gesprochen, die Hände über dem Kopf zusammen, ist hin und her gerissen: »Jeder Pg. und Pg's-Sohn ist natürlich froh, wenn ich ihm offiziell od. inoffiziell ein gutes Zeugnis ausstelle … Jeder will nur zwangsweise Pg. gewesen sein (…). Ich mag meine Unterschrift nicht entwerten lassen, mag nicht als allgemeiner Nazifreund gelten. Es kann auch leicht heißen: er läßt sich bestechen.« Gelegentlich muß er dreiste Anbiederung zurückweisen; nicht immer weiß er genug über den Bittsteller: So bewirkt sein Gutachten für den entlassenen Direktor der Sächsischen Landesbibliothek Neubert nichts: »Er war politisch allzu belastet.« Klemperer versteht und akzeptiert das. Andererseits deutet er die gehäuften Bitten um Zeugnisse auch hart: »Widerwärtig, dieses Winseln um Zeugnisse. Und irgendwann wird den Juden einmal die Rechnung dafür präsentiert, ich sehe einen neuen Hitlerismus kommen, ich fühle mich durchaus nicht in Sicherheit.« Und sind die Millionen angeblich unfreiwilligen Pg's nicht doch die Schuldigen?

Klemperers subjektiv begreifliche Furcht hat Folgen: Er und Eva treten Ende November 1945 der KPD bei. Der Hauptgrund: Nur bei ihr sieht er »den ganz unverklausulierten Willen (…), durch allerentschiedenste Linksrichtung aus dem gegenwärtigen Elend« des Hitlerismus hinauszugelangen, »vor seiner Wiederkehr bewahrt« zu werden und die »geistige Reaction (…) wirklich u. von Grund aus zu beseitigen.« Eva bekräftigt den Entschluß durch ihre Überzeugung, »daß KPD heute kleinstes Übel u. *Notwendigkeit* bedeute«. Der Beitritt ist frei von jedem Opportunismus, »denn die Stimmung ist weiterhin antikommunistisch«; Klemperer steht politisch im krassen Gegensatz zu »meinem Umkreis« und »meiner Schicht«, wo niemand der KPD gut gesinnt ist. Klemperers überwerfen sich politisch sogar mit Annemarie Köhler und ihrem bürgerlichen Milieu, wo man ihnen und den neuen politischen Kräften vorwirft, sie machten es wie die Nazis. Klemperers Argumente dagegen sind merkwürdig schwach – er, der die braven KPD-Leute der

ersten Stunde lobt, der die Forderung der Besatzungsmacht an den »demokratischen Block der antifaschistischen Parteien« nach Ausmisten
der Nazigesinnung unterstützt, der sich zumindest vorübergehend sogar in der Rolle des Vertrauens- und Mittelsmannes zwischen der KPD
und bürgerlichen Kräften sieht – Klemperer weiß ja auch oder muß
unter Schmerzen lernen: »die Willkür, Macht u. Unberechenbarkeit der
KPD scheint Faktum« (Oktober 1945, also noch vor dem Beitritt), er
weiß, daß die KPD »der natürliche Treuhänder und Verbindungsoffizier
den Russen gegenüber sei« und deren Fehler und Mißgriffe ausbaden
müsse.

Je länger die sowjetische Besatzungsmacht herrscht, desto zwiespäl-
tiger werden seine Urteile. Einerseits rühmt und verteidigt er die Sowjetunion, die schwere Opfer für die Niederwerfung des Nationalsozialismus, die die Befreiung brachte. Den russischen Gratulanten zu
seinem 65. Geburtstag versichert er im Oktober 1946: »Ich halte von
ganzem Herzen und mit Dankbarkeit zu Sowjetrußland.« Er bekämpft
»überall hier die borniertste Feindschaft gegen die Russen«: Antikom-
munismus schürt nach seiner Befürchtung Neo-Nazismus. Es gibt Pein-
lichkeiten in Klemperers zeitweiliger Russen-Liebe, die Selbstaufgabe
einschließen: »Um der *Idee* des Communismus, um seiner Politik u. Ge-
samthandlung willen bleibe ich ihm unter allen Umständen treu, auch
wenn man mich mundtot macht.«

Den positiven steht ein Mehrfaches an kritischen bis vernichtenden
Äußerungen gegenüber; Klemperer teilt sie beunruhigt und erbittert
als unwiderlegliche Erfahrungen und Enttäuschungen mit der großen
Mehrheit der Dresdner. Die Siegermacht wird als allmächtig, oft erbarmungslos, willkürlich und unberechenbar erlebt: »Die Russen als Sieger (…) Auch die Linkesten beginnen unruhig zu werden«, notiert der
Chronist schon am 29. Juni 1945; und am 5. Oktober: »An russischer
Willkür zweifelt allmählich niemand mehr. Ein großes Unglück, denn
daraus liest mancher eine späte Rechtfertigung Hitlers.« Die penetrant
schönfärberische Propaganda mit dem »Fluch des Superlativs« steht oft
in krassem Kontrast zu den Lasten und Belästigungen der deutschen
Bevölkerung: den andauernden Lebensmittel-Knappheiten, Räuberei-
en und Plünderungen, Behinderungen des Neuaufbaus, vor allem durch
zahl- und sinnlose, nicht einmal dem eigenen sowjetischen Wiederaufbau nützende Demontagen, die beispielsweise den Eisenbahnverkehr
lähmen. Beklagt werden rigorose Zensurmaßnahmen (»sehr streng u.

mißtrauisch, unberechenbar u. unverständlich«), Bespitzelungen und Verhaftungen, Prahlereien mit angeblichen russischen Erst-Erfindungen, besonders im wissenschaftlich-technischen Bereich – und der Stalin-Kult. Über ihn fallen einige sehr scharfe Urteile und böse Vergleiche:»Und immer wieder Stalin. Dreimal bei besonders feierlicher Nennung seines Namens stand alles auf und die Musik spielte. *Primitive Vergottung weit über den Hitlerismus hinaus!*« (DDR-Feier zum 32. Jahrestag der Oktoberrevolution, 1949);»der allzu weit gehende Heroenkult, das ständige Sich-Erheben u. Klatschen (…). Veliki Stalin kommt manchmal dem Heil Heil Hitler in der Form allzu nahe« (Berlin, 23.–27. November 1949);»Die greuliche Ähnlichkeit mit nazistischen Methoden läßt sich in der Propaganda für die Gesellschaft, in dem Lärm um Stalins Geburtstag nicht verkennen« (16. Dezember 1949, Dresden);»Peinlich der maßlose Byzanzinismus Stalin gegenüber« (Berlin, 1. November 1952, Diskussion eines Textes über Stalins Aufsatz zur Sprachwissenschaft). Aber dann: der Gelehrte spricht öffentlich bei Stalins Tod auf Anraten seines Assistenten »zu Beginn des Renaissance-Kollegs (…) ein paar Worte: Ungeheuer groß neben Alexander, Cäsar, Napoleon – anders als sie nur im Dienste der Menschheit u. speziell unser Befreier.« (Berlin, 6. März 1953; der Verfasser dieses Buches erlebte um 1950, Universität Halle, mitten in Klemperers großartigen romanistischen Vorlesungen unvermittelte mehrsätzige Elogen-Exkurse über Stalin.) Hin- und hergerissen wird der Chronist in Paris, 15. Juni 1956, Chruschtschows Geheimbericht über Stalin zwar wahrnehmen, doch während Hadwig, seine zweite Frau, genau liest, wirft er folgerichtig »mit Abscheu Blicke hinein. Es ist ganz gräßlich und desillusioniert mich vollkommen.« Folgerichtig wird der so Desillusionierte die »übervielen Einladungen zu den 40-Jahr-Feiern« der Oktoberrevolution alle ablehnen (Dresden 1957).

Die Zwiespältigkeit, die Widersprüchlichkeit, der Dilemma-Charakter von Victor Klemperers politischem Denken und Sprechen, Schreiben und Handeln schlagen sich in zwei zentralen rhetorischen Figuren nieder. Die erste erscheint schon sehr früh im Tagebuch, in der Märchenwelt als Vorzeichen, daß diese nicht dauern wird:»Und so ist alles schwankend« (17. Juni 1945), und in der Eintragung vom 23. Juni:»Alle zwei Minuten, alle zwei Zeilen, von überall her lang ich beim selben Satz an: alles schwankt, alles schwebt, überall tritt man auf, greift man in Brei …« – der ganze Mehrfach- und Hintersinn des Verbs schwanken schwingt da mit: vom rohen Physischen zum Politischen, vom Ökonomischen zum Psychischen: hier und an weiteren Stellen des Textwerks.

Die zweite Figur, die den beiden Bänden 1945–1959 den Titel gibt, erscheint eindeutiger und bildhafter:»Peinliche Situation für mich, u. schließlich werde ich zwischen allen Stühlen sitzen.« (16. Oktober 1946, mehrere Kulturbund-Reden, mit Johannes R. Becher in Freital und Dresden; er sieht keine klaren Linien, erntet aber starken Beifall, spürt Bechers – freundlichen – Abstand);»Die Fehler u. Schwächen der Russen gehen mir immer mehr auf die Nerven. Zwischen den Stühlen!« (das immer wiederkehrende, wieder quälende Thema, Greifswald, 10. Januar 1948). Eine Übertragung der Metapher auf den Kulturbund selber:»Er wird eben nirgends mehr ernst genomen. Im Grunde ist er zwischen allen Stühlen wie ich selber« (Berlin, 14. Oktober 1949, sechsstündige Präsidialratssitzung);»Gestern kam ›Das Jahrhundert Voltaires‹. Gemischte Gefühle. Natürlich stolz darauf. Aber mehr ›zwischen den Stühlen‹ als jemals« (Dresden, 2. Mai 1954; eines seiner Hauptwerke, er erwartet Attacken in Ost – ›zu bürgerlich‹ – und West – die Forschung nach 1930 sei nicht berücksichtigt).

Keine Zwiespältigkeit, kein Schwanken und Sitzen zwischen allen Stühlen hindert Klemperer, bestimmte Ziele energisch und mit hohem Anspruch anzusteuern: zunächst in Dresden. Mit größter Entschiedenheit fordert er sein Ordinariat, sein»Katheder«, an der Technischen Hochschule zurück; am liebsten hätte er sogar»das Doppelkatheder für romanische Literatur und Geistesgeschichte« in Dresden und Leipzig zugleich. Ebenfalls verlangt er, die TH müsse jetzt Universität werden:»Die Russen, die kulturell glänzen wollen, brauchen vor allem die Technik, die hier an der TH beheimatet ist, sie können groß dastehen, wenn sie hier via kulturwissenschaftliche Abteilung, eine philosophische Fakultät, eine Universität aufmachen.« Klemperer spricht mit dem Kulturdezernenten Will Grohmann und dem Präsidenten der Landesverwaltung und späteren Ministerpräsidenten Friedrichs. Er bekommt feste Zusagen, trifft aber in der TH auf»völlige Ungeklärtheit der Lage«, stark verursacht durch»völlige Selbstherrlichkeit und Wurstigkeit« der Russen, so Grohmanns Assistent Hirzel. Klemperer trifft auf vor kurzem noch nazitreue Professoren und erklärt offen, daß sie ihre Lehrstühle sofort räumen müßten; seine Vermutung, daß alle an der TH ihm feindlich seien, dürfte auf die Angegriffenen zutreffen.

Klemperers Rechtsansprüche klären sich teilweise im Herbst. Er wird rückwirkend ab 1. September zum Ordentlichen Professor berufen und bekommt sein Gehalt. Er ist also Ordinarius, doch ohne Lehramt und Hörerschaft: Romanistische Lehre lassen die sowjetischen Planer in Dresden nicht zu. Nach langer Wartezeit, in der Klemperer vielfältig politisch arbeitet, entscheidet die sowjetische Militäradministration Anfang Juli 1947: Sein Lehrstuhl wird gestrichen. Die TH Dresden verliert einen ihrer bedeutendsten Gelehrten, ein anerkanntes Opfer des Faschismus:»So sitze ich zwischen allen Stühlen«, wieder einmal.

Schon während der langen Wartezeit, seit der Jahresmitte 1946, hat die Universität Greifswald ihm ein Ordinariat angeboten. Zögerlich, doch nicht von vornherein ablehnend hat er gegenüber der kleinen Hochschule taktiert, die Hoffnung auf Dresden und andere größere Häuser zwar im Hinterkopf, aber »ich fühle mich von Dresden einigermaßen im Stich gelassen, von Regierung, Staat und Partei«, also verhandelt er, erst recht nach dem schlimmen (und dummen!) sowjetischen Ukas. Nach längerem Hin und Her, mit gehaltenen und nur gegebenen Versprechen, mit Komplimenten für den wissenschaftlichen Rang des Umworbenen sagt Klemperer zu, um gleich nach dem Umzug im Dezember 1947 in einen Wirbel aus Enttäuschungen und Widrigkeiten zu geraten. Zur Mißstimmung trägt die sichtlich unglückliche Eva bei, die Victor sogar einmal vorwirft, nachdem sie schon durch die Gestapo aus ihrem Haus verjagt worden sei, werde sie nun wieder verjagt – ein böser, ungerechter Vorwurf: Niemand nimmt ihnen ja das Dresdner Haus, in das sie 1950 zurückkehren werden. Obwohl sich durch tätige Greifswalder Bekannte die Wogen glätten und der Gelehrte im Sommersemester 1948, seinem einzigen in der Ostseestadt, mit dem ersten Kolleg nach 13 Jahren großen Erfolg hat (»es geht noch, ich glaube, ich habe den Ton getroffen«), ergreift er, zur Enttäuschung der Greifswalder, die erste, vielversprechende Gelegenheit zum Wechsel: »Geradezu dramatisch: das romanistische Ordinariat Halle ist mir in aller Bestimmtheit angeboten«, notiert er schon am 9. Februar 1948; am 12. März folgt die sofortige Berufung mit Offerte einer 4 1/2-Zimmer-Wohnung; beide Klemperers scheinen glücklich; daß der frühere Traum von gleichzeitiger Berufung nach Leipzig unerfüllbar bleibt, wird der Ehrgeizige am Ende verschmerzen, Gastvorlesungen müssen ihm genügen.

In Halle fanden die Klemperers gute Anfangsbedingungen vor. Victor wurde dringend gebraucht, von vielen Seiten gewünscht und geschätzt, die Stadt gefiel nach dem ersten Eindruck, ebenso die Wohnung weit im Norden, »Heiderand-Dölau … ein Häuschen in einem Heidegarten (…) Eva sofort entzückt; in diesem Augenblick war es entschieden«; guter Verkehrsanschluß zur Universität, Klemperer »Herr eines richtigen Instituts mit allerhand Belegschaft«, an der Spitze die Assistentin Rita Hetzer, später Schober; er hatte das Ordinariat, das er schon lange »glühend« wünschte, das ihm aber trotzdem Zeit und Raum lassen sollte: »Ich will *nur* meine Lit.- und Geistesgeschichte machen, von allem andern entlastet sein.«

Am 13. Oktober 1948 begann er seine Vorlesungen mit etwas Lampenfieber (die berühmten Vorträge vor schnell wachsender Hörerschaft, Glanzstücke meisterlicher Rhetorik und geistreicher Literatur- und Lebensfülle, der Schreiber dieser Zeilen, Germanist und Anglist, hörte sie vor und nach 1950, das Feinste, das ihm die Hallesche Universität bot; unvergeßlich der relativ kleine Mann mit dem wachen Antlitz, leicht über das Katheder gebeugt, manchmal, wie auf Abbildungen, die rechte Hand an den kahlen Kopf gelegt, jeweils anderthalb Stunden herrliche freie Rede, ein winziger Zettel die einzige Stütze – die Hörer, »die große Fülle der Germanisten u. Anglisten in meiner Vorlesung« (9. Juni 1950) – die Hörer ahnten nichts von Klemperers Tagebuch, sie ahnten nichts von den Selbstzweifeln des Redners, die das Tagebuch verzeichnet, nichts von den inneren und äußeren Kämpfen mit dem Leipziger Konkurrenten Werner Krauss, untadeligem Antifaschisten auch er, von den Nazis zum Tode verurteilt, durch sein vermeintlich moderneres wissenschaftliches Dasein auf Klemperer drückend, die Hörer nichts wissend vom ständigen Schwanken der beiden romanistischen Exzellenzen zwischen gegenseitigem Respekt und Streit. Im nachhinein wird klar, was die TH Dresden, die erst 1963 Technische Universität wurde, an Klemperer verloren hatte.

Registriert wird für Halle: seine mit Abstand längste Lehrtätigkeit; deren Fortsetzung auch nach der Emeritierung von 1955 als Ehrensenator; das unvermindert hohe Ansehen bei den weitaus meisten Hörern, besonders auch bei den Französischlehrern, die in ihm den einzigen Schutzschild gegen die Bedrohung des Faches sehen; sein Seminar fast ein Elysium der Herzlichkeit; ein an taktischen Erwägungen der Partei scheiternder Versuch, das Rektorat zu erlangen (falscher Ehrgeiz auf falscher Ebene, mit Siebzig); Irritation über die Zwangspensionierung alter Professoren (außer ihm), über die Westflucht bekannter Gelehrter wie des Altphilologen Reitzenstein, des berühmten Kunsthistorikers Worringer; als Emeritus noch Eintreten für »das gefährdete Traditionskatheder in Halle«.

1951 erhält Klemperer auch das Romanistik-Ordinariat an der Humboldt-Universität Berlin und nimmt es wie das Hallenser bis zur Emeritierung 1955 wahr. Das Tagebuch enthält merkwürdig wenig über die Lehrtätigkeit in der Hauptstadt; zwei Eintragungen über stürmischen Zulauf und Applaus gelten Vorlesungen nach der Pensionierung bei seiner Nachfolgerin Rita Schober. Mitten in beiden Ordinariaten aber gellt am 20. Februar 1952 ein freilich unhörbarer, nur geschriebener Aufschrei: »Alle meine Vorlesungen u. Seminare, in Berlin wie in Halle, sind ein verzweifelter Kampf für die Freiheit des Geistes.«

In den Jahren nach der Befreiung veröffentlichte Klemperer ein reiches, zu wichtigen Teilen in Dresden geschriebenes literaturwissenschaftlich-historisches Werk, immer im langen Schatten der Unterbrechungen, ja des Abbruchs der Arbeit unter Gestapo-Drohung, was unweigerlich Forschungsrückstand und Isolation bewirkte. Nach 16 oder 17 Jahren, schreibt er am 25. August 1957, habe er die mehrbändige französische Literaturgeschichte des 18. Jahrhunderts wieder aufgenommen; die »18ieme« bleibt sein Sorgenkind, er schwankt mehrmals zwischen Schreiblust und Qual. Immerhin erscheint der erste Band – »Das Jahrhundert Voltaires« – 1954, der zweite – »Das Jahrhundert Rousseaus« – erst postum 1966. 1957 kommt in zwei Etappen »Moderne Französische Lyrik (Dekadenz – Symbolismus – Neuromantik), Neuausgabe mit einem Anhang: Vom Surrealismus zur Resistance« heraus. Als Neuausgabe einer weitgespannten Literaturgeschichte aus den Jahren 1925 bis 1931 publiziert Klemperer 1956 eine »Geschichte der französischen Literatur im 19. und 20. Jahrhundert. 1800–1925«. Die Jahreszahlen enthüllen, wie verheerend die Nazidiktatur in die wissenschaftliche Arbeit eines verfolgten Intellektuellen eingriff. Walter Nowojski hat nachdrücklich hervorgehoben, daß sich Klemperer, auch weil er jahrelang von neuen wissenschaftlichen Erkenntnissen abgeschnitten war, nicht von seiner ideengeschichtlichen Auffassung der Literatur lösen konnte und wollte. »Hier«, so der Herausgeber der Tagebücher, »liegt auch der über viele Jahre schwelende tiefgreifende Konflikt mit Werner Krauss begründet. Die Aufklärungsforschung von Krauss basierte auf gesellschaftswissenschaftlicher Grundlage (…). Krauss, fast zwei Jahrzehnte jünger als Klemperer, hatte sich weitaus radikaler von ideengeschichtlichen Konzepten gelöst.»Vielleicht auch daher Klemperers breite Verlagerung seiner wissenschaftlichen Publikationen in Zeitschriftenaufsätze und gedruckte Vorträge. Vereinzelt nannte man Texte von ihm unmarxistisch und nicht dialektisch genug …

Das bekannteste nach 1945 veröffentlichte Buch Klemperers ist»LTI. Die Sprache des Dritten Reiches« (Lingua Tertii Imperii), mit dem bescheidenen Untertitel»Notizbuch eines Philologen«. Es steht in der Mitte zwischen Wissenschaft und politischer Aufklärung; es gibt die Quintessenz von Klemperers Nazismus-Analysen unter dem Aspekt der Sprache, denn»die Sprache bringt es an den Tag«, nämlich das Unheils- und Mordwesen der braunen Diktatur. Dabei meint Sprache nicht nur die gesprochene oder geschriebene Rede, obwohl diese im Mittelpunkt steht:»Das Dritte Reich spricht mit einer schrecklichen Einheitlichkeit aus all seinen Lebensäußerungen und Hinterlassenschaften: aus der maßlosen Prahlerei seiner Prunkbauten und aus ihren Trümmern, aus dem Typ der Soldaten, der SA- und SS-Männer, die es als Idealgestalten auf immer andern und immer gleichen Plakaten fixierte, aus seinen Autobahnen und Massengräbern. Das alles ist Sprache des Dritten Reiches.« In der Verbal-Sprache aber macht der Führer und Volksgemeinschaft belauschende Philologe erhellende, nicht selten schockierende Entdeckungen: die Einzelworte, die Redewendungen, die Satzformen, Ausdrücke, Wortfamilien, auch Neuprägungen verraten den nationalsozialistischen Ungeist: so die Unzahl der Abkürzungen und Kurzwörter, das Nomen»Volk« und seine Komposita, die semantischen Wortgruppen fanatisch/Fanatismus (Lieblingstermini von Hitler und Goebbels), System, Organisation und Gefolgschaft, Bezeichnungen der Menschen als mechanisierte Automatismen (gleichschalten, Motor), Superlative und hohe Zahlen als meistverwendete Mittel der Propaganda, Fachsprachen des Sports (Rennfahrer, Flugpiloten, Boxer) – die LTI ist einerseits»bettelarm«, das zeigen ihre monotonen Wiederholungen, andererseits allmächtig, sie dringt überall ein, sie trägt, deckt, umkleidet und entlarvt unfreiwillig die schlimmsten Verbrechen des Hitler-Faschismus – und überlebt diesen: nur erst andeutend erscheint am Horizont der politischen Philologie im Buch»LTI« die Sprache des Vierten Reiches; die Tagebücher decken diese Hinterlassenschaften ungleich deutlicher, direkter, schonungslos und traurig auf.

Das auffälligste Phänomen in Klemperers Nachkriegs-Leben ist ein ungeheurer, weitgespannter, rast- und schonungsloser, verletzbarer, oft hektischer Ehrgeiz, insbesondere auf politischer Ebene:»Ich scheine überall als kommender Mann zu gelten.« Tatsächlich läßt er sich immer wieder und überall einspannen und legt sich von sich aus ins Zeug. Das beginnt in Dresden: Er wird Gründungsdirektor der Volkshochschule. Sein Festvortrag»Parole Aufklärung«bekommt sehr starken Beifall; das ist»der kleine Sonderruhm, der neuen VH mein Gepräge gegeben zu haben«, und»beste Politik von mir, die Denkfreiheit des Blocks zu betonen«. Er strebt selbstverständlich höheren Ruhm an; die Plattform wird, von Dresden aus, der»Kulturbund zur Demokratischen Erneuerung Deutschlands«(KB), die wohl am geringsten ideologisierte Organisation von Ostzone und DDR. Das Tagebuch verzeichnet minutiös die Stationen des Karriere-Aufstiegs (nicht ohne punktuelle Behinderungen und Rückschläge): die erste, sofort akzeptierte Dresdner Einladung des Bundes,»in seiner Wissenschaftlergruppe mitzuwirken«(24. August 1945); Wahl in den ersten Dresdner Vorstand (20. Januar 1946); mit 172 Stimmen auf den 4. Platz des Landesvorstandes gewählt (29. April 1947); als 24. von 30 Mitgliedern in den KB-Präsidialrat berufen (Berlin, 20.–23. Mai 1947); 1. Landesvorsitzender des KB Sachsen (17. Mai 1949); und dann die für so viele politischen Wünsche und Aktivitäten typischen, schneidenden Widersprüche: Bei einer KB-Kandidaten-Präsentation zur Volkskammer»gab es gleich einen so stürmischen Beifall, daß ich eine ganze Weile nicht anfangen konnte«(Halle, 11. Oktober 1950). Dagegen aber, nach der Entsetzen verbreitenden»offenen Wahl« mit 12 Millionen Ja, einigen 30000 Nein:»Sehr, sehr desillusioniert. Statistenrolle u. Zeitvergeudung langweiligster Art. leerstes Repraesentationsspiel: die Volkskammer. Man nimmt mit u. ohne Aufstehen alles einstimmig an (…) Und ich habe mich von meinem Sitz erhoben u. dem großen Führer der SU geklatscht. Oedeste Sache.«(Berlin, 8.11.1950) Und dann Freude und Schlag für die Eitelkeit:»Gesetz zum Schutz des Friedens, Rechtsausschuß vor der 2. Lesung, Berichterstatter Prof. Dr. Klemperer«, etwa zehn Minuten Rede:»Während des ganzen langen Rückwegs zum Platz, prasselte großes Klatschen. Nachher von vielen Seiten (…) es sei sehr gut gewesen, von mehreren: eine *natürliche* Rede, *endlich* eine *freie* Rede, wie man sie schon oft gefordert habe.«(Berlin, 15. Dezember 1950) Aber dann, 17. Dezember:»Im Punkte Kammerrede bin ich völlig abgeschwollen. Das Radio brachte zwei, drei Sätze daraus, die Tägliche Rundschau dito – u. schon ist alles vergessen, von x anderen Namen verdrängt. Vanitas!«

Trotz des immerwährenden Wechsels von Erfolg und Absturz, Zuversicht und stumpfer Resignation: Victor Klemperer verfolgt seine Ziele von Positionen und Anerkennungen unbeirrt, ja: zuweilen bis an die Grenze sich selbst aufopfernder Erschöpfung und Absurdität. Er hält verschiedene politische Stellungen besetzt oder für wünschenswert: im Vorstand der Gesellschaft für Deutsch-Sowjetische Freundschaft, im Zentralvorstand der Vereinigung der Verfolgten des Naziregimes und des Bühnenvereins, durchaus auch Minister (nach Volksbildungsminister Thapes Westflucht: »es könnte mich locken«), Ehrenmitglied der FDJ. Übrigens übernimmt Eva mehrmals Funktionen beim Demokratischen Frauenbund Deutschlands, so in Greifswald. Klemperers Übermaß an politischen Aktivitäten wird erst vollständig durch eine wahre Unzahl von Vorträgen und Reden, die »der rasende Referent« in Dresden, Berlin, den anderen Universitätsstädten und vielen, auch kleineren Orten des östlichen Staates hält – frei gesprochene Vorträge, sie sind sein »Esse«, durch sie fasziniert er viele tausend Menschen, ohne Phrasen und Dogmen: »Soviel Freundlichkeit, soviel Witz. Esprit und Noblesse strahlt er aus« (Nowojski): wie im Hörsaal.

Schließlich erwartet der große Redner auch Anerkennungen, Ehrungen, Preise, Titel – erwartet sie, das sei vermutet, auch wenn er es im Tagebuch nie direkt ausspricht, als Teil der Wiedergutmachung, die der knapp Überlebende, auch im Namen der Ermordeten, als ihr Bewahrer, einzufordern beansprucht und berechtigt ist. Vieles erreicht er: eine Festschrift zum 70. Geburtstag, einen Festakt in Dresden mit Ministerpräsident Seydewitz und Prominenz; den Dr. paed. h. c. der TH Dresden, eine schöne Ehrung für den Rhetor als Meister-Pädagogen; Würdigung auch in der Volkskammer, Telegramm von Pieck, große Lobreden an der Universität Halle; Zuwahl in das spätere P.E.N.-Zentrum der DDR; endlich, nach bitteren Enttäuschungen früherer Wünsche – »Der Floh im Ohr heißt Nationalpreis« (17. Juli 1949) – 1952 der Preis III. Klasse. 25 000 Mark, immerhin aber: »Der Titel ›N-Preisträger‹ als dauernder Adel sozusagen, das Prestige ist bei allen Summen das gleiche.« Sodann als das letzte angestrebte Ziel 1953 die Aufnahme in die Deutsche Akademie der Wissenschaften, Berlin/Ost; und als schmuckloses Nachspiel die Verleihung des Vaterländischen Verdienstordens in Silber durch Wilhelm Pieck, worüber Hadwig sich mokiert.

Schon relativ früh wird Klemperer bewußt, daß seine gewaltige politisch-kulturelle Arbeitsleistung, die aus tiefsitzendem, wohl sogar tragischem Ehrgeiz gespeist ist und seine wissenschaftlichen Schreib-Aufgaben behindert, ihm über den Kopf zu wachsen droht. Gewarnt von seiner Umgebung, in späteren Jahren auch von seiner zweiten Frau, und in klarer Selbstanalyse stellt er sich der Gefährdung und hält sie diaristisch fest: »Ich zersplittere mich« (2. Mai 1947, nach einer Maikundgebung als Volksredner ins brüllende Megaphon); »Die unendliche Gehetztheit, der Leerlauf« von Ort zu Ort, der »Albdruck des Zwiespalts: Michausgeben in öffentlicher Zersplitterung u. Wirkung (…) ständig wachsende Verzweiflung in politicis, Sumpf überall) oder schöne Bücher schreiben??« (20. Juni 1948). Die Metapher kehrt wieder, in gesteigerter Befürchtung: »(…) in Halle + Leipzig werde ich noch zersplitterter sein als in Greifswald (…). Immer neue, immer mehr Zersplitterungen« (10./15. Oktober 1948); »Mein jetziges Leben muß zur Katastrophe führen; es wird immer überhetzter und zersplitterter – u. ich kann mich nicht entschließen es zu ändern – ich kann es auch rebus sic stantibus wirklich nicht ändern.« (25. November 1948). Am 6. Oktober 1949 erscheint dann ein verschärfter metaphorischer Begriff, der – was der Chronist nicht erwähnt – von Heine und dem Jungen Deutschland herkommt: »Heute wieder völlige Zerrissenheit. Immerfort Telefon u. leere Zeitvergeudung.« Er kennt die Ursache dieser Mischung aus Überanstrengung und Leerlauf: Es ist sein »blödsinniger Ehrgeiz«, der ihn, zum Beispiel, zwingt, auf endlosen einschläfernden Sitzungen anwesend zu sein; aber: »*Muß* ich wirklich? Ja, wenn ich auf politische Laufbahn immer noch aus bin. Warum bin ich? Ehrgeiz? Angst vor wirklicher Arbeit, vor dem Versagen bei schöpferischer Arbeit??« (24. Februar 1950). Diese Angst ist sicher unbegründet, »aber ich taste u. bin zersplittert u. hoffe auf die Zeit – u. fürchte sie! – meiner Emeritierung« (5. November 1953). Er nimmt sich, auch unter dem Eindruck der ständig steigenden politischen Beklemmung, des Sitzens zwischen allen Stühlen, des Alters, der Herzbeschwerden und aus Liebe zu Hadwig, langsam zurück, doch nie ganz. Einmal vermutet er sogar, er verlange zuviel vom Leben; beim kleinen Festakt zum 75. Geburtstag, beim Anblick seiner Bibliographie, immerhin mit etwa 350 Titeln, kippt der hohe Ehrgeiz plötzlich in Untertreibung um: Die Bibliographie sei rührend, »erschütternd und bescheiden machend (:…). Ich habe als Journalist begonnen, bin lebenslänglich Publizist u. zwischen den Stühlen geblieben. Berühmtheit im kleinen Käfig der DDR u. nur für heute u. morgen – eigentlich schon heute nicht mehr. Im Ganzen war es doch eine Generalprobe meines Begräbnisses.«

Am stärksten, dauerhaftesten und auch schmerzlichsten zeigt sich Victors Klemperers Zwiespältigkeit und Zerrissenheit, das immer neue Sitzen zwischen allen Stühlen im Verhältnis zum ostdeutschen Staat, für den er sich 1945 entschied und der seit 1949 DDR hieß. Seine Neigung dazu äußert sich im realitätsgefüllten Tagebuch hauptsächlich in seinem grundlegenden Bekenntnis, der beschworenen Treue, dem Festhalten an diesem Staat, am Kommunismus, am Marxismus und in den dargestellten überbordenden Aktivitäten; einmal muß er sogar das FDJ-Blauhemd im Seminar getragen haben. Konkrete Vorzüge der östlichen Gesellschaft präsentiert er überraschend wenige; der schönste ist wahr und schlicht: Nach bestandenem medizinischen Staatsexamen einer jungen Bekannten nennt er dies modellhaft »das wirklich Erreichte: daß ein Mädchen so kleinbürgerlichst-proletarischer Herkunft jetzt ein Studium durchführen kann«.

Wie ein roter Faden zieht sich aber durch das gesamte Text-Konvolut von 1945 bis 1959 die entschiedene, stereotype, mehrmals geradezu rabiate Verurteilung der westdeutschen Bundesrepublik und des Westens überhaupt. Dabei werden der eigene Staat und sein Teil-Volk nur vereinzelt als besser bezeichnet: »Mit all unsern Schwächen: wir sind doch die besseren Leute, Wahrheit u. Zukunft ist doch bei uns.« (1952) Bei den meisten Ost-West-Vergleichen erscheint Ostdeutschland unterm Druck der vom Chronisten genau und verbittert wahrgenommenen Mißstände als das kleinere Übel, an das er sich bis fast zuletzt klammert wie an einen Notanker oder einen Schutzschild: Denn der Westen ist viel schlimmer. Beispiele illustrieren das: »Sobald man mit der Politik zu tun bekommt, kann man nur noch das kleinere Übel wählen, jede reine Entscheidung hat ein Ende« (14. Juli 1945 – schon sehr früh eine hellsichtige, böse Erkenntnis): »Ich kann aber nicht nach Westen ausweichen – der ist mir *noch* zuwiderer« (24. Mai 1950); »Wo ist Parteifreiheit und sonstige Freiheit bei uns? Wir sind nur das ›kleinere‹ Übel« (19.8.1956). Scharfe Urteile dieser Art nehmen in Klemperers letzten Lebensjahren zu; mehrfach verfällt der hin- und hergerissene vorgebliche West-Hasser in kriegerische Töne, zum Beispiel nach einem Besuch Westberlins mit Maison de France, Kurfürstendamm, Bahnhof Zoo: »Ich fühlte mich wie im feindlichen Ausland«, Hadwig dagegen »bewegt sich auch in Westberlin mit Selbstverständlichkeit« (16. Oktober 1954).

Zugleich häuft sich aber die Kritik gegen die DDR-Verhältnisse. Klemperer entlarvt den ständig schwelenden Konflikt zwischen harter, oft düsterer Faktizität und schönfärberischer SED-Propaganda, die diktatorische Dreistigkeit »offener« Wahlen, die nicht einmal mehr Kreuzchen erlauben, und entsprechende Ergebnis-Fälschungen, die zensurgesteuerte Wissenschafts-, Kunst- und Kulturpolitik, selbst gegen führende Köpfe internationalen Ranges wie Ernst Bloch oder gegen Künstler wie Hans Grundig in Dresden, Kommunist und mehrjähriger Buchenwald-Häftling, dessen KZ-Bild 1952 als formalistisch verdammt und zur Berliner Kunstausstellung nicht zugelassen wurde. Rücksichtslos schildert der Diarist die weitverbreitete, von Lügenparolen nur schlecht übertünchte Mißstimmung gegen SED und Sowjetmacht; er kritisiert die innerparteiliche Inquisitionsstimmung, die zu jähen Stürzen ehedem gefeierter Parteigrößen wie Paul Merker führt, die Drangsalierung der Kirchen und Gläubigen, zum Beispiel durch die »blödsinnige *Jugendweihe*«, und die Gängelei der überlebenden Juden, die zu häufiger Westflucht führt. Klemperer geißelt die Pressionen gegen die angeblich herrschende, in Wirklichkeit kleingehaltene »Arbeiterklasse«, deren Verhalten um den 17. Juni 1953 er alarmiert verfolgt, um sich dann freilich in die rettenden Arme der Russen zu werfen. Er porträtiert die regierenden, häufig hybrid gepriesenen SED-Führer, von denen er am ehesten Wilhelm Pieck in seiner auferlegten Landesvaterrolle akzeptiert; Ulbricht wird scharf, Honecker vernichtend kritisiert. Besonders beunruhigend erscheint dem Kritiker die neue Wehrpflicht mit einer »Volksarmee«, deren Uniformen denen von Hitlers Wehrmacht peinlich ähneln.

An dieser und ähnlichen Stellen des zweiten gigantischen Epochen-Tagebuches schließt sich ein makabrer Kreis, dessen Gewicht dem Autor womöglich gar nicht immer voll bewußt ist: Der Kritiker des westdeutschen Staates, der dort neuerlich den Nationalsozialismus heraufkommen sieht, entdeckt schon bald nach Kriegsende Ähnlichkeiten, Verwandtschaften, Übereinstimmungen der angeblich neuen Gesellschaft mit dem Nazireich: »(…) das Bild der Nazizeit (…) Pimpfe u. HJ u. Fahnen u. Marsch u. Hymne: gewiß die Nazis stahlen es von den Bolschewisten. Aber (…) die Kernähnlichkeit des Totalitären bleibt, les extremes se touchent« (nach einem FDJ-Einmarsch mit Fanfaren und

Pauke, 1949). Er gibt zu, daß er »die furchtbaren Nachteile auf geistigem Gebiet mit gräulicher Bitterkeit ständig vor Augen habe; wir sind auf intellektuellem Gebiet genau so barbarisch u. fanatisch wie die Nazis« (27. Januar 1951); »*Das Volkskammer-Dilemma* (…) jedermann weiß doch, daß nur das ZK oder das Politbüro regiert u daß wir, die députés, Marionetten sind wie die Reichstagsleute Hitlers« (16. September 1956); »Wir (…) werden den Faschismus nicht los; bei uns in etwas asiatischerer, im Westen in etwas europäischerer Form« (17. August 1957).

Wenn Klemperers Hörer seiner Vorlesungen mit Stoff aus »LTI« eher hinter vorgehaltener Hand feststellten, er müsse nun auch LQI, die Sprache des vierten Reiches nach 1945 untersuchen, konnten sie nicht wissen, daß er dies im Nachkriegstagebuch von Anfang an tat: »Ich muß allmählich anfangen«, notiert er besorgt schon am 26. Juni 1945 in Dresden, »systematisch auf die Sprache des *vierten Reiches* zu achten. Sie scheint mir manchmal weniger von der des *dritten* unterschieden als etwa das Dresdner Sächsische vom Leipziger.« Von da an prüft er alles Geschriebene und Gesprochene »genau sub specie LQI« – da ist sogleich die neue Kürzel-Formel geboren, die er aber nur im Tagebuch, nicht in »LTI« verwendet. Er trifft auch immer wieder auf die Identität »LTI=LQI«; einmal blitzt sogar der Gedanke auf, daß man ein antifaschistisches Sprachamt einsetzen solle – es hätte wohl nichts geholfen, da doch die Antifaschisten dort, wo sie den Nazigeist bekämpfen, von LTI infiziert sind, ohne daß es ihnen bewußt ist: »Schauderhaft die Identität der LTI u. LQI, des sowjetischen u. des nazistischen, des neudemokratischen u. des Hitlerischen Liedes!« (8. November 1945).

Daran und an allen anderen von ihm aufgedeckten, angeklagten, durchlittenen Fanatismen und Abscheulichkeiten des ostdeutschen sozialistischen Regimes wird sich zu Victor Klemperers Lebzeiten nichts ändern: »Erst am Ende«, resümiert Nowojski, »ganz am Ende löst er sich von der Illusion, daß in dem von ihm gewählten Teil Deutschlands etwas Gutes, Vernünftiges wachsen könnte, aber er vollzieht dies nicht öffentlich, sondern schreibt es, wie er es Jahrzehnte hindurch getan hat, in sein Tagebuch.«

(Es bleibt zu ergänzen: Klemperers scheinbar verbohrter Haß auf Bonn und die Bundesrepublik, die er, ohne sie wirklich zu kennen, als das größere Übel gegenüber dem kleineren der DDR darstellt, hat als unausgesprochenen Hintergrund den kartenhausartigen Zusammenbruch der Weimarer Republik. Er traut der parlamentarischen Demokratie nicht zu, daß sie dem Faschismus standhält; daher ist Bonn für ihn, zumindest emotional, gleich Weimar. Dahinter steht außerdem Klemperers dringender Wunsch, nach seiner an Vernichtung grenzenden Schändung durch den Nazistaat in einem anderen Deutschland die Achtung zu erlangen und die Rolle zu spielen, die ihm als Teil seiner Wiedergutmachung zukommen, die er aber in der westdeutschen Republik nicht erlangen zu können glaubt.)

Auch in seinem zweiten monumentalen Tagebuchwerk schreibt Klemperer zugleich Epochen- und Individualgeschichte, und das sehr Persönliche ist zeitweilig auch hier überschattet von Konflikten und Bitterkeiten, denn die Phase des allseitigen wissenschaftlichen und politischen Ehrgeizes ist auch die Zeit der Entfremdung zwischen den Eheleuten. Das ist tragisch: als die tödliche Bedrohung von ihnen gewichen ist, treten Spannungen schärfer hervor, auch wenn die Liebe nicht erlischt. Eva erleidet Verluste, für die sie Victor mitverantwortlich macht: Unter nicht ganz durchschaubaren Umständen gehen die 1945 in München zurückgelassenen Handschriften ihrer Kompositionen verloren, was auch ihn schwer bekümmert. Der Wechsel nach Greifswald, der anfangs begrüßte, dann nur unwillig erduldete Umzug nach Halle bedrücken Eva; ihre Gesundheit leidet. Sie erzwingt 1950 die Rückkehr nach Dölzschen als Hauptwohnsitz – um den Preis jahrelangen jeweils mehrtägigen Getrenntseins unter der Woche (und mit dem sozusagen »Dresdner« Gewinn, daß große Teile der Tagebücher aus Klemperers letztem Lebensjahrzehnt wieder hier geschrieben werden). Eva geht in Garten und Hausumbau auf; Victor, ihre Krankheiten, ihren Verfall (zweifellos auch Spätwirkungen der zwölfjährigen Terrorzeit), »das wachsende Elend« vor Augen, quält sich mit heftigen Schuldgefühlen ihr gegenüber, gibt aber seine strapaziöse Arbeit nicht auf, die letzten Endes sein Lebenselixier bedeutet. Die Frau, der »LTI« und die darin enthaltenen bewegenden Passagen über wahres Heldentum gewidmet sind, stirbt am 8. Juli 1951 in ihrem Haus. Noch in der Nacht nach ihrem Tod schreibt der Witwer nekrologische Sätze ins Tagebuch: »Sie war so 1000mal begabter als ich: Musikerin, Malerin, Philologin, u. sie war 1000mal tapferer, sittlicher, uneigennütziger, freier, selbständiger, geschickter als ich, u. sie war, im vollen Gegensatz zu mir, niemals neidisch u. niemals ehrgeizig. Meine einzige Gewissenberuhigung: ich habe das nie verkannt u. es ihr 1000mal gesagt.«

Klemperers psychischem Absturz folgt eine Liebesgeschichte, die ihresgleichen sucht an Originalität, an Sprungfähigkeit über Altershürden, an anfänglicher List und Heimlichkeit, an späterem Freimut und beiderseitiger Fürsorge – Klemperers Schilderung der Allianz mit seiner 45 Jahre jüngeren Hallenser Studentin Hadwig Kirchner hat die bebend-lebendige Dichte eines gelungenen Romandebüts und gibt den Tagebüchern wundersame Farbigkeit, Esprit und Kontur. Gefördert von Rita Schober, akklamiert vom Seminar, gebilligt von Hadwigs katholisch-westfreundlichen Eltern, wächst in wenigen Monaten ein Lebensbündnis heran, worin die junge Frau selbstbewußt entwirft, Fäden zieht, handelt und an der delikaten Liebesaufgabe zur Persönlichkeit, zur subtilen, unbeirrbaren, nie demütigen Hüterin des »alten« Professors und Politikers wächst. Die ersten Ehejahre sind zeitweilig überschattet von Klemperers anhaltenden Schuldgefühlen der Toten gegenüber, doch auch der Siebzigjährige wächst hinein in einen außergewöhnlichen Lebensbund, der vor allem von der beiderseitigen Anerkennung füreinander und der nicht immer schmerzlosen Aufrichtigkeit zueinander lebt: Hadwig denkt nicht daran, ihren Glauben aufzugeben (Victor willigt schließlich sogar in die katholische Trauung ein!); sie kritisiert ihren Mann und vor allem den Staat ohne Scheu und geht inmitten der jungalten Ehe von »Enkelfrau« und Senior ihren akademischen Weg, promoviert mit Glanz (Doktorarbeit über Heinrich Manns »Henri Quatre«), bekommt einen Lehrauftrag in Halle und empfängt einen doppelten Dank des im späten Glück schwebenden großen Schriftstellers; Er geht mit ihr und ihr zuliebe auf große Reisen: nach Paris für mehrere Monate, ans Schwarze Meer, nach Rußland und sogar nach China. Noch über dem Dank in Reisen stehen Klemperers Tagebuch-Schilderungen seiner jungen Frau, die, aus vielen Teilen zusammengesetzt, ein Porträt ergeben, wie es wärmer, feiner, scharfsinniger, inspirierter kaum gedacht werden kann. Einige Züge werden hier festgehalten:»Wir sahen uns bei alledem doch sehr ernst an, u. Hadwig sagte, sie ihrerseits könne doch auch keine Liebeserklärung machen, u. es sei gut, daß ich als Alter an die Welt dächte. Sie stünde manchmal auf dem Standpunkt, es sei ihr ›Wurst, was die andern redeten‹« (Dresden, 8. März 1952);»Aber welche Freude dies blasse schmale geistvolle, kindliche u. sehr reife Gesicht zu sehen, die wirklich herzliche Freundschaft, ich glaube fast: die wirkliche Sympathie, das Entgegenkommen zu spüren. Und die Wahrhaftigkeit u. das ruhige Wissen in allem« (Dresden, 14. März 1952);»Um

22h pfiff es laut auf der Straße, aus dem Pfeifen wurde die Marseillaise u. unten stand Hadwig –« (Dresden, 22. April 1952); »Ich liebe ihre unendliche Güte, ihren auf keine Weise zu blendenden Gerechtigkeitssinn, ihren leidenschaftlichen Sozialismus (den die SED verrate, fast glaubt sie, mindestens von der Führung, bewußt verrate), ich liebe ihre Liebe zu mir, ich liebe ihre Jugend – ich liebe sogar ihren – nur ihren – Katholizismus« (Dresden, 6. Januar 1955); »Immer wieder rätsle ich an H. in diesem Punkt herum, ebenso gerührt wie verständnislos. Die angedeuteten Kniebeugen in jeder Kirche, auch in den orthodoxen. Sie will nicht auffallen – Rücksicht auf mich, ruhige u. praktische Zurückhaltung in Sachen des Glaubens, kein Renommieren, kein Märtyrertum, kein Verzichten – ruhige Sicherheit u. Selbstverständlichkeit. Auch kein Diskutieren. Unantastbares Eigengebiet.« (Sofia, 9. Juli 1955); »Wo wäre ich in meiner völligen Hilflosigkeit, meinem ewigen Verzweifeln ohne H's unendliche Geduld, Geschicklichkeit, rührende Güte? Perdu, perdu, perdu! Keine Stunde, keine Situation, in der sie sich nicht immer u. immer wieder bewährte!« (Paris, 19. April 1956)

Dresden leuchtet in den Porträts von Eva und Hadwig Klemperer.

Wege durch die Neustadt

Über die Augustusbrücke kommend, am Blockhaus vorbei betreten wir den Neustädter Markt und erinnern uns: in der Bombennacht 1945 schwer zerstört, das 1750 bis 1754 erbaute Rathaus ausgebrannt, die Ruine abgebrochen, ganze Straßenzüge ringsum ausgelöscht – inzwischen ist der Platz für Fußgänger untertunnelt, von der Großen Meißner/Köpckestraße quer geschnitten, aber in der Marktmitte leuchtet das Ruhmesmal, der Goldene Reiter, Kurfürst-König August der Starke auf kurbettierendem Pferd, als sprenge er mit mächtigen Sätzen nach Norden in die Hauptstraße hinein; die Vorderbeine des üppigen, dennoch eleganten Tieres sind fast rechtwinklig angehoben, das linke leicht höher als das rechte; der Fürst sitzt aufrecht, doch wegen der Sprung-Stellung des Rosses ist der schuppengepanzerte Oberkörper bis zur Taille ganz leicht nach hinten geneigt, jedes Bein beinahe steif gestreckt; der Feldherrnstab in der Rechten wie zum Kommando erhoben, die linke Hand hält die Zügel; beide Unterarme sind unbedeckt; eine Art Kurzschwert hängt an der linken Hüfte. Die gebeugten Hinterbeine und der lange, breite Schweif des Pferdes tragen das ganze schwere, völlig vergoldete Reiterstandbild, das den Krieg ausgelagert überstand; die Sonne glänzt auf dem üppigen Hinterteil und den kräftig durchgearbeiteten, muskulösen Beinen des königlichen Wallachs, sein edler, markanter, nerviger Kopf aber blickt, wie der seines Herrn, leicht nach rechts, nach Osten, nach Polen. Das Haupt des Monarchen scheint dabei etwas hochgereckt, sein Gesicht unter dem dichten, gewellten Haar ist kräftig, wenn nicht gar grob, mit starker Nase, dichten Brauen, schwerem Kinn, weit geöffneten Augen, einem feinen, vielleicht süffisanten Lächeln um den Mund. Der Denkmalsrestaurator von 2002, der das funkelnde Wahrzeichen der Neustadt in acht Teile zerlegen und das innere Stützgerüst ganz erneuern lassen mußte, zitierte während der delikaten Arbeit immer wieder erstaunte Besucher: Was sei der berühmte Fürst auf dem Roß doch häßlich!

Wie der goldene Herrscher des Denkmals, das 1736, drei Jahre nach
dem Tod des realen Vorbilds, eingeweiht wurde, richtete der lebend-re-
gierende Wettiner ein Hauptinteresse auf die von ihm so getaufte rechts-
elbische Neue Königstadt, das einstige Altendresden, seit etwa 1370 so
benannt, 1403 mit dem Stadtrecht ausgestattet, 1549 mit Dresden ver-
einigt und befestigt, im August 1685 durch eine verheerende Feuers-
brunst fast völlig vernichtet. Den großräumigen Wiederaufbau leitete
zuerst Augusts Architekturlehrer Wolf Caspar von Klengel, der die breite, vom Markt nordwärts zum Schwarzen Tor führende Hauptstraße
anlegte, und nach dessen Tod Pöppelmann, der Brücken-Erneuerer und
Zwinger-Baumeister.

Wir gehen vom Standbild auf die Allee zu; links und rechts vor ihr
lädt eine Art weiter, torloser Doppelpforte dazu ein: zunächst zwei
Nymphenbrunnen des Bildhauers Benjamin Thomae von 1740, genauer gesagt: deren Kopien, die, wie die Originale, arg umweltgeschädigt
sind, jeder Brunnen mit einer kräftigen, nur über dem Schoß verhüllten
nackten Nymphe, einer drallen Putte und einem wasserspeienden of-
fenmäuligen Fisch – und hinter den Brunnen, etwas enger gestellt, zwei
25 Meter hohe historische Fahnenmasten, deren Sockel mit kupfergrünen Reliefs und je einem Kopf-Medaillon geschmückt sind, links
Kaiser Wilhelm I., rechts Sachsens Armeeführer-König Albert; beide
Portalmasten entwarf der Bildhauer Heinrich Epler nach Wilhelms
Dresden-Besuch 1883.

Wir betreten die Hauptstraßen-Allee. Zwei wundervolle Platanen-
reihen rahmen den mittleren Flanierweg; manche Bäume berühren
einander mit den Kronen. Rechts und links stehen an Seitenwegen un-
ansehnliche Nachkriegsbauten, Geschäfte und Wohnhäuser mit Bal-
kons – die Masse der alten Häuser versank im Bombardement, doch
nicht alle: Wir schwenken linkerhand kurz in die zur Königstraße hin-
überführenden Nebenfluchten Heinrichstraße und Obergraben ab,
die in verwinkelten, überdachten Gängen ineinandergreifen und an-
heimelnde Antiquariate behausen, und erreichen an der Ecke Obergra-
ben/Hauptstraße eine überlebende Front barocker, fein, ja streng nach
königlichem Willen und Gusto sowie farblich aufeinander abgestimmter, sorgsam restaurierter Bürgerhäuser der Nummern 9 bis 19. Haus 13
ist das berühmteste, wo seit 1808 der Maler Gerhard von Kügelgen mit
seiner Familie wohnte, wo Goethe im April 1813 an einem Fenster den
Einzug der verbündeten Napoleon-Gegner beobachtete und, laut Wil-

helm von Kügelgens köstlicher Schilderung, ein stürmischer weiblicher »Fan« den indignierten Dichter regelrecht heimsuchte. Die Wohnung beherbergt jetzt das »Museum der Dresdner Romantik« – neun Räume präsentieren die Familie Körner mit Salon und Gästen, auch Schiller, Caspar David Friedrich und seinen Künstlerkreis, romantische Musiker wie Carl Maria von Weber, den Dichter-Komponisten E.T.A. Hoffmann, Clara und Robert Schumann sowie Richard Wagner, die Familie Gerhard von Kügelgens und das nachgestellte Atelier des 1820 ermordeten Malers, schließlich Dichter wie Novalis, die Brüder Schlegel, Ludwig Tieck und Heinrich von Kleist, der während vier längerer Aufenthalte in Dresden an mehreren Dramen und Novellen arbeitete, mit Adam Heinrich Müller die kurzlebige Zeitschrift »Phoebus. Ein Journal für die Kunst« herausgab, aber nie festen Fuß in der Stadt faßte. Glanzstücke des Hauses sind einige Originalgemälde: Caroline Barduas Porträt Friedrichs von 1810 als Leihgabe und vier Bildnisse des genialen Dresdner Porträtisten Anton Graff, von dem die Galerie Alte Meister eine Sammlung herrlicher Stücke besitzt, darunter zwei Selbstbildnisse des Meisters; im Romantik-Museum faszinieren Porträts des Ehepaares Minna und Christian Gottfried Körner, das wunderbare Bildnis Schillers mit dem auf die linke Hand gestützten Kopf und eine sehr jugendlich wirkende Darstellung Kleists als Leihgabe der Alten Meister, deren Direktor, Harald Marx, aber zu Recht feststellt, niemand könne beweisen, daß der Präsentierte wirklich der unglückliche Dichter ist.

Nur wenige Schritte sind es vom Barock-Ensemble zur Dreikönigskirche, dem neustädtischen Haupt-Gotteshaus, mit einer wahrhaft stürmischen Geschichte: 1404 nach der Stadtrechtsverleihung als gotisches Bauwerk gestiftet, 1429 von den Hussiten zerstört, danach neu aufgebaut, 1685 verbrannt, 1686–88 neu, aber mitten auf der Allee-Achse errichtet und den Durchblick vom Markt zum Schwarzen Tor versperrend, daher 1731 auf Augusts Befehl gegen den Protest der evangelischen Bevölkerung abgerissen und durch eine Interimskirche ersetzt, danach mit nicht unbegrenzter finanzieller Hilfe des Monarchen am jetzigen Ort, mit strenger Einfügung in die barocke Straßenfront, nach Plänen Pöppelmanns und Bährs neu erbaut – gegen die allgemeine Kirchen-Bauordnung als Anlage von Osten nach Westen aufgeführt; der erst 1854 bis 1857 errichtete Turm wurde im Westen hinter den Altar gestellt.

Das 1945 ausgebrannte Gebäude erhielt beim Wiederaufbau seine Außengestalt zurück; der Gottesdienstraum jedoch wurde durch die

Anlage eines »Hauses der Kirche« für Tagungen und Veranstaltungen stark eingeschränkt; von 1990 bis 1992 tagte hier provisorisch der sächsische Landtag, im November 1998 fand hier die Wiedervereinigung der beiden deutschen P. E. N.-Zentren statt. Das Kirchenschiff, ganz weiß gehalten, mit Doppelempore, wirkt schmucklos modern, birgt aber zwei künstlerisch-religiöse Kostbarkeiten: einerseits den sieben Meter hohen, kriegsgeschädigten, die Verletzungen im dunkelgrauen Sandstein zeigenden Barockaltar, ein Hauptwerk von Benjamin Thomae auf schwerem Steintisch, mit den klugen und den törichten Jungfrauen vor dem gekrönten Christus in einer hohen halbrunden Nische und, jeweils zwischen zwei »wunden« Säulen, die Evangelisten Johannes und Matthäus; andererseits unter der Orgelempore den vom alten Georgentor des Schlosses stammenden »Dresdner Totentanz« des Bildhauers Christoph Walther, gestorben 1546 wie Luther: einen über zwölf Meter langen, in fünf »soziale« Gruppen vom Papst bis zum Geldwucherer unterteilten Totenzug, auf dem Hintergrund von Pestepidemien »ein nachdrücklicher Verweis auf die Endlichkeit des Lebens« (Heinz Quinger).

Wir verlassen die Kirche durch das Ost-Tor, das ein Giebelrelief von Thomae krönt, und nähern uns dem Albertplatz, wo die Allee endet. Wir verweilen für Augenblicke an der Stelle, wo das 1812 bei der Schleifung von Festungsanlagen abgerissene Schwarze Tor stand, an dem E. T. A. Hoffmanns hochromantischer Roman »Der Goldene Topf« beginnt; das Restaurant »Am Thor« erinnert an das Bauwerk, Wladimir Putin trank hier während seiner DDR-Zeit manchmal sein Bier. Nur ein paar Schritte weiter ragt links eine hohe weiße Gestalt übers Gebüsch heraus: das überlebensgroße Marmorstandbild Schillers auf Marmorsockel, im antiken Gewand, idealisiert vom Bildhauer Selmar Werner. Den weit nach Norden Schauenden, der in der rechten, am Körper hängenden Hand ein Schreibwerkzeug, in der Linken bei angewinkeltem Arm ein Buch hält, umzäunt ein weißes mannshohes Marmorrondell, wo in neun Nischen Relieffiguren Werk-Szenen des Dichter darstellen, zum Beispiel Tell mit der Armbrust und die schwebende Glocke, die Frieden läutet, wie ein Textzitat im Stein verkündet. (Der reale Dichter, mehrmals Gast der Körners, arbeitete einige Kilometer von hier in deren Loschwitzer Weinberghaus, unter anderem am »Don Carlos«, vielleicht auch an der »Ode an die Freude«, über die Dresdner Bürger urteilte er später meist sarkastisch.)

Der Albertplatz, zu DDR-Zeiten »Platz der Einheit«, nämlich der Partei, ist eine weitläufige Rundanlage mit elf sternförmig einmündenden Straßen. Wir nehmen Blick-Punkte des Platzes wahr: die Villa Augustin zwischen Carolinen- und Antonstraße mit dem bronzenen Kästner-Jüngling; die Villa Eschenbach an der Ecke Georgenstraße, einen neubarocken Prachtbau von 1901 für den kunstfreundlichen Eigentümer der gleichnamigen Möbelfabrik, 1945 ausgebrannt, als Bankgebäude außen originaltreu wiedererrichtet; das Erlweintempelchen des Artesischen Brunnens; das bronzene Kästner-Denkmal von Wolf Kuntsche, Stele, Tischplatte, Bücherstapel und Hut in Körpergröße des Dichters an der Ecke Alaunstraße; das arg heruntergekommene erste Dresdner Hochhaus an der Einmündung der Königsbrücker Straße, erbaut von Paulick 1929; und, als unverlorene Reminiszenz, das Alberttheater an der Ostseite des Platzes, einst eine berühmte Spielstätte für modernes Theater, Ort der Uraufführungen von Hasenclevers Stück »Der Sohn« (1916) und Kokoschkas Schauspielen »Mörder, Hoffnung der Frauen«, »Hiob« und »Der brennende Dornbusch« (geschlossene Veranstaltung 3. Juni 1917); die Ruine des 1945 schwerbeschädigten Hauses trotz erhaltener Außenmauern später abgerissen.

Schon am Schiller-Denkmal hören wir Wasser rauschen. Mitten auf dem Platz, links und rechts vor uns, in einigem Abstand voneinander, stehen zwei symmetrisch-kongruente Brunnen, kreisrunde, gefüllte Grundbassins, in ihrer Mitte kleinere runde Sockel mit Becken, auf ihnen Bronzefiguren, über Sockeln und Figuren die Bassins formal wiederholende Schalen: »Bei laufendem Wasser«, schreibt Quinger, »entsteht durch das über den oberen Schalenrand herabstürzende Naß ein Wassermantel, der die Figuren einhüllt, umfaßt und verbindet.« Von den Bassinrändern schießen an beiden die runde Gestalt des Platzes aufnehmenden Brunnen aus jeweils 55 Düsen im Flug leicht gebogene zischende Wasserstrahlen.

So viel von Symmetrie und Kongruenz – sie enden bei den sehr unterschiedlichen, in Wasser und Sonnenschein glitzernden Bronzegestalten: Im linken (westlichen) Brunnen ein Getümmel ringender, aufeinander geschleuderter, miteinander verschlungener und kämpfender Männer und Monstertiere, aufgerissene Fischmäuler, Riesenechsen, Schlangen, muskelpralle Musterathleten, Sieger, Lorbeerkränze auf Köpfen, hohe Dynamik, »Stürmische Wogen«, wie ihr Schöpfer Robert Diez, ein vorzüglicher Künstler, sie nannte. Dagegen rechts (östlich)

»Stilles Wasser«: Die Bronzefiguren bilden einen vielgestaltigen Menschenkranz aufeinander bezogener, einander suchender, berührender, ergreifender, haltender, liebkosender Frauen und Mädchen-Kinder (oder Putten), freizügige, kräftige, metallfleischige Nacktheit, auch Meerfrauen mit Fischleibern dabei, eine Harfenistin, eine geflügelte Nymphe mit dem vollkommensten Hinterteil, am Sockelrand eine ins Wasser schauende Schildkröte, eine Schnecke, zwei der erwachsenen Bronzemenschen womöglich Männer – alle Personen im Rundkranz miteinander verbunden, in Ruhe und Harmonie, fern aller starkmännlichen Kämpferei. Beide Brunnen sind Meisterwerke, große Skulpturenkunst von 1893, umrauscht und getränkt von blühenden Wasserspielen, in Löfflers Worten »die stärkste Leistung, welche die Dresdner Bildhauerschule am Ende des 19. Jahrhunderts hervorgebracht hat«. »Stürmische Wogen« wurde übrigens, kaum beschädigt, im November 1945 »entfernt« zugunsten eines sowjetischen Ehrenmals, das seinerseits 1994 zugunsten des von der Denkmalpflege bewahrten, zurückkehrenden Brunnens ans Militärhistorische Museum nahe der Stauffenbergallee versetzt wurde.

Wir wenden uns in ungefährer Nordost-Südwest-Richtung zur Königstraße, der zweiten Hauptstraße der »Neuen Königstadt«, einem Lieblingsprojekt Augusts des Starken, dessen Vollendung er nicht mehr erlebte. Wir verweilen links auf dem kleinen kopfsteingepflasterten Platz vor dem Kirchturm, unter Lindenbäumen beim Rebekka-Brunnen mit der zierlichen Säule, der zarten schlanken Frauenfigur obenauf, die einen vom linken Arm gehaltenen Krug auf dem Kopf trägt; grimmigzierliche Wasserspeier schmücken Säule und Becken. Die Häuser der breiten, hellen, sozusagen gekrönten Straße, im Krieg weithin unzerstört, zu DDR-Zeiten vernachlässigt, sind größtenteils subtil restauriert. Die strenge Bauordnung des ehrgeizigen Fürsten, die Tendenz zur Vereinheitlichung der Grundstrukturen ist heute noch spürbar: Die beiderseitigen geschlossenen Häuserreihen zwischen Wallgäßchen und Palaisplatz haben jeweils ein Erdgeschoß, zwei Obergeschosse und ein Dachgeschoß mit einer Doppelreihe von Dachfenstern und Gauben – bei strikter Observanz der gleichen Fluchtlinien, Trennung des Erdgeschosses von den oberen Stockwerken durch ein Gurtgesims, präzise symmetrische Teilung in vertikale Achsen und ausschließliche Betonung der Mittelachsen mit dem Eingang, nur dort ist Fassadenschmuck. Einige Häuser haben Hauszeichen als Symbole, Schmuckwerk oder

Signum für Beruf oder Amt des Eigentümers: Zum Beispiel zeigt Haus 10 einen goldenen Anker auf leuchtendblauem Grund als Symbol des glücklichen Hafens, Haus 12 golden auf braunem Grund »Merkurstab, Anker und Musikinstrument« für »Handel, Hafen und Musen« (Quinger). Die Farben der Fassaden sind fein abgestimmt und dezent: gelb, beige, ocker, weißlich, hellgrau, hell-bläulich, rosa. Kleine, auch exquisite Läden, interessante Restaurants sowie Passagen, Durchgänge und Hinterhöfe schaffen Atmosphäre um die Straße.

Zu den glücklichen Kuriositäten einer von Geschichte und historischem Wandel geprägten Stadt wie Dresden gehört es, daß ausgerechnet Johann Joachim Winckelmann, der Wegbereiter des Klassizismus, um 1755 in der Königstraße wohnte. Eine Tafel am sogenannten Durchgangshaus 10 fixiert seinen und den Wohnsitz des Maler-Freundes Oeser dorthin; beide verkehrten und lernten bei dem Antike-Fachmann Lippert, an den in der Mittelachse von Haus 5 eine goldene Inschrift erinnert. Jedenfalls verfaßte Winckelmann in Dresden seine bahnbrechende Schrift »Gedanken über die Nachahmung der griechischen Werke in Malerei und Bildhauerkunst«; er widmete sie auf Anregung von Staatsminister Brühl Friedrich August II. und huldigte der Stadt programmatisch: »Dresden wird nunmehr Athen für Künstler.«

Die Königstraße führt schnurgerade zum größten augusteischen Profanbau der Neustadt: dem Japanischen Palais. Vor uns steht jenseits von Palaisteich und Großer Meißner Straße ein monumentales zweieinhalbgeschossiges, schloßgroßes Vierflügel-Gebäude mit einer Kuppel über dem imposanten Eingangsrisaliten, mit vier dreiachsigen Ecktürmen unter doppelgeschwungenen Dachaufbauten; alle Dächer sind kupfergrün.

Das Palais entstand in mehreren Zeit-Schritten; den entscheidenden tat August der Starke, als er 1717 das noch kleine, nach der Nationalität des damaligen Besitzers benannte Holländische Palais kaufte. Er nutzte es 1719 zur Hochzeitsfeier seines Sohnes und begann danach eines seiner hochfliegenden, doch nie vollendeten Unternehmen: ein Porzellan-Museum, das alle Meißner und chinesisch-japanischen Schätze speichern sollte, in seinen Worten »Esquelleten, annatomics, naturalia, mineralia. vegetas, asquatik, modelles, laboratoir, antiken, medalgen, etampes, geografics, curiositetten, meisterstikes, golt und silberne arbeit, helfenbein, criestal, stenerne vasen, gallanterien, jubelen, preciosen.« Die Vorliebe des Fürsten gab dem Haus den Namen, aber das Aussehen nur begrenzt, denn Augusts etwas hybride Vorstellung eines Porzellanschlosses mit porzellanverkleideten Fassaden und porzellangedeckten Dächern scheiterte selbstredend. Das Palais hatte aber über die Jahrhunderte hinweg immer Raum für Beherbergungen, auch durch die Ausbauten, wobei, für längere Zeit unter Pöppelmanns Direktion, auch Meisterarchitekten wie Zacharias Longuelune, Jan de Bodt und Johann Christoph Knöffel beschäftigt waren. So wurden hier zeitweilig die Antikensammlung, das Münzkabinett, die Porzellansammlung untergebracht; die längste Zeit, von 1788 bis 1945, war die kurfürstlich-königliche, die spätere Sächsische Landesbibliothek hier zu Hause – und öffentlich zugänglich, getreu der Inschrift auf dem Vorhallen-Architrav: »Museum usui publico patens«. Seit 1957 bietet das nach der Zerstörung 1945 noch nicht völlig wiederaufgebaute, das rechte Elbufer prägende Gebäude dem Landesmuseum für Vorgeschichte und dem Staatlichen Museum für Völkerkunde die Heimstätten.

Wir lenken die Aufmerksamkeit jetzt auf ein über den Bau verteiltes, mit ostasiatischem Reiz und Glanz versehenes Skulpturenprogramm. Der große Neustadt-Bildhauer Thomae krönte den Mittelrisaliten zur Straße mit einem figurenreichen Dreiecksgiebel, in dessen Feld er, so Fritz Löffler, »ein Halbrelief mit der Darstellung der Huldigung der Porzellan herstellenden Völker vor einer Saxonia schuf«. Im Kontrast zu diesen kleineren, filigran durchgearbeiteten, gehäuft auftretenden Giebelfiguren ragen an beiden einander gegenüberliegenden Treppen der Vorhalle zwei japanische oder chinesische Portal-Atlanten als wahre Riesen hervor. Sie stemmen sich gegen das steinerne Gebälk, haben grobe Physiognomien und tragen wuchtig aus dem Stein geschlagene Kleidung.

Stärker als bei diesen einzelgängerischen Kerlen zeigen sich die ostasiatischen, für das augusteische Zeitalter also modischen Elemente des Palais an der Elbseite des Innenhofes: Hier tragen vierundzwanzig Hermen, zwölf an einer Längs-, je sechs an beiden Schmalfronten einen dreiseitigen, galerieartigen Umlauf im ersten Stock. Ihre suchenden, greifenden, zupackenden Hände in Kopfhöhe sind vielfältig nuanciert; die teilweise leicht fratzenhaften Gesichter ausnahmslos spitzbärtig, die ältlichen Köpfe tragen Spitzhüte, vereinzelt in helmartiger Gestalt. Alle Hermen zeigen nackte runde Bäuche, etliche mit großen Nabellöchern; mehrere haben kleine, zitzenartige Brüste – hermaphroditisch. Nur Bäuche und Brüste sind entblößt, die Körper ansonsten bekleidet, anders als bei den zwölf Zwinger-Hermen, und anders als diese haben die Palais-Hermen nichts Athletisches, nichts Sexuelles an sich. So empfinden jedenfalls wir europäisch Eingeschworenen, denen die Bauch-Zeiger sogar karikaturenhaft vorkommen, wie sie ihr Schöpfer, der Bildhauer Oberschall, aber wohl nicht gemeint hat. Über die zahlenmäßige Verdoppelung seiner Hermen, verglichen mit denen vom Zwinger, läßt sich spekulieren – sie ist vielleicht eine zitatartige Anspielung oder eine Huldigung, eine Übersetzung ins Exotische? Ein künstlerisches Übertreffen der Wallpavillon-Hermen durch die ostasiatischen Brüder ist sicher gleichfalls nicht gemeint: Die Hermen vom Japanischen Palais sind reizend, originell, amüsant, den skulpturalen Hochrang der Schöpfungen Permosers und seiner Gesellen erreichte Oberschall nicht.

Wir verlassen das Palais. Wir betrachten nahe dem Westflügel Ernst Rietschels Denkmal des ersten Königs von Sachsen, Friedrich Augusts I., »des Gerechten«. Es zeigt den kolossalen Unterschied zwischen ihm und seinem Urgroßvater, dem Goldenen Reiter:»August der Starke sprengt auf kurbettierendem Pferde und gerüstet daher, den Marschallstab in der Rechten, ganz Held und König. Sein Urenkel, mit Buch und Szepter auf dem Thron sitzend, neigt sinnend sein Haupt. Er ist nicht mehr der glänzende Fürst-Halbgott des Absolutismus, sondern der besorgte, weise Beamte oder Gelehrte einer bürgerlichen Zeit«, meint Löffler; ob der Thronende wirklich weise war, bleibe dahingestellt.

Wir wandern zum Albertplatz zurück, passieren in der Theresienstraße das Nieritz-Denkmal mit dem gen Himmel gerichteten Büsten-Kopf und treten am Kästner-Memorial in die Alaunstraße ein, von der Inneren in die Äußere Neustadt wie in eine andere Welt: Keine breite Allee, keine Platanenreihe, keine historischen Denkmäler, nur am Nordende der Straße auf einem Hügel über dem Alaunplatz die riesige ehemalige Garnisonskirche – eine eher schmale, baumlose, aber bevölkerte Straße, Kleinkinder in Wagen und Buggies, Hunde, auffällig viele junge Leute und sichtbar allerlei verschiedene Nationalitäten, mehrere geschlossene, drei- und vierstöckige Häuserfronten der Gründerzeit, und beiderseits in vielen Erdgeschossen buntsortierter Handel. Im Frühherbst 2004 zählen wir über hundert Geschäfte unterschiedlicher Art, Größe (oder Kleinheit), Namensgebung, Färbung, Reklame und Nationalität. Da sind zwischen 50 und 60 Läden, darunter zwei Kaufmärkte, aber Textilien führen mit 13 Shops, je fünf Bäcker, Lebensmittelhändler, Läden aus Afrika, Asien, Nordamerika, vier Musikläden, auch die Schallplatte blüht noch, dazu Gemischtwaren, Weine und Spirituosen, Computer und Funk, Möbel-Design, Schuhe und Strümpfe, Secondhand mit Allfarbenfassade, Metallwaren mit Messer, Schlüssel und Schloß, Spielwaren, Schreibzeug, Bücher, Zeitungen die Menge, Armyshop, Skateboard-Shop, Wohnraumaccessoires, Drogerie, bunt, manchmal auch laut und frech, alles bei-, über- und durcheinander, davon lebt das Quartier, rascher Wechsel, Leerschaufenster, und hineingemischt sage und schreibe an die 30 Restaurants, Kneipen, Cafés, Bars für jeden Gaumen auf fünf- oder sechshundert Meter Straßenstrecke, allein fünf Italiener, mehrere Türken, Büdchen und große Tafeln, musikgefüllt, dazu Schönheitspflege, Reisebüro, du kannst hier wirklich fast alles haben, alles schön im Parterre, Optiker, Wohnungsvermittler, Klempner, Polsterer, sogar ein Lautsprecher-Hersteller, und mittendrin das Scheune-Areal, Gaststätte, Kino, Musik vieler Schattierungen, Bühne, Verlag. Und alles mit einem kräftigen Schuß Chaos, Flitter, Lärm, Gelächter, Abfall, Gesang, Trunkenheit, sonderlich nachts.

Einen Straßenzug weiter östlich erreichen wir das Rechteck, das die Ich-Figur von Jens Wonnebergers Roman »Ums Karree« täglich mehrmals durchstreift: Sebnitzer Straße (etwa ihr mittleres Stück, geschlossene Häuserreihen fast ohne Läden und Kneipen), Kamenzer Straße (die südliche Hälfte mit dem langgestreckten, von Medaillons und einem Frauenplastiken und Reliefs tragenden Pfeilergiebel geschmückten gelben Klinker-Doppelhaus 20/22, einer Suppenküche und dem Herbert-Wehner-Bildungswerk; sonst farblos), Louisenstraße (eine mittlere Teilpartie mit ähnlich bunten Erdgeschossen wie die Alaunstraße) und Görlitzer Straße (gleichfalls eine farbenfrohe Verkaufs- und Vergnügungsstraße, mittendrin die graue 15. Mittelschule).

Die vorgestellten Straßen liegen im Herzen der Äußeren Neustadt, die ihrerseits außerhalb des ehemaligen Festungsgürtels wuchs. Sie wurde durch die Wende nach anhaltendem Verfall vor drohendem Abriß der reichen Gründerzeit-Bausubstanz weitgehend bewahrt: »Am Anfang war ich ein Ruinenverwalter«, sagte der Ortsamtsleiter Künzel im Januar 2001; die Rettung gelang mit schneller, großzügiger Hilfe der Patenstadt Hamburg, die eine »Stiftung Äußere Neustadt« ermöglichte. Gegen die drohende Grundstücksspekulation riefen Künstler, Alternative, auch sozial Schwache die »Bunte Republik Neustadt (BRN)« aus: das seither alljährliche Fest einer gleichermaßen beliebten wie bekämpften Szene mit zu Zeiten heftigen Auseinandersetzungen zwischen Linken und Skinheads, zwischen aufmüpfigen Bewohnern wie auch Besuchern und der manchmal überforderten Polizei – in einem Viertel, das sich immer mehr zu einem Dorado gastronomisch-ungehemmter Erlebnis-Sucher entwickelte. Die »Bunte Republik Neustadt« war, vor allem wegen Gewaltausbrüchen und nächtlicher Lärmorgien, mehrmals vor dem Verbot. Es erhoben sich, zum Beispiel im »Neustädter Kreis«, der im Namen einer großen Anwohner-Mehrheit zu sprechen beanspruchte, bittere Klagen über die Zustände ums Karree: eine zu hohe Zahl bedenkenlos lizensierter lauter Gaststätten (über 300 Ende 2003), die Vertreibung von Anwohnern durch unerträglichen Nacht-Krach, zunehmende Verschmutzung (»am schlimmsten ist die Hundescheiße«, stöhnt eine alte Frau in Wonnebergers Roman), den Terror häufig auftretender Randalierer, Ausgeflippter, Volltrunkener und Schlägertruppen, Leerflaschen- und Verpackungsmüll, Notdurft-Dreck der Straßenkonsumenten und die wohl von niemandem bestrittene Parkplatznot. Verteidiger der »BRN«, Lobpreiser der Lebendigkeit und Originalität des Quartiers suchten in einer Privatumfrage mit freilich nur 600 Teilnehmern die Klagen als Übertreibungen kleiner Minderheiten, etwa von Hausbesitzern, abzuwerten. Im Juni 2004 zeigte sich bei der 14. »Republik« die tiefe Zwiespältigkeit der Situation: Einerseits fröhliches Treiben vieler Tausende, phantasiereicher, ausgelassener Festzug, andererseits zwei Feuer binnen kurzer Zeit durch offensichtliche Brandstiftung, die eine zerstörte das Stadtteilhaus Prießnitzstraße 18, und an der Ecke Alaunstraße/Bischofsweg tobten an die 200 Chaoten mit Feuerwerkskörpern, Nebelbomben, Dynamo-Gebrüll gegen die Polizei. Wann wird Vernunft und Friedlichkeit in der Äußeren Neustadt einkehren? Sie hätte es verdient.

Wir halten ein. Wir nennen etliche Schätze und Sehenswürdigkeiten, die den oft ignorierten markanten Anteil der Neustadt im Stadtbild beispielhaft zeigen: Der Martin-Luther-Platz nahe dem Karree, umgeben von viergeschossigen Bürgerhäusern, die einschiffige, kompakte Kirche gleichen Namens (1883–1887), neogotisch mit neoromanischen Detailelementen, ein basilikaartiger Baukörper mit schlankem, weithin sichtbarem Westturm; der alte jüdische Friedhof an der Nordecke des Platzes, 1751 bis 1868 genutzt, ergreifend-stumme Starrheit der stehenden Grabsteinreihen, dort auch die letzte Ruhestätte von Fontanes Dichter-Freund Wilhelm Wolfsohn; das Kraszeswski-Museum (Nordstraße), Erinnerungsstätte für den polnischen Schriftsteller, der von 1863 bis 1884 in Dresden lebte und hier die sächsisch-polnische Romantrilogie »Gräfin Cosel«, »Brühl« und »Aus dem Siebenjährigen Krieg« schrieb; »Pfunds Molkerei«, das Terrain des Milch-Großkaufmanns und ersten deutschen Kondensmilch-Produzenten Paul Pfund mit dem skurril-phantastischen Laden Bautzner Straße 79 in Jugendstil-Farbfliesen; nördlich des Karree-Viertels die schnurgerade in Südost-Nordwest-Richtung verlaufende Stauffenbergallee; an ihr die neoromanische Garnisonskirche St. Martin von Lossow und Viehweger (1896–1900), Simultankirche mit evangelischer und katholischer Halle, wuchtig, Mauern, Seitentürme, Gestein wirken beinahe burgartig, bis 1918 Armee-Gotteshaus, an der Südseite unter ihr der Alaunplatz, ehemals Exerzier- und Paradeplatz des sächsischen Heeres, jetzt Park; schräg gegenüber der Kirche das ausgedehnte frühere Arsenal, heutige Militärhistorische Museum mit dem ersten deutschen U-Boot »Brandtaucher« und umfangreichen Sammlungen; davor im kleinen Park das sowjetische Ehrenmal, auf mehrteiligem Sockel ein Soldat in Kampfausrüstung, mit Siegesfahne in der Linken, die Rechte zum Handgranatenwurf ausholend, hinter ihm ein kniender schußbereiter Rotarmist; und um die Allee herum die Albertstadt überhaupt, Kasernengelände zunächst für bis zu 20000 sächsische Soldaten, dann für die Hitler-Wehrmacht, die Rote Armee, die NVA der DDR, jetzt Heeresoffiziersschule der Bundeswehr, und inmitten der Kasernen jahrzehntelang die Sächsische Landesbibliothek. Wir finden stadtauswärts nördlich in der ehemaligen Heeresbäckerei das hochwichtige Stadtarchiv mit Dokumenten seit dem 13. Jahrhundert; nordwestlich das erst im 19. Jahrhundert begründete, Ende des Jahrhunderts stark proletarische und extrem dichtbesiedelte, von Erich Kästner herrlich geschilderte Hechtviertel, benannt nach einem Oberförster gleichen Namens; und dann zurück in Flußnähe das mächtige Hauptstaatsarchiv und den Jägerhof, genauer: den Westflügel dieses vom Kurfürsten August ab 1569 errichteten Gebäudes für seine Jagdpassion, mit Renaissance-Giebel und drei Treppentürmen, das heutige Museum für sächsische Volkskunst; schließlich fast am Elbufer Gesamtministerium und Finanzministerium als Neorenaissance-Selbstdarstellungen des schon wankenden Herrscherhauses Wettin und seiner Bürokratie.

Wir steuern am Ende unseres Spaziergangs drei einprägsame Punkte an. Zuerst den verwinkelten Hinterhof Alaunstraße 70 oder Görlitzer Straße 21–25, eine Passage mit gedeckten Zugängen, ein ehemals düsteres Areal, jetzt vielfarbiges, anregendes und doch stilles Terrain mit Restaurants, Buchladen, »echtem« Holperpflaster und dem »Hof der Fabelwesen« mit einem langgezogenen, bootbefahrenen Fluß des Lebens, mit Wundervögeln, Schlangen, langhalsigen, gehörnten Vierbeinern, Phantasie-Tieren aus portugiesischen, in den feuchten Putz gedrückten Ornamentfliesen, dazu Sandsteinfiguren; dann der »Hof des Lichts« mit großen Metallspiegeln vor hellblauen Wänden, mit Stegbühnen und Projektionsflächen für Performances und Installationen; dann der »Hof der Tiere« mit Giraffen- und Affen-Reliefs; und der »Hof der Metamorphosen« mit sechs tonnenschweren, bis zu 15 Metern an Wänden aufragenden Metallstelen einerseits, mit 24 verschieden auf Sonnenschein reagierenden Papieren in Fensterchen andererseits; schließlich der »Hof der Elemente« mit zwei farblich stark kontrastiven Wänden, die aquamarinblaue mit einem Netzwerk von Regenrinnen, Trichtern, Blechtrompeten und halbstündigen Wasserkonzerten, die gelbe mit aufmontierten, wie aufgerollten goldfarbenen Alu-Blechen. Die ganze Kunsthof-Passage ist wohltuend schön mit den unterschiedlichsten Pflanzen, auch kleinen Bäumen besetzt, für die durchaus differenten Künstlerinnen, Künstler, Kunstauffassungen gilt Einigkeit in einem: Sie schufen eine vitale Insel, eine harmonische Oase.

Der zweite Ort ist das neue Hotel »Bellevue« zwischen Japanischem Palais und Blockhaus. Für das von Japanern Anfang der achtziger Jahre gebaute Haus sollte das Kollegienhaus, das letzte erhaltene Barockgebäude der Großen Meißner Gasse, gesprengt werden. Dramatische Proteste verhinderten die Untat; das Baudenkmal wurde in der Hotelmitte eingefügt. Wir gehen zur Elbseite hinunter und schauen am Ort des Canaletto-Blicks hinüber zur Großen Silhouette.

Den dritten Ort erreichen wir nach dem Rückweg über die Augustusbrücke. Vor der Kunstakademie stehend, könnten wir ihn den Atelierblick nennen. Es hängen vor unseren Augen sechs außerordentliche Neustadt-Bilder, in Öl gemalt von Kokoschka, der 1919 bis 1923 sozusagen hinter uns lehrte, bis er der Stadt wegen deren künstlerischer Begrenztheit den Rücken kehrte, und die Bilder gewissermaßen über unsere Schultern hinweg aus dem Atelierfenster malte, die Staatlichen Kunstsammlungen erwarben sie, die Nazis konfiszierten sie in der Aktion »Entartete Kunst«, keines kam zurück, sie hängen jetzt in Hamburg und mehreren Städten der USA. Alle Neustadt-Ansichten Kokoschkas entstehen nur aus Farben, aus starkfarbigen Flächen, Flecken, Streifen,

Fetzen, Pinselbahnen bei heftigem Farbauftrag, aus einer ungeheuren Skala von Vollfarben, Nuancierungen, Schattierungen, Kontrastierungen, Spiegelungen, Verfließungen, Überschwappungen, Ausfaserungen. Die Neustadt entsteht vor unseren Augen, die »Neue Königstadt« leuchtet in einer Revolution der farblichen Kunstmittel.

Ardenne und andere

Vom stromabwärts gerichteten Geländer des »Blauen Wunders« schweift der Blick den Loschwitzer Elbhang hinauf und faßt eine große, schneeweiße Kugel, daneben eine große Villa mit kuppelartigem, kupfergrünem Obergeschoß, das von einem gleichfarbigen Türmchen gekrönt ist; Villa und Kugel sind weithin sichtbar. Geht man über die Brücke zum Loschwitzer Körnerplatz und von dort zur steilen, großpflastrigen, neben der Bergbahn verlaufenden Straße Plattleite, gelangt man auf ein Hochplateau, ein Viertel mit reichlich Villen und Gärten; an etlichen Gebäuden liest man immer denselben Namen, zum Beispiel »Von Ardenne Ablagen Technik« (Plattleite 27/29 und Zeppelinstraße 1) oder »Von Ardenne Zentrum für Sauerstoff-Mehrschritt-Therapie« (Plattleite 31 und – wohl das Haupthaus – Zeppelinstraße 8), daneben (Zeppelinstraße 7) das von unten erblickte, grünbedachte, mit herrlichem Weitblick über Stadt, Elbtal und Erzgebirge ausgezeichnete Gebäude, der Wohnsitz des großen Naturwissenschaftlers, Technikers, Erfinders Baron Manfred von Ardenne (1907–1997); der Besucher liest auf drei kleinen Namensschildern: Bettina von Ardenne (die Witwe), Thomas und Alexander von Ardenne (die älteren Söhne); die weiße Kugel im Garten ist das größere von zwei Planetarien des Instituts. Der Besucher befindet sich im hochgelegenen Terrain Oberloschwitz/Weißer Hirsch; das Ardennesche Areal ist allseits zugänglich. Manfred von Ardenne war, insbesondere mit der letzten Fassung seiner Autobiographie »Erinnerungen, fortgeschrieben«, auch ein herausragender Dresdner Zeitzeuge deutscher Geschichte vom Ende des Wilhelminischen Kaiserreiches bis zur Wiedervereinigung.

Manfred von Ardenne, 1907 in Hamburg geborener Offizierssohn, Lieblingsenkel seiner skandalisierten Großmutter Elisabeth, geb. Freiin von Plotho (1853–1952), einer ungewöhnlichen Persönlichkeit, des Urbilds von Theodor Fontanes »Effi Briest«, zog 1904 mit der Versetzung des Vaters ins Kriegsministerium nach Berlin um und entwickelte sich dort zum technisch-naturwissenschaftlichen Früh-Genie. Der anfangs noch kindliche Bastler und Experimentierer betrieb, mit reichlichen Pannen, Streichen und Unfällen, breitgestreute, erfindungs- und erfolgreiche Versuche, zum Beispiel mit hochfrequenten Tesla-Strömen, Scheinwerfern, drahtloser Telegraphie, illegalem Funkverkehr, Radiotechnik und Elektronenröhren. Er richtete zunächst ein provisorisches chemisches Laboratorium ein, mietete später mit selbstverdientem Geld das beste Zimmer der Wohnung als Labor, war mit Siebzehn finanziell selbständig, hatte 1923 sein erstes Patent im Bereich der drahtlosen Telegraphie sowie das »Funk-Ruf-Buch« als erste Publikation und verließ im gleichen Jahr die Schule mit Primareife. Er absolvierte, befürwortet vom Chemie-Nobelpreisträger Walter Nernst, vier Semester Grundlagen-Studium in Physik, Chemie und Mathematik: Es verschaffte ihm, wie er in seiner Autobiographie erzählt, einerseits »das für den ersten Beginn notwendige theoretische Wissen«, andererseits erhielt er »einen unerhört starken Impuls« durch das Vorbild so berühmter Wissenschaftler wie Einstein, Planck, von Laue, Nernst an der Berliner Universität.

Er knüpfte umfangreiche Kontakte zu Forschern und Firmen, gewann schon als junger Mann einen Namen und gründete 1928 im gekauften Haus Lichterfelde Ost, Jungfernstieg 19, ein Labor, das schließlich zu einem richtigen Institut anwuchs: mit Forschung und Erfindung, nicht mit Fabrikation als Zentrum. Eine in später Zeit verfaßte Liste des Wissenschaftlers nutzend, seien hier wichtige Ergebnisse seiner rastlosen, nahezu universellen Arbeit vorgestellt: Elektronische Schallplattenaufnahme-Technik (1924); Rundfunk-Technik, so die »Loewe«-Dreifachröhre (1925); Grundelemente der späteren elektronischen Fernsehtechnik: Breitbandverstärkung und Elektronenstrahl-Oszillographie (1926 ff.); sodann Fernsehtechnik mit Elektronenstrahlröhren, dabei die hochwichtige Erfindung des Leuchtfleck-Bildabtasters, auf der Funkausstellung 1931 »zusammen mit der Firma Loewe, ein vollelektronisches Fernsehen mit 100 Zeilen (...), die erste öffentliche Vorführung dieser Art auf der Welt« (so der Erfinder des PAL-Farbfernsehsystems, Walter Bruch, über Ardennes Erfolg); fernerhin Beiträge zur Radartechnik, zur Bildwandlertechnik (1933/34), verschiedene Arten von Elektronenmikroskopen (ab 1936) und industrielle Isotopentrennungstechnik (1945).

Die gedrängte Übersicht ist unerläßlich, weil Manfred von Ardenne durch ebendiese universelle Forschungsarbeit und das Lichterfelder Institut schließlich nach Dresden gelangte: auf auch für ihn selbst überraschenden, ja abenteuerlichen Umwegen. Er konnte gefährliche wie unangenehm-verlockende Situationen in der Nazizeit mit hohem Geschick unterlaufen und das Institut nahezu unversehrt ins Kriegsende retten. Sowjetische Experten müssen sehr genau über ihn Bescheid gewußt haben: Hohe Offiziere ließen sofort einen Sicherheitskordon um das wertvolle Gelände legen; danach ging alles schnell: Am 19. Mai 1945 unterbreitete der Generaloberst Saweniagin Ardenne den »Vorschlag seiner Regierung, Aufbau und Leitung eines großen, für die Sowjetunion arbeitenden, technisch-physikalischen Forschungsinstituts zu übernehmen«. Die vorgeschlagene Thematik, darunter die Isotopentrennung, zielte auf Fortsetzung der Lichterfelder Arbeit, und Ardenne schlug sofort ein. Zwei Tage später flog er mit vierköpfiger Begleitung, dabei seine Frau, nach Moskau – vermeintlich für zwei Wochen zum Abschluß des Vertrages: »Aus diesen vierzehn Tagen ist dann eine 10jährige Internierung zur Leistung von Reparationen für Deutschland geworden.« Solche Maßnahmen hatten die Siegermächte, wie Ardenne wußte, im Februar 1945 auf der Konferenz von Jalta beschlossen; allzu überrascht kann der deutsche Wissenschaftler nicht gewesen sein, den Ausdruck »Falle« jedenfalls benutzte er nicht, zumal kurz darauf die Kinder, die Betreuer, die Mitarbeiter und, in 750 Kisten sorgsam verpackt, das gesamte Lichterfelder Inventar nachkamen und die folgende Internierung materiell luxuriös war, auch wenn die Deutschen immer – höflich! – bewacht blieben und nie ohne russische Begleitung ausgehen durften.

Der heikle Kern der Reparationsleistung (und die Quelle sowjetischer Dankbarkeit, die sich in großzügigen Bedingungen bei der späteren Wahl Dresdens niederschlug) enthüllte sich nach dem Abwurf der amerikanischen Atombomben auf Hiroshima und Nagasaki: Ardenne wurde Mitte August 1945 zu Marschall Berija befohlen, »dem gefürchteten Leiter der NKWD«, der ihn in Gegenwart russischer Kernphysiker und Militärs mit der Aufforderung begrüßte: »Die Regierung der Sowjetunion wünscht, daß in dem Institut, dessen Direktor Sie werden, die Entwicklung unserer Atombombe stattfindet.« Nach nur zehn Sekunden Überlegung gelang Ardenne in dieser äußerst prekären Situation ein genialer Schachzug: Er dankte für das ihm erwiesene Vertrauen und erklärte dann: »Die Lösung des Problems, um das es hier geht, hat aber zwei verschiedene Bereiche: 1. die Entwicklung der Atombombe selbst und 2. die Entwicklung des Isotopentrennverfahrens im industriellen Maßstab zur Gewinnung der Kernsprengstoffe wie Uran 235. Die Isotopentrennung ist der eigentliche und sehr schwierige Engpaß der Entwicklung. Ich schlage deshalb vor, daß allein die Isotopentrennung zur Hauptaufgabe für unser Institut und die deutschen Spezialisten bestimmt wird und daß die hier vor mir sitzenden führenden Kernphysiker der Sowjetunion die Entwicklung der Atombombe als große Tat für ihre eigene Heimat vollbringen.« Nach kurzer Beratung mit den Kernphysikern akzeptierte Berija die vorgeschlagene Aufgabenteilung; in den gefährlich engen Grenzen hatte der deutsche »Gast« sein Ziel erreicht. (Fünfzehn Jahre später, die Ardennes lebten längst in Dresden, sagte Chruschtschow spontan, als Grotewohl ihm den deutschen Helfer vorstellte: »Ach, Sie sind der Ardenne, der damals seinen Hals so geschickt aus der Schlinge gezogen hat!«)

Ardennes Autobiographie verschweigt nicht, daß Saweniagin ihn schon vor dem Empfang bei Berija zur Mitarbeit an der sowjetischen Atombombe gedrängt hatte, er aber zunächst schwere Bedenken dagegenhielt. Er ließ sich schließlich davon überzeugen, daß Kernwaffen in sowjetischer Hand im Interesse des Weltfriedens lägen; auch für seine Mitarbeiter erklärt er: »Es war unsere Hoffnung, daß durch schnelle Schaffung des nuklearen Patts der Ausbruch eines nuklearen dritten Weltkrieges verhindert werden würde. Diese Auffassung bildete für uns alle die moralische Rechtfertigung für unsere Mitwirkung bei Schaffung der technischen Voraussetzung für den Bau von Kernwaffen.« An dieser Position, eingeschlossen die unterschwellige Verdächtigung der Amerikaner, wird Ardenne bis zu seinem Lebensende uneingeschränkt festhalten.

1945 führt er die deutschen Wissenschaftler in das neu eingerichtete »Institut A« in Sinop bei Suchumi, in landschaftlich schöner Gegend Grusiniens, am Schwarzen Meer nahe dem Kaukasus. Die Hauptarbeit war der geforderte Beitrag zur technischen Voraussetzung des Atomwaffenbaus. Etwa seit 1950 konnte sich das deutsche Team daneben eigenen Forschungsaufgaben widmen, unter anderem der Erschließung der »Duoplasmatron-Ionenquelle (...) mit fast hundertprozentiger Ionenausbeute« und dem Präzisions-Elektronenstrahl-Oszillographen – beide bildeten »einen Teil des geistigen Fundaments, auf dem nach der Rückkehr das Forschungsinstitut in Dresden aufgebaut wurde«. Für dieses

Unternehmen, einen Meilenstein der Dresdner Technik- und Industrie-, ja auch seiner Politik-Geschichte, fällte die sowjetische Führung eine großzügige Entscheidung, »die für mich«, so Ardenne in der Selbstbiographie, »und den Aufbau des späteren Dresdner Instituts von größter Tragweite war: Mein ganzes bei Kriegsende nach Suchumi transportiertes Inventar des Lichterfelder Instituts sollte nicht als Reparationsleistung angesehen werden, sondern mein Privateigentum bleiben und bei der Rückkehr nach Deutschland wieder mitgenommen werden dürfen. Die Überführung erfolgte im Herbst 1954 ohne Schwierigkeiten. Meine Entscheidung für Dresden (DDR) als Ort unseres künftigen Instituts hat die entgegenkommende Festlegung in Moskau sicher begünstigt oder gar ermöglicht.« Die Grenzen der großzügigen Festlegung offenbarte Ardenne nach der deutschen Wiedervereinigung: Er durfte das Inventar nur in die DDR, nicht in die Bundesrepublik mitnehmen!

Warum aber gerade Dresden? Er gibt dafür eine ganze Reihe verschiedener, in der Anziehungskraft der Stadt aber zusammenwirkender Gründe: die schöne landschaftliche Lage am Elbebogen; die reizvolle Umgebung mit Dresdner Heide, Elbsandstein- und Erzgebirge; Dresdens Ruf »als Stadt der Musik und bildenden Kunst«; die aus der Ferne bewunderten »erfolgreichen Bemühungen« um den Wiederaufbau »unter den so unendlich schwierigen Verhältnissen nach Kriegsende«; die Existenz der »großen Technischen Hochschule, der zahlreichen wissenschaftlichen Spezialinstitute und Bibliotheken sowie der vielen in diesen Instituten tätigen Wissenschaftler«; die Tatsache, daß sich in Dresden nach Krieg und Ende der Reparations-Demontagen »viele Industriebetriebe, Werkstätten und Handelszentren auf den Gebieten der Elektrotechnik, Nachrichtentechnik, Feinmechanik, Optik, Metallurgie, Glastechnik und Chemie etabliert« haben, so daß das eigene Institut »rasch mit tüchtigen Fachkräften« und mit Spezialgeräten, Materialien, Fertigungshilfen versorgt werden kann. (Übrigens verzeichnet Ardenne später technisch-industrielle Impulse, auch Neugründungen, durch sein Institut in Stadt und Umgebung, zum Beispiel »das Zentralinstitut für Kernphysik mit dem Atomreaktor in Rossendorf bei Dresden«, die Kerntechnische Fakultät der TH, »die elektronische Datenverarbeitung (Robotron, Rafena)« nach einem Gespräch mit Ulbricht, den 2-Millionen-Volt-van-de-Graaff-Generator beim Dresdner VEB-Transformatoren-und Röntgenwerk.)

Ein organisatorisches Meisterstück Ardennes begann im Frühjahr 1952 in Sinop: der »dreijährige Aufbau des ersten Instituts- und Wohnkomplexes auf dem Weißen Hirsch«, mit tatkräftiger Hilfe mehrerer Dresdner »Vorposten«. Ardennes Schwager Hartmann hatte schon Ende 1950 mit der Suche nach einem geeigneten Terrain angefangen. Mit dem Erwerb des Grundstückes Plattleite 27/29 war der Grundstein des Komplexes gelegt; mit der Ankunft der Rückkehrer im Frühjahr 1955 konnte das arbeitsbereite Forschungsinstitut »so schnell und so leistungsfähig wie möglich« anlaufen – ein Text mit gewissen durchaus kafkaesken Zügen belegt die geniale Fernsteuerung: »Schon während der Kaufverhandlungen hatten wir anhand der Haus- und Grundstückszeichnungen die bis ins einzelne gehenden Pläne für die künftigen Laboratorien, Werkstätten und Wohnungen ausgearbeitet. In der Baubeschreibung, einem Buch von mehr als hundert Seiten, fand sich jede Steckdose, jedes anzufertigende Labormöbel, der Aufstellort jedes Laborgeräts, die Anordnung jedes Möbelstücks und jedes Gemäldes im Raum genau bezeichnet. Über tausend Briefe steuerten den Aufbau aus der Ferne, und die allwöchentlich eintreffenden Fotos und Berichte von den Fortschritten waren eine sich immer wieder erneuernde Quelle von Freuden und angenehmen Einrichtungen.«

Durch die Grundstückskäufe auf der Plattleite und der Zeppelinstraße, die nach der Rückkehr noch verstärkt stattfanden, entstand jenes kleine, aber allseits offene Quartier, von dem schon die Rede war, zu DDR-Zeiten ein ganz unsozialistisches, zweifellos nur durch sowjetische Rückendeckung überhaupt mögliches Unikat: das absolut einzige private Forschungsinstitut des ostdeutschen Staates. Akribisch stellt Ardenne die finanzielle Grundlage dafür dar: Seine russischen Gehälter, seine Preise, so der Stalinpreis, konnten, wie auch die Einkommen der Mitarbeiter, zu erheblichem Teil mit günstigem Kurs auf DDR-Konten überwiesen werden; so konnte Ardenne die Kauf- und Baukosten selbst aufbringen und »die sehr ungewöhnliche Tatsache« derartigen Privateigentums erklären und es sichern: »Durch die beschriebene Finanzierung aus eigener Arbeit war der private Status meines Instituts in der DDR-Wirtschaft gesichert und politisch unangreifbar.« So sind auch Versuche vorprellender, wahrscheinlich von Honecker gesteuerter SED-Funktionäre, den Privatstatus und die Unangreifbarkeit zu beseitigen, letztlich im Sande verlaufen, wozu die sowjetische Rückendeckung aus Dankbarkeit sicher ebenfalls beigetragen hat.

Im Dresdner Institut bildeten sich rasch neue Technik-Themen und Innovationen mit entsprechenden Patenten und Publikationen heraus, zum Beispiel der verschluckbare Intestinalsender für ärztliche Diagnostik der Verdauungsorgane, die EA-Massenspektographen für Molekulargewichtsbestimmungen, der Elektronenstrahl-Mehrkammerofen, eine zumal im Ostblock ökonomisch sehr erfolgreiche Konstruktion, und andere Formen der Elektronenstrahl-Technologie, die Sonographie (Ultraschallbild-Technik zur Patientendiagnose) sowie die Vakuumbeschichtungs-Technik. Bedeutende Teile der Produktion deckten Bedürfnisse der DDR und anderer sozialistischer Staaten, so die Mehrkammeröfen bis nach China. Schon zwei Tage nach Ardennes Ankunft besichtigte Ulbricht das Institut auf dem Weißen Hirsch: »Wir erhielten als Ergebnis der Besprechung einen Vertrag, der Staatsaufträge in bestimmter Höhe pro Jahr garantierte und so eine stabile finanzielle Basis für wirklich großzügige Forschungen bot.« Dazu trugen auch Aufträge von DDR-Ministerien zur Grundlagenforschung bei.

Für den gleichen Zeitraum nach 1955 verzeichnet Ardennes Selbstdarstellung Abstrahierungen, Bilanzen, Überhöhungen der technisch-naturwissenschaftlichen Praxis. Er publiziert Mitte 1956 die erste Ausgabe seines schon 1951 begonnenen »Wissensspeichers«, eines Tabellenwerkes, angelegt, »unser gesamtes Fachwissen aufzuarbeiten, systematisch zu ordnen und in konzentrierter Form zu speichern«. Die Edition umfaßt 1400 (!) Druckseiten »über Elektronenphysik, Ionenphysik und Übermikroskopie«; seit ihrem Erscheinen wendet der Herausgeber für diese Arbeit täglich etwa eine Stunde auf. Er entwirft, als absolute Notwendigkeit einer technisch-industriellen Gesellschaft, Organisationsformen von Hochleistungen, sprich: von Eliten-Bildungen; er verlangt, ureigener Erfahrung folgend, lebenslanges Studium und, unabdingbar für geistige Frische und Mobilität, häufigen, mindestens alle zehn Jahre eintretenden Wechsel des Arbeitsgebietes: alarmierend für sozialistischen Trott. Anspruchsvoll und defizitär zugleich ist, wohl um 1986, der Versuch eines Katalogs zukunftssicherer Arbeitsbereiche – defizitär, weil dem Programm Kultur, alle Gattungen der Künste, Geisteswissenschaften, Philosophie, Psychologie völlig fehlen – unbewußte oder eingefleischte Arroganz des Naturwissenschaftlers?

(Die folgenden Sätze stehen nicht deswegen in Klammern, weil sie Randerscheinungen verzeichnen: im Gegenteil: Manfred von Ardenne nannte seine in den frühen Sechzigern einsetzende medizinische

Forschung, seine experimentelle wie klinische Praxis »den radikalen Wechsel zur Medizin« und seine »Hauptaufgabe«; die von ihm und seinem Stab entwickelte, sehr komplizierte, dem Laien-Urteil zweifellos entzogene »systemische Krebs-Mehrschritt-Therapie« verstand er sogar als »die Krönung meiner Lebensarbeit«, die getragen war durch die feste Überzeugung von der Besiegbarkeit der Krankheit mit Hilfe ebendieser Therapie, die freilich auch umstritten blieb bis zur feindseligen Diffamierung und Herabwürdigung – anders als ihr »Nebenergebnis«, die weithin erfolgreiche Sauerstoff-Mehrschritt-Therapie, die gegen eine breite Skala von Erkrankungen, besonders auch zur Rehabilitation, angewendet wird.)

Und das Verhältnis zum Staat DDR, zum Sozialismus, zu den herrschenden Repräsentanten? »Das Leben im Sozialismus war uns lieb und vertraut geworden.« Eine solche Liebeserklärung (Ende März 1955, kurz vor dem Abschied von Suchumi) gab es gegenüber der DDR nie. Wohl aber den langjährigen entschiedenen Wunsch, sie durch technisch-wissenschaftliche Forschung aus Dresden zu stärken:»Für die DDR« lautet eine Kapitelüberschrift der Autobiographie, bezogen auf die sechziger Jahre. Ardenne war, wie Klemperer, jahrelang Volkskammerabgeordneter des Kulturbundes; er kannte fast die gesamte Staatsführung und wurde zu zahllosen offiziellen Anlässen eingeladen. Er lobte Ulbricht für sein Wissenschafts-Interesse und die Fähigkeit, anderen – technischen! – Auffassungen zu folgen. Er würdigte Grotewohl, den er seiner Treue zur DDR versicherte, mit einiger Naivität für seine liebenswürdige, feine Art und die menschliche Wärme seines Wesens und ließ sich von ihm, sicher geschmeichelt, auf eine politische Werbereise nach Ägypten, Syrien, dem Irak, Indien, Vietnam und China (mit Audienz bei Mao) mitnehmen, ließ sich mit Preisen und Orden ehren, zu hohen Geburtstagen feiern. Immerhin fallen nach dem Tode des Volkskammerpräsidenten Johannes Dieckmann, der ihm zu Lebzeiten als Vertrauensgarant für die ganze Staatsführung erschienen war, bitter anklagende Worte: »Leider wurden in den Jahren nach dem Tode Dieckmanns integre Personen dieses Formats zur Seltenheit in der obersten Ebene unseres Staates.«

Manfred von Ardenne ist aufrichtig, auch politisch. Er bekennt, sobald er das offen und schadlos tun kann, »daß öfter auch gegen die eigene innere Überzeugung zum Schutze der Familie und der Mitarbeiter und zum Schutz der Arbeit eine gewisse Anpassung an das System notwendig war, in dem wir lebten.« Er erlaubt sich also Rechtfertigung, aber auch Genugtuung:»Am Ende der DDR-Zeit konnte ich feststellen, daß es mir wie schon unter dem NS-Regime und in den Jahren in der Sowjetunion gelungen war, Familie und Mitarbeiter an den Klippen der Zeit vorbeigesteuert sowie die wissenschaftliche Tradition gepflegt und bedeutend erweitert zu haben.« Er wußte sehr wohl, daß seine Haltung auch kritisiert wurde und ihm den Beinamen»der Rote Baron« eintrug, was er relativ gelassen hinnahm.

Jenseits des für unerläßlich gehaltenen Arrangements mit der SED-Führung erkannte Ardenne den unaufhaltsamen Niedergang der sozialistischen Staatswirtschaft, besonders nach dem Selbstmord des Vorsitzenden der Staatlichen Planungskommission Erich Apel»in der ausweglosen Situation, sein Wirtschaftskonzept gegen die Vorstellungen von Dr. G. Mittag durchzusetzen, den Sekretär für Wirtschaft des ZK«, den unfähigen, aber diktatorisch regierenden politisch-ökonomischen Chef-Ideologen der Honecker-Ära, die der beunruhigte Beobachter vom Weißen Hirsch vernichtend krisierte. Mehrere Warnaktionen Ardennes mit Gegenentwürfen zur Kurskorrektur – zum Beispiel seine Rede auf dem FDJ-Parlament 1985 sowie Appelle an Egon Krenz – erregten starkes Interesse – und blieben völlig folgenlos, es änderte sich nichts. Übrigens litten diese Vorstöße wie auch mehrere wohlmeinende »Einmischungen« Ardennes inmitten der Wende-Ereignisse daran, daß sie zu einseitig die wirtschaftlich-industrielle Problematik angingen und erst spät die politische Diktatur als Hauptursache der Revolution von 1989 aufgriffen. Diese und in ihrem Gefolge die deutsche Wiedervereinigung hat der»Rote Baron« aber entschieden begrüßt.

Und dann, sehr unerwartet, brachte die Wende für das Institut auf dem Weißen Hirsch fast eine Katastrophe: Die größte Einnahmequelle waren bis dahin Aufträge der volkseigenen Industrie; die gesamte DDR-Wirtschaft auf dieser Basis und die Ministerien waren aber plötzlich zahlungsunfähig; in DDR-Zeiten nötige große Lagerbestände erforderten hohe Bankkredite; Ardennes Institut hatte plötzlich runde 7,5 Millionen DM Altschulden!»Die Wende, die wir herbeigesehnt hatten, wurde für uns zu einer wirtschaftlichen Katastrophe. Dem Zusammenbruch der ehemaligen volkseigenen Industrie folgte die einseitige Aufkündigung nahezu aller zumeist längerfristig abgeschlossenen Verträge.« Absurde Tragödie: Ausgerechnet Dresdens modernstem Betrieb, dem in der DDR einzigartigen Privatinstitut, drohte der Ruin:»Wir standen der paradoxen Situation gegenüber, daß die privatwirtschaftlich orientierte Bundesrepublik umfangreiche Maßnahmen zur Privatisierung volkseigener Betriebe ergriff, die wenigen privaten Unternehmen, welche die verschiedenen Verstaatlichungswellen der DDR-Wirtschaft überlebt hatten, aber mit ihren Existenzproblemen allein ließ.«

Zur Rettung konnten die Grundstücke des Instituts die hohen Kredite absichern; die Belegschaft mußte, schmerzlich genug, von 500 auf etwa 220 reduziert, das ganze Unternehmen in drei kleinere Betriebe aufgeteilt werden, deren wichtigster, die »Von Ardenne Anlagentechnik GmbH«, durch die »Verwertung von Innovationen hoher wirtschaftlicher Bedeutung (…) als Reserve aus früherer Zeit (…) rechtzeitig bedeutende neue Aufträge aus westlichen und fernöstlichen Ländern« hereinholen konnte. Das von Peter Lenk geleitete Unternehmen, erste Adresse unter den Top 100 deutscher mittelständischer Firmen, ist inzwischen auf dem Markt der Vakuumprozessetechnik nach Weißig expandiert und hat seit 2002 eine Tochter in Californien.

Vor uns steht ein ungewöhnlicher Mann mit hoher und breiter Stirn, kahlem Scheitel, glattem, dunklem Resthaar, kräftigem Gesicht und leicht listigen Augen. Er hat ein ausgeprägtes, nicht selten die Eitelkeit streifendes Selbstbewußtsein. Sein aufgeschriebener Lebensbericht ist eine große, wenn auch nicht immer ungetrübte Erfolgsgeschichte. Er hebt, schon für die frühen Jahre, seinen nie ermüdenden Lerneifer und für die vier Semester außergewöhnlichen Ernst hervor: »Längere Zeit untätig zu sein erzeugt bei mir Depressionen.« Seine feinsten Tugenden, neben der schon erwähnten Aufrichtigkeit, erscheinen oft gemeinsam: seine Anerkennung für die Leistung anderer und seine Dankbarkeit, ihnen zu begegnen und von ihnen zu lernen: Die Selbstbiographie und der Sammelband »Ich bin ihnen begegnet« belegen dies mit mehreren hundert Personenporträts ebenso eindrucksvoll wie die Erklärung des Sohnes Alexander, für welche in der Kindheit empfangene Wegweisung er dem Vater am meisten dankbar sei: »Achtung gegenüber der Arbeit anderer Menschen ohne Ansehen von Person und Tätigkeit.«

Über die oft gestellte, ungelöste Frage, wieso der große Alte vom Dresdner Berge trotz zahlreicher Erfindungen mit 600 Patenten, trotz vieler Bücher und anderer Publikationen nie den Nobelpreis erhielt, läßt sich nur spekulieren: Stand seiner Wahl bei den Verleihern nicht doch sein ungeschminktes, nie widerrufenes Bekenntnis zur entscheidenden Mitarbeit an den sowjetischen Atomwaffen skrupelhaft im Wege?

Die Wende

So schnell, so scheinbar überraschend und radikal 1989/90 die revolutionäre Wende in der DDR eintrat und sich die deutschen Verhältnisse überhaupt wandelten: Der innere Zerfall, der Zusammenbruch des ostdeutschen Staates bahnte sich schon in den achziger Jahren Zug um Zug an, worüber seine Machthaber und die meisten Deutschen gewisse außenpolitische Erfolge – die weite diplomatische Anerkennung, der Honecker-Besuch in der Bundesrepublik 1987, große Sportsiege – hinwegtäuschen mochten. Die diktatorischen Grundstrukturen und Machtverhältnisse, die Unterdrückung jeglicher prinzipiellen Kritik, der lautlose terroristische Überwachungs- und Bespitzelungsapparat der Stasi, die ökologischen Gefährdungen, wirtschaftlich-technische Rückständigkeiten, die scharfen Einschränkungen der Reisefreiheit, die verlogene Selbstpreisung der Staatspartei, der permanente Zwang zu Heuchelei, Verstellung und Lüge, die allenthalben anschwellende Unzufriedenheit der Bevölkerungsmehrheit – das alles züchtete geradezu Opposition, besonders auch in Dresden. Sie wuchs zumal in den Kirchen, vor allem in der evangelischen; sie konnte sich in deren begrenzten Freiräumen am ehesten entfalten; die Kirchen galten mit Recht als Horte des Friedens, der relativ geschützten Redefreiheit; ihre Leiter erreichten in ständigen Konsultationen mit den maßgebenden SED-Funktionären manche Zugeständnisse und konnten auch Regime-Kritiker schützen. Freilich beschwor die Nähe zu den Herrschenden auch die Gefahr herauf, ihnen zu weit entgegenzukommen, was innerkirchliche Gruppen kritisierten: Zur staatlichen Gedenkfeier am 13. Februar 1985, bei der Honecker vor 200000 Menschen auf dem Theaterplatz sprach, saßen der evangelische Bischof Hempel und der katholische Bischof Schaffran auf der Ehrentribüne: »Mit Genugtuung hielt die SED fest, daß sie der Rede des Generalsekretärs spontan Applaus spendeten« (Karin Urich in ihrem Standardwerk über die Dresdner Bürgerbewegung).

Die zentrale Stätte der Opposition war die Kreuzkirche. Dresdens ältestes Stadt-Gotteshaus; im Februar 1945 völlig ausgebrannt, im Inneren schmucklos wiederaufgebaut, die Mauern mit Rauhputz beworfen, wodurch, so Karlheinz Blaschke, der Historiker der Kirche, die reine Form besonders deutlich zur Geltung kam und der entstandene Raumeindruck Größe und eine dem schweren Schicksal des Bauwerks angemessene Schlichtheit vermittelte – die Kreuzkirche war für den Ernst der neuen Aufgabe geradezu symbolisch prädestiniert. Ihre zentrale Persönlichkeit war Christof Ziemer, der durch die »Theologie der Hoffnung« geprägte Pfarrer und Superintendent des Bezirks Dresden-Mitte. Die Kirche müsse dort sein, wo die Probleme sind, war sein Grundsatz; er war gleichermaßen Mitglied der Kirchenleitung wie der Gruppen, zumeist in der oft heiklen, mutig wahrgenommenen, nicht selten empfindlich erfahrenen Position des Vermittlers.

Brennpunkte der kirchlichen Protestgruppen waren unter anderem die seit 1982 neu erwachten Gedenkveranstaltungen zum 13. Februar mit eigenen Stern- und Schweigemärschen zur Ruine der Frauenkirche und immanent regimekritischen Friedensvisionen; ebenfalls ab 1980 die sogenannten »Friedensdekaden« evangelischer Gemeinden, mehrmals unter der staatlicherseits verdächtigten Losung »Schwerter zu Pflugscharen«; sodann der unter dem Eindruck hoher Umweltbelastungen, insbesondere der Elbe, gegründete »Ökologische Arbeitskreis der Dresdner Kirchenbezirke« in der Kreuzkirche mit den Grundwerten Liturgie, Information, Aktion und einer Fülle ökologisch-theologischer wie auch politischer Aktivitäten; ferner die »Ökumenische Versammlung der DDR«, eine Art Konzil kirchlicher Basisgruppen mit Vollversammlungen in Dresden (Februar 1988), Magdeburg (Oktober 1988) und nochmals Dresden (April 1989); schließlich die Entlarvung der vom Politbüro verordneten, nachgerade idiotischen Ergebnisfälschungen bei den Kommunalwahlen vom Mai 1989 und die »Trommeln für China«-Proteste Jugendlicher gegen die blutige Niederschlagung der gewaltlosen Demokratiebewegung in Peking am 4. Juni 1989.

Die Aktionen des entstehenden Widerstands gegen die SED-Diktatur hatten in Dresden und anderen Orten mehrere gemeinsame Wesenszüge: Sie folgten den Leitideen »Frieden, Gerechtigkeit und Bewahrung der Schöpfung« zumindest inhaltlich, wenn auch nicht immer terminologisch; sie stellten die Vorhut der 1989 aus den Gemeinden in die politisch-gesellschaftliche Öffentlichkeit tretenden Bürgerbewegung; sie scheuten auch die schon erwähnte Kritik der geistlichen Oberen nicht; und sie hatten sich gegen die unausgesetzte Diffamierung, Bespitzelung, Unterwanderung mit »Inoffiziellen Mitarbeitern« (IM), gegen Verbote, gewaltsame Behinderungen, Verhaftungen und Bestrafungen durch die Stasi und deren Lenker im Politbüro sowie auf regionaler wie lokaler Ebene zu wehren.

Das Heraustreten in die Öffentlichkeit erreichte in Dresden seinen Höhepunkt beim Kampf gegen den Bau eines Reinstsiliziumwerkes im südwestlichen Ortsteil Gittersee oberhalb der Stadt. Der Plan für die Errichtung dieser Fabrik zur Produktion polykristallinen Siliziums wurde der Bevölkerung 1987 erst verschwiegen und danach als unerläßlich für die Entwicklung einer eigenen Mikrochip-Industrie dargestellt; Gefahren wurden entweder totgeschwiegen, geleugnet oder bagatellisiert. Dabei gab es dringliche Experten-Warnungen: Ein Störfall würde die Einwohner der Stadt wegen deren Tallage aufs äußerste gefährden; die Entsorgung entstehender Abfallprodukte war ungeklärt; der Transport des hochgiftigen Trichlorsilans, das schon bei einer Konzentration von 0,3 Gramm pro Kubikmeter tödlich wirkt, war eine weitere Gefahrenquelle. Ungeachtet aller Warnungen hielt die Machtclique der DDR an dem Projekt fest; es entstand ein mehr als zweijähriger Streit, in dem sich Staatspartei und Opposition kompromißlos gegenüberstanden, die Gegner des Werk-Baus an Kraft, Selbstvertrauen, Geschick und Furchtlosigkeit gewannen. Sie mobilisierten integre Fachleute und die eigene Kirchenleitung, publizierten Flugblätter, veranstalteten Einwohnerversammlungen, in denen sie die Befürworter bis zur Hilflosigkeit in die Enge trieben, sandten massenhaft Eingaben bis an höchste Stellen, trugen den Konflikt 1989 in Wahlversammlungen und beriefen nacheinander fünf Bittgottesdienste ein, zu denen alle drei Dresdner Superintendenten einluden und die den besonderen Zorn der Obrigkeit erregten. Sie nutzten den »Schutz« des Westfernsehens, sammelten Geld für mit Ordnungsstrafen belegte Protestierer und traten den SED-Bonzen immer offener und mutiger entgegen, zum Beispiel in Veröffentlichungen des Ökologischen Arbeitskreises, welche die enge Verknüpfung wirtschaftlicher und politischer Macht als Hauptursache staatlichen Verhaltens anprangerten und eine unabhängige Untersuchungskommission, sofortigen Baustop, Einsicht in alle Unterlagen zur bisherigen Standortgenehmigung und eine Grundsatzdebatte über die Einführung der Mikroelektronik fordeten.

Der Staatsapparat beantwortete die Appelle und Aktionen der Bürgerbewegung mit der gewohnten Härte: mit sturer Leugnung oder Verharmlosung der Gefahren »auf der Grundlage neuester wissenschaftlich-technischer Erkenntnisse«, mit Mißbrauch rechtlich vorgesehener Wahlversammlungen (der Journalist Helgenberger von der Zeitung »Die Union« wurde wegen eines Artikels darüber fristlos gefeuert), mit ständigem massivem Droh-Druck auf die Protestierer bis hinauf zu den Bischöfen, mit Versuchen, »feindlich-negative Handlungen« (ein Stereotyp des Stasi-Jargons) im Keim zu ersticken, mit Spießrutenlaufen vorbei an einer Menge von Polizeifahrzeugen und unauffälligen Männern, so die Bürgerrechtlerin Maria Jacobi über ihren Weg zur Bittandacht am 6. August 1989, mit permanenter Bespitzelung der Widerständler, schließlich mit Festnahmen am geplanten Standort, mit Ordnungsstrafen bis zu 2000 Mark. Aber dann, im Oktober, unter dem Eindruck der gewaltlosen Revolution, des Zusammenbruchs der Staats- und Parteiführung wichen auch die örtlichen »Organe« zurück: Am 4. November, dem Tag der großen Berliner Demonstration, war der Baustop in Gittersee durchgesetzt.

Es gilt jetzt, die Gleichzeitigkeit der historischen Abläufe, das Überschneiden und Ineinanderfließen mehrerer Ereignisströme so genau wie möglich zu fassen: Gleichzeitig mit dem Kampf gegen das Reinstsiliziumwerk, mit der Aufdeckung der Wahlmanipulationen, dem täglich kräftigeren Auftreten der Bürgerbewegung erhob sich, dies alles verschärfend und beschleunigend, eine Ausreisewelle, die einzudämmen die Herrschenden der DDR kein Mittel fanden, zumal zu den erwünschten Ausreisen noch die Fluchten bei Westreisen kamen. Bei beiden lag der Bezirk Dresden mit an der Spitze: 1989 waren bis Oktober 12 000 Leute »legal« übergesiedelt. Im Sommer und Frühherbst folgten die Massenfluchten über Ungarn und über die bundesdeutschen Vertretungen in Prag, Budapest, Warschau und Ostberlin. »Eine folgenschwere Entscheidung«, resümiert Karin Urich, »nämlich die, die Botschaftsbesetzer in Prag über Dresden und das Gebiet der DDR ausreisen zu lassen, gab letztlich die Initialzündung für einen Massenprotest, der den Gruppen der Bürgerbewegung zum Durchbruch verhalf und die SED-Führung im Bezirk zum Dialog zwang.«

Vor der glücklichen Wende gab es besonders am 3. und 4. Oktober am Hauptbahnhof schwere Zusammenstöße zwischen Ausreisewilligen und potentiellen Flüchtlingen auf der einen und Volkspolizei, Kampfgruppen und Stasi mit Militär im Hintergrund auf der anderen Seite. Mehrmals besetzten erregte und verzweifelte Menschen unter der Losung »Wir wollen raus«, mit der Internationalen und Flüchen gegen die Bewacher auf den Lippen, den Bahnhof, um womöglich auf die Züge zu springen; mehrmals räumten die Einsatzkräfte das Gebäude, auch mit Gummiknüppeln und Wasserwerfern. Nach kurzer Schein-Beruhigung spitzte sich die Lage am 4. Oktober abends wieder zu, da die Züge ab 20 Uhr durchfahren sollten. Es kam zu gewalttätigen Auseinandersetzungen zwischen den Truppen der Staatsmacht mit Wasserwerfern und der aufgebrachten, auch durch Versprechungen nicht zu beruhigenden Menge, die gegen 22 Uhr nach Schätzungen der Stasi an die 20 000 Leute umfaßte; Steine und Flaschen wurden geworfen, ein Streifenwagen angezündet. Es gelang den Bewaffneten schließlich, den Bahnhof zu räumen und abzuriegeln, so daß drei Züge nach 1 Uhr ohne Aufenthalt und Aufspringer passieren konnten. 224 Protestierer wurden »zugeführt«, wie das im widerlich-heuchlerischen Stasi-Deutsch hieß; Soldaten, von SED-Bezirkschef Modrow, dem obersten Einsatzleiter angefordert, standen zumindest befehlsbereit, was Modrow später in seiner Autobiographie wider besseres Wissen als Schutzmaßnahme gegen die Gefährdung von Menschenleben zu bagatellisieren versuchte. Das alles spielte sich kurz vor dem 7. Oktober, dem 40. Jahrestag der DDR ab, wofür Honecker, Ironie des Schicksals und schwerer Irrtum des längst Erledigten, die sofortige Niederschlagung aller Proteste und Demonstrationen befahl – vergeblich: Die revolutionäre Unruhe blieb, ja: sie schwoll noch an, aber nun gewaltlos und daher um so schwieriger zu bekämpfen.

Am Hauptbahnhof begann die erste gewaltfreie Demonstration, und es demonstrierten nicht die Ausreisewilligen, sondern, unter der Losung »Wir bleiben hier«, Protestierer, die eine grundlegende Reform der DDR verlangten – ein großer, unerläßlicher, Friedlichkeit fordernder und sichernder, aber ebenfalls vorübergehender Schritt. Stadtjugendpfarrer Henker kommentierte ihn: »Das war wie eine Erlösung, so ein Durchbruch zu einer neuen Qualität, nicht mehr dazustehen, zu grölen, zu pfeifen, Steine zu werfen, sondern loszugehen, selber in einer eigenen Weise aktiv zu werden, nicht zu reagieren auf übermäßige Polizeipräsenz.« Und Teile der kommandierten Einsatzkräfte waren, wie der aus Berlin eingeflogene stellvertretende Verteidigungsminister Kokott beunruhigt beobachtete, durch die Massen schweigender Menschen mit Kerzen in den Händen, darunter viele Frauen und Kinder, irritiert, obwohl sie noch tags zuvor die Rebellen am Bahnhof als feindliche Aufrührer bekämpft hatten.

Die schwer erschütterte Staatsmacht konnte ihren Niedergang auch am 7. Oktober nicht aufhalten; ja: abends »formierte sich erstmals in Höhe des Pirnaischen Platzes ein Demonstrationszug, der durch die Stadt zog. Erstmals wurde aus den Statisten, die die Ereignisse beobachtet hatten, eine Protestbewegung.« (Urich) Für die Dresdner Parteiführung ein makabrer Kontrast: Im Rathaussaal oben die Feier mit vielen ausländischen Gästen, unten, wie Modrow bei einem zufälligen Blick durch die schweren, die Funktionäre gegen das Volk abschirmenden Gardinen wahrnahm, der Zug, »geordnet, völlig lautlos, man sah im Bildausschnitt weder rechts noch links das Ende. Nun kamen auch andere Festgäste ans Fenster. Peinlichkeit. Wachsende Unruhe. Der Empfang war quasi zu Ende. Jetzt plötzlich drangen Rufe herein: ›Wir sind das Volk!‹ ›Schämt euch!‹«

Am 8. Oktober, einem Sonntag, war die Lage zunächst weiterhin hochgespannt, Anweisungen des Ministers für Staatssicherheit Mielke folgend, versuchte der Dresdner Stasichef Generalmajor Böhm, ein Befürworter härtester Bekämpfung aller Proteste und Demonstrationen, die erneut zusammenströmenden, gewaltlosen Opponenten auszuschalten. Auf dem Theaterplatz und an anderen Stellen der Altstadt wurden Hunderte von Menschen, auch Frauen, Mädchen und ältere Leute, eingekesselt, mißhandelt, »zugeführt« und auf Lastwagen abtransportiert; in den Gefängnissen setzten die Schläger ihre Gewalttaten fort: letztlich erfolglos, denn je mehr Demonstranten festgenommen und geschunden wurden, desto mehr Dresdnerinnen und Dresdner versammelten sich wortlos, mit brennenden Kerzen als Zeichen für die Verhafteten, und immer mehr Bereitschaftspolizisten verweigerten die Befehle zum Zuschlagen.

Da geriet auch die Einsatzleitung ins Wanken: Modrow, der das gewaltsame Eingreifen hätte befehlen sollen und noch nachmittags von »rowdyhaften Zusammenrottungen« gesprochen hatte, ordnete angesichts der unerschütterlichen, aber unbedingt gewaltfreien Standhaftigkeit der Demonstranten und der offenkundigen Hilflosigkeit des Politbüros zur größten Empörung Böhms an, daß die Einsatzkräfte die Demonstranten lediglich begleiten sollten, solange diese friedlich blieben.

Gegen Abend standen sich in der Prager Straße nahe dem Hauptbahnhof mehrere tausend Bürger und verunsicherte Polizisten gegenüber. Deren Megaphon-Appelle, die Straße zu räumen, wurden ignoriert; immer mehr Demonstranten setzten sich zur Blockade auf den
Boden. Gegen 20 Uhr kam der katholische Kaplan Frank Richter dorthin:»Die Menge, die ich überblicken konnte«, erinnert er sich, »füllte
die gesamte freie Fläche der Straße (…). Ich mußte davon ausgehen, daß
die Polizei erneut versuchen würde, die Demonstration unter Einsatz
gewaltsamer Mittel aufzulösen.« Richter bat daraufhin den ebenfalls
anwesenden Kaplan Andreas Leuschner, mit ihm auf die Polizeioffiziere
zuzugehen. Es gelang ihm, zu einem offenbar zuständigen Zivilbeam-
ten vorzudringen, der sich dann als Einsatzleiter Oberleutnant Papper-
mann herausstellte:»Wir forderten ihn auf, sich um einen kompetenten
Gesprächspartner von staatlicher Seite zu bemühen, wir würden unter-
dessen mit den Demonstranten sprechen und sie nach ihrer Gesprächs-
bereitschaft befragen.« Der anfangs zögerliche Ziviloffizier akzeptierte
den Vorschlag schließlich. Richter regte die Demonstranten an, zehn
Vertreter für den angestrebten Dialog mit leitenden SED-Funktionären
zu benennen. Aus der großen Zahl der spontan bereiten Widerständler
wurden 20 ausgewählt – die bald berühmt gewordene »Gruppe der
20«:»Unter ihnen befanden sich Frauen und Männer, Vertreter verschiedener Altersstufen und unterschiedlicher Berufsgruppen, Arbeiter,
Ingenieure, Studenten, Lehrlinge, Angestellte« und andere.

Richter und die Repräsentanz-Gruppe verlangten Gespräche mit
dem SED-Oberbürgermeister Berghofer; durch Zuruf gaben die Demonstranten die Themen vor:»Reisefreiheit, Demonstrationsfreiheit,
freie Wahlen, einen gewaltfreien Dialog in der Gesellschaft, Versamm-
lungsfreiheit, Redefreiheit, die Zulassung des Neuen Forums sowie die
Freilassung der Inhaftierten« (Karin Urich). Gleichzeitig mit der Gründung der Gruppe und der Erst-Formulierung ihrer Ziele verhandelten
Hempel, Ziemer und Oberlandeskirchenrat Fritz mit Berghofer im
Rathaus; dabei ließ der Oberbürgermeister seine Bereitschaft zu Gesprächen mit den Demonstranten erkennen und lud sie für den nächsten Vormittag ins Rathaus ein. Die Konstituierung sowie die ersten
Aktivitäten und Gespräche der Dresdner »Gruppe der 20« waren bahnbrechend: Erstmals gelang es der DDR-Opposition, Repräsentanten
der Staatsmacht zum gewaltfreien Dialog an den Verhandlungstisch zu
zwingen. Das war ein historisches Signal für die gesamte DDR und

auch ein Zeichen für die Montagsdemonstration der 70 000 in Leipzig und deren friedlichen Verlauf am 9. Oktober.

Zeitgleich mit den geschilderten Ereignissen liefen mehrere andere Aktionen und Interaktionen ab; wir heben, die Gründungen des Neuen Forums und des Demokratischen Aufbruchs sowie die Neugründung einer zunächst SDP genannten sozialdemokratischen Partei nur erwähnend, zwei spektakuläre Dresdner Vorgänge heraus. Schon in der spannungsgeladenen ersten Oktoberwoche erfaßten die revolutionären Wellen die Bühnen der Stadt. Am 4. Oktober entschloß sich das Ensemble des Großen Schauspielhauses, das wegen Umbauten seinerzeit im Kleinen Haus auf der Glacisstraße agierte und bereits im Frühjahr gegen Verbotsdrohungen führender Funktionäre die Uraufführung von Christoph Heins auf die Misere des verkalkten Politbüros gemünztem Schauspiel »Die Ritter der Tafelrunde« durchgesetzt hatte, nach der Vorstellung vor das Publikum zu treten und eine ursprünglich von Dresdner Rockmusikern verfaßte Resolution vorzulesen. Die Zuschauer reagierten mit langanhaltendem, stürmischem Beifall. Am 6. Oktober trugen Künstler des Schauspielhauses unter der Losung »Wir treten aus unseren Rollen heraus. Die Situation in unserem Land zwingt uns dazu« dem Publikum eine eigene Resolution vor, die den theatralisch-politischen Doppelsinn des Leit-Nomens »Rolle« nutzte und an wagemutiger Deutlichkeit nichts zu wünschen übrigließ. In neun anaphorisch-gehämmerten Sätzen forderte sie das Recht auf Information, auf Dialog, auf selbständiges Denken und Kreativität, auf Pluralismus im Denken, das Recht auf Widerspruch, Reisefreiheit, Überprüfung der staatlichen Leitungen, auf neues Denken und auf Einmischung.»Die Reaktionen des Publikums wiederholten sich. Man spendete stehend Applaus, mit Tränen in den Augen oder sich umarmend« − so der Dramaturg Johannes Richter zehn Jahre danach, 1999, in den »Dresdner Heften«.

Einen Abend später, am 40. (und letzten) Jahrestag der DDR, hob sich in der Semperoper der Vorhang zu einer denkwürdig-provokanten Premiere von Beethovens »Fidelio«. Die Regisseurin Christine Mielitz und ihr Bühnenbildner Peter Heilein stellten das berühmte Musikdrama, in dem eine als Gefangenenwärter verkleidete Frau ihren unschuldig verurteilten Mann befreit, in ein modernes Gefängnis-Szenarium mit einem Stacheldrahtzaun zwischen Bühne und Publikum, mit Wachtürmen wie an der innerdeutschen Grenze. Nach dem finalen

Freiheitschor – »O welche Lust, in freier Luft den Atem frei zu heben« – standen fast alle der 1300 Zuhörer auf und verharrten schweigend in Solidarität mit den auf Dresdner Straßen unschuldig »Zugeführten«. Die Regisseurin, die mit ihrem kühnen Wurf vor allem fragen wollte, »wer sind wir nach 40 Jahren in dieser DDR«, hob, ebenfalls 1999, hervor, daß sie ihr Konzept vor Modrow und der SED-Bezirksleitung zu verteidigen hatte, daß alle »sehr zweifelnd, sehr streng gefragt« hätten, aber niemand ein Verbot oder Änderungen verlangt habe. Die – nichtsahnenden? ihre Ahnungen verdrängenden? innerlich bereits auf Unabänderliches gefaßten? – Funktionäre setzten die Premiere jedenfalls auf die gleiche Uhrzeit fest wie die Rathausfeier; so mußte ihnen in der Ehrenloge nicht unwohl werden, statt dessen durften sie schwere Vorhänge öffnen und ihr Volk vorbeiziehen sehen.

Die folgenden Wochen brachten den schrittweisen, wenn auch nicht hindernisfreien Sieg der gewaltlosen Revolution: die politische Legitimation der Gruppe der 20 durch das vom Mitglied (und einzigen früheren SED-Mann) Friedrich Boltz erfundene, fabelhaft wirkende 1-Mark-Modell, bei dem jeder Befürworter ihrer Politik eine Mark zeichenhaft auf ein eigens eingerichtetes Konto zahlen sollte – mit dem überwältigenden Resultat von 100 000 Einzahlungen. Es gab zahlreiche weitere Aktionen aus den verschiedenen Künsten; den unaufhaltsamen Rückzug der SED-Führung bis zur offiziellen Akzeptanz der Gruppe als Bürgervertretung durch Berghofer; die unfreiwillige, aber ebenfalls unaufhaltsame Einschränkung der Stasi-Macht mit dem endlichen Sturm von 5000 Dresdnern auf die Stasi-Zentrale Bautzener Straße am 5. Dezember, mit der Verhinderung weiterer Aktenvernichtungen und der endgültigen Entmachtung der verhaßten Terrortruppe (Böhm beging im Februar 1990 nach zeitweiliger Verhaftung Selbstmord); die Tiefen- und Breitenwirkung des Honecker-Sturzes am 18. Oktober und der Rücktritte von Regierung und Politbüro, schließlich den Mauerfall und die millionenfache Westreisewelle. Dies alles aber gipfelte im nicht von Anfang an gesteckten, aber letztlich höchsten Ziel der Revolution: der deutschen Wiedervereinigung.

Der Wunsch nach ihr wuchs in der Kette von Demonstrationen, die dem ersten Massenzug Anfang Oktober folgten, und je entschlossener die Stasi-Macht und damit das Rückgrat der Diktatur zerschlagen wurde, desto lauter erklang der Ruf: »Wir sind EIN Volk.« Wie von selbst stellten sich damit die gewichtigsten Teilziele auf: Übernahme der westdeutschen Währung, soziale Marktwirtschaft und Parteien-demokratie. Sie wurden in dem Augenblick aufgerufen, als Bundes-kanzler Kohl Ende November, zunächst völlig überraschend auch für die eigene Partei, den Koalitionspartner FDP, die Opposition, den Bundestag, die deutsche Öffentlichkeit überhaupt, mit dem Vorstoß seines 10-Punkte-Programms eingriff. Er nahm damit den Vorschlag seines vertrauten Beraters Horst Teltschik auf: Er solle »die Meinungsführer-schaft in der deutschen Frage übernehmen und eine Art Leitlinie, einen gangbaren Weg zur Überwindung der Teilung Deutschlands und Europas weisen« – dies auch angesichts der Tatsache, daß die Mehrheit der DDR-Bürger Reformvorschläge wie die von Krenz oder Modrow, die den sozialistischen Staat retten wollten, für unzureichend, ja: für überholt und erledigt hielt. Neun der zehn Punkte – etwa Sofortmaßnahmen im humanitären Bereich, die Einführung rechtsstaatlicher Verhältnisse, ja: auch konföderative Strukturen nach Abschaffung der Planwirtschaft und nach freien Wahlen – waren das notwendige Vorspiel für das unmißverständlich, wenn auch ohne Termin-Vorgaben gesetzte Hauptziel in Punkt 10: »Mit dieser umfassenden Politik wirken wir auf einen Zustand des Friedens in Europa hin, in dem das deutsche Volk in freier Selbstbestimmung seine Einheit wiedererlangen kann. Die Wiedervereinigung, d. h. die Wiedergewinnung der staatlichen Einheit Deutschlands, bleibt das politische Ziel der Bundesregierung.« Kohls Vorstoß spaltete die gegenüber der Wiedervereinigung uneinige SPD-Opposition zutiefst; Neugruppierungen wie die Anfänge der Grünen und die Vereinigte Linke waren ohnehin Einheitsgegner; international eckte Kohl außer bei George Bush fast überall an, jedenfalls für eine gewisse Zeit, sogar bei Gorbatschow, dessen Rückendeckung die Bürgerbewegung und die Massendemonstrationen in der DDR ja eigentlich erst ermöglicht hatte. Inzwischen verstärkten sich die Forderungen nach der Wiedervereinigung von Woche zu Woche, von Demonstration zu Demonstration, auch auf der Ebene der Sprecher innerhalb der Bürgerbewegung; dafür stand in Dresden der am 10. Oktober zur Gruppe der 20 gestoßene Ingenieur Herbert Wagner, 1990 Dresdens erster frei gewählter Oberbürgermeister.

Entsprechend seinem 10-Punkte-Programm entschloß sich Kohl, am 19. Dezember zu Gesprächen mit der inzwischen installierten DDR-Übergangsregierung Modrow; er akzeptierte Modrows Vorschlag zur Wahl Dresdens als Ort des historischen Besuches, den der Bundeskanzler rückblickend als »Schlüsselerlebnis auf dem Weg zur staatlichen Einheit« ansah – zu Recht: In seinem Bericht »Ich wollte die Einheit Deutschlands« von 1999, einer Mischung aus Autobiographie und kommentierter Nacherzählung, schildert Kohl den überwältigenden Empfang auf dem Flughafen Klotzsche: »Wir waren kaum gelandet, da wurde mir schlagartig bewußt: Dieses Regime ist am Ende. Die Einheit kommt! Der gesamte Flughafen, vor allem das Gebäude, war bevölkert von Tausenden von Menschen, ein Meer von schwarzrotgoldenen Fahnen wehte in der kalten Dezemberluft – dazwischen eine fast vergessene; Es war die weißgrüne Fahne des Landes Sachsen. Als die Maschine ausgerollt war, ich auf der untersten Stufe der Rolltreppe stand und Modrow mich vielleicht zehn Meter davon entfernt mit versteinerter Miene auf dem Flugfeld erwartete, drehte ich mich zu Rudi Seiters um und sagte: »Die Sache ist gelaufen.« (Seiters war damals Kanzleramtsminister) Die folgenden Stunden bekräftigten Kohls Eindruck: Die Triumphfahrt durch die Stadt mit vielen tausend Leuten, darunter ganzen Schulklassen und Betriebsbelegschaften, das begeisterte Gedränge der Massen vor dem Hotel und vor allem die abendliche Kundgebung, die Rede vor der Ruine der Frauenkirche, die hunderttausend Zuhörer, die Übertragung durch zahlreiche Fernsehstationen in die Welt. Die Zeitzeugen sind sich nicht einig, ob eine Ansprache Kohls schon vor seiner Ankunft erwartet und samt Podest vorbereitet worden war oder tatsächlich seinem spontanen Entschluß entsprang, wie er es darstellt. Jedenfalls bereitete er sich nach den Vier-Augen-Gesprächen mit dem offensichtlich stark irritierten Modrow im Hotel sehr gespannt und sorgsam auf die Rede vor, wohl wissend, daß jeder seiner Sätze auf die Goldwaage gelegt werden, die Welt in West und Ost genau hinhören würde und keine nationalistischen Töne oder Lieder aufkommen durften.

Es gelang, und »es war eine unglaubliche, emotionsgeladene, aber überhaupt nicht fanatische Stimmung«. Kohl sprach die Versammelten als Landsleute an, denen er die Grüße »Ihrer Mitbürgerinnen und Mitbürger aus der Bundesrepublik Deutschland« überbrachte, was großen Jubel auslöste. Er würdigte mit Bewunderung die friedliche Revolution, interpretierte die beanspruchte Selbstbestimmung so, daß keine westliche Bevormundung der Landsleute stattfinden werde, und unterstrich inmitten des begeisterten Applauses, daß der Weg in die Zukunft schwierig sei. Er schilderte den Zuhörern die Ergebnisse seiner Gespräche mit Modrow und erntete im Hinblick auf kommende freie Wahlen großen Beifall, spürte aber zugleich genau, was die Menschen von ihm hören wollten:»Mein Ziel bleibt, wenn die geschichtliche Stunde es zuläßt, die Einheit unserer Nation.« Um die Begeisterung der Zuhörer für dieses hohe Ziel nicht überschäumen zu lassen, erinnerte Kohl die Versammelten an die Notwendigkeit, auch die möglichen Ängste und Sorgen der Nachbarn in Ost und West zu achten, denn das Selbstbestimmungsrecht mache für die Deutschen nur einen Sinn, wenn sie dabei die Sicherheitsbedürfnisse der anderen nicht aus den Augen ließen; das Haus Deutschland müsse unter einem europäischen Dach gebaut werden.

Kohl war, als er den Hunderttausend Gottes Segen für das deutsche Vaterland zurief, von der eigenen Ergriffenheit beinahe überwältigt. Im nachhinein schildert er den Ausklang des weitwirkenden Abends an der Frauenkirche:»Bei aller Begeisterung sind die Menschen besonnen geblieben. Sie hatten verstanden, daß ihre Sehnsucht nach dem gemeinsamen Vaterland jetzt Augenmaß und Vernunft erforderte. Keiner machte jedoch Anstalten, den Platz zu verlassen. Da ereignete sich ein Vorfall, der wie das Signal zum Heimgehen wirkte. Eine ältere Frau stieg zu mir auf das Podium, umarmte mich, fing an zu weinen und sagte mit leiser Stimme: ›Wir alle danken Ihnen!‹ Die Mikrofone waren noch eingeschaltet, und jeder konnte es mithören. Nun strömten die Menschen auseinander.«

Die Wende aber war endgültig ausgerufen und angebrochen: in Dresden, das an diesem vorweihnachtlichen Abend über das ganze Land, ja: über seine Grenzen hinweg in Hoffnung leuchtete.

Die Aufhellung

Wiederum blicken wir der Stadt ins Antlitz. Wir lesen, wie ihr Bild eingeschrieben ist in ihre Sichtbarkeiten, ihre unwiderlegliche Außengestalt, ihre aufgehellten Fassaden, Mauern, Dächer, Türme, Tore, Türen und Fenster. Die Aufhellung hat die ganze Stadt ergriffen, eine neue Farbigkeit hat die braungraue Monotonie des untergegangenen Staates vertrieben, Tausende von Häusern sind in die neue Helligkeit getaucht, viele tausend Wohnungen erneuert. Die Aufhellung ist noch nicht abgeschlossen, die Erneuerung steht an manchen Stellen noch aus, aber die aufgeblühten Häuser, Blocks, Straßenzüge, Plätze, Quartiere dominieren – einerseits sanierte ältere, auch Plattenbauten, andererseits Neubauten; aus den früheren Knappheiten schoß in den Neunzigern ein gewaltiger Baumboom hoch, bis der Überfluß in Leerstand umkippte.

Die Aufhellung aber blieb. Aus zahllosen möglichen Beispielen wählen wir einige stellvertretende, signifikante Belege. Der Mitte des 19. Jahrhunderts als Bauernhof mit Gutshaus, Stallungen und Scheune errichtete Dreiseithof Alttolkewitz 22–24, der durch sein original erhaltenes, spitztürmiges Taubenhaus Stadtbekanntheit erlangte, wurde durch einen Ulmer Käufer aus fortschreitendem Verfall gerettet und zu einem geschlossenen Ensemble mit 13 Wohnungen, hellbeigen, rotbraunen und sattgelben Außenwänden und einem Dach-Uhrturm umgewandelt. Eine Häusergruppe in der Bünaustraße, Stadtteil Löbtau, 1912 vom Stadtbaurat Erlwein für Beamte projektiert, zu DDR-Zeiten verfallen und von den meisten Bewohnern verlassen, wurde denkmalgerecht saniert; rote Ziegeldächer, hellgelbe Wände und dunkelgrüne Fensterläden bewirken Ansehnlichkeit und Wärme. Im Stadtteil Seidnitz, im Straßenwinkel Bodenbacher/Dobritzer Straße harmonieren frisch sanierte, in Orange und Weiß gehaltene ältere Wohnblöcke mit einer 1994 fertiggestellten, leicht zurückgesetzten fünfteiligen Häuserzeile in einem freundlichen Ensemble – Bauaufgaben dieser Art wurden in fast allen Bezirken Dresdens gestellt und gelöst; die vollendeten Gebäude prägen entscheidend das aufgehellte Stadtbild als allenthalben sichtbare und lesbare Physiognomie.

Im übrigen gab es auch großflächige Sanierungsareale: Im elbnahen neustädtischen Ortsteil Pieschen, einem ehemaligen Armenviertel nordwestlich vom Zentrum, wurden zwischen 1990 und 1999 im Raum rechts der Leipziger Straße für die Sanierung von über 400 Häusern mehrere hundert Millionen Mark ausgegeben, über 40 Neubauten kamen hinzu. So zeigen etwa die Rehefelder, die Oschatzer, die Torgauer, die Bürgerstraße ansehnliche, zumeist hundertjährige, sorgsam erneuerte Häuserfronten. Mittelpunkt des Viertels ist das Neorenaissance-Rathaus aus rotem Backstein, die Vorderfront beinahe überladen mit ornamentalem Schmuck, dazu Relief-Plaketten verdienter Beamter, Erker mit Ecktürmchen, Dachreiter auf dem Walmdach, Gurtgesimse zur horizontalen Mauergliederung und reichlich Fassadengold.

Trotz der umfassenden Aufhellung und Verschönerung der Dresdner Bausubstanz ist ein Pieschener Phänomen symptomatisch: 25 der über 400 Altbauten mußten zu Ruinen erklärt werden; schwer angeschlagene, in sich zusammengebrochene, von Wildwuchs überwucherte, unbewohnbare Häuser verkommen infolge der Kriegsschäden, der Privateigentümern feindlichen Stadtpolitik bis 1989 und ungeklärter heutiger Besitzverhältnisse auch weiterhin in vielen Stadtteilen. Sogar ein einstiges Prunkstück Dresdner Barockbaukunst, das Kurländer Palais, steht unweit der Brühlschen Terrasse und der Frauenkirche als traurige Ruine im leeren.

Andere historische Denkmale haben freundlichere Schicksale. Zwei Kirchen des späten 19. Jahrhunderts – die St.-Pauli-Kirche (1881/82) im Hechtviertel, die Trinitatiskirche (1891/94) in Johannstadt – blieben nach Bombenschäden zur Mahnung als Halbruinen stehen und werden für Gottesdienste und Kulturveranstaltungen genutzt. Die traditionsreiche Kreuzschule, deren Gebäude am Georgplatz 1945 unrettbar zerstört wurde, fand mitsamt dem weltberühmten Kreuzchor unter Rudolf Mauersberger schon 1959 im ehemaligen Freimaurerinstitut Striesen, Eisenacher Straße, ein neues Domizil.

Für die zahlreichen nach 1989 restaurierten Plastiken und Brunnen steht hier eine kleine repräsentative Auswahl. Zwei Brunnen-Plastiken stammen von dem feinsinnigen, in Dresden hochproduktiven Bildhauer Georg Wrba: Am Friedrich-List-Platz, in rauher Umgebung südlich des Hauptbahnhofs, steht der Marie-Gey-Brunnen mit einer wundervollen, beide Arme vieldeutig hebenden Aphrodite auf schwankendem Muschelgrund, errichtet im Gedenken an die Malerin gleichen Namens, die sich 1908 das Leben nahm. Am Striesener Königsheimplatz schuf Wrba das breitangelegte Brunnen-Bildwerk-Ensemble »Europa auf dem Stier«, mit der nackten, zart-schlanken phönizischen Königstochter Europa auf dem Rücken ihres in einen muskelstarken Bullen verwandelten Entführers Zeus – die heutige Plastik ist eine gelungene Nachbildung des im nationalsozialistischen Rüstungswahn demolierten Wrbaschen Bronze-Originals.

Ein Hauptwerk des schon erwähnten Ernst Rietschel, das Bronze-Standbild Carl Maria von Webers, konte von hellgelber Patina und gelb-braunen Flecken gereinigt werden und steht seit September 2001 wieder zwischen Zwinger und Semperoper, der Meister auf sein Notenpult gestützt, in der Hand die »Freischütz«-Partitur, den Blick zum Theaterbau gerichtet. Der über 15 Meter hohe, einem gotischen Kirchturm ähnelnde, von Semper entworfene und vom Bildhauer Karl Moritz Seeliger erbaute Cholerabrunnen am Taschenbergpalais, ein Dank für die Verschonung Dresdens von der Seuche von 1840/41, konnte Mitte der neunziger Jahre vor Verwitterung, Sturm und Frost gerettet werden – das Sandsteinkunstwerk ist, so der Brunnenexperte Jochen Hänsch, »mit 80 Fialen, 1728 Krabben, 196 Kreuzblumen, 116 Kapitellen und 119 Rosetten« sowie etlichen tierköpfigen Wasserspeiern geschmückt. Eine außergewöhnliche Kunstrettung war die Wiederentdeckung der Christus-Plastik vom Grabmal des Hofbildhauers und Architekten Nosseni (1544 bis 1620) aus der Sophienkirche. Das Bildwerk wurde im Krieg in den Keller der Frauenkirche ausgelagert, beim Bombardement verschüttet – und bis 1994 vergessen! George Bährs Grab vergeblich suchend, stießen Bauleute auf die Statue: Sie war in 28 Teile zerbrochen; den Restauratoren gelang die Wiederherstellung, denn kein einziges Stück fehlte. Das künstlerisch vollkommene, bewegende Standbild wurde in der Kreuzkirche aufgestellt.

Zwei benachbarte Großprojekte historischen Ranges ragen über die unmittelbare Gegenwart hinaus: der Wiederaufbau des Residenzschlosses und die Neuschöpfung der ausgelöschten Neumarkt-Bauten. Die scheinbar unendliche Geschichte der Schloß-Erneuerung, das einst unter Moritz von Sachsen zum gigantischen vierflügligen Renaissance-Bauwerk ausgebaut, über Jahrhunderte hinweg in manchen Details verändert, gegen 1900 unter Preisgabe aller Barock-Elemente im Renaissance-Stil erneuert wurde und 1945 ausbrannte – diese Geschichte von Sicherung und Wiederaufbau hatte ihren Ursprung im Nach-Krieg: Vierzig Jahre lang kämpften die Bewahrer und Verteidiger um die Rettung des erneuerbaren Ruinenkomplexes; am 13. Februar 1985 sicherte Honecker in der zitierten Rede zur Neueröffnung des Opernhauses auch den Aufbau des Schlosses zu. Erst der neugegründete Freistaat Sachsen und die Bundesregierung ermöglichten schnellere Schritte; ein Zeichen mit Signalwirkung war die Aufrichtung der Spitze des Hausmannsturmes im Oktober 1991.

Im Herbst 2004 ist die Außengestalt des Schlosses weithin restauriert; die noch fehlende Wiederherstellung des schwer geschädigten Ostflügels an der Schloßstraße, wo man durch Mauertrümmer in den Großen Schloßhof mit seinen Sgraffiti blickt, soll bis zum 800jährigen Stadtjubiläum gelingen, der Innenausbau wird nach Expertenschätzungen nicht vor 2020 beendet sein. Eine Vision des Ganzen aber fasziniert schon jetzt: Das gerettete Bauwerk soll ein Museumsschloß werden, worin Grünes Gewölbe, Rüstkammer, Kupferstichkabinett und Münzkabinett in möglichst enger künstlerisch-idealer und historischer Abstimmung mit wissenschaftlicher Untermauerung Platz finden. Das Graphik-Kabinett und das in Vitrinen und Schaukästen eingerichtete glanzvolle Neue Grüne Gewölbe wohnen bereits im Westflügel, das Münzkabinett mit seinen 300000 Stücken im elbzugewandten Georgenbau. Die imposante Kollektion der Rüstungen und Waffen ist für den Ostflügel bestimmt, das Historische Grüne Gewölbe aber soll 2006 wieder jene Räume beziehen, die den Feuersturm überstanden; die Zweiteilung des Gewölbes erlaubt die Ausstellung fast aller seiner Schätze. Da das Schloß zwar mehrere Zugänge, aber kein Hauptportal mit Vorhalle besitzt, will das beauftragte Architektur-Team Kulka ein Netzdach über den Kleinen Schloßhof spannen – ein auf den ersten Blick irritierender Plan, dessen Realisierung aber ein helles, doch geschütztes Foyer als Zentrum und Entrée für ausgedehnte Besuche schüfe.

Drei Eigentümlichkeiten gehören in den engeren Umkreis des Schlosses, das wie ein Fels aus Kunst und Geschichte im Herzen des Weltkulturerbes Dresden stehen wird. Zunächst als zeitweilig heftig umstrittenes Phänomen die Sgraffiti an den Fassaden des Großen Schloßhofes! Der Restaurateur Matthias Zahn beschreibt die eigentümliche Technik dieses Wandschmucks: »Beim Sgraffito wird durch Ritzen und flächenhaftes Wegkratzen der noch feuchten Oberfläche des Putzes eine Gestaltung von Wandflächen erzielt (...). Die Sgraffito-technologie erfordert das Arbeiten in Tagewerken, das heißt, es darf nur soviel geputzt werden, wie bis zum Erkalten des Mörtels und der Tünche bearbeitet werden kann.« Gekratzt wird »mit selbst hergestellten Werkzeugen, Holzstäbchen, dicken Nadeln u. a.« Zwischen 1548 und 1556 waren die Außenseiten- und Hoffassaden des Schlosses zur »Vereinheitlichung des aus Baukörpern verschiedener Zeiten zusammengesetzten Gesamtkomplexes« mit Sgraffiti verziert worden; das Bildprogramm wurde in zwei Erneuerungsphasen 1602 und 1675 bis 1678 beibehalten; nach dem Schloßbrand 1701 verschwanden die Sgraffiti jedoch ganz. Das Ziel der 1989 begonnenen Restaurierung, den exquisiten Bilderschmuck am West-, Nordwest- und Nordostgiebel wie auch am Oberteil des nordwestlichen Wendelsteins im Großen Schloßhof zu rekonstruieren, war anspruchsvoll: Man soll »einen ungefähren Eindruck von dem Reichtum der Bilderwelt und der Architektur der Renaissance im Großen Schloßhof« wiedergewinnen. Die Restaurateure wußten, daß das ikonographische Programm sich unmittelbar auf Moritz von Sachsen bezog und in seiner Gesamtheit nicht zu haben war – den Rekonstrukteuren blieben also nur Fragmente zufälliger Überlieferung, selbst die Fotos eines verschollenen Holzmodells von vor 1530 gaben nur begrenzte Gewißheit. Die Resultate im Großen Schloßhof wurden mit Recht bestritten – und sind trotzdem herrlich und kongenial nachempfunden: So könnte es, ja: so muß es ausgesehen haben!

Von derlei Unsicherheiten ist die zweite Eigentümlichkeit des Schloßbereichs frei: Der »Fürstenzug« des Bildhauers Wilhelm Walther auf der Augustusstraßen-Seite des ans Schloß grenzenden zwölfbögigen Langen Ganges ist eine Kuriosität ersten Ranges: Ein 102 Meter langer Bilder-Wandfries präsentiert 35 berittene Wettiner Markgrafen, Herzöge, Kurfürsten und Könige von Konrad dem Großen (regierte von 1123 bis 1156) bis zum vorletzten Sachsenkönig Georg (1902–1904), dazu Herolde, Fanfarenbläser, Militärs, Fußvolk, am Zugende Zeitgenossen des Künstlers, so Ludwig Richter, auch Walther selbst, der für Fürstlichkeiten wie Zeitgenossen reichlich verläßliche Zeugnisse vorfand. Er schuf den Zug als riesiges Sgraffito-Bildwerk; Umweltschäden führten 1904 bis 1912 zur originalgetreuen Übertragung als Unterglasurmalerei auf 25 000 sorgsam präparierte Meißner Kacheln in Zementmörtel. Es gelang »geradezu mit spielerischer Leichtigkeit (...) ein großartiger, geschlossener Eindruck von der geschichtlichen Zusammengehörigkeit dieser 35 Männer, die allesamt einer Familie angehörten und durch die gleiche Aufgabe verbunden waren, an der Spitze des meißnisch-sächsischen Staatswesens zu stehen«, urteilt der Sachsen-Historiker Karlheinz Blaschke in seiner Monographie zum »Fürstenzug«. Das Kachelwerk überstand das Bombardement fast unversehrt; es war und ist, gerade auch nach der Wende, sehr populär – und war doch auch ein vom Künstler wohl nicht beabsichtigter Abgesang auf Sachsens Herrscherhaus?

Die dritte Eigentümlichkeit verbindet das Schloß mit dem nahe gelegenen Neumarkt: Nicht unerwartet, ja vorhersehbar stieß man an beiden Großbaustellen bei Grabungen zu Restaurierung und Neubau auf Funde vom unterirdischen Dresden. Ein Team unter Leitung des Archäologen Reinhard Spehr hatte schon Mitte der achtziger Jahre die sogenannte Kemenate gefunden, die unter der Erde in den Großen Schloßhof hineinragt, den wohl ältesten bekannten Dresdner Wohnbau, ein vollständiges Kellergeschoß, darin etwa 3,5 m hohe »dreijochige, durch Gurtbögen auf Wandpfeilern gegliederte Kreuzgratgewölbe« (Spehr). Im Herbst 2000 stießen die Archäologen unter dem Ostflügel auf ein Gewölbe, das sie auf 1170/80 datieren – selbstverständlich sind Zeitangaben dieser Art Annahmen und Schätzungen, keine vorgefundenen Daten; die urkundliche Ersterwähnung Dresdens vom 31. März 1206 und das 800jährige Jubiläum bleiben unberührt. Einig sind aber Landesarchäologin Judith Oexle und Landeskonservator Glaser darin, daß Dresden eine auf den Elbübergang bezogene Gründung und älter als die Burg, die Vorgängerin des Schlosses, ist.

Die Schloßfunde hielten die Arbeiten am Ostflügel nur vorübergehend auf; die Entdeckungen am Neumarkt schienen das dortige Wiederaufbau-Projekt kurzzeitig ganz zu verhindern, nämlich den Nachbau des dichtbesetzten Terrains von Bürgerhäusern und Hotels mit einer Vielfalt schöner Dächer, Giebel und Fassaden, die vor der Zerstörung 1945 die Frauenkirche wie ein wärmendes Gewand umgaben. Auf der durch Krieg und Beräumung leergefegten Fläche fanden die Archäologen eine Fülle von Überresten der unterirdischen Stadt, darunter 30 Kellergewölbe, die Frauentorbrücke, Teile einer vorgelagerten Festungsanlage, vielerlei Gebrauchsgegenstände und eine Reihe von Grabstätten mit Skeletten. Vor der rigorosen Warnung potentieller

Bauherren und Investoren, daß das ganze Projekt Neumarkt scheitern werde, wenn eine angeblich absolut unentbehrliche Tiefgarage ganz oder teilweise den Wünschen der Archäologen weichen müsse, gaben diese und die Stadtoberen nach; die Garage wurde gebaut, Fundreste blieben im Beton »integriert«.

Wegen der oberirdischen Bauten entbrannte ein Streit zweier Grund-Auffassungen. Eine Phalanx von Architekten und Bauherren akzeptiert zwar einige »Leitbauten« mit historischen Anklängen, verlangt aber im Prinzip moderne Außenarchitektur, wenn auch nicht Glas, Beton und Stahl, und verwirft originalgetreue Nachbauten des Neumarkt-Ensembles. Dem setzt die »Gesellschaft Historischer Neumarkt« die Forderung entgegen, die Bürgerhäuser und Hotels in größtmöglicher Zahl mit ihren ursprünglichen Fassaden wiedererstehen zu lassen: unter starkem Hinweis darauf, daß die vollständig rekonstruierte Frauenkirche ein entsprechendes Ambiente brauche. Unterstützt werden die »Historischen« offenkundig von der Mehrheit der Dresdner Bürger (auch vom Verfasser dieses Buches), vom aus Dresden stammenden Medizin-Nobelpreisträger Günter Blobel, dem großzügigen Spender für den Wiederaufbau von Frauenkirche und Palais im Großen Garten; er nennt den Wunsch der Bewahrer und Erneuerer des alten Stadtbildes eine Revolution, da sie nicht hinnehmen wollen, daß ein historisches Herzstück der Stadt wie in vielen westdeutschen Städten mit zeitgenössischer Architektur zugebaut werde. Alan Russel, der Vorsitzende des englischen »Dresden Trust«, sowie der Kunst- und Architekturhistoriker John Soane, verweisen warnend auf die städtebaulichen Todsünden in Coventry, Exeter und Canterbury. Was am Ende auf dem Neumarkt entsteht, ist ungewiß, zumal im Herbst 2004 gerade einmal erste Grundsteine gelegt wurden, zumal das Gesamtkunstwerk Dresden-Altstadt neben dem »alt« aufgebauten Palais Cosel durch einen völlig deplazierten, simplen Neubau und durch die Tiefgaragen-Einfahrt – aus Glas, Stahl und Beton – bereits verhunzt wurde, andererseits aber unklar ist, wie viele der zerstörten Altbauten für Rekonstruktionen zureichend dokumentiert sind. Das Endergebnis könnte ein Gemisch aus alt und neu sein, hoffentlich kein Mischmasch.

Wie aber stellt sich die jedermann sichtbare, die Stadt-Physignomie beeinflussende Außengestalt der kulturellen, religiösen, politisch-gesellschaftlichen, wirtschaftlich-handelsmäßigen Repräsentanzbauten der Nachwendezeit dar? Ein Gang vom Altmarkt zum Hauptbahnhof enttäuscht weitgehend. Der Markt, mit dem kaum noch erträglichen Glas-Stahl-Beton-Block des Kulturpalastes im Rücken, den noch annehmbaren siebengeschossigen östlichen und westlichen Längsfronten der fünfziger Jahre mündet am Südende rechts in mehrere Büro- und Kaufhäuser bekannter Ketten, Simplizitätsbauten mit schwächlichen Anklangversuchen an Früheres, und links in ähnliche Neubauten, an denen hauptsächlich die schmalen Schießschartenfenster auffallen, ein Doppelkomplex von »Haus an der Kreuzkirche« und großer Sparkassenfiliale, immerhin rosafarben – der ganze zentrale Platz ist stummes Mittelmaß, mit Ausnahme der grandiosen, stark gemauerten schwarzgrauen Kreuzkirche; nur sie spricht zu den Menschen.

Hinter dem kreuzenden Dr.-Külz-Ring führt der Gang in die Prager Straße, zu soliden Warenhäusern der neunziger Jahre, sie sind, verglichen mit den benachbarten vier Hotels und einem Kaufhaus in Grob-Einkleidung aus der DDR-Epoche, einen Touch moderner, doch ohne Originalität und Wagemut, obendrein bedrängt durch die langgezogene, öde, von der Aufhellung nicht ergriffene Rückfront des Plattenbau-Wohnblocks St. Petersburger Straße 26–32 – wer hier, auf dem Terrain der vor dem Feuersturm berühmten Prager Straße, dieses nicht wiederherstellbaren Architektur-Juwels, Lichtblicke sucht, findet bis hin zu den Glas-Stahl-Klötzen der Großbaustelle Wiener Platz vor dem Hauptbahnhof nur biedere Nutzbarkeits- und Simplizitätsbauten; aber vielleicht rettet der vom Reichstagserneuerer Norman Foster in harten Griff genommene Bahnhof mit einem genialen Dach die Szene? Das Kugelhaus auf dem Platz ist leider einer originellen Wirkung durch einpferchende Seitenflügel beraubt.

Am linken Elbufer, stromabwärts, unweit der Hintergebäude der Oper, trifft man auf zwei Repräsentativbauten der Nachwendezeit. Der sächsische Landtag besteht seinerseits aus zwei stilistisch extrem konträren Teil-Anlagen: landeinwärts dem dreigliedrigen, 1928–1931 im strengen Neusachlichkeitsstil errichteten, 1953–1989 von der SED-Bezirksleitung gehaltenen Altbau – und aus Peter Kulkas Glas-Stahl-Beton-Gebäude von 1991–94. Ganz nahe am Fluß: Der Haupteingang von einem zur Stahlkonstruktion gehörigen dünnen, auf schlanken Säulen weit vorkragenden Dach gedeckt, ein langgestreckter flacher Bau flußabwärts in den runden, etwas höheren, auf Transparenz angelegten Plenarsaal mündend, den große Glasflächen einschließen und ein quadratisches, von vier starken Kreuzstützen getragenes Dach schirmt –

eine im Rahmen der verwendeten Baumaterialien recht ansehnliche, dezente Gesamtanlage. Dem gegenüber fällt das im Mai 2004 eröffnete Kongreßzentrum nahe der Marienbrücke außenarchitektonisch etwas ab: eine langgezogene, bis auf die leichtgeschwungene Dachkante eintönige Glas-Stahl-Fassade den Fluß entlang, am seitlichen Haupteingang eine überdimensionale, leere Freitreppe, darüber ein auf starken Säulen vorkragendes, schweres Dach, wie der größere, gröbere Verwandte des Kulka-Baus; eine sacht zum Obergeschoß steigende breite Rampe mit Lichtkästen, die einen Umgang zur elbabgewandten Längsseite ermöglicht, deren Front durch den Farbkontrast einer niedrigen gelbbraunen Sandsteinmauer leicht aufgehellt wird. Landtag und Kongreßzentrum liegen unaufdringlich nebeneinander am Strom, sie stören und verdecken das Gesamtkunstwerk nicht und bieten den Blick dorthin: mit einer sympathischen Demut. Erfreulich, daß der zwischen ihnen stehende, marode Erlweinspeicher zum Hotel umgebaut und originalgetreu restauriert wird.

Zwei mehrere Kilometer voneinander entfernte Bauten von monumentalen Ausmaßen zeigen an den Rändern der Altstadt gewisse architektonische Gemeinsamkeiten. An den Großen und den Botanischen Garten grenzend, im rechten Winkel von Stübelallee und Lennéstraße ein riesiges »L« bildend, steht seit 2001 die Gläserne Manufaktur von VW; gläsern wegen ihrer Durchsichtigkeit in die gigantische Halle mit den Montageebenen, Manufaktur, weil die von den Besuchern beobachtbare Endfertigung der Autos am unendlich langsam auf Bodenhöhe vorrückenden Fließband teilweise Handarbeit ist. Die mächtige Vorderfront an der Lennéstraße, von Grünwuchs und Teich mit drei Brücken umgeben, zeigt drei Teilkörper von gerundeter Grundstruktur: eine auf Stelzsäulen ruhende große Kabine, die das Ende eines aus dem Inneren hervortretenden Verwaltungsbaus darstellt, daneben, metallverkleidet wie die Kabine, die zweigeschossige Kundenlobby mit dem Übergabe-Pavillon und dem Aussehen einer mächtigen Schiffskommandobrücke – und, etwas nach rechts hinten abgesetzt, den runden, 40 Meter hohen, vierzehngeschossigen Fahrzeugturm, einen Hochparkplatz oder Lager- und Schau-Tower für fertige Wagen. Die eigentlichen Montagehallen in ihrer »L«-Struktur bilden parallel zur Stübelallee und zum Grenzzaun zwischen östlichem Logistikhof und Botanischem Garten ein rechtwinkliges Dreieck ohne Hypotenuse, die gleich langen Schenkelbauten sind gläsern-durchsichtig, doch als Fassaden simpel und eintönig. Die ganze Anlage bleibt zumindest vor dem Hinterland des Großen Gartens ein architektonischer Fremdkörper.

Ein dominanter Rundturm ohne Spitze und eine Riesenhalle zeichnen auch das »World Trade Center« (1994–1996) im Winkel Freiberger/Ammonstraße, ehemals westliche Seevorstadt aus. Der 53 Meter hohe, weithin sichtbare Turm mit Glasfassade und 16 Obergeschossen schiebt ein Segment seitlich in die 113 Meter lange, hallenartige Passage mit dem Londoner Reklamenamen »The Mall«; sie hat eine Simultan-Innen-Außen-Architektur, vorn wie hinten transparent, hoch oben von einem gewölbten Gitter-Netz-Dach eher geöffnet als bedeckt; die gelungene Doppeloptik, die immer nach draußen weist oder das Draußen hereinholt, beherrscht auch die beiderseitigen Längsfronten mit Läden, Service-Boutiquen, Restaurants, dem Theater »Komödie«, den fünf Beleuchtungsmasten auf der Mittelachse. Unter den sieben Teilbauten des Centers sind mehrere Sandsteinblocks; sie steigern die Monumentalität des Ganzen, aber auch eine gewisse Fremdheit im Umfeld, im geborgten Namen, in der Antwortlosigkeit der Umgebung für den hohen Turm. Die bisher gezeigten Repräsentationsbauten belegen im übrigen sehr deutlich die begrenzten Ausdrucksmöglichkeiten der Baumaterialien Glas, Stahl und Beton, auch durch die weitgehende Ankettung an orthogonale Geometrie-Fesseln; die lobenswerten Versuche, sie durch Rundungen verschiedener Art zu lockern, haben, vom Landtag abgesehen, unverkennbar Züge einer gewissen Schwerfälligkeit.

Zwei Neubauten aus jüngster Zeit erwecken in bezug auf ihre äußere, ins Stadtbild ragende Gestalt bei unvoreingenommenem Blick ernste Bedenken. Dresdens Neue Synagoge steht auf dem Hasenberg am Ostende der Brühlschen Terrasse, am Ort der von den braunen Brandstiftern 1938 vernichteten großartigen Semperschen Synagoge; von dieser hat die Außenarchitektur des neuen Hauses nichts. Es besteht aus zwei an einem länglichen Hof konfrontierten Kuben; der größere, die eigentliche Synagoge, ist »mit leicht geschrägten Kanten« konstruiert, so Dieter Bartetzko in der FAZ, was sogar als ein In-sich-gedreht-Sein gedeutet wird: wenig überzeugend, denn die schwache Verkantung hebt nicht die extrem schlichte orthogonale Starre beider Baukörper, auch des kleineren Gemeindehauses, auf; sogar die aus der minimalen Schräge entspringenden »Lamellen« sind – langgezogene – Rechtecke. Die Außenarchitektur der Neuen Synagoge ist trotz des sandsteinartigen Formsteins von eintöniger, einfallsloser Einfachheit und ebendeswegen im Kontext der Brühlschen Terrasse ein architektonischer Fremdkörper, der in seiner jedes Heraustreten aus der starren Rechteck-Geometrie ängstlich meidenden Konstruktion eher zu den ostwärts nahe stehenden DDR-Bauten der Johannstadt paßt, auch in seiner graubräunlichen Farbgebung. Diese Synagoge, deren Erbauung höchste moralisch-politische Verpflichtung des Freistaates, der Stadt und ihrer gesamten Bevölkerung war, ist in ihrer unverrückbaren Statik, die durch eine der Innenstadt zugewandte, doch abweisende Außenfront des Gemeindehauses unterstrichen wird, innerhalb des wiedergewonnenen Stadtbildes ein tragischer Irrtum, letzten Endes hervorgerufen durch den wie immer entstandenen und zu erklärenden Verzicht auf die Wiedererrichtung von Gottfried Sempers Synagoge. Der Respekt vor den wohlmeinenden Bemühungen der Architekten und vor den tieferen Gründen der jüdischen Gemeinde für gerade diesen Entwurf bleibt vom Enttäuschungsurteil unberührt, hebt es aber auch nicht auf – soweit die Außengestaltung gemeint ist.

Die Überraschung trifft den Besucher im Inneren der Synagoge. Er betritt eine in ihrer Geschlossenheit sehr hoch wirkende Halle mit von Haushöhe herabhängenden, den ganzen Raum umspannenden metallischen Netzen, mit 30 Grad nach Osten gestelltem (nicht gedrehtem) Thora-Schrein, mit den Zehn Geboten in Goldschrift an der Wand über dem fünf Rollen bergenden Schrein, noch höher das ewige Licht, ein Gotteshaus mit warm-braunen Wänden, Schränken, Tisch, Mobiliar aus Hellerau; die herbe Wucht der Halle übertrifft die Schlichtheit des Außenbaus bei weitem, weil sie ganz nach innen und ganz nach oben auf Gott gerichtet ist, nicht aber auf ein einzigartiges historisches Stadtkunstwerk. Dabei mag die Selbstdeutung der Architekten, die Synagoge vereine im Festbau Eigenschaften des salomonischen Tempels mit solchen des »Stiftzelts« im Netz-Werk als Assoziation zur jüdischen Wanderschaft, dahingestellt bleiben.

Wir treffen aber höhere Qualität der Innenarchitektur gegenüber der Fassadengestalt auch bei anderen neuen Repräsentativbauten – neben der technisch raffiniert-variablen Bühnenarchitektur von sechs Sälen für 4150 Sitzplätze im Kongreßzentrum insbesondere beim zweiten angekündigten Neubau jüngsten Datums, den vereinigten Landes- und Universitätsbibliotheken samt ihren Sondereinrichtungen wie dem kostbaren Buchmuseum. Die Erbauer haben in einem kühnen

Entwurf Teile des neuen Lese- und Leihzentrums am Zelleschen Weg, so den riesigen Lesesaal, das Medienzentrum und Arbeitsräume in zwei weitläufige unterirdische Geschosse verlegt:»Eine deutschlandweit einmalige Vereinigung von Forschungs- und Studienbibliothek, von Buchschatz und Lehrschrift« (Karin Großmann in der »Sächsischen Zeitung«) findet also innen, auch unter der Erde, statt, wobei der Lesesaal nach oben offenbleibt. Hat dieses von außen unsichtbare, glänzend gelungene Tiefprojekt die Architekten bei den allen Blicken zugänglichen oberirdischen Außenbauten zu einer beklemmenden Genügsamkeit verleitet? Sie errichteten jedenfalls, parallel zueinander und zur Zufahrtsstraße, zwei gleich große, langgestreckte, kastenförmige, mehrgeschossige Baukörper, die höher als breit sind und hundert Meter voneinander entfernt stehen, mit grünen Wildwuchs sowie Lichtschächten zwischen sich. Die Außenwände aus Thüringer Traventin erscheinen mischfarbig grau-beige-hellbräunlich, haben unregelmäßig verteilte Schartenfenster und flache, hochrechteckige, starr in Reihen gestellte Platten am Mauerwerk – Fenster und Platten sollen in Regalen stehende Bücher verkörpern; diese Auslegung eines ärmlichen Versuchs von Kunst am Bau entbehrt nicht der Komik. Beide Blöcke verharren in totaler Rechteckigkeit, Linearität und Bewegungslosigkeit; in der Nähe wirken sie wuchtig, wenn nicht gar monumental in einer Umgebung, der weniger monotone Fassaden gut anstünden.

In ihrer Innen- und Außengestalt gleichermaßen herausragende und wagemutige Bauten der Nachwendezeit sind das St.-Benno-Gymnasium an der Kreuzung Pillnitzer/Güntzstraße, wo 1954 der Turm der Johanneskirche gesprengt wurde, und das Großkino Ufa-Palast zwischen Prager und St. Petersburger Straße. Auf schmaler Fläche am Ostrand der Pirnaischen Vorstadt errichtete Günter Behnisch, der in Dresden geborene Erbauer des Münchner Olympiastadions und des Plenarsaales im Bonner Bundestag, mit seinen Partnern einen aufsehenerregenden Schultrakt, der durch eine 150 Meter lange, von Fenstern unterschiedlicher Größe und Gestalt, von einem halbrunden und zwei kubischen verglasten Balkonen unterbrochene, leuchtendblaue Wandscheibe gegen Verkehrslärm abgeschirmt wird. Dieser Ostteil kontrastiert kunst- und wirkungsvoll mit der die Klassenräume beherbergenden, aufgelockerten Westseite: Deren terrassenförmig absteigende Fassade werde, so der Architekturführer, in den Obergeschossen von drei im Grundriß verschwenkten, mehrstufigen Gebäudeteilen dominiert. In den jeweiligen

Stockwerken springen einzelne Vorbauten mit eigenen Effekten heraus – im dritten Obergeschoß zum Beispiel mit einer schwebenden, Schiffsähnlichkeit weckenden Aussichtskanzel. »Der bewegte Charakter der Fassade wird durch die ungewöhnlich bunte Farbgebung« unterstrichen, die sich im Inneren fortsetzt, aber in den Klassenzimmern zurückgenommen wird. Die Mischung aus streng orthogonalen Elementen und ungewöhnlichen Dekonstruktivismen, Schrägen, Abstürzen, Biegungen, Lang- und Wendeltreppen, Engführungen, einem Haupteingang via Rampe verleiht dem Gymnasialbau einen kräftigen Hauch von Eigenwilligkeit, Lockerheit und Exzentrizität.

Der Ufa-Palast, gewissermaßen der wildeste Bau der Dresdner Architektur-Moderne, entworfen vom Wiener Büro Coop Himmelb(l)au, steht so schräg auf einer früheren Brache hinter dem Plattenbaublock, als sei er soeben wie ein von Menschen-Technikern konstruierter Himmelskörper metertief, doch ohne jeden Glasbruch, ohne verbogene Stahlträger in den Boden gefahren; da steht er gekippt, vibrierend, aber stabil. Seine Prager-Straßen-Seite, ein ausladender und dennoch kompakter Komplex stahlgegliederter, kristalliner Glasflächen, hängt über dem neugierig herantretenden Betrachter, der ins Innere blicken und das »wilde« Netzwerk verwinkelter, sich überschneidender, scherenartig gekreuzter Treppen bestaunen kann; sie führen zu den acht Kinosälen, die im übergangslos hart an den schiefen Glasturm angekoppelten Betonblock übereinandergestapelt sind. Auch dieser vibriert ungeachtet seiner Schwere: mit einem spitzen, auf den leeren Vorplatz Richtung Süden gerichteten Keil. Mit schrägen Außentreppen, einem mehrteiligen Metall-Netzwerk an der St.-Petersburger-Fassade, schroffem Übersprung zur schmalen Nordwand, dort nackter Beton mit Zickzacktreppe unten, Netzwerk-Bekleidung oben. Das dekonstruktivistische Bauwerk mit seinen Brüchen und Sprüngen, seinen Schrägen und Stürzen, seiner Verschmelzung scheinbar unverträglicher Elemente lebt, einerseits, von radikalen, unverborgenen, expressiv gebauten Kontrasten: zwischen durchsichtigem Glasfoyer und massivem Beton, zwischen dem vom »Spiegel« als eigenwilligster Kinobau Deutschlands gelobten Palast und seiner nahezu starren Umgebung; das Kino-Haus lebt, andererseits, wie Behnischs Gymnasium von der Entfesselung im raffiniert genutzten Raum, der das Bauwerk trägt und ihm zugleich dient – und von der Exzentrik, ja: dem Manierismus seiner an unerwarteter Stelle ins Stadtbild springenden Erscheinung: Der Fremdkörper wird produktive Provokation – und ist keiner mehr!

Es gibt ein architektonisches Grundgesetz für Dresden: Die alte, wiederaufgebaute Stadt bildet seine unantastbare Mitte, die mit ihren Bauten vom späten Mittelalter bis um 1900 das gegenwärtige und zukünftige Innenstadtbild, die weltberühmte, geschützte Silhouette an der Elbe prägt. Substanz und Physiognomie der historischen Residenzstadt mit ihren fürstlichen und bürgerlichen, sakralen und profanen Meisterwerken haben auf ihrem Terrain absolute Priorität; sich mit ihnen messen zu wollen ist sinnlos, das muß die zeitgenössische Architektenschaft anerkennen. Die allermeisten bisherigen Neubauten sind übrigens – auch ungewollte – Eingeständnisse dieser Lage.

Da aber das Gesamtkunstwerk nur einen relativ kleinen Teil des Stadt- und Stromgebietes braucht, erwächst einer originellen, mutigen, der verbreiteten Simplizität abschwörenden Baukunst in der ganzen übrigen Stadt bis hinaus in die Vororte ein weites Feld – weit genug weg vom historischen Zentrum. Die heutigen Architekten müßten das Feld allerdings bestellen wollen – mit scharf profilierten, kühnen, exzentrischen, vielleicht frechen Bauten, einem neuen, gewollten Manierismus von weitester Ausdruckskraft, der überall blühen kann, wo er genug Raum für sich findet und die schon vorhandenen Baulichkeiten (sowie die Anwohner!) nicht umwirft, und der, ohne die bei St. Benno und Ufa-Palast vorzüglich angewandten, aber insgesamt begrenzten Materialien Glas, Stahl und Beton zu verwerfen, das unerschöpfliche Medium Gestein zu neuer Größe und Fülle erweckt und der schmerzlich verlorengegangenen Kunst am Bau neue Chancen eröffnet. Der Begriff Manierismus steht hier übrigens nicht als Dogma, sondern als Anreiz, der denkbar viele Stilrichtungen abdeckt und eine freimütige, unängstliche moderne Architektur meint, die überhaupt nicht in Konkurrenz zum Gesamtkunstwerk tritt, sondern, in gehörigem räumlichen Abstand, zu sich selbst findet, in vielerlei Gestalt: Da sind nicht Namen und Begriffe wesentlich, sondern Bauwerke und Baukünstler von Format, Schöpfer unerhörter Aufhellungen im Weltkulturerbe-Panorama unserer Stadt. Da wäre sicher auch Platz für Daniel Libeskind und Frank Stella, die schon an Dresdens Tore schlugen, aber noch nicht Einlaß fanden. Manches braucht hier eben Zeit …

Glück und Sorgen

Mit der Wiedervereinigung Deutschlands zog ein Strom neugewonnener Freiheiten und Freiheitsrechte die Bürgerinnen und Bürger Dresdens wie der ganzen ehemaligen DDR in den Bann: Das Recht auf Unversehrtheit der Person; die Freiheit von Bespitzelung und Überwachung; der Schutz der Wohnung und des Postgeheimnisses; das Bürgerrecht auf freie, gleiche, geheime Wahlen zu allen Volksvertretungen; die Freiheit von jeglichem Wahlzwang; die Freiheit der politischen Versammlung und Vereinigung; die Bildung und Mitgliedschaft politischer Parteien und anderer Organisationen; die Koalitionsfreiheit; das Streikrecht; das Recht, den Wehrdienst mit der Waffe zu verweigern. Die neuen Staatsbürger gewannen die Freiheit der eigenen Meinung, die Freiheit der gespochenen und geschriebenen Meinungsäußerung (derlei Stimmen sind als Kritik im Dresdner Alltag zunehmend zu hören); die geistige Freiheit, repräsentiert durch die Freiheit der Künste und der Wissenschaften, durch die Presse-, Rundfunk- und Fernsehfreiheit – Dresden verfügt jetzt mit der »Sächsischen Zeitung« (SZ), den »Dresdner Neuesten Nachrichten« (DNN), der »Morgenpost« über drei politisch unabhängige Tageszeitungen; die Stadt, zu DDR-Zeiten oft als »Tal der Ahnungslosen« verspottet, empfängt nun alle TV-Programme. Dresdner haben die freie Wahl der Unterhaltungsmedien (der fast unüberschaubare Schwall von musikalischer Unterhaltung im weitesten Sinne, von Pop und Rock bis zum Trivialschlager, überschwemmt die Sachsen in schöner Einigkeit mit den Westdeutschen, auch Kinder und Jugendliche). Die neuen Bundesbürger gewannen das Recht auf freie Religionsausübung; die Freiheit des Wohnsitzes und des Wohnungswechsels; die Freiheit der Berufswahl, des Arbeitsplatzes und des Ortswechsels; die langersehnte Reisefreiheit nach dem Westen (manche Bewohner unserer Stadt machen davon, sofern die Finanzen reichen, geradezu rauschhaften Gebrauch); die nicht selten orgiastisch erlebte Freiheit des Autos und dessen oft fetischhafte Handhabung (nicht nur böse Zungen behaupten, die deutsche Einheit habe sich zuerst, am schnellsten und am vollständigsten auf den Straßen des Vaterlandes vollzogen: mit allen Segnungen und Sorgen). Und überhaupt gab und gibt es die fast unbegrenzte Freiheit der Wahl überbordend vieler Waren, all das, was der Dresdner Autor Michael G. Fritz mit einem hintersinnigen Buchtitel »Der Geruch des Westens« nannte, liegt nun den Elbstädtern zu Füßen, einschließlich des langentbehrten Telefons, das mittlerweile als Handy in keinem Bus, keiner Straßenbahn, keiner S-Bahn von Elbflorenz fehlt.

Die ausführliche Aufzählung wichtiger Errungenschaften der deutschen Einheit ist notwendig, will man verstehen, was allen Ostdeutschen seit dem Herbst 1989 widerfuhr: Die revolutionäre Umwälzung ihrer gesamten politischen, gesellschaftlichen, sozialen, ökonomischen Verhältnisse, gewissermaßen eine inner-physiognomische Aufhellung, korrespondierend mit der Aufhellung des Stadtbildes – und eine Revolution, bei der die Freiheitsschritte alle gleichzeitig zu gehen waren und von allen Altersklassen bewältigt werden mußten, während die Deutschen der alten Bundesländer dazu etliche Jahre Zeit hatten. So erscheinen die neuen Freiheiten zwar als faszinierende Euphorie, aber zugleich als Anstrengung, ja als Last, wenn der einzelne zu viel Neues in zu kurzer Zeit schaffen muß und wenn dem Angebot der Freiheiten komplizierte praktische Prozesse folgen. Wir zeichnen sie nach als dramatische Schauplätze eines unerhörten, Segen und Sorgen der Menschen unweigerlich mischenden Wandels mit dem jeweils besonderen Niederschlag in Dresden, wo der Ruf nach der stärksten Neuerung schon im Spätherbst 1989 besonders kräftig erschallte: der Währungsunion, die sich in Fotos dichtgedrängter Frauen und Männer vom 2. Juli 1990 an den Ausgabestellen widerspiegelt: »Damit fiel der Startschuß für den schwierigsten Teil des Vereinigungsprozesses: die Umwandlung des Wirtschaftssystems«, resümiert Klaus Schroeder in seiner Bilanz der deutschen Wiedervereinigung.

Es folgte ein in seiner ganzen Schärfe unvorhersehbarer Einbruch der ostdeutschen Wirtschaft, dessen Folgen für den Arbeitsmarkt erhebliche Teile der Dresdner Bevölkerung trafen und dessen Gründe Schroeder auflistet: Die desolate Situation vieler Betriebe »mit verschlissenem oder technisch veraltetem Maschinenpark«; den Kollaps des Binnenmarktes, da die Bevölkerung primär Westwaren konsumieren wollte; hohe, auf Gewinne und Investitionen drückende Lohnkosten und seit Anfang 1991 den faktischen Zusammenbruch des Export-marktes in den früheren sozialistischen Staaten. Segen und Sorgen bestimmten fortan das Leben vieler Menschen, und da sich Kohls eu-phorische Prognose von den »blühenden Landschaften« nicht einfach erfüllen konnte, was er heute selber weiß, muß man den Glanz der Freiheitssegnungen immer wieder in Erinnerung rufen.

In den neunziger Jahren, der Ära Biedenkopf, erlebte Dresdens Infrastruktur einen großen Aufschwung mit deutlichen Zügen der Aufhellung: Durch den Einsatz von über 200 Milliarden Mark in der früheren DDR, schreibt Schroeder, »konnten zum Teil gewaltige Rückstände in der Abfall- und Abwasserentsorgung, aber auch im Schienenfernnetz und bei den Bundesfernstraßen abgebaut werden« – womit Dresdens innerstädtische Straßen und besonders die Bürgerstei-ge noch nicht mängelfrei wurden. »Wahrscheinlich besitzt Ostdeutsch-land inzwischen eines der modernsten Telekommunikationssysteme der Welt. Aber auch im Bereich der Modernisierung oder des Neubaus von Gewerbe- und Wohngebieten, von Schulen und Universitäten, von Sozial- und Freizeiteinrichtungen« gab es große Fortschritte: Die Auf-hellung der Stadt Dresden betrifft nicht nur die Fassaden und das äuße-re Stadtbild – Tausende von Wohnungen sind mittlerweile auf west-lichen Standards der Innenausstattung angekommen; der Prozeß ist noch im Gange. Durch Transfers von Milliardensummen und die Ar-beit der nicht grundlos umstrittenen, ja: als »Jobkiller« verschrienen, dennoch auf eine gewaltige, historisch beispiellose Leistung gründen-den »Treuhand« gelang die Ablösung der ruinierten Planwirtschaft mit staatlich-»volkseigener« Struktur durch die westliche Marktwirtschaft mit Privatisierung, Reprivatisierung und umfangreichen Liquidationen, die das unumgängliche Ende der DDR-Wirtschaft besiegelten – es traf auch Dresdens Industrie und den gesamten Bereich von Handel und Verkauf heftig, mit den bitteren Folgen von Stellenverlust, Arbeitslo-sigkeit, Vorruhestand, einer weniger finanziell als psychisch belasten-den Maßnahme wegen des Angriffs auf den Selbstwert der Betroffenen durch vermeintliche Entbehrlichkeit im Arbeitsprozeß.

Es findet am Industrie-Standort Dresden aber auch ein der Auflösung entgegenlaufender Prozeß statt. In den Jahren um die Jahrtausendwen-de steigt die Stadt zu einem weltbekannten Zentrum von Mikroelek-tronik und Nanotechnologie auf. Zwei Konzerne bauen in nördlichen Stadtteilen gleichzeitig Chip-Fabriken auf: die amerikanische Firma

»Advanced Micro Devices« (AMD) in Wilschdorf und die durch Ausgründung entstandene Siemens-Tochter »Infineon«, Königsbrücker Straße. Beide Unternehmen kämpfen im erbitterten, krisenüberschatteten globalen Wettstreit um immer kleinere, schnellere, effizientere, billigere Chips mit – AMD zum Beispiel durch den auf Kupfertechnologie beruhenden »Athlon«-Prozessor in einem zeitweilig erfolgreichen Vorsprung-Rennen gegen den scheinbar übermächtigen Konkurrenten und Marktführer Intel. Auch Infineon gelingt ein großer technischer Wurf: Auf 300-Millimeter-Siliziumscheiben, den »Wafers«, werden Chips von extremster Kleinheit produziert, die unsere »normale« Imagination zu überfordern drohen, als stünden wir vor einem auf winzigstes Maß umgedrehten Universum – eigentlich unvorstellbare »Maschinen«, in absolut stäubchenfreien Reinsträumen von eingekleideten Technikern in wochenlangen Prozeduren auf atom»große« Nano (»Zwergen«)-Dimensionen hergerichtet – das Allerkleinste ist das Siegreiche und kaum noch Unterbietbare. Es kostet enorme Summen, auch Hunderte Millionen Euro Beteiligungen und Bürgschaften des Freistaates, der auf späteren Rückfluß im Steuer-Strom hofft – uns Laien läßt inmitten sprachloser Bewunderung die graue Sorge nicht los: das Ganze müsse in Sackgassen einer null-nahen Erstarrung enden: technisch, wirtschaftlich, politisch. Freilich: die Arbeitsplätze! Bei Infineon bis zum Jahr 2004 5500 im Produktionsareal, großenteils für hochqualifizierten Technik-Adel, dazu die Zulieferer, das Umfeld, also: Honi soit qui mal y pense – und doch die Frage: Wozu brauchen wir das, in Dresden und anderswo? Jedenfalls in dieser radikalen, phantastischen, hybriden Gestalt? Die uns, an der Grenze des Machbaren, dennoch fesselt und suggeriert, wir stünden auf der höchsten Stufe des Zeitalters! Ohnehin hält derzeit nichts den rasanten Prozeß auf. Immerhin arbeiten jetzt mehrere Großoperateure zusammen, weil ein Unternehmen allein die Aufgabe nicht bewältigt – siehe das »Center of Nanoelectric Technologies«, einen Forschungspool auf dem Infineon-Gelände, der 2005 fertig sein soll und von AMD, Infineon, Fraunhofer-Gesellschaft, Bund und Freistaat finanziert wird. (Infineon allein hat von 1994 bis 2004 rund 3,3 Milliarden Euro in Dresden investiert.)

Der Aufbau hochentwickelter, ja revolutionärer Technologien im Norden der Stadt wurde von der Bevölkerung aufmerksam, doch ohne Erregung verfolgt; Widerstand wie gegen das Werk Gittersee gab es nicht. Dagegen provozierte ein technisch-wirtschaftlich konventioneller Fabrikbau monatelange heftige Kontroversen: die Ankündigung und Errichtung der Gläsernen Manufaktur. VW offerierte die Produktion eines teuren Luxuswagens, mit weit über 300 Millionen Mark Investitionen eines der größten Dresdner Unternehmen nach der Wende, 800 Arbeitsplätze, eine CargoBahn auf Straßenbahnschienen vom Logistikzentrum Güterbahnhof Friedrichstadt her, die Autoproduktion als Erlebnis, dessen Endphase Bevölkerung, Kunden und Touristen im großzügig-eleganten Hallenbau hinter Glas, aber nahe dran verfolgen können, und die Aussicht auf hohe Wertschöpfung für die Stadt. Der schon vor Baubeginn ausbrechende Meinungsstreit hatte mehrere Aspekte: Eine entschiedene Befürworter-Mehrheit in der Bevölkerung, im Rat der Stadt, besonders bei der CDU, in Verwaltung und Wirtschaft; eine scharf argumentierende Gegnerschaft, teilweise auch in der Presse; der Protest vor allem gegen die Standort-Wahl in nächster Nähe des Großen Gartens gerichtet, der durch den stilfremden Bau verhunzt werde; Vorwürfe gegen VW wegen vermeintlicher Erpressung durch Androhung des Rückzugs; unnachgiebiges Beharren von VW-Chef Piëch auf Dresden als Standort wie auf dem Gelände am Großen Garten; Nachgiebigkeit nur mit leichten Größen- und Entfernungskorrekturen und dem Bau eines Kleinbahnhofs für die Parkeisenbahn, aber Schweigen zu dringlichen Wünschen der Stadt an das Werk, zu den Bauverzögerungen, zu Aussehen, Qualität und Namen der Limousine.

Schließlich siegte der Konzern. Der Widerstand erlahmte, auch weil ein Bürgerbegehren gegen den Standort scheiterte. Im Rat siegten die Befürworter mit 42 gegen 26 Stimmen. Im Dezember 2001 wurde der Glaspalast mit einem Jahr Verspätung eröffnet, das teure Auto präsentiert und »getauft«: Phaeton – in der griechischen Mythologie des Sonnengottes sterblicher Sohn, der die Gewalt über den Sonnenwagen verlor und abstürzte – eine makabre Namensgebung? Phaeton tut sich schwer, gegen die Konkurrenz zu bestehen; die Limousine ist das Risiko-Problem des Unternehmens: Man liest, 2004 seien nur 6500 Phaetons abgesetzt worden, ein Viertel der möglichen Kapazität. Für Dresden gab es noch einen Lichtblick: Die vom VW-Grundstück vertriebene Messe ging ins Ostra-Gehege und nutzt dort, neben Neubauten, rettend den vom Verfall angegriffenen Erlwein-Schlachthof.

Neben diesen Großen, neben einigen berühmten »Alten«, die, geschrumpft, auf hochwertige Spezialitäten setzten wie Ardenne Anlagenbau und die Hellerauer Innenausstatter, gelang einer Menge technisch wie produktmäßig breit gestreuter kleinerer und mittlerer Unternehmen, auch Existenzgründern, der Aufstieg, zum Beispiel Maschinen- und Stahlbaufirmen, eine wirkt am Bau des Gotthard-Basistunnels mit; Hydraulik-Geräte aus Weixdorf; Dresdner Ventilatorenbau; Xenon-Automatisierungsbau mit Sondermaschinenfertigung in Einzelstücken; mehrere Vakuumtechnik-Betriebe; die Kamera Werke Dresden als Weltführer für Panoramakameras; Spezialisten für Theaterbühnen-Konstruktion; Firmen für Gebäude- und Energiemanagement, für ungerade Leuchtstoffröhren von beliebiger Form, für Widerstände in Großfahrzeugen, für Spracherkennungssoftware in Arztpraxen; die Hafenmühle; Feinkostsalate und Brotaufstriche; Dentalkosmetik; die f6-Zigarettenfabrik, Marktführer im Osten; Umrüstungen von Passagier-Airbussen zu Fracht-Transportern; das Güterverkehrszentrum Friedrichstadt mit Umschlag-Terminal Schiene-Straße; aber auch Schneiderinnenateliers. Wir brechen ab, wir könnten noch lange aufzählen, Dresdner Produkte gehen in alle Erdteile. Eine besonders hoch geschätzte Sammel-Institution, 1990 gegründet, eine Startrampe für Jung-Firmen wuchs ständig, es wohnten zeitweilig 90 Unternehmen mit über 1000 Mitarbeitern dort: im TechnologieZentrum Gostritzer Straße.

Wir berühren jetzt den schwierigsten Aspekt der Nachwendezeit: Was immer die vorgestellten Unternehmen leisten, sie heben das böse Problem der Arbeitslosigkeit nicht auf, das bedrückend auf der Stadt, auf den östlichen Bundesländern liegt und die mit der Revolution gewonnenen Freiheiten, den materiellen Segen zu verdunkeln droht. Im November 2004 sind für Sachsen 379 412 offizielle Arbeitslose (= 17,2 % aller zivilen Erwerbspersonen), in Dresden allein 40 438 = 13,7 % gemeldet; hinzu kommen geschätzte 140 000 inoffizielle Arbeitsuchende. Dresden hat die niedrigste Quote in Sachsen – immer noch zu hoch! 5819 Gemeldete der Region Dresden sind unter 25 Jahren, fast 17 000 Langzeitarbeitslose. Weder im Rückblick bis etwa 1999 noch in der Voraussicht auf kommende Jahre gibt es Besserungen; anhaltend schlecht stehen die neuen Bundesländer mit insgesamt 17,7 % den 8,3 % der alten Bundesrepublik gegenüber; dabei spielt die tendenziell höhere Prozentzahl Erwerbswilliger aus der ehemaligen DDR eine gewisse Rolle, wie der Berichterstatter in seiner Dresdner Umgebung feststellt. Die Grundmisere sitzt tief: Die hochindustrialisierte Gesellschaft frißt ihre Kinder nicht auf, sondern stößt sie aus – jedenfalls so viele, daß die schlimmen Meldungen, gerade auch in den Medien, dominieren: Bad news is good news! Maßnahmen wie die inzwischen heruntergefahrenen ABM, die Ich-AGs, gewagte, schnell scheiternde Gründerversuche, Ein-Euro-»Jobs« für Langzeitarbeitslose stopfen Löcher, mehr nicht. Versuche wie die Job-Seiten der »Sächsischen Zeitung«, auf denen Lehrstellen suchende junge Leute, in der Mehrzahl Realschul-Absolventen, Mädchen und Jungen zu gleichen Teilen vorgestellt und empfohlen werden, sind dankens- und lobenswert, mehr nicht.

Zum Alpdruck der Arbeitslosigkeit tritt – man sieht, hört, liest es allenthalben in der Stadt – vielerlei, dem auch die in Arbeit stehende Mehrheit der Bevölkerung, der es gutgeht, nicht ausweichen kann: zum Beispiel Spät-Lasten des DDR-Regimes, einerseits die Enttarnung von Handlangern des Stasi-Apparats und die Bagatellisierung solcher Verstrickungen durch die PDS, deren sächsischer Chef die berichtenden Medien via Gericht mundtot zu machen versuchte, als er in Verdacht geriet – andererseits die ernstgemeinte (nicht die selbstironische!) Ostalgie; sodann das Syndrom von Problemen um den im Kern erfolgreichen Aufbau Ost – Sorgen um die Sicherung des Solidarpaktes II; die diffizile Frage, ob die Milliarden aus dem Bundeshaushalt wirklich in Investitionen fließen wie etwa in Dresdens Chip-Industrie, ob dem verbreiteten Gießkannenprinzip nicht am ehesten durch städtische »Leuchttürme« zu begegnen sei, was Dresden zweifellos begünstigen, aber zugleich kleinstädtisch-ländliche Gebiete veröden könnte. Es drükken Sorgen wegen weiterer Deindustrialisierung mit Stellenabbau, wegen Produktionsverlagerungen ins billigere Ausland, wegen Wachstum ohne neue Arbeitsplätze, Sorgen wegen des immer noch grassierenden Zurückbleibens der Ost- hinter der Westproduktion, wegen eines auch in Dresden befürchteten Absinkens der neuen Länder zu Billiglohn-Regionen, wegen der Abwanderung vor allem junger Leute zu Arbeitsplätzen im Westen.

Der Verfasser dieses Buches, der bis 1958 entscheidende Lebensjahre in der DDR verbrachte, der von 1958 bis 1994 in der Bundesrepublik ansässig war, der 1994 aus ganz privaten Gründen nach Dresden übersiedelte, der also jahrzehntelang sowohl im Osten als auch im Westen Erfahrungen sammeln konnte, riskiert einige Beobachtungen und Urteile zu Denkweisen und Verhalten seiner einheimischen Mitbürger. Sie genießen die gewonnenen Freiheiten, die Fülle der Warenwelt je nach individueller Lage ganz und wohl manchmal etwas zu selbstverständlich. Sie hängen tendenziell wohl nicht so fest an unserer Parteiendemokratie, an einzelnen Parteien sowieso nicht, die SPD hat das bitter erfahren; die PDS hat ohnehin noch reichlich »rote Socken«. Daß eine gewisse Desillusionierung über die parlamentarische Demokratie wächst, war zu erwarten: nach zeitweiliger »Unterwerfungsbereitschaft« unter »westdeutsche Dominanzansprüche« im Sinne von »Wir bringen euch das bessere Leben« (so der ostdeutsche Psychiater Maaz) – die blühenden Landschaften sozusagen als Mitbringsel des Westens. Daß Ostdeutsche tendenziell an gewissen Defiziten hinsichtlich Eigeninitiative und Selbständigkeit leiden, kann allenfalls mit Vorbehalten bestätigt werden – und nicht für die nähere Nachbarschaft und Bekanntschaft des Autors. Daß zwischen »Wessis« und »Ossis« Unterschiede, Reibereien, beiderseitiges Kopfschütteln, auch Spott und Witzeleien herrschen, ist so wahr wie normal; die angeblich unüberbrückbaren Gegensätze existieren jedoch vor allem im Wunschdenken interessierter Politiker, Wissenschaftler und Journalisten; besonders in Lebensalltag und Lebensnachbarschaft gelingt das Zusammenleben in Dresden vieltausendfach, zumal der Abwanderung aus dem Osten eine erhebliche Umzugsbewegung von West nach Ost entgegensteht, die in Alarmpublikationen über das Ausbluten Sachsens trotz klarer Zahlen meist kleingehalten wird. Daß einheimische Dresdner wie Ossis überhaupt auf der Eigenheit und wo möglich auf der Würde ihrer DDR-Biographie trotz des Zugriffs der Diktatur bestehen, ist begreiflich; daß diese Biographien, zumal bei den Älteren und Alten, besonders lastenreich sein können, analysiert Wolfgang Engler in seiner vorzüglichen Monographie »Die Ostdeutschen« eindringlich: Erfahrungen mit einem besonders grausam geführten Spät-Krieg, mit der schwierigsten, der sowjetischen Besatzungsmacht, mit den gewaltigen, heilsbringerisch propagierten, unheilvoll ausgeführten Umwälzungen der neuen Diktatur auf den Schultern der alten blieben den meisten Bundesbürgern erspart. Daß in der DDR aufgewachsene Landsleute das Prinzip der Gleichheit ebenso hoch halten wie das Freiheitsideal, trifft zu: manchmal kann man schon beim morgendlichen Brötchenkauf erfahren, wie hochempfindlich sie auf soziale Ungerechtigkeiten oder gar auf schamlose Selbstbedienungsaktionen gewisser Konzernchefs, Groß-Manager, Bankiers, Politiker reagieren: drastisch schimpfend. Im übrigen verweist sächsischer Stolz nicht nur auf die dargestellten wirtschaftlich-technischen Investitions- und Produktionsleistungen der

Nachwendezeit, die Dresden mit an die Spitze der industriell-ökonomischen Bilanzen in den neuen Bundesländern hoben, sondern auch auf gesamtdeutsch vorbildliche Sozialeinrichtungen der DDR-Zeit, zum Beispiel die Kindertagesstätten und die Polikliniken. Selbstverständlich weisen die Bewohner unserer Stadt Vorwürfe und Metaphern vom »Jammertal Ost« zurück, die auf westlichem Boden sprießen: »Eine ewig bedürftige Ökonomie, darin grämliche Menschen, die mehr zurückschauen als nach vorn.« Wer nach vorn in Arbeitslosigkeit starrt, hat vielleicht keine Kraft zur Fröhlichkeit. Aber was wissen denn schon die Gesicherten, die solche Metaphern pflanzen …

An dieser Stelle scheint es passend, zwei scheinbar konträre Grund-Irrtümer aufzuheben, denen der Schreiber dieses Textes wie viele andere Ossis und Wessis zeitweilig aufgesessen ist. Der erste Irrtum: Nach Ausbruch der gewaltlosen Revolution 1989 glaubten einige intellektuelle Warner, der Wandel könne nur glücken, wenn er langsam, Schritt für Schritt vor sich gehe. Die Revolution überrannte diese Warnungen; der Geschichtsverlauf richtet sich nicht nach noch so klugen Bedenken von Intellektuellen, wie der Ablauf in Dresden deutlich zeigte. Der zweite Irrtum: Von vielen Zeitgenossen wurde gewünscht und geglaubt, daß die Wiedervereinigung in relativ kurzer Zeit, binnen weniger Jahre vollendet sein werde. Das ist falsch: Die vollständige Vereinigung braucht, wenn sie überhaupt gelingt, mindestens so lange, wie die DDR bestand: 40 Jahre. Wie viele Dresdnerinnen und Dresdner das wissen und akzeptieren, ist derzeit nicht zu ermitteln.

In gewissen Stunden des Nachdenkens und Grübelns über den Sturz der DDR und die deutsche Einheit, über Ost- und Westdeutsche packt einen so etwas wie neidische Bewunderung für den Schreibkollegen Thomas Rosenlöcher, vormals Dresden-Kleinzschachwitz, dessen Prosaband mit dem vortrefflichen Titel »Ostgezeter« geradezu ein Lehrbuch für die Aufarbeitung aller dieser Ost-West-Probleme ist: durch eine hellhörige, weitsichtige, tiefsinnige, spitzfindige, abgründige, ständig über die Grenzen hin und her springende *Heiterkeit*, die uns allen gut anstünde, die aber nur wenigen oder nur selten gelingt, oder? (Übrigens versagt auch Rosenlöchers Heiterkeit, und zwar ungefähr dort, wo im Januar 1817 Carl Maria von Weber erstmals vom Berg oben die Stadt bei seiner Einfahrt vor sich liegen sah: Inmitten von lauter Autos knurrt Rosenlöcher: »Selbst die berühmte Dresdner Höflichkeit geht völlig unter im Straßenverkehr, ein rätselhaftes Phänomen. Nicht einmal im Ruhrgebiet habe ich so viel gasgebende Stumpfheit angetroffen wie hier.«)

Im Jahre 2005 jedenfalls verharrt Dresden wie das ganze Land in einem Schwebezustand, der noch dauern wird; es folgt eine Art vorläufige Momentaufnahme. Sichtbarer Ausdruck dieser Lage, in der die vielfältigen Freiheiten, die materiellen Errungenschaften noch weiter zurücktreten könnten, sind die schon jahrelang geführten Auseinandersetzungen um die jeweiligen Haushaltspläne im Schatten wirtschaftlicher Rezession, mit kontroversen Deutungen. Auf der einen Seite stehen düstere Warnungen: Dresdens Finanzsituation, klagt der derzeitige Oberbürgermeister Roßberg Anfang 2004, habe sich dramatisch verschlechtert; Stadtkämmerer Gehring meint sogar, es spiele sich jetzt auf leisen Sohlen der finanzielle Niedergang der Kommunen ab; sinkenden Einnahmen stünden steigende Ausgaben gegenüber, zum Beispiel im Sozialbereich; so sei ein Haushaltsdefizit von 67 Millionen Euro entstanden, erstmals konnte der Haushalt nicht ausgeglichen werden. Zur Rettung werden alle möglichen Schritte geplant und schon getan: Kassenkredite zur Schließung kurzfristiger Lücken; Neuverschuldung, Steuererhöhungen, Einsparungen, Kürzungen, Stellenstreichungen in allen Bereichen, Privatisierungen, sprich: Verkäufe städtischen Eigentums, zum Beispiel im Wohnungsbestand; weitere Teilverkäufe bei den Drewag-Stadtwerken, bei Stadtentwässerung und -reinigung; Verkauf der Stadtbeleuchtung; womöglich Verkauf der großen Grundstücke am Wiener Platz; Vereinigung aller städtischen Gewerbebereiche zu einem Zentralbetrieb; Erhöhung aller kulturellen Eintrittspreise. Der stark umstrittene, die Elbauen an einer ihrer weitesten Flächen unweigerlich verhunzende Bau der Waldschlößchenbrücke, der in der bloßen Vorbereitung schon 19 Millionen verschlang, bleibt von der Stadtspitze dagegen unangetastet.

Auf der anderen Seite sieht Roßberg Dresden auf wichtigen Gebieten vorankommen: bei der Umstrukturierung der Verwaltung, der Mittelstandsförderung, der Vermarktung nach außen. Ohnehin scheint das Bild der Stadt von außen viel besser zu sein, was Diagnosen und Prognosen bekräftigen: Sowohl im Osten als auch in Gesamtdeutschland lag Sachsens von Dresden angeführtes Wirtschaftswachstum 2004 an der Spitze, Vorhersagen für 2005 erwarten dasselbe. Günstige Ergebnisse brachte der für Elbflorenz lebenswichtige Tourismus. Gute ökologische Werte, wie sie nach der Wende zum Beispiel in der Luft- und Elbwasserreinigung erzielt wurden, erhielten Ende 2004 durch Berichte über schwere Waldschädigungen, so in der Dresdner Heide, einen Dämpfer, weckten aber keine Demonstrationen: Im Zeitalter von Arbeitslosigkeit und Hartz IV hat konsequente Umweltpolitik geringe Chancen.

Hochempfindlich reagiert man in Dresden aber – nicht erst seit heute – auf Eingriffe in Kunst und Kultur. Die Welt kennt die Stadt als Gesamtkunstwerk; Touristen kommen primär wegen Kultur und Kunst. Dabei ist Dresdens Kultur weit mehr als Lockvogel für Investitionen oder Dienstleistungen, sie hat ihren Wert in sich und durch sich selbst. Marktwirtschaftliche Kriterien dürften ihr keine Maßstäbe setzen, sie dient nicht zur Linderung kommunaler Finanznöte. Kunst und Kultur sind gewachsene Schöpfungen von Jahrhunderten, Dresdens absoluter Segen, Seele und Herz der Stadt. »Die Dresdner«, schrieb die Journalistin Grit Moch, sicher mit einem Schuß liebenswürdiger Ironie, »vergöttern die Kultur ihrer Stadt. Sie kennen und lieben jeden Sandstein, jedes filigrane Porzellan-Tässchen aus dem Schatzkämmerchen Augusts des Starken, jedes aufpolierte Meisterwerk in der Sempergalerie.« Wer diese Dresdner Besonderheit nicht wahrnimmt oder absichtsvoll ignoriert, indem er zum Beispiel als Bürgermeister fordert, man müsse dort Abstriche machen, »wo es sich im Vergleich zu anderen Städten um Privilegien handelt«, weiß nichts von Dresden; ein solches Ansinnen »ist im Falle der Kultur die Nivellierung dessen, was die Eigenart der Stadt ausmacht« (Tomas Petzold in der »DNN«). Da aber unbeirrt an ihrem Etat gerüttelt wird, spielt die »Kultur in der Kunststadt« unfreiwillig »die tragische Heldenrolle« (Moch); die Kürzer und Streicher erscheinen dabei engstirnig und unbeweglich: Längst, fordert Peter Ufer in der SZ, hätten neue Finanzierungsmodelle wie Sponsoring, Privatisierung, Fusionierung, Holding, Kooperation entwickelt werden müssen, statt Mängelverwaltung zu betreiben.

Diese verlangte 2004 im Rahmen jährlicher Kultur-Kürzungen von 7,3 Millionen Euro unter anderem die komplette Streichung der Dresdner Musikfestspiele nach 2006, die Streichung weiterer Filialen der Städtischen Bibliotheken mit schädlichen Folgen für Leserschaft wie Autoren, Substanz und Bestand angreifende Kürzungen der Staatsoperette in drei Schritten von jeweils 500000, des Theaters Junge Generation parallel von je 400000 Euro; daß die Philharmonie, Dresdens zweites Orchester von internationalem Rang und Ruf, wo 16 Musikerstellen bedroht sind, weiter auf den längst versprochenen adäquaten Konzertsaal verzichten muß, versteht sich, zynisch gesagt, von selbst; Dirigent Marek Janowski wußte, warum er vorzeitig ging. Die Proteste waren heftig und anhaltend. Ein Aktionsbündnis »Dresden wählt Kultur« sammelte bis zu den Gemeindewahlen Juni 2004 75000 Unterschriften, die Ende Oktober dem neugewählten Rat der Stadt als Arbeitsauftrag übergeben wurden. Es gab eine »Kunstgebung« mit 6000 Teilnehmern auf dem Theaterplatz und, initiiert von Michael G. Fritz, eine deutschlandweite Solidaritätserklärung von über hundert Autorinnen und Autoren zum Schutz der Städtischen Bücherei, die im August sinnigerweise als deutsche »Bibliothek des Jahres« ausgezeichnet wurde. Kräftige Stimmen erhoben sich zur Hilfe für Jugendkultur, Stadtteilkultur und Kulturvereine. Die Erfolge der Proteste, geboren aus dem Bewußtsein und dem Anspruch Dresdens auf kulturell-künstlerischen Hoch-Rang, sind nicht endgültig abzusehen.

Am Ende eines langen Weges durch Räume und Zeiten bedenken wir, das Panorama, die äußere und innere Physiognomie, die bewegte und bewegende Geschichte der Stadt vor Augen, ihren Standort und ihre Rolle. Es ist eine komplexe, vielgestaltige Rolle, in Präsens und Futur, Indikativ und Konjunktiv, als Gegebenheit und Wunschbild, da und dort wohl gar als Modell darstellbar. Dresden ist die Stadt der Kultur in einem universalen Sinn: Geschichte, Gegenwart und Zukunft. Dresden ist die Stadt aller Künste, ihrer Arbeits-, Spiel- und Gedenkstätten, ihrer Museen und Paläste, ihrer Studios, Ateliers und Clubs; die Musen der Künste sind in Dresden zu Hause. Dresden ist eine Stadt der Wissenschaften für Forschung und Lehre, Tradition und Innovation, Stadt der Natur- und Technik-, der Geistes- und Sozialwissenschaften – und für 2006 zur deutschen »Stadt der Wissenschaft« erwählt. Dresden ist eine Stadt der Bildung und des Unterrichts, der Hoch- und Fachschulen, der vielfältigen Schulen für Kinder und Jugendliche, der sorgsamen Kindertagesstätten – wenn sie nicht an ihrem Schließungsfuror erstickt. Dresden ist eine Stadt der Wirtschaft und des Handels, der multifunktionalen Industrie und Technik mit historisch weit zurückreichenden Anfängen. Dresden ist eine jahrhundertealte europäische Stadt, offen nach Westen und Osten, Norden und Süden, reich ausgestattet mit internationalen Partnerstädten, gesegnet mit »den Besonderheiten dieser alten Verknüpfungslandschaft des Ostens« (Günter Jäckel), daher die mögliche, erwünschte, aber noch nicht voll-tätige mitteleuropäische

Drehscheibe zu den Ländern der erweiterten EU und des Ostens überhaupt. Dresden ist eine virtuell ökologische Stadt, der Harmonie mit ihrer schönen, verletzlichen, unersetzlichen Natur-Landschaft dringend verpflichtet, im Glanz ihrer höchsten Auszeichnung und Würde aufgerufen, die empfangene Erhebung zum Weltkulturerbe nunmehr zu leben und zu verteidigen, gegen auch in den eigenen Mauern grassierende lokalpolitische Kleinkariertheit, gegen die Anmaßungen eines gefährlichen, zerstörerischen, womöglich apokalyptischen Globalismus und gegen die im eigenen Haus nistenden, dieses Haus und das Weltkulturerbe vergiftenden Hypertrophien der Selbstzerstörung, zum Beispiel im Straßenverkehr. Dies alles kann Dresden lebendig, selbstbewußt, aber ohne jede selbstgefällige Anmaßung und in voller Erkenntnis dessen darstellen, was wir sind: keine Weltstadt, aber eine weltberühmte Stadt, die ihren Ruhm, ihren Charme, ihren Geist, ihre Schönheit, ihre Unversehrtheit, das Wohlergehen ihrer Bewohner und ihr Leuchten jeden Tag neu gewinnen muß.

Nachwort zur Taschenbuchausgabe

Es steht zu fürchten, daß der Zeitraum zwischen der Erstausgabe dieses Buches im März 2006 und dem vom Deutschen Taschenbuch Verlag angeregten aktualisierenden Nachwort Ende 2008 kein Ruhmesblatt in der bewegten Geschichte Dresdens zeigen wird, obwohl 2006 das 800jährige Stadtjubiläum gebührend gefeiert wurde. Wir blenden zurück: Anfang Juli 2004 erhielt die Kulturlandschaft des Dresdner Elbtals von Söbrigen/Pillnitz über rund 18 Kilometer stromabwärts bis Schloß Übigau die glanzvolle Auszeichnung als Weltkulturerbe; diese höchste Ehrung durch die Unesco erlangte die Stadt beim Jahreskongreß im chinesischen Suzhou einstimmig und ohne kritische Einwände. Ende Juni 2005 übergab Francesco Bandarin, der Präsident des Pariser Welterbe-Komitees, dem damaligen Oberbürgermeister Roßberg die Ehrenurkunde.

Freilich war die gefeierte Würdigung von Sachsens Hauptstadt dortselbst schon vor Bewerbung und Ehrung von einem umstrittenen Verkehrsprojekt überschattet: vom Bau einer Brücke am rechten, dem Neustädter Elbufer, in halber Höhe der Bautzner Straße nahe der ehemaligen Waldschlößchenbrauerei über den Strom zum flachen linken Ufer mit den berühmten Elbauen. Verfechter der fatalen Überquerung und Natur-Verschandelung hatten schon jahrelang gegen Dresdens Bewerbung polemisiert und waren, als der Gang zur Unesco nicht zu verhindern war, der Rückendeckung von CDU, FDP, ADAC, von Wirtschaftsführern, Verwaltungschefs und Teilen der Dresdner Medien in der Überzeugung sicher, daß die Brücke im möglichen Konflikt mit dem Weltkulturerbe zu siegen hätte.

Der Konflikt eskalierte im Februar 2005: Als im Stadtrat ein Baubeginn zunächst aufgehalten wurde, konterten die Brücken-Vorkämpfer mit einem erfolgreichen Bürgerbegehren unter der simplen Fragestellung:»Sind Sie für den Bau der Waldschlößchenbrücke? einschließlich des Verkehrszuges entsprechend der abgebildeten Darstellung?« Sie gewannen mit reichlich zwei Dritteln der Stimmen; freilich nahm nur etwa die Hälfte der Dresdner teil, also stimmten etwa 34 Prozent der erwachsenen Bevölkerung für den Brückenbau, was die Befürworter bis in die unmittelbare Gegenwart nicht an der Behauptung hindert, die Mehrheit der Dresdnerinnen und Dresdner habe für die Brücke votiert.

Jedenfalls ist Dresdens öffentliche Meinung und Darstellung seither zutiefst und anscheinend unversöhnlich gespalten. Die Befürworter des Bauwerks, das der langjährige sächsische Landeskonservator Heinrich Magirius besonders auch wegen der architektonischen Plumpheit als gewalttätiges Monstrum geißelt, behaupten unbeirrt und unbelehrbar, daß nur durch diese Brücke samt den entsprechenden raumfressenden Ab- und Zufahrten, zu denen auch Tunnels an beiden Ufern gehören, Dresdens Verkehrsprobleme gelöst und die ständigen Staus aufgehoben werden können. Die vielfache Erfahrung, daß durch Neubauten dieser Art die Kalamitäten nicht beseitigt, sondern nur an andere Stellen verlagert werden, wird ignoriert.

Daß eine durch Jahrhunderte dank sorgsamst betriebener Pflege und Schonung bewahrte Strom- und Auenlandschaft im Osten der Stadt schwer geschädigt, ja zerstört wird, leugnet oder bagatellisiert man; daß der einzigartige Blick auf Dresdens weltberühmtes Panorama unerträglich zugestellt, ja vernichtet wird, beunruhigt offenbar weder die erwähnten Wortführer aus Politik und Wirtschaft noch das Regierungspräsidium, das neuerdings Landesdirektion heißt und noch jede Bemühung der Brücken-Gegner und Verteidiger des Weltkulturerbe-Titels abgeschmettert hat.

Ganz heikle Fragen werfen die beim ersten Blick scheinbar einleuchtenden Feststellungen der Brücken-Bauer auf, daß weder der finnische Gutachter der internationalen Denkmalsorganisation Icomos, der 2003 als Beauftragter des Welterbe-Komitees das Elbtal auf dem Fluß besichtigte, noch die Unesco-Juroren von 2004, die unserer Region den Titel verliehen, an den Brücken-Plänen Anstoß nahmen. Was die Betroffenen wirklich wann, wo und in welcher Gestalt und Nähe zu sehen bekamen, ist jedoch zumindest sehr unklar und umstritten; feste Protokolle wurden offenbar nicht vorgelegt; Vermutungen, Gutachter und Komitee könnten ungenau informiert worden sein, verstummen nicht, zumal dem Icomos-Beobachter ein unglaublicher Fauxpas unterlief: Er fixierte den geplanten Brücken-Standort, der etwa 2,5 Kilometer stromaufwärts der Innenstadt liegt, auf eine Stelle 5 Kilometer flußabwärts! Wer mag glauben, daß der ortsunkundige Mann den Fehler selbst verschuldete, der an Drastik kaum zu überbieten ist und den der beschämte Icomos-Präsident Petzet vergeblich als Schreibfehler zu entschuldigen suchte?

Problematisch erscheint auch eine die Wucht des Brückenverkehrs herunterspielende, die Vierzügigkeit der Streckenführung vertuschende Behauptung im Bewerbungspapier, daß »keine das Orts- und Landschaftsbild beeinträchtigenden Hauptverkehrsstraßen im Elbraum geplant« seien. Parallel zu solchen Halbwahrheiten – oder Halb-Lügen? – häuften sich Angriffe und Verdächtigungen gegen die Brücken-Gegner: Sie hätten ein gestörtes Verhältnis zu Bürgerbeteiligung und Basisdemokratie – Vorwürfe von Parteien und Politikern, die derlei Werte viele Jahre als links-verdächtig verworfen haben.

Der Widerstand gegen das Monster, das starke Verlangen, die Auszeichnung zu retten, wäre vielleicht sogar erloschen, wenn nicht Ermutiger und Ermutigungen überregional, ja deutschlandweit und international aufgetreten wären und die von Monat zu Monat stärker beunruhigte Unesco alarmiert hätten. Der Medizin-Nobelpreisträger Günter Blobel, großzügiger Förderer des Wiederaufbaus der Frauenkirche, bekennt offen, daß er in Paris Gespräche mit dem Präsidenten des Welterbe-Komitees Bandarin geführt habe. Dabei sei die Warnung ausgesprochen worden, daß Dresden durch den Brückenbau der Welterbe-Titel aberrerkannt werden könne; zugleich eröffne sich der Stadt aber die Beibehaltung der Auszeichnung, wenn statt der Brücke ein Tunnel-Bau, womöglich durch Bürgerentscheid, beschlossen würde.

Kräftigen Zuspruch erhalten die Brücken-Gegner aus Berlin, besonders vom ehemaligen Bundestagspräsidenten Wolfgang Thierse, der sich in Dresden vorzüglich auskennt. Seine Argumente und Fragen zum unheilvollen Brücken-Prospekt stehen hier exemplarisch für die Positionen der Gegner: Der Blick auf die Stadt Dresden, schreibt Thierse, und über die Elbe hinweg gehöre zum Schönsten, was es in Deutschland und Europa gebe; dieser Blick gehöre nicht nur Dresdens Bürgern, sondern ganz Deutschland und der ganzen Welt. Eine bestimmte Art Dresdner Dünkels konterkariert Thierse treffend: »Wenn die Dresdner sagen, die Welt solle sich nicht einmischen, dann ist das in Ordnung. Aber dann sollen sie den Weltkulturerbestatus nicht haben wollen. Wenn man den Status hat, lädt man andere ein, die Stadt zu besuchen, sie als Weltkulturerbe zu betrachten.« Deutschland werde, wenn Dresden auf die Rote Liste der Unesco für Regionen komme, die den Titel verlieren könnten, seinen Ruf als Kulturnation beschädigen. Selbst Thierse hebt trotz dankenswerter Deutlichkeit freilich einen verhängnisvollen Mangel auf höchster politisch-kultureller und juristischer Ebene nicht auf, ein Manko, das der Dresdner FAZ-Korrespondent Burger präzise formuliert: Als Vertragspartner sei Deutschland nach Artikel vier der Welterbekonvention nämlich verpflichtet, alles in seinen Kräften Stehende zu tun, um das Welterbe sicherzustellen. Eben diese Umsetzung hohen internationalen Rechts in nationales Recht haben alle maßgebenden Institutionen der Bundesrepublik Deutschland seit Jahrzehnten versäumt; daher lassen Bundespräsident, Bundesregierung, Bundesrat und Bundestag sehenden Auges und wider besseres Wissen die Dresdner Verteidiger des Weltkulturerbes im Stich, obwohl die Stadt seit 2007 auf der Roten Liste steht, was für Neu-Bewerbungen anderer deutscher Kultur-Regionen negative Folgen haben könnte, auch wenn die Unesco im vollen Bewußtsein des *exemplarischen* Falles Dresden im Sommer 2008 der Stadt für einen Tunnelbau statt der Brücke großzügig ein weiteres Bedenkens- und Entscheidungsjahr gewährt hat.

Inzwischen verstreicht diese Frist gegen die Verteidiger des Titels. Einerseits verwerfen Gerichtsurteile Klagen von Naturschützern zur Bewahrung der vom Brückenbau gefährdeten Kleintier-Welten wie der inzwischen grotesk berühmt gewordenen Kleinen Hufeisennase, einer Fledermausart; gleichzeitig befehlen andere Gerichtsurteile in seltsamem Gleichschritt mit den Brücken-Befürwortern der Stadt geradezu, den längst antiquierten, durch das Unecso-Komitee stark angezweifelten Bürgerentscheid zum Brückenbau unbedingt durchzusetzen. Auch unterbinden Gerichte und Regierungspräsidium alle Versuche zu einem einleuchtenden Kompromiß in Gestalt einer Tunnel-Lösung, trotz der auf beiden Ufern entstehenden Zufahrtstunnel!

Zwei irrationale – oder auch machtpolitisch verhängte – Phänomene erschweren den Kampf der Dresdner Opposition gegen das Monstrum von der Bautzner Straße. Zum einen können oder wollen die Trommler für den Brückenbau nicht verstehen oder nicht zugeben, daß sie in Dresdens fundamentalem Streit zwei höchst unterschiedliche Prozesse, die zwar örtlich, aber sonst überhaupt nicht miteinander vergleichbar sind, auf eine Ebene stellen, ja, in einen Topf werfen: Hier Dresdens Aufnahme in das Weltkulturerbe, die höchste, schönste, ehrenvollste Auszeichnung, die einer Stadt, einer Region, einer Kultur-Landschaft, einer Bevölkerung in unserer Zeit zuteil werden kann und der Stadt weltweit neues, nicht in Geld zu bemessendes Ansehen verleiht – dort eine sinnlose, viele Millionen verschlingende, womöglich häßliche lokale Brücke, die als angebliche Verkehrsnotwendigkeit Dresdens Flußlandschaft verschandelt, den universalen Blick auf seine berühmte Schönheit versperrt und inzwischen nach Baubeginn im November 2007 endlose Staus auf der Neustadt, üble Baumfällaktionen, Zubetonierungen, Lärm, Gestank, lästigen Schienenersatzverkehr statt Straßenbahn und Beschimpfungen und Bedrohungen gegen sich wehrende Warner hervorruft, wie es zum Beispiel der bekannte Ur-Dresdner Dichter Thomas Rosenlöcher erlebt hat. Die Baustelle insgesamt wächst zu brutaler Monstrosität und schafft bereits auf dem Neustädter Ufer Landschaftsschädigung.

Zum anderen ergreifen hochgestellte Politiker in unwürdiger Weise die Partei der Brückenförderer und verblenden viele Bürger, die tägliche Autofahrer sind und sich unter Weltkulturerbe nur bedingt etwas vorstellen können, da es nicht in bloßen materiellen Werten meßbar ist. Umso unverantwortlicher sind da Äußerungen wie die des ehemaligen sächsischen Ministerpräsidenten Biedenkopf (CDU), der Ende April 2008 zum möglichen Verlust des Weltkulturerbe-Titels lapidar erklärte: »Ich würde es bedauern, aber nicht für ein Unglück halten.« Diesem unglaublichen Urteil läßt er auch noch eine ebenso peinlich-schmeichlerische wie anmaßend-diffamierende Gegenüberstellung der Dresdner Kontrahenten folgen: »Der Sachverstand der hiesigen Bevölkerung in Bezug auf die Brückenfrage erscheint mir größer als der Sachverstand des Weltkulturerbekomitees.«

Daß er jede andere, neue, die wirkliche Problematik des Konflikts einbeziehende Lösung, etwa durch einen Tunnel oder ein neues, schon im Gang befindliches Bürgerbegehren, schroff verwirft, versteht sich; ebenso daß die mehrheitlich CDU-geführte sächsische Landesregierung ihrem einstigen Vorsitzenden folgt. Die Koalitionspartei SPD, deren Wissenschafts- und Kunstministerin Stange sich offen gegen die Brücke ausspricht, wagt nach mehreren Wahlschlappen seit der Wende wohl aus der Sorge, Verlierer zu sein, den Bruch des Bündnisses mit der CDU nicht.

Die Brücken-Gegner und Bewahrer des Weltkulturerbes laufen anscheinend gegen eine undurchdringliche Wand, obwohl im Laufe des Jahres 2008 die negative Außenwirkung des Streits immer offenkundiger wurde. Er beschädigt das Image der Stadt im In- und Ausland immer stärker; eindeutig hat auch der Rückgang der Touristenzahlen damit zu tun. Unwiderleglich urteilte Bandarin in einem Interview vom Mai 2008 mit sehr deutlichen, unmißverständlichen Klarstellungen: »Zuallererst: Nicht das Zentrum der Stadt wurde als Weltkulturerbe anerkannt, sondern die Kultur-Landschaft. Und eine Brücke mittendrin ist genau das, was die Landschaft zerstört. Zweitens: Mich hat die Sturheit überrascht, mit der diskutiert wurde. Gut, es gab einen Bürgerentscheid. Aber der wurde nach der Anerkennung Dresdens als Welterbe durchgeführt. Der Bürgerentscheid hat die falsche Frage gestellt und den Menschen die Sachlage nicht verdeutlicht. Die richtige Frage wäre gewesen: Wollen Sie eine Brücke, auch wenn diese die Einzigartigkeit der Landschaft zerstört und den Verlust des Welterbetitels nach sich ziehen würde?«

Scharf geißelt der Präsident den Starrsinn der Dresdner Stadtspitze und meint damit auch die Leiter der Stadtverwaltung: »Tatsächlich hat es Diskussionen über Alternativen, die wir uns immer gewünscht haben, mit uns nie gegeben. Wir kennen keine alternativen Brücken, keine Entwürfe zum Tunnel, keine andere Verkehrsführung – nichts. Die Stadt hat uns ein Brücke gezeigt, diese noch leicht geändert und das war es.«

Francesco Bandarin legt auch den Finger in eine tiefe Wunde: »Es spricht bestimmt nicht für eine Stadt, den Titel zu verlieren. Gerade für Dresden, das sich nach seiner Zerstörung so beeindruckend zurückgemeldet hat. Ich war schon mehrere Male dort und bin jedes Mal beeindruckt, was für enorme Anstrengungen die Stadt unternommen hat, ihr Zentrum wieder aufzubauen. Allerdings schockiert uns die Zwiespältigkeit. Auf der einen Seite der ungeheure Wille, die Vergangenheit zurückzuholen, und auf der anderen Seite, die Landschaft zu zerstören. Warum führt dieser Aufbauwille nicht dazu, mit aller Anstrengung auch die einzigartige Landschaft zu bewahren? Das ist doch schizophren.«

Diesem Starrsinn der Brücken-Fetischisten diente schon mehrmals eine Taktik der Irreführung durch Vertuschung, Verschweigen und Verfälschen. Das wöchentlich erscheinende Amtsblatt der Stadt berichtete

Ende Juni 2005 auf zwei Seiten von der Übergabe der Ehrenurkunde im Beisein ganzer Scharen von »Prominenten«; der Bürgerentscheid aber, der Brücken-Plan, der drohende Verlust des Titels, verschuldet durch die Mehrzahl eben jener Versammelten, kommt im Text nicht vor. Im Dezember 2005 schickte Icomos einen zweiten Gutachter nach Dresden – sein Urteil wurde von der Rathausspitze nicht publiziert. Ein 119 Seiten umfassendes unabhängiges Gutachten der TU Aachen wurde der Öffentlichkeit sechs Wochen lang vorenthalten; es bietet eine akribische Darstellung der drohenden Landschafts- und Blick-Zerstörung und hebt insbesondere hervor, daß die Waldschlößchenbrücke sich nicht in die Kette der Dresdner Stadtbrücken einreihe, sondern in ihren Dimensionen und Maßstäben, in ihrer Gestaltung und technischen Ausstattung ein Sonderling mit Schnellstraßencharakter sei. Die Stadtspitze verteidigte sich mit einer Broschüre, worin der Unesco abschließend unverfroren die Möglichkeit von Fehlentscheidungen unterstellt wird, die »die Gefahr einer Entwertung des Gütesiegels der Welterbestätten insgesamt« bergen.

Zu dieser Dreistigkeit paßt eine städtische Publikation vom 30. Oktober 2008. In der Wochenzeitung »Die Zeit« erscheint unter der Rubrik »Anzeigenspezial des Zeitverlags UNESCO« eine Anzeige mit dem Titel »Dresden ist fortbestehende Kulturlandschaft«. Der Text schildert diese Landschaft von der Innenstadt stromaufwärts Richtung Brücke und präsentiert den »Zeit«-Lesern sodann den Brückenbau als demokratisch legitimierten Vorgang, stilistisch schlicht wie für Grundschüler, inhaltlich als harmonischen Prozeß. Von den jahrelangen Kämpfen um das Monster, von der Schädigung eben dieser Landschaft und des Blickes auf die Stadt, von der Verweigerung eines neuen Bürgerbegehrens für die Tunnel-Lösung, von den beiderseitigen Tunnel-Zufahrten zur Brücke, von der zu erwartenden Aberkennung des Weltkulturerbe-Titels mit ihren politischen, geistigen, kulturellen, moralischen Folgen, vom inzwischen weltweiten Kopfschütteln über die Anmaßungen der Brücken-Propagandisten – von alledem nichts, kein Wort!

Statt dessen eine Infamie: Als Auftraggeber der Anzeige erscheinen »Landeshauptstadt Dresden, Amt für Presse- und Öffentlichkeitsarbeit« und »Welterbezentrum Dresdner Elbtal im Lingner-Schloß«, eine Einrichtung, deren Überzeugungen, Ziele, Tätigkeiten denen der Brücken-Befürworter diametral entgegengesetzt sind, die hier aber für die

Brücke zu werben scheint – eine unglaubliche Situation. Was ist geschehen? Die Anzeige hatte eine kleine Vorgängerin in Dresden als Entwurf, der Erbe und Streit in einem Satz sachlich beschrieb und dem das Welterbezentrum zustimmte – nicht ahnend, dass dieser Text sozusagen im Handstreich total verändert wurde, so wie er dann am 30.Oktober erschienen ist, ohne Wissen und Zustimmung des Welterbezentrums, das von der Stadtverwaltung auf unerhörte Weise hinters Licht geführt wurde. Heftige Proteste, auch bei der »Zeit«, wo man hätte stutzen müssen, änderten am geschehenen Abdruck nichts, da Journalisten in eine Werbe-Anzeige einzugreifen nicht befugt sind. Die Täuschungsmanöver der städtischen Auftraggeber, die 7100 Euro dafür zahlten und obendrein via Stadt-Pressesprecher Kai Schulz wider besseres Wissen die Unwahrheit verbreiteten, sie hätten mit dem Welterbezentrum den Inhalt der gedruckten Werbung abgesprochen, sprechen Bände. Man wüßte gern, welche Rolle die im Sommer gewählte Oberbürgermeisterin Helma Orosz (CDU), eine Art Eiserne Lady der Brückenbauer, in dieser unerquicklichen Affäre gespielt hat.

Selbstverständlich hat Dresden im hier behandelten Zeitraum auch noch andere schwierige Probleme, zum Beispiel die schwere Krise der in diesem Buch hervorgehobenen Chip-Industrie (Infineon samt Anhang-Firma Qimonda), die anhaltenden Diskussionen um Rolle und Umgestaltung des Kulturpalastes, das Ringen um die beste Gestaltung des Neumarkts, die ernste Sorge wegen des Absinkens fast jeder sechsten Familie unter die Armuts-Grenze, die Kita-Problematik, die Auseinandersetzungen um den Neubau des Rudolf-Harbig-Stadions und das Hinschwinden einer großen Fußball-Tradition, alles Phänomene, die stark ins Leben vieler tausend Dresdner eingreifen, selbstverständlich auf sehr verschiedenen Ebenen.

Der Kampf um das Weltkulturerbe und gegen die Brücke greift aber tiefer, weist weit in die Geschichte zurück, bleibt einmalig, womöglich mit einem transzendenten Zug? Jenseits aller Diskussionen um Welterbe oder Brücke, schreibt Heinrich Magirius, gehe es vielmehr um etwas schwer meßbares ›Seelisches‹: »Mit der Brücke an dieser Stelle opfert Dresden gerade in dem Moment ein Stück seiner ›Seele‹, wo mit dem Wiederaufbau der Frauenkirche sein Herz wieder zu schlagen beginnt.« Klarer, subtiler, eindringlicher kann man nicht warnen im Schatten des gewalttätigen Monstrums.

Nur ist das eigentliche Monstrum nicht die Brücke, die bloß dient, sondern es herrscht die monströse Maschine, die sie befahren soll, der Fetisch Auto, der uns alle mit verschiedenen Graden irrationaler Mächtigkeit im Griff hält. In den Augen der Brücken-Befürworter verfügt der Fetisch über wunderbare Kräfte, die eine große Mehrheit von ihnen nutzen und sich nicht wegnehmen lassen will: Pferdestärke, Tempo, Rasanz, Beschleunigung, Motorenlust, Zeitersparnis, Multiplikation der Kräfte gewährt ihnen der Fetisch auf dem Rücken der Brücke, eine Allmachtvision, die sie ohne die Brücke zu verlieren fürchten – so wird der Fetisch wirklich zum gewalttätigen Monstrum.

Denn eines hat er nicht: eine Seele. Auch seine Magd, die Brücke, hat keine Seele. Schlimm für die Stadt, schlimm für uns alle, denn der seelenlose Fetisch herrscht, weil er *freie Fahrt* verspricht und als einen höchsten Wert anbietet. Das Versprechen trügt, wird aber geglaubt oder – auch über Brücken – zumindest erstrebt.

Die hier genannten Elemente verkörpern, auf der Basis gigantischer globaler Technologien und expansiver Produktion, in unserer Stadt exemplarisch die totale Autogesellschaft; sie wird vermutlich, unter dem Symbol der Waldschlößchenbrücke, Dresden den Weltkulturerbe-Titel entreißen, auch kraft einer Eigentümlichkeit ihres Wesens: Sie gibt sich im Empfinden vieler Millionen Kraftfahrer den Anschein von Natur, wie etwas immer Dagewesenes, das wir nicht wegdenken oder gar entbehren können. Zumindest in den großen Städten übersehen die Menschen dabei, daß inmitten dieser scheinbaren Natürlichkeit das »natürlichste«, nicht mehr hinwegzudenkende Phänomen – der Stau – ist. Der Dresdner Kampf dagegen durch Brückenbau ist vergeblich, was selbstverständlich nicht zugegeben wird, auch wenn man an die berühmten Urlaubsstaus und das Verhalten der Stehend-Fahrenden erinnert.

Daß die totale Autogesellschaft heutiger Gestalt ihrem absehbaren Ende entgegenfährt, ist gewiß; während diese Seiten geschrieben wurden, sah und hörte man verstärkt Anzeichen ihrer Entmachtung. Absehbarkeit kann hier freilich Jahrzehnte meinen, wofür die von Bandarin beklagte Dresdner Sturheit exemplarisch stehen könnte. Diese beruht sicher auch darauf, daß der Brücken-Plan älter ist als Unesco und Weltkulturerbe-Titel; das macht die Brücke nicht notwendiger und sinnvoller: Sie ist und bleibt ein gewalttätiger Anachronismus.

Ihre Befürworter werden wahrscheinlich trotzdem siegen, wir werden den großen Titel verlieren, weil zu wenige Dresdner ihn festhalten:

Schmach für Dresden, Schmach für Deutschland. An ein Wunder zu glauben fällt schwer, es sei denn, man halte den Ausbruch eines Wortführers, einer ganzen Partei aus der Phalanx der Brückenbauer für möglich – zu träumen ist erlaubt …

Anhang

Dank

Der Verfasser dankt den Tageszeitungen »Sächsische Zeitung«, »Dresdner Neueste Nachrichten« und »Dresdner Morgenpost« für den immer neu rauschenden Strom der Nachrichten, Informationen und Anregungen; dem Dresdner Geschichtsverein mit der seit 1983 erscheinenden, unerschöpflichen und unentbehrlichen Reihe »Dresdner Hefte« und ihrem rastlos tätigen Redakteur Hans-Peter Lühr; Karin Großmann und Peter Jokostra für jahrelange anregende, ermutigende, Quellen erschließende Begleitung des Unternehmens; Harald Marx, dem Direktor der Galerie Alte Meister, für wertvolle Informationen und Urteile zu den bildenden Künsten; Heidrun Laudel für wichtige Hinweise zu Gottfried Semper; Friedrich Karl Fromme für seine inspirierenden Dresden-Berichte in der FAZ und sein denkwürdiges Urteil: »In Sachsen hatten Fremde immer eine Zukunft« (a. a. O. 27. Dezember 2004); Norbert Weiß und seiner Zeitschrift »Signum« für breite Informationen zur Literatur in Dresden, aber auch für die Gespräche über Dresdner Sport, insonderheit Fußball; Henrike Rucker und ihrer kleinen Mannschaft vom Heinrich-Schütz-Haus in Weißenfels, mit ihnen zugleich Martin Gregor-Dellin, dem 1988 verstorbenen langjährigen Freund des Verfassers, der in dessen Wagner- und Schütz-Biographien reiche Quellen fand; Ingo Bach und dem Literaturkreis Novalis in Weißenfels, wo im Mai 2004 die erste Lesung aus dem Manuskript des vorliegenden Buches stattfand und der ehemalige Lehrer Johannes Müller, gebürtiger Dresdner, aus seinem neunten Lebensjahr eine ebenso rührende wie komische Anekdote zur Aufbahrung des letzten sächsischen Königs anno 1932 in der Hofkirche erzählte; dem Sächsischen Hauptstaatsarchiv und dem Dresdner Stadtarchiv für bereitwillige Auskünfte; Günter Korek für unermüdliche Zeitungsdurchsicht; Danuta Springmann, Joachim Menzhausen, Andrea O'Brien vom Erich-Kästner-Museum, dem Literaturbüro Dresden, Jürgen Bergmann, Sigrid Korek, Werner Völker, Uwe Ullrich, Antje Vordemvenne,

Hans Witkowski, Georg Botz für verschiedenartige Hilfen und Anregungen; schließlich der Hanser-Mannschaft für Rundum-Arbeit am Buch, Marianne Zeller und Martha Bunk noch besonders für unbeirrbar freundlich-zuverlässige Sach-Arbeit und Hilfsbereitschaft; Tobias Heyl für feinfühlige, ausdauernde, den Verfasser selbstbewußt beratende und mit leichtem Zügel zu bestem Einverständnis lenkende Lektoratsarbeit; Michael Krüger aber für den entscheidenden und entschiedenen Anstoß zu diesem Buch, seine Geduld über die Jahre, seine Zuversicht, seine Offenheit, sein Gespür, seine produktive Kritik, sein Zutrauen.

Ein »In memoriam« des Dankes gilt zwei Männern, die hier repräsentativ für viele mutige Dresdnerinnen und Dresdner stehen, denen der Aufbruch aus drohender Agonie, die Wiedererstehung der weltberühmten Stadt zu danken ist: Fritz Löffler und Hans Nadler.

Literaturverzeichnis mit Siglen (Auswahl)

A: Architekturführer Dresden. Hg. v. Gilbert Lupfer, Bernhard Sterra und Martin Wörner. Berlin 1997.

AR I: Ardenne, Manfred von: Erinnerungen fortgeschrieben. Ein Forscherleben im Jahrhundert des Wandels der Wissenschaften und politischen Systeme. Düsseldorf 1997.

AR II: Ardenne, Manfred von: Ich bin ihnen begegnet. Wegweiser der Wissenschaft, Pioniere der Technik, Köpfe der Politik. Düsseldorf 1997.

ARN: Arnold, Klaus Peter: Vom Sofakissen zum Städtebau. Die Geschichte der Deutschen Werkstätten und der Gartenstadt Hellerau. Dresden/Basel 1993.

AS: Asche, Siegfried: Balthasar Permoser und die Barockskulptur des Dresdner Zwingers. Frankfurt/M. 1966.

BÄ: Bächler, Hagen/Monika Schlechte/Reinhard Möller: Führer zum Barock in Dresden. Dortmund 1991.

BÄU I: Bäumel, Jutta: Auf dem Weg zum Thron. Die Krönungsreise Augusts des Starken. Dresden 1997.

BÄU II: Bäumel, Jutta: Die Rüstkammer zu Dresden. Führer durch die Ausstellung im Semperbau. München/Berlin 1995.

BAH: Bahr, Eckhard: Sieben Tage im Oktober. Aufbruch in Dresden. Leipzig 1990.

BAY: Bayerische Staatsbibliothek: Richard Strauss. Autographen – Porträts – Bühnenbilder. Ausstellung zum 50 Todestag. München 1999.

BE: Beck, Rainer/Natalia Kardinar (Hg.): Trotzdem Neuland 1947. Zur Wiedereröffnung der Akademie der bildenden Künste Dresden. Phantasus 1. Dresden 1997.

BER: Bergander, Götz: Dresden im Luftkrieg. Vorgeschichte – Zerstörung – Folgen. Köln 1994.

BES: Bestenreiner, Erika: Luise von Toscana. Skandal am Königshof. München/Zürich 1999.

BL I: Blaschke, Karlheinz: Moritz von Sachsen. Ein Reformfürst der zweiten Generation. Göttingen/Zürich 1984.

BL II: Blaschke, Karlheinz: Geschichte Sachsens im Mittelalter. Berlin 1990.

BL III: Blaschke, Karlheinz: Der Fürstenzug zu Dresden. Leipzig/Jena/Berlin 1991.

BL IV: Blaschke, Karlheinz/Gerhard Arnhardt/Hans John/Matthias Herrmann: Dresden: Kreuzkirche, Kreuzschule, Kreuzchor. Musikalische und humanistische Tradition in 775 Jahren. Gütersloh/ München 1991.

BNK: Bartnig, Hella/Hans Joachim Neidhardt/Evelyn und Dieter Krull: Semperoper. Gottfried Sempers Opernhaus in Dresden. Meißen 1995.

BÖ: Böhm, Boris: »Ich allein weiß, wer ich bin.« Elfriede Lohse-Wächtler 1899–1940. Ein biographisches Porträt. Pirna 2003.
BÖR: Börsch-Supan, Helmut: Caspar David Friedrich. München 1987.
BRO I: Der Brockhaus Kunst. Künstler, Epochen, Sachbegriffe. Mannheim 2000.
BRO II: Der Brockhaus Musik. Personen, Epochen, Sachbegriffe. Mannheim 2000.
BUN: Bundesministerium für Wissenschaften und Forschung Wien (Hg.): Ecclesia triumphans Dresdensis. Christliche Kunst am Hofe der sächsischen Könige von Polen. Wien 1998.
BUR: Burger, Eberhard/Jörg Schöner: Die Frauenkirche zu Dresden. Stufen ihres Wiederaufbaus. Dresden 2001.
BUS: Busch, Fritz: Aus dem Leben eines Musikers. Frankfurt/M. 2001.

C: Carus, Carl Gustav: Lebenserinnerungen und Denkwürdigkeiten. Hg. v. Elmar Jansen. Weimar 1966 (Originalausgabe 1865/66).
CZ: Czok, Karl: August der Starke und Kursachsen. Leipzig 1990.

DA: Dalbajewa, Birgit/Ulrich Bischoff (Hg.): Die Brücke in Dresden 1905–1911. Köln 2001.
DAS: Daßdorf, Karl Wilhelm: Beschreibung der vorzüglichsten Merkwürdigkeiten der Chf. Residenzstadt Dresden. Dresden 1782.
DE: Delau, Reinhard: Die Dresdner Frauenkirche. Ein Tagebuch des Wiederaufbaus. Dresden 2005.
DEC: Deckert, Renatus (Hg.): Die wüste Stadt. Sieben Dichter über Dresden. Frankfurt/M./Leipzig 2005.
DG: Dresdner Geschichtsverein e. V. (Hg.): Dresden. Die Geschichte der Stadt. Von den Anfängen bis zur Gegenwart. Dresden 2002.
DH (mit Zahl): Dresdner Hefte. Beiträge zur Kulturgeschichte. Hg. v. Dresdner Geschichtsverein e. V. Dresden 1983ff.
DI: Diamant, Adolf: Chronik der Juden in Dresden. Darmstadt 1973.
DIE: Dieckmann, Friedrich: Dresdner Ansichten. Spaziergänge und Erkundungen. Frankfurt/M./Leipzig 1995.
DIET: Dietrich, Andrea (Hg.): Der Große Garten zu Dresden. Gartenkunst in vier Jahrhunderten. Dresden 2001.
DM: Dresdner Morgenpost. Verlag Morgenpost Sachsen.
DNN: Dresdner Neueste Nachrichten. Verlag Dresdner Nachrichten.
DO: Dohrn, Wolf: Die Gartenstadt Hellerau und weitere Schriften. Dresden 1992.
DÜ: Düllberg, Angelica: Privatporträts. Geschichte und Ikonologie einer Gattung im 15. und 16. Jahrhundert. Berlin 1990.

EN: Engler, Wolfgang: Die Ostdeutschen. Kunde von einem verlorenen Land. Berlin 1999.
ER: Ermisch, Hubert Georg: Der Dresdner Zwinger. Dresden 1953.

F: Faßhauer, Michael: Das Phänomen Hellerau. Die Geschichte der Gartenstadt. Dresden 1997.

FE I: Fellmann, Walter. Sachsens Könige 1806–1918. München/Berlin 2000.

FE II: Fellmann, Walter: Heinrich Graf von Brühl. München/Berlin 2000.

FI I: Fischer, Horst: George Bähr und der Bürgerliche Sächsische Barock. Museum Schloß Lauenstein 1988.

FI II: Fischer, Horst: Rekonstruktion kriegszerstörter beräumter Bebauung. Analyse und Zielstellung. Teilgebiet Neumarkt-Süd. Dresden 1984.

FO I: Theodor Fontanes Briefwechsel mit Wilhelm Wolfsohn. Hg. v. Christa Schultze. Berlin/Weimar 1988.

FO II: Forberger, Rudolf: Die Manufaktur in Sachsen vom Ende des 16. bis zum Anfang des 19. Jahrhunderts. Berlin 1958.

FO III: Forberger, Rudolf: Die Industrielle Revolution in Sachsen 1800–1861. Bd. 1.1 u. 1.2. Berlin 1982.

FRE: Freundeskreis der Synagoge Dresden: Die Neue Synagoge Dresden. Dresden 2003.

FRI I: Friedrich-Ebert-Stiftung: Leben in zwei Diktaturen. Victor Klemperers Leben in der NS-Zeit und in der DDR. Dresden o. J.

FRI II: Friedländer, Max J./Jakob Rosenberg: Die Gemälde von Lucas Cranach. Basel u. a. 1979.

FRI III: Fritz, Michael G.: Der Geruch des Westens. Zürich 1999.

Fröhlich, Martin: Gottfried Semper. Zürich/München 1991.

FÜ: Fürstenau, Moritz: Zur Geschichte der Musik und des Theaters am Hofe zu Dresden. Dresden 1862. Reprint: Leipzig 1971.

GÖ: Göbel, Günter: Hans Erlwein. Der Dresdner Stadtbaumeister. Dresden 1996.

GOE: Goethe, Johann Wolfgang von: Dichtung und Wahrheit. 8. Buch. München 1982.

GR I: Gregor-Dellin, Martin: Richard Wagner. Sein Leben. Sein Werk. Sein Jahrhundert. München/Zürich 1980.

GR II: Gregor-Dellin, Martin: Heinrich Schütz. Sein Leben. Sein Werk. Seine Zeit. München/Zürich 1984.

GRE: Gretzschel, Matthias/Egbert Kossak: Spaziergänge Dresden. Hamburg 1994.

GRI: Griebel, Otto: Ich war ein Mann der Straße. Lebenserinnerungen eines Dresdner Malers. Hg. v. Matthias Griebel und Hans-Peter Lühr. Halle 1986.

GRO I: Groehler, Olaf: Die Kriege Friedrichs II. Berlin 1966.

GRO II: Gross, Reiner: Geschichte Sachsens. Leipzig 2001.

GRÜ: Grünbein, Durs: Von der üblen Seite. Gedichte 1985–1991. Frankfurt/M. 1994.

GÜ: Günther, Ernst: Sarrasani wie er wirklich war. Berlin 1985.

GÜN I: Günzel, Klaus: König der Romantik: Das Leben des Dichters Ludwig Tieck in Briefen, Selbstzeugnissen und Berichten. Berlin 1981.

GÜN II: Günzel, Klaus: Romantik in Dresden. Gestalten und Begegnungen. Frankfurt/M./Leipzig 1997.

H I: Haase, Gisela: Kunstgewerbemuseum Dresden – Schloß Pillnitz. München 1995.

H II: Haase, Gisela: Sächsisches Glas. Leipzig 1988.

HAN: Hanuschek, Sven: Keiner blickt dir hinter das Gesicht. Das Leben Erich Kästners. München/Wien 1999.

HAR: Hartmann, Hans-Günther: Pillnitz. Schloß, Park und Dorf. Weimar 1981.

HAS: Hasche, Johann Christian: Umständliche Beschreibung Dresdens mit allen äußern und innern Merkwürdigkeiten. Teil 1–2. Leipzig 1781–83.

HE I: Heckmann, Hermann: Matthäus Daniel Pöppelmann. Leben und Werk. Berlin 1972.

HE II: Heckmann, Hermann: Matthäus Daniel Pöppelmann und die Barockkunst in Dresden. Berlin 1986.

HEE: Heer, Hannes (Hg.): Im Herzen der Finsternis. Victor Klemperer als Chronist der NS-Zeit. Berlin 1997.

HEL I: Helas, Volker: Villenarchitektur in Dresden. Köln 1991.

HEL II: Helas, Volker: Sempers Dresden. Die Bauten und die Schüler. Dresden 2003.

HELF: Helfricht, Jürgen: Dresden und seine Kirchen. Leipzig 2005.

HEM I: Hempel, Eberhard: Gaetano Chiaveri, der Architekt der Katholischen Hofkirche zu Dresden. Dresden 1955.

HEM II: Hempel, Eberhard: Die Katholische Hofkirche zu Dresden. Berlin 1956.

HEM III: Hempel, Eberhard: Der Dresdner Zwinger. Ein Denkmal festlicher Kultur in der sächsischen Residenz. Leipzig 1965.

HEN I: Hentschel, Walter: Dresdner Bildhauer des 16. und 17. Jahrhunderts. Weimar 1966.

HEN II: Hentschel, Walter: Die Zentralbauprojekte Augusts des Starken. Berlin 1969.

HER II: Heres, Gerald: Winckelmann in Sachsen. Berlin/Leipzig 1991.

HER III: Heres, Gerald: Dresdner Kunstsammlungen im 18. Jahrhundert. Leipzig 1991.

HERR I: Herrmann, Matthias: Kreuzkantor zu Dresden – Rudolf Mauersberger. Mauersberger-Museum 2005.

HERR II: Herrmann, Wolfgang: Gottfried Semper im Exil. Paris/London 1849–1855. Zur Entwicklung des »Stil« 1840–1877. Basel/Stuttgart 1978.

HO: Hoch, Karl Ludwig: Caspar David Friedrich – unbekannte Dokumente seines Lebens. Dresden 1985.

HÖN: Höntsch, Wilfried: Opernmetropole Dresden. Amsterdam/Dresden 1996.

HOF I: Hoffmann, E. T. A.: Der goldene Topf. Ein Märchen aus der neuen Zeit. In: Gesammelte Werke in Einzelausgaben, Bd. 1. Berlin/Weimar 1994.

HOF II: Hoffmann, E. T. A.: Tagebücher. Hg. v. Friedrich Schnapp. München 1972.

HÜ: Hübner, Manfred/Manfred Lohse: Dom St. Marien Freiberg/Sachsen. Rostock 1999.

IC: Iccander (di Crell, Johann Christian): Das fast auf dem höchsten Gipfel seiner Vollkommenheit und Glückseligkeit prangende königliche Dresden. Leipzig 1726.

J: Jacobs, Peter: Victor Klemperer. Im Kern ein deutsches Gewächs. Eine Biographie. Berlin 2000.

JÄ: Jäckel, Günter (Hg.): Dresden vom Biedermeier bis zur Revolution 1848/1849. Berlin/Hanau 1989.
JAN: Janus press: Angela Hampel. Eine Künstlerin in Dresden 1982 bis 1992. Berlin 1993.
JE: Jean Paul: Sämtliche Werke. Abteilung II. Bd. 3: Vermischte Schriften. München 1978.
JO: Lebenserinnerungen des Königs Johann von Sachsen. Hg. v. Hellmut Kretzschmar. Göttingen 1958.
JOH: John, Hans: Der Dresdner Kreuzchor und seine Kantoren. Berlin 1982.
JÜ: Jüdische Gemeinde zu Dresden/Landeshauptstadt Dresden: einst & jetzt. Zur Geschichte der Dresdner Synagoge und ihrer Gemeinde. Dresden 2001.
JU: Justi, Carl: Winckelmann und seine Zeitgenossen. 2 Bde. Leipzig 1943.

K: Kästner, Erich: Werke. 9 Bde. Hg. v. Franz Josef Görtz. München/Wien 1998.
Karcher, Eva: Otto Dix. 1891–1969. Köln 2002.
KA: Kaulfuß, Werner/Johannes Schulz: Dresdner Lebensläufe. Zeitzeugen berichten vom Leben und vom Umbruch im Bezirk Dresden. Schkeuditz 1993.
KEL I: Keller, Katrin/Josef Matherath (Hg.): Geschichte des sächsischen Adels. Köln/Weimar/Wien 1997.
KEL: Kellein, Thomas: Caspar David Friedrich. Der künstlerische Weg. München/New York 1998.
KEM: Kempowski, Walter: Der rote Hahn. Dresden im Februar 1945. München 2001.
KL I: Klemperer, Victor: LTI. Notizbuch eines Philologen. Leipzig 1975.
KL II/1–2: Klemperer, Victor: Ich will Zeugnis ablegen bis zum letzten. Bd. 1: Tagebücher 1933–1941; Bd. 2: Tagebücher 1942–1945. Berlin 1995.
KL III/1–2: Klemperer, Victor: So sitze ich denn zwischen allen Stühlen. Bd. 1: Tagebücher 1945–1949. Bd. 2: Tagebücher 1950–1959. Berlin 1999.
KL IV/1–6: Klemperer, Victor: Tagebücher 1918–1932. 6 Bde. Berlin 2000.
KL V: Klemperer, Victor: Curriculum Vitae. Erinnerungen 1881–1932. 2 Bde. Berlin 2000.
KLE: Kleßmann, Eckart: E. T. A. Hoffmann oder Die Tiefe zwischen Stern und Erde. Frankfurt/M./Leipzig 1995.
KLI: Klieme, Günter/Hans Joachim Neidhardt: Museum zur Dresdner Frühromantik. München/Berlin 1999.
KÖ: Köhne, Rolf: Die Albrechtsschlösser zu Dresden-Loschwitz. Dresden 1992.
KOE: Koepf, Hans: Bildwörterbuch der Architektur. Stuttgart 1968.
KÖR: Körner, Theodor: Sämtliche Werke. Vollständige Ausgabe in zwei Bänden. Leipzig o. J.
KO: Kohl, Helmut: Ich wollte Deutschlands Einheit. (Dargestellt von Kai Diekmann und Ralf Georg Reuth). München 2000.
KR: Kraft, Gisela: Madonnen-Suite. Romantiker-Roman. Leipzig 1998.
KRE: Krellmann, Hanspeter (Hg.): Wer war Richard Strauss? Frankfurt/M./Leipzig 1999.
KRO: Kroll, Erwin: Carl Maria von Weber. Potsdam 1934.

KÜ: Kügelgen, Wilhelm von: Jugenderinnerungen eines alten Mannes. München/ Berlin 1999.

L: Lässig, Simone/Karl Heinrich Pohl (Hg.): Sachsen im Kaiserreich. Politik, Wirtschaft und Gesellschaft im Umbruch. Köln/Weimar/Wien 1997.

LA I: Landeshauptstadt Dresden, Dezernat Stadtentwicklung und Bau: Dresden – Europäische Stadt. Rückblick und Perspektiven der Stadtentwicklung. Dresden 2000.

LA II: Landeshauptstadt Dresden, Kulturamt, Amt für Presse- und Öffentlichkeitsarbeit: Hans Erlwein. Stadtbaurat in Dresden 1905–1914. Dresden 1997.

LAN: Landesamt für Archäologie und Landesmuseum für Vorgeschichte: Arbeitspapier o.J.

LAU I: Laudel, Heidrun/Ronald Franke (Hg.): Bauen in Dresden im 19. und 20. Jahrhundert. Dresden 1991.

LAU II: Laux, Karl: Carl Maria von Weber. Leipzig 1978.

LE: Lenz, Tankred u. a.: Die Kunsthofpassage Dresden. Dresden 2001.

Leinert, Michael: Carl Maria von Weber. Reinbek bei Hamburg 1978.

LEO I: Leonhardi-Museum Dresden (Hg.): Peter Graf: Malerei, Grafik. Katalog. Dresden 2000.

LEO II: Leonhardi-Museum Dresden (Hg.): Hermann Glöckner für Dresden. Dresden 2003.

LER: Lerm, Matthias: Abschied vom alten Dresden. Verluste historischer Bausubstanz seit 1945. Neuausgabe Rostock 2000.

LÖ I: Löffler, Fritz: Das alte Dresden. Geschichte seiner Bauten. Leipzig 1955. 13. Aufl. 1997.

LÖ II: Löffler, Fritz: Der Zwinger zu Dresden. Dresden 1981.

LÖ III: Löffler, Fritz: Bernardo Bellotto, genannt Canaletto. Dresden im 18. Jahrhundert. Leipzig 1990.

LÖ IV: Löffler, Fritz: Otto Dix. Leben und Werk. Dresden/Wiesbaden 1989.

LÖ V: Löffler, Fritz: Das Körnerhaus in Dresden. Dresden 1936.

LU: Luise von Toscana: Mein Lebensweg. Dresden 1997.

M: Magirius, Heinrich: Der Dom zu Freiberg. München 1993.

MA: Mai, Hartmut: Dreikönigskirche Dresden. Regensburg 2004.

MAL: Mallek, Erhard: Rudolf Harbig. Der Wunderläufer aus Dresden. Meißen o.J.

MALL: Mallgrave, Henry Francis: Gottfried Semper. Ein Architekt des 19. Jahrhunderts. Zürich 2001.

MAR I: Marx, Harald (Hg.): Matthäus Daniel Pöppelmann. Der Architekt des Dresdner Zwingers. Leipzig 1990.

MAR II: Marx, Harald/Eckhart Kluth für die Staatlichen Kunstsammlungen Dresden: Glaube und Macht. Sachsen im Europa der Reformationszeit. 2. Sächsische Landesausstellung, Torgau Schloß Hartenfels 2004. Dresden 2004.

MAR III: Marx, Harald (Hg.): Gemäldegalerie Alte Meister Dresden. Die ausgestellten Werke. Köln 2005.

400

MAR IV: Marx, Harald (Hg.): Gemäldegalerie Alte Meister Dresden. Illustriertes Gesamtverzeichnis. Köln 2005.

MAT I: Mathematisch-Physikalischer Salon Dresden-Zwinger: Uhren – Globen – wissenschaftliche Instrumente. Dresden 1993.

MAT II: Mathematisch-Physikalischer Salon im Dresdner Zwinger: Ehrenfried Walther von Tschirnhaus (1651–1708) – Experimente mit dem Sonnenfeuer. Dresden 2001.

MAT: Matzerath, Joseph (Hg.): Der sächsische König und der Dresdner Maiaufstand. Köln/Weimar/Wien 1999.

ME: Mendelssohn, Peter de: Hellerau. Mein unverlierbares Europa. Dresden 1993.

MEN I: Menzhausen, Joachim: Das Grüne Gewölbe. Leipzig 1968.

MEN II: Menzhausen, Joachim: Kulturlandschaft Sachsen. Ein Jahrtausend Geschichte und Kunst. Amsterdam/Dresden 1999.

MES: Messmer, Franzpeter: Richard Strauss. Biographie eines Klangzauberers. Zürich/St. Gallen 1994.

MM: Marx, Harald/Heinrich Magirius: Gemäldegalerie Dresden. Leipzig 1992.

MO: Modrow, Hans: Ich wollte ein neues Deutschland. (Mit Hans-Dieter Schütt). München 1999.

MOR: Politische Korrespondenz des Herzogs und Kurfürsten Moritz von Sachsen. Leipzig 1900ff., mehrere Herausgeber, bislang 5 Bde.

MÜ: Müller, Michael: Kreuzkirche Dresden. Regensburg 2000.

MUL: Mulisch, Harry: Das steinerne Brautbett. Roman. Frankfurt/M. 1995. (Erstausgabe 1959).

NE I: Neidhardt, Hans Joachim: Die Malerei der Romantik in Dresden. Leipzig 1976.

NE II: Neidhardt, Hans Joachim: Dresden wie es Maler sahen. Leipzig/Frankfurt/M. 1983.

NER: Nerdinger, Winfried/Werner Oechslin: Gottfried Semper 1803–1879. Architektur und Wissenschaft. Katalog. München/Berlin/London/New York/Zürich 2003.

NI I: Nieritz, Gustav: Selbstbiographie. Hg. v. Günter Jäckel. Dresden 1997.

NI II: Nitzschke, Katrin: Die großen Dresdner. 26 Annäherungen. Frankfurt/M. 1999.

NO: Novalis: Werke, Tagebücher und Briefe Friedrich von Hardenbergs. 3 Bde. München/Wien 1978/88.

ODER: … oder Dresden. Fotos, Dokumente und Texte einer Ausstellung 40 Jahre nach der Zerstörung der Stadt. Dresden 1990.

PA: Papke, Eva: Festung Dresden. Aus der Geschichte der Dresdner Stadtbefestigung. Dresden 1997.

PE: Peter, Richard: Dresden – Eine Kamera klagt an. Halle/S. 1980.

PL: Pleil, Ingolf: Mielke, Macht und Meisterschaft. Die ›Bearbeitung‹ der Sportgemeinschaft Dynamo Dresden durch das MfS. 1978–1989. Berlin 2001.

PÖ: Pöllnitz, Carl Ludwig von: Das galante Sachsen. München 1995.

PÖP: Pöppelmann, Matthäus Daniel: Das Zwinger-Kupferstichwerk. Dresden 1729. Nachdruck Dortmund 1980.

POM: Pommerin, Reiner (Hg.): Dresden unterm Hakenkreuz. Köln/Weimar/ Wien 1998.

PR: Prinz Ernst Heinrich von Sachsen: Mein Lebensweg vom Königsschloß zum Bauernhof. Dresden/Basel 1995.

PU: Publig, Maria: Richard Strauss. Bürger – Künstler – Rebell. Eine historische Annäherung. Graz/Wien/Köln 1999

Q II: Quinger, Heinz: Dresden und Umgebung. Geschichte und Kunst der sächsischen Hauptstadt. Köln 1993.

R I: Reinhard, Oliver/Matthias Neutzner/Wolfgang Hesse (Hg.): Das rote Leuchten. Dresden und der Bombenkrieg. Dresden 2005.

R II: Reinhardt, Georg (Hg.):»Im Malstrom des Lebens versunken ...« Elfriede Lohse-Wächtler 1899–1940. Leben und Werk. Köln 1996.

R II: Ranke, Leopold von: Deutsche Geschichte im Zeitalter der Reformation. Wien 1956.

R III: Rauda, Wolfgang: Lebendige städtebauliche Raumbildung/Asymmetrie und Rhythmus in der deutschen Stadt. Berlin 1957.

RE I: Renn, Ludwig: Adel im Untergang. Roman. Berlin 2001.

RE II: Renn, Ludwig: Krieg. Roman. Berlin 2001.

RI I: Richter, Ludwig: Lebenserinnerungen eines deutschen Malers. Ausgew. u. hg. v. Marianne Fleischhack. Berlin 1959.

RI II: Richter, Michael/Erich Sobeslawsky: Die Gruppe der 20. Köln 1999.

RI III: Richter, Otto: Atlas zur Geschichte Dresdens. Pläne und Ansichten der Stadt a.d. Jahren 1521–1898. Dresden 1898.

RI IV: Richter, Otto: Verfassungs- und Verwaltungsgeschichte der Stadt Dresden. Bde. 1–2. Dresden 1885–1891.

RIE: Rietschel, Ernst jun. (Hg.): Erinnerungen aus meinem Leben. Dresden 1954.

RÖ: Röckel, August: Zu lebenslänglich begnadigt. Berlin 1963.

ROE: Roettgen, Steffi (Hg.): Mengs. Die Erfindung des Klassizismus. Venedig/ München 2001.

ROS I: Rosenlöcher, Thomas: Die Dresdner Kunstausübung. Gedichte. Frankfurt/M. 1996.

ROS II: Rosenlöcher, Thomas: Ostgezeter. Frankfurt/M. 1997.

ROT: Roth, Heidi: Der 17. Juni 1953 in Sachsen. Köln/Weimar/Wien 1999.

S: Sächsische Schlösserverwaltung: Sachsens schönste Schlösser, Burgen und Gärten. Leipzig 1998.

SAF: Safranski, Rüdiger: Wieviel Globalisierung verträgt der Mensch? München/ Wien 2003.

SAL: Salzmann, Peter: Fußballheimat Dresden. Geschichte und Geschichten zwischen Abpfiff und Anstoß. Dresden o. J.

SAR I: Sarfert, Hans-Jürgen: Hellerau. Die Gartenstadt und Künstlerkolonie. Dresden 1992.

SAR II: Sarfert, Hans-Jürgen: Novalis in Dresden. Dresden 2002.

SAX: Saxonia. Schriftenreihe des Vereins für sächsische Landesgeschichte e. V. Bd. 1: August der Starke und seine Zeit. Dresden 1995.

SCH: Schade, Werner: Die Malerfamilie Cranach. Dresden 1974.

SCHI: Schilter, Thomas: Unmenschliches Ermessen. Die nationalsozialistische ›Euthanasie‹-Tötungsanstalt Pirna-Sonnenstein 1940/41. Leipzig 1998.

SCHL: Schlegel, August Wilhelm: Die Gemählde. Gespräch. Hg. v. Lothar Müller. Amsterdam/Dresden 1996.

SCHM: Schmidt, Michael: Die städtebauliche Entwicklung von Dresden 1871 – 1918. Dresden 2003.

SCHR: Schroeder, Klaus: Der Preis der Einheit. Eine Bilanz. München/Wien 2000.

SCHÜ: Schütz, Helga: Knietief im Paradies. Roman. Berlin 2005.

SCHUL: Schulz, Gerhard: Die deutsche Literatur zwischen Französischer Revolution und Restauration. Zweiter Teil: 1806–1830. München 1999.

SE: Seifert, Siegfried/Klemens Ullmann: Katholische Hofkirche Dresden. Kathedrale des Bistums Dresden/Meißen. Leipzig 2000.

SEM I: Semper, Gottfried: Kleine Schriften. Hg. v. Hans und Manfred Semper. Nachdruck d. Ausg. Berlin/Stuttgart 1884. Kunstwissenschaftliche Studientexte Bd. VII. Mittenwald 1979.

SEM II: Semper, Hans: Gottfried Semper. Ein Bild seines Lebens und Wirkens. Berlin 1880.

SI: Signum. Blätter für Literatur und Kritik. Hg. v. Norbert Weiß. Dresden 1999/2000ff.

SK: Skulpturensammlung Dresden: Balthasar Permoser hat's gemacht. Der Hofbildhauer in Sachsen. Dresden 2001.

SPE: Spehr, Reinhard/Herbert Boswank: Dresden – Stadtgründung im Dunkel der Geschichte. Dresden 2000.

SPI: Spitzer, Gerd/Ulrich Bischoff: Ludwig Richter – Der Maler. München/Berlin 2003.

STA I: Staatliche Kunstsammlungen Dresden: Das Dresdner Schloß, Monument sächsischer Geschichte und Kultur. Dresden 1992.

STA II: Staatliche Kunstsammlungen Dresden. Gemäldegalerie Dresden. Alte Meister. Katalog der ausgestellten Werke. Dresden/Leipzig 1992.

STA III: Staatliche Kunstsammlungen Dresden/Königliches Schloß zu Warschau: Unter einer Krone. Kunst und Kultur der sächsisch-polnischen Union. Leipzig 1997.

STA IV: Staatliche Kunstsammlungen Dresden: Porzellansammlung Dresden. Führer durch die ständige Ausstellung im Zwinger. Dresden 1998.

STA V: Staatliche Kunstsammlungen Dresden/Landesamt für Denkmalpflege Sachsen: George Bähr. Die Frauenkirche und das bürgerliche Bauen in Dresden. Dresden 2000.

STA VI: Staatliche Kunstsammlungen Dresden: Für Sachsen erworben. Schätze des Hauses Wettin. Dresden 2000.

STA VII: Staatliche Kunstsammlungen Dresden, Galerie Alte Meister: Die schönsten Ansichten aus Sachsen. Johann Andreas Thiele (1685–1752). Zum 250. Todestag. Dresden 2002.

STA VIII: Staatliche Kunstsammlungen Dresden/VEB Staatliche Porzellan-Manufaktur Meißen: Johann Friedrich Böttger zum 300. Geburtstag. Dresden 1982.

STAB: Stabel, Rolf: Tanz, Palucca! Die Verkörperung einer Leidenschaft. Biografie. Berlin 2001.

STAD: Stadtlexikon Dresden. A–Z. Hg. v. Folke Stimmel, Reinhardt Eigenwill, Heinz Glodschei, Wilfried Hahn, Eberhard Stimmel, Rainer Tittmann. Dresden/Basel 1994.

STADT: Stadtmuseum Dresden (Hg.): Dresdner Geschichtsbücher, Bd. 1ff. Dresden 1995ff.

STAS: Staszewski, Jacek: August III., Kurfürst von Sachsen und König von Polen. Berlin 1996.

STE I: Steindorf, Eberhard: Die Sächsische Staatskapelle Dresden. Berlin 1997.

STE II: Steindorf, Eberhard: »Wie Glanz von altem Gold.« 450 Jahre Sächsische Staatskapelle Dresden. Kassel/Basel/London/New York/Prag 1998.

STEP: Stephan, Bärbel (Hg. für die Skulpturensammlumg der Staatlichen Kunstsammlungen Dresden): Ernst Rietschel 1804–1861. Zum 200. Geburtstag des Bildhauers. München/Berlin 2004.

STEU I: Steude, Wolfram: Untersuchungen zur mitteldeutschen Musiküberlieferung und Musikpflege im 16. Jahrhundert. Leipzig 1978.

STEU II: Steude, Wolfram: Annäherung durch Distanz. Texte zur älteren mitteldeutschen Musik und Musikgeschichte. Altenburg 2001.

STIF: Stiftung Sächsische Gedenkstätten (Hg.): »… das oft aufsteigende Gefühl des Verlassenseins.« Arbeiten der Malerin Elfriede Lohse-Wächtler in den Psychiatrien von Hamburg-Friedrichsberg und Arnsdorf (1932–1940). Dresden 2000.

STR: Stresow, Matthias: Ludwig Renn in Dresden. Dresden 2000.

SÜ: Süß, Walter: Staatssicherheit am Ende. Warum es den Mächtigen nicht gelang, 1989 eine Revolution zu verhindern. Berlin 1999.

SY I: Syndram, Dirk (Hg.): Das Grüne Gewölbe zu Dresden. München/Berlin 1997.

SY II: Syndram, Dirk: Das Schloß zu Dresden. Von der Residenz zum Museum. München/Berlin 2001.

SY III: Syndram, Dirk/Ulrike Weinhold: »… und ein Leib von Perl.« Die Sammlung der barocken Perlfiguren im Grünen Gewölbe. Dresden/Wolfratshausen 2000.

TU: Geschichte der Technischen Universität Dresden 1828–1978. Berlin 1978.

Tzschimmer, Gabriel: Die Durchlauchtigste Zusammenkunft … des 1678. Jahres in Dresden. Nürnberg 1680.

U: Ulischberger, Emil: Schauspiel in Dresden. Berlin 1989

UL: Ullmann, Klemens/Udo Pellmann: Katholische Hofkirche Dresden. Kathedrale Ss. Trinitatis. Dresden o. J.

Urich, Karin: Die Bürgerbewegung in Dresden 1989/90. Köln/Weimar/Wien 2001.

VO: Vogel, Klaus (Hg.): Das Deutsche Hygiene-Museum Dresden 1911–1990. Dresden 2003.

VOL: Volk, Waltraud: Dresden. Historische Straßen und Plätze heute. Berlin 1974.

VOLL: Vollnhals, Clemens (Hg.): Sachsen in der NS-Zeit. Leipzig 2002.

VON: Vonnegut,Kurt: Schlachthof 5 oder Der Kinderkreuzzug. Roman. Reinbek bei Hamburg 1972. Erstausgabe Hamburg 1970.

W I: Wackenroder, Wilhelm Heinrich: Werke und Briefe. München/Wien 1984.

WA I: Wagner, Richard: Alle Operntexte. Wien 2000.

WA II: Wagner, Richard: Mein Leben. Hg. v. Martin Gregor-Dellin. München 1976. Erstausgabe 1911.

WAL: Waldersee, Graf v.: Der Kampf in Dresden im Mai 1849. Mit besonderer Rücksicht auf die Mitwirkung der preußischen Truppen geschildert und militärisch beleuchtet. Berlin 1849.

WALS: Walser, Martin: Die Verteidigung der Kindheit. Roman. Frankfurt/M. 1993. Erstausgabe 1991.

WALT I: Walther, Angelo: Caspar David Friedrich. Berlin 1990.

WALT II: Walther, Sigrid (Hg.): Fritz Löffler 1899–1988. Ein Leben für Kunst und Denkmalpflege in Dresden. Dresden 1999.

WAR: Warrack, John: Carl Maria von Weber. Eine Biographie. Leipzig 1986.

WE I: Weber, Rolf: Die Revolution in Sachsen 1848/49. Entwicklung und Analyse ihrer Triebkräfte. Berlin 1970.

WE II: Weber, Stephan/Erhard Frommhold: Hans Grundig – Schaffen im Verborgenen. Dresden 2001.

WEC: Weck, Anton: Der Chur-Fürstlichen Sächs. weitberuffenen Residentz- und Haupt-Vestung Dresden Beschreibung und Vorstellung. Nürnberg 1679.

WEI II: Weiß, Norbert/Jens Wonneberger: Dichter, Denker, Literaten aus sechs Jahrhunderten in Dresden. Dresden 1997.

WEI III: Weiß, Norbert/Jens Wonneberger: Literarisches Dresden. Schriftsteller, Publizisten und Gelehrte. Wohnorte, Wirken und Werke. Berlin 2001.

WI: Wicklein, Ursula: Dresden und seine Kirchen. Ein kleiner ökumenischer Führer. Leipzig 1992.

WIT: Wittkop, Julius Franz: Bakunin. Hamburg 1974.

WO: Wonneberger, Jens: Ums Karree. Roman. Berlin 2001.

WÜ: Wüstefeld, Michael: Blaues Wunder. Dresdens wunderlichste Brücke. Berlin-Brandenburg 2002.

Z I: Zimmermann, Ingo: Johann von Sachsen, Philaletes. Die Zeit vor der Thronbesteigung. Berlin 2001.

Z II: Zimmermann, Udo: Man sieht, was man hört. Udo Zimmermann über Musik und Theater. Hg. v. Frank Geißler. Leipzig 2003.

ZU: Zumpe, Manfred: Die Brühlsche Terrasse in Dresden. Berlin 1991.

ZW: Zwahr, Hartmut: Revolution in Sachsen. Beiträge zur Sozial- und Kulturgeschichte. Köln/Weimar/Wien 1996.

Nachweis der Zitate mit Siglen

Vorwort

7 Blühe: DH Sonderausgabe 2004 (Jäckel, nach Herder) S. 37.

Februar 1945

9 äußersten: BER S. 124. – *10* erhellten: BER S. 127. – das rote Licht: BER S. 127. – zwei Minuten: BER S. 127. – Zwischen: BER S. 129. – *11* gewaltigste: BER S. 136. – Sollten sie: BER S. 134. – *12* Feuerlöschkräfte: BER S. 166. – *13* Als es: BER S. 59. – *14* Nie habe ich: KEM S. 259. – Selbst: KEM S. 104. – das einzige: KEM S. 117. – *14/15* Jede Minute: KEM S. 62. – *15* Orkan: KEM S. 78. – Ich habe: KEM S. 63. – Feuerwehrhelm: KEM S. 108. – nirgends: KEM S. 109. – hindämmernden: KEM S. 143. – *16* malerische: KEM S. 337. – erschütternde, Und auch sonst: KEM S. 338. – Gesamtkunstwerk: LER S. 52. – Leichen: KEM S. 334. – voll: KEM S. 336. – *17* Ich wußte: GRI S. 259. – Innerlich: GRI S. 269. – Und nun: GRI S. 273. – *18* Wäre es: KL II/2 S. 661. – begrüßten: KL II/2 S. 675. – Sammlungen: KL II/2 S. 675. – vollen: KL II/2 S. 666. – Sooft: KL II/2 S. 675. – *19* Sie muß: KL II/2 S. 714. – Ich dachte: KL II/2 S. 663. – Immer wieder: KL II/2 S. 675. – Ich stehe: KL II/2 S. 676.

Die Stadt und der Strom

23 wunderlichste: WÜ S. 31. – *24* bis 11 Meter: WÜ S. 31. – *25* stattliche: SL S. 372. – 27 Neubarocke: A S. 27/28. – *29* Es ist überhaupt: JE Sämtliche Werke. Vermischte Schriften II S. 1032.

Moritz von Sachsen

37 entscheidende: DH 52 (Gross) S. 76. – kollegialisch: DH 52 (Gross) S. 77. – *38* Sgraffitodekorationen, bestimmten, figürlichen: STA I (Steffen Delang) S. 68.

Großer Garten und Palais

Cantorei, Schütz, Hasse

53 Von Gottes: STE II S. 10. – Violinen: STE II S. 15. – *54* freie: GR II S. 51. – Gleichsam: GR II S. 56/57. – *55* Ja, Gabrieli: GR II S. 58. – Eindruck: GR II S. 60. – Mit diesem Werk: GR II S. 74. – Einhören: GR II S. 76. – leutseliger, ergab: GR II S. 85. – *56* Unter Heinrich: GR II S. 100. – eine Art: GR II S. 101. – erstaunlich: GR II S. 114. – *57* Er ging ff.: GR II S. 132. – Er betrachtete: GR II S. 143. – *58* den Vater: GR II S. 330. – *59* Handschrift: GR II S. 109. – Voraussetzungslosigkeit: GR II

S. 156. – eine Sammlung ff.: GR S. 280/81. – *60* wesentlich: BR II S. 713. – *61* Hasse war: STE II S. 31. – höchstmögliche: STE III S. 32.

Dresden leuchtet: Der Zwinger

63 Unternehmen: LÖ II S. 11. – realisiert: MAR I S. 83. – paradiesisches: Q S. 83. – *64* milde: MAR I S. 80. – *65* Es waren: MAR I S. 9. – kühnste: BR I S. 135. – *66* Spannungsbogen: MAR I S. 19. – vollkommensten: MAR I S. 248. – bemerkenswerte: MAR I S. 252. – *67* Risalit: LÖ II S. 54. – *68* Baukörper: LÖ II S. 56. – *69* Gehäuse: HEM S. 23. – *71* Wie kaum: MAR I S. 131. – Demonstration: MAR I S. 174. – Bild-Säule: MAR S. 174. – *73* Herrschaften: LÖ II S. 50. – *74* fand: MAR I (Kirsten) S. 173. – *75* Konsolenträger: LÖ II S. 54. – völlig: LÖ II S. 53. – reich: LÖ II S. 55. – *75/76* anschließenden: HEM S. 127. – *76* beginnenden, den Barock: LÖ II S. 5.

Das Grüne Gewölbe zu Dresden

77/78 Vielzahl, früh: SY I S. 9. – *79* erst allgemein: SY I S. 15. – *80* über 620: SY S. 21. – sorgfältig: SY I S. 33/34. – *82* Fülle: SY I S. 91. – Kirschkern: SY I S. 273. – *83* Wohlwissend: SY I S. 123. – *84* deren Körper, Er enthält: SY I S. 181. – Ein Dianen-Badt: SY I S. 219. – *85/86* merkwürdig: SY III S. 5.

Technik und Techniker: Ehrenfried Walther von Tschirnhaus und Johann Friedrich Böttger

87 Sonnen- und Sanduhren: MAT I S. 5. – *88* erkenne, nicht wenige, was man: MAT II S. 27. – cartesianischer: MAT II S. 27. – *88/89* Archimedes (So soll): MAT II S. 16. – fast ideale: MAT II S. 45. – *89* Alles an ihnen: MAT II S. 11. – viel größer: MAT II S. 46. – *91* wohlverwahrtes: STA VIII S. 17. – *93* Qualifizierung, feinkeramischer: STA VIII S. 77. – *94* Nach der Zeit: STA VIII S. 88. – Zumahlen: STA VIII S. 84. – lustres: STA VIII S. 84. – *95* Zusammenwirken: STA VIII S. 76. – *96* Die Meißner: STA VIII S. 46 (Forberger). – *96/97* Was seinen Verstand: STA VIII S. 57. – *97* wie er: STA IV S. 203 (Pietsch). – *97/98* Komposition: STA IV S. 134 (Pietsch). – *98* Allein: STA IV S. 134 (Pietsch).

Zwei Kirchen

100 gemeinsam, Anerkenntnis: BUR S. 44. – Höhe: STA V S. 187. – *100/01* Entwurf: DH 32 (May) S. 19. – *101* Konzept: DH 32 (May) S. 21. – Adel: STA V S. 187. – *101/02* einzige: STA V (Neidhardt) S. 205. – *102* spröden, verselbständigen, So wirkt: STA V (Hennig) S. 97. – Mustervorrat, Voluten: STA V (Hennig) S. 101. – Anstelle: STA V (Titze) S. 106. – Bildhauer: STA V (Titze) S. 108. – *103* vortreffliche, Sonderlich: DH 32 (John) S. 52. – Vierzig: GR I S. 194/95. – rühmte: GOE S. 324. – *104* Protektorin: BUN (Seifert) S. 10. – *106* Gesten: SE S. 32. – *109* über die Maßen: U S. 15.

Carl Maria von Weber und die deutsche Nationaloper

111 daß Sachsen: WAR S. 225. – Er erschien, Nichts an ihm: LEI S. 59. – *112* unbedingten, gerecht: LEI S. 59. – Vater: LEI S. 13/14. – *113* ungemein: LEI S. 17. – erforscht: WAR S. 298. – Achtzehnjährige: LEI S. 26. – Opernleiter: KRO S. 56. – *114* exakte: HÖN S. 103. – *114/15* schwierigen: HÖN S. 111. – *115* Ging: HÖN S. 103. – *116* glückte: WAR S. 305. – *117* nicht der Meinung: WAR S. 117. – Ein alter: KRO

S. 137. – Hauptelemente: LEI S. 95. – *117/18* Klangfarbe: LEI S. 96. – *118* Partitur: LEI S. 96. – dunkle, tiefsten: LEI S. 96. – unglaublichsten: HÖN S. 107. – *120* Trauermarsch, Asche: GR I S. 218. – *120/21* mindeste: GR I S. 218.

Poesie und Malerei

122 Vorratskammer: GÜN II S. 35. – *123* dächte ich: SCHL S. 24. – drey: SCHL S. 24. – Gelingen: SCHL (Mülller) S. 192. – Isolierung: SCHL (Müller) S. 193. – Eine Göttin: SCHL S. 99. – *123/24* Es sitzt: SCHL S. 101. – *124* Die Bildnerey, Gesetzen: SCHL S. 10. – Aber das: SCHL S. 15. – weiß ich: SCHL S. 18. – Sprache vermag: SCHL S. 18. – *124/25* Es fällt: SCHL S. 19. – *125* alle Künste SCHL S. 21. – schönen Dresden: GÜN II S. 28. – *126* In keiner: KLE S. 285. – das Fantastische, Stern: KLE S. 286. – Idee: HOF I S. 523. – Am Himmelsfahrtstage: HOF I S. 221. – *127* goldgelben, blumigen, Gebirge: HOF I S. 223. – *127* Glieder: HOF I S. 226. – *128* Ich sehe: HOF I S. 250. – liebt dich: HOF I S. 268. – toller: HOF I S. 269. – *129* Gestalten: HOF I S. 244. – Einzig: KLE S. 300. – Augenblick: HOF I S. 284. – Arbeitsstunden: HOF I S. 276/ 77. – *130* Ich meine: KLE S. 288. – jähem: HOF I S. 314. – Wonne: HOF I S. 314. – Armer: HOF I S. 314/15. – *130/31* wenigstens, Ist denn: HOF I S. 315. – *131* Ende: HOF I S. 315. – um hier: DH 58 (Börsch-Supan) S. 70. – Erfassung: DH 58 (Börsch-Supan) S. 72. – *132* Magier: GÜN II S. 90. – aparter: KÜ S. 102. – Einundeinzigster, Sehr einfach: KÜ S. 102. – Publikum: KÜ S. 103. – Wie er: WALT I S. 12. – *133* der Unpaarste: GÜN II S. 90. – *134* wo Friedrich: GÜN II S. 91. – *135* Nebel: WALT I, Tafel 1. – vielschichtige: GÜN II S. 90. – verinnerlichten: WALT I S. 7. – *135/36* Weil dieser Maler, Zugleich: WALT I S. 8. – *136* Der Himmel: WALT I S. 8. – ein Mensch: GÜN II S. 98. – *138* Darstellung: WALT I, Tafel 28. – *140* Fortführung ff.: GÜN II S. 175. – mimische: GÜN II S. 173. – *140/41* Ensemble: GÜN II S. 173.

Die Künstler und der Krieg

142 Stern: RI S. 33. – Wanderungen: KÜ S. 96. – leider, mächtige: KÜ S. 96. – *143* Frühjahr, So ging es: KÜ S. 98. – Noch sehe, Smolensk: NI S. 82. – Hoffnung: NI S. 82/83. – Plötzlich NI S. 84. – *144* begannen, Später, feiges: NI S. 84. – wackere: KÜ S. 112. – nutzlose: NI S. 200. – *146* Vater: KÖR S. 28. – *147* Was glänzt: KÖR S. 33. – Würde: SCHUL S. 204. – *148* Flammenzeichen: KÖR S. 21. – Das Volk: KÖR S. 37. – Reise, Kosaken, Geschütze: KLE S. 248. – Gegend: KLE S. 251. – *148/49* Um 11 Uhr: KLE S. 264. – *149* Tyrannen: KLE S. 268. – begegnet: KLE S. 268. – Was ich: KLE S. 269. – *149/50* Heute ging ich: GÜN II S. 80. – *150* Schüttelt: KLE S. 248. – *150/51* Um ihn: KLE S. 267. – *151* malte: KÜ S. 101. – Napoleon ritt: KÜ S. 101. – hochgewaltigen, gelungen: KÜ S. 100. – *152* Zu jener Zeit: NI S. 100. – Plötzlich: RI S. 37/38. – *152/53* Obwohl: RI S. 39/40. – *153* langen: RI S. 41. – Haufen: RI S. 41. – Aufs tiefste: RI S. 41.

Gottfried Semper

154 Wanderjahre: SEMP S. 5. – *156* mit den Rissen: HERR S. 24. – Einerseits: DH 45 (Laudel) S. 31. – *157* Verdienst: LÖ I S. 377. – *158* äußere Erscheinung: DIE S. 72. – Baugesinnung: DIE S. 72. – ästhetisch: BNK (Neidhardt) S. 33. – *159* feinstem: SEM

II S. 15. – Farbgebung ff.: BNK (Neidhardt) S. 37. – Hauptschmuckstück: BNK (Neidhardt) S. 37. – *159* Zeitgenossen: DIE S. 73. – *160* fertiges: DIE S. 93. – Nun kann, Hoftheater, Bürgertum: DIE S. 177. – Art und Weise: BNK (Neidhardt) S. 51. – umfangreiche: BNK (Neidhardt) S. 53. – *161* Lünettenbilder: BNK (Neidhardt) S. 58. – unbeschönigter: DIE S. 91. – *162* löst: DIE S. 91. – Keiner: Wolfgang Hänsch in BNK S. 73. – außen: DIE S. 107. – *163* in Form: BNK (Neidhardt) S. 72. – das zweite: BNK (Neidhardt) S. 73. – Geradezu: BNK (Neidhardt) S. 77. – *164* ohne daß: LÖ I S. 382. – Risalit: LÖ I S. 398. – Über einem: LÖ I S. 400. – *165* So kam: MM (Marx) S. 9. – *166* dem Zwinger: MM (Magirius) S. 31. – zweigeschossige: LÖ I S. 397. – feingegliederte: LÖ I S. 380. – dreifacher: LÖ I S. 397. – *167* Führer: DH 43 (bei Laudel) S. 46. – *168* bekannte ich: DH 42 (bei Laudel) S. 49. – eingetretenen, oft laut: DH 43 (bei Laudel) S. 49. – bei dem allen: DH 43 (bei Laudel) S. 49. – Nichts kann mich: DH 43 (bei Laudel) S. 49.

Richard Wagner

171 Unser Vater: GI S. 21. – bestach: GR I S. 35. – Rest seines: GR I S. 21. – *171/72* Zustand: GR I S. 20. – *172* Heimatlosen: WA II S. 133. – Engel: GR I S. 30. – Rienzi sollte: GR I S. 133. – *173* sofern nur: GR I S. 170. – empfindungsvoller: GR I S. 169. – *174* Schwärmer: GR I S. 130. – endlose: GR I S. 131. – Schreihals: GR I S. 853. – Vor allem: WA II S. 282. – ersten Einsatz: GR I S. 163. – *175* Separierung: GR I S. 188. – gewaltigsten: GR I S. 188. – der edle: GR I (Bechstein) S. 168. – *176* harmonischen, die Frommen: GR I S. 197. – Ab dem: GR I S. 197. – unverhohlen: GR I (Wagner) S. 193. – Wunderharfe: HÖN S. 130. – kostbarste: STE I S. 116. – Reichtum: HÖN S. 130. – *177* Man denke: STE II S. 56. – Er übte: GR I S. 222. – *178* Auf dem Wege: GR I S. 209. – *179* Sturmglocke: GR I S. 260. – *180* Bestimmung, höhere: GR I S. 255. – Ordnung, Göttin, einige: GR I S. 259. – Hunderttausende: GR I S. 260. – *181* Keine Sorge: GR I S. 268. – Dresdner Revolution: GR II S. 374/75.

Die Stadt und die Industrie

182 Hast, obschon: LAU S. 37. – *182/83* einen gewissen, Gelassenheit: LAU S. 37. – *183* Bestreben: LAU S. 37. – Nachdem: DH 61 (Starke) S. 3. – *184* Besonderheit: DH 61 (Ursula Forberger) S. 16. – Durchbruch: DH 61 (Starke) S. 5. – *185* Zwischenkrisen: DH 61 (Starke) S. 7. – knapp: DH 61 (Starke) S. 11. – *186* Sie nutzten: DH 61 (Zimmer) S. 20. – *188* neuartige: DH 61 (Lupfer) S. 59. – *189* Firma Bienert: A S. 97. – Ursprünglichkeit: DH 61 (Gropius) S. 63. – *189/90* Vorboten, Sakralstil: DH 61 (Gropius) S. 63. – *190* Gasbehälter, Eisenbeton, sparsamste: LA II S. 96. – *191* Erlwein stellte: DH 61 (Lupfer) S. 60. – Vollblut- und Kampf-Mensch: LA II S. 11. – *192* Das Areal: DH 47 (bei Göller) S. 39. – *193* Feldherrnbegabung: GÖ S. 74. – Die Kraftstation: LA II S. 79. – Beherrschung, geschickte, Verwendung: LA II S. 70. – *194* Futterställe: DH 47 (Göller) S. 43. – Wie man sich, Illusion: DH 47 (Göller) S. 37. – *195* schrill: VON S. 24. – bezauberndste: VON S. 146. – eine einzige: VON S. 122. – Leichenbergwerke: VON S. 207. – Überreste: MU S. 15. – Zehntausende: MU S. 38. – Wracks: MU S. 40. – Schuttberg: MU S. 150. – *196* Wolldecken: WALS S. 47. – lag: WALS S. 27. – Die Bomben: SCHÜ S. 15. – verschwand, Silber: SCHÜ S. 18. – So bin ich: SCHÜ S. 15.

242 Streicher: KL II/1 S. 313. – *243* auch bei: KL II/2 S. 190. – *244* Was sich, Bund: STE II S. 86. – *245* Bei Busch, drängte: BUS S. 218 (Nachwort). – Erzmusikant, beseelt, wirkt, Orchesterkultur: STE II S. 87/88. – idealer: BUS S. 216 (Nachwort). – Ich habe, innere: BUS S. 217 (Nachwort). – Sprache des Orchesters: BUS S. 56. – am wenigsten: BUS S. 55. – *245/46* Schicksal: BUS S. 140. – *246* ehrwürdige: BUS S. 140. – Wer sich: STE II S. 88/89. – *246/47* elf: STE II S. 90. – *247* Wesen: STE II S. 90. – 7. März: DH 77 (Herrmann) S. 43. – instinktiven, bewußten: BUS S. 188. – *247/48* Anklageschrift BUS S. 188. – *248* einflußreicher: BUS S. 188. – bevorzugte: BUS S. 200. – Ablehnung: DH 77 (bei Herrmann) S. 44. – größte Teil: DH 77 (Herrmann). – Mitglieder: BH S. 198. – Entschließung, halten: DH 77 (bei Herrmann) S. 46. – *249* Charaktersterben: DH 77 (bei Herrmann) S. 46. – *249/250* Undeutlich: R II S. 280. – *251* fast ausschließlich, Mit unruhig: R II. S. 9. – *253* Mordüberfall, Herzensnot: R S. 270.

Erich Kästner ins Dresden

256 Die Königsbrücker: KÄ Bd.VII S. 45. – Je mehr: KÄ Bd.VII S. 46. – Viertel: KÄ Bd.VII S. 46. – Diese Straße, ich selber: KÄ Bd.VII S. 47. – Wilke: KÄ Bd.VII S. 48. – Gedächtniskommoden: KÄ Bd.VII S. 49. – *257* Atelier: KÄ Bd.VII S. 50. – kleiner Junge: KÄ Bd.VII S. 10. – Daß er: KÄ Bd.VII S. 53. – wuchs, lernte: KÄ Bd.VII S. 57 – Lehrerausbildung: HAN S. 50. – stutze: KÄ Bd.II S. 77. – *258* mangels: HAN S. 16. – Lederkünstler: KÄ Bd.VII S. 34. – Sattlermeister: KÄ Bd.VII S. 35. – Maschinenzeitalter: KÄ Bd.VII S. 41. – *259* einfache Frau: KÄ Bd.VII S. 58. – vollkommene: KÄ Bd.VII S. 102. – *260* Bald wurden: KÄ Bd.VII S. 79. – Meine Liebe: KÄ Bd. VII S. 80. – Friseuse: KÄ Bd.VII S. 135. – eroberten: KÄ Bd.VII S. 135. – Radtouren: KÄ Bd.VII S. 141. – hastig: KÄ Bd.VII S. 103. – schon wieder gut: KÄ Bd.VII S. 104. – Auch wenn: KÄ Bd.VII S. 105. – *261* glücklichen: HAN S. 27. – wichtigste: HAN S. 28. – Warm- und Vollblütler: KÄ Bd.VII S. 109. – Stellt euch: KÄ Bd.VII S. 110. – *261/62* Wenn man: KÄ Bd.VII S. 26. – *262* Despot: KÄ Bd.VII S. 56. – *262/63*: Am liebsten, Bühne: KÄ Bd.VII S. 116. – *263* Befähigung: HAN S. 54 – Er hat mich zum Spaß: KÄ Bd.I S. 66. – Herz: HAN S. 58. – *264* Irrtum, Jüngling: KÄ Bd.VII S. 57/58. – ungeduldig: KÄ Bd.VII S. 58. – dachte: KÄ Bd.VII S. 59. – *265* Diese Briefe: HAN S. 47. – *266* übermächtigen: HAN S. 99.

Am Abgrund der Vorhölle: Victor Klemperer I

267 Seit etwa, Schmach: KL II/1 S. 6. – *268* Acht Tage, die wilden: KL II/1 S. 8. – Kommissare: KL II/1 S. 9. – Vollkommene, völlige: KL II/1 S. 9. – Niederlage: KL II/1 S. 11. – niemals wieder: KL II/1 S. 13. – überall: KL II/1 S. 212. – *269* Wie lange: KL II/1 S. 9. – Hakenkreuz: KL II/1 S. 43. – eintreten: KL II/1 S. 82. – In meinem Leben: KL II/1 S. 213. – Mut: KL II/1 S. 379. – Studie: KL II/1 S. 129. – *270* Ohne den: KL II S. 46. – selig: KL II/1 S. 144. – ein Stück Leben: KL II/1 S. 233. – Auto, Auto: KL II/1 S. 265. – im vollsten: KL II/1 S. 343. – *271* gesunde: KL II/1 S. 441/42. – *271/272* Ich stelle: KL II/2 S. 107/108 bis »eins«. – *272* Eva sagte: KL II/2 S. 142. – *273* unter den Juden: KL II/1 S. 685. – nicht mehr: KL II/2 S. 335. – ungeheure: KL II/2 S. 353. – die Polizei: KL II/2 S. 189. – Uns gegenüber: KL II/2

S. 501. – in Uniform: KL II/2 S. 649. – *274* alle Gespräche, Er komme: KL II/2 S. 260. – Zukunft: KL II/2 S. 633. – Zähigkeit: KL II/2 S. 636. – Sie verdanken: KL II/2 S. 636. – Alle haben: KL II/2 S. 638. – *274/75* Ich machte: KL II/1 S. 160. – *275* Sehr lieb: KL II/1 S. 267. – Wunderschön: KL II/2 S. 136. – Leben sammeln: KL IV/6 S. 109. – Stunden: KL II/2 S. 865 Nachwort, von LTI. – *276* Material: HEE S. 8. – Ich lese: KL II/1 S. 215. – Gerüchte, Vox populi: KL II/1 S. 513. – selbstgewählte: JA S. 192. – konzentrierte: KL II/2 S. 865/66 (Nachwort). – *277* Es kommt: KL II/2 S. 503. – Balancierstange: KL I S. 19. – Die Angst: KL II/2 S. 19. – schreibe weiter: KL II/2 S. 99. – Gefahr: KL II/2 S. 143. – Zeugnis: KL II/2 S. 124.

Großer Sport in Dresden
279 Der Athlet: DNN (Günther Frank) 9. Mai 2000. – *281* Neben: SAL S. 241. – Wir siegten: SAL S. 35. – *282* Plötzlichkeit: SAL S. 28. – Dickkopf: SAL S. 27. – Noch Anfang: SAL S. 28. – Als Spieler, im Spiel: SAL S. 27. – *283* köpfen: SAL S. 32. – ästhetische: DNN (Frank) 17. Oktober 2000. – Er liebte: SZ 28. Januar 2000. – *284* menschliche: DNN 2000. – besten, Menschen: SZ 28. Januar 2000.

Nach-Krieg
287 Niemand lebte: ODER S. 14. – Ja, Dresden: ODER S. 26. – Ich lief: ODER S. 48. – *287/88* das Weinen, Ich weine: ODER S. 32. – *288* Wenn du: ODER S. 50. – Trümmermenge, Einwohner: LER S. 35. – *289* Polarisierung: LER S. 31. – sich hüten: LER (Konwiarz) S. 49. – verantwortlichen, unwiederbringlichen: LER (Topfstedt) S. 9. – *290* Haltung: DH 28 (Lerm) S. 16. – entwickelte: LER S. 71. – *291* Festungen: LER S. 292. – Die Pläne: LER S. 69/70. – zum Glück: LER S. 70. – *292* Der Kampf: LER S. 142/43. – Dominanten: LER S. 195. – Baukörper: LER S. 193. – die Kraft: LER S. 13. – Wertvolle: LER S. 38. – *293* rund 700: LER S. 37. – Substanz: LER S. 70. – *293/94* Der eine: DH 28 (Lühr) S. 33. – *294* Nicht alles: LER S. 43/44. – Silberlinge: DH 28 (Lühr) S. 33. – einer von denen: LER S. 183. – *295* Mündlichkeit: LER (Nadler) S. 9. – dreiwöchigen: LER (Nadler) S. 285. – letzten Endes: LER (Nadler) S. 70. – *295/96* offenbar, mögliche: LER S. 143. – *296* Erreichung: LER S. 191. – *297* Fall Sophienkirche: LER S. 39. – *298* Glocken: LER S. 233.

Zwischen allen Stühlen: Victor Klemperer II
299 Am späten Nachmittag: KL II/2 S. 830. – unbeschreibliches: KL III/1 S. 7. – Umschichtig: KL III/1 S. 8. – als Ganzes: KL III/1 S. 12. – verbunden: KL III/1 S. 8. – fruchtbarer: KL III/1 S. 12/13. – buchstäblich: KL III/1 S. 48. – Genußsucht: KL III/1 S. 24/25. – erfüllt: KL III/1: S. 669. – *300* Hilfsbereitschaft: KL III/1 S. 10. – Sklave, Vertrauensarzt: KL III/1 S. 16/17. – Unsumme, bedrückt: KL III/1 S. 39. – Übermasse: KL III/1 S. 51. – Wege, zerstörte: KL III/1 S. 6. – finster, einsam, unsicher: KL III/1 S. 156. – *300/301* skeptisch: KL III/1 S. 36. – *301* Märchen, furchtbar: KL III/1 S. 42. – Jeder Pg.: KL III/1 S. 15. – Jeder will: KL III/1 S. 9. – Unterschrift: KL III/1 S. 52. – belastet: KL III/1 S. 135. – Widerwärtig: KL III/1 S. 109/10. – Willen, Linksrichtung, wirklich: KL III/1 S. 147. – kleinstes, Stimmung: KL III/1. S. 150. – Umkreis, Schicht: KL III/1 S. 209. – *302* Block: KL III/1 S. 7. – Willkür, Treuhänder: KL III/1 S. 135. – halte: KL III/1 S. 310. – Feindschaft: KL III/1 S. 390. –

Idee: KL III/1 S. 125. – Sieger: KL III/1 S. 30. – zweifelt: KL III/1 S. 190. – Fluch:
KL III/1 S. 16. – *302/03* streng: KL III/1 S. 216. – *303* immer wieder: KL III/1 S. 699.
– Heroenkult, Veliki: KL III/1 S. 702. – greuliche: KL III/1 S. 708. – Peinlich: KL
III/2 S. 329. – Beginn: KL III/2 S. 363. – Abscheu: KL III/2 S. 565. – schwankend:
KL III/1 S. 7. – Minuten: KL III/1 S. 21. – *304* zwischen allen Stühlen: KL III/1
S. 312. – Fehler: KL III/1 S. 491. – nirgends: KL III/1 S. 693. – Gemischte Gefühle:
KL III/2 S. 437. – Doppelkatheder: KL III/1 S. 19. – kulturell: KL III/1 S. 17. – völ-
lige: KL III/1 S. 35. – *305* sitze: KL III/1 S. 405. – ich fühle: KL III/1 S. 321. – es geht
noch: KL III/1 S. 529. – dramatisch: KL III/1 S. 502. – *306* Heiderand-Dölau, Eva:
KL III/1 S. 540. – Herr: KL III/1 S. 540. – glühend: KL III/1 S. 145. – Ich will: KL
III/1 S. 540. – Fülle: KL III/2 S. 50. – *307* Traditionskatheder: KL III/2 S. 482. – Vor-
lesungen: KL III/2 S. 247. – *307/08* Hier liegt: KL III/2 (Nachwort) S. 918/19. – *308*
zwei: KL III/2 (Nachwort) S. 919. – an den Tag: KL I S. 21. – Das Dritte Reich: KL I
S. 20. – bettelarm: KL I S. 31. – *309* Ich scheine: KL III/1 S. 250. – Sonderruhm: KL
III/1 S. 234. – beste Politik: KL III/1 S. 235. – Wissenschaftlergruppe: KL III/1 S. 84.
– gab es: KL III/2 S. 94. – Sehr, sehr: KL III/2 S. 100. – Klatschen, sehr gut: KL III/2
S. 111. – *309/10* Kammerrede: KL III/2 S. 112. – *310* locken: KL III/1 S. 611. – Soviel:
KL III/2 (Nachwort) S. 915. – Floh KL III/1 S. 663. – *311* zersplittere: KL III/1
S. 373. – unendliche, Albdruck, Verzweiflung: KL III/1 S. 548. – in Halle: KL III/1
S. 595. – immer neue: KL III/1 S. 597. – jetziges: KL III/1 S. 609. – Zerrissenheit: KL
III/1 S. 690. – blödsinniger: KL III/2 S. 12. – wirklich: KL III/2 S. 14. – ich taste: KL
III/2 S. 418. – *311/12* erschütternd, Journalist: KL III/2 S. 585. – *312* das wirklich Er-
reichte: KL III/2 S. 481. – Schwächen: KL III/2 S. 245. – Sobald man: KL III/1 S. 44.
– das »kleinere« Übel: KL III/2 S. 578. – Ich kann: KL III/2 S. 37. – *312/13* fühlte,
bewegt: KL III/2 S. 454. – *313* Jugendweihe: KL III/2 S. 521. – Nazizeit: KL III/1
S. 676. – *314* Nachteile: KL III/2 S. 127. – jedermann: KL III/2 S. 590. – Faschismus:
KL III/2 S. 637. – allmählich, sub: KL III/1 S. 26. – Schauderhaft: KL III/1 S. 139. –
am Ende: KL III/2 (Nachwort) S. 918. – *315* wachsende: KL III/1 S. 492. – 1000mal:
KL III/2 S. 191/92. – *316* Wir sahen: KL III/2 S. 252. – Freude: KL III/2 S. 253. –
316/17 Um 22 h: KL III/2 S. 267. – *317* Güte: KL III/2 S. 466. – rätsle: KL III/2
S. 498. – Wo wäre ich: KL III/2 S. 546.

Wege durch die Neustadt

321 Verweis: Q S. 237. – *322* laufendem: Q S. 238. – *323* stärkste: LÖ I S. 391. – *324*
Merkurstab, Handel: Q S. 241. – Athen: LÖ I S. 319. – Esquelleten: LAN Arbeits-
papier o. J. – *325* Halbrelief: LÖ I S. 144. – *326* August der Starke: LÖ I S. 375. – *327*
Am Anfang: DNN 30. Januar 2002. – *328* am schlimmsten: WO II S. 16.

Ardenne und andere

333 ersten Beginn, Impuls: AR I S. 83. – Firma Loewe, Vorführung: AR I S. 131. –
334 Vorschlag: AR I S. 228. – vierzehn: AR I S. 229. – gefürchteten, Regierung: AR I
S. 241. – *334/35* Lösung: AR I S. 241. Ach: AR I S. 242. – *335* Hoffnung: AR I S. 254.
– Ionenquelle, fast: AR I S. 292. – einen Teil: AR I S. 293. – *336* die für mich: AR I
S. 264/65. – Stadt der Musik: AR I S. 302. – erfolgreichen, unendlich: AR I S. 303. –
Hochschule: AR I S. 301/02. – viele Industriebetriebe, rasch: AR I S. 302. – Zen-

tralinstitut, elektronische: AR I S. 303. – *337* dreijährige: AR I S. 306. – so schnell: AR I S. 309. – Schon während: AR I S. 306/07. – Tatsache, Finanzierung: AR I S. 297. – *338* Ergebnis: AR I S. 318. – Wissensspeichers, Elektronenphysik: AR I S. 320. – *339* Hauptaufgabe: AR I: S. 433. – systemische: AR I S. 435. – Krönung: AR I S. 455. – Das Leben: AR I S. 311. – feine, menschliche: AR I S. 333. – Leider: AR I S. 385. – *339/340* daß öfter: AR I S. 579/80. – *340* Am Ende: AR I S. 576. – Situation: AR I S. 300. – herbeigesehnt: AR I S. 552. – *340/41* Wir standen: AR I S. 553. – *341* Verwertung, Reserve: AR I S. 556. – rechtzeitig: AR I S. 554. – Längere Zeit: AR I S. 234. – Achtung: DNN 25./26. Mai 2002.

Die Wende
342 Genugtuung: UR S. 42. – *345* Grundlage: UR S. 125. – folgenschwere: UR S. 149. – *346* Erlösung: UR S. 176. – *347* formierte: UR S. 175. – geordnet: MO S. 273. – rowdyhaften: UR S. 176. – *348* Die Menge, Ich mußte: SZ (Frank Richter) 2./3. Oktober 1999. – Wir forderten, Unter ihnen: SZ (ebenso) 2./3. Oktober 1999. – Reisefreiheit: UR S. 198. – *349* Die Reaktionen: DH 59 (Johannes Richter) S. 41. – *350* Wer sind wir, zweifelnd: DNN (Christine Mielitz) 7. Oktober 1999. – *351* Meinungsführerschaft: DNN (Pommerin) 27./28. November 1999. – umfassenden: KO S. 149. – *352* Schlüsselerlebnis: KO S. 191. – kaum gelandet: KO S. 191. – unglaubliche: KO S. 195. – Mitbürgerinnen: KÖ S. 195. – *353* Mein Ziel: KO S. 197. – Begeisterung: KO S. 199.

Die Aufhellung
356 Fialen: SZ (Jochen Hänsch bei Birgit Hilbig) 5. Mai 2000 – *358* Beim Sgraffito, Sgraffitotechnologie: DH 38 (Matthias Zahn u. a.) S. 84. – Werkzeugen: DH 38 S. 87. – Vereinheitlichung: DH 38 S. 82. – ungefähren: DH 38 S. 82. – *359* spielerischer: BL III S. 7. – dreijochige: SP S. 58. – *363* geschrägten: FAZ 2002 (Dieter Bartetzko). – 365 deutschlandweit: SZ (Karin Großmann) 16. April 2002. – *366* bewegte: A S. 59.

Glück und Sorgen
369 Startschuß: SCHR S. 129. – verschlissenen: SCHR 130. – *370* zum Teil: SCHR S. 140. – Wahrscheinlich: SCHR S. 140. – *375* Unterwerfungsbereitschaft, westdeutsche, bringen: SPIE (Maaz) 20. September 2004 S. 47. – *376* ewig: SPIE 20. September 2004 S. 45. – *376/77* berühmte: ROS II S. 45. – *378* vergöttern, Kunststadt, Heldenrolle: SZ (Grit Moch) 29./30. Mai 1999. – Vergleich: DNN (Tomas Petzold) 4. Februar 2004.

Personenregister

Agnes, Kurfürstin von Sachsen 41 f.
Ahna, Pauline de 221
Albert, König von Sachsen 26, 161,
198, 200, 296, 319
Albrecht Alkibiades von Brandenburg-
Kulmbach, Markgraf 31
Albrecht, Herzog von Sachsen 33, 35
Albrecht, Kardinal 32
Albrecht, Prinz von Preußen 24
Alexander der Große 50, 303
Alexander, Zar 116, 144
Andersen, Hans Christian 141
Andreas-Salomé, Lou 234
Andritzki, Alojs 254
Anna, Kurfürstin von Sachsen 42, 54
Anton, König von Sachsen 116
Apel, Erich 340
Appia, Adolphe 233
Archimedes 88
Ardenne, Alexander von 332, 334, 341
Ardenne, Baron Manfred von 332–341,
372
Ardenne, Bettina von 332, 334
Ardenne, Thomas von 332, 334
Arnim, Achim von 116
Arnold, Christian Friedrich 24
Aron, Paul 254
August der Starke = August II., König
von Polen *siehe* Friedrich August I.,
Kurfürst von Sachsen
August I., Kurfürst von Sachsen 27,
40–43, 53, 77, 79, 329
August III., König von Polen *siehe*
Friedrich August II., Kurfürst von
Sachsen
Auguste Victoria, Kaiserin 216

Augustin, Dora 261
Augustin, Franz 258 f., 261 f.
Augustin, Johann Carl Friedrich 261
Augustin, Lina 261 f.
Augustin, Paul 258 f.
Augustin, Robert 258 f., 261

Bab, Julius 234
Bach, Johann Sebastian 59, 103
Bähr, George 27, 54, 66, 99–104, 320,
356
Bakunin, Michael 180 f.
Balestra, Pietro 50
Baltrusaitis, Jurgis 89
Bandarin, Francesco 381, 383, 386, 389
Bardua, Caroline 132, 320
Bärmann, Heinrich 114
Bartetzko, Dieter 363
Bartok, Bela 246
Baudissin, Wolf Graf 140
Bebel, August 199
Becher, Johannes R. 304
Bechstein, Ludwig 175
Beckenbauer, Franz 284
Beethoven, Ludwig van 116, 177, 214,
349
Behnisch, Günter 365 f.
Bellotto, Bernardo *siehe* Canaletto
Berg, Alban 246
Bergander, Götz 9–11
Berghofer, Wolfgang 348, 350
Berija, Marschall Lawrentij
Pawlowitsch 334 f.
Bermbach, Udo 220
Bernini, Giovanni Lorenzo 65
Bertsch, Karl 231

Literatenleben

Peter Braun
Weimarer Geschichten
Von Goethe bis Schiller
Eine Spurensuche
ISBN 978-3-423-34548-4

Michaela Diers
Wilhelm Busch
Leben und Werk
ISBN 978-3-423-34452-4

Dietrich Fischer-Dieskau
Goethe als Intendant
Theaterleidenschaften im
klassischen Weimar
ISBN 978-3-423-24581-4

Monika Dimpfl
Karl Valentin
Biografie
ISBN 978-3-423-24611-8

Werner Fuld
Wilhelm Raabe
Eine Biographie
ISBN 978-3-423-34324-4

Gerhard Henschel
Da mal nachhaken:
Näheres über
Walter Kempowski
ISBN 978-3-423-24708-5

Wolfgang Hädecke
Theodor Fontane
ISBN 978-3-423-30819-9

Thomas Kraft
Jakob Wassermann
ISBN 978-3-423-24705-4

Wolf Lepenies
Sainte-Beuve
Auf der Schwelle
zur Moderne
ISBN 978-3-423-34355-8

Per Øhrgaard
Günter Grass
Ein deutscher Schriftsteller
wird besichtigt
Übers. v. C. Bartmann
ISBN 978-3-423-34446-3

Marcel Reich-Ranicki
Mein Leben
Eine Autobiographie
ISBN 978-3-423-13056-1

Jutta Rosenkranz
Mascha Kaléko
Biografie
ISBN 978-3-423-24591-3

Bitte besuchen Sie uns im Internet: www.dtv.de

Herbert Schmidt-Kaspar im <u>dtv</u>

»Kaiser, König, Edelmann«
Das Heilige Römische Reich Deutscher Nation
Ein Streifzug durch 1000 Jahre
ISBN 978-3-423-24552-4

In einer außergewöhnlich anschaulichen und zugleich fachkundigen Schilderung werden hier Persönlichkeiten sowie bedeutende Ereignisse und Entwicklungen dargestellt – von Karl dem Großen bis zu Friedrich dem Großen, von den Kreuzzügen bis zu den Napoleonischen Kriegen.

„Ein unterhaltsamer Streifzug durch die tausendjährige Geschichte des Heiligen Römischen Reiches«
Die Zeit

»... führt den Leser mit Kenntnis und Witz durch die Geschichte der vielen Ottonen, Heinriche und Konrads. Das liest sich vergnüglich und könnte auch jene ansprechen, die bisher um dieses Staatsgebilde einen Bogen gemacht haben.«
Stuttgarter Nachrichten

Altstadtgassen und Adelshöfe
Ausflüge in die deutsche Vergangenheit
ISBN 978-3-423-24616-3

Vom künstlichen Vulkan des Fürsten von Anhalt-Dessau in Wörlitz bis zur glanzvollen Eremitage der Markgräfin Wilhelmine in Bayreuth, von Bauwerken und Stadtarchitektur bis zu lokalen Dialekten: Schmidt-Kaspar überrascht uns mit skurrilen und kuriosen sowie imponierenden und hinreißend schönen Zeugnissen der deutschen Geschichte.

»...Hierin liegt der Wert dieses Buches, weil sich der sehr belesene Autor bemüht, das Kleine bekannt zu machen – Cloppenburg oder Neuburg an der Donau etwa – und er ein Gespür für Randereignisse hat, wenn er im Kapitel ›Weimar‹ nicht Goethe und Schiller zum Mittelpunkt macht, sondern das ›Multitalent‹ Friedrich Justin Bertuch, von dem wohl nur wenige Leser vorher etwas gehört haben ... Ein interessantes und lehrreiches Geschichtsbuch.«
Frankfurter Allgemeine Zeitung

Bitte besuchen Sie uns im Internet: www.dtv.de

Wie sie lebten, wo sie komponierten

Peter Braun
Komponisten und ihre Häuser
Mit 60 Schwarzweißabbildungen

ISBN 978-3-423-24613-2

Richard Wagner lebte in seiner Bayreuther Villa Wahnfried umgeben von schwelgendem Prunk. Doch warum baute er Handgranaten? Franz Liszt hielt in Weimar verschwenderisch Hof. Warum aber ging er ins Kloster? Und warum versuchte Robert Schumann, sich im Rhein zu ertränken?

Kurz, anschaulich und unterhaltsam spürt Peter Braun den Lebensgeschichten großer Komponisten nach und führt in die Städte und Häuser, die sie prägten. Eine Reise zu Händel, Mozart, Beethoven, Haydn, Liszt, Wagner, Clara und Robert Schumann, Brahms und Johann Strauß.

Mit ausführlichem Serviceteil: Adressen, Öffnungszeiten und Wegbeschreibungen.

»9 einfühlsame und kenntnisreiche Reisen auf den Spuren großer Musiker, geschrieben in einer klaren, zupackenden Prosa. Eine lehrreiche und unterhaltsame Lektüre!«
Dirk Kruse, Bayern 4 Klassik

»Eine niveauvolle und spannende Lektüre, die sich auch als Reiseführer eignet.«
Single City News

Bitte besuchen Sie uns im Internet: www.dtv.de

Pilasterkapitell (Didyma)

Antenkapitell (Athen)

a

b

a lesbisches Kyma, b ionisches Kyma

Bassai

Athen

Didyma

Eleu

korinthische Kapitelle

Ionische Schmuckformen, korinthische Kapitelle

dtv-Atlas Baukunst

Band 1: Allgemeiner Teil.
Baugeschichte von Meso-
potamien bis Byzanz

130 Abbildungsseiten in Farbe
Originalausgabe

ISBN 978-3-423-03020-5

Bitte besuchen Sie uns im
Internet: www.dtv.de

dtv-Atlas
Baukunst

Band 1
Allgemeiner Teil
Baugeschichte
von Mesopotamien
bis Byzanz

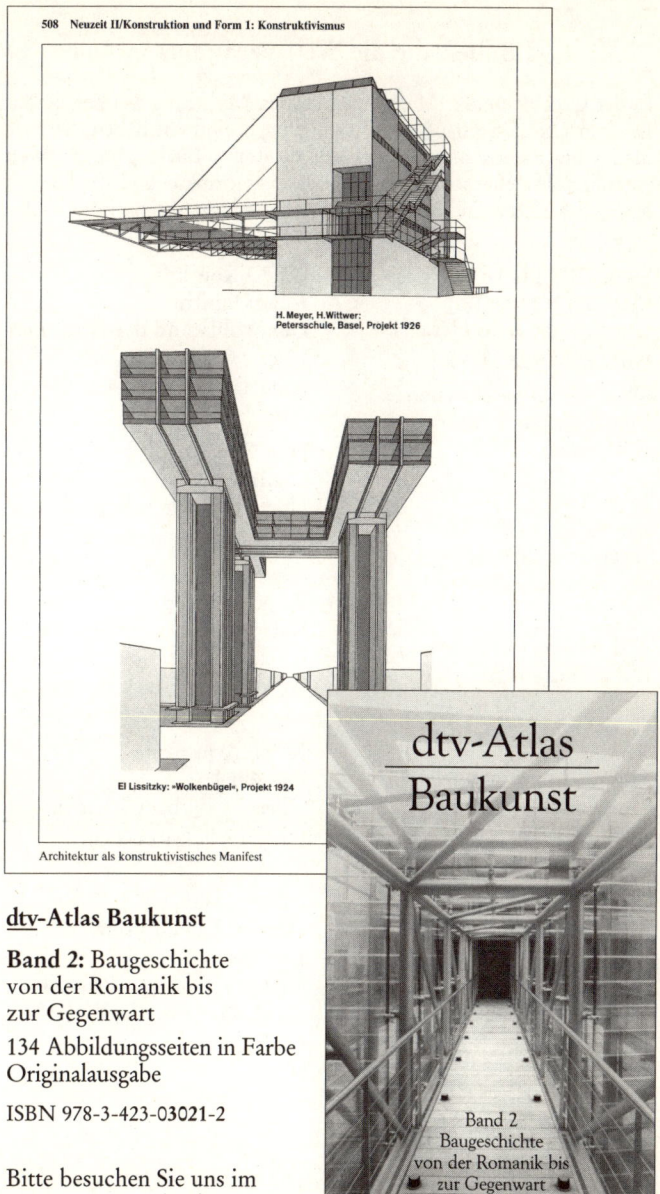

H. Meyer, H.Wittwer:
Petersschule, Basel, Projekt 1926

El Lissitzky: »Wolkenbügel«, Projekt 1924

Architektur als konstruktivistisches Manifest

dtv-Atlas
Baukunst

Band 2
Baugeschichte
von der Romanik bis
zur Gegenwart

dtv-Atlas Baukunst

Band 2: Baugeschichte
von der Romanik bis
zur Gegenwart

134 Abbildungsseiten in Farbe
Originalausgabe

ISBN 978-3-423-03021-2

Bitte besuchen Sie uns im
Internet: www.dtv.de

Bücher, die die Welt veränderten

In der Geschichte der Menschheit gibt es Werke, die das Leben, das Denken und den Glauben so nachhaltig beeinflusst haben, dass sie über Jahrhunderte aktuell blieben. Die Reihe ›Bücher, die die Welt veränderten‹ stellt diese Basistexte knapp, informativ und anschaulich dar. Die Autoren sind international renommierte Kenner ihres Fachs.

Simon Blackburn
Platon. Der Staat
Übers. v. Andreas Hetzel
ISBN 978-3-423-34430-2

»Wunderbar geschrieben …
Eine fesselnde Lektüre«
(The Times)

Bruce Lawrence
Koran
Übers. v. Hans-Georg Türstig
ISBN 978-3-423-34431-9

»Bewundernswert ausgewogen
und informativ«
(New Statesman)

Christopher Hitchens
**Thomas Paine.
Die Rechte des Menschen**
Übers. v. Wieland Grommes
ISBN 978-3-423-34432-6

»Ohne Paines Arbeiten wäre
die westliche Zivilisation
ärmer.« (Die Welt)

Janet Browne
**Charles Darwin.
Der Ursprung der Arten**
Übers. v. Kurt Neff
ISBN 978-3-423-34433-3

»Dieses Buch über ein Buch
hilft, Darwin zu verstehen«
(Stuttgarter Nachrichten)

P. J. O'Rourke
**Adam Smith.
Der Wohlstand der Nationen**
Übers. v. Hans Freundl
ISBN 978-3-423-34459-3

Hew Strachan
Clausewitz. Vom Kriege
Übers. v. Karin Schuler
ISBN 978-3-423-34460-9

Francis Wheen
Karl Marx. Das Kapital
Übers. v. Kurt Neff
ISBN 978-3-423-34458-6

Karen Armstrong
Die Bibel
Übers. v. Barbara Schaden
ISBN 978-3-423-34489-0

Alberto Manguel
**Homer. Die Odyssee.
Die Ilias**
Übers. v. Gottwalt Pankow
ISBN 978-3-423-34569-9

Die Reihe wird fortgesetzt.

Bitte besuchen Sie uns im Internet: www.dtv.de

Geschichte des 20. Jahrhunderts

Wolfgang Benz
Potsdam 1945
ISBN 978-3-423-34230-8

Deutsche Geschichte seit 1945
Chronik und Bilder
ISBN 978-3-423-30705-5

**Geschichte des
Dritten Reiches**
ISBN 978-3-423-30882-3

Überleben im Dritten Reich
Juden im Untergrund und
ihre Helfer
ISBN 978-3-423-34336-7

Chasia Bornstein-Bielicka
**Mein Weg als
Widerstandskämpferin**
Über. v. O. Keren-Carmel
ISBN 978-3-423-34497-5

Hans Buchheim, Martin
Broszat, Hans-Adolf Jacobsen,
Helmut Krausnick
Anatomie des NS-Staates
ISBN 978-3-423-30145-9

Patricia Clough
In langer Reihe über das Haff
Die Flucht der Trakehner aus
Ostpreußen
Übers. v. M. Ueberle-Pfaff
ISBN 978-3-423-34349-7

Das Dritte Reich im Überblick
Chronik, Ereignisse,
Zusammenhänge
Hg. v. W. Benz und N. Frei
ISBN 978-3-423-34402-9

**Enzyklopädie des National-
sozialismus**
Hg. v. Wolfgang Benz,
Hermann Graml und
Hermann Weiß
Aktualisierte und erweiterte
Neuausgabe
ISBN 978-3-423-34408-1

Der Erste Weltkrieg
Die Ur-Katastrophe des
20. Jahrhunderts
Ein SPIEGEL-Buch
ISBN 978-3-423-34512-5

Richard J. Evans
**Das Dritte Reich
Band 1:** Aufstieg
Übers. v. H. Fliessbach
und U. Rennert
ISBN 978-3-423-34191-2

Norberto Fuentes
**Die Autobiographie des
Fidel Castro**
Übers. v. T. Schultz
ISBN 978-3-423-34495-1

Saul Friedländer
**Das Dritte Reich und
die Juden**
Gesamtausgabe
Übers. v. M. Pfeiffer
ISBN 978-3-423-34519-4

Bitte besuchen Sie uns im Internet: www.dtv.de

Geschichte des 20. Jahrhunderts

Norbert Frei
1968
Jugendrevolte und globaler
Protest
ISBN 978-3-423-24653-8

Vergangenheitspolitik
Die Anfänge der Bundesrepu-
blik und die NS-Vergangenheit
ISBN 978-3-423-30720-X

Der Führerstaat
Nationalsozialistische
Herrschaft von 1933 bis 1945
ISBN 978-3-423-30785-4

Hitlers Eliten nach 1945
Hg. v. Norbert Frei
ISBN 978-3-423-34045-2

1945 und wir
Das Dritte Reich im Bewußt-
sein der Deutschen
ISBN 978-3-423-34536-1

Timothy Garton Ash
Zeit der Freiheit
Aus den Zentren des neuen
Europa
Übers. v. S. Hornfeck
ISBN 978-3-423-30816-8

Masha Gessen
**Wie meine Großmütter
Hitlers Krieg und Stalins
Frieden überlebten**
Übers. v. K. Binder und
B. Leineweber
ISBN 978-3-423-34496-8

Inge Ginsberg zusammen
mit Manfred Flügge
Die Partisanenvilla
Erinnerungen an Flucht,
Geheimdienst und zahlreiche
Schlager
ISBN 978-3-423-24680-4

Hermann Graml
Reichskristallnacht
Antisemitismus und
Judenverfolgung im
Dritten Reich
ISBN 978-3-423-04519-3

Sebastian Haffner
Geschichte eines Deutschen
Die Erinnerungen
1914–1933
ISBN 978-3-423-30848-9

Peter Hartl
**Belogen, betrogen und
umerzogen**
Kinderschicksale aus dem
20. Jahrhundert
ISBN 978-3-423-24618-7

Vivian J. Kaplan
Von Wien nach Shanghai
Die Flucht einer jüdischen
Familie
Übers. v. S. Hunzinger und
K. Neff
ISBN 978-3-423-24550-0

Bitte besuchen Sie uns im Internet: www.dtv.de

Geschichte des 20. Jahrhunderts

Ian Kershaw
Hitler
Gesamtausgabe in drei
Bänden
Band 1: 1889–1936
Übers. v. J. P. Krause und
J. W. Rademacher
ISBN 978-3-423-30841-0
Band 2: 1936–1945
Übers. v. K. Kochmann
ISBN 978-3-423-30842-7
Band 3: 1889–1945.
Registerband
ISBN 978-3-423-30843-4

Christopher Kopper
Bankiers unterm Hakenkreuz
ISBN 978-3-423-34465-4

Hannelore Krollpfeiffer
Wir lebten in Berlin
Eine Geschichte vom Ende
des Krieges
ISBN 978-3-423-34415-9

Horst Möller
Die Weimarer Republik
Eine unvollendete
Demokratie
ISBN 978-3-423-34059-5

Verena Moritz
Hannes Leidinger
Die Nacht des Kirpitschnikow
Eine andere Geschichte des
Ersten Weltkrieges
ISBN 978-3-423-34513-2

**Revolution und Vereinigung
1989/90**
Als in Deutsachland die Reali-
tät die Phantasie überholte
Hg. v. Klaus-Dietmar Henke
ISBN 978-3-423-24736-8

Monika Siedentopf
Absprung über Feindesland
Agentinnen im Zweiten
Weltkrieg
ISBN 978-3-423-24582-1

Kurt Sontheimer
Die Adenauer-Ära
Grundlegung der Bundes-
republik
ISBN 978-3-423-34024-3

Fritz Stern
**Fünf Deutschland und
ein Leben**
Erinnerungen
Übers. v. F. Griese
ISBN 978-3-423-34561-3

Eckart D. Stratenschulte
Kleine Geschichte Berlins
ISBN 978-3-423-30167-1

Das Urteil von Nürnberg
Mit einem Vorwort von
Jörg Friedrich
ISBN 978-3-423-34203-2

Jürgen Weber
**Kleine Geschichte
Deutschlands seit 1945**
ISBN 978-3-423-30830-4

Bitte besuchen Sie uns im Internet: www.dtv.de